제3판 전면개정판

공정거래법

— 이론과 실무 —

임영철, 조성국

박영사

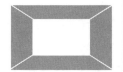

제3판(전면개정판) 머리말

　공정거래법은 시장의 상황을 반영하여야 하고 시장의 상황은 수시로 변화하는 것이기 때문에 어느 법보다 개정이 잦은 편이다. 새로운 법이론과 판례도 끊임없이 생성되고 있다.

　이번 전면 개정판은 무엇보다 2022. 12. 30. 시행된 공정거래법 전부개정 법률을 반영하기 위한 것이다. 개정된 시행령과 고시, 지침을 최대한 반영하고 있다. 다만 공정거래법이 전부개정되면서 조문체계마저 크게 바뀌었는데 예컨대 불공정거래행위는 제23조에서 제45조로, 부당한 공동행위는 제19조에서 제40조로 바뀌었다. 그런데 판례나 심결례는 대부분 구 조문에 따른 것이다. 이러한 점을 감안해 이 책의 본문에는 현행 법조문을 명기하되 각주에는 가급적 구 조문을 병기하여 독자들의 불편함을 조금이나마 덜어 보려고 노력하였다.

　이와 더불어 개정판이 나온 2021년 2월 이후 새로운 판례들을 반영하고 있다. 그동안 학계에서만 논의가 있어 왔던 이윤압착이론을 명시적으로 인정한 2021년 대법원 판례를 소개하였다. 또한 오랫동안 학계와 대법원이 고민하여 온 특수관계인에 대한 부당한 이익제공행위의 부당성 판단기준을 제시한 2022년 대법원 판례를 다루고 있다.

　그 외에도 이론적인 논의를 좀 더 보강하였다. 전통적인 하버드학파에서부터 뉴 브랜다이스학파에 이르는 독점규제법의 사상적 흐름을 소개하였다. 이러한 사상적 흐름은 해 아래 새것이 없다는 진리를 다시 한번 생각나게 해준다. 양면시장 내지 플랫폼시장의 특성과 관련시장 획정 논의는 아직까지 명확한 법리가 형성되어 있지 않아 그동안 보류하여 왔는데 전면개정판에서는 이에 관한 이슈를 다루었고 미국 연방대법원의 Amex 판결을 소개하였다. 아직까지도 이와 관련된 논의는 가야 할 길이 더 멀다고 생각한다. 그리고 AI가 주요한 화두가 된 최근의 흐름을 반영하여 부당한 공동행위와 관련된 컴퓨터 알고리즘과 합의 인정의 문제를 소개하였다.

다소 오래된 주제일 수 있지만 역외적용을 둘러싼 속지주의와 효과주의의 대립을 일부 보완하여 소개하였다.

이미 이 분야에는 훌륭한 저서들이 많이 출판되어 있지만 이 책도 나름대로 학계나 실무계에 기여하는 바가 있었으면 좋겠다는 소박한 생각에서 전면개정판에 착수하였다. 저자들은 현직 변호사와 교수이기 때문에 기업을 자문하거나 소송수행 과정에서 습득한 현장에서의 생생한 경험과 강의와 연구를 하면서 느낀 생각 그리고 학생들의 이론적인 질문과 의견을 최대한 종합하고 반영하고자 노력하였다. 이 책의 부제가 '이론과 실무'로 되어 있는 것도 그러한 취지에서이다.

전면개정판 출간을 위해 중앙대학교에서 강의하고 있는 한세론 박사와 배동호 조교가 헌신적으로 원고를 검토하고 교정해 주었다. 박영사 조성호 이사님과 김선민 이사님은 행정적인 지원과 교정을 책임져 주셨다. 지면을 빌어 이분들에게 깊은 감사의 말씀을 드린다.

2023년 2월
저자 올림

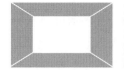

머 리 말

이 책은 저자들이 20여 년 이상 공정거래법에 대해 나누어 온 대화들을 교과서 형식으로 정리한 것이다. 저자들은 1997년 공정거래위원회에서 처음 만났다. 한 명은 판사출신의 심판관리관실 국장이었고 다른 한 명은 그 부서로 발령을 받은 행정고시 출신의 사무관이었다. 그 당시 공정위 심판관리관실은 행정조직이면서도 연구소와 비슷한 분위기였다. 근무시간 이후에도 스터디 그룹 식의 모임이 이어졌고 직급을 불문한 난상토론이 이루어졌다. 대학시절보다 더 많은 법률 서적을 읽었다. 특히 미국과 일본의 교과서나 판례를 읽고 이해하느라 정신이 없을 정도였다. 지나고 보니 어떤 영화제목처럼 "기쁜 우리 젊은 날"이었다.

시간이 흘러 이 책의 공저자 중 한 사람은 2002년 변호사 개업을 하였다. 다른 공저자는 2006년 법학교수로 변신하였다. 하지만 그 이후에도 이렇게 함께 토론하던 인연은 계속 이어졌다. 과거에도 그랬듯이 만날 때마다 공정거래법에 대해서 난상토론을 하곤 하였다. 공저자 중 임영철은 이미 2007년에 공정거래법 교과서(법문사)를 발간한 바 있다. 그 후 법률이 여러 차례 개정되었다. 새로운 대화들도 많이 나누었다. 드디어 작년 가을 저자들은 큰 결심을 하였다. 그 동안 나누었던 대화들과 이전 책을 바탕으로 새 책을 계획하기에 이르렀다.

시중에는 이 분야의 대가들이 쓰신 훌륭한 저서들이 많이 나와 있다. 내공이 부족하다고 스스로 고백하는 저자들이 새로운 책을 쓴다는 것은 큰 부담으로 다가왔다. 하지만 주위의 많은 분들이 책을 출간하도록 끊임없이 독촉하였다. 공정위에 근무하면서 형성된 저자들의 실무 감각과 판사 출신 법조인이 변호사로서 수행했던 많은 사건에서 축적한 실무경력에 대학에서 강의하는 이론적인 논의까지 결합할 수 있다면 나름대로 시너지 효과를 발휘할 수 있을 것이라는 생각도 없지는 않았다. 그러나 가장 큰 동력은 공저자들이 부끄러움을 모른다는 점이 아닌가 싶다.

저자들이 공정거래법에 대해 오랫동안 공유해 왔던 생각들은 다음과 같다.

첫째 공정거래법은 자유로운 기업활동을 보장하여 시장기능이 원활히 작동하도록 하기 위한 법이라는 점이다. 그러기 위해서는 독과점의 횡포를 막고 경쟁을 제약하는 합의를 규제하여야 한다. 공정거래법은 바로 기업들이 가격과 품질을 기준으로 공정한 경쟁을 하기 위한 규칙을 정한 것이다. 시장은 경쟁을 통해 발전하고 경쟁의 원천은 혁신이다. 우리나라는 정부가 주도적으로 자원을 적절히 배분하고 시장을 통제할 수 있는 단계를 벗어난 지 오래이다. 정부는 시장에 적용할 공정한 규칙을 제정하고 일관성 있게 적용하는데 집중하여야 한다. 공정거래법상 규제의 목적은 신고인의 민원해결이나 법위반기업 제재 그 자체가 아니라 그를 통한 시장기능의 정상화이다.

둘째 우리 사회에서 재벌은 부의 편법상속이나 정경유착, 가족의 일탈행위 등 많은 문제를 야기하고 있다고 지적받고 있다. 하지만 공정거래법이 그러한 문제를 모두 해결할 수는 없다. 물론 계열회사에 대해 기업집단 차원의 부당한 지원이 이루어지는 경우 독립기업은 공정한 경쟁 자체가 어렵게 된다. 예컨대 계열사 간 지급보증은 자금조달 면에서 경쟁을 저해할 수 있다. 공정거래법이 수행하여야 하는 역할은 바로 이러한 측면에서이다. 세법이나 형법도 마찬가지로 각 법의 고유한 역할이 있다. 가장 효과적인 방법은 주주와 채권자등 이해관계자에 의한 통제이다. 이것이 원활하게 작동하도록 하는 것이 무엇보다 중요하다. 동원하기 수월하지만 임시방편책에 불과한 행정적 수단을 자꾸 활용하려고 하기 보다는 시간이 걸리고 어려울 수 있지만 보다 근본적인 해결책을 찾도록 노력하여야 한다.

셋째 공정거래법이 경제적 약자보호에 어떠한 역할을 수행하여야 하는지 문제가 된다. 경제적 강자의 횡포를 규제하면 경제적 약자가 보호될 수 있다. 그렇다면 공정거래법이 어느 선까지 개입하여야 하는지 고민이 된다. 만약 분쟁이 당사자 간의 사적인 것에 불과하다면 정부가 개입하는 것은 바람직하지 않다. 물론 정부의 개입이 필요한 공익상의 분쟁이 있을 수도 있다. 예컨대 시장에 관행화 된 '갑질'행위 또는 한 기업의 행위라 하더라도 거래상대방이 다수인 경우를 들 수 있다. 하지만 우리사회의 실정은 소송에서 패한 후 공정거래법으로 구제해 달라는 민원도 제기되고 있듯이 정부에 대한 기대수준이 너무 높다. 아마 이름이 '공정'거래법이고 공정하지 않은 것은 공정위의 소관이라고 생각하는 경향이 있기 때문은 아닌지 모르겠다. 지금 공정위의 모습을 보면 손님들이 한없이 길게 늘어서있는 음식점이 떠오른다. 손님들은 음식을 빨리 먹고 싶어 하지만 주방장은 정신없이 요리하는데도

불구하고 손님의 기대를 충족하기에는 역부족인 실정이다. 국민의 세금으로 일하는
공정위의 입장에서는 다수의 피해자가 발생하는 등 사회적 파급효과가 큰 사건부
터 우선순위를 정해서 처리하도록 하고 사적인 분쟁은 다른 방식으로 원활히 해결
할 수 있는 대안을 강구해야 할 것이다.

   넷째 시장의 규칙을 정한 공정거래법을 누가 어떻게 집행할 것이냐 하는 점이
다. 대부분의 선진국들은 사건처리의 독립성을 위해 합의제 형태의 위원회가 일원
적으로 집행하도록 하고 있다. 정치권력이나 경제권력의 간섭을 받지 않도록 하기
위해서이다. 공정위의 독립성 보장은 대단히 중요하다. 그리고 대부분의 공정거래
법 위반행위는 원칙적으로 범죄가 아니다. 부당이득이 있으면 과징금으로 환수하면
되고 잘못된 관행이 있으면 시정명령으로 금지시키면 된다. 다만 형사상 범죄 수준
의 심각한 법위반이 있으면 합의제인 위원회가 고발하면 된다. 그 대신 피해를 입
은 기업이 손해배상을 원활히 받을 수 있게 민사소송절차를 대폭 개선하여야 한다.
스포츠 경기에서 심판이 호루라기를 너무 자주 불게 되면 선수들의 경기력 발휘가
어렵듯이 공정위가 법집행을 과도하게 하면 기업들은 혁신과 창의적인 사업활동을
주저하게 된다. 기업들은 공정위 조사만으로도 경영이 크게 위축될 수밖에 없다.
시장에서 혁신적인 사업활동이 위축되면 그 피해는 사회 전체가 입게 된다. 공정거
래법은 과소집행 되어서도 안 되고 과잉집행 되어서도 안 된다. 적정하게 집행되어
야 한다.

   끝으로 이 책이 출간되기까지 중앙대 박사과정의 한세론 학생은 원고검토와 집
필방향에 대해 아낌없는 조언을 해 주었는데 진심으로 감사드린다. 그 외에도 세부
적인 내용에 대해 검토해 주신 많은 분들께 감사드린다. 또한 이 책의 출판을 허락
해 주신 박영사의 안종만 사장님과 출판에 대해 조언해 주신 조성호 이사님 그리고
편집을 맡아 고생해 주신 김선민 부장님에게 깊은 감사를 드린다.

2018년 6월
저자 올림

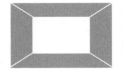

차 례

제 1 장   공정거래법 개관

제 2 장　시장지배적지위 남용금지

제3장　불공정거래행위와 특수관계인에 대한 부당한 이익제공행위 금지

제 4 장 경쟁제한적 기업결합

제5장 부당한 공동행위

제 6 장 사업자단체 금지행위와 재판매가격유지행위 금지

제 7 장 경제력집중 억제

제8장 공정거래법의 적용범위와 사적구제

공정거래법 개관

제 1 절   공정거래법의 의의

공정거래법[1]이 뭐하는 법이냐 하는 물음은 공정거래법을 처음 접하는 사람들보다는 오히려 오랫동안 접해온 사람들이 답하기에 더 어려운 질문이다. 처음 접하는 사람들은 말 그대로 공정한 거래를 위한 법이라 생각하고 공정한 거래는 경제적 약자를 보호하는 것이라고 생각할 수 있다. 즉 갑을관계를 규제하는 법이라는 것이다. 아니면 재벌을 규제하는 법이라고 생각할 수도 있다. 반면 전공자들에게 있어 공정거래법은 시장에서 공정한 경쟁을 촉진하여 소비자를 보호하는 것이 우선적인 관심사이고 경제적 약자 보호는 공정한 경쟁의 결과 간접적으로 성취되는 것으로서 경쟁과 조화되는 범위 내에서 제한적으로 추구하여야 하는 것으로 생각하는 경향이 있다. 재벌규제 문제도 우리나라 현실에서 불가피하기는 하지만 지나치게 강조하는 것은 바람직하지 않다고 생각하는 것이 일반적이다. 실제로 변호사시험에서도 갑을관계에 관련된 내용은 출제되는 경우가 많지 않고 재벌문제는 아예 출제가 되지 않는다.

지금 우리나라의 공정거래법은 심각한 정체성 위기(identity crisis)를 겪고 있다.

---

1) 정확한 법률 명칭은 「독점규제 및 공정거래에 관한 법률」이다. 본고에서는 우리나라의 법을 지칭하는 경우 가급적 '공정거래법'을 사용하고, 보통명사로서는 '독점규제법' 또는 '경쟁법'이라는 명칭을 사용하고자 한다.

어느 나라의 독점규제법이든 그 나라의 특수한 환경 속에서 태어나고 집행될 수밖에 없지만 최근 들어 공정거래법에 너무나 많은 요구와 기대가 몰리고 있다. 국회에는 수시로 공정거래법 개정안이 제출되고 있고 거의 매년 공정거래법이 개정되고 있다. 우리나라 공정거래법 역사가 40년이 넘지만 지금처럼 법의 정체성에 대해 공감대 형성이 어려웠던 적은 드물었다고 생각한다.

물론 독점규제법 역사가 100년이 훨씬 넘는 미국에서도 이러한 논쟁은 종종 벌어지곤 하였다. 미국에서는 1960년대만 하더라도 경제적 약자 또는 중소사업자 보호가 중요한 사회적 이슈였다. 그래서 거래상대방인 중소사업자의 자율권을 제한한다는 이유로 법위반이 되곤 하였다. 예컨대 본사가 대리점의 영업지역을 제한하는 경우 당연위법으로 보아 3배 손해배상을 명하곤 하였다. 이에 대해 독점규제법이 경쟁의 보호가 아닌 중소사업자와 같은 경제적 약자 또는 경쟁자 보호에 치중하여 오히려 경쟁을 제한하고 소비자후생을 저해한다는 '독점규제법의 역설'이 제기되기도 하였다(Robert Bork의 The Antitrust Paradox). 더 나아가 독점규제법은 그릇된 경제적 가정과 산업에 대한 인식부족으로 제정된 잘못된 법이기 때문에 폐지되어야 한다는 비판도 제기되었다(Gary Hull).

그런가 하면 최근에는 정반대로 미국 독점규제법이 경제적 효율성을 추구한다는 명목으로 효율성 입증에 매달려 정작 독과점기업의 반경쟁적 행위를 규제하지 못해 오히려 효율성을 해치는 독과점기업이 보호받고 있다는 '효율성의 역설'도 제기되고 있다(Eleanor M. Fox의 The Efficiency Paradox). Michael Carrier 교수는 그 동안 독점규제법이 분명한 철학도 없이 과소규제와 과잉규제의 반복(swinging pendulum from under-to over-enforcement and back again)이었다고 지적하기도 한다.

이러한 논의들은 근본적으로는 독점규제법 또는 공정거래법의 목적과 관련되는 것들이기도 하다. 여기서는 본격적인 논의는 접어 두고 자주 언급되는 두 가지 쟁점에 대해 간략히 서술하고자 한다.

Ⅰ. 경쟁법으로서의 공정거래법

무엇보다 공정거래법은 기업 간의 자유롭고 공정한 경쟁을 촉진하여 시장의 기능을 활성화하고 궁극적으로는 소비자의 후생을 증대하기 위한 법이다. 일찍이 미국의 Black 대법관이 독점규제법은 공정한 경쟁을 거래의 규칙으로 보존하기 위한

"경제적 자유의 대헌장"(a comprehensive charter of economic liberty)이라고 표현한 것도 그러한 의미이다.[2] 시장은 혁신에 의해 발전하고 혁신은 경쟁의 과정에서 생성된다. 경쟁을 촉진하기 위해서는 경쟁의 자유가 보장되어야 한다. 정부에 의한 과다한 규제나 기업들 간의 담합은 경쟁의 자유를 해치는 대표적인 행위이다.

그런데 지금 우리 사회는 고도경제성장기 때 겪어보지 못했던 새로운 문제들에 직면해 있다. 고도경제성장기 때에는 경제적 파이가 지속적으로 팽창되어 왔기 때문에 대·중소기업 간 갈등이 지금처럼 표면화되지는 않았다. 하지만 지금은 대·중소기업 간에 상충되는 이해관계를 조정하기가 쉽지 않다. 정부주도 하의 불균형 성장전략은 한편으로는 성공적인 경제정책이었지만 그 부작용도 만만찮았다. 일엽편주와 같은 중소기업이 항공모함과 같은 대기업집단 소속의 기업과 경쟁하기 쉽지 않다는 것도 사실이다. 언론에 비치는 공정거래법의 모습은 경쟁촉진이라기보다는 중소사업자나 대리점 등 경제적 약자 즉 '乙'을 보호하여야 하는 법 또는 재벌이라 불리는 대규모기업집단을 규제하는 법으로 보이기도 한다.

100년 이상의 독점규제법 집행경험이 있는 미국에서도 이러한 고민이 적지 않았다. 포퓰리즘의 분위기가 강했던 1962년 연방대법원은 Brown Shoe 판결에서 독점규제법의 제정 의도는 "경쟁자의 보호가 아니라 경쟁보호"(the protection of competition, not competitors)라고 하면서도 동시에 경쟁의 촉진은 중소사업자들의 보호를 통해 이루어질 수 있다는 입장을 밝히면서 지금의 관점에서는 전혀 문제가 되지 않을 것 같은 기업결합도 불허한 바 있다.[3] 하지만 1970년대 이후 미국 산업의 경쟁력 저하가 주요한 사회적 이슈가 되면서 지금은 독점규제법의 역할은 경쟁촉진을 통한 경제적 효율성 제고라는 데 대체로 의견이 수렴되고 있다.

우리나라의 상황은 더 복잡하다. 경제적 약자 보호는 우리 사회의 중요한 가치임에 틀림없다. 또한 재벌은 순환출자나 부당지원과 같은 비정상적인 방법으로 기업집단의 경제력을 키운 후 온갖 산업에 무분별하게 진입하여 가격과 품질에 의한 경쟁(competition on the merits)보다는 기업집단의 경제력(deep pocket)에 의한 경쟁을 통해 시장기능을 저해한 측면을 무시하기 어렵다. 이러한 측면에서 공정거래법은 중소사업자 보호나 경제력집중 억제 정책과 밀접한 관련을 갖고 있는 것이 사실이

---

2) Northern Pacific R. Co. v. United States, 356 U.S. 1, 4 (1958). "The Sherman Act was designed to be a comprehensive charter of economic liberty aimed at preserving free and unfettered competition as the rule of trade."

3) Brown Shoe Co. v. United. States., 370 U.S. 294 (1962).

다. 경제적 약자를 보호하여 유효한 경쟁주체로 성장할 수 있게 할 수 있다. 대기업 집단의 부당지원행위를 규제하여 중소사업자를 보호할 수도 있다 .

그러나 공정거래법은 시장에서의 공정한 경쟁이 이루어질 수 있는 기반을 형성하는 방식으로 중소사업자 보호나 경제력집중억제 정책을 추진하는 것이 바람직하고 개별거래에 직접 개입하거나 경쟁과 관련성이 깊지 않은 재벌정책까지 나아가는 것은 경계할 필요가 있다.

물론 경쟁이라는 것이 우리 사회의 최고의 가치일 수는 없고 오히려 개인적인 차원에서는 비윤리적으로 생각되는 경우도 적지 않다. 경쟁이란 단지 기업의 경제활동을 규율하는 중요한 가치들 중 핵심적인 것이지 사회의 모든 가치를 대신할 수는 없다. 공정거래법이 포용하지 못하는 분야는 당연히 다른 법률이나 정책으로 보완하여야 한다. 그래서 국가적인 차원에서 경제적 약자를 배려하기 위한 정책이나 법률이 마련되어야 한다. 문제는 공정거래법이 서로 모순될 수도 있는 너무 많은 역할을 담당하려고 하다 보면 본연의 사명조차 달성하기 어려워질 수 있다는 점이다.

Ⅱ. 경쟁질서 회복을 위한 공정거래법

공정거래법을 위반하면 기업은 제재를 받게 된다. 그러나 처벌이나 응징이 공정거래법의 목적은 아니다. 공정거래법이란 본질적으로 훼손된 경쟁질서를 회복하여 시장기능을 원활히 함으로써 경제의 효율성을 제고하기 위한 법이다.

사회일각에서는 처벌을 엄하게 하면 공정거래가 촉진된다고 생각하는 경향이 있다. 그러나 공정거래법은 축구경기의 규칙과 유사한 측면이 있다. 만약 규칙이 너무 엄하여 경고카드나 레드카드가 빈발하게 되면 축구경기가 더 재미있을까? 아마 선수들은 위축되어 실력을 제대로 발휘해보지도 못하고 관중은 경기에 흥미를 잃어 궁극적으로는 축구리그가 망해버릴 수도 있을 것이다. 공정거래법도 비슷하다. 너무 엄하게 되면 기업들의 창의적이고 혁신적인 경영이 대단히 위축될 수 있다. 그래서 공정거래법은 양 극단 사이에서 적절한 균형을 유지하는 것이 중요하다. 또한 축구경기 심판과도 같은 공정거래위원회의 법집행방식도 적절한 수준이 되어야 한다. 과소집행오류(false negative error)와 과잉집행오류(false positive error)에 늘 유의하여야 한다.

대부분의 선진국가들이 시장상황에 맞는 치밀한 시정명령을 내리거나 동의명령과 같이 기업의 협력을 필요로 하는 수단을 광범위하게 활용하는 것도 그러한 이유에서이다. 가끔 거액의 과징금을 부과하기도 하고 극단적인 경우에는 형사처벌을 하기도 한다. 그러나 공정거래법상 제재는 처벌이 주목적이 아니라 법위반 행위로 인해 손상된 시장기능을 복원하여 기업들이 자유롭고 공정하게 경쟁하고 궁극적으로는 소비자의 후생을 극대화하기 위한 것이다. 입찰담합[4]과 같은 극히 소수의 행위를 제외한다면 공정거래법 위반행위의 대부분은 자연법적으로도 금지되는 반사회적 행위가 아니다. 살인이나 강도와 같은 범죄와는 그 성격이 다르다.

가끔 언론에서는 공정거래위원회를 '경제검찰'이라고 부르곤 한다. 하지만 선진국에서 공정거래위원회와 같은 경쟁당국을 '경제검찰'이라고 부르는 경우는 찾아보기 어렵다. 이러한 표현은 대단히 부적절하고 공정거래위원회의 성격을 왜곡하는 것이라 생각한다. 구글 검색을 해 보면 남미의 칠레 경쟁당국의 공식명칭이 '경제검찰'(The National Economic Prosecutor)로 되어 있기는 하다. 하지만 그 외에는 사례를 찾아보기 어렵다. 미국에서는 공정거래 관련 사건의 90~95% 이상이 민사적인 방법을 통해 당사자 간에 해결된다. 주로 손해배상소송으로 이루어진다.

지금 공정거래법상 문제되는 많은 행위들이 불과 몇 십 년 전만 하더라도 문제가 되지 않았다. 예컨대 배타조건부 거래는 공정거래법이 있기 이전에는 문제가 되지 않는 것이었다. 또한 공정거래법상 문제가 될 수 있는 행위는 사전에 법위반 여부를 판단하기도 쉽지 않은 경우가 많다. 부당한 거래거절에 관한 사건에서 대법원과 헌법재판소의 판단이 상이한 경우도 있었다. 미국에서는 1970년대를 전후로 하여금 법위반 판단기준이 혁명적인 수준으로 바뀌었다.

공정거래법은 훼손된 시장기능 회복, 즉 공정한 경쟁질서 회복이 주 목적이기 때문에 공정거래위원회의 조치는 시장에서 유사한 행위가 재발되지 않고 제대로 된 경쟁이 이루어질 수 있는 여건을 조성하는 것이 중요하다. 공정거래위원회는 제한된 인원과 예산으로 사회적 파급효과를 극대화하여야 한다. 개별 사건에 대해 민원처리식으로 대응하기보다는 시장실태조사를 치밀하게 하여 시장을 친경쟁적으로 유도하고 소비자후생과 사회전체의 후생이 극대화될 수 있도록 하여야 한다. 법위반기업을 제재하는 경우에도 그 자체가 목적이어서는 곤란하고 그로 인해 시장의 경쟁기능이 회복되고 산업전반에 경쟁 기반이 조성될 수 있도록 하여야 한다. 즉

---

4) 그래서 형법 제315조에도 경매, 입찰방해죄가 규정되어 있다.

법집행의 타깃이 기업이 아니라 시장이어야 한다.

그 대신 법위반행위로 인해 피해를 입은 기업이나 소비자가 있다면 손해배상으로 해결하는 것이 바람직하다. 피해를 입은 기업이 손해배상을 신속히 받을 수 있도록 손해배상절차를 지속적으로 개선하여야 한다. 손해배상이 원활하지 않게 되면 공정거래위원회가 본연의 업무인 경쟁복원 기능에 몰두하기 어렵다. 과징금은 제재의 기능과 함께 부당이득 환수의 기능을 한다. 하지만 부당이득을 환수한다 하더라도 피해자가 아니라 국고로 귀속이 된다.

사전에 위법성 판단이 어렵고 추상적·포괄적인 공정거래법의 특성상 제재를 강화하면 기업들의 혁신적이고 창의적인 사업활동을 위축시키고 자칫 시장체제의 가장 큰 장점을 훼손시킬 가능성도 높아지게 된다. 축구경기에서 경고카드나 퇴장 카드가 남발될 때 일어나는 현상과도 비슷하다. 처벌의 위험 때문에 새로운 일은 주저하게 된다. 공정거래법이 시장의 혁신을 저해할 수 있다는 지적이 설득력을 얻을 수도 있다. 기업의 입장에서는 조사 자체가 처벌 못지 않게 큰 부담이 될 수 있다. 과도한 조사나 제재는 혁신보다는 안전하고 보신주의적 경영을 초래할 수 있고 (chilling effect), 억제된 기업가적 행위(road not taken)는 궁극적으로는 소비자의 피해로 이어질 수 있다.[5] 글로벌 경쟁이 보편화된 오늘날에는 기업의 혁신노력과 대한민국의 경쟁력제고는 공정거래법 집행과도 밀접한 관련이 있다.

제 2 절 독점규제 제도의 역사

Ⅰ. 유래

마그나 카르타(Magna Carta, 1215년)는 민주주의 발전의 기틀을 마련했다고 평가되지만 사업활동의 자유에도 큰 기여를 하였다. 중세시대 수공업자 조직인 길드 (craft guild)는 자신의 이익을 보호하기 위해 길드에 가입하지 않은 상인들이 자신들과 동종(同種)의 영업을 못하도록 하거나, 영업을 허용하더라도 상품의 판매 가격이나 거래조건 등을 제한하는 경우가 많았다. 그런데 이러한 길드의 행태로 인하여 영업의 자유가 제한됨으로써 가격이 인상되고 품질은 저하되는 등 사회적 문제가

---

5) A.E.Rodriguez & Ashok Menon, The Limits of Competition Policy, Wolters Kluwer, 2010, pp. 35-36.

발생하게 되자, 마그나 카르타 제41조에서 "모든 상인은 안전하게 영국에 드나들 수 있고, 영국 내에서 상업을 목적으로 불법적인 제약으로부터 자유롭게 상관습에 따라 체류하거나 여행할 수 있다"고 정하게 되었다.[6]

이러한 마그나 카르타의 내용은 기본적으로는 상업의 자유를 보장하기 위한 것이 주된 취지였지만 독점규제법적 관점에서는 시장에 존재하는 부당한 경쟁제한적인 관행으로부터 일반상인들의 영업의 자유를 보호하기 위한 의미를 동시에 가지고 있는 것으로 평가될 수 있다. 이후 영국은 마그나 카르타에 반영된 법 원칙과 동일한 취지의 법령과 판례를 Common Law를 통하여 발전시켜 나갔다.

영국에서 독점력의 규제에 대한 대표적인 사례로는 게임용 카드(playing cards) 수입업자에게 여왕이 부여한 독점권을 무효로 한 1602년 판결을 들 수 있다. 이 사건은 당시 왕권과 의회권력 간의 다툼을 반영한 사건이긴 하지만 판결의 취지, 즉 독점은 상품의 가격인상과 품질저하를 초래할 수 있다는 논리는 오늘날에도 유효한 것이다.[7] 또한 유명한 1414년의 John Dyer 사건과 1711년의 Mitchel v. Reynolds 사건은 거래제한에 관한 최초의 사건으로 기록되고 있다.

이처럼 영국에서 발달된 독점과 거래제한의 규제에 관한 Common Law의 법리들은 현재의 독점규제법에 상당한 영향을 준 것으로 평가받고 있다. 그러나 근대적인 독점규제법의 시작은 미국에서 비롯되었다고 보는 것이 일반적인 시각이다.[8]

Ⅱ. 미국

미국의 독점규제법도 다른 법률들과 마찬가지로 역사적 산물이라고 할 수 있다. 이는 독점규제법의 효시가 된 1890년의 Sherman 법이 농업사회에서 공업사회로 변화해 가던 당시의 시대상을 반영하고 있었기 때문이다.

미국은 전통적으로 농업에 기반을 둔 사회였으나 남북전쟁(Civil War)을 거치면

---

6) "All merchants may safely and securely go out of England, and come into England, and stay and pass through England, as well by land as by water, for the purpose of buying and selling, free from all evil taxes, subject to the ancient and right customs⋯"(MAGNA CARTA ARTICLE 41).

7) Lawrence A. Sullivan & Warren S. Grimes, The Law of Antitrust: An Integrated Handbook, Second Edition. Thomson West, 2006, pp. 92－93.

8) 엄밀히 말하면 캐나다에서 독점규제법이 더 빨리 제정되었지만 현대 경쟁법에 주된 영향을 미친 것은 미국의 독점규제법이다.

서 교통·통신 등의 기술이 급속하게 발전함에 따라 과거 조그만 지역사회 위주의 시장이 전국적인 규모로 확대되었다. 기업의 규모가 커지게 되면서 규모의 경제 (economy of scale)로 인한 정당한 이득은 물론이고 독점에 대한 별다른 규제가 없던 당시의 법적 환경을 악용하여 대규모 기업들이 부당한 초과이윤을 획득하는 것도 가능하게 되었다.

기업들은 서로의 이익을 위해 자율적으로 기업결합을 하거나 또는 거대기업이 강압에 의해 다른 기업을 트러스트(trust)[9]에 편입시키는 등의 방법으로 기업의 규모를 확대시켜 나갔다. 규모의 경제로 인한 이득은 자본주의 발전에 긍정적으로 작용하였으나 거대 기업들이 경제적인 힘을 남용하는 행태는 수많은 농민과 중소 사업자들의 원성을 사게 되었다.

예를 들면 석유사업자인 J. D. Rockefeller는 철도로 석유를 독점적으로 운송하는 대신 운임 할인혜택을 줄 것을 철도회사들에 요구했다. 처음에는 완강히 거절하던 철도 회사들도 Rockefeller 회사의 수송 물량이 기하급수적으로 늘어나자 그 요구를 들어줄 수밖에 없었다. 결과적으로 농민들은 옥수수 운송선이 막혀버려 판매에 큰 애로를 겪게 되었다. 그리고 다른 정유회사들은 철도 대신 송유관을 부설하려 하였으나 여러 경로를 통한 압력으로 이마저도 쉽지 않았다. 여기에 더해 파격적인 가격 인하정책으로 다른 석유회사들을 몰락시켜 버리고서는 나중에 그 회사들을 매입한 다음 다시 석유가격을 터무니없이 인상하는 약탈적인 행위를 자행하기도 하였다. 결국 당시 중요한 유권자 층을 형성하고 있던 농민, 중소사업자, 시민들의 불만은 극에 달하게 되었다.

그 무렵 1888년 미국 대통령 선거운동이 시작되었는데 당시 정치권은 일제히 트러스트를 공격하였다. 특히 상원 재정위원회(Senate Finance Committee) 위원장이자 공화당 대통령 후보 중 한 명이었던 John Sherman 상원의원[10]은 비록 공화당 후보로 선출되지는 못했지만 선거과정에서 트러스트를 주요한 이슈로 삼았을 뿐만 아니라 이후에 현재 Sherman 법으로 불리는 반트러스트 법안을 제안하였다.

---

9) 수개의 기업들이 단일한 조직을 구성하여 주식의 형태로 지분은 유지하면서 운영권을 그 조직에 일임하는 형식으로 트러스트를 구성하였다. 그 주된 이유는 여러 주에 소재한 기업들이 거래제한에 대한 규제가 없는 특정 주에서 트러스트를 구성하게 되면 거래제한에 대한 규제가 있는 주의 관할권을 벗어날 수 있었고, 나아가 당시에는 거래제한에 대한 연방차원의 규제가 없었기 때문에 편리하게 시장지배력을 행사할 수 있게 되는 장점이 있었기 때문이었다.

10) 1866년 대동강변의 '제너럴 셔먼호 사건'에 등장하는 '셔먼호'는 남북전쟁 당시 유명한 장군이었던 William T. Sherman의 이름을 딴 것으로 John Sherman 상원의원의 친형이기도 하다.

이 법안은 상하원 통틀어 반대표가 상원에서 1표밖에 없었을 정도로 압도적인 지지를 받았지만 심의와 통과과정에서 모든 의원들이 일관된 철학을 가지고 있었던 것은 아니었다. 경쟁촉진을 염두에 두고 있었던 사람, 중소사업자의 보호를 위해 동 법안의 도입에 찬성했던 사람 등 각자의 철학에 따라 법안 찬성의 동기가 다양하였다. 이러한 사실은 이후 독점규제법의 집행이나 이론들이 일관된 목적을 향해서 발전해 나가기보다는 그때 그때의 시대상을 반영하면서 때로는 모순되기조차 한 목적들을 추구하면서 발전하게 되는 계기가 되었다.

Sherman 법 제정 이후 시간이 지나면서 법 집행상의 많은 문제점들이 노출되었다. 우선 당초 법 집행기관이었던 법무부(Department of Justice, DOJ)가 의회의 기대만큼 활발하게 법을 집행하지 않았을 뿐만 아니라, 1911년 Standard Oil 사건[11]에서 연방대법원이 소위 합리의 원칙(rule of reason)[12]을 선언하자 법 적용이 크게 제약을 받을 수 있다는 우려들이 제기되었다.

이에 의회는 1914년 독립규제위원회 조직형태로 연방거래위원회(Federal Trade Commission, 이하 'FTC'라고 한다)를 설치하도록 한 연방거래위원회법(Federal Trade Commission Act, 이하 'FTC 법'이라고 한다)을 추가로 제정하였다. 그런데 기존의 법무부를 그대로 존치한 채 FTC를 추가로 설치함으로써 미국은 독점규제법 집행기관이 두 개인 독특한 이원적 집행구조를 가지게 되었다.[13]

위와 같은 미국의 독점규제법은 이후 우리나라를 비롯해 독점규제법을 받아들인 세계 여러 나라의 모델이 되었다는 점에서 중요한 의미가 있다. 다만 집행구조는 미국과 달리 대부분의 나라들이 하나의 기관으로 일원화하고 있다는 점에서 차이가 있다.

Ⅲ. 유럽연합

유럽연합이나 일본 등은 2차 대전 이후에 독점규제법 제정논의가 본격화하였

---

11) Standard Oil Co. of New Jersey v. United States, 221 U.S. 1 (1911).
12) '합리의 원칙'이란 특정한 행위의 존재만으로는 위법성이 인정되지 않고 그 행위로 인한 효과를 평가하여 부당성이 추가로 입증되는 경우에 비로소 위법성이 인정된다는 원칙을 의미한다.
13) 미국 FTC에는 과징금 제도가 없다. 미국에서 법위반에 대한 금전적 재제는 경성카르텔에 대해 법무부의 벌금에 의한다.

고 유럽에서는 1957년 유럽 최초의 독점규제법을 제정한 독일이 핵심적인 역할을
하였다.[14] 독일은 2차 세계대전 이전에 이미 프라이부르크 학파(Freiburg School)를
중심으로 질서자유주의(Ordoliberalism)라고 하는 경쟁법에 대한 지적인 분위기가 형
성되어 있었다. 유럽연합은 1957년에 체결된 「유럽경제공동체의 설립에 관한 조약」
(Treaty establishing the European Economic Community, EEC), 즉 로마조약(Treaty of
Rome)에서 비롯되었다. 유럽의 통합은 1991년에 체결된 「유럽연합 창설조약」(Treaty
establishing the European Union: TEU)[15]이 1993년 11월 1일에 발효되면서 이루어졌다.
기존의 경제분야 협력(1st pillar)은 외교 및 안보(2st pillar), 내무 및 사법(3st pillar) 분
야까지 확대되었고 소위 '3주 체제'를 형성하며 유럽 연합(European Union; EU)으로
통칭되게 되었다.

유럽연합은 말 그대로 단일국가가 아니기 때문에 법률이 아니라 조약에 경쟁관
련 조항이 마련되어 있다. 현행의 핵심 조항은 2007년 리스본 조약(Lisbon Treaty) 제
101조와 제102조이며, 대체로 미국의 Sherman 법 제1조와 제2조에 상응한다고 볼
수 있다. 이 조항과 이를 보충해 주는 각종 규정이나 지침들을 통칭하여 EU 경쟁법
이라 부른다. 이 규정은 사전에 특별한 결정이 없이도 회원국에 바로 적용된다.

나라별로 경쟁법이 탄생한 배경이 다르기 때문에 저마다의 특성을 지니고 있
지만 특히 EU 경쟁법은 법 해석과 집행에 있어서 경쟁촉진뿐만 아니라 역내통합
내지 시장통합이라는 목적이 강하게 작용하여 왔다. 예컨대 회원국별 차별취급은
통합에 저해요인이 된다고 보아 상대적으로 엄하게 규제하여 왔으며 일관성 있는
법집행을 위해 형태위주의 법집행관행(form-based approach)이 있어 왔다. 하지만
최근에 와서는 위반행위의 경제적 분석을 강화하는 등 미국법과 수렴하는 경향이
있다.

절차적인 측면에서는 합의제인 위원회(Commission)가 최종결정을 하는 구조를
지니고 있지만 위원의 구성이 다수의 국가출신이고 경쟁문제만 담당하는 것이 아
니다. 경쟁법 집행은 경쟁담당 위원 1인과 사무총국(DG Comp)이 담당하는데 절차

---

14) 독일의 경쟁제한방지법에 대해서는 다음의 책 참조. 권오승, 「경제법」(12판), 법문사, 2015,
    114-119면. 이 책은 공정거래법과 소비자보호 법률들까지 포함하여 1998년에 초판이 발행
    되었는데 독점규제법의 연구범위와 쟁점을 종합적으로 제시하여 우리나라에서 학문으로서
    독점규제법을 정립한 것으로 평가받는다. 이후의 다양한 교과서들도 이 책의 연구범위를 크
    게 벗어나지 않는다.
15) 마스트리히트 조약(Treaty of Maastricht)이라고도 한다.

적 보장을 강화하기 위하여 위원 직속의 청문주재관(Hearing Officer)이 주관하는 청문의 기회를 보장해 주고 있다. 또한 시정명령이나 과징금 납부명령을 내리기 전에는 각국 전문가들로 구성된 자문위원회의 의견을 듣도록 하고 있다. 현실적으로 각 회원국들의 이해관계를 무시할 수 없기 때문이다.

법집행의 측면에서 볼 때 유럽연합이나 회원국들은 독점규제법이 경제의 효율에 관한 법이기 때문에 행정적 제재인 과징금을 주로 활용하고 형사처벌은 전혀 하지 않거나 하더라도 대단히 소극적이다. 독일은 독점규제법에 형사처벌 조항이 없고 영국이나 프랑스 등 형사처벌 조항을 가지고 있는 몇몇 나라들도 형사처벌을 하는 사례는 많지 않다.

Ⅳ. 일본

2차 세계대전 이후 MacArthur 장군의 미군정은 2차 대전 발발에 책임이 있는 군벌, 내무성, 재벌을 해체하고자 하였다. 군벌을 해체하기 위해 평화헌법을 제정하였고, 전시사회운영의 핵심적 역할을 수행하였던 내무성을 해체하였다. 그리고 전쟁발발 및 수행에 크게 관여한 재벌의 부활을 막고 경제력의 집중을 배제하기 위해 1947년에 「사적독점의 금지 및 공정취인의 확보에 관한 법률」(이하 '독점금지법'이라고 한다)을 제정한다. 이듬해인 1948년에는 공정거래업무를 수행할 공정취인위원회 (公正取引委員會)를 설치하였다.

미군정은 1945년 최초의 명령서를 통해 재벌의 근간이 된 지주회사의 지분매각 조치를 하였고 이후 순차적인 조치를 통해 전격적으로 재벌을 해체해버렸다. 독점 금지법은 재벌해체 작업이 상당히 진척된 1947년에 제정되었다. 이 법은 기본적으로는 미국의 독점규제법과 마찬가지로 특정 산업 또는 특정 시장 내의 독과점을 규율하고자 한 것이었다. 그러나 비록 재벌이 해체되었더라도 종전의 계열사들이 재결합하는 것을 막고 민주적 경제질서를 보장하기 위한 차원에서 경제력집중과 관련된 일부 조항들을 마련해 두었다. 이러한 조항은 우리나라 경제력집중억제정책, 즉 재벌정책에 영향을 주게 된다.

일본의 독점금지법은 주로 미국의 Sherman 법과 FTC 법을 하나의 법률로 받아들인 것이다. 원래 미국에서는 Sherman 법과 FTC 법 각자가 독점규제법으로서의 독자적인 완결성을 가지면서 다만 그 집행기관을 달리한다. 그런데 이러한 두 개의 법률의 내용을 하나의 법률 속에 모두 담으려다 보니 중복되는 부분이 생기게 되었다. 이러한 문제를 해결하려는 시도는 이 책의 뒤에서 설명하는 바와 같이 법률의 체계적인 해석에 엉뚱한 문제점을 야기하기도 하였다.

우리나라의 독점규제법은 사실상 일본의 독점금지법을 상당부분 참조하여 만들어졌던 것인데 일본의 이러한 문제점들은 그대로 우리나라 공정거래법의 문제점이 되기도 한다.

법집행 측면에서 볼 때 일본은 독점금지법의 역사가 우리나라보다 훨씬 길면서도 정작 집행의 빈도나 강도는 대단히 약한 편이다. 일본 공정취인위원회가 거액의 과징금을 부과하거나 형사 고발을 하는 경우는 대단히 보기 드문 현상이다.

V. 우리나라

우리나라에서 독과점문제가 처음으로 국민의 관심을 끌게 된 계기는 1963년의 이른바 '삼분폭리 사건'이었다. 그 해는 흉작과 태풍으로 국민생활이 어려웠고 대통령선거와 국회의원 총선거로 인해 거액의 정치자금이 조성되던 시기였다.[16] 삼분(三粉)이란 시멘트, 밀가루, 설탕을 말하는데 특히 밀가루의 폭리가 가장 심하였다. 10여 개의 업체들은 서로 담합하여 가격을 당시 고시가격의 3배까지 인상하여 100억 원 이상의 폭리를 취했다. 독과점이 형성되었던 설탕과 시멘트업계 역시 고시가격의 3~4배에 이르는 가격조작과 세금포탈로 막대한 폭리를 누렸다.

이러한 독과점의 폐해가 노출되자 이를 규제할 수 있는 법률을 만들어야 한다는 여론이 들끓기 시작했다. 실제로 공정거래법 초안이 만들어져서 발표되기도 하였으나, 업계의 필사적인 반대와 경제성장이 우선되지 않을 수밖에 없었던 시대상황으로 인해 결국 입법에는 실패하였다. 그 후에도 1966년, 1969년, 1971년 등 여러 차례 입법시도가 있었으나 번번이 좌절되었다.

우리나라 현행 공정거래법의 전신은 1975년에 제정된 「물가안정 및 공정거래에 관한 법률」이라고 할 수 있다. 1972년 1차 원유파동으로 물가가 급등하자 정부는 상품이나 서비스의 최고가격을 지정하는 등 물가를 안정시키고 판매거절금지

---

16) 공정거래위원회, 「시장경제 창달의 발자취」, 2001, 28−29면. 삼분업체들이 국민을 희생시켜 폭리를 취하도록 정치권력이 묵인해 준 대가로 거액의 정치자금을 챙겼다는 의혹이 제기되었으나 진상은 규명되지 못하였다.

등 거래질서 확립을 위한 내용을 중심으로 「물가안정에 관한 법률」을 제정한 바 있었는데, 1975년에 「물가안정에 관한 법률」을 보완하여 불공정거래행위의 금지를 규정하는 한편 위반 사업자에게 시정명령을 부과할 수 있는 법적 근거를 담아 「물가안정 및 공정거래에 관한 법률」을 제정하기에 이른 것이다.

그러나 이 법률은 상호모순적인 두 가지 내용을 하나의 법률에 담고 있었다는 점에서 본질적인 한계를 가지고 있었다. 물가안정을 위해서 정부가 시장에 직접 개입하여 가격이나 물량을 조정할 수 있도록 해야 했지만 공정거래의 목적을 위해서는 시장의 자율적인 기능을 최대한 보장하여야 했기 때문이다.

이처럼 이질적인 두 가지 목적을 동시에 추구하면서 이 법의 집행은 처음부터 한계를 드러낼 수밖에 없었다. 이러한 이유로 정부 및 사회 일각에서는 본격적인 독점규제법을 제정하기 위한 시도가 다시 여러 번 있었으나 그 때마다 관련 이해집단들의 반대에 부딪혀 무산되었다.

본격적인 최초의 독점규제법은 국가보위입법회의 입법으로 1980년 12월 31일에 제정되어 다음 해 4월 1일에 시행된 「독점규제 및 공정거래에 관한 법률」이다. 그 이전의 법률에는 시장의 독과점화가 심화되더라도 이를 억제할 수 있는 제도적 장치가 없었고, 물가안정을 위한 정부주도의 가격통제 위주로 법 집행이 이루어짐에 따라 시장경제의 핵심인 가격기구 작동이 저해되는 심각한 부작용이 문제점으로 지적되어 왔다. 이러한 상황에서 시장경제 확립을 기치로 내걸고 1980년 10월 27일에 개정된 헌법 제120조 제3항에 독과점규제 조항[17])이 신설되었고, 이러한 헌법규정에 기초하여 오늘날의 「독점규제 및 공정거래에 관한 법률」이 제정되기에 이른 것이다.[18])

그러나 제정 당시의 공정거래법은 제1조에 과도한 경제력의 집중을 방지한다는 목적은 선언하고 있었지만 정작 경제력집중을 억제하는 제도적 장치는 구비하지 못하였다. 그래서 이러한 제도가 필요하다는 주장이 지속적으로 제기되었고 결국 1986년 제1차 공정거래법의 개정을 통해 재벌의 경제력집중을 억제할 수 있는 출자총액제한 등의 장치가 마련되었다.

1987년 10월 29일의 제9차 헌법 개정에서는 경제력집중억제시책의 위헌성 논

---

17) 당시 헌법 제120조 제3항은 "독과점의 폐단은 적절히 규제·조정한다"고 규정하고 있었다.
18) 공정거래위원회는 이 법이 "정부주도로 운용되어 왔던 우리 경제를 시장경제체제로 전환하기 위하여 만든 법"이라고 설명한다. 공정거래위원회, 전게서, 35면.

란을 불식시키기 위해 헌법 제119조 제2항에 근거규정을 두기에 이르렀는데,[19] 그 이후의 여러 차례 공정거래법 개정에도 불구하고 큰 틀은 변경 없이 현재까지 유지되고 있다.

그런데 우리경제가 성장하면서 여러 분야에서 중소사업자 보호의 필요성이 높아진 반면 경쟁법인 공정거래법으로 해결하는데 한계가 드러나게 되었다. 이를 위해 하도급이나 가맹사업, 대규모유통업, 대리점 등의 분야에 대해서는 특별법들이 제정되었다. 1984년에는 공정한 하도급 거래질서를 확립하기 위해 「하도급거래 공정화에 관한 법률」이 제정되었다. 1999년 2월 5일에는 각 개별법에 의해 제도적으로 인정되고 있던 카르텔을 폐지 또는 개선하여 자유시장경제를 활성화하기 위해 「독점규제 및 공정거래에 관한 법률의 적용이 제외되는 부당한 공동행위 등의 정비에 관한 법률」(일명 카르텔 일괄 정리법)이 제정되었다.

또한 2002년 5월 13일에는 「가맹사업거래의 공정화에 관한 법률」, 2011년 11월 14일에는 「대규모유통업에서의 거래공정화에 관한 법률」, 2015년 12월 22일에는 「대리점거래의 공정화에 관한 법률」이 제정되었다.[20]

제 3 절   독점규제법의 목적

Ⅰ. 개요

독점규제법의 목적이 무엇인지 혹은 무엇이 되어야 하는지를 구명하는 것은 경쟁법 집행을 포함한 경쟁정책 전반의 성과에 직접적으로 영향을 미치게 된다.[21]

독점규제법의 가장 기본적인 목적은 시장에서의 경쟁을 촉진하는 것이며 이러한 이유로 흔히 독점규제법을 경쟁법이라 부르고 있다. 그런데 독점규제법이 추구하는 '경쟁'이 구체적으로 무엇인지를 일의적으로 정의하는 것이 쉽지 않기 때문에 경쟁의 개념에 대해서는 다양한 논의가 있어 왔다. 한편 각국의 독점규제법은 '경

---

19) 헌법 제119조 제2항은 "국가는 균형있는 국민경제의 성장 및 안정과 적정한 소득의 분배를 유지하고, 시장의 지배와 경제력의 남용을 방지하며, 경제주체간의 조화를 통한 경제의 민주화를 위하여 경제에 관한 규제와 조정을 할 수 있다"고 규정한다.

20) 공정거래법의 상세한 연혁에 대해서는 다음의 책 참조. 신현윤, 「경제법」(제7판), 법문사, 2017, 63−87면.

21) 공정거래법의 목적론에 대한 논의는 다음의 책 참조. 이봉의, 공정거래법, 박영사, 2022, 67−72면.

쟁촉진'이라는 기본적인 목적 외에도 소비자 보호나 중소기업 보호와 같은 다른 목적을 함께 추구하는 경우가 있다. 이 경우 '경쟁촉진'이라는 기본적인 목적과 다른 목적들을 어떻게 조화시켜 나갈 것인지 여부가 독점규제법의 오래된 과제이다.

경쟁을 통하여 궁극적으로 확보하고자 하는 것은 소비자후생(consumer welfare) 혹은 경제적 효율성이다. 문제는 이러한 개념이 종종 불분명하다는 데 있다. 1978 년 독점규제법의 목적에 대한 논쟁을 유발하였던 Robert Bork는 소비자후생을 사회 총후생(total welfare)과 동일시하였다. 이에 대해 소비자후생은 사회전체의 후생이 아니라 관련시장에서 생산자와 대비되는 소비자의 후생을 의미하는 것이라는 비판이 끊이지 않았다. 이러한 논쟁은 사회의 파이를 크게 하기만 하면 되는지 아니면 소비자의 몫이 더 중요한지 하는 논쟁과도 관련이 있다. 어쨌든 이러한 이론적인 논쟁과 상관없이 대부분의 경우 경쟁이 촉진될 때 소비자후생과 사회의 후생이 증가하기 때문에 실무적으로는 크게 문제가 되지 않는다.[22]

한편 독점규제법의 목적은 경쟁을 통해 경제적 효율성을 극대화하는 것이라는 데 큰 이견이 없지만 경쟁을 강조하는 입장과 경제적 효율성을 강조하는 입장 간에는 차이가 있는 것도 사실이다. 시카고학파가 등장한 이후에는 법의 목적이 경제적 효율성의 극대화가 되어야 한다고 주장하는 견해들이 많다. 경쟁이라는 다소 모호한 개념에 비해 경제적 효율성이라는 개념은 상대적으로 경제학에서 정의가 잘 되어 있다는 점과 함께 과거에 특정한 행위나 시장구조만 가지고 지나치게 단순하게 법집행을 하였다는 비판에 따른 것으로 보인다. 그러나 경제적 효율성의 극대화라는 주장은 이론적으로 비판의 여지는 적은 반면 굳이 독점규제법뿐만 아니라 경제에 관한 대부분의 법이 추구하는 공통된 목적이어서 독점규제법의 정체성이나 특성을 나타내는 데 한계가 있는 것도 사실이다. 따라서 본서에서는 경제적 효율성보다는 경쟁촉진이라는 표현을 사용한다.

---

22) 물론 외국뿐만 아니라 우리나라 공정거래위원회 의결서나 법원 판결문을 살펴보면 경쟁과 효율성, 소비자후생의 의미가 많은 경우 대동소이하지만 반드시 일치하는 것은 아니다. 특히 기업결합에서 합병으로 인해 규모의 경제 및 생산자잉여는 증대할 수 있지만 소비자후생 감소 가능성이 있는 경우에는 어떻게 비교형량할 것인지 문제가 되기도 한다.

Ⅱ. 경쟁촉진

1. 경쟁상태의 판단기준

경제학에서는 완전경쟁 상태에서 자원이 가장 효율적으로 배분되어 소비자의 후생이 극대화된다고 한다. 그래서 경쟁법에서 경쟁과 효율적인 자원배분은 동의어로 사용되는 경우가 많다. 하지만 완전경쟁은 극도로 제한된 가정 하에서나 가능한 것으로서 실현가능성이 희박하기 때문에 보다 현실적인 대안으로 개발된 것이 바로 유효경쟁(workable competition)의 개념이다. 이것은 완전경쟁에는 미치지 못하지만 경쟁의 장점을 제공해 줄 수 있는 상태를 의미한다.

그러나 어떠한 상태가 경쟁을 적절히 반영하는지 판단하는 것이 반드시 쉬운 일만은 아니다. 전통적인 판단기준으로는 다음의 세 가지가 있다.[23]

첫째는 시장에서 발생하는 사업자들의 행태적인 기준(behavioral criteria)이다. 예컨대 가격담합을 하면 안 된다든지 부당하게 경쟁사업자를 배제하거나 재판매가격유지행위를 하지 말아야 한다는 것 등이다. 이러한 행위를 금지하는 논거가 바로 경쟁을 해친다는 것이다. 우리나라 공정거래법의 주된 내용도 주로 이러한 행태측면에서의 규제로 구성되어 있다고 할 수 있다.

둘째는 시장성과 혹은 시장에서 나타나는 결과(performance)이다. 시장에 있는 기업들의 이윤수준이 과다하게 지속된다거나 기업들의 규모가 적정수준 이상으로 거대해 진다거나 혹은 비용절감이 가능한 기술혁신을 기업들이 반영하지 않는다면 시장이 경쟁상태에 있지 않다는 것이다. 이러한 성과기준은 시장의 경쟁상태를 곧바로 판단할 수 있는 가장 설득력 있는 지표라고 볼 수 있다. 하지만 실무상 어느 정도가 과다한 이윤이고 과다한 규모인지 또는 기술혁신이 반영되고 있는지의 여부를 판단하는 것이 쉽지 않다는 문제점이 있다.

셋째는 좀 더 간명한 기준으로서 시장의 구조(structure)를 살펴보는 방법이다. 즉, 시장에서 활동하고 있는 기업의 숫자가 많을수록 그리고 신규기업의 진입이 용이할수록 시장이 더 경쟁적이라고 판단하는 것이다. 그러나 실무상으로는 이 기준

---

23) Phillip Areeda, Antitrust Analysis: Problems, Text, Cases, Littel, Brown and Company, 1981, pp. 40-43. 한편 초기의 산업조직론에서는 시장의 구조(S)가 행태(C)를 결정하고 행태(C)는 성과(P)를 결정한다는 "S-C-P Paradigm"이 주장되기도 하였다. 물론 지금은 그러한 결정론을 받아들이는 견해가 드물긴 하지만 지금도 구조, 행태, 성과라는 세 가지 지표는 시장의 경쟁상태를 파악하는 데 주요한 기준이 된다.

이 반드시 더 간단하다고 말하기는 어렵다. 한 시장에서 몇 개의 기업이 적정규모인지 혹은 어느 정도로 신규진입이 용이해야 하는지에 대한 구체적인 기준을 제시하는 것이 쉽지 않기 때문이다.

2. 자유경쟁(free competition)과 공정경쟁(fair competition)

완전경쟁과 유효경쟁이 궁극적으로 실현되어야 할 시장의 상태를 나타내는 개념이라면 자유경쟁과 공정경쟁은 그러한 시장상태에 이르기 위하여 사용되는 수단적·행태적 개념이라고 할 수 있다. 그리고 '경쟁의 자유'와 '경쟁의 공정성'이 개념적으로는 분리될 수 있지만 현실적으로는 구분이 쉽지 않기 때문에 양자를 묶어서 '자유롭고 공정한 경쟁'이라는 표현을 쓰기도 한다. 실제의 법집행과정을 보면 경쟁촉진 여부를 판단하기 위하여 적극적으로 유효경쟁이 이루어지고 있는지를 분석하기보다는 소극적으로 거래의 자유를 제한하거나 불공정한 행위가 이루어지고 있는지를 분석하여 필요한 규제를 취하는 경우가 많다고 볼 수 있다. 이러한 점에서 자유롭고 공정한 경쟁이라는 개념이 유효경쟁의 행태적인 기준과 밀접한 관련성이 있다고 할 수 있다.

3. 소결

미국에서는 1960년대까지만 해도 많은 행위들이 당연위법으로 인정되었다. 즉 일정한 행위들은 그 자체로서 경쟁을 제한하는 행위들로 인정이 되어 행태적 기준이 대단히 중요하게 작용하였다. 또한 기업결합에서는 시장집중도에 높은 비중을 두어 심사하였기 때문에 구조적 기준이 절대적으로 중요하게 작용하였다. 그러나 1970년대 시카고학파의 등장 이후 당연위법 대신 합리성 원칙의 비중이 높아졌다. 이 원칙은 당해 행위의 경쟁촉진적 효과와 경쟁제한적 효과의 비교형량을 강조한다. 그것을 위한 주요한 수단은 소비자 후생에 미치는 가격인상이나 공급량감소와 같은 보다 경제학적인 분석이었다.

독점규제법을 보다 적극적으로 집행하기를 원하는 입장에서는 당해 행위가 경쟁의 과정에 미치는 영향에 좀 더 주안점을 둔다면, 과잉집행을 우려하는 입장에서는 당해 행위로 인해 구체적으로 가격이 인상되거나 공급량이 감소되었는지에 대한 객관적인 증거확보에 좀더 주안점을 둔다.

실무에서는 어떠한 행위가 부당한지 혹은 정당한 이유가 있는지 여부를 판단하

는데 있어서 위에서 제시된 다양한 기준들을 종합으로 활용한다. 당해 행위가 경쟁
사업자를 시장에서 배제하는 유형의 행위인지 여부, 당해 행위 이후 시장에서 기업
의 이윤율이 과도하게 높아졌는지 여부, 시장의 진입장벽이 높아졌는지 여부, 당해
행위가 경쟁의 자유를 제한하는지 여부, 소비자후생 지표로서 당해 행위 이후 가격
이 높아지거나 생산량이 감소되거나 소비자선택권이 줄어들었는지 여부 등을 종합
적으로 활용한다. 물론 실제로 그러한 효과가 발생하지 않은 경우에도 그러한 우려
가 있는지 여부가 중요한 기준이 된다.

Ⅲ. 경쟁촉진 이외의 다른 목적

경쟁촉진을 통한 소비자후생 극대화 혹은 효율성의 확보 이외의 다른 가치들이
독점규제법의 목적으로 인정될 수 있는지 여부에 대해서는 많은 논란이 있을 수 있
다. 미국에서는 크게 광의의 견해(the broad view)와 협의의 견해(the narrow view)로
양분되는 하버드학파(Harvard School)와 시카고학파(Chicago School)가 수십 년 동안
논쟁을 벌였다.[24] 협의의 견해는 독점규제법이 소비자후생이라는 단일하고 유일한
목적을 추구하거나 최대한 중요시하여야 한다고 주장하는 반면, 광의의 견해는 소
비자후생 이외에도 부의 재분배나 거래의 자유 내지 중소사업자 보호와 같은 복수
의 목적을 추구하여야 한다고 주장한다. 여기서는 거래의 자유와 중소사업자보호,
소비자보호에 대해 살펴본다.

1. 중소사업자 보호

역사적으로 보면 대기업은 거래의 자유를 제한하는 방식으로 중소사업자의 이
익을 해치거나 경쟁을 제한 경우가 많았다. 미국 Sherman 법 집행의 초기 판례들은
Sherman 법의 제정목적이 반드시 가격인상을 유발하는 시장지배력 규제에 국한되
는 것이 아니며 거래의 자유나 계약의 자유와 같은 일반적인 자유를 보호하는 것도
의회의 입법취지라고 판시하곤 하였다.[25] 1911년의 Standard Oil 사건[26]에서도 미
국 연방대법원은 "의회는(Sherman 법 제정 당시) 가격인상과 함께 다른 폐해(other

---

24) 두 학파 간의 논쟁에 대해서는 다음의 책 참조. 정호열, 「경제법」(제5판), 박영사, 2016,
    63-72면.
25) Dr. Miles Medical Co. v. John D. Park & Sons Co., 220 U.S. 373 (1911).
26) Standard Oil Co. of New Jersey v. United States, 221 U.S. 1 (1911).

wrongs)들을 염려했다"고 하면서 개인이 자유롭게 계약할 수 있는 자유에 대한 침해를 다른 폐해의 내용으로 명시하였다. 이러한 미국 초기판례의 입장에 따라 시장지배력 규제 등 순수한 경제적 가치 외에 일반적인 거래의 자유 또한 Sherman 법의 보호법익이라고 이해하게 되었다. 이러한 견해는 소위 독점규제법의 목적과 관련하여 '광의의 견해'를 주장하는 학자들의 중요한 논거가 되었다.

1960년대 미국의 진보주의 조류가 득세하던 시기에는 카르텔과 같은 수평적 거래제한행위[27]뿐만 아니라 재판매가격유지나 거래지역제한과 같은 수직적 거래제한행위에 대해서도 당연위법의 원칙을 적용하였다.[28] 이는 수직적 행위의 경우에는 대리점과 같은 중소사업자의 거래의 자유(dealer's freedom)가 침해되는 경우가 많은데 경제적 효율성의 침해여부와 관계없이 위법성이 인정될 수 있다는 인식에 근거한 것으로 이해할 수 있다. 시장점유율이 10-20%밖에 되지 않는 사업자가 대리점 거래지역을 제한하는 경우에도 당연위법 및 3배 손해배상이 인정되곤 하였다. 하지만 독점규제법의 목적이 거래자유의 제한인지 아니면 경쟁의 제한인지 논란이 적지 않았다.

1960년대 후반에 들어서면서 시카고학파를 중심으로 한 '협의의 견해'가 본격적으로 대두되었다. 이 견해는 오로지 또는 주로 경제적 효율성을 문제삼아야 한다는 입장이었다. 점차적으로 거래의 자유와 같은 비경제적 요소들은 Sherman 법 집행의 고려사항이 아니라는 인식이 확산되어갔다. 이러한 변화는 연방대법원이 수직적 거래제한행위에 대해서 기존의 당연위법의 원칙을 파기하고 합리의 원칙을 적용하게 되는 주요한 원인이 되었다. 대리점 거래에서 거래상대방의 자유가 제한되는 경우라도 경쟁촉진효과와 경쟁제한효과를 비교형량하여 위법성을 판단하여야 한다고 선언한 1977년도의 Sylvania 판결[29]은 미국 현대 경쟁법의 출발을 알리는 획기적인 판결이 되었다.

수직적 거래에서 당연위법의 원칙이 합리의 원칙으로 극적으로 변화하게 된 것은 미국 연방대법원의 구성이 보수파 우위로 바뀌게 된 것과 관련이 있다. 미국에서는 소위 Warren Court[30]와 Burger Court[31]를 구분한다. 전자가 당연위법의 절정

---

27) 경쟁법에서 '수평적'(horizontal)이란 '경쟁사업자들 간'이라는 의미이고 '수직적'(vertical)이란 '거래단계 앞뒤 사업자들 간'이라는 의미이다.

28) United States v. Arnold, Schwinn & Co., 388 U.S. 365 (1967).

29) Continental T.V., Inc. v. GTE Sylvania, Inc., 433 U.S. 36 (1977).

30) Earl Warren 대법원장 시기(1953-1969)의 연방대법원.

기를 이루었다면 후자는 수직적 거래에서 합리의 원칙을 전면 도입한 것으로 평가를 받고 있다.[32] 한편 1970년대는 2차 대전 이후 절정에 이르렀던 미국 산업의 경쟁력저하가 심각한 사회적 문제로 대두되던 시기로서 법집행이 기업의 경쟁력강화에 초점을 맞추어야 한다는 목소리가 높아가던 시기이기도 하였다. 2007년 Leegin 판결[33]에서는 연방대법원이 최저 재판매가격유지행위에 대해서도 합리의 원칙이 적용되어야 한다고 선언함으로써 합리의 원칙이 절정에 이르게 되었다.

2. 소비자보호(consumer protection)

일반적으로 사업자 간의 경쟁촉진을 통하여 시장에서 값싸고 우수한 품질의 제품들이 많이 거래될수록 소비자에게 유리할 수 있다는 관점에서 보면 경쟁촉진과 소비자보호는 서로 조화되는 개념이라고 할 수 있다. 부당한 공동행위(예, 가격담합)와 같은 전형적인 반시장적인 행위는 경쟁의 측면에서나 소비자보호의 측면에서나 용납되기 어렵고, 기타 많은 경우에 있어서도 경쟁을 저해하는 행위는 소비자에게 해가 되는 것이 보통이다.

그러나 독점규제법을 통해 시장에서 경쟁을 촉진하여 간접적으로 소비자를 보호하는 것이 아니라 국가가 개별거래에 직접적으로 관여하여 거래성립 여부 또는 조건에 영향을 미침으로써 소비자를 보호할 수도 있다. 예컨대 「약관의 규제에 관한 법률」은 불공정한 약관의 효력을 무효화하기도 하고, 「전자상거래 등에서의 소비자보호에 관한 법률」은 소비자들이 원하면 사업자의 하자가 없이도 자유롭게 청약을 철회하도록 하기도 한다. 이러한 식의 소비자보호는 시장의 경쟁과 상관없거나 어쩌면 시장에서의 경쟁촉진과 배치되기도 한다. 독점규제법에서 추구하는 소비자보호는 원칙적으로 경쟁과정을 보호함으로써 가격이 인상되는 것을 막거나 선택의 폭이 좁아지지 않게 하는 식의 간접적인 보호라는 점에서 소비자법률에서 추구하는 소비자보호와는 차이가 난다. 그래서 이러한 목적의 법들은 독점규제법 혹은 경쟁법의 범주 내에 넣기보다는 소비자보호법 혹은 소비자법으로 분류된다.

이처럼 독점규제법과 소비자법률은 기본적인 구분이 가능하지만 반드시 그런

---

31) Warren Earl Burger 대법원장 시기(1969−1986)의 연방대법원.
32) Lino A. Graglia, "The Burger Court and Economic Rights", 33 Tulsa L.J. 41 (1997). Graglia 교수는 대법원장의 이름이 Earl Warren에서 Warren Earl로 바뀌었을 뿐인데 독점규제법에서는 엄청난 변화가 초래되었다고 지적한다.
33) Leegin Creative Leather Products, Inc. v. PSKS, Inc., 551 U.S. 877 (2007).

것은 아니다. 예컨대 유럽연합(EU) 경쟁법이나 우리나라의 공정거래법에 있는 시장 지배적사업자의 가격남용 행위금지는 직접적으로 소비자를 보호하고자 하는 측면 이 강하다. 다만 이러한 조항은 독점규제법의 정체성과 맞지 않는 측면이 있어 최 근에는 경쟁당국이 가급적 집행을 자제하는 경향이 있는 것도 사실이다.

IV. 공정거래법의 목적

1. 문리적 해석

우리나라 공정거래법은 제1조(목적)에서 "이 법은 사업자의 시장지배적지위의 남용과 과도한 경제력의 집중을 방지하고, 부당한 공동행위 및 불공정거래행위를 규제하여 공정하고 자유로운 경쟁을 촉진함으로써 창의적인 기업활동을 조장하고 소비자를 보호함과 아울러 국민경제의 균형 있는 발전을 도모함을 목적으로 한다." 라고 규정하고 있다.

이러한 공정거래법 제1조의 내용에 대하여 시장지배적지위의 남용방지·과도 한 경제력집중방지·부당한 공동행위 및 불공정거래행위 규제를 수단으로, 공정하 고 자유로운 경쟁촉진을 1차적 목적 또는 직접적 목적으로, 그리고 창의적인 기업 활동 조장·소비자보호·국민경제의 균형 있는 발전을 2차적 목적 또는 궁극적인 목적으로 해석하는 것이 문법적인 해석이라고 할 수 있다.

그러나 목적조항 내에서 법집행에서 의미있는 법개념의 실체를 가진 것은 경쟁 촉진밖에는 없다.[34] 공정거래법 제1조에서 제시하고 있는 창의적인 기업활동 조장, 소비자보호, 국민경제의 균형발전을 공정하고 자유로운 경쟁촉진과 함께 병렬인 법 목적으로 이해하거나 아니면 보다 상위의 법 목적으로 이해하는 견해에 대해서는 찬성하기 어렵다.

위에서 설명한 바와 같이 공정거래법의 가장 기본적이고 일차적인 목적이 공정 하고 자유로운 경쟁촉진에 있다고 보는 입장에서는 경쟁촉진 이외의 다른 목적들 은 경쟁촉진과 조화될 수 있는 범위 내에서 추구될 수 있는 보완적인 목적이거나 아니면 경쟁촉진의 결과 얻을 수 있는 효과라고 해석하는 것이 보다 합리적이기 때 문이다. 국민경제의 균형있는 발전이라는 것도 경제정책의 궁극적인 목적이 될 수

---

34) 이호영, 「독점규제법」(제5판), 홍문사, 2015, 2면. 참고로 이 책은 최신 판례의 동향을 이론적 논의와 더불어 대단히 충실하게 소개하고 있다.

는 있어도 공정거래법의 궁극적인 목적이 될 수는 없다.[35]

2. 공정거래법과 경제력집중 억제

공정거래법 제1조에서는 경제력집중을 억제하여 공정하고 자유로운 경쟁을 촉진하는 것을 직접적인 목적의 하나로 제시하고 있다. 경제력집중 억제 정책은 흔히 재벌정책 또는 대규모기업집단 정책이라고 하기도 하는데 관련시장에서 한 기업의 행위를 문제 삼기보다는 기업집단 전체의 행위를 문제 삼는다. 경제성장 과정에서 대규모기업집단들은 순환출자, 가족경영, 문어발식 경영으로 시장에서 공정한 경쟁을 저해하였을 뿐만 아니라 부당한 경제적 이익 획득이나 편법상속 등의 문제를 야기하기도 하였다. 이런 측면에서 공정거래법에서 경제력집중 억제를 명문으로 규제하고 있는 것은 불가피한 측면이 있다.

다만 공정거래법에서는 경쟁촉진의 수단으로서 경제력집중 억제를 명시하고 있어 경쟁을 저해하지 않는 경우에는 어떻게 하여야 하는지 고민이 될 수 있다. 경쟁촉진 이외의 목적도 필요하면 수용하여야겠지만 가급적 경쟁촉진과 조화될 수 있는 범위 내에서 수용하여야 한다. 사회적 차원에서 재벌정책은 필요한 것이지만 공정거래법은 그 목적 내에서 이러한 정책을 담당하여야 하고 목적 내에서 수용하기 어려운 것은 상법이나 세법 등 타법에 맡기는 것이 바람직하다.

일정 규모 이상의 기업집단 소속의 회사에 대하여 상호출자 및 순환출자 금지나 채무보증 금지 등의 사전규제를 하고 부당지원이나 사익편취행위 등에 대해 사후규제를 하는 것은 이런 측면에서 이해할 수 있다. 다만 과거의 대규모기업집단과 달리 순환출자나 가족경영, 문어발식 경영을 하지 않는 기업집단들에 대해서조차 동일한 규제를 할 필요가 있는지 그리고 이러한 기업들에 대하여 사후규제는 몰라도 엄격한 사전규제까지 할 필요가 있는지 등에 대해 고민해 볼 필요는 있다.

3. 공정거래법과 중소사업자 보호

중소사업자 보호라는 목적은 공정거래법 해석에서 대단히 어려운 주제이다. 물론 중소기업은 국가경제의 저변을 형성하면서 장래에 시장의 유력한 경쟁자로서 성장할 수 있는 가능성을 보유하고 있다. 반면 대기업과 비교할 때 자금력·기술수준·경영능력 등 여러 가지 면에서 불리한 경쟁여건에 처해 있는 경우가 많다는 점

---

35) 권오승, 전게서, 84면.

에서 독점규제법이 추구하는 경쟁촉진과 밀접한 관련성을 가지고 있다. 즉, 중소기업들이 처해 있는 불리한 경쟁여건을 보완하여 대기업과 함께 공정하고 자유로운 경쟁을 유지할 수 있도록 하는 것이 국가 전체의 경쟁질서를 창달하고 유지하는데 필수적인 과제라고 할 수 있다. 이러한 의미에서 중소기업보호는 공정거래법의 기본적인 목표인 경쟁촉진과 상호 조화관계에 있는 가치로 평가될 수 있다.

다만, 공정거래법의 집행을 통하여 추구하는 중소기업 보호란 중소기업의 불리한 경쟁여건을 보완해 줌으로써 국가 전체의 경쟁질서를 구축하겠다는 의미이지 중소기업이라는 이유만으로 경쟁의 부담을 면제해주는 혜택을 부여하겠다는 의미가 아니라는 점을 주의하여야 한다.

헌법재판소도 이러한 점을 분명하게 밝히고 있는데, 주세법상 자도소주구입명령제도에 대한 위헌제청사건 판결에서 다음과 같이 판시하였다.[36]

① … 우리 헌법은 중소기업이 국민경제에서 차지하는 중요성 때문에 '중소기업의 보호'를 국가경제정책적 목표로 명문화하고, 대기업과의 경쟁에서 불리한 위치에 있는 중소기업의 지원을 통하여 경쟁에서의 불리함을 조정하고, 가능하면 균등한 경쟁조건을 형성함으로써 대기업과의 경쟁을 가능하게 해야 할 국가의 과제를 부과하고 있다. 중소기업의 보호는 넓은 의미의 경쟁정책의 한 측면을 의미하므로, 중소기업의 보호는 원칙적으로 경쟁질서의 범주 내에서 경쟁질서의 확립을 통하여 이루어져야 한다. 중소기업 육성이란 공익을 경쟁질서의 테두리 안에서 실현해야 한다는 것은 독점규제법도 간접적으로 표현하고 있다. 즉 능력에 의한 경쟁을 원칙으로 하는 독점규제법에서는 단지, 제19조 제1항 단서 및 제26조 제2항에서 중소기업의 경쟁력향상을 위한 경우에 한하여 공동행위와 사업자단체의 경쟁제한행위를 예외적으로 허용할 뿐, 중소기업을 경쟁으로부터 직접 보호하는 지원조치는 이를 찾아볼 수 없다. ② 중소기업 또한 대기업과 마찬가지로 경쟁에서 능력을 인정받고 시장에서의 자신의 위치를 관철해야 한다. 단지 대기업 및 재벌기업과의 경쟁에서 중소기업이 불리하다면, 불리한 경쟁조건을 완화하고 되도록 균등한 경쟁조건을 형성하는 수단을 통하여 조정함이 마땅하다. 현 상태의 유지를 법률의 형태로 보장함으로써 중소기업을 대기업과의 경쟁에서 제외하는 방법은 결코 바람직한 것이 못된다. 중소기업의 육성은 세법상의 혜택이나 중소기업기본법 등 중소기업지원을 위한 특별법에 규정된 특수한 중소기업육성정책을 통하여 이루어져야 한다. 중소기업의 보호란 공익이 자유경쟁질서 안에서 발생하는 중소기업의 불리함을 국가의 지원으로 보완하여 경쟁을 유지하고 촉진시키려는 데 그 목적이 있으므로…

---

36) 헌법재판소 전원재판부 1996.12.26. 선고 96헌가18 결정.

위 헌법재판소 판결은 공정거래법의 목적인 중소기업보호란 국가가 특정 중소
기업을 경쟁에서 제외하거나 직접적인 혜택을 부여하는 것을 의미하는 것이 아니
라 경쟁촉진이라는 공정거래법의 기본적인 목적과 조화되는 범위 내에서 중소기업
의 불리한 경쟁여건을 보완해주는 것을 의미한다는 점을 분명히 밝히고 있다는 점
에서 그 의의가 크다고 생각된다.

V. 결어

독점규제법의 목적이 무엇인지의 문제는 순수한 법 해석론의 차원을 넘어서 입
법론적인 과제일 수 있다. 그리고 이에 대해서는 국가별로 그리고 경쟁정책을 바라
보는 시각에 따라서 사람마다 다양한 견해나 주장이 제기될 수 있을 것이다. 그러
나 순수하게 독점규제법 자체의 목적만을 논의하는 차원에서는 '경쟁촉진'이라는
가치가 다른 가치들보다 우선시 되어야 한다고 생각한다. 기타의 가치들은 경쟁촉
진이라는 기본적인 가치와 충돌하지 않고 조화되는 범위 내에서 보완적으로 고려
될 수는 있을 것이다. 하지만 이에 그치지 않고 더 나아가서 경쟁촉진이라는 기본
적인 가치를 포기하면서까지 다른 가치들을 추구하려고 할 경우에는 독점규제법의
올바른 집행이 불가능해질 것이기 때문이다.

만약 경쟁촉진 이외에 다른 가치들을 보호할 필요성이 크다면 이는 독점규제법
집행을 통해서가 아니라 다른 법률의 집행을 통하여 추구하여야 할 것이다. 예컨대
경제적 약자보호를 위한 「가맹사업거래의 공정화에 관한 법률」, 「대리점거래의 공
정화에 관한 법률」, 「대규모유통업에서의 거래공정화에 관한 법률」 또는 소비자보
호를 위한 「약관의 규제에 관한 법률」, 「방문판매 등에서의 소비자 보호에 관한 법
률」, 「할부거래에 관한 법률」 등은 이러한 차원에서 제정된 것으로 이해할 수 있다.
이 경우 독점규제법과 다른 법률 간의 충돌문제는 국가전체의 법질서 조정차원에
서 접근하고 해결해 나가야 할 것이다. 독점규제법 하나로써 경쟁도 보호하고 경제
적 약자도 보호하며 소비자도 보호하는 것은 애당초 불가능한 것이다.

아래에서 소개하는 제주도 관광협회 사건은 독점규제법의 목적과 관련된 고민
을 안겨주는 판결이다. 즉 구체적인 사건에서 공정거래법 제1조 목적 조항을 어떻
게 반영하여야 하는지에 관련된 것이다. 제주도 관광협회는 제주시 등의 행정기관
의 권고에 따라 관광상품의 가격인하를 결정하였다. 공정거래위원회는 사업자들이

자율적으로 결정하여야 할 상품의 가격을 협회가 결정한 것은 사업자단체의 부당한 가격결정으로 위법하다고 판단하였다. 이 사건은 사업자단체에 의한 카르텔로서 당해 행위가 경쟁을 제한하는 행위라는 것은 분명하다. 다만 대법원은 관광객인 소비자보호와 국민경제의 균형있는 발전이라는 법의 목적에 반하지 않기 때문에 법 위반은 아니라고 판시하였다.

판례 1 : 제주도 관광협회 사건

– 대법원 2005.9.9. 선고 2003두11841 판결 –

사업자단체에 의한 가격결정행위가 일정한 거래분야의 경쟁이 감소하여 사업자단체의 의사에 따라 어느 정도 자유로이 가격의 결정에 영향을 미치거나 미칠 우려가 있는 상태를 초래하는 행위, 즉 구 독점규제 및 공정거래에 관한 법률(1999.2.5. 법률 제5813호로 개정되기 전의 것) 제26조 제1항 제1호, 제19조 제1항 제1호의 '사업자단체의 가격을 결정·유지 또는 변경하는 행위에 의하여 일정한 거래분야의 경쟁을 실질적으로 제한하는 행위'(이하 '가격제한행위'라고 한다)에 해당하더라도, 이로 인하여 경쟁이 제한되는 정도에 비하여 같은 법 제19조 제2항 각 호에 정해진 목적 등에 이바지하는 효과가 상당히 커서 소비자를 보호함과 아울러 국민경제의 균형 있는 발전을 도모한다는 법의 궁극적인 목적에 실질적으로 반하지 아니하는 예외적인 경우에 해당한다면, 부당한 가격제한행위라고 할 수 없다. (중략)

위 가격결정행위는 제주지방검찰청 및 경찰청, 제주도와 제주시 등 지방자치단체 및 원고의 관계자들로 구성된 제주도 관광사범수사지도협의회의 수수료 지급실태에 대한 조사 및 협의에 따라 지나치게 과다한 송객수수료의 지급으로 인한 관광의 부실화 및 바가지요금, 물품강매 등 관광부조리를 방지하고 관광상품 판매가격의 인하를 유도하기 위하여 행하여진 행위로서, 과다한 송객수수료의 인하를 통하여 거래조건을 합리화함으로써 관광부조리를 방지하여 관광질서를 확립하고 관광상품 판매가격이 인하되도록 유도하는 등의 효과가 적지 아니하고, 그로 인한 혜택이 최종소비자인 관광객들에게 귀속될 뿐 아니라 제주도의 관광산업 발전에도 이바지하는 것이므로, 결국 이 사건 가격결정행위는 경쟁제한행위에 해당하지만 소비자를 보호함과 아울러 국민경제의 균형 있는 발전을 도모한다는 법의 궁극적인 목적에 실질적으로 반하지 아니하는 예외적인 경우에 해당한다고 볼 수 있어 부당한 가격제한행위라고 할 수 없다.

☞ 필자의 생각

이 판결은 언뜻 보면 상식에 부합하는 판결 같기도 하다. 협회가 가격을 인하한 것
이 뭐가 잘못된 것이냐고 생각해 볼 수도 있다. 하지만 개별 사건마다 목적조항에
따라 위법성 여부를 다시 평가하고자 한다면 위법성 판단기준이 불분명해질 수 있
고 법집행의 일관성을 상실할 수 있다. 목적조항에 나열된 경쟁촉진, 소비자보호,
균형 있는 국민경제의 발달이라는 목적들이 상충될 수 있기 때문이다.
한편으로는 만약 제주도관광협회가 결정하지 않고 사업자들 간의 자율적인 경쟁에
맡겨 두었다면 관광상품 판매가격은 더 낮아질 수 있었을지도 모른다.
결국 공정거래법 제1조 목적조항은 공정거래법이 추구하고자 하는 다양한 이념을
제시한 것으로 이해하고 각 행위의 위법성 여부는 개별조항의 위법성 판단기준에
따르는 것이 바람직할 것이다

제4절   독점규제법의 사상적 흐름

Ⅰ. 개요

독점규제법은 어느 나라를 막론하고 정부와 시장을 바라보는 관점에 따라 차이
가 있는데 여기에서는 독점규제법의 역사가 가장 긴 미국에서의 사상적 흐름에 대
해 살펴본다. 앞에서도 간략히 언급하였지만 여기에서 소개하는 다양한 학파들 간
의 견해차이는 이해의 편의를 위해 다소 경직되게 기계적으로 정리한 점이 있긴 하
지만 기본적으로는 미국에서 독점규제법 집행을 둘러싸고 형성되어 온 두 가지 사
상 특히 경제학적 사고를 반영한다.

독점규제법 집행에서 경제적 효율성뿐만 아니라 다양한 목적들을 동시에 고려
할 것인지 아니면 경제적 효율성만을 유일한 혹은 최고의 목적으로 고려할 것인지,
시장지배력을 부정적으로 볼 것인지 아니면 긍정적으로 볼 것인지, 상대적으로 정
부(경쟁당국이나 법원)를 신뢰하는지 아니면 시장을 신뢰하는지 또는 정부의 문제해
결 능력을 신뢰하는지 아니면 시장의 자정기능을 신뢰하는지, 경험에 입각하여 시
장의 구조나 기업행태의 일반적인 성향을 고려하여 사전에 분명한 위법성 판단기
준을 제시하는 것이 바람직한지 아니면 문제가 되는 행위들이 가격이나 거래량에

미치는 영향을 사안별로 분석하여 평가하는 것이 바람직한지 또는 법집행의 예측 가능성과 명확성을 제고하는 것이 중요한지 아니면 개별 사례별로 계량적인 효과의 판정이 중요한지, 현재 독점규제법이 소극적으로 집행되고 있다고 보는지 아니면 과잉집행되고 있다고 보는지에 대한 대립을 반영한다.

물론 최근에는 하버드학파와 시카고학파 간에 수렴하는 영역이 적지 않아 기계적인 학파분류가 적합하지 않은 측면도 있지만 양 학파 간의 기본적인 입장 차이를 살펴보면 공정거래법의 주된 이슈를 파악하고 자신의 입장을 정리하고 수많은 판례를 이해하는데 도움이 될 수 있다. 흔들리는 진자에 비유해 본다면 좌측에 있는 진자(하버드학파)가 우측으로 움직였고(시카고학파) 다시 중앙으로 가던 중(후기 시카고학파) 처음 위치보다 더 좌측으로 움직인 것(뉴 브랜다이스학파)으로 볼 수 있다.

Ⅱ. 하버드학파(Harvard School)

하버드학파는 20세기 중반 Edward Chamberlain과 Edward S. Mason, Joseph Bain 등의 이론에 의해 형성되었다. 이들은 시장의 구조(S)가 기업의 행태(C)에 영향을 미치고 기업의 행태는 시장의 결과 내지 성과(P)를 결정한다고 보았다. 또한 시장지배적 기업은 반경쟁적 행위에 관여할 가능성이 높다고 보았다.

하버드학파에 따르면 독점규제법이 제정된 이유는 시장지배적 기업들의 경제적, 정치적으로 영향력이 커지는 것과 관련이 있다고 본다. 따라서 자신들이 주장하는 경쟁자 보호는 입법목적에서 중요한 것이라고 생각하였다. 심지어 시장지배적 기업이 비용과 가격을 낮추어 소비자에게 이익이 되더라도 시장지배력은 금지되어야 한다고 보기도 하였다. 예컨대 1945년 Alcoa 사건[37]에서 Alcoa는 제조능력을 확장함으로써 규모의 경제를 활용하여 고품질의 제품을 저렴한 가격으로 소비자에게 제공할 수 있었다. 하지만 당시 하버드학파의 이론을 수용한 법원은 기업의 행위가 소비자에게 이로운 영향을 미치더라도 그 행위로 기업이 시장지배력을 축적할 경우 시장에 부정적 영향을 미칠 수 있어 위법하다고 판시하였다.

경쟁당국이나 법원이 기존의 경험을 토대로 일정한 부류의 사건에서는 관련시장의 경제적 효과를 복잡하게 분석하지 않고 단지 행위유형에 따라 위법 여부를 신속히 판단하여야 한다고 주장하였다(당연위법). 그러면 사업자들은 시장에서 금지

---

37) United States v. Aluminum Co. of America, 377 U.S. 271 (1964).

되는 행위가 어떠한 것인지 사전에 명확하게 알 수 있다는 것이다.

이러한 하버드학파의 사상은 1950년대부터 1970년대 중반까지 미국 내에서 주류적인 입장이었다. 그러나 1960년대에 들어 광범위한 비판을 받기 시작했다. 시장의 구조와 행위의 특성에만 중점을 둔 나머지 결과적으로 효율성 및 소비자 후생을 증대시키는 행위마저 규제하였다는 것이 비판의 핵심이었다. 물론 오늘날 하버드학파는 과거에 비해 효율성을 중요하게 생각하고 단순히 구조나 행위유형만으로 위법성을 판단하지는 않는다. 나아가 개인차가 커서 하나의 학파로 분류하는 것이 적절하지 않을 수도 있다. 그럼에도 불구하고 상대적으로 시장의 구조를 중요하게 생각하고 정부의 역할을 강조하며 시장지배력의 장점보다는 단점을 더 강조한다는 점에서 여전히 공통점이 있다.

Ⅲ. 시카고학파(Chicago School)

시카고학파는 1950년대 Aaron Director에 의해 구축된 후,[38] 10여년이 지난 1960년대 후반 Robert Bork, Richard Posner, Frank Easterbook 등에 의해 발전되었다. 1980년대 이후에는 미국 내에서 주류적인 사상이 되었다.

시카고학파의 학자들은 독점의 폐해에 대한 해결능력에 있어서 정부보다 시장이 더 우월하고 정부의 개입보다는 시장의 자정(self-correct) 능력을 믿는다. 대부분의 경우 정부의 개입은 시장을 더욱 비효율적으로 만들 것으로 본다. 따라서 자유방임 내지 정부로부터 자유로운 시장을 옹호하고 시장의 효율성을 보호해야 한다고 주장한다. 또한 하버드학파의 구조주의하에서 경쟁을 제한한다고 비난받아온 행위들이 실제로는 친경쟁적이며, 부정적인 측면을 능가하는 경제적 이익이 있을 수 있음을 지적한다. 따라서 구조주의하에서 당연위법 법리(per se illegality)를 적용해 위법하다고 결론 내린 상당수의 행위들은 합리의 원칙(rule of reason)을 적용하여 경제적 효과를 통해 위법성을 재검토해야 한다고 주장하였다.

앞에서도 언급한 바와 같이 Robert Bork는 독점금지법의 본래 의도는 경쟁자 보호가 아닌 소비자 후생의 극대화라고 보았는데 그는 이것을 사회전체의 후생극대화와 동일시 하여 개념의 혼선을 초래하기도 하였지만 대부분의 학자들은 Robert

---

38) 무엇보다 사람들은 이성적이고 항상 자신의 이익을 극대화하는 합리적 선택을 할 것이라고 가정하였다.

Bork의 이러한 소비자후생에 대한 개념을 받아들이지는 않는다. 시카고학파의 주된 주장은 가격을 합의하는 카르텔, 독점을 창출하는 합병, 약탈적으로 가격을 책정하는 지배적인 행위 등 몇 가지 행위만 금지되어야 하며, 소비자에게 해를 끼치지 않는 수직적 계약 및 가격차별과 같은 행위는 허용되어야 한다는 것이다. 위법성 판단에 있어서도 사전에 일정한 행위들을 정해두고 엄밀한 경제분석도 없이 일률적으로 판단하기보다는 행위별로 시장에 미친 영향 특히 가격과 거래량에 미친 영향을 가급적 계량적으로 입증하여 판단하여야 한다고 주장한다. 결국 가격이 내려가거나 거래량이 증가하면 규제할 필요가 없다고 하는데 가격은 자주 변하고 측정하기 어렵기 때문에 상대적으로 측정이 수월한 거래량에 대한 입증이 중요하게 된다.

시카고학파의 주장은 1970년대 오일쇼크와 경기침체로 인한 스태그플레이션, 일본이나 독일 등의 경쟁력 급성장, 미국의 경쟁력 저하 특히 제조업 경쟁력의 쇠퇴 등과 같은 사회분위기 속에서 급속히 수용이 되기 시작하였다. 이 변화의 중추적인 판결인 1977년 GTE Sylvania[39] 판결에서 연방대법원은 당시 당연위법으로 여겨지던 수직적 거래제한은 더 이상 당연위법이 아니며 합리의 원칙에 따라 분석해야 한다고 판시하였다.[40]

그러나 이러한 시카고학파의 사상은 1980년대를 넘어서면서 많은 비판을 받기 시작하였다.[41] 완전경쟁시장에 대한 가정이 비현실적이라는 원론적인 비판과 더불어 당연위법 원칙을 불신하고 각 사건마다 합리의 원칙을 사용하여 계량적으로 분석하는 방법은 법원과 경쟁당국에 큰 부담을 주었다. 결국 독점규제법 집행이 크게 위축되기에 이르렀다. 또한 동일한 행위일지라도 어떠한 시장상황에서 하였는지에 따라 달라지는 위법성 판단기준 때문에 기업은 시장에서 금지되는 행위에 대해 사전에 명확히 알 수 없다는 문제가 제기되었다.

---

39) Continental T.V., Inc. v. GTE Sylvania, Inc., 433 U.S. 36 (1977).
40) 미국에서 합리의 원칙하에서 원고가 승소할 가능성은 대단히 낮기 때문에 사실상 위법이 아니라고 선언한 것과 마찬가지이다.
41) 대표적인 문헌으로는 다음의 책을 들 수 있다. 이 책의 제목 중 'overshot'이라는 단어가 시사하는 바가 크다. Robert Pitofsky(ed.), How the Chicago School Overshot the Mark—The Effect of Consumer Economic Analysis on U.S. Antitrust, Oxford Univ. Press, 2008.

Ⅳ. 후기 시카고학파(Post-Chicago School)

후기 시카고학파는 Michael Whinston, Thomas Krattenmaker, Steven Salop 등에 의해 1990년대부터 발전되기 시작하였다. 이들은 하버드학파의 구조주의적 시각보다는 시카고학파와 마찬가지로 소비자후생 증대 혹은 경제적 효율의 극대화를 독점규제법의 핵심으로 생각한다. 하지만 시카고학파의 시장에 대한 가정에 의문을 제기하고 1970년대 초반 산업조직론과 미시경제학을 휩쓴 게임이론이나 행동주의 경제학을 수용하며 정부의 역할을 강조한다는 점에서 차이가 있다.

후기 시카고학파는 무엇보다 시장의 완전성을 신뢰하는 시카고학파의 이론이 지나치게 단순하다고 보았다. 실제로 시장은 시카고학파가 가정하는 것처럼 항상 완벽하게 작동하지 않는다. 예컨대 현실의 시장에서는 정보가 모든 시장참여자에게 동등하게 제공되지 않고 시장의 자정능력이란 것도 쉽지가 않다는 것이다. 따라서 시장에서의 왜곡된 경쟁상태를 해소하기 위해서는 시장의 자정능력만으로는 부족하고 정부의 개입이 필요하다고 본다. 시카고학파와 비교해 본다면 지나친 시장신뢰를 경계하고 상대적으로 정부나 법원의 역할을 강조한다. 이들이 개발한 주요 이론으로는 경쟁사업자의 비용올리기(raising rivals'cost)[42]나 네트워크 산업에서 경로 의존성(path dependce)[43] 등을 들 수 있다.

하지만 후기 시카고학파의 단점은 종래 시카고학파의 단순한 혹은 명쾌한 이론에 비해 내용이 너무 복잡하고 다양하여 실무자들이 구체적으로 어떤 상황에서 어떤 논리를 적용하여야 할지 혼란만 가중시킬 수 있다고 현대 하버드학파의 대가인 Herbert Hovenkamp 교수는 지적한다.[44]

Ⅴ. 뉴 브랜다이스학파(New Brandeis)

뉴 브랜다이스는 1930년대 Louis Brandeis 연방대법관의 사상을 계승하고자 하

---

42) 어떤 상품의 시장지배적사업자가 그 상품과 자신이 생산하는 다른 상품을 묶어 팔면서 큰 폭의 인센티브를 제공하게 되면 그 상품만 생산하는 중소 경쟁사업자는 그 상품에 유사한 인센티브를 제공해 주어야 하므로 비용이 증대되게 되어 경쟁이 어려워지는 경우를 예로 들수 있다.
43) 일단 어떤 제품이나 프로그램을 사용하게 되면 이후에 더 좋은 제품이나 프로그램이 출시되더라도 호환성으로 인해 기존의 것이나 그 후속품을 계속 사용하는 경우를 예로 들 수 있다.
44) Herbert Hovenkamp, The Antitrust Enterprise, Harvard University Press, 2005, pp. 38−39.

는데 아직까지 하나의 학파(school)라고 보기보다는 하나의 운동(movement) 정도로 설명하기도 한다. 2021년 취임한 미국 Biden 행정부의 경제철학과 맥을 같이 한다. 이들은 독점이 혁신과 사업의 활력, 노동자들의 복리에 해롭기 때문에 독점규제법을 활용해 어느 한 회사가 경제에서 너무 많은 힘을 유지하는 것을 막아야 한다고 주장한다. 뉴 브랜다이스 사상은 2010년대 Columbia대학 법학교수인 Lina Khan과 Tim Wu에 의해 대중화되었다. 그들은 그동안 시카고학파 주도의 독점규제법이 독점으로 인한 사회적 폐해가 아닌 소비자 후생의 계량적 측정에 초점을 맞추어 결과적으로 법집행이 크게 약화되었다고 비판한다. 또한 중앙집권적인 사적 권력이 민주주의의 경제적, 사회적 조건에 위험을 초래하고 있다고 주장한다. 지배적인 기술 플랫폼이 잠재적 경쟁자에게 높은 진입장벽을 만들고 개별 상인, 콘텐츠 공급자 및 앱 개발자의 협상력을 감소시킨다고 본다.

　현 FTC 위원장이기도 한 Khan은 아마존의 독점권력의 부정적인 영향에 대한 논문인 '아마존의 반독점 역설(Amazon's Antitrust Paradox)'이라는 논문의 저자이다. 해당 논문에 따르면 기업이 시장을 독점해도 가격에 영향이 없으면 독점규제법에 위반되지 않는다는 시카고학파식 논리는 빅테크 시대에 맞지 않다고 주장한다. 한편 Wu는 Brandies의 삶과 이상에 대해 소개하며, 탈중앙화된 경제로의 회귀를 옹호하는 '대기업의 저주(The curse of Bigness: Antitrust in the New Gilded Age)'를 2018년에 출간하였다.

제 5 절 독점규제법의 체계

　독점규제법도 다른 법과 마찬가지로 실체법과 절차법이 있다. 실체법이 무엇(what)을 규율하는지를 문제 삼는다면 절차법은 어떻게(how) 규율하는지를 문제 삼는다.

　실체법으로서의 독점규제법은 글로벌한 차원에서는 크게 3분론, 우리나라에서는 4분론 또는 경제력집중을 별도로 분류하는 경우 5분론이 일반적이었다. 글로벌한 3분론은 독점규제법을 크게 협조행위, 단독행위, 기업결합으로 분류하는 것이다. 우리나라의 4분론은 시장지배적지위 남용, 기업결합, 부당한 공동행위, 불공정거래로 분류하는 것이다. 사업자단체금지행위와 재판매가격유지행위는 대부분 이 중 어느 것으로 포함시킬 수 있다.

독점규제법 체계를 논하는 이유는 성격이 유사한 행위들을 하나로 묶어 각 행위유형의 특징과 위법성 판단기준을 분명히 함으로써 법집행의 일관성을 부여할 수 있기 때문이다. 이 절에서는 실체법의 체계에 대해 살펴본다.

I. 글로벌 3분론

1. 협조행위

협조행위는 말 그대로 상대방의 협조가 요구되는 행위이다. 협조는 경쟁사업자들 간의 수평적 협조와 수직적 거래에서 수직적 협조가 있을 수 있다. 수평적 협조행위는 카르텔이라고 하기도 하며, 수직적 협조행위는 대리점거래나 가맹사업거래가 대표적이다. 성격상 합의가 필수적이다. 미국에서는 Sherman 법 제1조, 유럽연합에서는 EU조약 제101조가 협조행위를 규율한다. 그러나 현대 경쟁법에서 수평적 협조행위와 수직적 협조행위를 하나로 묶어서 살펴보아야 할 필요성은 과거만큼 크지는 않다.

협조행위 중 수평적 협조행위, 즉 카르텔은 독점규제법 역사를 통해 다소의 변화는 있었지만 수직적 협조행위와 비교할 때 위법성 판단기준 면에서 상대적으로 변동이 적다.

반면 수직적 협조행위는 1970년대를 전후하여 큰 변화가 있었다. 1970년대 이전만 하더라도 당연위법이 적용되는 경우가 많았고,[45] 시장지배력이 요구되지도 않았다는 점에서 수평적 협조행위와 상당히 유사하였다. 하지만 1977년 Sylvania 판결 이후 수직적 협조행위들 각각에 당연위법 원칙이 합리의 원칙으로 대체되어갔고 지금은 끼워팔기 이외에 당연위법 원칙 적용은 사라져 버렸다. 엄밀한 의미에서는 끼워팔기에 적용되는 당연위법 원칙도 사실상 경제분석을 요구하고 있어 특정한 행위만 입증되면 위법성이 자동적으로 인정되는 전통적 의미의 당연위법 원칙과는 달라졌다.

합의 성격이나 역할도 상이하다. 수직적 협조행위에서 합의는 그다지 큰 역할을 하지 않는다. 당사자 간 거래가 있다면 대부분 합의가 있는 것으로 인정된다. 수

---

45) 배타조건부거래를 제외한 재판매가격유지행위, 거래지역 또는 거래상대방 제한행위, 끼워팔기 등에 당연위법 원칙이 적용되었다.

직적 합의는 그 자체로 비난받아야 하는 경우가 드물다. 수평적 합의는 당사자 모두를 구속하지만 수직적 합의는 일방의 당사자만 구속하는 경우가 많다. 법집행에 있어서도 수평적 합의의 경우 합의의 당사자 모두를 제재하지만 수직적 합의에 있어서는 대리점 본사나 가맹본부와 같이 거래제한을 요구한 사업자를 제재한다. 사소에서는 거래제한을 당한 대리점이나 가맹점이 본사나 가맹본부에게 소송을 제기한다.

2. 단독행위

단독행위는 상대방의 협조가 필요 없는 일방적인 행위를 의미한다. 전형적인 행위로는 거래거절이나 가격차별, 약탈적 가격결정과 같은 행위들이 포함된다. 단독행위는 사적자치의 원칙이 중요하고 공적으로 규제해야 할 실익이 크지 않아 원칙적으로 독점력(monopoly power) 또는 시장지배력이 없는 한 문제가 되지 않는다.

미국에서는 Sherman 법 제2조,[46] 유럽연합에서는 EU조약 제102조가 단독행위를 규율한다. 그러나 현대 경쟁법에서 단독행위는 오히려 수직적 협조행위와 유사하게 규율되고 있는데 그 이유는 시장에서 경쟁을 제한하는 효과가 큰지 촉진하는 효과가 큰지 입증하는 것이 핵심이기 때문이다. 원래 합리의 원칙은 협조행위에서 당연위법 원칙에 대비되는 개념이지만, 경쟁제한성을 분석하는 것이 핵심이라는 점에서 단독행위의 분석방식과 유사하다.

이러한 단독행위는 수직적 거래에서도 발생할 수 있는데 독점력이 있는 사업자가 재판매가격유지행위나 배타조건부거래를 단독으로 하는 것도 가능하다. 그래서 하나의 행위에 대해서 Sherman 법 제1조와 제2조가 동시에 적용되기도 한다.

3. 기업결합

기업결합은 행위의 성격뿐만 아니라 집행방식에 있어서도 뚜렷한 차이가 난다. 협조행위와 단독행위는 행위가 벌어진 이후 사후규제를 하는 반면 기업결합은 사후규제를 하기도 하고 사전규제를 하기도 한다는 점에서 구분이 된다. 기업결합은 앞의 행위들과는 성격이 상이하여 대부분의 국가들이 별도의 규정으로 규율하고 있다.

---

46) 독점기도(attempt to monopolize)는 독점력이 없어도 적용이 가능하다.

Ⅱ. 우리나라의 5분론

1. 시장지배적지위 남용행위

공정거래법 제5조[47])에 규정된 시장지배적지위 남용행위는 시장지배력이 있는 사업자에게 적용이 된다는 점에서 미국이나 유럽연합의 단독행위와 유사하다. 하지만 Sherman 법 제2조가 독점력이 없는 사업자의 독점기도행위까지 포괄하는 반면 공정거래법 제5조는 시장지배력이 없으면 적용이 되지 않는다는 점에서 차이가 있다.

2. 불공정거래행위

공정거래법 제45조[48])에 규정된 불공정거래행위는 워낙 다양한 유형의 행위들이 혼합되어 있어 정확한 성격을 규명하기 힘들다. 크게 4가지 유형으로 분류해보면 제1유형은 경쟁제한행위, 제2유형은 경쟁수단 불공정행위, 제3유형은 거래상지위 남용행위, 제4유형은 부당지원행위유형이다.

제1유형인 경쟁제한행위는 시장지배력을 제외한다면 시장지배적지위 남용행위와 상당부분 겹친다. 이 중 전형적 단독행위인 거래거절, 차별취급, 부당염매 등은 글로벌 차원에서는 독점력 또는 시장지배력이 없으면 규제하지 않는 유형이다. 수직적 협조행위에 해당하는 끼워팔기나 구속조건부거래행위 등에 대한 규제는 미국 Sherman 법 제1조나 EU 조약 제101조의 규제에 해당한다.

제2유형인 경쟁수단 불공정행위나 제3유형인 거래상지위 남용은 부정경쟁방지법이나 민법으로 규율되어야 할 성격의 행위이다. 글로벌 차원의 경쟁법에서는 일본을 제외한다면 찾아보기 어렵다. 우리나라에서는 사법적 규율보다 행정적 규율을 선호하는 경향이 있어 공정거래법에 편입되어 공적인 규제가 이루어지고 있다. 제4유형인 부당지원행위는 재벌규제를 불공정거래의 차원에서 규제하기 위해 도입된 것이다.

3. 부당한 공동행위

공정거래법 제40조[49])에 규정된 부당한 공동행위의 금지는 사업자들 간의 합의

---

47) 2020.12.29. 개정 이전 조항 제3조의2.
48) 2020.12.29. 개정 이전 조항 제23조.

를 규율하기 위한 것이다. 1953년 일본의 신문판로협정 판결의 영향으로 이 합의는 주로 경쟁사업자들 간의 합의를 의미하는 것으로 이해가 되어 왔다. 다만 경쟁사업자들 간의 합의를 교사하는 행위나 경쟁관계가 분명하지 않은 사업자 간의 공동의 사업활동방해행위에도 적용이 된다. 부당한 공동행위는 합의인정에서 다소간 차이는 있지만 대체로 본다면 글로벌 경쟁법과 큰 차이는 없다.

4. 기업결합

공정거래법 제9조[50)]에 규정된 경쟁제한적 기업결합의 규제는 합병이나 주식인수 등 인위적인 방법에 의한 시장지배력의 형성을 미연에 방지하기 위한 것이다. 부당한 공동행위는 사업자들 간의 일시적인 공조행위이지만 기업결합은 영속적인 행위라는 점에서 차이가 있다. 공정거래법상 기업결합 조항은 부당한 공동행위와 더불어 대체적으로 글로벌 경쟁법과 큰 차이는 없다.

5. 경제력집중억제

경제력집중억제 시책은 흔히 재벌정책이라고 한다. 이것은 하나의 시장을 넘어 다수의 시장에 걸친 기업집단의 경제력이 과도하게 팽창하지 않도록 억제하기 위한 정책이다. 재벌 해체과정에 제정된 일본 독점금지법에 관련되는 내용이 일부 남아 있긴 하지만 그 외의 선진국에서는 찾아보기 어려운 규제이다.

Ⅲ. 소결

이상의 내용을 표로 정리해 보면 다음의 [표 1−1]과 같다.

어느 법이든 각국이 처한 현실적 여건을 반영하지 않을 수 없기 때문에 경쟁법의 체계도 각국별 차이가 있다. 그런데 흥미로운 점은 1960년대만 하더라도 글로벌차원에서 수평적 협조행위와 수직적 협조행위는 공통점이 많았지만 지금은 두 행위유형 간 차이점이 커지고 수직적 협조행위의 집행방식은 단독행위와 유사해졌다는 점이다.

---

49) 2020.12.29. 개정 이전 조항 제19조.
50) 2020.12.29. 개정 이전 조항 제7조.

[표 1-1] 독점규제법 체계 비교

행위유형		미국		EU	우리나라
단독행위		Sherman 법 제2조	FTC법 제5조	EU 조약 제102조	공정거래법 제5조 공정거래법 제45조
협조행위	수평	Sherman 법 제1조		EU 조약 제101조	공정거래법 제40조
	수직	Sherman 법 제1조 Sherman 법 제2조		EU 조약 제101조 EU 조약 제102조	공정거래법 제5조 공정거래법 제45조
기업결합		Clayton 법 제7조		Merger Regulation	공정거래법 제9조
불공정경쟁수단 거래상지위남용 부당지원					공정거래법 제45조
경제력집중억제					공정거래법 제17조 등

공정거래법 제5조에 규정된 시장지배적지위 남용행위에서도 단독행위와 수직적 협조행위를 동시에 규정하고 있어 일견 유사한 점이 있다. 반면 법 제45조의 불공정거래행위는 외국에서 본래 시장지배력을 요구하지 않는 수직적 거래와 시장지배력을 요구하는 단독행위를 동시에 규정하고 있다. 거래거절 등 시장지배력이 필수적인 단독행위를 불공정거래행위에 규정하고 있는 것은 글로벌 경쟁법과는 차이가 있다.

또한 글로벌 차원에서 민사적으로 규율하는 경쟁수단 불공정행위나 거래상지위 남용행위뿐만 아니라 재벌규제를 위한 부당지원행위까지도 불공정거래행위로 규정하고 있는 것은 공정거래법의 독특한 점이다.

제 2 장

시장지배적지위 남용금지

제 1 절 시장지배적지위 남용금지의 의의

Ⅰ. 시장지배력의 양면 : finis opus coronat v. 남용의 기회

시장지배적지위는 사업자가 시장지배력을 보유하고 있는 상태를 의미한다. 시장지배력은 선일까 아니면 악일까? 시장지배력의 생성과 유지를 억제하는 것이 우리 사회가 지향하여야 할 방향일까?

미국에서도 독점규제법 집행 초기에 독점력을 보유하고 있다는 것 그 자체를 규제하여야 하는 것은 아닌지 문제가 된 적이 있다. 유명한 1945년 Alcoa 사건 연방항소심 판결에서 Learned Hand 판사는 기업의 규모가 불법을 결정하는 것은 아니다("size does not determine guilt")라고 판시하였다.[1] 즉 독점력을 보유하는 것만으로는 불법이 아니고 반경쟁적인 행위를 통하여 시장에 피해를 주는 행위만이 불법임을 분명히 해 주었다. Sherman 법에서도 명사로서 'monopoly'를 금지하는 것이 아니라 동사로서 'monopolize'를 금지한다.

우수한 기술이나 경영전략 등 기업의 효율성을 통하여 획득하고 유지하는 독점력이라면 법으로 금지할 필요가 없다. 독점규제법의 목적은 바로 그러한 노력을 조

---

1) U.S. v. Aluminum Co. of America, 148 F.2d 416 (2nd Cir., 1945). 이 판결은 역외적용에 관한 선구적인 판결이기도 하지만 독점력 남용에 관한 선구적 판결로 더 유명하다. 또한 이 판결은 연방항소법원 판결이지만 연방대법원 판결로서의 권위를 지닌다. 당시 연방대법관들의 제척 사유로 인해 연방항소법원에서 처리하게 된 것으로 이 경우 연방대법원 판결과 동일한 효과를 가진다.

장하여 사회전체의 효율성을 제고하고자 하는 것이다. Alcoa 판결이 지적한 것처럼 독점력이라는 것은 성공적인 기업활동의 결과(finis opus coronat)[2]로 볼 수 있다. Schumpeter 같은 학자는 독점이 대규모 투자를 가능하게 하여 장기적으로는 사회에 도움이 될 수 있다고 주장한다.

우리나라의 공정거래법도 시장지배력 보유 그 자체를 금지하지는 않는다. 하지만 시장지배력을 보유한 사업자는 부당한 거래거절이나 원가 이하의 약탈적인 가격설정 등의 방법으로 경쟁사업자를 제거해 버릴 수 있다. 경쟁사업자가 제거되면 경쟁시장이라면 형성되었을 가격(즉, 경쟁가격) 이상의 가격을 설정하여 소비자에게 피해를 입힐 수 있다. 경쟁자가 사라지면 혁신의 동기가 감소하여 소위 X-비효율성(X-inefficiency)[3]이 발생할 수 있다. 아니면 독점을 공고히 하기 위해 경쟁제한적인 입법 로비활동 등 지대추구행위(rent-seeking activities)에 몰두할 수도 있다.

이처럼 시장지배력이라는 것은 finis opus coronat일 수도 있지만 남용의 기회도 될 수 있는 양면적인 것이어서 독점규제법에서는 문제삼는 것이다.[4]

Ⅱ. 시장지배적지위 남용금지의 취지와 국제적 동향

1. 시장지배적지위 남용행위의 취지

경제학적 관점에서 보면 경쟁시장 특히 완전경쟁시장에서는 상품의 가격이나 수량이 수요와 공급에 의해서 결정되는 것이 원칙이다. 사업자들은 외부변수에 의해서 결정된 가격과 공급량을 주어진 조건으로 받아들이고 사업을 영위하게 된다. 그런데 독과점시장과 같이 의미있는 경쟁이 이루어지고 있지 못한 시장에서는 사업자들이 인위적으로 공급량을 조절함으로써 가격수준 등과 같은 거래조건을 사업자의 의사대로 결정하는 것이 가능하다. 이처럼 시장에서 사업자가 가격·수량·거래조건 등을 외부의 주어진 변수로 받아들이는 것이 아니라 자신들의 의사대로 결정할 수 있는 지위가 시장지배력의 핵심적인 내용이라고 할 수 있다.

---

2) "finis opus coronat"는 "end crowns the act"라는 의미의 라틴어이다. 결과는 노력에 대한 보상이라는 의미이다.
3) 경쟁압력이 없는 독점기업의 경영자나 노동자들의 방만한 자세로 생산성이 저하되거나 원가가 상승하는 상태를 의미한다.
4) 다소 맥락이 다른 이야기이기는 하지만 경기도 성남시에 소재한 한 대형교회는 자발적으로 29개의 교회를 분립하여 기존 교회의 규모를 대폭 축소하였다고 한다(중앙일보 2019.12.24.자 기사). 종교기관조차도 대형화의 우려는 적지 않은 것으로 보인다.

시장에 시장지배력을 보유한 시장지배적사업자가 존재한다는 사실은 경쟁법상 중요한 의미가 있다. 이러한 시장에서는 시장경제시스템이 제대로 작동되지 않을 위험성이 대단히 높고 그 결과 경쟁법이 추구하는 경쟁질서 또한 현실적으로 유지되기 어렵다. 각국의 경쟁법이 기업결합·카르텔·시장지배적지위 남용행위 등에 대한 규제를 통하여 예외 없이 '시장지배력의 형성과 그 남용행위'를 규제하는데 중점을 두고 있는 것도 바로 이러한 이유 때문이라고 할 수 있다.

한편 사업자들의 관점에서 보면 시장지배력 획득은 끊임없는 경쟁의 과정을 통하여 달성하여야 할 목표로서의 성격을 가지고 있다. 사업자들이 시장에서 부단한 노력을 통하여 다른 사업자들과의 경쟁에서 승리하고자 하는 최종적인 이유는 바로 시장에 존재하는 최후의 독점사업자가 되기 위한 것이다. 이러한 동기와 유인이 사업자들로 하여금 부단한 연구개발과 기술혁신노력을 기울이게 하는 긍정적인 효과가 있음을 부정하기 어려울 것이다. 결국 시장지배적사업자를 포함한 시장지배력 규제의 핵심은 경쟁법의 기반이 되는 시장경제시스템의 작동을 보호하면서도 치열한 경쟁에서 승리하기 위한 사업자들의 정당한 노력을 훼손하지 않도록 하는데 있는 것이다.

이를 위해서는 우선 시장지배력의 형성과정을 정당한 경쟁방법인 가격·품질·서비스 경쟁에 의해서만 가능하도록 엄격히 제한하는 한편 형성된 시장지배력에 대한 규제는 경쟁질서가 유지될 수 있도록 시장경제시스템을 보호하면서도 사업자들의 연구·개발 노력을 지속적으로 유도할 수 있는 방법과 수준으로 이루어져야 할 것이다.

2. 시장지배적지위 남용금지의 국제적 동향

시장지배적지위 남용금지는 어느 나라든 독점규제법의 핵심적인 과제이지만 집행의 강도면에서 보면 상대적으로 EU와 그 역내 국가들이 상대적으로 높다고 볼 수 있다. 그 이유는 이러한 국가들에서는 통신이나 에너지 분야의 국영기업들이 민영화되면서 시장지배적사업자가 되는 경우가 많았고 이러한 서비스들은 필수적인 성격들이 있어 공적인 통제의 필요성이 높았기 때문이다. 그래서 EU 국가들에서는 시장지배적사업자들은 '특별책임'(special responsibility)을 지니고 있다고 여겨지고 있다. '특별책임'이라는 표현은 1983년 유럽사법재판소(ECJ)의 Michelin 판결5)에서 처

---

5) Case 322/82 Michelin v. Commission, 1983 [ECR] 3461.

음 등장한 것이다. 이후에도 많은 사건에서 특별한 책임을 언급하고 있다. 물론 시장지배적사업자에게 부과된 이 적극적 책임이 구체적으로 무엇인지 말하기는 어렵다. 다만 동일한 행위를 한다 하더라도 일반 사업자에게는 책임을 묻지 않을 성격의 행위이지만 시장지배적사업자에게는 책임을 물을 수 있다는 포괄적인 의미로 이해할 수 있다. 나아가 미국이나 다른 국가에 비해 위법성 판단에 있어 시장지배적사업자에게 보다 엄격한 잣대를 들이댈 수 있는 하나의 근거가 되어 왔다.

이와 함께 EU는 단일국가인 미국이나 우리나라와 달리 유럽통합이라는 과제를 제1의 목표로 하고 있다. 이것은 EU 경쟁법의 목적 중 하나로 소비자후생과 함께 중요한 하나의 축을 형성하고 있다. 경쟁법 집행도 당연히 이러한 목표, 즉 단일시장(single market) 형성을 위해 중요한 역할을 담당하고 있다. 그래서 시장지배적사업자의 거래거절이나 차별적 거래는 역내 통합에 저해요인으로 작용할 수 있어 이를 강하게 규제하고자 하였다. 최근 Google과 같은 빅테크기업이나 글로벌 플랫폼사업자에 대해 선구적인 규정을 제정하거나 적극적인 규제의 움직임을 보이고 있다. 다양한 이유가 있겠지만 그 중의 하나는 규제의 주된 타깃이 EU기업이 아니라는 점도 작용하는 것으로 보인다. 설령 나중에 과잉규제로 판명된다 하더라도 위험부담이 적다는 점이다.

우리나라의 경우는 1980년 법집행 후 가격남용과 출고조절은 시장지배적사업자만이 할 수 있는 고유한 영역이라고 보아 별도로 규제를 하여 왔다. 나머지 행위들은 시장지배적사업자뿐만 아니라 시장에서 어느 정도 영향력만 있으면 할 수 있는 행위(즉 불공정거래행위)라고 보아 거의 동일한 기준을 가지고 판단하되 시장지배적사업자의 경우는 더 큰 책임을 물어 과징금의 강도를 더 높이는 방식으로 법을 집행하였다. 그래서 1999년 이전까지만 하더라도 시장지배적사업자의 이러한 행위들에 대해 시행령조차 제정하지 않았다. 이후 제정된 시행령조차도 부당성 판단에 있어서 불공정거래행위와 어떻게 다른지 분명히 제시하지는 못하였다. 심사기준은 2000년이 되어서야 제정되었다.

하지만 시장지배적사업자의 부당성 판단은 단순히 사업자의 행태가 아니라 시장에 미치는 경제적 영향을 중심으로 판단하여야 한다는 지적이 공정위 내외부에서 지속적으로 제기되어 왔고 2007년 포스코 판결[6]은 불공정거래행위와 시장지배적지위 남용행위는 부당성 판단에서 구분되어야 한다는 것을 선언하기에 이르렀다.

---

6) 대법원 2007.11.22. 선고 2002두8626 판결.

제 2 절 시장지배적사업자의 개념과 판단기준

Ⅰ. 시장지배적사업자의 개념

1. 공정거래법상 정의

시장지배적사업자란 시장지배력을 보유한 사업자를 의미한다. 공정거래법 제2
조 제3호 첫 문장에서는 시장지배력을 가진 사업자, 즉 시장지배적사업자에 대해
아래와 같이 정의를 내리고 있다.[7]

> 제2조(정의) 3. "시장지배적사업자"란 일정한 거래분야의 공급자나 수요자로서 단독으로 또는
> 다른 사업자와 함께 상품이나 용역의 가격, 수량, 품질 그 밖의 거래조건을 결정·유지 또는 변경
> 할 수 있는 시장지위를 가진 사업자를 말한다.

이 조항을 세부적으로 살펴보면 다음과 같다.

① 시장지배력은 일정한 거래분야 즉 관련시장을 전제로 하는 개념이다. 관련
시장의 의미에 대해서는 다음 절에서 설명한다.

② 시장지배력은 공급측면에서 형성될 수도 있고 수요측면에서 형성될 수도 있
다. 전통적인 독점규제법에서는 공급측면 특히 제조업에서의 시장지배력이 주된 관
심사였다. 최근에는 수요측면 특히 유통업(백화점이나 대형마트 등)에서의 시장지배
력에 대한 관심이 고조되고 있다.

③ 시장지배력은 하나의 사업자를 전제로 하는 개념이다. 그래서 시장지배력은
하나의 사업자가 단독으로 보유하는 것이다. 다른 사업자와 함께 공동으로 보유하
는 시장지배력에 대해서는 뒤에서 설명한다.

④ 시장지배력은 시장에서 가격이나 수량, 품질 기타의 거래조건을 좌지우지
할 수 있는 힘이다. 공급량이나 수요량 등의 수량증감은 결국 가격의 증감으로 나
타난다. 품질이나 기타의 거래조건도 가격으로 환원될 수 있는 것이다. 사업자가
품질을 낮추는 것은 가격을 인상한 것과 마찬가지의 효과를 지닐 수 있다. 그래서
1956년 du Pont 사건에서 미국 연방대법원은 시장지배력의 핵심은 가격에 대한 통
제력(power to control prices)이라고 판시한 바 있다.[8]

---

7) 2020.12.29. 개정 이전 조항 제2조 제7호.
8) U.S. v. E.I. du Pont de Nemours & Co., 351 U.S. 377 (1956). 이 사건은 셀로판용지에 대한
사건이어서 '셀로판사건'(Cellophane Case)이라고 부르기도 한다.

2. 관련사건 : 2005년 BC카드 사건[9]

BC카드와 12개 회원은행은 경제적 동일체로서 하나의 사업자에 해당하는지 여부가 문제되었다. 이 사건에서 공정거래위원회는 BC카드와 회원사의 시장점유율 합이 35%, 엘지카드 19%, 삼성카드 17%로 3 사업자의 점유율 합이 71%로 추정조항에 해당되지는 않지만, 진입장벽과 담합적인 시장구조 등을 감안할 때 이 사업자들이 각각 시장지배적사업자에 해당한다고 보았다. BC카드와 회원사는 경제적 이해관계를 같이 하는 경제적 동일체로 보았던 것이다.

법원은 이 사건 시장지배적지위 인정여부에 대하여 두 가지 쟁점을 다루었다. 첫째, BC카드와 12개 회원은행들을 하나의 사업자로 볼 수 있는지 여부이다. 서울고등법원은 독자성을 갖춘 사업자들이라면 비록 연합하여 각종 결정을 사실상 동일하거나 유사하게 하였다고 하더라도 부당한 공동행위 여부는 별론으로 하더라도 이러한 사업자들을 하나의 사업자로 볼 수는 없다고 판단하였다. 둘째, 만약 하나의 사업자로 볼 수 없다 하더라도 이들이 집단적으로 독과점적인 지위를 형성한 경우 시장지배적지위를 인정할 수 있는지 여부였다.

서울고등법원은 시장지배적사업자란 시장을 독점이나 과점형태로 지배하고 있는 개별사업자를 의미하는 것이지 여러 사업자들이 집단으로 통모하여 독과점적 지위를 형성한 경우 이들 사업자들까지 시장지배적사업자로 인정할 수는 없다고 판단하였다. 즉, 개별사업자들이 시장지배력을 보유하고 있어야 시장지배적사업자가 될 수 있고 공동으로 독과점적 지위를 가지고 있는 경우는 시장지배적사업자로 인정될 수 없다고 판단하였다.[10]

Ⅱ. 시장지배력의 판단기준

1999년 이전에는 시장지배적사업자를 공정거래위원회가 사전에 매년 지정해 주었다. 그러나 지금은 사전지정제도는 사라지고 사안이 발생했을 때 사후적으로

---

9) 서울고등법원 2003.5.27. 선고 2001누15194 판결; 대법원 2005.12.9. 선고 2003두6283 판결. 대법원은 서울고등법원의 판결을 그대로 수용하였다.
10) 이 사건에서 공정거래위원회가 패소한 것은 사실이지만 그럼에도 불구하고 이 사건 조사 후 시장에서 수수료율 등이 연쇄적으로 인하되었다고 한다. 결과적으로는 일정부분 성과가 있었다고 할 수 있을는지 모른다.

시장지배력여부를 판단한다.

공정거래법 제2조 제3호 두 번째 문장에서는 시장지배적사업자의 판단기준을 아래와 같이 제시하고 있다.[11]

> 제2조(정의) 3. … 시장지배적사업자를 판단할 때에는 시장점유율, 진입장벽의 존재 및 정도, 경쟁사업자의 상대적 규모 등을 종합적으로 고려한다.

1. 시장점유율

실무에서 가장 중요한 기준은 시장점유율이다. 물론 시장점유율 자체가 시장지배력은 아니지만 경험적으로 시장점유율이 커질수록 시장지배력이 늘어나는 경향이 있다.

예컨대 시장점유율이 90%나 되는 사업자가 현재의 가격이 낮다고 판단하여 가격을 인상하였다고 가정해 보자. 시장점유율이 낮은 사업자는 일시적으로는 재고량을 줄여 공급량을 다소 증가시킬 수 있지만 시설투자를 통해 갑자기 공급량을 늘리기가 쉽지 않다. 만약 시장점유율이 높은 사업자가 다시 가격을 인하해 버리면 큰 손실을 입을 수도 있다. 시장지배력을 가격에 대한 힘이라고 한다면 이러한 힘은 시장점유율이 높은 사업자가 보유할 가능성이 높다.

독점력 판단기준에 대한 미국의 선구적인 판결로 앞에서 언급한 Alcoa 항소심 판결이 자주 소개된다. Alcoa 판결에서는 시장점유율이 90% 이상이면 독점력은 충분하고 60%나 64%는 의심스럽고 33%는 불충분하다고 판시한 바 있다. 그러나 시장점유율만으로 시장지배력을 판단할 수는 없으며 아래에서 소개되는 다양한 기준들을 종합적으로 감안하여 판단하여야 한다.

2. 진입장벽

시장점유율이 아무리 높은 사업자라 하더라도 시장의 진입장벽이 낮아 신규사업자가 자유롭게 진입할 수 있다면 그렇지 않은 시장보다는 시장에서의 힘이 낮아질 수밖에 없다. 시장지배력은 경쟁자를 의식하지 않고 독자적으로 가격이나 거래조건 등을 설정할 수 있는 힘을 말하는데 진입장벽이 낮다면 독자적인 행동의 폭이

---

11) 2020.12.29. 개정 이전 조항 제2조 제7호.

좁아진다. 반대로 인허가로 인한 법적 진입장벽이 있거나 대규모 투자비가 소요되는 산업의 특성 등으로 진입장벽이 높다면 그렇지 않은 시장보다 시장에서의 힘이 높아질 수 있다.

「시장지배적지위 남용행위 심사기준」[12](이하 이 장에서 '심사기준'이라고 한다)에서는 ① 법적·제도적인 진입장벽의 유무, ② 필요 최소한의 자금규모, ③ 특허권 기타 지식재산권을 포함한 생산기술조건, ④ 입지조건, ⑤ 원재료조달조건, ⑥ 유통계열화의 정도 및 판매망 구축비용, ⑦ 제품차별화의 정도, ⑧ 수입의 비중 및 변화 추이, ⑨ 관세율 및 각종 비관세장벽 등을 고려하도록 하고 있다(심사기준 III.2.나).

유의할 점은 지식재산권에 배타적·독점적 사용권이 부여된다고 하여 지식재산권의 보유자가 곧바로 시장지배력이 있다고 추정되는 것은 아니라는 점이다. 예컨대 특허권자라 하더라도 시장지배력 여부는 특허권의 보유뿐만 아니라 해당 기술의 영향력, 대체기술의 존부, 관련 시장의 경쟁상황 등을 종합적으로 고려하여 판단한다. 다만 표준필수특허[13]와 같이 일정기간 관련 기술을 대체하는 것이 불가능하고 상품 생산을 위해서는 실시허락을 필수적으로 받아야 하는 경우, 그 보유자는 관련 시장에서 시장지배력을 보유할 개연성이 높다고 볼 수 있다(「지식재산권의 부당한 행사에 대한 심사지침」[14](이하 이 장에서 '지재권 심사지침'이라 한다) II.2.다).

3. 경쟁사업자의 상대적 규모

경쟁사업자들의 상대적 규모가 작은 경우는 시장에서 자신의 힘이 커질 수 있는 반면 경쟁사업자들의 상대적 규모가 큰 경우는 시장에서 자신의 힘이 작아질 수밖에 없다. 심사기준에서는 경쟁사업자의 상대적 규모 판단 시 ① 경쟁사업자의 시장점유율, ② 경쟁사업자의 생산능력, ③ 경쟁사업자의 원재료 구매비중 또는 공급비중, ④ 경쟁사업자의 자금력 등을 고려하도록 하고 있다(심사기준 III.3.나).

---

12) 공정거래위원회 고시 제2021−18호, 2021.12.30. 일부개정.
13) 국제표준화기구가 선정한 표준기술에 대한 특허로서 이 특허가 없이는 상품 생산등을 할 수 없다. 다만 표준필수특허의 전제로서 특허제공 방법에 대한 확약을 받는데 이것은 공정하고 합리적이며 비차별적인(fair, reasonable and non−discriminatory) 조건으로 특허를 제공하여야 한다는 것이다. 이를 'FRAND 확약'이라고 부른다.
14) 공정거래위원회 예규 제389호, 2021.12.30. 일부개정.

4. 기타

심사기준은 그 외에도 경쟁사업자 간 공동행위 가능성, 유사품 및 인접시장의 존재, 시장봉쇄력, 자금력, 기타 고려요인 등을 고려하도록 하고 있다(심사기준 Ⅲ.4 내지 8).

Ⅲ. 관련시장의 획정

시장지배적사업자 판단의 전제로서 우선 어느 시장에서 지배력을 가지고 있는지 판단하여야 한다. 공정거래법에서 의미하는 관련시장은 남대문시장이나 동대문시장과 같은 물리적인 의미의 시장이 아니라 경쟁관계에 있는 상품의 묶음(또는 서비스의 묶음) 혹은 경쟁관계에 있는 그러한 상품들의 지역적 범위를 의미한다.

최근 지적재산권과 관련된 시장에서 관련시장 획정이 문제가 되곤 한다. 지재권 심사지침에서는 거래객체별 시장은 다음의 세 가지로 나누어질 수 있다고 규정한다(지재권 심사지침 Ⅱ.3.가). 첫째는 상품시장[15]이다. 지식재산권과 관련된 기술을 활용해 상품을 생산하는 경우 관련시장으로 획정될 수 있다. 둘째는 기술시장이다. 지식재산권 관련 기술이 제공 즉 실시허락 등의 형태로 거래되는 시장이다. 기술거래는 운송의 제약이 적어 지리적 범위가 확대될 가능성이 크고 표준화에 따라 대체기술로 전환이 어려운 경우 한정된 범위의 거래분야만 관련시장으로 획정될 수 있다. 셋째는 혁신시장이다. 지식재산권의 행사가 새로운 또는 개량된 상품이나 공정을 개발하는 경쟁에 영향을 미치는 경우에는 상품시장 및 기술시장과는 별도로 혁신시장을 고려할 수 있다.

1. du Pont 판례

관련시장 개념에 대한 선구적인 판례는 앞에서 소개한 미국 연방대법원의 1956년 du Pont 판례를 들 수 있다. 당시로서는 첨단기술인 셀로판 포장지를 생산하고 있는 du Pont이 셀로판 시장에서 독점력을 가지고 있고 이를 바탕으로 특허권 남용행위나 신규기업의 시장진입 방해 등 독점력 남용행위를 하였는지 여부가 문제되

---

15) 상품시장은 넓게는 거래객체별 관련시장을 대표하는 개념으로 사용되기도 하고, 좁게는 말 그대로 생산되어 판매되는 상품의 시장 그 자체를 의미하기도 한다.

었다. 연방대법원 단계에서 관련시장의 쟁점이 문제가 되었다.

만약 관련시장이 셀로판 포장지로 한정된다면 du Pont의 시장점유율은 75% 정도인 반면 유연성 포장지 전부로 확대된다면 20%에도 미치지 못하였다. 연방대법원은 관련시장의 판단을 위한 기준으로 구매자의 입장에서 합리적 대체가능성 기준(reasonable interchangeability test)을 제시하였다. 셀로판 포장지와 비닐 포장지, 왁스 종이 포장지, 알루미늄 호일 등 다른 유연성 포장지(flexible packaging materials)가 대체성이 있느냐 하는 것이었다. 구매자는 가격이나 용도, 기능적 특징 등을 감안하여 상품의 대체성을 판단한다.

만약 du Pont이 셀로판 포장지의 가격을 인상하는 경우 많은 구매자들이 셀로판 포장지 대신 다른 포장지 구매 쪽으로 돌아선다면 양자는 대체성이 있게 된다. 그 경우 셀로판 포장지와 다른 유연성 포장지는 동일한 관련시장에 속하게 된다고 보았다. 실제로 당해 재판에서 제시된 자료들은 양자가 대체성이 높다는 것을 입증해 주었다. 그래서 관련시장이 셀로판 포장지보다 더 넓게 획정되었고 du Pont은 당해 시장에서 독점력이 없다고 결정되었다. 그런데 이 판결은 크게 두 가지 측면에서 문제가 있음이 드러났다.

첫째, 합리적인 대체가능성의 판단을 수요의 측면에서만 하였다는 것이다. 공급측면의 대체가능성도 중요하다. 특정 상품의 가격이 인상되는 경우 이전에는 당해 상품과 유사한 상품을 생산하지 않던 사업자가 유휴설비를 활용하여 유사 상품을 생산하게 되면 이들 상품은 대체성이 있어 경쟁관계가 형성될 수 있다. 그렇다면 이들은 모두 동일한 관련시장에 속하게 된다.

둘째, 사업자가 어떤 시장에서 이미 독점가격을 설정하고 있는 경우라면 가격인상을 조금만 하더라도 실제로는 대체가능성이 낮은데도 불구하고 다른 상품들로 구매를 옮길 수 있다는 것이다.

실제로 Posner 등 학자들의 연구에 의하면 du Pont 사건에서 du Pont은 셀로판 포장지의 가격을 이미 경쟁가격 수준 이상인 독점가격 수준으로 매기고 있었기 때문에 조금의 가격인상에도 구매자들이 다른 포장지 쪽으로 옮겨 가게 되었던 것으로 밝혀졌다. 이를 '셀로판 오류'(cellophane fallacy)라고 부르기도 한다.[16] 보통 관련시장을 너무 넓게 획정한 경우 사용되는 표현이다. 그래서 대체가능성 판단에서 기

---

16) 반대로 시장획정을 너무 좁게 한 경우를 '역 셀로판 오류'(reverse cellophane fallacy)라고 부르기도 한다.

준이 되는 가격이 이미 독점가격인 경우는 결과가 왜곡될 수 있기 때문에 대체가능성 판단은 경쟁가격을 기준으로 하여야 하고 가격인상 경우뿐만 아니라 가격하락의 경우도 참고적으로 활용할 필요가 있다.

2. 공정거래법상 관련시장의 획정

1) 관련시장의 정의

공정거래법 및 심사기준은 기본적으로 du Pont 판결의 취지를 따르면서 일부 문제점을 보완한 것이다. 법 제2조 제4호는 다음과 같이 일정한 거래분야, 즉 관련시장의 정의를 내리고 있다.[17]

> 제2조(정의) 4. "일정한 거래분야"라 함은 거래의 객체별·단계별 또는 지역별로 경쟁관계에 있거나 경쟁관계가 성립될 수 있는 분야를 말한다.

이 조항에 대하여 세부적으로 살펴보면 다음과 같다.

① 공정거래법에서는 관련시장을 "일정한 거래분야"로 지칭하고 있다.

② 공정거래법에서는 경쟁관계를 기준으로 관련시장을 획정한다. 경쟁관계에 있는 상품들은 대체가능성이 있는 상품들이다. 그래서 경쟁관계에 있는지 여부는 기본적으로 대체가능성이 있는지 여부의 문제로 귀착된다. 경쟁관계 개념은 du Pont 사건의 대체가능성(interchangeability)과 대동소이한 개념이다.

③ 관련시장은 객체별(상품이나 서비스 기준), 단계별(제조, 도매, 소매 기준), 지역별로 획정될 수 있다.

④ 당장은 생산되거나 판매되지 않고 있지만 단기간에 생산 또는 판매가 될 수 있는 경우 관련시장에 포함될 수 있다. 즉 생산대체가 이루어져 "경쟁관계가 성립할 수 있는 분야"도 관련시장에 포함될 수 있다.

2) 관련시장의 유형

관련시장은 객체별, 단계별, 지역별로 획정이 될 수 있지만 실무적으로 문제가 되는 두 가지는 상품시장과 지역시장이다.[18]

---

17) 2020.12.29. 개정 이전 조항 제2조 제8호.

18) 이와 관련하여 하부시장(submarket), 집합시장, 양면시장의 개념에 대하여는 다음의 책 참조. 신현윤, 전게서, 154-156면.

(1) 상품시장(또는 용역시장)

상품시장은 경쟁관계 즉 대체가능성이 있는 상품의 묶음을 말한다. du Pont 판결의 판시와 기본적으로는 유사하지만 위에서 지적된 일부 문제점을 보완한 것이다. 심사기준에서는 다음과 같이 규정하고 있다. 상품의 기능이나 효용 및 수요대체성을 감안할 뿐만 아니라 생산대체성 혹은 공급대체성을 감안한다. 가격인상뿐만 아니라 가격인하 여부도 활용할 수 있도록 하고 또한 한국표준산업분류도 참고한다(심사지침 Ⅱ.1).

〈상품시장 판단기준〉

가. 일정한 거래분야는 거래되는 특정 상품의 가격이나 용역의 대가(이하 "가격"이라 한다)가 상당기간 어느 정도 의미 있는 수준으로 인상(인하)될 경우 동 상품이나 용역의 대표적 구매자(판매자)가 이에 대응하여 구매(판매)를 전환할 수 있는 상품이나 용역의 집합을 말한다.

나. 특정 상품이나 용역이 동일한 거래분야에 속하는지 여부는 다음 사항을 고려하여 판단한다.
  (1) 상품이나 용역의 기능 및 효용의 유사성
  (2) 구매자들의 대체가능성에 대한 인식 및 그와 관련한 구매행태
  (3) 판매자들의 대체가능성에 대한 인식 및 그와 관련한 경영의사결정 행태
  (4) 통계법 제22조(표준분류) 제1항의 규정에 의하여 통계청장이 고시하는 한국
      표준산업분류

수요대체성은 구매자의 입장에서 대체가능한지 여부이다. 예컨대, A사의 휘발유와 B사의 휘발유는 소비자의 입장에서 볼 때 완전히 동일하지는 않다고 하더라도 기능적인 면에서 실질적으로 상호대체가 가능하다. 그래서 A사의 휘발유 가격이 인상되면 B사의 휘발유 판매량이 증가할 수 있다. 따라서 양사의 휘발유는 합리적으로 대체가 가능하므로 서로 경쟁관계에 있고 따라서 동일한 상품시장에 포함시킬 수 있게 된다.[19)]

---

19) 경제학적으로는 수요의 교차 가격탄력성(cross-price elasticity)이라는 개념으로 표현할 수 있고 미국 법원의 판결문에도 자주 등장하는 용어이다.

생산대체가능성은 판매자의 입장에서 대체가능한지 여부이다. 예컨대, A제품의 가격이 상승할 경우 기존에 A제품과 대체관계에 있지 않은 상품을 생산하던 사업자가 큰 비용을 들이지 않고 생산시설을 전환하여 A제품과 대체관계에 있는 상품을 만들어 경쟁관계에 들어갈 수 있다면 동일한 상품시장으로 획정할 수 있다는 것이다.

(2) 지역시장

지역시장도 상품시장과 기본적으로는 동일한 기준에 의하여 판단한다. 차이점은 일정 지역에 가격인상이 이루어지는 경우 타 지역에서 운송이 용이한지 여부가 중요한 기준이 될 수 있다는 점이다. 만약 이동 중 부패가 될 수 있다거나 타 지역에서의 판매망이 없다거나 운송비용이 많이 든다거나 법적으로 규제가 되는 경우(예, 과거 자도주 제도나 현재의 수제맥주 규제 등) 공급의 대체가능성이 현저히 제한된다. 심사지침에서는 지역시장에 대하여 다음과 같이 규정하고 있다(심사지침 II.2).

〈지역시장 판단기준〉

가. 일정한 거래분야는 다른 모든 지역에서의 가격은 일정하나 특정 지역에서만 상당 기간 어느 정도 의미있는 가격인상(가격인하)이 이루어질 경우 당해 지역의 대표적 구매자(판매자)가 이에 대응하여 구매(판매)를 전환할 수 있는 지역전체를 말한다.

나. 특정 지역이 동일한 거래분야에 속하는지 여부는 다음 사항을 고려하여 판단한다.
  (1) 상품이나 용역의 특성(부패성, 변질성, 파손성 등) 및 판매자의 사업능력(생산능력, 판매망의 범위 등)
  (2) 운송비용
  (3) 구매자의 구매지역 전환가능성에 대한 인식 및 그와 관련한 구매자들의 구매지역 전환행태
  (4) 판매자의 구매지역 전환가능성에 대한 인식 및 그와 관련한 경영의사결정행태
  (5) 시간적, 경제적, 법적 측면에서의 구매지역 전환의 용이성

Ⅳ. 시장지배적사업자 추정제도

1. 시장지배적사업자 추정요건

어떤 사업자가 시장지배적사업자라는 것을 직접 입증해 내는 것은 대단히 어려운 작업이다. 그 사업자가 일정한 거래분야의 공급자나 수요자로서 단독으로 또는 다른 사업자와 함께 상품이나 용역의 가격·수량·품질 기타의 거래조건을 결정·유지 또는 변경할 수 있는 시장지위를 가지고 있음을 입증하여야 한다.

경제학적으로 본다면 우선 일정한 거래분야 즉 관련시장을 획정한다. 그리고 경쟁시장이었으면 형성되었을 가격, 공급량과 그 사업자가 부과하는 가격, 공급량을 비교해보면 된다. 하지만 경쟁시장에서의 가격과 공급량을 알아낸다는 것은 대단히 어렵다.

그래서 입증부담을 덜어주기 위해 공정거래법 제6조[20])에서는 아래와 같은 시장지배적사업자 추정조항을 두고 있다. 일단 추정요건에 해당하면 시장지배력이 없다는 것을 사업자가 입증하여야 하는데 시장지배력이 없다는 입증도 대단히 어렵다. 대부분의 경우 추정조항에 해당하면 시장지배력이 있는 것으로 결정이 되고 있다. 이 추정은 법률상 추정이다. 일정한 요건에 해당하면 일단 시장지배력을 가진 시장지배적사업자로 추정되고 이 추정을 뒤집기 위해서는 공정거래위원회 단계에서는 피심인, 법원 단계에서는 원고가 시장지배력이 없음을 입증하여야 한다.

2. 현행 추정요건의 문제점

현행의 시장지배적사업자 추정 제도는 논리적으로 문제가 있다.

제6조(시장지배적사업자의 추정) 일정한 거래분야에서 시장점유율이 다음 각 호의 어느 하나에 해당하는 사업자(일정한 거래분야에서 연간 매출액 또는 구매액이 40억원 미만인 사업자는 제외한다)는 시장지배적사업자로 추정한다.
1. 하나의 사업자의 시장점유율이 100분의 50 이상
2. 셋 이하의 사업자의 시장점유율의 합계가 100분의 75 이상. 이 경우 시장점유율이 100분의 10 미만인 사업자는 제외한다.

아래의 [표 2-1]을 보면, <시장 1>에서 A의 점유율은 30%밖에 되지 않고 B,

---

20) 2020.12.29. 개정 이전 조항 제4조.

C라는 막강한 경쟁사업자가 있어도 3 이하 시장점유율의 합이 80%이므로 시장지배적사업자로 추정된다. 반면, <시장 2>에서는 A의 시장점유율이 40%나 되고 경쟁사업자의 시장점유율이 미약해 시장에서의 힘은 훨씬 막강함에도 불구하고 시장지배적사업자로 추정되지 않는다. 이것은 경제학적 원칙에 전혀 부합하지 않는 결론이다.

[표 2-1] 시장별 각 사업자의 시장점유율표

시장	3 이하 시장점유율 합	A (1위사업자)	B (2위사업자)	C (3위사업자)	기타
<시장 1>	80%	30%	25%	25%	20%
<시장 2>	50%	40%	5%	5%	50%

즉 복수의 사업자인 경우 셋 이하 사업자의 시장점유율이 75% 이상이라는 것은 개별사업자들의 시장지배력을 나타내기보다는 시장의 집중도가 높다는 것을 나타내는 것이다.

시장지배력을 보유한 사업자, 즉 시장지배적사업자 개념은 우리나라의 공정거래법이 제정되기 이전인 1975년 「물가안정 및 공정거래에 관한 법률」(이하 '물가안정법'이라고 한다)에서 이미 '독과점사업자'라는 개념으로 수용이 되어 있었다. 이 개념은 독과점시장에서 상위사업자들의 상품가격인상이 시장전체의 물가를 자극할 수 있어 이들이 가격인상을 하는 경우 신고의무를 부과하기 위한 것이었다. 동법 시행령에서 복수의 독과점사업자 기준이 규정되어 있었는데 이 기준은 이후 수치가 다소 바뀌긴 하였지만 공정거래법이 제정되면서 시장지배적사업자 추정기준으로 바뀌어 지금에 이르고 있다.[21]

---

21) [표] 독과점사업자 및 시장지배적사업자 지정·추정제도 변화

구분	독점시장	과점시장	참고
1975년 물가안정법	1사 30% 이상	3 이하 60% 이상 각사 20% 이상	독과점사업자 지정
1979년 물가안정법	1사 50% 이상	3 이하 60% 이상 각사 20% 이상	독과점사업자 지정
1980년 공정거래법	〃	3 이하 70% 이상 각사 5% 이상	시장지배적사업자 지정
1990년 공정거래법	〃	3 이하 70% 이상	시장지배적사업자 지정

시장점유율을 활용한 복수의 독과점사업자 추정제도는 통제경제체제 하에서 물가정책수단의 구체적인 대상을 선정한다는 의미에서 일견 합리성이 있는 제도라고 평가할 수도 있다. 하지만 경쟁정책 집행을 위한 시장지배적사업자 추정기준으로서는 애당초 적절하지 못한 것이었다. 복수의 사업자 추정요건은 폐지하는 것이 바람직하다.[22]

V. 양면시장과 관련시장 획정

1. 양면시장의 개념

양면시장 개념에 대해 아직까지도 통일된 견해는 없다. 양면시장 개념은 2003년 Jean-Charles Rochet와 Jean Tirole의 논문에서 비롯된 것으로서 아직까지도 개념이나 경쟁정책적 함의에서 충분한 공감대가 형성되어 있지 않은 실정이다.

일반적으로 양면시장(a two-sided market, two-sided network)이란 서로 다른 이용자 집단을 연결해 주어 이러한 집단들이 거래를 하거나 정보를 주고 받을 수 있게 하는 방식으로 가치를 창출해 주는 중개 플랫폼(an intermediary platform)을 말한다. 네트워크를 제공하는 사업자의 입장에서는 둘 혹은 그 이상의 집단에게 가치를 창출해 주고 대가를 받을 수 있기 때문에 양면시장 혹은 다면시장을 상대할 수 있다. 플랫폼이라는 표현은 네트워크를 제공해 주는 사업자에 초점을 맞춘 것이라면 양면시장 혹은 다면시장이라는 표현은 플랫폼 사업자가 상대하는 시장에 초점을 맞춘 것이라 할 수 있다. 물론 여기서 말하는 시장은 시장획정을 위한 관련시장 개념과는 다른 개념이다.

양면시장과 전통적인 시장을 비교해 보면, 전통적인 시장은 단면시장(a one-sided market)으로서 파는 자와 사는 자만 있다. 예컨대 라면 제조업자, 동네슈퍼, 소

		각사 10% 이상	
1999년 공정거래법	〃	3 이하 70% 이상 각사 5% 이상	시장지배적사업자 추정

22) 물론 공정거래위원회도 실무에서는 복수의 추정요건에 해당한다고 하여 곧바로 시장지배적사업자로 인정하지는 않고 진입장벽이나 경쟁사업자의 상대적 규모 등을 종합적으로 고려한다. 그러나 추정제도의 취지가 경제적 개연성이 높지만 입증이 어려운 경우 입증부담을 완화해 주기 위한 것이라는 점을 고려한다면 경제적 논리에도 맞지 않는 복수의 사업자 추정요건을 존치한다는 것은 바람직하지 않다.

비자가 있고 가운데에 있는 동네 슈퍼는 제조자와 소비자의 거래를 가능하게 해 주는 플랫폼과 유사한 기능을 수행하기도 한다. 그러나 양면시장에서 플랫폼은 중개자로서 역할을 수행하고 거래당사자는 양 집단의 사용자들이다. 예컨대 G마켓이라는 플랫폼의 경우 이 플랫폼에 입점해 있는 판매자와 이 플랫폼의 회원인 소비자가 거래당사자들이고 G마켓은 판매자로부터 수수료를 받는 것이 주된 관심사이다. 반면 동네슈퍼의 경우는 동네슈퍼가 라면제조업자에게 라면을 구입한 후 다시 소비자에게 마진을 붙여 라면을 판매하고 이 마진을 수입으로 챙기는 구조이다. 상품에 하자가 있어 환불을 해주어야 하는 경우에도 G마켓은 원칙적으로 책임을 지지 않는 반면 동네슈퍼는 직접 책임을 져야 한다. 물론 최근의 대형마트들은 온라인상의 오픈마켓과 유사하게 수많은 판매업자들이 입점을 하고 그들과 소비자 간의 거래를 가능하게 해주기 때문에 플랫폼과 유사한 기능을 수행하기도 한다. 그래서 전통시장과 양면시장의 명확한 구분이 무엇인지 문제가 되기도 한다.

요즘 문제가 되는 양면시장 이슈는 주로 온라인 플랫폼에서 일어나는 것이지만 신문이나 잡지와 같은 오프라인 플랫폼에서 발생할 수도 있다.

2. 양면시장의 특성

1) 둘 이상의 상이한 고객집단

네이버와 같은 검색플랫폼은 광고주와 이용자, G마켓과 같은 전자상거래플랫폼은 판매자와 소비자 등과 같이 서로 상이한 성격의 고객집단이 존재한다. 플랫폼은 이러한 상이한 고객 집단에게 각각 상이한 서비스를 제공하여 수익을 챙긴다. 플랫폼은 둘 이상의 고객집단에게 각각 제공해 주는 서비스의 가치에 상응하는 대가를 받기보다는 주로 한 집단에게만 가격을 매기고 나머지 집단에게는 무료나 매우 저렴한 가격을 매기는 경우가 많다. 플랫폼의 입장에서는 전체적으로 수익이 나면 되는 것이지 집단별로 수익이 날 필요는 없다. 이것을 가격구조의 비중립성(the non-neutrality of the price structure)이라고 부르기도 한다.

2) 중개자(intermediary)

플랫폼의 핵심 역할은 둘 이상의 상이한 고객집단들이 상호작용할 수 있도록 중개자의 역할을 수행한다는 것이다. 두 고객집단이 플랫폼을 통해 거래를 할 수 있게 한다든지(예컨대 전자상거래) 또는 한 고객집단에게는 검색서비스를 제공하고 다른 고객집단에게는 광고를 게재하게 해 줄 수도 있다(예컨대 네이버에 병원광고).
이러한 중개자로서의 역할은 간접적 네트워크 효과와 더불어 전통적인 단면시장과
차이가 나게 하는 주된 특징이다.

3) 간접적 네트워크 효과

플랫폼의 한 고객집단의 규모가 클수록 다른 고객집단의 편익에 영향을 미치는
것을 간접적 네트워크 효과(indirect network effect)라고 한다.[23] 부정적인 효과도 있
을 수 있지만[24] 대부분은 긍정적인 효과를 발생한다. 즉 한 이용자 집단이 크면 클
수록 다른 이용자 집단은 더 큰 편익을 누린다. 예컨대 신용카드 플랫폼의 경우 현
대카드의 회원이 많으면 많을수록 현대카드 가맹점들에게 좋고 현대카드 회원의
입장에서도 현대카드 가맹점이 많으면 많을수록 좋다. 이러한 간접적 네트워크 효
과는 반드시 양방향일 필요는 없고 한 방향으로만 작용하여도 무방하다. 전통적 시
장에서도 어느 정도의 간접적 네트워크 효과는 발생할 수 있다. 하지만 플랫폼 산
업에서는 그 강도가 훨씬 더 크고 다른 이용자 집단의 팽창을 빠른 시간에 유도할
수 있다는 점에서 차이가 있다.

3. 플랫폼의 유형

플랫폼의 유형은 무엇을 기준으로 하느냐에 따라서 다양한 분류가 가능하지만
관련시장획정과 관련하여 의미가 있는 것은 2014년 Filistrucchi 등이 제시한 거래플
랫폼과 비거래플랫폼의 구분이다.[25]

1) 거래플랫폼(transaction platform)

양면의 고객이 동시에 합의를 하여야 거래가 이루어지는 플랫폼으로서 플랫폼

---

23) 이에 비해서 직접적 네트워크 효과(direct network effect)는 한 이용자 집단의 구성원의 규
   모가 그 집단 구성원의 편익에 영향을 미치는 것을 말한다. 예컨대, 대형 온라인몰을 이용하
   는 소비자는 그만큼 상품들에 대한 리뷰가 많아질 수 있어 구매선택에 도움을 얻을 수 있다.
24) 예컨대 검색플랫폼에서 광고가 지나치게 많은 경우 검색이용자는 검색에 불편을 느껴 편익이
   감소할 수 있다.
25) Lapo Filistrucchi, Damien Geradin, Eric Van Damme & Pauline Affeldt, Market Definition in
   Two-Sided Markets: Theory and Practice, 10 J. Comp. L. & Econ. 293 (2014). 다만 이러한
   구분은 경계가 불분명하고 기술의 발전에 따라 유동적일 수 있으며 구분의 실익이 크지 않다
   는 비판도 적지 않다.

사업자가 거래를 식별하여 거래당 수수료를 부과할 수 있는 것이 특징이다. 대표적인 예는 온라인 상거래 플랫폼이다.

2) 비거래플랫폼(non-transaction platform)

미디어 플랫폼처럼 한 이용자 집단(독자)은 기사를 읽으며 광고를 보기도 하고 다른 이용자집단(광고주)은 광고를 게재하여 이용자집단이 광고를 볼 수 있도록 해주는 플랫폼이다. 이러한 플랫폼에서는 일대일의 거래가 이루어지는 것이 아니어서 거래별로 수수료를 부과할 수도 없다.

4. 양면시장에서 관련시장 획정

1) 쟁점

플랫폼 혹은 양면시장에 대한 논의가 필요한 이유는 전통적인 산업을 대상으로 개발되었던 관련시장 획정 기법이 그대로 적용되기 어렵고 간접적 네트워크 효과 등을 감안하여야 하는데 아직까지 구체적인 방법에 대해 의견이 일치되지 않고 있다는 점이다. 가장 핵심적인 논쟁은 양면 혹은 다면의 시장에 대하여 각각 별개의 관련시장으로 획정하여야 할지 아니면 하나의 시장으로 획정하여야 할지 여부이다. 일반적인 견해는 원칙적으로 문제가 된 시장의 한 면을 관련시장으로 획정하여야 하되 간접적 네트워크 효과를 감안하여야 한다는 것이었다. 그런데 2018년 미국 연방대법원의 Amex 판결에서는 신용카드 플랫폼의 양면 모두를 하나의 시장으로 획정하여 논란이 되었다.[26] 여기서는 연방대법관들의 의견조차 5대 4로 갈릴 정도로 공감대형성이 어려웠고 지금도 논쟁이 되고 있는 Amex 사건의 관련시장 획정에 대해 살펴본다.

2) Amex 판결

이 사건에서는 Amex를 비롯한 미국의 3개 신용카드 회사들이 가맹점들로 하여금 신용카드 회원들 즉 소비자들에게 다른 카드를 사용하도록 유도하거나 현금할인 등을 하지 못하도록 한 것이 경쟁을 제한한 것인지 여부가 문제가 되었다. 미국 연방정부와 17개의 주가 Sherman 법 위반을 이유로 소송을 제기하였다.

연방대법원의 다수의견은 신용카드 사업을 위한 플랫폼은 일반 플랫폼과 달리

---

26) Ohio v. Am. Express Co., 138 S. Ct. 2274 (2018).

독특한 것으로서 카드소지자와 가맹점이 동시에 합의하여야만 거래가 이루어질 수 있는 거래플랫폼(transaction platform)이라는 경제학자들의 주장을 받아들였다. 그래서 실제 벌어지고 있는 경쟁의 현실을 반영하기 위해서는 거래(transaction) 그 자체를 관련 상품 혹은 서비스로 보고 네트워크 혹은 플랫폼 전체를 관련시장으로 획정하여야 한다고 판단하였다.

반면 소수의견은 이 사건은 가맹점 수수료가 문제된 사건이고 신용카드 산업이라고 하여 통상의 양면시장과 달리 보아야 할 이유가 없음에도 불구하고 플랫폼 전체를 하나의 시장으로 보아 경쟁제한성을 판단할 필요는 없다고 판단하였다.

다수의견이 공급인인 사업자의 관점에서 경쟁이 이루어지고 있는 시스템 그 자체로서 관련시장을 획정하려고 하였다면 소수의견은 수요자의 관점에서 대체가능성이 있는 상품군으로 관련시장을 획정하려고 한 것으로 볼 수 있다.[27]

제3절   시장지배적지위 남용금지의 분류

Ⅰ. 공정거래법상 분류

1. 시장지배적지위 남용행위 관련 법령 및 고시

아래의 [표 2-2]는 공정거래법상 시장지배적지위 남용행위를 정리한 것이고,[28] [표 2-3]은 법 제5조 제1항 제3호 사업활동방해 중 시행령에서 위임받아 제정된 고시를 정리한 것이다.

[표 2-2] 시장지배적지위 남용행위 관련 법률과 시행령 규정

법 제5조 제1항		시행령(제9조)
1호	가격남용	가격을 부당하게 결정·유지·변경	정당한 이유 없이 가격을 수급의 변동이나 공급에 필요한 비용의 변동에 비하여 현저하게 상승시키거나 근소하게 하락시키는 행위

---

27) 판결의 경위와 상세한 내용은 다음의 논문 참조. 조성국, Amex 판결의 경쟁법적 쟁점에 대한 연구, 법학논문집 제44집 제2호, 2020, 409-434면.
28) 2020.12.29. 개정 이전 조항 제3조의2.

2호	출고조절	상품판매·용역제공을 부당하게 조절	1. 정당한 이유 없이 최근의 추세에 비추어 상품 또는 용역의 공급량을 현저히 감소시키는 행위 2. 정당한 이유 없이 유통단계에서 공급부족이 있음에도 불구하고 상품 또는 용역의 공급량을 감소시키는 행위
3호	사업활동방해	다른 사업자의 사업활동을 부당하게 방해	1. 정당한 이유 없이 다른 사업자의 생산활동에 필요한 원재료 구매를 방해하는 행위 2. 정상적인 관행에 비추어 과도한 경제상의 이익을 제공하거나 제공할 것을 약속하면서 다른 사업자의 사업활동에 필수적인 인력을 채용하는 행위 3. 정당한 이유 없이 다른 사업자의 상품 또는 용역의 생산·공급·판매에 필수적인 요소의 사용 또는 접근을 거절·중단하거나 제한하는 행위 4. 기타(고시)
4호	신규진입제한	새로운 경쟁사업자의 참가를 부당하게 방해	1. 정당한 이유 없이 거래하는 유통사업자와 배타적 거래계약을 체결하는 행위 2. 정당한 이유 없이 기존 사업자의 계속적인 사업활동에 필요한 권리 등을 매입하는 행위 3. 정당한 이유 없이 새로운 경쟁사업자의 상품 또는 용역의 생산·공급·판매에 필수적인 요소의 사용 또는 접근을 거절하거나 제한하는 행위 4. 기타(고시)
5호 전단	경쟁사업자 배제	부당하게 경쟁사업자를 배제하기 위하여 거래	1. 부당하게 통상거래가격에 비하여 낮은 가격으로 공급하거나 높은 가격으로 구입하여 경쟁사업자를 배제시킬 우려가 있는 행위 2. 부당하게 거래상대방이 경쟁사업자와 거래하지 않을 것을 조건으로 그 거래상대방과 거래하는 행위
5호 후단	소비자이익 저해	소비자의 이익을 현저히 저해할 우려가 있는 행위	기타(고시)

[표 2-3] 사업활동방해 관련 고시(심사기준 Ⅳ.3.라.)

(1) 부당하게 특정사업자에 대하여 거래를 거절하거나 거래하는 상품 또는 용역의 수량이나 내용을 현저히 제한하는 행위
(2) 거래상대방에게 정상적인 거래관행에 비추어 타당성이 없는 조건을 제시하는 행위
(3) 자사 또는 다른 거래상대방 대비 가격 또는 거래조건을 부당하게 차별하는 행위
(4) 부당하게 거래상대방에게 불이익이 되는 거래 또는 행위를 강제하는 행위
(5) 거래상대방에게 사업자금을 대여한 후 정당한 이유없이 대여자금을 일시에 회수하는 행위

(6) 다른 사업자의 계속적인 사업활동에 필요한 소정의 절차(관계기관 또는 단체의 허가, 추천 등)의 이행을 부당한 방법으로 어렵게 하는 행위
(7) 지식재산권과 관련된 특허침해소송, 특허무효심판, 기타 사법적·행정적 절차를 부당하게 이용하여 다른 사업자의 사업활동을 어렵게 하는 행위

2. 시장지배적지위 남용행위 규정방식의 문제점

위에서 본 것처럼 공정거래법에서는 시장지배적지위 남용행위의 유형을 대단히 혼란스럽게 규정하고 있다.

첫째, 경쟁제한행위를 규정한 제3호 사업활동방해, 제4호 신규진입제한, 제5호 전단 경쟁사업자배제는 상호배타적인 유형이 아니라 상당 부분 중복되는 유형이다. 예컨대 사업활동방해는 신규진입을 제한하거나 경쟁사업자를 배제하는 행위 모두를 포함한다고 볼 수도 있다. 그래서 시행령이나 고시를 들여다보기 전까지는 무엇을 금지하고자 하는지조차 파악하기 어렵게 규정이 되어 있다.

둘째, 거래거절이나 끼워팔기, 차별취급 등 중요한 금지행위 유형들이 법이나 시행령보다는 고시에 규정이 되어 있다는 점이다. 고시를 보지 않고서는 사업활동방해 행위가 무엇인지 이해하기가 어렵다.

셋째, 동일한 법률용어가 공정거래법 조문에 따라 의미하는 바가 다르다는 점이다. 예컨대 제5호의 경쟁사업자 배제는 법 제45조 제1항에서 규정하고 있는 불공정거래행위로서의 경쟁사업자 배제와 의미가 상이하다. 시장지배적지위 남용에서는 부당염매, 부당고가매입과 배타조건부거래를 포함하는 개념인 반면 불공정거래에서는 부당염매와 부당고가매입을 의미한다. 불공정거래에서 배타조건부거래는 구속조건부거래에 해당한다.

넷째, 소비자이익저해행위는 시행령과 고시에 세부적인 사항이 전혀 규정이 되어 있지 않다. 그래서 소비자이익저해라는 포괄적인 행위유형의 성격을 파악하기 어렵다는 점이다.

이렇게 된 것은 공정거래법 입법연혁에서 그 원인을 찾을 수 있다. 법 제정당시만 하더라도 시장지배적사업자가 남용행위를 할 수 있는 대표적인 유형은 가격남용행위였다. 공정거래법 제정 초기에 물가안정이 가장 중요한 과제였기 때문에 시행령에서는 가격남용행위에 대한 규정만을 두고 있었다. 오늘날 가장 중요하게 생각하는 경쟁제한행위는 오히려 불공정거래에 상세하게 규정이 되어 있었다.

시장지배적지위 남용행위를 세부적으로 규정한 시행령은 1999년에, 고시는 2000년에서야 제정이 되었고 그 후로도 한동안 제대로 집행이 되지 않았다. 그나마도 일관된 철학이나 논리보다는 기존의 규정에 덧붙이는 식으로 규정이 되어 왔기 때문에 이러한 혼란이 발생한 것으로 볼 수 있다.

오랫동안 시장지배적지위 남용행위 규제는 상대적으로 소홀히 다루어졌다. 더군다나 뒤에서 소개될 2007년 포스코 판결은 위법성 요건으로 대법원이 주관적 목적과 객관적 효과라는 엄격한 입증을 요구함으로써 시장지배적지위 남용행위 규제에 추가적인 어려움을 제공하였다. 실무자들의 입장에서는 법조문도 혼란스러운데 많은 사건 중에서 그나마 시장지배력도 확실하고 경쟁제한적 의도가 충분한 사건인 포스코 사건마저 패소하자 시장지배적지위 남용행위 규제에 큰 부담을 느끼고 있는 것이 사실이다.

Ⅱ. 행위성격에 따른 분류

시장지배적지위 남용행위를 행위성격에 따라 분류해 본다면 크게 두 가지로 나눌 수 있다. 하나는 시장에서 경쟁을 제한하는 행위이고 다른 하나는 거래상대방의 이익을 착취하는 행위이다. 전자를 배제남용(exclusionary abuse), 후자를 착취남용(exploitative abuse)이라고 한다. 미국 독점규제법에서는 착취남용을 규제하지 않기 때문에 시장지배적지위 남용이란 바로 배제남용을 의미한다.

배제(exclusion)라는 용어의 의미는 경쟁자를 경쟁에서 또는 시장에서 제외시킨다는 의미이다. 선험적으로 판별되는 것이라기보다는 독점규제법 역사를 통하여 이러이러한 행위는 경쟁을 부당하게 제한하는 행위라고 규정되어 온 것이다. 예컨대 부당한 거래거절이나 끼워팔기는 경쟁자를 시장에서 배제하는 행위라는 식으로 하나씩 인정되어 온 것으로 이해할 수 있다.

공정거래법에서는 국내외 판례법이나 법이론 등에서 인정된 이러한 행위들을 수용한 것이다. 따라서 배제의 의미를 문리적으로 규명하여 그 행위를 판별하기보다는 배제로 판정된 행위들을 통하여 배제의 의미를 이해하는 것이 바람직할 수 있다.

공정거래법 제5조 제1항에 규정된 행위들을 그 성격에 따라 정리해 보면 다음의 [표 2-4]와 같다.

[표 2-4] 행위성격에 따른 시장지배적지위 남용행위 분류

행위성격	법 조항	행위 유형	세부 내용
착취남용	1호	가격남용	가격을 부당하게 결정·유지·변경
	2호	출고조절	상품판매·용역제공을 부당하게 조절
	5호 후단	소비자이익저해	소비자의 이익을 현저히 저해할 우려가 있는 행위
배제남용	3호	사업활동방해	다른 사업자의 사업활동을 부당하게 방해
	4호	신규진입제한	새로운 경쟁사업자의 참가를 부당하게 방해
	5호 전단	경쟁사업자배제	부당하게 경쟁사업자를 배제하기 위하여 거래

제4절 시장지배적지위 남용행위 유형과 위법성 판단기준

Ⅰ. 개요

시장지배적지위 남용행위가 성립하기 위해서는 다음 세 가지 요건이 충족되어야 한다. 첫째, 당해 사업자가 관련시장에서 시장지배적지위를 가져야 한다. 둘째, 당해 사업자가 관련시장에서 경쟁을 제한할 목적이나 의도를 가지고 그러한 효과를 발생시키거나 발생시킬 우려가 있는 행위를 하여야 한다.[29] 셋째, 당해 사업자의 행위를 정당화할 만한 사유가 없어야 한다.

이 중 두 번째 요건과 세 번째 요건은 그 의미가 분명한 것은 아니다. 우선 두 번째 요건 중 행위의 목적과 의도에 대해 살펴보면 독점규제법에서 목적과 의도라는 주관적인 요건은 부당성을 판단하는데 중요한 요소이기는 하지만 공정위나 원고가 필수적으로 입증하여야 하는 요소로 보기는 어렵다. 물론 사안에 따라 행위의 효과가 친경쟁적인지 아니면 반경쟁적인지 판단하기 어려운 경우 목적과 의도는 결정적인 역할을 할 수도 있다. 최근 미국 FTC가 Facebook[30]에 대해 조사하면서 CEO인 Mark Zuckerberg의 이메일까지 조사한 것에서 볼 수 있듯이 행위의 의도가 중요한 사건이 있을 수 있다. 그러나 일반적으로 본다면 이런 예외적인 경우가 아니면 독점규제법에서 행위의 의도라는 주관적인 요소는 부차적으로 취급된다. 그런

---

29) 대법원 2007.11.22. 선고 2002두8626 판결.
30) 지금의 'META'.

점에서 2007년 포스코 판례에서 제시하는 주관적인 요소는 그 의미를 지나치게 강조할 필요는 없다고 생각된다.

셋째 요건인 정당한 사유 문제는 시장지배적지위 남용행위 심사기준에도 나와 있지 않지만 당연위법이 아닌 한 인정되는 것으로 보아야 할 것이다.[31] 즉 경쟁제한효과가 인정되는 경우라고 하더라도 정상적인 경쟁과정에서 불가피한 경우라든가 경쟁제한효과를 능가하는 소비자후생 증대효과가 인정되는 예외적인 경우에는 부당성을 인정하지 않아야 한다. 불공정거래행위 심사지침에서는 합리성 사유로 인정되고 있고, 미국이나 EU에서도 정당화 사유로 인정이 되고 있다.[32] 해외에서도 구체적인 사유에 대해서는 논란이 있지만 한 가지 사례를 살펴본다면, EU의 1978년 B.P. 판결에서와 같이 석유공급사인 B.P가 1973년 오일쇼크로 원유확보에 어려움을 겪게 되어 주문량을 채우기 어렵게 되자 단발성 고객에 원유공급량을 대폭 축소한 사건에서 유럽사법재판소(ECJ)는 공급부족과 같은 외적 요인으로 인한 거래거절 및 차별은 정당화될 수 있다고 판시하였다.[33] 또한 시장지배적사업자의 행위가 경쟁제한효과를 발생시키는 경우라 하더라도 그것을 크게 능가하는 소비자후생제고 효과(예컨대 가격인하나 기술혁신)를 초래한다면 정당화될 수 있을 것이다.[34]

Ⅱ. 착취남용

1. 가격남용행위

1) 가격남용행위의 의의

가격남용행위는 '상품의 가격이나 용역의 대가를 부당하게 결정·유지 또는 변경하는 행위'를 의미한다(법 제5조 제1항 제1호).[35] 원래 상품의 가격은 시장상황을 반영하여 사업자가 자유롭게 결정할 수 있는 것이 원칙이지만 시장지배적사업자가 그 지배력을 이용하여 통상적인 경쟁시장에서 형성되어야 할 가격(competitive price)보다 부당하게 높은 가격을 설정함으로써 거래상대방이나 소비자의 이익을 침해하

---

31) 실무적으로는 공정위가 피심인에게 정당화 사유가 있는지 의견제출 기회를 준 후 심사관의 주장과 피심인의 주장을 종합적으로 고려하여 최종 판단하게 된다.

32) 예컨대, 미국의 legitimate business justification, EU의 objective justification.

33) Case 77/77, BP v. Commission [1978] ECR 1513.

34) 관련되는 내용은 조성국·배동호, "EU 경쟁법상 객관적 정당화 사유에 대한 연구", 문화미디어엔터테인먼트법, 2022.12, 참조.

35) 2020.12.29. 개정 이전 조항 제3조의2 제1항 제1호.

는 것을 방지하기 위하여 가격남용행위를 규제하는 것으로 이해되고 있다.

따라서 가격남용행위에 있어서의 부당성 여부를 판단하기 위해서는 먼저 경쟁시장이었다면 형성되었을 가격을 산정한 후에 시장지배적사업자가 설정한 가격수준과 비교하여 차이가 나는 금액을 확정한 다음 그 금액이 법상 허용되지 않을 정도로 큰 금액인지 여부를 판단하는 과정을 거쳐야 한다.

가격남용행위는 공정거래법이 제정되게 된 주요한 요인이기도 하다. 1970년대 석유파동으로 인해 우리 사회가 만성적인 인플레이션에 시달리면서 독과점사업자들의 가격인상을 막아보고자 한 것이 주요한 입법동기 중 하나였다.

가격남용에 대한 사례는 연암 박지원의 허생전에도 나온다. 허생은 제수용품 집산지인 안성으로 가서 과일 등을 매점매석한 후 10배의 폭리를 남기고 팔았다고 한다. 로마에서는 디오클레시안 황제가 육류와 맥주 등의 최고가격을 정한 후 이것을 어기면 사형으로 벌하겠다는 포고령까지 내렸다고 전해진다.

그런데 이와 같은 가격남용행위의 부당성을 판단하는 것이 실무상으로는 지극히 곤란하거나 거의 불가능하다고 할 수 있는데 그 이유는 경쟁시장이었다면 형성되었을 가격이 어느 정도인지를 산정하는 것이 어려울 뿐만 아니라 설사 경쟁가격을 산정한다고 하더라도 어느 정도의 금액차이가 나는 경우에 부당성을 인정할 수 있는지 여부를 판단하는 것이 곤란하기 때문이다.

이처럼 절대적인 가격수준을 기준으로 한 부당성 판단의 어려움을 감안하여 동법 시행령에서는 "상품의 가격이나 용역의 대가를 부당하게 결정·유지 또는 변경하는 행위는 정당한 이유 없이 가격을 수급의 변동이나 공급에 필요한 비용의 변동에 비하여 현저하게 상승시키거나 근소하게 하락시키는 행위"를 한 경우에 부당한 가격남용행위가 성립되는 것으로 규정함으로써, 절대적인 가격수준을 기준으로 한 부당성 판단과정을 포기하고 비용변동에 대한 가격수준의 상대적인 변동수준을 기준으로 부당한 가격남용행위 여부를 판단하도록 하고 있다(시행령 제9조 제1항).[36)]

그러나 시행령상의 가격남용행위 판단기준에 의하더라도 비용인상 요인이 장기간 누적되어 왔으나 다른 사정으로 가격을 인상하지 못하고 있다가 특정 시점에

---

36) 공정거래위원회는 이렇게 가격변경의 경우에만 규제가 가능하도록 되어 있는 지금의 제도가 불충분하다고 생각하여 가격결정과 유지행위에 대해서도 규제가 가능하도록 하는 내용으로 2007년에 시행령 개정을 추진하였으나 규제개혁위원회의 규제심사를 통과하지 못하였다.

과거의 비용변동요인을 반영하여 가격을 인상하게 되는 경우와 같이 '비용변동 대비 가격변동 기준'이 시장지배력 행사의 결과인지 여부를 정확하게 판단하기에는 한계가 있다. 또한 여전히 '현저하게'라든지 '근소하게'라는 추상적인 용어를 사용함으로써 어느 정도 변동수준까지의 가격설정행위가 허용되는지가 불투명하다는 문제점은 그대로 남아있게 되었다.

가격남용행위의 대표적인 심결사례로는 제과3사의 시장지배적지위 남용행위 건[37]과 현대자동차(주) 및 기아자동차(주)의 시장지배적지위 남용행위 건[38]이 있다. 비씨카드(주) 등의 시장지배적지위 남용행위 건에서는 대법원에서 행위자들의 시장지배적지위가 인정되지 않는다고 판단하여 가격남용여부를 판단하지 않았다.[39]

2) 가격남용행위 규제의 집행방향

사견으로는 독점사업자의 독점가격 설정행위에 대한 국가의 규제는 신중한 접근이 필요하다고 생각된다. 첫째, 가격기능은 시장경제시스템의 가장 핵심적인 가치이므로 이를 정부의 인위적인 기준에 의하여 조정·통제한다는 것은 자칫 시장경제시스템의 근간을 훼손할 우려가 있다. 둘째, 일시적인 독점가격은 장래 새로운 신규진입자에 대한 유인으로 작용하게 되므로 시장의 자율적인 시스템에 의하여 시장의 독점상태가 교정될 수 있다. 셋째, 정당한 경쟁수단을 통하여 시장지배력을 보유하게 된 사업자의 독점이윤 추구행위는 그 비난 가능성이 상대적으로 낮다는 점 등이 충분히 고려되어야 하기 때문이다.

미국의 경쟁법 집행에 있어서 경쟁사업자를 배제하기 위한 일시적인 염매행위는 규제하면서도 독점사업자의 높은 가격 자체는 원칙적으로 문제삼지 않고 있는 것도 이러한 이론적 기초에 근거하고 있다.

그 동안 우리나라 공정거래위원회의 가격남용행위에 대한 심결사례가 불과 몇 건에 불과한 것도 가격남용행위 부당성 판단의 현실적 곤란성과 함께 가격수준에 대한 정부의 직접적인 규제는 신중하게 접근하겠다는 인식이 작용한 것으로 이해

---

37) 공정거래위원회 의결 제92-1~3호, 1992.1.15. 참조.
38) 공정거래위원회 의결 제99-130호. 1999.9.3. 참조. 이 사건에서 공정거래위원회는 부당하게 가격을 인상하였다고 인정하면서 법조항은 구법 제3조의2 제1항 제5호(소비자이익저해)를 적용하였다.
39) 공정거래위원회 의결 제2001-40호, 2001.3.14. 및 대법원 2005.12.9. 선고 2003두6283 판결 참조.

된다. 다만 지진과 같은 자연재해발생 시 매점매석 행위 규제나 전기나 통신요금 같이 공익적 목적의 요금규제는 어느 나라든 불가피하지만 대부분 그와 관련된 특별한 법률에 근거를 두고 규제한다. 공정거래법과 같이 일반 경쟁법으로 규제하는 것은 바람직하지 않다고 생각된다.

2. 출고조절행위

출고조절행위는 '상품의 판매 또는 용역의 제공을 부당하게 조절하는 행위'를 의미한다(법 제5조 제1항 제2호).[40] 시행령에서는 법상의 출고조절행위를 첫째, 정당한 이유없이 최근의 추세에 비추어 상품 또는 용역의 공급량을 현저히 감소시키는 경우, 둘째, 정당한 이유없이 유통단계에서 공급부족이 있음에도 불구하고 상품 또는 용역의 공급량을 감소시키는 경우로 규정하고 있다(시행령 제9조 제2항).

상품의 출고량은 궁극적으로 상품의 가격수준과 불가분의 관계에 있으므로 출고조절행위와 가격남용행위는 그 본질에 있어서는 큰 차이가 없는 행위라고 할 수 있다. 허생전의 내용도 상품을 몰아서 사들인 후(買占) 팔지 않는 행위(賣惜)라는 출고조절을 통해 비싸게 파는 행위(가격남용)를 취하는 구조로 되어 있다.

가격남용행위와 출고조절행위는 모두 독점사업자의 독점이윤 추구행위로서 유사한 성격이 있다. 공정거래법상의 평가나 접근에 있어서도 동일한 유형으로 함께 취급되어져야 할 필요성이 있다. 따라서 위에서 살펴 본 가격남용행위에 대한 논의는 대부분 출고조절행위에 대해서도 그대로 적용될 수 있을 것이다.

출고조절행위에 대한 대법원 판결은 3건이 있다. (주)신동방의 시장지배적지위 남용행위에 대한 건[41]에서는 공정거래위원회가 승소하였지만 (주)제일제당의 시장지배적지위 남용행위에 대한 건[42]과 (주)남양유업의 시장지배적지위 남용행위 등에 대한 건[43]에서는 공정거래위원회가 패소하였다.

---

40) 2020.12.29. 개정 이전 조항 제3조의2 제1항 제2호.
41) 대법원 2000.2.5. 선고 99두10964 판결.
42) 대법원 2002.5.24. 선고 2000두9991 판결.
43) 대법원 2001.12.24. 선고 99두11141 판결.

Ⅲ. 사업활동방해행위

1. 사업활동방해행위의 의의

사업활동방해행위는 '다른 사업자의 사업활동을 부당하게 방해하는 행위'를 말한다(법 제5조 제1항 제3호).[44] 방해의 대상이 되는 사업자는 '다른 사업자'이므로 반드시 경쟁사업자에 한하지 않고 거래상대방인 사업자도 포함된다.

법상의 사업활동방해행위는 시행령에서 다시 4가지 유형으로 세분된다.

첫째, 정당한 이유없이 다른 사업자의 생산활동에 필요한 원재료 구매를 방해하는 행위(원재료 구매방해 행위), 둘째, 정상적인 관행에 비추어 과도한 경제상의 이익을 제공하거나 제공할 것을 약속하면서 다른 사업자의 사업활동에 필수적인 인력을 채용하는 행위(필수인력 채용행위), 셋째, 정당한 이유없이 다른 사업자의 상품

[표 2-5] 사업활동방해행위 세부 내용

시행령(제9조 제3항)	고시(심사지침 Ⅳ.3(2).라)
1. 정당한 이유없이 다른 사업자의 생산활동에 필요한 원재료 구매를 방해하는 행위 2. 정상적인 관행에 비추어 과도한 경제상의 이익을 제공하거나 제공할 것을 약속하면서 다른 사업자의 사업활동에 필수적인 인력을 채용하는 행위 3. 정당한 이유없이 다른 사업자의 상품 또는 용역의 생산·공급·판매에 필수적인 요소의 사용 또는 접근을 거절·중단하거나 제한하는 행위 4. 기타(고시)	(1) 부당하게 특정사업자에 대하여 거래를 거절하거나 거래하는 상품 또는 용역의 수량이나 내용을 현저히 제한하는 행위 (2) 거래상대방에게 정상적인 거래관행에 비추어 타당성이 없는 조건을 제시하는 행위 (3) 자사 또는 다른 거래상대방 대비 가격 또는 거래조건을 부당하게 차별하는 행위 (4) 부당하게 거래상대방에게 불이익이 되는 거래 또는 행위를 강제하는 행위 (5) 거래상대방에게 사업자금을 대여한 후 정당한 이유없이 대여자금을 일시에 회수하는 행위 (6) 다른 사업자의 계속적인 사업활동에 필요한 소정의 절차(관계기관 또는 단체의 허가, 추천 등)의 이행을 부당한 방법으로 어렵게 하는 행위 (7) 지식재산권과 관련된 특허침해소송, 특허무효심판, 기타 사법적·행정적 절차를 부당하게 이용하여 다른 사업자의 사업활동을 어렵게 하는 행위

---

44) 2020.12.29. 개정 이전 조항 제3조의2 제1항 제3호.

또는 용역의 생산·공급·판매에 필수적인 요소의 사용 또는 접근을 거절·중단하거나 제한하는 행위(필수설비 제한행위), 넷째, 기타 부당한 방법으로 다른 사업자의 사업활동을 어렵게 하는 행위로서 공정거래위원회가 고시하는 행위를 하는 경우가 그것이다(시행령 제9조 제3항). 이에 대하여 시행령에 3개, 고시에 7개 행위가 규정되어 있다.

사업활동방해행위는 뒤에서 보는 진입제한행위, 경쟁사업자 배제행위와 함께 시장지배적지위 남용행위의 가장 핵심적인 규제대상이다. 이는 시장지배력을 보유한 사업자가 다른 사업자의 시장접근을 제한하고 기존사업자를 시장에서 퇴출시킴으로써 자신의 독점력을 강화·유지하는 수단으로 활용될 수 있기 때문이다. 즉, 이 세 가지 행위유형들은 모두 궁극적으로 배제적 효과(exclusionary effect)가 있는 행위라는 점에서 동일한 속성을 가지고 있으며, 그 부당성 판단도 이러한 배제적 효과를 통한 경쟁제한성이 있는지 여부를 중심으로 이루어져야 할 것이다.

이러한 관점에서 보면 앞서 본 가격남용행위나 출고조절행위와 같은 독점이윤 추구행위의 성격이 있는 행위들과 배제적 행위로서의 성격이 있는 행위들을 동일한 법 조항 내에서 규제하고 있는 현행 공정거래법의 태도가 바람직한지 여부에 대한 의문이 제기될 수 있다. 이러한 두 가지 유형의 행위에 있어서 부당성 판단의 실질적인 내용이 다를 수 있기 때문인데 전자의 부당성의 핵심은 거래상대방이나 소비자의 이익이 침해되었다는 사실에 중점이 있는 반면, 후자의 부당성의 핵심은 배제적 효과를 통한 경쟁제한성 여부에 중점이 있다고 할 수 있다.

동일한 법 조항 내에서 사용되고 있는 '부당하게'라는 동일한 용어의 의미가 행위유형에 따라서 그 실질적인 내용이 달라지게 되는 것은 법 조항의 통일적 해석이라는 관점에서 바람직하지 않다고 할 것이므로 향후 입법론적으로는 이들 두 가지 행위유형을 분리하여 규정할 필요성이 있다고 생각된다.

여기에서는 시행령과 고시에 나와 있는 행위들 중 검토할 필요가 있다고 생각되는 몇 가지 행위에 대해 살펴본다.

2. 필수요소 접근제한 행위

사업활동방해행위의 유형 중에서 최근에 큰 관심을 받고 있는 조항이 시행령 제9조 제3항 제3호에서 규정하고 있는 '필수요소 접근제한행위'이다. 이는 소위 미국의 '필수설비이론'(Essential Facility Theory)을 받아들여 입법화한 것이다. 미국에서 필수설비이론은 거래거절의 한 유형으로 논의가 되어 왔는데 공정거래법에서는 거래거절과는 별도의 유형으로 규정하고 있다. 필수설비이론이란 특정사업 영위에 필수적인 설비를 독점적으로 소유 또는 통제하고 있는 사업자는 다른 사업자가 특정 사업을 영위하기 위하여 정당한 대가를 지급하고 그 설비를 이용하고자 할 경우에 이를 거절할 수 없다는 이론을 의미한다.

일반적으로는 설비보유자가 다른 사업자와 그 설비의 이용에 대한 거래를 할지 여부를 자유롭게 결정할 수 있는 것이 원칙이다. 하지만 설비이용에 대한 접근을 제한하여 다른 사업자의 사업활동이나 시장진입을 불가능하게 하는 등 경쟁을 원천적으로 제한하게 되는 경우에 한하여 설비보유자의 일반적인 거래거절의 자유를 부인하는 이론이라고 할 수 있다. 궁극적으로는 헌법상 사유재산권 및 영업의 자유에 대한 예외를 법률로서 인정한 것이라고 할 수 있다.

이러한 필수설비이론은 통신·방송분야와 같은 소위 네트워크 산업이나 표준필수특허에서 주로 문제되고 있다. 최근에는 설비보유자의 설비에 대한 접근허용의무를 부과하는 기존의 필수설비이론을 확장하여 경우에 따라서는 설비보유자의 시장 참여를 제한하고 단순히 설비제공자로서의 기능만 허용함으로써 설비의 중립성을 보호할 필요성이 있다는 주장도 제기되고 있다.

심사기준에서는 필수요소로 인정되기 위한 요건을 제시하고 있다. 첫째, 당해 요소를 사용하지 않고서는 상품이나 용역의 생산·공급 또는 판매가 사실상 불가능하여 일정한 거래분야에 참여할 수 없거나 당해 거래분야에서 피할 수 없는 중대한 경쟁열위상태가 지속될 것(사용의 불가피성), 둘째, 특정 사업자가 당해요소를 독점적으로 소유 또는 통제하고 있을 것(독점적 소유), 셋째, 당해 요소를 사용하거나 이에 접근하려는 자가 당해 요소를 재생산하거나 다른 요소로 대체하는 것이 사실상·법률상 또는 경제적으로 불가능할 것(재생산 불가능성)이다. 그리고 이러한 공정거래법상의 필수요소는 반드시 유형의 설비에 한정되는 것이 아니라 무형의 요소까지 포함하는 개념이다(심사기준 Ⅳ.3.다. 참조).

이러한 필수설비이론은 미국에서는 학계에서 논의가 되어 왔지만 연방대법원 차원에서 받아들여진 적은 없다. 우리나라에서도 대법원이 공식적으로 특정 사안에서 필수요소 접근제한 행위를 인정한 적은 없다. 공정거래위원회는 2017년 퀄컴 인코포레이티드 등의 시장지배적지위 남용행위 등에 대한 건에서 최초로 인정하였

다.[45)]

3. 거래거절

거래거절은 거래상대방의 협조를 필요로 하지 않는 가장 전형적인 단독행위이다. 거래거절은 거래개시 거절과 거래중단뿐만 아니라 그에 준하는 정도의 현저한 거래량 감축도 포함된다. 원래 단독행위에는 사적자치의 원칙이 강하게 적용이 되고 특단의 사유가 없는 한 규제하지 않는 것이 바람직하다. 이러한 이유로 미국에서도 1970년대 이후의 현대 경쟁법에서는 거래거절이 위법으로 인정되는 경우는 찾아보기 어렵다. 특히 거래중단에 대해 부당성을 인정한 사례는 있지만 거래개시 거절에 대해 부당성을 인정한 사례는 찾아보기 어렵다.

거래거절에 대한 대표적인 판결은 2007년의 포스코 판결[46)]이다. 이 사건은 시장지배적지위 남용행위 중 배제남용행위의 위법성 판단기준을 구체적으로 제시한 선구적인 판결로서 의미가 있기 때문에 아래에서 자세히 살펴본다.

1) 공정거래위원회 의결

포스코는 열연코일시장에서의 국내 독점생산자이고 냉연강판시장에서도 제1위의 사업자이다. 냉연강판 생산에 열연코일은 필수적이다. 현대 하이스코가 냉연강판시장에 신규진입하여 열연코일의 공급을 요청하였으나 포스코는 공급을 거절하였다.

공정거래위원회는 이러한 행위는 냉연강판시장에 신규진입한 경쟁자의 사업활동을 방해하고 냉연강판시장에서의 자신의 지배적 지위를 계속 유지하려는 행위로 인정하였다. 그래서 이러한 행위는 당시의 법 제3조의2(시장지배적지위의 남용금지), 시행령 제5조 제3항 제3호, 관련 심사기준 IV.3.다.(1).에서 규정하고 있는 '부당하게 특정사업자에 대하여 거래를 거절하는 행위'에 해당한다고 판단하여 시정명령 및 과징금을 부과하였다.

---

45) 공정거래위원회 의결 제2017-25호, 2017.1.20. 이 사건은 아직 대법원에 계류 중이다.
46) 공정거래위원회 의결 제2001-68호, 2001.4.12; 서울고등법원 2002.8.27. 선고 2001누5370 판결; 대법원 2007.11.22. 선고 2002두8626 전원합의체 판결.

2) 대법원 판결

서울고등법원은 공정거래위원회와 의견을 같이 하였다. 그러나 대법원은 의견이 나뉘어져 다수의견은 위법성을 인정하지 않은 반면 소수의견은 위법성을 인정하였다. 소수의견은 다시 두 가지로 나뉘어졌다.

다수의견에 따르면 주관적으로는 시장에서의 자유로운 경쟁을 제한함으로써 인위적으로 시장질서에 영향을 가하려는 의도나 목적을 갖고, 객관적으로는 그러한 경쟁제한의 효과가 생길 만한 우려가 있는 행위로 평가될 수 있는 행위로서의 성질을 갖는 거래거절행위를 하였을 때에 그 부당성이 인정될 수 있다고 보았다. 그리고 현실적으로 위와 같은 효과가 나타났음이 입증된 경우에는 그에 대한 의도나 목적이 있었음을 사실상 추정할 수 있지만, 그렇지 않은 경우에는 거래거절의 경위 및 동기, 관련시장의 특성, 거래상대방이 입은 불이익의 정도, 관련시장에서의 가격 및 산출량의 변화 여부 등 여러 사정을 종합적으로 고려하여 그에 대한 의도나 목적이 있었는지를 판단하여야 한다고 보았다.

판례 2 : 포스코의 거래거절 사건
– 대법원 2007.11.22. 선고 2002두8626 판결 –

공정거래법 제3조의2 제1항 제3호의 시장지배적사업자의 지위남용행위로서의 거래거절의 부당성은 '독과점적 시장에서의 경쟁촉진'이라는 입법목적에 맞추어 해석하여야 할 것이므로, 시장지배적사업자가 개별 거래의 상대방인 특정 사업자에 대한 부당한 의도나 목적을 가지고 거래거절을 한 모든 경우 또는 그 거래거절로 인하여 특정 사업자가 사업활동에 곤란을 겪게 되었다거나 곤란을 겪게 될 우려가 발생하였다는 것과 같이 특정 사업자가 불이익을 입게 되었다는 사정만으로는 그 부당성을 인정하기에 부족하고, 그 중에서도 특히 시장에서의 독점을 유지·강화할 의도나 목적, 즉 시장에서의 자유로운 경쟁을 제한함으로써 인위적으로 시장질서에 영향을 가하려는 의도나 목적을 갖고, 객관적으로도 그러한 경쟁제한의 효과가 생길 만한 우려가 있는 행위로 평가될 수 있는 행위로서의 성질을 갖는 거래거절행위를 하였을 때에 그 부당성이 인정될 수 있다 할 것이다.

그러므로 시장지배적사업자의 거래거절행위가 그 지위남용행위에 해당한다고 주장하는 피고로서는 그 거래거절이 상품의 가격상승, 산출량 감소, 혁신 저해, 유력한 경쟁사업자의 수의 감소, 다양성 감소 등과 같은 경쟁제한의 효과가 생길 만한 우려가 있는 행위로서 그에 대한 의도와 목적이 있었다는 점을 입증하여야 할 것이고, 거래거절행위로 인하여 현실적으로 위와 같은 효과가 나타났음이 입증된 경우에는 그 행위 당시에 경쟁제한을 초래할 우려가 있었고 또한 그에 대한 의도나 목적이 있었음을 사실상 추정할 수 있다 할 것이지만, 그렇지 않은 경우에는 거래거절의 경위 및 동기, 거래거절행위의 태양, 관련시장의 특성, 거래거절로 인하여 그 거래상대방이 입은 불이익의 정도, 관련시장에서의 가격 및 산출량의 변화 여부, 혁신 저해 및 다양성 감소 여부 등 여러 사정을 종합적으로 고려하여 거래거절행위가 위에서 본 경쟁제한의 효과가 생길 만한 우려가 있는 행위로서 그에 대한 의도나 목적이 있었는지를 판단하여야 할 것이다.

☞ 필자의 생각

이 판결은 단순한 거래거절로서의 행위의 외형뿐만 아니라 당해 행위의 경제적 효과가 중요하다는 점을 분명히 하였다는 점에서 주목받는 판결이라 할 수 있다.[47] 하지만 이 판결에 대해서는 다음과 같은 비판도 가능하다.

첫째, 의도기준이다. 행위의 의도나 목적은 위법성 판단에 있어서 하나의 고려사항(one of them)은 될 수 있을지 몰라도 위법성 판단의 요건으로 보기는 어렵다.[48] 과거 미국의 일부 판례에서 위법성 판단요건으로 인정된 경우가 없지는 않았지만 현대 경쟁법에서 행위의 목적과 의도를 위법성 판단의 요건으로 인정하지는 않는다. 다만 경쟁제한을 의도하는 행위라면 그러한 결과가 발생할 가능성이 높기 때문에 의도가 입증이 되면 경쟁제한우려가 높다고 볼 뿐이다. 즉, 위법성 판단에 있어서 중요한 고려요인이다. 다른 한편으로는 이 사건의 결론이 의도의 입증 때문에 갈린 것은 아니다. 오히려 이 사건에서는 경쟁을 제한하기 위한 의도를 입증하는 내부자료가 풍부하였다.

둘째, 이 사건과 같이 행위자의 시장지배력이 막강하고 사실관계에 대한 의심도 적은 사건에서 경쟁제한성이 인정되지 않는다면 앞으로 어떤 사건에서 경쟁제한성이 인정될 것인가 하는 점이다. 본 건과 같은 신규진입방해 사건에서 대법원은 포스코의 행위가 "기존의 냉연강판시장의 틀을 유지하겠다"는 것이어서 기존의 경쟁

---

47) 이황, "공정거래법상 단독의 위반행위 규제의 체계 − 시장지배적지위 남용행위로서의 거래거절행위의 위법성, 그 본질과 판단기준(대법원 2007.11.22. 선고 2002두8626 전원합의체 판결을 대상으로)", 사법(제6호), 사법발전재단, 255−257면.
48) Hyungbae, Kim, "Should Intent Be a Separate Element of an Abuse of Market Dominance", GCP(www.globalcompetitionpolicy.org), Jan. 2008(2), pp. 4−5.

질서에 별다른 영향을 미치지 않았다는 점을 중요하게 생각하였다. 이 사건 이후 생산량이 감소되거나 가격상승이 이루어지지 않았다는 점도 강조하였다. 하지만 유력한 신규진입자의 시장진입을 저해하고자 한 그 자체만으로도 경쟁제한의 우려는 다분히 있다고 볼 수도 있다. 현대하이스코가 열연코일을 수입하여 결과적으로 시장에 진입하였다 하더라도 현대자동차 그룹의 수직계열화된 사업자로서의 이점을 누리지 못했다면 생존자체도 쉽지 않았으리라 생각해 볼 수도 있다.

셋째, 대법원은 이 사건이 대법원에 계류된 지 5년 만에 판결을 내렸다. 물론 고심이 깊었다고 이해를 할 수는 있지만 그렇다 하더라도 시장의 변화속도를 감안한다면 너무 오랫동안 고민한 것은 아닌가 하는 생각이 든다. 대법원 판단은 공정거래위원회 처분 시점을 기준으로 하여야 한다. 어쩌면 공정거래위원회 처분이 내려진 후 판결시점의 시장상황을 고려해서 내린 결정은 아닐까 하는 생각도 든다. 거래를 거절당한 현대 하이스코가 성공적으로 생존하였다는 사실이 결론에 영향을 미친 것은 아닌지 모르겠다.

IV. 진입제한행위

진입제한행위는 '새로운 경쟁사업자의 참가를 부당하게 방해하는 행위'를 말한다(법 5조 제1항 제4호).[49] 신규사업자들이나 기존사업자들의 시장에 대한 자유로운 진입과 퇴출은 공정하고 자유로운 시장경쟁을 유지하기 위한 기본적인 전제조건이라고 할 수 있다. 이는 부당한 진입장벽과 퇴출장벽이 존재하는 시장에서는 사업자들이 치열한 경쟁을 통하여 생존하려는 유인이 감소하게 되고 실제로도 시장의 경쟁상황이 진입과 퇴출이 자유로운 시장보다는 둔화될 수밖에 없기 때문이다.

법상의 진입제한행위는 시행령에서 다시 4가지 유형으로 세분된다. 시장지배적 사업자가 직접 또는 간접으로 첫째, 정당한 이유없이 거래하는 유통사업자와 배타적 거래계약을 체결하는 행위, 둘째, 정당한 이유없이 기존사업자의 계속적인 사업활동에 필요한 권리 등을 매입하는 행위, 셋째, 정당한 이유없이 새로운 경쟁사업자의 상품 또는 용역의 생산·공급·판매에 필수적인 요소의 사용 또는 접근을 거절하거나 제한하는 행위, 넷째, 기타 부당한 방법으로 새로운 경쟁사업자의 신규진

---

49) 2020.12.29. 개정 이전 조항 제3조의2 제1항 제4호.

입을 어렵게 하는 행위로서 공정거래위원회가 고시하는 행위를 하는 경우가 그것이다(시행령 제9조 제4항).

Ⅴ. 경쟁사업자 배제행위

공정거래법 제5조 제1항 제5호 전단은 "부당하게 경쟁사업자를 배제하기 위하여 거래"하는 행위를 시장지배적사업자지위 남용행위의 한 유형으로 규정하고 있다.[50] 과거에는 "기타 경쟁을 실질적으로 제한하는 행위"로 규정되어 있었으나 1999년 공정거래법 제7차 개정 시 현행 내용과 같이 변경되었다. 공정거래법 제5조 제1항 각호에서 열거하고 있는 남용행위의 유형이 한정적인 성격을 갖는다는 점을 분명히 하였다는 의미가 있다.

경쟁사업자 배제행위에 대해서는 시행령에서 그 유형을 두 가지로 세분하고 있다. 첫째, 부당하게 통상거래가격에 비하여 낮은 가격으로 공급하거나 높은 가격으로 구입하여 경쟁사업자를 배제시킬 우려가 있는 행위, 둘째, 부당하게 거래상대방이 경쟁사업자와 거래하지 않을 것을 조건으로 그 거래상대방과 거래하는 행위가 그것이다(시행령 제9조 제5항).

경쟁사업자 배제행위는 사업활동방해행위나 진입제한행위와 더불어 배제적 효과가 있는 행위라는 점에서 동일하다. 그리고 이러한 배제적 효과가 있는 구체적인 행위유형들은 다양할 수 있기 때문에 사업활동방해행위나 진입제한행위의 경우에는 시행령에서 추가적인 세부행위 유형을 공정거래위원회가 고시할 수 있도록 위임하고 있다. 그런데 경쟁사업자 배제행위의 경우에는 시행령에서 부당염매·부당고가매입·구속조건부거래행위에 해당되는 행위유형만을 한정적으로 제시하고 별도로 고시에 의하여 세부유형을 정할 수 있도록 위임하고 있지 않다. 경쟁사업자 배제행위에 대해서만 이와 같이 달리 취급해야 할 합리적인 이유를 발견하기 어렵다.

여기에서는 부당염매와 이윤압착, 배타조건부거래에 대해 살펴본다.

1. 부당염매

부당염매는 미국 독점규제법에서 약탈적 가격설정(predatory pricing)에 해당하는 것이다. 현대 경쟁법에서는 찾아보기 드물지만 독점규제법 제정 당시 및 그 직후만 하

---

50) 2020.12.29. 개정 이전 조항 제3조의2 제1항 제5호 전단.

더라도 독점기업이 원가 이하로 상품을 판매하여 영세한 경쟁기업에게 타격을 주곤 하였다.

부당염매는 시장지배적지위 남용행위와 불공정거래행위에 공통적으로 규정이 되어 있는데 그 요건이 상이하다. 전자는 "통상거래가격에 비하여 낮은 대가"인 반면 후자는 "공급에 소요되는 비용보다 현저히 낮은 가격"이다. 통상의 거래가격은 과점적 시장에서 지나치게 높게 형성되어 있을 수 있기 때문에 부당염매의 판단기준으로 적합하지 않다. 공급에 소요되는 비용이 더 나은 기준으로 생각된다. 입법론적으로는 시장지배력이 없는 사업자가 부당염매를 할 수는 없기 때문에 불공정거래행위에서는 제외하는 것이 바람직하다.

아무튼 시장지배적사업자가 통상의 거래가격이든 원가든 그 이하로 판매하는 것은 부담이 될 수 있기 때문에 현대 경쟁법에서 종종 문제가 되는 것은 경쟁사업자의 이윤을 최대한 줄일 수 있도록 자신의 판매가격을 최대한 낮추는 방법이다. 이러한 방식을 이윤압착이라 하는데 아래에서 세부적으로 살펴본다.

2. 이윤압착(Margin Squeeze)

1) 개념

이윤압착이란 수직적으로 통합된 기업이 상류시장의 시장지배력을 활용하여 경쟁상태에 있는 하류시장의 기업의 이윤을 압착 또는 감소시켜 경쟁에서 배제하고자 하는 행위이다. 대법원도 아래의 LG유플러스 판결에서 이윤압착(margin squeeze)이란 수직 통합된 상류시장의 시장지배적사업자가 상류시장 원재료 등의 판매가격(도매가격)과 하류시장의 완제품 판매가격(소매가격)의 차이를 줄임으로써 하류시장의 경쟁사업자가 효과적으로 경쟁하기 어려워 경쟁에서 배제되도록 하는 행위라고 판시하였다.

가상의 사례를 들어 본다. 어떤 전자제품의 핵심부품을 독점 생산하면서 그 전자제품(완제품)을 만들어 직접 소매판매하기도 하고 핵심부품을 경쟁기업에게 판매하기도 하는 대기업(M)이 있다고 가정해 본다.[51] 당초 경쟁기업(C)은 위의 대기업(M)으로부터 부품을 개당 100원에 구입하여 완제품을 만들어 개당 150원에 소매 판매를 하여 개당 50원의 마진을 남기고 있었다. 대기업(M)의 소매가격도 개당 150원

---

51) 여기서는 이해의 편의상 상류시장에서 시장지배력을 보유하고 하류시장에서도 진출하고 있는 수직적으로 통합된 사업자를 M이라 하고 하류시장에서의 경쟁사업자를 C라고 한다.

이라고 가정한다. 그런데 대기업(M)이 완제품 시장을 장악하기 위해 부품의 가격을 개당 130원으로 올렸다고 가정해 보자. 그러면 경쟁기업(C)의 마진은 개당 20원으로 줄어 든다. 즉 마진이 압축 혹은 축소되어 버려 운영비등을 감안한다면 생존에 위협을 받을 수도 있다(제1시나리오). 혹은 대기업(M)이 부품가격은 그대로 두고 완제품 판매가격을 개당 120원으로 인하한다고 가정해 보자. 이 경우도 경쟁기업(C)은 마진이 개당 20원으로 줄어 들어 생존에 위협을 느낄 수 있다(제2시나리오).

이처럼 이윤압착이란 상류시장(가상사례의 부품시장)과 하류시장(가상사례의 완제품시장)에서 수직적으로 통합된 기업이 상류시장(부품시장)에서 시장지배력을 활용하여 하류시장(완제품시장)에서 경쟁기업의 마진을 줄여 하류시장에서의 경쟁을 저해하고자 하는 행위이다.

2) 사례

LG유플러스 사례는 위의 가상사례 중 시나리오2와 유사하다. 최근에는 은행거래를 하거나 신용카드를 사용하면 은행이나 신용카드사가 소비자의 휴대폰으로 거래내역을 문자메시지로 보내주는 경우가 많다. 이것을 기업메시징서비스라고 한다. 이러한 서비스를 위해서 메시징서비스사업자는 이동통신사의 전송서비스를 활용하여야 하는데 이동통신사(M)는 전송서비스와 기업메시징서비스를 모두 수행할 수 있는 사업자(즉 수직적 통합사업자)이다. 반면 이동통신사로부터 전송서비스를 구입하여 기업메시징서비스만을 수행하는 사업자(C)도 있다. 그런데 휴대폰 이용자들은 SKT, KT, LG유플러스에 각각 가입되어 있기 때문에 LG유플러스(M)와 같은 사업자도 자신의 전송서비스는 스스로 할 수 있지만 타 전송서비스를 위해서는 SKT나 KT로부터 전송서비스를 구입하여야 한다.

이 사건에서 문제가 된 것은 바로 LG유플러스(M)가 SKT나 KT로부터 구입한 전송서비스 가격(예컨대 개당 9원)보다 더 낮은 가격에 은행이나 카드사 등에게 기업메시징서비스를 판매하였다는 것이다. 그렇게 되면 기업메시징서비스만을 하는 사업자(C)의 입장에서는 마진은 커녕 적자영업을 해야 하는 상황이다. 그렇다고 하여 LG유플러스(M)가 원가 이하로 판매한 것은 아니다. 왜냐하면 자신의 LG유플러스 전송서비스는 원가가 극히 낮기 때문이다.

공정위는 사건 당시의 법 제3조의2 및 동법 시행령 제5조를 적용하여 "부당하게 상품 또는 용역을 통상거래가격에 비하여 낮은 대가로 공급 … 하여 경쟁사업자를 배제시킬 우려가 있는 경우"라고 보아 시정명령과 과징금을 부과하였다.[52] 공정위는 「본건 통상거래가격 = 상류시장의 전송서비스 가격 + 인건비 등 비용 + 적정마진」이라고 보았다. 무선통신망이라는 필수요소를 보유한 사업자(M)가 전송서비스 이용요금에도 미치지 않은 가격으로 상품을 판매하는 행태는 경쟁사업자(C)를 배제하고 자신의 독과점적 지위를 강화하려는 의도나 목적 이외에 다른 합리적인 이유를 찾기 어렵다고 판단하였다.

반면 서울고등법원은 LG유플러스(M)는 합병을 통하여 전송서비스와 기업메시징서비스를 동시에 제공하는 수직적 통합을 이루어 기업메시징서비스의 공급에 소요되는 비용을 낮춘 것이라는 점, 그리고 시장에서 경쟁사업자(C)를 보호하기 위해 경쟁사업자(C)가 일정 정도의 이윤을 얻을 수 있는 가격 이상으로 기업메시징서비스 가격을 책정할 의무가 발생한다고 볼 수는 없다는 점을 들어 공정위 결정을 취소하였다.[53]

이에 대해 대법원은 기업메시징서비스의 통상거래가격은 적어도 기업메시징서비스 시장에서 원고의 경쟁사업자들(C)인 기업메시징사업자들의 필수 원재료인 전송서비스의 구입비용을 상회할 것으로 추단하였다. 그리고 경쟁사업자들(C)은 손실을 보지 않고서는 기업메시징서비스를 제대로 공급하기 어려우므로 기업메시징서비스 시장에서 가격경쟁 자체가 구조적으로 어렵다고 보아 서울고등법원의 판결을 파기환송하고 공정위의 결정에 동의하였다.[54]

서울고등법원은 기업메시징서비스 가격인하는 결국 소비자후생에 기여할 수 있다는 측면을 중시한 것이라면 공정위와 대법원은 경쟁사업자의 퇴출로 인해 시장의 경쟁구도가 악화되고 장기적으로는 가격이 다시 인상될 우려가 있다는 측면을 중시한 것으로 볼 수 있다. 이러한 시각의 차이는 당면한 사건에서 가격인하로 인한 소비자후생을 우선할 것인지 아니면 시장의 구조를 우선할 것인지 하는 철학의 차이를 반영한 것으로서 시카고학파와 하버드학파 간의 전통적인 견해 차이를 반영한 것으로도 볼 수 있다.

---

52) 공정거래위원회 의결 제2015-049호, 2015.2.23.
53) 서울고등법원 2018.1.31. 선고 2015누38278 판결.
54) 대법원 2021.6.30. 선고 2018두37700 판결.

3. 배타조건부거래

1) 배타조건부거래에서 주관적 목적 입증

거래거절 부분에서 소개한 포스코 판결의 중요한 비판 중의 하나는 주관적인 목적이나 의도를 위법성 판단의 요소로 판시하였다는 점이다.

미국의 판례들 중에도 주관적 요소를 강조한 판례들이 있다. 1945년 연방항소심의 Alcoa 판결과 이를 재확인한 1966년 연방대법원의 Grinnell 판결[55]이다. 그러나 Alcoa 판결 스스로도 주관적인 요소가 독점력을 획득하고자 하는 특정한 의도(specific intent)를 의미하는 것은 아니라고 있다. 현대 경쟁법에서 주관적인 의도는 1918년 Brandeis 대법관이 언급한 것처럼 사실관계를 해석하고 결과를 예측하는데 도움을 줄 수 있다.[56] 즉 행위의 의도를 분석함으로써 경쟁제한적 결과가 발생할 것인지 여부를 판단하는데 도움을 얻을 수 있다는 것이다.

대법원은 배타조건부거래가 문제된 2009년 농협중앙회 사건[57]에서 원칙적으로는 2007년 포스코 판례를 원용하면서도 다음과 같은 단서를 넣어서 사실상 주관적 요건의 입증을 크게 완화하였다. "다만, 시장지배적 지위남용행위로서의 배타조건부 거래행위는 거래상대방이 경쟁사업자와 거래하지 아니할 것을 조건으로 그 거래상대방과 거래하는 경우이므로, 통상 그러한 행위 자체에 경쟁을 제한하려는 목적이 포함되어 있다고 볼 수 있는 경우가 많을 것이다"라고 판시하였다.

2) 배타조건부거래에서 부당성 입증

배타조건부거래에서 부당성의 판단기준도 포스코 판결의 기준과 동일하다. 다음의 판결은 자신이 운영하는 오픈마켓에 입점하여 상품을 판매하는 사업자들 중 타 회사가 운영하는 쇼핑몰에도 동시에 입점해 있던 7개 사업자들에게 타 회사의 쇼핑몰에 올려놓은 상품을 내리지 않으면 자신의 메인 화면에 노출된 상품을 빼버리겠다고 위협한 행위에 대한 대법원의 판결이다. 공정거래위원회의 입장에서는 대상이 된 회사가 비록 7개 업체에 불과하고 기간도 길지 않을 수 있지만 파급효과를 심각하게 고려하여 부당성을 인정하였지만 대법원은 견해를 달리 하였다.

---

55) United States v. Grinnell Corp., 384 U.S. 563 (1966).
56) Christopher L. Sagers, Antitrust, 2nd edi, Wolters Kluwer, 2014, pp. 195–196.
57) 대법원 2009.7.9. 선고 2007두22078 판결.

판례 3 : G마켓의 배타조건부거래 사건

- 대법원 2011.6.10 선고 2008두16322 판결 -

3. 시장지배적 지위의 남용행위로서 배타조건부 거래의 부당성에 관하여

(3) 그러나 원심이 인정한 사실관계에 의하면, ① 원고의 이 사건 행위로 인하여 7개 사업자들이 엠플온 거래를 중단한 기간은 주로 1, 2개월이고, 짧게는 14일, 길게는 7개월 보름 남짓에 불과한 점, ② 그 기간 국내 오픈마켓 시장의 시장점유율 2위 사업자인 원고가 7개 사업자들로부터 얻은 판매수수료 총액이 약 2,500만 원에 불과하여, 원고보다 시장점유율이 훨씬 낮은 엠플온라인에게는 7개 사업자들과 위 기간 거래중단이 없었으면 얻을 수 있었던 판매수수료가 그보다 더 낮았을 것으로 보이는 점, ③ 이 사건 행위의 상대방은 7개 사업자들로서 G마켓에 입점한 약 23만 개의 판매업체를 기준으로 하더라도 그 비율이 극히 미미하고, 국내 오픈마켓 전체 시장을 기준으로 하면 그 비율은 더 낮았을 것으로 보이는 점, ④ 2006년 기준 7개 사업자가 G마켓을 통하여 상품 등을 판매한 거래금액의 비중은 G마켓의 전체 상품 판매 거래금액의 0.24%에 불과하고, 오픈마켓 시장 전체를 기준으로 볼 때에도 이에 크게 벗어나지 않을 것으로 보이는 점 등을 알 수 있는바, 이러한 사정에 비추어 보면, 과연 엠플온라인이 원고의 이 사건 행위로 인하여 매출 부진을 이기지 못하고 오픈마켓 시장에서 퇴출된 것인지, 나아가 이 사건 행위가 다른 신규 사업자의 시장진입에도 부정적인 영향을 미쳤는지 명백하지 아니하다.

그렇다면 원심으로서는 오픈마켓 운영시장의 진입장벽이나 시장진입 초기 우량 판매자 확보의 중요도, 상품 구성의 영향 등의 제반 특성과 엠플온라인의 재무구조의 건전성이나 영업전략의 현실성 등을 심리하여 이 사건 행위가 엠플온라인의 전체 사업활동이나 매출에 어떠한 영향을 미쳤는지 등을 우선적으로 살핀 다음, 이를 전제로 엠플온라인이 이 사건 행위로 인하여 매출 부진을 이기지 못하고 오픈마켓 시장에서 퇴출된 것인지 여부와 이 사건 행위로 나타난 신규 사업자의 시장진입을 봉쇄한 정도나 기간 등을 종합적으로 고려하여 이 사건 행위를 객관적으로 오픈마켓 시장에 경쟁제한의 효과가 생길만한 우려가 있는 행위로 평가할 수 있는지 여부 등을 판단하였어야 할 것이다.

그럼에도 원심은 그 판시와 같은 이유만을 들어 이 사건 행위가 '부당하게 거래상대방이 경쟁사업자와 거래하지 아니할 것을 조건으로 그 거래상대방과 거래하는 경우'에 해당한다고 판단하고 말았으니, 이러한 원심판결에는 시장지배적사업자의 배타조건부 거래행위의 부당성에 관한 법리를 오해한 나머지 필요한 심리를 다 하

지 아니한 잘못이 있고, 이러한 잘못은 판결에 영향을 미쳤음이 명백하다. 이를 지적하는 이 부분 상고이유의 주장에는 정당한 이유가 있다.

☞ **필자의 생각**

이 판결은 당해 행위의 기간이 짧고 시장에 미치는 영향이 크지 않다는 점을 중시한 것으로 이해된다. 하지만 시장지배적사업자의 행위는 그 대상이 비록 소수의 사업자에 불과하고 기간이 짧다 하더라도 그 파급효과가 적지 않을 수도 있다는 점도 간과하여서는 안 된다고 생각한다.

VI. 소비자이익 저해행위

공정거래법 제5조 제1항 제5호 후단의 소비자이익 저해행위는 '부당하게…소비자의 이익을 현저히 해칠 우려가 있는 행위'라는 법률상의 규정만 있을 뿐,[58] 시행령이나 하위 규정에서 그 구체적인 행위유형에 대한 아무런 규정도 두고 있지 않다. 다만 대법원은 소비자이익 저해행위가 존재하여야 하고(행위존재) 그 정도가 현저하여야 하며(현저성) 그 행위가 부당하여야 한다(부당성)고 위법성 판단기준을 제시하고 있다. 그리고 현저성 요건이 충족되면 통상 부당성이 인정될 수 있을 것이라고 판시한다.[59]

그런데 소비자이익저해 행위는 '소비자이익을 해칠'라는 추상적이고 포괄적인 내용만이 유일한 기준이 되고 있다. 이러한 입법방식이 명확성의 원칙에 위배되는 것은 아닌지 문제가 될 수 있다.

이에 대해 대법원은 소비자이익 저해행위는 다음과 같은 이유로 헌법상 법치주의 원리에서 파생되는 명확성 원칙을 위반한다고 볼 수 없다고 판단하였다. ① 그 내용이 지극히 다양하고 수시로 변하는 성질이 있어 이를 일일이 열거하는 것은 입법기술적으로 불가능한 점, ② 위법성 판단요건은 공정거래법의 입법 목적과 타 시장지배적지위 남용행위 등과 비교하는 등 체계적·종합적 해석을 통하여 구체화될 수 있는 점, ③ 이 사건 규정의 수범자는 시장지배적사업자로서 일반인에 비하여 상대적으로 규제대상 행위에 관한 예측가능성이 크다는 점, ④ 당시의 법제3조의2

---

58) 2020.12.29. 개정 이전 조항 제3조의2 제1항 제5호 후단.
59) 대법원 2010.5.27. 선고 2009두1983 판결.

제1항 제5호 후단은 남용행위의 유형 또는 기준을 대통령령으로 정할 수 있다고 규정하였을 뿐, 관련 대통령령의 기준이 있어야만 같은 조 제1항의 남용금지 규정이 효력이 있다는 취지는 아니라는 점이다.[60)]

시장지배적지위 남용행위 금지규정 위반행위에 대해서는 형사벌을 규정하고 있다. 그러나 죄형법정주의의 중요한 내용이 명확성이라는 점을 감안한다면 자칫 남용행위의 유형을 한정적으로 열거하고 있는 공정거래법 제5조 제1항의 의미를 형해화시킬 우려도 있다고 생각된다. 따라서 이에 대해서는 빠른 시일 내에 입법적 보완이 필요하고, 그 이전이라도 공정거래위원회의 법집행과정에서 소비자이익 저해행위 조항을 적용함에는 최대한의 신중한 자세가 요구된다고 하겠다.

제 5 절 독과점적 시장구조의 개선과 재제

I. 독과점적 시장구조의 개선

공정거래법 제4조(독과점적 시장구조의 개선 등)에서는 공정거래위원회에 대하여 독과점적 시장구조 개선을 위한 시책을 수립·시행하여야 할 의무를 부과하면서(동조 제1항) 이를 위하여 관계행정기관장에 대한 의견제시권(제2항), 시장구조 조사·공표권 및 특정 산업의 경쟁상황 분석, 규제현황 분석 및 경쟁촉진 방안 마련(제3항), 사업자에 대한 필요자료 요청권(제4항) 등을 규정하고 있다.

시장지배적지위에 대한 개선방식은 크게 원인규제주의와 폐해규제주의로 분류해 볼 수 있다. 원인규제주의는 시장지배적지위의 남용우려가 있는 경우 기업분할명령을 통하여 원인 자체를 제거하는 방식이다. 반면 폐해규제주의는 시장지배적지위의 존재자체는 인정하면서 그 남용행위를 규제하는 방식이다. 우리나라는 폐해규제주의를 취하고 있는 것으로 이해되고 있다. 이러한 관점에서 보면 독과점적 시장구조 개선의무를 부과하고 있는 공정거래법 제4조의 규정은 폐해규제주의의 한계를 보완하여 구조적인 측면에서 시장지배력이 형성되는 것을 견제하고 방지할 수 있는 수단을 부여하고 있다는 점에서 그 의의를 찾을 수 있을 것이다.

흔히 원인규제주의와 폐해규제주의 중에서 어떠한 입법태도를 취하고 있는지

---

60) 위의 판결.

는 기업분할명령과 같은 구조적 조치를 취할 수 있는지 여부에 따라 판단되고 있다. 우리나라의 경우 이에 대한 명문의 규정이 없기 때문에 법 제7조(시정조치)에서 규정하고 있는 "그 밖에 필요한 시정조치"의 내용에 기업분할명령이 해석상 포함될 수 있는지 여부가 문제되고 있다.

비록 법 제4조의 규정을 근거로 직접적인 기업분할명령을 할 수는 없다고 하더라도 향후 공정거래위원회가 독점화가 고착된 시장에 대한 다양한 구조적 조치를 도입하려고 할 경우에는 법 제4조의 규정이 중요한 근거가 될 수 있다고 할 것이다.

Ⅱ. 위반행위의 제재

1. 시정조치

공정거래위원회는 법 제5조 시장지배적지위 남용금지 규정에 위반하는 행위가 있을 때에는 당해 시장지배적사업자에 대하여 가격의 인하, 해당 행위의 중지, 시정명령을 받은 사실의 공표 그 밖에 필요한 시정조치를 명할 수 있다(법 제7조).[61]

공정거래법상 시정조치의 내용으로 '가격인하 명령'이 명시적으로 규정되어 있는 것은 시장지배적지위 남용행위의 경우가 유일하다.[62]

그리고 '시정명령을 받은 사실의 공표명령'은 원래 '법 위반 사실의 공표명령'이었으나 헌법재판소의 위헌결정[63]에 따라서 2004년 12월 공정거래법 개정 시 현행과 같이 변경하였다. 시정명령을 받은 사실의 공표를 명하고자 하는 경우에는 ① 위반행위의 내용 및 정도 ② 위반행위의 기간 및 횟수를 참작하여 공표의 내용, 매체의 종류·수 및 지면크기 등을 정하여 이를 명하여야 한다(시행령 제12조).[64]

시행령 제12조는 공표명령을 발하는 경우에 있어서 그 내용과 정도를 결정하는 기준을 제시하고 있는데, 이에 앞서 어떤 경우에 공표명령을 할 수 있는지 여부가

---

61) 2020.12.29. 개정 이전 조항 제5조.
62) 가격인하 명령을 활용해 손해배상명령을 하여야 한다는 견해로는 다음의 글 참조. 이봉의, "독점규제법상 착취남용에 대한 손해배상명령", 경쟁법연구 제30권, 법문사, 2014, 95-113면.
63) 헌법재판소 전원재판부 2002.1.31. 선고 2001헌바43 결정. 구법상 법위반사실 공표명령제도가 헌법상 양심의 자유를 침해하는 것은 아니지만 일반적 행동의 자유권 및 명예권을 침해하여 과잉금지의 원칙에 반하고 또한 무죄추정의 원칙에도 위반된다고 판단하였다.
64) 이러한 기준은 공정거래법상의 '시정명령을 받은 사실의 공표명령' 일반에 대하여 적용된다.

문제될 수 있다. 이와 관련하여 '법위반사실 공표명령'에 대한 위헌결정을 한 위 헌법재판소 결정에서는 일반적인 공표명령제도의 목적과 필요성에 대한 의미 있는 판시를 하였다. 그 판단기준으로 '법위반에 관한 중요 정보를 공개하는 등의 방법으로 계속되는 공공의 손해를 종식시키고 위법행위가 재발하는 것을 방지하는 조치를 할 필요성'을 제시하였다.[65]

[판례] 헌법재판소 전원재판부 2002.1.31. 선고 2001헌바43 결정
공정거래법 위반행위의 내용 및 형태에 따라서는 일반공중이나 관련 사업자들이 그 위반여부에 대한 정보와 인식의 부족으로 말미암아 공정거래위원회의 시정조치에도 불구하고 위법사실의 효과가 지속되는 사례가 발생할 수 있고, 이러한 경우 조속히 법위반에 관한 중요 정보를 공개하는 등의 방법으로 일반공중이나 관련 사업자들에게 널리 경고함으로써 계속되는 공공의 손해를 종식시키고 위법행위가 재발하는 것을 방지하는 조치를 할 필요가 있다. 그러기 위해서는 일반공중이나 관련 사업자들의 의사결정에 중요하거나, 그 권리를 보호하기 위하여 실질적으로 필요하고 적절하다고 인정될 수 있는 구체적 정보내용을 알려주는 것이 보다 효과적일 것이다.

위 헌법재판소 판시내용은 공정거래법상의 공표명령이 일정한 목적과 필요성이 존재하는 경우에만 한정적으로 발동될 수 있다는 점을 간접적으로 밝히고 있는데 그 의미가 있다고 생각된다. 따라서 공정거래위원회가 이러한 정당한 목적과 필요성이 없는데도 불구하고 단순한 제재 목적만을 위하여 공표명령권을 발동하여서는 안 될 것이다.

2. 과징금

공정거래위원회는 시장지배적사업자가 남용행위를 한 경우에는 당해 사업자에 대하여 '위반기간동안 일정한 거래분야에서 판매한 관련상품이나 용역의 매출액 또는 이에 준하는 금액'(이하 "관련매출액"이라고 한다)[66]의 6%를 초과하지 아니하는 범위 안에서 과징금을 부과할 수 있다(법 제8조 본문, 시행령 제13조 제1항 전단). 다만,

---

65) 독점규제 및 공정거래에 관한 법률 제27조 위헌소원(헌법재판소 전원재판부 2002.1.31. 선고 2001헌바43 결정). 이 사건은 사업자단체금지행위와 관련된 사건이지만 공표명령의 법리는 동일하게 적용된다.
66) 다만, 위반행위가 상품이나 용역의 구매와 관련하여 이루어진 경우에는 관련 상품이나 용역의 매입액을 말한다(시행령 제13조 제1항 후단).

매출액이 없거나 매출액의 산정이 곤란한 경우로서 ① 영업을 개시하지 않거나 영업중단 등으로 인하여 영업실적이 없는 경우, ② 재해 등으로 인하여 매출액산정자료가 소멸 또는 훼손되는 등의 사유로 객관적인 매출액의 산정이 곤란한 경우, ③ 위반기간 또는 관련 상품이나 용역의 범위를 확정할 수 없어 관련매출액의 산정이 곤란한 경우에는 20억 원을 초과하지 아니하는 범위 안에서 과징금을 부과할 수 있다(법 제8조 단서, 시행령 제13조 제3항).

3. 형벌

법 제5조 규정에 위반하여 남용행위를 한 자에 대해서는 3년 이하의 징역 또는 2억원 이하의 벌금에 처할 수 있으며, 이 경우 징역형과 벌금형은 병과할 수 있다(법 제124조 제1항 제1호, 제2항).[67]

〈시장지배적지위 남용행위 주요 유형 정리〉

(가상의 사례) 타이어 원료시장에는 사업자 R1, R2만 있고 시장점유율은 각각 80%, 20%이다. 타이어 제조시장에서는 사업자 M1, M2만 있고 시장점유율은 각각 70%, 30%이다. 타이어 유통시장에서는 도매상 D1, D2, D3만 있고 시장점유율은 각각 50%, 30%, 20%이다.[68]

[타이어 원료시장]	R1(80)	R2(20)		
⇩				
[타이어 제조시장]	M1(70)	M2(30)		
⇩				
[타이어 유통시장]	D1(50)	D2(30)	D3(20)	D4

※ ( ) 안은 시장점유율

---

67) 2020.12.29. 개정 이전 조항 제66조 제1항 제1호, 제2항.
68) 대체재나 진입장벽 등 검토해야 할 사항들이 많지만 설명의 편의상 신규진입이 어렵고 마땅한 대체제도 없다고 가정한다. 부당한 공동행위에서는 경쟁자들끼리 경쟁을 하지 않아서 경쟁이 제한되지만 시장지배적지위 남용행위에서는 경쟁을 하기는 하지만 힘 있는 사업자가 부당한 방법으로 경쟁자에게 타격을 주어 경쟁을 제한한다. 물론 경쟁자가 피해를 입었다고 모두 남용행위가 되는 것은 아니다. 경쟁자가 아니라 경쟁을 보호하는 것이 법의 목적이기 때문에 정당한 방법으로(예, 품질) 경쟁자에게 피해를 주어 결과적으로 독점이 초래되더라도 그것을 문제삼지는 않는다.

1. 거래거절

1-1. (타이어 제조시장에서의 경쟁저해)

M1은 타이어 보관창고 및 물류시설에 여유가 있어 M2가 비용을 분담하는 조건으로 공동사용하고 있었다. 그런데 M1이 갑자기 공동사용을 거부하였다. M2는 독자적인 창고 및 시설을 보유하기에는 경제적으로 한계가 있다. M1도 비용이 증가하였다. M2는 타이어 제조시장에서 퇴출될 위기에 처하게 되었다.

1-2. (타이어 유통시장에서의 경쟁저해)

D1은 M1의 자회사라고 추가로 가정한다(1-2에서만). 최근 신규진입 한 D4가 강력한 자금력을 바탕으로 공격적인 판매망을 구축하고 있다. D4가 사업을 개시하자 M1은 타이어 유통시장에서 매출을 유지하기 위해 D4에 대하여 공급을 거절하였다. D4는 타이어 유통시장에서 생존이 어렵게 되었다.

2. 차별취급

M1은 전국적 규모로 사업을 하는 반면 M2는 수도권에서만 사업을 하고 있다. M1은 자신이 독점하고 있는 지방에서는 비싸게 파는 반면 경쟁이 치열한 수도권에서는 갑자기 원가수준에 판매하기 시작하였다. M2는 M1의 가격으로 팔아서는 영업이익조차 얻기 힘들다. M2는 타이어 제조시장에서 퇴출될 위기에 처하게 되었다.

3. 끼워팔기

타이어 제조시장 (주된 시장)		(시장지배력 전이) ⇨	스노우체인 제조시장 (종된 시장)	
M1(70)	M2(30)		S1(50)	S2(50)

M1은 타이어 제조시장과 스노우체인 제조시장 모두에 진출해 있다. 스노우체인 제조시장에서는 계열사인 S1과 S2 두 사업자만 있고 시장점유율을 50%씩 보유하고 있다. M1은 S1의 스노우체인 판매제고를 위해 D1, D2, D3로 하여금 타이어를 구입하기 위해서는 스노우체인도 동일비율로 구입하는 조건으로 거래하기로 하였다. 그 후 S1의 판매는 급증한 반면 S2의 판매는 급감하고 있다. S2는 스노우체인 제조시장에서 퇴출할 위기에 처하게 되었다.

4. 배타조건부거래

4-1. (상부시장 봉쇄, upstream foreclosure)

갑자기 M1이 R1으로 하여금 원료를 전부 자신에게만 공급하도록 요구하였고 R1은 이를 수용하였다. M2가 원료구입에 애로를 겪자 R2는 원료가격 인상까지 검토하기 시작하였다. M2는 타이어 제조시장에서 퇴출될 위기에 처하게 되었다.

4-2. (하부시장 봉쇄, downstream foreclosure)

갑자기 M1은 D1, D2가 자신의 제품만 판매하고 M2와는 거래를 중단하도록 요구하였다. M2는 판매망 확보에 심각한 애로를 겪고 있다. M2는 타이어 제조시장에서 퇴출될 위기에 처하게 되었다.

5. 부당염매

M1은 M2를 견제하기 위해 타이어를 원가이하로 판매하기 시작하였다. M2는 그 가격으로는 수지타산이 맞지 않아 타이어 제조시장에서 퇴출될 위기에 처하게 되었다.

〈사례 요약〉

	시장지배력(M1)	경쟁사업자	경쟁저해
1. 거래거절			
1−1. (타이어제조시장에서의 경쟁저해)	타이어 제조시장	M2	타이어 제조시장
1−2. (타이어 유통시장에서의 경쟁저해)	타이어 제조시장 타이어 유통시장	D4	타이어 유통시장
2. 차별취급	타이어 제조시장	M2	타이어 제조시장
3. 끼워팔기	타이어 제조시장	S2	스노우체인 제조시장
4. 배타조건부거래			
4−1. (상부시장 봉쇄, upstream foreclosure)	타이어 제조시장	M2	타이어 제조시장
4−2. (하부시장 봉쇄, downstream foreclosure)	타이어 제조시장	M2	타이어 제조시장
5. 부당염매	타이어 제조시장	M2	타이어 제조시장

불공정거래행위와 특수관계인에 대한 부당한 이익제공행위 금지

제1절 불공정거래행위 금지 개요

I. 입법연혁

우리나라 공정거래법상 불공정거래행위 금지제도는 직접적으로는 1947년에 제정된 일본 독점금지법의 예를 따른 것인데, 이 법의 '불공정한 거래방법'은 미국 FTC 법 제5조에서 연유한 것이다. FTC 법 제5조[1]는 당초에는 '불공정한 경쟁방법'(unfair methods of competition)만을 위법한 것으로 규정하고 있었지만, 1938년 Wheeler—Lea 개정법으로 위 조항에 '불공정하거나 기만적인 행위 또는 거래관행'(unfair or deceptive acts or practices)이라는 문구를 추가로 포함시켰다. 그 결과 이 조항은 반드시 경쟁에 대한 부정적인 영향이 입증되지 않더라도 소비자의 이익을 해치는 불공정하거나 기만적인 행위에 대해서 폭넓게 적용되고 있다.

일본은 1947년 위 법률의 제정 당시 법 제19조에서 '불공정한 경쟁방법'이라는 제목으로 FTC 법 제5조를 받아들였고 1963년 법 개정시 '불공정한 거래방법'으

---

1) FTC 법 제5조는 '불공정한 경쟁방법'(unfair methods of competition)을 금지하는 내용과 '불공정하거나 기만적인 행위 또는 관행'(unfair or deceptive acts or practices)을 금지하는 내용의 두 부분으로 구성되어 있다. '불공정한 경쟁방법'(unfair methods of competition)의 적용범위와 관련하여 반경쟁적 효과에 대한 입증이 필요한지 여부에 대한 미국 판례경향이 변천되어 왔는데 현재는 경쟁제한성의 입증을 요구하는 것이 일반적이고 이런 점에서는 Sherman 법과 큰 차이가 없다. '불공정하거나 기만적인 행위 또는 관행'(unfair or deceptive acts or practices)을 금지하는 부분은 소비자보호 조항의 성격으로 이해되고 있다. 소비자가 스스로 회피할 수 없는 실질적인 소비자 피해를 야기하거나 야기할 개연성이 있는지 여부가 주된 위법성 판단기준이며, 경쟁제한성 등 경쟁에 미치는 영향은 직접적인 위법성 요소가 아니다.

로 조문의 제목을 변경하였는데, 이것이 다시 우리나라의 불공정거래행위로 도입된 것이다.

그런데 미국에서는 법무부가 최초의 독점규제법인 Sherman 법을 집행하고 있었던 상황에서 FTC로 하여금 유사한 행위를 규제할 수 있도록 별도로 FTC 법을 제정하였다. 또 Sherman 법을 보충하는 성격인 Clayton 법을 제정하였는데 Sherman 법과 FTC 법, Clayton 법은 그 내용이 상당부분 중복된다. 다만 미국은 법무부와 FTC라는 2원적인 독점규제법 집행체계를 가지고 있기 때문에 이러한 내용중복은 불가피하거나 당연한 현상으로 받아들여지고 있다.

반면 우리나라에서는 대체로 Sherman 법의 내용을 시장지배적지위 남용행위로, FTC 법의 내용을 불공정거래행위로 포섭하여 공정거래법에 함께 규정하면서 하나의 기관인 공정거래위원회가 그 집행을 모두 담당하도록 하고 있기 때문에 동일한 기관이 집행하는 동일한 법률 안에서 내용이 중복되어 상호간의 관계 등 여러 가지 문제가 발생하고 있다.

이러한 현상은 일본의 독점금지법 제정과정에서 그 일차적인 원인을 찾을 수 있고, 다시 이러한 문제의식 없이 일본의 독점금지법을 그대로 받아들인 우리나라의 공정거래법 제정과정에서 그 이차적인 원인을 찾을 수 있을 것이다.

Ⅱ. 불공정거래행위 금지 체계

1. 공정거래법상 체계

공정거래법 제45조 제1항은 "사업자는 다음 각 호의 어느 하나에 해당하는 행위로서 공정한 거래를 해칠 우려가 있는 행위(이하 '불공정거래행위'라 한다)를 하거나, 계열회사 또는 다른 사업자로 하여금 이를 하도록 하여서는 아니된다"고 규정하고 있다. 제1호부터 제10호에서 구체적인 불공정거래행위의 유형으로서 ① 거래거절, ② 차별적 취급, ③ 경쟁사업자 배제, ④ 부당한 고객유인, ⑤ 부당한 거래강제, ⑥ 거래상 지위의 남용, ⑦ 구속조건부거래, ⑧ 사업활동 방해, ⑨ 부당한 지원행위, ⑩ 그 밖의 공정한 거래를 저해할 우려가 있는 행위 등 10가지를 열거하고 있다.[2]

---

2) 이 중 부당한 표시·광고행위는 1999.2.5. 「표시·광고의 공정화에 관한 법률」이 제정되면서 삭제되었다. 또한 2020.12.29. 개정법 이전 불공정거래행위는 구법 제23조 제1항.

그리고 불공정거래행위의 유형 또는 기준은 대통령령으로 정하도록 되어 있는데(법 제45조 제3항), 시행령 제52조 및 [별표 2]에서는 모든 사업분야에 공통적으로 적용되는 '일반불공정거래행위의 유형 및 기준'을 정하여 법상의 9가지 불공정거래행위 유형을 다시 29가지 유형으로 세분하고 있다.

[표 3-1] 공정거래법령상 불공정거래행위 유형

공정거래법 조항		시행령 [별표 2]
1호	거래거절	공동의 거래거절
		그 밖의 거래거절
2호	차별적취급	가격차별
		거래조건차별
		계열회사를 위한 차별
		집단적 차별
3호	경쟁사업자배제	부당염매
		부당고가매입
4호	고객유인	부당한 이익에 의한 고객유인
		위계에 의한 고객유인
		그 밖의 부당한 고객유인
5호	거래강제	끼워팔기
		사원판매
		그 밖의 거래강제
6호	거래상지위남용	구입강제
		이익제공강요
		판매목표강제
		불이익제공
		경영간섭
7호	구속조건부거래	배타조건부거래
		거래지역, 거래상대방제한
8호	사업활동방해	기술의 부당이용
		인력의 부당유인·채용
		거래처 이전방해
		그 밖의 사업활동방해

9호	부당지원	자금지원
		자산·상품·용역 지원
		인력지원
		거래단계추가

시행령 [별표 2]에서는 효율적인 법집행을 위해 필요하다고 인정하는 경우에는 위 표에 따른 불공정거래행위의 세부 유형 또는 기준을 정하여 고시할 수 있다고 규정하고 있다. 이에 따라 「병행수입에 있어서의 불공정거래행위의 유형」[3), 「신문업에 있어서의 불공정거래행위 및 시장지배적지위 남용행위의 유형 및 기준」[4)(공정거래위원회고시 제2021-22호, 2021.12.30. 일부개정)이 고시되어 있다.[5)

이처럼 우리나라 공정거래법령에서의 불공정거래행위에 대한 규정방식은 행위유형을 세분하고 각 행위유형별로 그 요건을 구체적으로 기술하고 있다는 점에서, 미국 Sherman 법이나 FTC 법에서 규정하고 있는 포괄적인 규정방식과는 차이가 있다고 할 수 있다. 그리고 일본의 독점금지법 규정 체계와 유사하다. 이러한 공정거래법의 규정방식은 사업자들의 예측가능성을 확보한다는 점에서는 일응 장점이 있다고 할 수 있지만 시시각각 변모하는 복잡 다양한 경제현상을 규율하는 경쟁법의 규정방식으로서 적합한지에 대해서는 의문이 있다.

2. 불공정거래행위 규정방식의 문제점

무엇보다 현행법에 규정된 불공정거래행위에는 성격이 다른 행위들이 혼합되어 있어 일의적인 위법성 판단기준을 설정하기가 어렵다.

경쟁제한성을 문제삼는 행위(제1유형), 경쟁수단을 문제삼는 행위(제2유형), 거래상지위남용을 문제삼는 행위(제3유형), 부당한 지원을 문제삼는 행위(제4유형)들이 혼합되어 있다. 1996년 제5차 개정시 제7호에 부당한 지원행위를, 1999년 제7차 개정시 제8호를 신설하여 기타 불공정거래행위를 규정하였다.

법 제45조 제1항 본문에서는 공정거래저해성을 위법성 판단기준으로 제시하고 다시 각 호에서는 부당성 기준을 제시한다. 더군다나 시행령에서는 부당성과 정당한 이유 기준을 제시하고 있어 혼란을 더하고 있다.

---

3) 공정거래위원회고시 제2021-20호, 2021.12.30. 일부개정.
4) 공정거래위원회고시 제2021-22호, 2021.12.30. 일부개정.
5) 「대규모소매업에 있어서의 특정불공정거래행위의 유형 및 기준」은 2022. 8. 30. 폐지되었다.

둘째는 민사적으로 해결되어야 할 성격의 행위까지 불공정거래행위로 포용하고 있어 경쟁법의 정체성을 훼손하고 있다는 점이다. 경쟁법은 당사자들 간 개별 분쟁해결을 목표로 하는 법이 아니다. 경쟁자나 신고인을 보호하기 위한 법이 아니라 시장에서 경쟁질서를 보호하기 위한 법이다. 그런데 불공정거래행위 속에는 당사자들 간 개별적으로 해결하여야 할 사안까지 다수 포함하고 있다.

대표적인 행위가 거래상지위남용행위이다. 모든 거래에는 거래상지위의 격차가 있을 수밖에 없는데 어디까지 공권력이 개입하여야 하는지 분명한 기준을 제시하기 어렵다. 행정력에 한계가 있어 모든 사건을 처리할 수는 없다. 이러한 상황에서 유사한 행위들 중 일부는 개입하고 나머지는 개입하지 않을 경우 사건 선정의 자의성이 문제될 수 있고 공정해야 할 공정거래위원회가 오히려 불공정하다는 비판을 받을 수도 있다.

우리나라의 사법시스템상 약자들이 피해구제를 제대로 받기 어려워 불가피하다는 주장도 있다. 그렇다면 사적인 분쟁해결이 원활히 이루어지도록 사법시스템을 개선하는 것이 정도이다. 근본적인 해결책을 모색하지 않고 활용하기 편한 행정적 수단 혹은 형사적 수단만을 자꾸 이용하게 되면 문제해결에는 다소 도움이 될 수도 있겠지만 동시에 행정권의 비대화나 시장자율성 저하 등 또 다른 부작용을 초래할 수 있다.

셋째는 동일하거나 유사한 유형의 행위들이 법 제5조 시장지배적지위 남용행위와 법 제45조 불공정거래행위에 중복적으로 규정이 되어 있다는 점이다.

제1장 제5절에서도 언급한 것과 같이 거래거절이나 차별취급과 같은 순수한 단독행위는 시장지배력이 없는 사업자가 행하는 것을 금지할 실익이 거의 없다. 따라서 불공정거래행위로 계속 규제하여야 할 실익이 크지 않다. 반면 시장지배력이 없는 사업자가 행하는 구속조건부거래나 거래지역제한과 같은 협의의 수직적 거래제한행위는 불공정거래행위로 규제할 실익이 있다. 다만 이 경우에도 시장지배력 입증을 요하지는 않더라도 경쟁제한성 여부를 엄격히 심사하여야 한다. 또한 동일한 성격의 행위는 용어가 동일한 법률 내에서조차 사용하는 의미가 다르다는 것은 입법기술상 바람직하지 않다.[6]

---

6) 동일한 '사업활동방해'라는 용어가 시장지배적지위 남용행위와 불공정거래행위에서 의미하는 바가 상이하다.

Ⅲ. 불공정거래행위의 위법성 판단요소

불공정거래행위의 위법성 판단요소와 관련하여 크게 세 가지의 쟁점이 제기되고 있다.

첫째, 공정거래법 제45조 제1항 본문에서는 "… 공정한 거래를 해칠 우려가 있는 행위 …"라고 명시하여 공정거래저해성을 불공정거래행위 위법성 판단의 기본적인 요소로 규정하고 있는데, 공정거래법상 다른 위반행위 유형의 일반적인 위법성 판단기준이 되는 경쟁제한성과 공정거래저해성과의 관계가 문제된다.

둘째, 불공정거래행위의 유형을 열거하고 있는 법 제45조 제1항 제1호 내지 제10호에서는 공통적으로 '부당하게'라는 요건을 설정하고 있는데, 제1항 본문에서 규정하고 있는 '공정한 거래를 해칠 우려'와 제1항 각호에서 규정하고 있는 '부당하게'의 관계가 문제된다.

셋째, 불공정거래행위의 세부유형을 규정하고 있는 시행령 [별표 2]에서는 29개 불공정거래행위 세부유형을 규정하면서 '부당하게' 또는 '정당한 이유 없이'[7]라는 요건을 혼용하고 있는데 양자의 구별이 문제된다.

1. 공정거래저해성과 경쟁제한성의 관계

1) 현행 심사지침의 입장

공정거래위원회의 「불공정거래행위 심사지침」[8](이하 이 장에서 '심사지침'이라고 한다)에서는 공정거래저해성은 경쟁제한성과 불공정성을 포함하는 개념으로 규정하고 있다. 그리고 불공정성은 경쟁수단의 불공정성과 거래내용의 불공정성을 포함한다고 규정하고 있다(심사지침 Ⅲ.1.가.(2).(나) 내지 (라)).

〈공정거래저해성의 의미〉

(나) 공정거래저해성이란 경쟁제한성과 불공정성(unfairness)을 포함하는 개념으로 본다.

(다) 경쟁제한성이란 당해 행위로 인해 시장 경쟁의 정도 또는 경쟁사업자(잠재적

---

7) 공동의 거래거절 행위, 계열회사를 위한 차별적 취급행위, 계속적 부당염매행위의 3가지 행위 유형에 대해서 '정당한 이유 없이'라는 요건을 설정하고 있다.
8) 공정거래위원회예규 제387호, 2021.12.22. 일부개정.

경쟁사업자 포함)의 수가 유의미한 수준으로 줄어들거나 줄어들 우려가 있음을 의미한다.

(라) 불공정성(unfairness)이란 경쟁수단 또는 거래내용이 정당하지 않음을 의미한다. 경쟁수단의 불공정성은 상품 또는 용역의 가격과 질 이외에 바람직하지 않은 경쟁수단을 사용함으로써 정당한 경쟁을 저해하거나 저해할 우려가 있음을 의미한다. 거래내용의 불공정성이라 함은 거래상대방의 자유로운 의사결정을 저해하거나 불이익을 강요함으로써 공정거래의 기반이 침해되거나 침해될 우려가 있음을 의미한다.

2) 사견

위에서 살펴본 대로 불공정거래행위에는 성격이 상이한 29개나 되는 불공정거래행위의 세부 유형이 있는데 입법취지상 경쟁제한성만으로 포섭하기는 곤란하다.[9] 거래수단이나 거래내용의 공정성까지 보호하기 위한 것으로 해석할 때 비로소 전체 불공정거래행위 유형들이 공정거래저해성이라는 법 제45조 제1항의 단일한 위법성 판단기준에 포섭될 수 있다.

다만 입법론적인 관점에서는 현행 공정거래법의 규정내용에 문제점이 있다고 생각된다. 단일한 법조항 내에서 경쟁제한성과 불공정성이라는 상이한 위법성 판단기준이 혼재하고 있을 뿐만 아니라 시장경쟁상황과는 직접적인 관련성이 낮은 거래수단이나 거래내용의 불공정성까지 규제대상에 포함시킴으로써 경쟁법 집행의 일관성이 훼손될 우려가 있기 때문이다.

따라서 장기적으로는 공정거래법 제45조 제1항의 내용 중에서 경쟁제한성을 위법성 판단요건으로 하고 있는 행위와 그렇지 않은 행위를 구분하여 규정하고, 이 중에서도 시장지배력이 요구되는 행위와 그렇지 않은 행위를 구분하여 규정하는 것도 검토해 볼 필요가 있다.

경쟁제한성과 직접적인 관련성이 낮은 나머지 행위유형들은 특별법[10]으로 제정하거나 일반적인 사법적 구제의 통로를 확대하여 규율하는 방안이 바람직하다.

---

9) 공정거래저해성의 다양한 견해에 대하여는 다음의 책 참조. 이호영, 전게서, 279면, 각주 5).
10) 하도급법이나 가맹사업법 등이 그 예이다.

2. '공정한 거래를 저해할 우려'와 '부당하게'의 관계

1) 현행 심사지침의 입장

심사지침은 법 제45조 제1항 본문의 공정거래저해성과 각호의 부당성은 의미가 동일하다고 규정하고 있다(심사지침 Ⅲ.1.가.(2).(가)).

〈공정거래저해성과 부당성〉

(가) 상기의 '공정거래저해성'과 법 제45조 제1항 각호에 규정된 '부당하게'는 그 의미가 동일한 것으로 본다.

---

2) 사견

공정거래법상 각 행위유형에서 규정하고 있는 부당성의 실질적인 내용은 궁극적으로 각 금지규정의 위법성 판단기준인 경쟁제한성이나 불공정성 유무에 따라서 판단할 수밖에 없다고 생각된다. 만약 이와 다른 해석을 할 경우에는 공정거래저해성과 구별되는 부당성의 실질적인 내용을 별도로 구성하여야 한다.

그러나 경쟁법의 본질과 특성상 그러한 부당성의 독자적인 내용을 별도로 구성하는 것은 거의 불가능하거나, 가능하더라도 무의미하다고 할 수 있다. 따라서 공정거래법 제45조 제1항 본문의 공정거래저해성과 각호의 부당성의 개념은 사실상 동일한 의미로 해석하는 것이 타당하다고 생각된다.

3. '부당하게'와 '정당한 이유 없이'의 의미

1) 현행 심사지침의 입장

심사지침에서는 시행령 상의 '부당하게'는 행위의 외형뿐만 아니라 행위의 효과를 비교하여 공정거래저해성을 판단하는 반면, '정당한 이유 없이'는 일단 행위의 외형만 있으면 원칙적으로 공정거래저해성이 있는 것으로 본다고 규정하고 있다(심사지침 Ⅲ.1.가.(3)). 단, 거래상지위남용행위에는 '부당하게'나 '정당이유 없이'라는 요건이 없다.

〈'부당하게'와 '정당한 이유없이'의 구분〉

(가) 공정거래저해성은 그 판단방법과 관련하여 시행령 제52조 [별표 2]의 각호에서 다시 '부당하게'와 '정당한 이유없이'로 구체화된다.

(나) '부당하게'를 요건으로 하는 행위유형은 당해 행위의 외형이 있다고 하여도 그 사실만으로 공정거래저해성이 있다고 인정되는 것은 아니며, 원칙적으로 경쟁제한성·불공정성(unfairness)과 효율성 증대효과·소비자후생 증대효과 등을 비교 형량하여 경쟁제한성·불공정성의 효과가 보다 큰 경우에 위법한 것으로 본다. '부당하게'를 요건으로 하는 행위에 대해서는 공정거래위원회(사무처)가 위법성을 입증할 책임을 부담하는 것으로 본다.

(다) '정당한 이유없이'를 요건으로 하는 행위(공동의 거래거절, 계열회사를 위한 차별, 계속적 염매)에 대해서는 당해 행위의 외형이 있는 경우에는 원칙적으로 공정거래저해성이 있는 것으로 본다. 피심인은 정당한 이유가 있는지에 대해 입증할 책임이 있는 것으로 본다(대판 2000두833 판결 취지).

2) 사견

종래 '정당한 이유 없이'라는 요건이 설정된 행위유형에 대해서는 ① 미국법상 당연위법의 원칙이 적용되는 행위유형이라는 견해, ② 입증책임이 행위자에게 전환된 행위유형이라는 견해, ③ 공정거래위원회가 부담하는 입증의 정도를 완화시키는 효과가 있을 뿐 '부당하게'라는 요건이 설정된 행위유형과 본질적인 차이가 없는 행위유형이라는 견해가 있었다.

대법원은 계열회사를 위한 차별취급과 관련된 판례에서 "영 제36조 제1항 [별표] 제2호 (가), (나), (라)목에서 '가격차별', '거래조건차별', '집단적 차별'에 대하여는 그러한 행위가 '부당하게' 행하여진 경우에 한하여 불공정거래행위가 되는 것으로 규정하면서도 '계열회사를 위한 차별'의 경우에는 정당한 이유가 없는 한 불공정거래행위가 되는 것으로 문언을 달리하여 규정하고 있는 취지는 이러한 형태의 차별은 경쟁력이 없는 기업집단 소속 계열회사들을 유지시켜 경제의 효율을 떨어뜨리고 경제력집중을 심화시킬 소지가 커서 다른 차별적 취급보다는 공정한 거래를 저해할 우려가 많으므로 외형상 그러한 행위유형에 해당하면 일단 공정한 거래를 저해할 우려가 있는 것으로 보되 공정한 거래를 저해할 우려가 없다는 점에 대한 입증책임을 행위자에게 부담하도록 하겠다는 데에 있다 할 것이다"고 판시한

바 있다.[11)]

물론 '정당한 이유 없이'라는 요건이 설정된 행위유형의 경우에 공정거래위원회가 행위자의 행위에 '정당한 이유가 없다'는 것을 입증하는 것은 현실적으로 불가능하므로 '정당한 이유의 존재'에 대한 입증부담을 행위자에게 전환시켜야 할 현실적인 필요성은 인정될 수 있다.

하지만 법률에서 모든 불공정거래행위에 대하여 '부당하게'라는 요건을 설정함으로써 그 입증책임을 공정거래위원회가 부담하도록 규정하고 있음에도 불구하고 법률의 명시적인 위임도 없이 하위 규범인 시행령에서 상위 규범인 법률로 정한 입증책임 소재를 변경하는 것은 바람직하지 않다.[12)] 대법원 판례 및 심사지침의 해석 결과에 대해서는 의문을 제기하지 않을 수 없다. 따라서 향후 입법론적인 보완을 통하여 해결해야 할 과제라고 생각된다.

한편 지침이나 판례에 의하더라도 '정당한 이유 없이'의 법률적 의미를 미국 판례법상의 당연위법 원칙과 같은 취지로 볼 수는 없다. 왜냐하면 미국 판례법상의 당연위법의 원칙이 적용되는 행위유형에 있어서는 행위자의 반증제출에 의한 위법성의 번복이 허용되지 않기 때문이다.[13)]

4. 불공정거래행위 정리

불공정거래행위는 세부 행위들이 29개나 되고 각 행위별로 위법성 판단기준이 다르기 때문에 정리를 하고 넘어갈 필요가 있다. 현행 심사지침에 따라 정리해 보면 다음의 표와 같다.

[표 3-2] 공정거래법상 불공정거래행위 유형과 위법성 판단기준

유형	세부 행위		위법성 판단기준
경쟁제한형	거래거절	공동의 거래거절	정당한 이유없이
		기타의 거래거절	부당하게
	차별적취급	가격차별	부당하게

---

11) 대법원 2001.12.11. 선고 2000두833 판결.
12) 정호열 교수는 법률상의 증명책임 전환이라기보다는 사실상의 전환이라고 지적한다(정호열, 전게서, 382면); 이호영 교수는 현행법상 아무런 근거가 없는 해석이라 지적한다(이호영, 전게서, 283면).
13) 미국의 당연위법 원칙(*per se* illegal)의 법률적 효과는 우리 법제상 추정보다는 간주에 가깝다.

		거래조건차별	부당하게
		계열회사를 위한 차별	정당한 이유없이
		집단적 차별	부당하게
	경쟁사업자배제	부당염매	정당한 이유없이(계속)/ 부당하게(일시)
		부당고가매입	부당하게
	거래강제	끼워팔기	정상적인 거래관행에 비추어 부당하게
	구속조건부거래	배타조건부거래	부당하게
		거래지역, 거래상대방제한	부당하게
경쟁수단불공정형	부당한 고객유인	부당한 이익에 의한 고객유인	정상적인 거래관행에 비추어 부당하게
		위계에 의한 고객유인	부당하게
		기타 부당한 고객유인	부당하게
	거래강제	사원판매	부당하게
		기타의 거래강제	정상적인 거래관행에 비추어 부당하게
	사업활동방해	기술의 부당이용	부당하게
		인력의 부당유인채용	부당하게
		거래처 이전방해	부당하게
		기타의 사업활동방해	부당하게
거래내용불공정형	거래상지위남용	구입강제	–
		이익제공강요	–
		판매목표강제	–
		불이익제공	–
		경영간섭	–
부당지원형	부당지원	자금지원	부당하게
		자산, 상품등지원	부당하게
		인력지원	부당하게
		거래단계추가	부당하게

※ 부당지원행위도 공정거래저해성의 근거가 경쟁제한성이기는 하지만 경제력집중억제라는 입법목적이 동시에 작용하고 다른 행위들과는 차이점이 있어 별도로 분류하였음.

※ 현행 심사지침에 따라 거래강제중 끼워팔기는 경쟁제한형으로 분류하고 나머지는 경쟁수단불공정형으로 분류하였음.

제 2 절 경쟁제한형 불공정거래행위

Ⅰ. 개요

경쟁제한형 불공정거래행위는 경쟁제한성을 위주로 위법성을 판단한다. 경쟁제한성이란 당해 행위로 인해 경쟁사업자를 배제함으로써 시장에서 경쟁이 감소하거나 감소할 우려가 있는 것을 의미한다.

다만 대부분의 행위는 경쟁을 배제하는 효과만 있는 것이 아니라 경쟁을 촉진하는 효과가 있거나 경쟁과정에서 불가피한 것일 수 있어 단순히 경쟁을 배제하는 효과만 가지고 경쟁제한성이 있다고 판단하지는 않는다. 따라서 양자를 비교하여 경쟁을 배제하는 효과가 더 크다고 판단하여야 경쟁제한성을 인정할 수 있다. 경쟁제한성의 구체적인 증표는 당해 행위 이후의 가격인상과 공급량 감축 또는 그 우려이다.

법 집행의 예측가능성을 높이기 위해 시장점유율이 10% 미만인 경우에는 당해 시장에서의 경쟁제한효과가 미미하다고 보아 원칙적으로 심사면제 대상으로 한다. 다만 시장점유율 산정이 사실상 불가능하거나 현저히 곤란한 경우에는 당해 사업자의 연간매출액이 50억 원 미만인 경우를 심사면제 대상으로 한다.

경쟁제한형 불공정거래행위의 위법성 판단절차는 다음과 같다. 핵심적인 절차는 첫째 행위의 외형이 존재하여야 하고 둘째 그 행위가 부당하여야 하며, 셋째 정당한 사유나 부당성을 능가하는 소비자 후생 효과가 없어야 한다.

[표 3-3] 경쟁제한형 불공정거래행위 위법성 판단절차

1단계	원고에 해당하는 심사관은 법에 정한 기본적인 요건이 충족되는지 심사한다. ① 행위의 외형(예, 거래거절)이 존재하는지 ② 안전지대(시장점유율 10% 미만)에 해당하는지 ③ 경쟁을 제한하거나 제한할 우려가 있는지 여부를 심사한다. 만약 심사관의 입장에서 기본적인 법위반요건이 존재한다고 판단하면 사업자 측에 사업상의 정당한 이유가 있는지 확인한다.
2단계	사업자는 정당한 사업상의 이유(legitimate business justification)가 있으면 그에 대한 주장을 한다. 정당한 이유란 사업경영상의 다양한 이유 중 경쟁의 관점에서 판단한다. 정상적인 경쟁과정에서 발생하였다거나(예, 부도위험 있는 사업자에 대한 거래거절) 또는 당해 행위가 경쟁에 별다른 영향이 없다거나(예, 대체거래선이 다양) 소비자후생 증대효과 또는 경쟁촉진효과가 발생할 수 있다는 것(예, 가격인하효과)

	등이다.
	만약 정당한 이유가 경쟁의 관점에서 정당화되기 어렵거나 경쟁제한효과를 능가하지 못한다고 한다고 판단하면 심사관은 심사보고서를 작성하여 위원회에 상정한다. 소송에서 기소의 단계에 해당한다.
	실제로는 1단계와 2단계는 별도로 이루어지기보다는 동시에 이루어진다. 예컨대 거래거절이 경쟁을 제한할 수 있다는 우려(1단계)와 대체거래선이 다양하여 경쟁에 영향이 적다는 주장(2단계)이 대립될 때 심사관은 관련시장을 분석하고 사업자의 시장점유율과 경쟁사업자의 분포도, 진입장벽 등을 종합적으로 분석하여 사건 상정여부를 판단한다.
3단계	위원회는 제3자적 입장에서 심사관의 심사보고서와 피심인의 반론 등을 종합적으로 감안해 경쟁제한효과가 있는지 그리고 정당한 이유가 타당성 있는지 여부를 심사한다.
	만약 정당한 이유가 일정 부분 타당성이 있다고 판단한다 하더라도 그것이 경쟁제한효과를 능가할 수 있을 정도로 상당한 것인지 여부를 심사한다. 이 단계는 심사관의 경쟁제한성 주장과 피심인의 정당성 항변을 비교형량하는 단계이다.
	소송에서 재판에 해당하는 것으로 준사법적 기능을 수행한다.

Ⅱ. 거래거절(법 제45조 제1항 제1호)[14]

거래거절이란 특정 사업자에 대하여 ① 거래의 개시를 거절하거나(개시거절) ② 거래를 중단하거나(거래중단) ③ 거래하는 상품·용역의 수량이나 내용을 현저히 제한하는 행위(거래제한)를 말한다. 따라서 거래의 개시거부나 중단뿐만 아니라 거래수량·내용의 현저한 제한행위도 포함하는 개념이다.

원칙적으로 헌법상 영업의 자유에는 영업의 내용을 결정할 수 있는 자유도 포함되므로 특정 사업자와 거래를 개시할지 등의 여부는 거래당사자들이 자유롭게 판단하고 결정할 수 있는 사항이다. 그러나 거래개시 거절이나 거래중단의 결과 특정 사업자의 사업활동이 제한되어 당해 시장의 경쟁상황에 부정적인 영향을 미칠 수 있기 때문에 공정거래법은 예외적으로 이를 금지의 대상으로 규정하고 있다.

거래거절의 상대방은 특정 사업자이므로 불특정 다수 사업자를 대상으로 한 일반적인 거래거절이나 소비자를 대상으로 한 거래거절 행위는 원칙적으로 규제대상이 아니다. 따라서 자기의 생산 또는 판매정책상 합리적 기준을 설정하여 그 기준에 맞지 않는 불특정다수의 사업자와 거래를 거절하는 행위는 원칙적으로 대상이 되지

---

14) 2020.12.29. 개정 이전 조항 제23조 제1항 제1호 전단.

아니한다. '특정사업자'의 개념이 반드시 1개 사업자를 의미하는 것은 아니고 그 대상이 특정만 되어 있으면 복수의 사업자에 대한 거래거절 행위가 성립될 수 있다. 거래거절행위는 이를 다시 공동의 거래거절과 그 밖의 거래거절로 분류할 수 있다.

1. 공동의 거래거절

공동의 거래거절은 "정당한 이유 없이 자기와 경쟁관계에 있는 다른 사업자와 공동으로 특정사업자에게 거래의 개시를 거절하거나 계속적인 거래관계에 있는 특정사업자에게 거래를 중단하거나 거래하는 상품 또는 용역의 수량이나 내용을 현저히 제한하는 행위"를 말한다(시행령 [별표 2] 1. 가).

공동의 거래거절은 행위주체가 2 이상이라는 점에서 다음에서 보는 그 밖의 거래거절과 구별된다. 거래거절을 당하는 상대 사업자 입장에서는 시장에서 거래선 전환의 가능성이 상대적으로 크게 축소되고 거래거절에 참가한 사업자 상호간에도 사업활동이 제한되는 효과가 있다는 점에서 공동의 거래거절이 그 밖의 거래거절보다는 위법성이 강한 행위유형이라고 할 수 있다. 이러한 이유로 공동의 거래거절의 경우에는 그 요건도 '부당하게' 대신 '정당한 이유 없이'로 규정되어 있다.

그런데 2 이상의 사업자가 공동으로 특정사업자에 대한 거래를 거절하는 경우 공정거래법 제40조 제1항의 부당한 공동행위와의 관계가 문제될 수 있다. 공동의 거래거절행위가 성립하기 위해서 반드시 2 이상의 사업자 간에 의사의 합치가 필요한 것은 아니지만,[15] 대부분의 경우에는 거래거절 사업자들 간에 법 제40조 제1항의 합의가 존재할 수 있기 때문이다. 이처럼 공동의 거래거절이 법 제40조 제1항의 부당한 공동행위 성립요건도 충족하는 경우에는 소위 '법조경합'의 예에 따라서 제재가 중한 법 제40조가 법 제45조에 우선하여 적용된다고 해석하는 것이 타당할 것이다. 공정거래위원회의 심사지침에서도 "공동의 거래거절에 해당하는 행위가 법 제40조 제1항에 규정된 부당한 공동행위의 요건을 충족하는 경우에는 부당한 공동행위 관련 규정을 우선적으로 적용한다"고 규정하고 있다(심사지침 V.1.가.(2)).

심사지침에서는 공동의 거래거절의 위법성 판단을 경쟁제한성이 있는지 여부를 위주로 판단하되 공동의 거래거절을 당한 사업자는 여러 사업자와의 거래개시 또는 계속이 제한되므로 사업활동에 어려움을 겪게 되고 그 결과 정상적인 경쟁이

---

15) 예컨대, 유력사업자의 일방적 지시에 따라서 기타 사업자들이 거래거절에 참여하는 경우가 있을 수 있다.

저해될 가능성이 높기 때문에 원칙적으로 경쟁제한성이 있는 것으로 본다고 규정하고 있다(심사지침 V.1.가.(3).(나)).

다만, 사업자가 정당한 이유를 소명하였을 경우에는 위법성이 없는 것으로 판단할 수 있다. 불공정거래행위 심사지침에서는 다음과 같은 사유를 제시하고 있다(심사지침 V.1.가.(3).(다)).

〈정당성 항변사유〉

① 재고부족이나 거래상대방 사업자의 부도 등 채무불이행 가능성 등으로 인해 공동의 거래거절이 합리적이라고 인정되는 경우
② 특정사업자가 공동의 거래거절을 당하더라도 대체거래선을 용이하게 찾을 수 있는 경우
③ 사업자들이 사전에 당해 사업영위에 합리적이라고 인정되는 거래자격 기준을 정하여 그 기준에 미달되는 사업자와의 거래개시를 거절하는 경우
④ 공동의 거래거절로 인해 발생하는 효율성 증대효과나 소비자후생 증대효과가 경쟁제한효과를 현저히 상회하는 경우
⑤ 공동의 거래거절에 기타 합리적인 사유가 있다고 인정되는 경우 등

2006년 "은행 CD공동망 사건"[16]에서 CD 공동망을 이용하는 은행들이 하나은행에 대해 정당한 이유없이 공동으로 거래를 거절한 것인지 여부가 문제되었다. 하나은행은 삼성카드 고객들에게 가상계좌번호를 부여하여 CD 공동망을 이용하도록 하고자 하였는데 은행들이 이 가상계좌를 인식하지 못하게 하였다. 대법원은 공동의 거래거절이라는 행위는 이루어졌지만 정당한 사유가 있다고 인정하여 부당한 공동의 거래거절은 아니라고 판단하였다. 공동망 구축과 유지 비용을 부담하는 은행들의 의사가 중요하다는 점, 다른 거래처 확보에 애로가 없다는 점, 전산망에 과부하가 발생할 수 있다는 점 등을 그 이유로 들었다.

2. 단독의 거래거절(그 밖의 거래거절)

1) 개요

단독의 거래거절은 "부당하게 특정사업자에게 거래의 개시를 거절하거나 계속

---

16) 대법원 2006.5.12. 선고 2003두14253 판결.

적인 거래관계에 있는 특정사업자에게 거래를 중단하거나 거래하는 상품 또는 용역의 수량이나 내용을 현저히 제한하는 행위"를 말한다(시행령 [별표 2] 1. 나). 공동의 거래거절은 2 이상의 사업자가 공동으로 거래를 거절하는 행위인데 반해 단독의 거래거절은 사업자가 단독으로 거래를 거절하는 행위이다. 시행령에서는 '그 밖의 거래거절'로 되어 있다.

단독의 거래거절은 공동의 거래거절과는 달리 '부당하게'가 위법성 판단요소로 규정되어 있다. 그 구체적인 내용은 행위자가 속한 시장 또는 거래거절의 상대방이 속한 시장에서의 경쟁제한성이 인정되는지 여부가 주된 판단기준이 된다. 불공정거래행위 심사지침에서는 경쟁제한성 판단기준을 다음과 같이 제시하고 있다(심사지침 Ⅴ.1.나.(2).(나)).

〈경쟁제한성 판단기준〉

① 거래거절 대상이 되는 물품·용역이 거래상대방의 사업영위에 필수적인지 여부대상이 되는 물품·용역이 사업영위에 필수적이지 않다면 경쟁제한성이 낮다고 볼 수 있다.
② 거래거절을 당한 특정사업자가 대체거래선을 용이하게 찾을 수 있는지 여부. 대체거래선을 큰 거래비용 없이 용이하게 찾을 수 있는 경우에는 거래거절의 경쟁제한성이 낮다고 볼 수 있다.
③ 거래거절로 인해 특정사업자의 사업활동이 곤란하게 되고 그 결과 당해 시장에서 경쟁의 정도를 실질적으로 감소시키게 되는지 여부
④ 거래거절로 인해 경쟁사업자(잠재적 경쟁사업자 포함)의 시장진입이 곤란하게 되는지 여부
⑤ 거래거절이 공정거래법에 금지된 행위(재판매가격유지행위, 부당공동행위 등)를 강요하기 위한 수단으로 활용되었는지 여부 등

다만, 경쟁제한성이 있다고 판단되는 경우에도 합리적인 사유 또는 사업상의 정당한 사유가 있으면 법위반으로 보지 않는다(심사지침 Ⅴ.1.나.(2).(다)).

〈정당성 항변사유〉

① 생산 또는 재고물량 부족으로 인해 거래상대방이 필요로 하는 물량을 공급할 수 없는 경우

② 거래상대방의 부도 등 신용결함, 명백한 귀책사유, 자신의 도산위험 등 불가피한 사유가 있고 거래거절 이외에 다른 대응방법으로 대처함이 곤란한 경우

③ 당해 거래거절로 인해 발생하는 효율성 증대효과나 소비자후생 증대효과가 경쟁제한효과를 현저히 상회하는 경우

④ 단독의 거래거절에 기타 합리적인 사유가 있다고 인정되는 경우 등

---

2) 판례 : 현대오일뱅크의 거래거절 사건

누구와 거래를 할 것인지 말 것인지 여부는 사적 자치의 가장 핵심적인 사항이다. 그것은 대기업이라고 예외는 아니다. 하지만 거래거절 중 거래중단은 거래존속을 바라는 사업자의 입장에서 대단히 부당하다고 생각될 수 있다. 현대오일뱅크 사건은 헌법재판소와 대법원 간에 견해가 갈릴 정도로 부당성의 판단이 쉽지 않은 사건이었다. 대법원은 공정거래위원회와 입장을 같이 한 반면 헌법재판소는 정반대의 결론을 내렸다.

(1) 사건의 경위

현대오일뱅크는 인천정유가 생산하는 석유류제품을 판매해 주는 대리점이었다. 경영이 악화되자 사업경영상의 필요성으로 인해 계약기한 만료 시 인천정유와 대리점계약을 종료하겠다고 통보하였다. 인천정유는 공정거래위원회에 부당한 거래거절을 이유로 신고하였다. 동시에 인천정유는 대리점계약관계의 존속을 확인하기 위한 민사소송을 제기하였다.

공정거래위원회는 당해 거래거절은 계약기간 만료에 따른 것으로 부당성을 인정하기 어렵다고 보아 무혐의조치하였다. 지방법원도 원고의 청구를 기각하였다. 이에 인천정유는 무혐의 조치에 대해서는 헌법소원을 제기하였고 헌법재판소는 거래거절의 부당성을 인정하여 무혐의조치를 취소하였다. 반면 고등법원은 같은 날 원고의 항소를 기각하였다. 상고심에서 대법원은 원고의 상고를 기각하였다.

(2) 헌법재판소와 대법원 판결

헌법재판소와 대법원은 거래거절 행위가 위법하다고 판단되기 위해서는 거래기회 배제로 인한 사업활동방해(경쟁제한)나 부당한 목적을 위한 거래거절, 유력사

업자의 지위남용으로 인정될 수 있어야 한다는 점에서는 일치하였다. 그러나 헌법 재판소는 거래관계를 당장 종료하지 않으면 곧 도산에 이를 것임이 확실하게 예측 되는 등의 긴절한 필요성이 있어야 거래거절이 정당화될 수 있다고 본 반면 대법원 은 경영위기 극복을 위한 자구책의 일환으로 정당화된다고 보았다.

판례 4 : 현대오일뱅크의 거래거절사건

1. 헌법재판소 2004.6.24. 선고 2002헌마496 결정

　　이 사건 거래거절은 고도의 경쟁 제약·배제효과를 초래하고 있음이 명백하므로 위법성 판단요소들 상호간의 비교형량을 함에 있어 이른바 사업경영상의 필요성을 참작한다고 하더라도 그것은 적어도 현대오일뱅크가 인천정유와의 이 사건 판매대 리점계약을 종료하지 않으면 곧 도산에 이를 것임이 확실하다는 등의 긴급한 사정 이 명백히 인정될 정도는 되어야만 위와 같은 경쟁제한적 효과를 상쇄할 여지가 있 다고 할 것인바, 위 ①항에서 살펴본 사실관계에 비추어 보면 이 사건 거래거절 당 시 현대오일뱅크는 2000년과 2001년의 2년간에 걸쳐 계속된 대규모 적자국면과 유동성위기를 타개하고 경영상태를 호전시키기 위하여 내수시장의 점유율을 확대 함으로써 영업이익을 증대시킬 필요성에 당면해 있었다고 보이기는 하지만 나아가 인천정유와의 거래관계를 당장 종료하지 않으면 곧 도산에 이를 것임이 확실하게 예측되는 등의 긴절한 필요성을 갖고 있었다고 보기는 어렵다 할 것이다.

2. 대법원 2008.2.14. 선고 2004다39238 판결

　　원심은...(중략) 경영위기를 극복하기 위한 방안의 일환으로 이 사건 계약갱신 거 절을 하게 되었던 것으로, 당시 피고 회사로는 이러한 자구책 없이는 기업활동의 유지가 어려웠던 것으로 보이는 점 등을 종합하여 보면, 이 사건 계약갱신 거절은 이를 전체적으로 부당한 행위라고는 보기 어려우므로 공정거래법 소정의 '기타의 거래거절'에 해당하지 않는다고 판단하였다.

　　(중략) 이 사건 계약갱신 거절은 정리회사의 거래기회를 배제하여 그 사업 활동 을 곤란하게 할 우려가 있거나 오로지 특정사업자의 사업 활동을 곤란하게 할 의도 를 가진 유력 사업자에 의하여 그 지위 남용행위로써 행하여지거나 혹은 공정거래 법이 금지하고 있는 거래강제 등의 목적 달성을 위하여 그 실효성을 확보하기 위한 수단으로 부당하게 행하여진 경우의 어느 것에도 해당한다고 보기 어려우니, 이를 공정거래법 소정의 '기타의 거래거절'에 해당하지 않는다고 본 원심의 판단은 정당

하다 할 것이고, 거기에 상고이유 주장과 같은 법리오해 등의 위법이 없다.

☞ **필자의 생각**

거래거절은 세계 어느 나라를 막론하고 사적 자치의 원칙상 부당성을 인정하는 경우가 드물다. 본 건과 같이 대기업간의 거래에 있어서 계약기간 만료로 인한 거래중단 시 부당성을 인정하는 경우는 좀처럼 찾아보기 어렵다. 당시 현대오일뱅크는 시장지배적사업자도 아니고 시장점유율이 14.3%에 불과하였다. 만약 헌법재판소의 결정대로라면 사적 자치에 행정권이 지나치게 개입할 수 있게 되어 오히려 기업들의 자유로운 경영활동의 자유를 위축시킬 수 있다는 우려가 생길 수 있다.

공정거래위원회와 대법원의 입장에 공감한다.

Ⅲ. 차별적 취급(법 제45조 제1항 제2호)[17]

1. 가격차별

1) 개요

가격차별이란 "부당하게 거래지역 또는 거래상대방에 따라 현저하게 유리하거나 불리한 가격으로 거래하는 행위"를 말한다(시행령 [별표 2] 2.가). 가격차별은 일반적으로 '1차 가격차별'(primary line price discrimination)과 '2차 가격차별'(secondary line price discrimination)로 분류한다. 1차 가격차별은 판매자가 서로 다른 2개의 시장에서 시장별로 차별적인 가격을 설정하여 경쟁자에게 타격을 주는 경우를 의미하고,[18] 2차 가격차별은 동일한 시장에서 구매자별로 차별적인 가격을 설정하는 경우를 의미한다. 대체적으로 본다면 거래지역 차별은 1차 가격차별, 거래상대방 차별은 2차 가격차별일 가능성이 높다.

이러한 가격차별은 소비자 잉여를 생산자 잉여로 이전하는 효과가 있는 외에도 사회적 총생산량을 감소시키거나 경쟁사업자를 배제시키는 등의 부정적인 효과가 있을 수 있다.

---

17) 2020.12.29. 개정 이전 조항 제23조 제1항 제1호 후단.
18) 판매자가 경쟁이 치열한 시장에서는 경쟁자를 배제시킬 목적으로 약탈적 가격을 설정하고, 경쟁이 심하지 않은 시장에서는 이를 보전하기 위하여 높은 가격을 설정하는 경우를 예로 들 수 있다. 이처럼 1차적 가격차별의 경우에는 경쟁자 배제효과가 나타날 수 있는 가능성이 상대적으로 크다고 할 수 있다.

미국에서는 1936년 Robinson−Patman법으로 개정된 Clayton 법 제2조에서 가격차별을 금지하고 있다. 그러나 미국에서 Robinson−Patman법이 제정되게 된 직접적인 배경은 대공황 당시 중소사업자 보호를 위한 것이었고 현대에 와서는 거의 집행이 되지 않고 있다. 지역별로 가격에 차이가 있다 하더라도 원가 이하의 가격이 아닌 한 소비자후생에 부정적이지 않고 거래상대방 차별은 경쟁에 직접적 영향이 없기 때문이다. 특히 거래상대방에 대한 가격차별은 경제적 폐해가 있는지 분명하지 않기 때문에 2007년 미국 경쟁법현대화위원회(Antitrust Modernization Commission; AMC)는 폐지하라고 권고한 바 있다.

심사지침에 따르면 가격차별의 위법성은 행위자가 속한 시장 또는 거래상대방이 속한 시장에서의 경쟁을 제한하는지 여부를 위주로 판단한다(심사지침 V.2.가.(2). (나)).

〈행위자가 속한 시장에서의 경쟁제한성 판단기준〉

① 행위자가 가격차별로 인해 시장에서의 지위를 유지·강화하거나 할 우려가 있는지 여부
② 가격차별이 경쟁사업자를 배제하려는 의도하에 이루어졌는지 여부. 새로운 시장에 진입하기 위하여 행해지는 가격차별은 경쟁에 대응하기 위한 수단으로서 경쟁사업자 배제효과는 크지 않은 것으로 볼 수 있다.
③ 가격차별 정도가 관련 시장에서 경쟁사업자를 배제할 우려가 있거나, 가격차별에 의해 설정된 가격수준이 상품 또는 용역의 제조원가나 매입원가를 하회하는지 여부
④ 가격차별이 일회성인지 지속적인지 여부 등. 일회성의 가격차별은 경쟁제한효과가 미미하다고 볼 수 있으며 상당기간에 걸쳐 지속적으로 이루어 질수록 경쟁제한효과가 커질 수 있다.

〈거래상대방이 속한 시장에서의 경쟁제한성 판단기준〉

① 가격차별의 대상이 되는 거래상대방이 속한 시장에서 가격차별로 인해 거래상대방 또는 거래상대방의 경쟁사업자들이 배제되거나 배제될 우려가 있는지 여부
② 가격차별에 의해 상대적으로 불리한 취급을 받게 되는 거래상대방이 거래처를 쉽게 전환할 수 있는지 여부. 가격차별 대상인 거래상대방이 거래선을 용이하게 전

환할 수 있다면 경쟁제한성이 낮다고 볼 수 있다.

③ 가격차별 정도가 거래상대방의 경쟁사업자를 배제할 우려가 있거나, 가격차별에 의해 설정된 가격수준이 상품 또는 용역의 제조원가나 매입원가를 하회하는지 여부

④ 가격차별이 일회성인지 지속적인지 여부 등. 일회성의 가격차별은 경쟁제한효과가 미미하다고 볼 수 있으며 상당기간에 걸쳐 지속적으로 이루어 질수록 경쟁제한효과가 커질 수 있다.

다만, 경쟁제한성이 있다고 판단되는 경우에도 가격차별의 합리적인 사유 또는 사업상의 정당한 사유가 있으면 법 위반으로 보지 않는다(심사지침 V.2.가.(2).(다)).

〈정당성 항변사유〉

① 가격차별이 거래수량의 다과, 운송비, 거래상대방의 역할, 상품의 부패성 등 요소에 근거하여 한계비용 차이나 시장상황을 반영하는 경우

② 당해 가격차별로 인해 발생하는 효율성 증대효과(가격할인을 받는 사업자의 이익, 경제적 효율성 증대 등)나 소비자후생 증대효과가 경쟁제한효과를 현저히 상회하는 경우

③ 가격차별을 함에 있어 기타 합리적인 사유가 있다고 인정되는 경우 등

2) 사례

[미국판례] Utah Pie v. Continental Baking Company et. al. 386 U.S. 685 (1967)

원고인 Utah Pie 사는 Utah 주의 Salt Lake City에 공장을 두고 있고 직원수가 18명에 불과한 작은 기업으로 1957년에 설립되어 냉동 파이를 비롯한 디저트류 냉동식품을 제조하여 판매하던 회사이다. 반면 피고는 Continental Baking 사를 비롯한 3개의 대규모 사업자로서 Utah 주 밖에 공장을 두고 있으며 여러 주에 걸쳐서 냉동식품을 제조 및 판매하던 회사이다. 당시 Utah 주의 냉동식품 시장에서는 가격이 가장 큰 경쟁요소로 작용하고 있었다. Utah Pie 사는 무엇보다도 공장이 Utah 주에 있다는 지리적 이점으로 인해 경쟁사들보다 낮은 가격에 냉동식품을 팔고 있었다. 피고 회사들은 이에 대한 대응책으로서 Utah 주에 판매되는 제품들에 대하여는 다른 지역에서 판매되는 제품들보다 더 낮은 가격을 책정하여 판매하였다.

Utah Pie 사는 이러한 행위가 Clayton 법 제2조(Robinson Patman 법 제2조)에서 금한 가격차별행위에 해당된다고 주장하면서 3배 손해배상소송(treble damages) 및 금지명령

청구소송(injunction)을 제기하였다.

연방지방법원에서는 원고 Utah Pie 사가 승소하였으나 연방항소법원에서는 피고들의 약탈적 의도를 발견할 수 없고 경쟁이 훼손되었다는 증거가 없다는 이유로 패소하여 결국 연방대법원까지 가게 된 사건이다. 연방대법원은 Continental Baking 사가 다른 지역에서의 가격뿐만 아니라 원가에 비추어서도 낮게 책정하였는데 이러한 행위는 그 자체만으로도 경쟁을 손상할 합리적인 가능성이 있는 위법한 가격차별행위라고 판단하였다.

2. 기타 차별적 취급행위

1) 거래조건 차별

거래조건 차별이란 "부당하게 특정사업자에게 수량·품질 등의 거래조건이나 거래내용에 관하여 현저하게 유리하거나 불리하게 취급하는 행위"를 말한다(시행령 [별표 2] 2. 나).

차별의 내용인 거래조건이란 가격이나 가격에 직접 영향을 미치는 조건[19]을 제외한 계약의 이행방법·대금의 결제조건 등을 의미한다. 거래조건 차별은 특정사업자를 대상으로 하므로 소비자에 대한 차별은 포함되지 않는다. 다만, 차별대상 사업자가 엄격하게 특정될 것을 요하지는 않으며, 특정기준을 충족하는 모든 사업자 또는 특정지역에 소재한 모든 사업자에 대한 차별도 특정성이 있는 것으로 본다 (심사지침 V.2.나.(1)).

거래조건 차별의 위법성은 당해 사업자가 속한 시장 또는 거래상대방이 속한 시장에서의 경쟁을 제한하는지 여부를 위주로 판단하는데, 이 때 경쟁제한성이 있는지 여부 및 법 위반으로 보지 않을 수 있는 경우는 가격차별에 준하여 판단한다 (심사지침 V.2.나.(2)). 그리고 거래조건 차별에 대해서도 심사면제 대상이 되는 안전 지대가 설정되어 있다(심사지침 V.2.나.(3)).

2) 계열회사를 위한 차별

계열회사를 위한 차별이란 "정당한 이유 없이 자기의 계열회사를 유리하게 하기 위해 가격·수량·품질 등의 거래조건이나 거래내용을 현저하게 유리하거나 불

---

19) '수량할인'과 같이 가격수준에 직접적인 영향을 줄 수 있는 조건은 거래조건 차별이 아니라 가격차별의 범주에 포함된다.

리하게 하는 행위"를 말한다(시행령 [별표 2] 2. 다).

계열회사를 위한 차별은 지원을 받는 계열회사가 스스로의 경쟁력이 아닌 다른 계열회사의 지원을 바탕으로 시장에서 부당하게 우월한 경쟁력을 갖추게 됨으로써 시장의 공정한 경쟁을 침해할 뿐만 아니라 당해 기업집단 전체의 경제력집중현상을 초래하거나 유지할 위험성이 있기 때문에 금지의 대상이 되고 있다.

'계열회사를 위한 차별'은 동일한 기업집단 소속 계열회사를 지원하기 위한 수단으로 이용될 수 있다는 점에서 공정거래법 제45조 제1항 제9호에서 규정하고 있는 소위 부당지원행위와 유사한 성격이 있지만 차이점도 있다.

첫째, '계열회사를 위한 차별'은 지원객체가 계열회사에 한정되지만 부당지원행위는 지원객체가 계열회사인 경우뿐만 아니라 특수관계인이나 비계열회사인 경우도 포함된다. 둘째, 전자의 위법성 판단기준은 '정당한 이유 없이'로 규정되어 있으나 후자의 위법성 판단기준은 '부당하게'로 규정되어 있다는 점에서 차이가 있다.

하지만 현재는 '계열회사를 위한 차별' 조항이 거의 활용되지 않는다. 왜냐하면 종래에는 이 조항의 대상은 상품·용역거래이고 부당지원행위 조항의 대상은 자금·자산·인력지원으로 차별화되었지만 2007년 제13차 법 개정에서 부당지원행위 조항에 상품·용역도 포함이 되어 이 조항이 부당지원행위 조항으로 흡수된 것이나 마찬가지이기 때문이다.

계열회사를 위한 차별은 통상적으로 지원객체인 계열회사와의 직접적인 거래를 통하여 이루어지는 것이 보통이다. 하지만 반드시 거래의 직접적인 상대방이 계열회사인 경우에만 성립하는 것은 아니며 계열회사가 간접적으로 지원효과를 누리는 경우에도 성립할 수 있다. 특히 거래상대방이 최종 소비자인 경우에도 당해 거래를 통하여 계열회사를 지원하는 효과가 있으면 계열회사를 위한 차별이 성립될 수 있다.[20]

그리고 계열회사를 위한 차별의 경우에도 다른 행위유형과 동일한 내용의 안전지대가 설정되어 있지만 경제력집중의 우려가 있는 경우에는 심사면제 대상이 되지 않는다는 단서가 있다는 점에서는 차이가 있다(심사지침 V.2.다.(3)).

---

20) 예컨대 자동차판매회사가 계열 금융회사를 지원하기 위하여 자동차 구매고객을 상대로 계열 금융회사의 자동차 할부금융 금리를 차등적으로 설정하는 경우가 있을 수 있다(서울고등법원 2004.10.28. 선고 2002누16827 판결).

3) 집단적 차별

집단적 차별이란 "집단으로 특정사업자를 부당하게 차별적으로 취급하여 그 사업자의 사업활동을 현저하게 유리하거나 불리하게 하는 행위"를 말한다(시행령 [별표 2] 2. 라.).

집단적 차별은 여러 사업자가 공동으로 특정사업자에 대하여 행하는 차별취급이 대상이 된다. 부당한 공동행위와 달리 합의가 없더라도 성립될 수 있으며 차별취급에 참가하는 사업자가 반드시 현실적 또는 잠재적 경쟁관계에 있을 필요는 없다. 그리고 차별취급의 상대방은 특정사업자이고, 불특정다수의 사업자와 소비자에 대한 차별행위는 적용대상이 아니다(심사지침 V.2.라.(1)).

집단적 차별의 위법성은 가격차별 및 거래조건 차별의 경우에 준하여 판단한다. 집단적 차별은 여러 사업자에 의해서 행해지므로 원칙적으로 가격차별 및 거래조건 차별의 경우에 비하여 위법성이 인정될 가능성이 큰 것으로 본다(심사지침 V.2.라.(2)).

Ⅳ. 경쟁사업자 배제(법 제45조 제1항 제3호)[21]

경쟁사업자 배제란 공정한 경쟁이외의 수단을 동원하여 경쟁사업자를 시장에서 배제시키는 이른바 '배제적 효과'(exclusionary effect)가 있는 행위이다. 사실 시장지배적지위 남용행위 중 배제남용행위와 경쟁제한형 불공정거래행위 전부가 경쟁사업자 배제행위이다. 그런데 공정거래법은 경쟁사업자 배제행위를 별도로 규정하면서 시행령에서는 부당염매와 부당 고가매입을 그 세부유형으로 규정하고 있다.[22]

1. 부당염매

1) 개요

부당염매란 "자기의 상품 또는 용역을 공급하는 경우에 정당한 이유 없이 그

---

21) 2020.12.29. 개정 이전 조항 제23조 제1항 제2호.
22) 시장지배적지위 남용행위(법 제5조 제1항 제5호 전단, 영 제9조 제5항 제1호, 제2호)에서는 경쟁사업자 배제 속에 부당염매, 부당고가매입뿐만 아니라 배타조건부 거래까지 포함하고 있다. 동일한 법령 내에서 동일한 용어의 의미가 다르게 사용되는 것은 입법론적으로 문제가 있음은 앞에서 지적한 바 있다.

공급에 소요되는 비용보다 현저히 낮은 가격으로 계속 공급하거나 그 밖에 부당하게 상품 또는 용역을 낮은 가격으로 공급하여 자기 또는 계열회사의 경쟁사업자를 배제시킬 우려가 있는 행위"를 말한다(시행령 [별표 2] 3.가.).[23]

시행령상의 부당염매는 다시 이를 '계속적 염매'와 '일시적 염매'로 구별할 수 있다.[24] 계속적 염매란 상당기간에 걸쳐 반복해서 공급비용보다 현저히 낮은 수준으로 상품 또는 용역의 공급이 이루어지는 경우를 말하고, 일시적 염매란 일회 또는 단기간(1주일 이내)에 걸쳐 현저히 낮은 대가로 상품 또는 용역의 공급이 이루어지는 경우를 말한다(심사지침 V.3.가.(1).(가) 내지 (다)).

염매란 비용보다 낮은 가격으로 거래하는 경우를 일반적으로 의미하는 것이지만 경쟁법상 어느 정도의 낮은 가격을 설정한 경우에 부당염매에 해당될 수 있는지를 판단하는 것은 간단한 문제가 아니다.

미국에서는 약탈적 가격설정 행위(predatory pricing)와 관련하여 소위 'Areeda-Turner Test'가 일응의 기준이 되고 있다. 이는 원칙적으로 한계비용(MC: Marginal Cost) 미만의 가격수준을 약탈적 가격으로 판단하여야 하지만 한계비용의 측정이 어려우므로 그 대용으로 평균가변비용(AVC: Average Variable Cost)을 기준으로 약탈적 가격인지 여부를 판단하여야 한다는 것이다. 그러나 이러한 'Areeda-Turner Test'에 대해서는 다양한 비판들이 제기되었으며 실제 적용에서도 여러 가지 변형적인 기준들이 제시되는 등 약탈적 가격 판단문제는 여전히 미국 독점규제법상의 어려운 숙제로 남아 있다고 할 수 있다.

심사지침에서는 '공급비용 보다 현저히 낮은 수준인지 여부(계속적 염매의 경우)' 또는 '현저히 낮은 대가에 해당되는지 여부(일시적 염매의 경우)'는 제조원가나 매입원가[25]를 기준으로 판단하도록 규정하고 있다(심사지침 V.3.가.(1).(나),(다)). 제조원가나 매입원가보다 낮은 가격이라고 하여 이들을 일률적으로 부당염매로 판단하기

---

23) 시장지배적지위 남용행위에서는 부당염매의 판단기준을 '통상거래가격'으로 규정하고 있다(시행령 제9조 제5항 제1호).

24) 1997년 공정거래법 시행령 개정 이전에는 부당염매를 '계속거래상의 부당염매'와 '장기거래계약상의 부당염매'로 구분하고 있었으나, 계속거래와 장기거래계약의 구별이 곤란하고 일시적인 부당염매행위에 대해서도 규제의 필요성이 있다는 문제점이 제기되어 1997년 시행령 개정시 위와 같은 내용으로 개정하였다.

25) 제조원가는 재료비, 인건비, 기타 제조경비, 일반관리비를 포함하여 산정하고, 매입원가는 실제 구입가격을 기준으로 산정하되, 계열회사관계나 제휴관계와 같은 특수한 사정이 존재하는 경우에는 일반사업자간 거래가격을 고려하여 수정된 가격을 기준으로 할 수 있다.

보다는 경영상의 합리적인 이유 등 뒤에서 보는 다양한 정당화 사유들을 종합적으로 고려하여 궁극적으로 배제적 효과가 있는 가격설정행위인지 여부에 따라서 부당염매 여부를 판단하도록 하여야 할 것이다.

특히 부당염매를 규제하는 일반적인 이유로서 사업자가 일단 저가로 공급하여 경쟁사업자를 시장에서 배제시킨 후 그 동안의 염매행위로 인한 손해를 보충하기 위해 독점가격을 설정할 수 있는 위험성을 들고 있는데 이러한 위험성이 인정되면 위법성 여부가 확실해질 수 있다.[26] 그러나 현대 경쟁법에서 이러한 요건이 충족되는 것은 대단히 어렵고 특히 시장지배력이 없는 사업자가 이러한 요건을 충족시키는 것은 비현실적이라 생각된다.

심사지침에서는 부당염매의 위법성을 원칙적으로 염매행위가 당해 상품 또는 용역이 거래되는 시장에서 자기 또는 계열회사의 경쟁사업자를 배제시킬 우려(경쟁제한성)가 있는지 여부를 위주로 판단하도록 하고 있다(심사지침 V.3.가.(2).(다)).

〈일시적 부당염매의 경쟁제한성 판단기준〉

① 염매행위를 하는 동기가 경쟁사업자를 배제하고 시장에서 독과점적 지위를 구축하는데 있는지 여부
② 당해 염매행위로 인해 경쟁사업자가 사업활동을 유지하기에 현저히 어려움이 있거나 부도 등의 위기에 처할 우려가 있는지 여부
③ 당해 시장의 경쟁구조. 당해 시장에서의 사업자 수가 적고, 집중도가 높을 경우에는 경쟁사업자 배제우려가 클 수 있다.
④ 진입장벽 유무 등. 규모의 경제·사업영위 인허가 등 요소가 없어 당해 시장에 진입하는 데 실질적인 어려움이 없다면 현재의 경쟁사업자가 배제되더라도 신규 진입자가 잠재적 경쟁사업자로 대두되므로 경쟁사업자 배제우려가 없거나 미미하게 된다.

다만 경쟁제한성이 있다고 판단되는 경우에도 염매행위에 합리적인 사유 또는 사업상의 정당한 사유가 있으면 법위반으로 보지 않는다(심사지침 V.3.가.(2).

---

26) 미국 대법원은 시장구조 등의 원인 때문에 행위자가 사후에 염매행위로 인한 손해를 보충(recoupment)할 수 있다고 기대할 수 없는 상황에서는 약탈적 가격설정행위의 위법성을 부인하였다. Brooke Groupe Ltd. v. Brown & Williamson Tobacco Corp., 509 U.S. 209 (1993).

(나),(라)).

〈부당염매 정당성 항변사유〉

[계속적 부당염매 해당사유]
당해 시장에 진입장벽(예: 규모의 경제, 사업영위 인허가, 거래비용 등)이 없어 계속적 염매로 인해 현재의 경쟁사업자들이 배제되더라도 신규 진입자가 잠재적 경쟁사업자로 대두될 수 있는 경우

[계속적 부당염매/일시적 부당염매 공통사유]
① 하자가 있는 상품, 유통기한이 임박한 물건, 계절상품 및 재고의 처리를 위하여 제한된 물량의 범위내에서 염매를 하는 경우
② 수요보다 공급이 현저히 많아 이를 반영하여 판매하는 경우
③ 신규개점 또는 신규 시장진입에 즈음하여 홍보목적으로 한정된 기간에 걸쳐 염매를 하는 경우
④ 파산이나 지급불능사태를 막기 위해 염매를 하거나 파산 또는 지급불능상태에 있는 사업자가 염매를 하는 경우
⑤ 일시적 염매로 인한 효율성 증대효과나 소비자후생 증대효과가 경쟁제한효과를 현저히 상회하는 경우
⑥ 일시적 염매를 함에 있어 기타 합리적인 사유가 있다고 인정되는 경우 등

---

2) 사례

다음의 사례들에서 볼 수 있듯이 부당염매 조항은 주로 1원 입찰사건 또는 터무니없이 낮은 가격의 사건에 활용되어 왔다.

(1) (주)럭키의 군납치약 1원 입찰 사건[27]

(주)럭키는 국방부의 치약 구매입찰에서 개당 1원으로 응찰하여 낙찰한 330만 개를 공급키로 국방부와 계약을 체결하였다. 공정거래위원회는 입찰가 1원이 시중에 공급하는 가격(개당 210원)보다 현저하게 낮은 가격으로서 정상적인 거래과정에서는 성립될 수 없는 가격이라고 판단하였다. 이 같은 행위는 군납 치약시장에 신규진입하려는 경쟁사업자를 배제하고 종래의 독점적 지위를 유지하기 위한 부당한

---

27) 공정거래위원회 의결 제83-12호, 1983.6.15.

염매행위에 해당된다고 인정하여 시정명령하였다. 이 사건은 최초의 부당염매 사건
이라는데 의의가 있다.

(2) (주)캐드랜드의 1원 입찰 사건[28]

한국전력공사의 배전설비자동화시스템 개발을 위한 지리정보시스템 소프트웨
어 구매입찰에 (주)캐드랜드가 1원에 응찰하여 낙찰받은 행위에 대하여 공정거래위
원회는 이를 계속적 부당염매행위로 판단하여 시정명령을 하였다.

행정소송에서 서울고등법원은 1원이라는 입찰가격이 고시에서 정한 소정의 낮
은 대가임이 명백하다고 인정하고, (주)캐드랜드가 독자적으로 형성되어 있는 지리
정보시스템용 소프트웨어 시장에서 사세를 확장해 오면서 경쟁사업자와 거의 대등
한 시장점유율을 보유하고 있는 이상, 위 응찰행위가 그 존립 유지를 위한 부득이
한 대항염매행위에 해당한다고 볼 수가 없고, 위 소프트웨어의 국내 시중판매가 등
에 비추어 볼 때 무상이나 다름없는 1원에 응찰한 행위는 부당하다고 판단하였다.

그리고 부당염매행위가 불공정거래행위에 해당하기 위하여 반드시 경쟁사업자
가 배제되는 결과가 현실화되어야 하는 것이 아니라 어디까지나 그러한 우려가 있
는 정도로 족하다고 하면서, 별개의 독립한 시장을 형성하고 있는 지리정보시스템
용 소프트웨어 시장에서 (주)캐드랜드가 경쟁사업자와 거의 대등한 시장점유율을
가진 사업자로서 장기간의 거래를 예정하고 있는 위 입찰에 부당하게 낮은 가격으
로 응찰한 이상, 그로써 경쟁사업자를 배제할 우려가 있음을 부인할 수 없다고 판
단하였다.

(3) 삼성항공산업(주)의 1원 입찰 사건(무혐의)

정부출연 연구기관인 항공우주연구소는 1995.3.27. 미국의 위성제작업체인
TRW사와 "다목적 실용위성 공동개발계약"을 체결하면서 동 위성에 탑재할 저해
상도 카메라 제작에 대해서는 TRW사가 국내업체에 기술을 이전해 주도록 하면서
그 대가로 340만불을 지급하기로 합의하였다. 국내업체의 기술자들이 TRW에 파
견되어 TRW의 재료공급과 기술지도로 저해상도 카메라를 제작해 TRW사가 항공
우주연구소에 납품하게 되는데, 기술을 습득할 국내 입찰대상 업체를 대상으로
파견기술자의 체재비, 인건비, 항공료 등을 얼마나 받겠느냐는 것이 입찰내용이
었다.

그런데 삼성항공산업은 약 3억 원으로 추산(항공우주연구소 추정)되는 기술자 등

---

28) 서울고등법원 1997.7.31. 선고 96구21388 판결.

에 대한 비용을 1원만 받고 나머지는 전액 자체부담하면서 저해상도 카메라 제작기술을 습득하겠다는 입장에서 1원에 응찰하였다. 현대우주항공은 8,790만원을 받고 나머지 2억 2천만 원을 자체 부담하겠다는 입장에서 8,790만원에 응찰하였다.

공정거래위원회는 삼성항공산업에 대해 다음과 같은 이유로 무혐의 결정을 내렸다. 첫째, 당시 국내에는 위성용 카메라 시장이 형성되어 있지 않다는 점, 둘째, 발주자인 항공우주연구소에서도 동 카메라의 향후 구매계약이 없으며, 만약 구매가 발생하더라도 본 건으로 인하여 삼성항공 측에 연고권이나 유리한 위치를 부여할 이유가 없다는 점. 셋째, 공정거래위원회의 기존 심결례를 보면 다음 단계의 거래에 있어서 유리한 위치의 확보, 기본 시장에서의 독점적 지위유지 등을 염매행위의 부당성 판단 요건으로 하고 있다는 점. 넷째, 본 건 입찰이 국산화를 통한 국내 기술수준 향상과 기술확보를 위하여 국내업체에게 기술을 부여하는데 목적이 있다는 점이다.

(4) ㈜현대정보기술의 부당염매 건

㈜현대정보기술은 인천광역시 시스템통합용역입찰에서 예정가의 2.98%에 불과한 낮은 가격으로 응찰하여 낙찰받았다. 공정거래위원회는 일시적 부당염매에 해당한다고 보아 시정명령을 내렸다.

대법원은 이 사건의 입찰가가 낮은 가격임은 분명하지만 기술과 경험을 취득하는 것을 목적으로 하고 있을 뿐만 아니라 계약이 계속거래가 아닌 1회성 거래라는 점과 관련시장에서 경쟁사업자를 배제할 우려가 없다는 점 등을 근거로 부당염매 행위에 해당되지 않는 것으로 판단하였다.[29]

2. 부당고가매입

부당고가매입이란 "부당하게 상품 또는 용역을 통상거래가격에 비해 높은 가격으로 구입하여 자기 또는 계열회사의 경쟁사업자를 배제시킬 우려가 있는 행위"를 말한다(시행령 [별표 2] 3. 나).

부당고가매입이 문제되는 경우는 주로 원재료 등에 대한 매점행위를 통하여 경쟁사업자의 재료시장에 대한 접근을 제한하거나 방해함으로써 경쟁사업자를 배제하는 경우이다. 따라서 부당고가매입에서는 매입행위의 지속성보다는 매점되는 상품 또는 용역의 물량이 전체 공급시장에서 차지하는 비중이 높은지 여부가 중요한

---

29) 대법원 2001.6.12. 선고 99두4686 판결.

판단요소가 된다. 또한 부당고가매입은 통상 거래가격에 비하여 높은 가격으로 상품 또는 용역을 구입하는 행위가 대상이 되는데, 통상 거래가격이라 함은 당시의 시장에서 사업자 간에 정상적으로 이루어지는 거래에서 적용되는 가격수준을 말한다. 따라서 고가매입의 상대방은 사업자에 한하며 소비자는 포함되지 않는다(심사지침 Ⅴ.3.나.(1)).

부당고가매입은 사례가 없다. 시장지배력이 있는 사업자라 하더라도 부당고가매입을 하는 경우는 거의 찾아보기 어렵고 더군다나 시장지배력조차 없는 사업자가 부당고가매입을 한다는 것은 상상하기 쉽지 않다.

Ⅴ. 끼워팔기 - 거래강제(법 제45조 제1항 제5호)[30]

1. 개요

거래강제는 부당하게 경쟁자의 고객을 자기와 거래하도록 강제하는 행위를 말한다. 구체적으로는 거래상대방이나 자사의 직원 등으로 하여금 본인의 의사에 반하여 자신 또는 자신이 지정하는 자의 상품·용역을 구입 또는 판매하도록 강제하는 행위이다.

시장에서의 공정한 경쟁은 거래의 개시여부·대상·내용 등에 대한 거래당사자의 자유로운 의사결정권을 바탕으로 한다. 강제적인 거래는 이러한 거래당사자의 자유로운 의사결정권을 침해함으로써 궁극적으로 시장의 경쟁기반을 훼손하고 부당한 시장지배력 확장수단이 될 수 있기 때문에 규제의 대상으로 하고 있다.

시행령에서는 법상의 거래강제 유형을 끼워팔기와 사원판매 및 그 밖의 거래강제로 세분하고 있다(시행령 [별표 2] 5.). 심사지침에 따르면 이 중 끼워팔기는 경쟁제한성을 위주로 심사하고 사원판매와 기타의 거래강제는 경쟁수단의 불공정성 여부를 위주로 심사한다(심사지침 5.가.(2).(가), 5.나.(2).(가), 5.다.(2).(가)).

끼워팔기란 "거래상대방에게 자기의 상품 또는 용역을 공급하면서 정상적인 거래관행에 비추어 부당하게 다른 상품 또는 용역을 자기 또는 자기가 지정하는 사업자로부터 구입하도록 하는 행위"를 말한다(시행령 [별표 2] 5.가.). 여러 가지 제품을 생산·공급하는 사업자가 자사제품 중 인기가 많은 제품(주된 상품, tying product)을 판매하면서 인기가 낮은 제품(종된 상품, tied product)을 끼워서 판매하는 행위가

---

30) 2020.12.29. 개정 이전 조항 제23조 제1항 제3호 후단.

전형적인 사례이다. 미국에서는 Sherman 법과 Clayton 법 제3조, FTC 법의 적용대상으로서 금지되고 있다.[31]

2. 끼워팔기 규제논거

미국에서 끼워팔기 규제의 2가지 논거는 ① 거래상대방의 자율성 침해, ② 종된 시장에서 경쟁제한이었다. 경쟁제한은 지렛대효과(leverage effect)를 통해 발생하는데 주된 시장에서의 힘을 지렛대로 활용해 종된 시장에서 경쟁사업자의 접근을 차단(즉, 판매불가)함으로써 한 시장에서의 힘을 다른 시장으로 확장할 수 있다는 것이다.

[표 3-4] 지렛대효과 도식

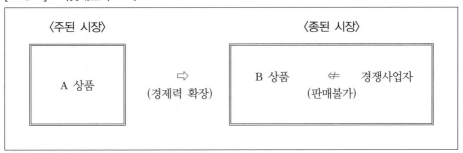

이러한 논거로 미국에서는 끼워팔기가 오랫동안 당연위법의 대상이 되어 왔다. 그러나 1984년 Jefferson Parish 사건[32] 이후로 당연위법의 의미가 크게 변색되었다. 당연위법이란 특정한 행위가 있기만 하면 위법이라는 것인데 지금은 관련시장획정을 요구하고 정당성 항변 등을 수용하고 있어 엄밀한 의미에서의 당연위법과는 차이가 있다.

그런데 끼워팔기 규제논거 중 ①과 ②는 반드시 일치하는 것은 아니다. 미국에서는 종래 거래상대방의 자율성 침해만으로도 법위반으로 인정하는 사례가 적지

---

31) 미국에서는 끼워팔기(tying arrangements)의 위법성 근거로서 주된 상품시장의 독점력을 종된 상품시장으로 이전·확장시키는 소위 '지렛대 이론'(leverage theory)이 주장되어 왔지만, 이에 대해서는 다양한 비판이 존재하는 등 완전한 의견의 합치가 이루어지지 않고 있다.

32) Jefferson Parish Hosp. Dist. No. 2 v. Hyde, 466 U.S. 2 (1984). 연방대법원은 5:4로 끼워팔기에 당연위법 법리가 유효하다고 하면서도 전통적인 법리를 수정하면서 당해 사건은 부당한 끼워팔기에 해당하지는 않는다고 판시하였다.

않았다. 하지만 현대 경쟁법에서 특히, 1984년 Jefferson Parish 판결 이후로는 거래 상대방의 자율성 침해만으로 위법성을 인정하지는 않는다. 거래상대방의 자율성 침해는 수직적 거래 전반에 내재해 있는 것인데 그렇게 된다면 수직적 거래는 대부분 위법한 것으로 될 수 있다.

공정거래법에서는 2015년 지침 개정 이전만 하더라도 끼워팔기 규제의 논거는 ① 경쟁수단의 불공정성과 ② 경쟁제한성이었다. 그런데 2015년 지침이 개정되면서 끼워팔기의 위법성 판단기준에서 불공정한 경쟁수단이 제외되었다.

종전 예식장이나 장례식장에서의 끼워팔기는 주로 경쟁수단의 불공정성에 근거하여 규제하여 왔었다. 입법론적으로 본다면 글로벌 기준에 부합하는 측면이 있지만 우리 사회의 고질적인 병폐를 어떻게 규제할 것인가 하는지 고민이 남는 부분이다.

[표 3-5]   2015년 지침 개정 전후 비교

2015년 지침 개정 전	2015년 개정 지침
끼워팔기가 바람직한 경쟁질서를 저해하는 불공정한 경쟁수단에 해당되는지 또는 경쟁을 제한하는지 여부를 위주로 판단한다.	끼워팔기가 경쟁을 제한하는지 여부를 위주로 판단한다.

3. 대상행위 : 별개의 상품

공정거래법상 끼워팔기는 서로 다른 별개의 상품 또는 용역을 자기 또는 자기가 지정하는 사업자로부터 구입하도록 하는 행위가 대상이 된다. 실무에서는 주된 상품과 종된 상품이 별개의 상품인지 여부가 자주 문제가 된다.

별개 상품성 여부는 이들 상품이 시장에서 통상 별도로 거래되는지 여부와 더불어 그 상업적 용도나 기능적 특성, 소비자 인식태도, 경우에 따라서는 제품통합과 기술혁신의 추세 등을 종합적으로 고려하여 개별 사안별로 판단할 수밖에 없다 (심사지침 V.5.가.(1).(가)).

실무에서 가장 중요한 것은 기능적 특성보다는 수요의 성격이다. 예컨대 자동차와 타이어는 기능적으로 밀접한 관련이 있지만 자동차 구매 시 타이어도 동시에 구매한다. 이때 판단기준은 별개의 상품 여부가 문제될 때 주된 상품 기준이다. 내구연한이 다른 타이어나 엔진오일 등의 별도 구매는 문제가 되지 않는다.

끼워팔기의 개념상 주된 상품은 행위자 자신의 상품이다. 하지만 종된 상품은 반드시 행위자 자신의 상품일 필요는 없고 행위자가 지정하는 제3자의 상품을 끼워파는 경우에도 끼워팔기가 성립할 수 있다. 그리고 상품 또는 용역을 판매하는 경우뿐만 아니라 임대하는 경우도 성립할 수 있으며, 거래상대방에는 사업자뿐만 아니라 소비자도 포함된다(심사지침 V.5.가.(1).(나) 내지 (라)).

4. 경쟁제한성 판단기준

끼워팔기의 위법성은 끼워팔기가 경쟁을 제한하는지 여부를 위주로 판단한다. 불공정거래행위 심사지침에서는 다음과 같이 규정하고 있다(심사지침 V.5.가.(2). (나)).

〈경쟁제한성 판단기준〉

① 주된 상품(또는 용역)과 종된 상품(또는 용역)이 별개의 상품(또는 용역)인지 여부
② 끼워팔기 하는 사업자가 주된 상품(또는 용역)시장에서 시장력(market power)이 있는지 여부
③ 주된 상품(또는 용역)과 종된 상품(또는 용역)을 같이 구입하도록 강제하는지 여부 등. 강제성이 있는지 여부는 거래상대방의 입장에서 서로 다른 두 상품(또는 용역)을 따로 구입하는 것이 자유로운지를 기준으로 판단한다. 이때, '강제성'은 주된 상품(또는 용역)에 대한 구매자의 거래처 전환가능성이 적을수록 큰 것으로 보며, 다른 거래처에서 구입할 경우 주된 상품(또는 용역)의 거래거절이나 공급량감소 등 각종 불이익이 예상됨으로 인하여 사실상 거래처를 전환할 수 없는 경우 등에는 강제성이 인정될 수 있다. 이때 거래상대방이 자기 또는 자기가 지정하는 사업자로부터 실제로 구입하였을 것을 필요로 하지 않는다.
④ 끼워팔기가 정상적인 거래관행에 비추어 부당한지 여부. 정상적인 거래관행에 해당되는지 여부는 당해 시장에서의 통상적인 거래관행을 기준으로 하되, 통상적인 거래관행에 해당된다고 할지라도 끼워팔기에 의해 경쟁제한효과가 발생하는 경우에는 부당한 것으로 본다.

---

1) 시장력

심사지침은 시장력(market power)과 독점력(monopoly power 또는 market dominant power)이라는 개념을 제시하고 있다. 시장력이란 사업자가 시장의 가격이나 거래조건 등 시장경쟁의 성과에 어느 정도 영향을 미칠 수 있는 힘을 의미한다. 한편 독점력이란 시장경쟁의 성과에 실질적인 영향을 미칠 수 있는 힘이다. 주요 국가 경우 독점력은 원칙적으로 50% 이상의 시장점유율을 보유한 제1위 사업자에 한하여 인정된다.

경제학적으로 본다면 시장력이란 특정 사업자가 시장에서 보유하고 있는 힘을 의미하는 것으로서 이론상 0에서부터 아주 높은 단계까지 존재할 수 있다. 반면 독점력은 시장에서 하나의 사업자밖에 없을 때 그 사업자가 가진 힘으로 시장점유율 100%의 상태다. 경쟁법 실무에서는 시장력과 독점력을 동일어로 사용하는 경우도 있고, 상당한 시장력을 독점력으로 사용하는 경우도 많다. 심사지침에서의 정의는 공정거래위원회 내부의 심사기준을 정한 것으로서 불공정거래행위로 한정하여 이해하는 것이 바람직하다.

심사지침에 따르면 원칙적으로 행위주체가 획정된 시장에서의 시장점유율이 30% 이상인 경우에는 행위주체의 시장력이 인정되나, 시장점유율이 20%에서 30% 사이인 경우도 시장집중도, 경쟁상황, 상품의 특성 등 제반사정을 고려하여 시장력이 인정될 수 있다(심사지침 [별첨] 2.가).[33] 시장점유율이 10% 이상인 경우에는 다수의 시장참여자들이 동일한 행위를 하고 그 효과가 누적적으로 발생하거나 발생할 우려가 있는 경우(누적적 봉쇄효과)에 한하여 시장력이 인정될 수 있다.

끼워팔기에서의 시장력이란 끼워팔기를 강요할 수 있는 힘을 의미하기 때문에 시장점유율만으로 일의적으로 판단하기는 어렵다. 미국의 판례에 의하면 주된 시장에서 특허가 있거나 제품의 차별성이 있는 경우에 인정된 바 있다. 대법원도 끼워팔기에 해당하기 위하여는 주된 상품을 공급하는 사업자가 주된 상품을 공급하는 것과 연계하여 거래 상대방이 그의 의사에 불구하고 종된 상품을 구입하도록 하는 상황을 만들어낼 정도의 지위를 갖는 것으로 족하고 반드시 시장지배적사업자일 필요는 없다고 판시한 바 있다.[34]

---

33) 30% 기준은 Jefferson Parish 사건에서 참조한 것이 아닌가 추측된다. 하지만 당해 사건에서 연방대법원은 시장점유율 30% 이하면 시장력이 있다고 보기 어렵다고 지적하였다. 즉 시장점유율이 30% 이상이면 시장력이 인정된다고 판단한 것은 아니다. 사견으로는 이러한 인위적인 수치를 제시한 것은 경험적으로나 논리적으로 타당성을 인정하기 어렵기 때문에 재고할 필요가 있다고 생각된다.

34) 대법원 2006.5.26. 선고 2004두3014 판결.

2) 강제성

강제성의 존부는 거래상대방의 입장에서 서로 다른 두 상품(또는 용역)을 따로 구입하는 것이 자유로운지를 기준으로 판단한다. 주된 상품(또는 용역)에 대한 구매자의 거래처 전환가능성이 적을수록 강제성이 큰 것으로 본다. 다른 거래처에서 구입할 경우 주된 상품(또는 용역)의 거래거절이나 공급량 감소 등 각종 불이익이 예상되기 때문에 사실상 거래처를 전환할 수 없는 경우 등에는 강제성이 인정될 수 있다. 이때 거래상대방이 자기 또는 자기가 지정하는 사업자로부터 실제로 구입하였을 것을 필요로 하지 않는다.

3) 정상적인 거래관행

심사지침에서는 끼워팔기가 정상적인 상거래관행에 비추어 부당한지 판단하도록 하고 있다. 예컨대 주된 상품(또는 용역)의 기능에 반드시 필요한 상품을 끼워파는 행위(프린터와 잉크, 자동차와 타이어 등)는 정상적인 상거래관행으로 본다.

그런데 불공정거래행위에서 정상적인 거래관행은 반드시 통상의 상관행을 의미하는 것은 아니다. 공정한 거래라는 관점에서 정당화할 수 있는 상관행을 의미한다. 일본 공정취인위원회의 2010년 「우월적지위 남용에 관한 독점금지법의 입장」[35]에서도 정상적인 상관습이란 반드시 현존하는 상관습을 말하는 것이 아니고 공정한 경쟁질서의 관점에서 인정될 수 있는 상관습을 말하는 것이며 현행의 상관습이라 하더라도 반드시 정상적인 것은 아니라고 명시하고 있다.

4) 정당성 항변사유

끼워팔기가 경쟁제한성이 있다고 판단되는 경우에도 끼워팔기로 인한 효율성 증대효과나 소비자후생 증대효과가 경쟁제한효과를 현저히 상회하는 경우나 기타 합리적인 사유가 있다고 인정되는 경우 등 합리성이 있다고 인정되는 경우에는 법 위반으로 보지 않을 수 있다(심사지침 V.5.가.(2).(다)).

---

35) 公正取引委員会, 優越的な地位の濫用に関する独占禁止法上の考え方, 平成22年11月30日.

5. 사례 : 마이크로소프트 사의 끼워팔기 사건[36]

이 사건에서는 윈도우 서버 운영체제와 윈도우 미디어 서비스(WMS)의 결합판매, 윈도우 PC 운영체제와 윈도우 미디어 플레이어(WMP), 메신저의 결합판매 이 3가지가 끼워팔기에 해당하는지 문제가 되었다. 공정거래위원회는 시장지배적지위 남용행위로서 사업활동방해 중 끼워팔기와 소비자이익저해행위에 해당할 뿐만 아니라 불공정거래행위로서의 끼워팔기에도 해당한다고 결정하였다.

예컨대 윈도우 미디어 플레이어와 관련된 의결서에서는「결합판매 행위 ⇨ 정상적인 거래관행에 비추어 부당 ⇨ 윈도우 미디어 플레이어 편재성[37] 초래 ⇨ 미디어 플레이어 시장에서 경쟁제한[38] 및 경쟁수단의 불공정 ⇨ 효율성 증대효과 미약 ⇨ 공정한 거래 저해」라는 논리로 부당성을 인정하고 있다.

> 피심인들이 윈도우 PC 운영체제와 WMP가 별개제품임에도 불구하고 이를 결합하여 판매한 행위는 WMP를 원하지 않는 소비자에게 그 구입을 강제하는 결과를 초래하므로 정상적인 거래관행에 비추어 부당한 행위이고, 이와 같은 피심인들의 행위는 WMP의 편재성을 초래하여 미디어 플레이어 시장의 경쟁을 제한할 뿐만 아니라 그 거래 내용 또는 경쟁수단이 불공정한 반면, 그로 인한 효율성증대효과는 미약하여 공정한 거래를 저해할 우려가 있는 불공정거래행위이므로 공정거래법 제23조 제1항 제3호, 같은 법 시행령 제36조 관련〔별표 1의2〕불공정거래행위 유형 및 기준 제5호 가. 목의 '끼워팔기'에 해당한다.

---

36) 공정거래위원회 의결 제2006-042호, 2006.2.24. 원고가 서울고등법원에서 불복소송 진행 중 소송을 취하하였다.

37) 遍在性(ubiquity)이란 문자적인 의미로는 여기저기에 어디에든 존재한다는 의미이다. 신학에서 신의 존재에 대해 활용되는 경우가 많다. PC 운영체제인 윈도우즈의 시장점유율이 90%를 넘고 윈도우즈와 윈도우 미디어 플레이어는 결합되어 있기 때문에 윈도우 미디어 플레이어도 윈도우즈와 함께 널리 보급(즉, 편재)하게 된다는 의미이다.

38) 특히 소프트웨어 산업에서는 네트워크 효과 및 고착효과(lock-in effect)가 발생할 수 있다. 네트워크 효과는 많이 사용되면 될수록 유리한 것을 의미하고 고착효과는 일단 사용하면 다른 것으로 바꾸기 어렵다는 것을 의미한다.

Ⅵ. 구속조건부거래(법 제45조 제1항 제7호)[39]

1. 개요

시장에서 활동하는 사업자들 사이에는 다양한 이유에서 형성된 다양한 내용과 형태의 구속 또는 제한(restraint)이 존재할 수 있다. 사업자들 사이에 존재하는 구속은 크게 수평적 구속(horizontal restraint)과 수직적 구속(vertical restraint)으로 나눌 수 있다. 전자는 동일한 시장에서 활동하는 경쟁사업자 간의 구속을 의미하고 후자는 상부시장(upstream market)과 하부시장(downstream market)에서 각각 활동하면서 거래관계에 있는 비경쟁사업자 간의 구속을 의미한다.

수직적 구속 또는 거래제한은 제한대상이 가격인지 여부에 따라 나누어질 수도 있고, 거래제한의 형태가 브랜드 내(intra-brand)인지 브랜드 간(inter-brand)인지 여부에 따라 나누어질 수 있다.

[표 3-6] 수직적 거래제한의 유형

제한대상	가격제한	재판매가격유지행위
	비가격제한	거래지역·거래상대방제한, 배타조건부거래,끼워팔기
제한형태	브랜드내 제한	재판매가격유지행위, 거래지역·거래상대방 제한
	브랜드간 제한	배타조건부거래, 끼워팔기

그런데 이러한 수평적 구속이나 수직적 구속은 그 동기나 시장에 대한 효과가 다양할 수 있다. 미국에서는 이러한 구속을 설정하는 행위들을 경쟁법상 어떻게 평가하여야 할 것인지에 대해서 많은 논의가 있어 왔다. 수평적 구속의 대표적인 유형이라고 할 수 있는 사업자들의 경성카르텔의 경우에는 반경쟁적 효과가 상대적으로 명백하므로 이에 대해서는 일관되게 당연위법의 원칙이 적용되어 왔다고 할 수 있다.

그런데 수직적 구속의 경우에는 미국 법원의 태도에 변화가 있었고 그 변화의 내용은 배타조건부거래를 제외한다면 당연위법의 원칙에서 합리의 원칙으로 변경된 것이라고 요약할 수 있다.[40] 특히 1960년대는 수직적 구속의 당연위법 전성기라

---

39) 2020.12.29. 개정 이전 조항 제23조 제1항 제5호 전단.
40) 미국에서 수직적 거래제한 행위 중 배타조건부거래에 대해서는 당연위법으로 선언한 적이

할 수 있다.

수직적 구속에 대한 미국 판례의 변화는 1967년 Schwinn 사건[41]과 1977년의 GTE Sylvania 사건[42]을 보면 잘 알 수 있다. Schwinn은 시장점유율이 20%도 안 되는 자전거 제조업체인데 대리점들에게 거래지역 또는 거래상대방을 제한하였다. 연방대법원은 재판매로 인해 상품의 지배권이 이전된 후에도 거래를 제한하는 것은 당연위법이라고 판단하였다.

Sylvania는 TV 제조업체인데 대리점의 거래지역을 제한하였다. 그런데 이 사건에서 연방대법원은 거래지역제한은 경쟁제한적 효과뿐만 아니라 경쟁촉진적 효과도 있기 때문에 양자를 모두 감안하여 합리성의 원칙에 따라 판단하여야 한다고 판시하였다. 예컨대 신규 진입 제조업자는 대리점의 거래지역을 보장하여 대리점의 자본투자를 유도할 수 있다. 기존 제조업자는 대리점의 거래지역을 보장하여 무임승차(free riding)를 예방하여 줌으로써 대리점의 적극적인 광고활동, 애프터서비스의 강화를 유도할 수 있다. 이것은 브랜드 간 경쟁촉진에 기여한다. 연방대법원은 경쟁법의 주된 목적은 브랜드 간 경쟁촉진에 있다고 하여 브랜드 내 경쟁보다 더 중요하게 고려하였다.

위와 같은 수직적 구속에 대한 미국 판례의 변화는 수직적 구속으로 인한 경쟁제한적 효과와 경쟁촉진적 효과의 양면성을 모두 고려한 결과라고 할 수 있다.[43] 이처럼 수직적 구속의 경우에는 상부시장과 하부시장에서의 경쟁 또는 브랜드 내의 경쟁을 제한하는 효과와 함께 효율성 확보를 통한 브랜드 간 경쟁을 촉진시키는 효과가 있을 수 있기 때문에 이러한 상반되는 효과에 대한 비교형량 과정을 거쳐서 최종적인 수직적 구속의 시장에 대한 효과를 평가할 필요가 있다.

공정거래법에서는 구속조건부거래 안에 배타조건부거래와 거래지역·거래상대방 구속을 포함시키고 있다. 재판매가격유지행위는 법 제46조에서 별도로 규정하고 있고 끼워팔기는 별도의 불공정거래행위로 규정하고 있다.

없다.
41) United States v. Arnold Schwinn & Co., 388 U.S. 365 (1967).
42) Continental T.V. Inc. v. GTE Sylvania Inc., 433 U.S. 36 (1977).
43) 제1장에서 설명한 바와 같이 수직적 구속행위에 대한 미국법원의 태도 변화는 경쟁법의 목적에 대한 견해가 광의의 견해에서 협의의 견해로 전환되는 추세와도 관련성을 가지고 있다.

2. 배타조건부거래

배타조건부거래란 "부당하게 거래상대방이 자기 또는 계열회사의 경쟁사업자와 거래하지 않는 조건으로 그 거래상대방과 거래하는 행위"를 말한다(시행령 [별표 2] 7. 가). 제조업체나 유력한 유통업자가 하위 판매상에게 경쟁사업자의 제품을 취급하지 말 것을 조건으로 물품을 공급하는 경우와 같이 거래상대방이 자신이나 계열회사의 경쟁사업자와 거래하는 것을 차단하는 효과가 있다. 이러한 배타조건부거래는 제품의 유통경로를 특정 브랜드에 전속시키는 소위 '유통계열화'의 수단으로 활용되고 있다.

'유통계열화'는 특정 브랜드의 유통과정에서의 효율성을 높여서 브랜드 간 경쟁을 촉진하는 효과가 있을 수 있는 반면 다른 경쟁사업자의 유통경로에 대한 접근을 제한 또는 차단함으로써 브랜드 간 경쟁을 제한하는 효과가 있을 수 있기 때문에 시장경쟁에 대한 효과를 단정적으로 판단하기 곤란한 측면이 있다. 이와 관련하여 유통계열화의 전형적인 수단으로 시장에서 광범위하게 이루어지고 있는 전속대리점 계약에 대한 공정거래법상 평가가 문제될 수 있다. 시장상황 등을 고려하여 전속대리점으로 인한 긍정적·부정적 효과를 비교형량하여 개별 사건별로 그 위법성 여부를 판단할 수밖에 없다.

시장의 소수 유력한 사업자들이 광범위한 전속대리점 계약을 통하여 다른 경쟁사업자의 유통경로에 대한 접근성을 제한하고 있는 경우에는 배타조건부거래로서 위법하다고 볼 여지가 많다. 반면 전속대리점 계약을 통한 유통계열화가 신규진입자나 영세사업자의 효율성을 높여 유효한 경쟁단위로 성장하게 하는 계기로 작용함으로써 궁극적으로 시장전체의 경쟁을 촉진하는 경우에는 적법한 행위로 판단할 수 있을 것이다.

배타조건부거래에서 배타조건의 내용은 자기 또는 계열회사의 경쟁사업자와 거래하지 않는다는 것이다. 거래상대방에 대해 직접적으로 경쟁사업자와의 거래를 금지하거나 제한하는 경우뿐만 아니라 자신이 공급하는 품목에 대한 경쟁품목을 취급하는 것을 금지 또는 제한하는 경우도 포함된다. 따라서 판매업자의 소요물량 전부를 자기로부터 구입하도록 하는 독점공급계약과 제조업자의 판매물량을 전부 자기에게만 판매하도록 하는 독점판매계약도 배타조건부거래의 내용에 포함된다. 그리고 경쟁사업자와의 기존거래를 중단할 것을 조건으로 하는 경우와 신규거래 개시를 하지 않을 것을 조건으로 하는 경우가 모두 포함된다(심사지침 V.7.가.(1).(가)).

배타조건의 형식은 배타조건이 계약서에 명시된 경우는 물론이고 계약서에 명시되지 않았다 하더라도 경쟁사업자와 거래시 불이익이 수반됨으로써 사실상 구속성[44]이 인정되는 경우가 포함된다. 그리고 배타조건을 정하는 명칭여하는 불문하는데 거래상대방에는 소비자가 포함되지 않는다(심사지침 V.7.가.(1).(나)).

심사지침에 따르면 배타조건부거래의 위법성은 관련시장에서의 경쟁을 제한하는지 여부를 위주로 판단하는데, 경쟁제한성 판단기준은 다음과 같다(심사지침 V.7.가.(2).(나)).

〈경쟁제한성 판단기준〉

① 경쟁사업자가 대체적 물품구입처 또는 유통경로를 확보하는 것이 가능한지 여부. 사업자의 배타조건부거래에도 불구하고 경쟁사업자(신규진입자 등 잠재적 경쟁사업자 포함)가 대체적 물품구입처 및 유통경로를 확보하는 것이 용이한 경우에는 경쟁사업자의 시장배제효과가 낮게 된다.
② 당해 행위로 인해 경쟁사업자가 경쟁할 수 있는 수단을 침해받는지 여부.
③ 행위자의 시장점유율 및 업계순위. 행위자가 선도기업이거나 시장점유율이 높을수록 경쟁사업자의 물품구입처 및 유통경로 차단효과가 커질 수 있다.
④ 배타조건부거래 대상이 되는 상대방의 수 및 시장점유율. 배타조건부거래 상대사업자의 숫자가 많고 그 시장점유율이 높을 경우에는 경쟁사업자의 물품구입처 및 유통경로 차단효과가 커질 수 있다.
⑤ 배타조건부거래 실시기간. 실시기간이 단기인 경우에는 경쟁에 미치는 영향이 미미할 것이나 장기인 경우에는 경쟁에 영향을 미칠 수 있게 된다.
⑥ 배타조건부거래의 의도 및 목적. 배타조건부거래가 사업초기에 시장에의 신규진입목적으로 이루어진 경우에는 경쟁사업자의 물품구입처 및 유통경로 차단효과가 낮을 수 있다.
⑦ 배타조건부거래가 거래지역 제한 또는 재판매가격유지행위 등 타 경쟁제한행위와 동시에 이루어졌는지 여부 등. 동시에 이루어졌을 경우에는 행위자의 시장지위 강화효과가 커질 수 있다.

---

44) 위반시 거래중단이나 공급량 감소, 채권회수, 판매장려금 지급중지 등 불이익이 가해지는 경우에는 당해 배타조건이 사실상 구속적이라고 인정될 수 있다.

다만 배타조건부거래의 경쟁제한성이 있다고 판단되는 경우에도 합리성이 있다고 인정되는 경우에는 법위반으로 보지 않을 수 있다(심사지침 V.7.가.(2).(다)).

〈정당성 항변사유〉

① 당해 상품 또는 용역의 기술성·전문성 등으로 인해 A/S활동 등에 있어 배타조건부거래가 필수 불가피하다고 인정되는 경우
② 배타조건부거래로 인해 타 브랜드와의 서비스 경쟁촉진 등 소비자후생 증대효과가 경쟁제한효과를 현저히 상회하는 경우
③ 배타조건부거래로 인해 유통업체의 무임승차(특정 유통업자가 판매촉진노력을 투입하여 창출한 수요에 대하여 다른 유통업자가 그에 편승하여 별도의 판매촉진노력을 기울이지 않고 판로를 확보하는 행위) 방지, 판매 및 조달비용의 절감 등 효율성 증대효과가 경쟁제한효과를 현저히 상회하는 경우 등

3. 거래지역 · 거래상대방 제한

거래지역 · 거래상대방 제한이란 "상품 또는 용역을 거래하는 경우에 그 거래상대방의 거래지역 또는 거래상대방을 부당하게 구속하는 조건으로 거래하는 행위"를 말한다(시행령 [별표 2] 7.나). 하위 판매자의 거래지역 또는 거래상대방을 제한하는 것은 동일 브랜드의 하위판매시장을 지역별 또는 고객별로 분할하는 일종의 브랜드 내 시장분할의 효과가 있는 반면 브랜드 간 경쟁을 촉진하는 효과가 함께 있을 수 있어 경쟁에 대한 행위의 효과를 판단함에 있어서는 비교형량을 통한 분석과정을 거치는 것이 필요하다.

거래지역 제한은 그 구속의 정도에 따라 ① 거래상대방의 판매책임지역을 설정할 뿐 그 지역 외에서의 판매를 허용하는 책임지역제(또는 판매거점제), ② 판매지역을 한정하지만 복수판매자를 허용하는 개방 지역제한제(open territory), ③ 거래상대방의 판매지역을 할당하고 위반에 대한 제재를 설정함으로서 이를 강제하는 '엄격한 지역제한제'(closed territory)로 구분할 수 있다(심사지침 V.7.나.(1).(가)). 후자의 경우일수록 경쟁제한성의 정도가 크다고 할 수 있다.

거래상대방 제한은 거래상대방의 영업대상 또는 거래처를 제한하는 행위이다. 제조업자나 수입업자가 대리점을 가정용 대리점과 업소용 대리점으로 구분하여 서

로 상대의 영역을 넘지 못하도록 하거나 대리점이 거래할 도매업자 또는 소매업자
를 지정하는 행위 등이 해당된다(심사지침 V.7.나.(1).(나)).

　　이러한 거래지역 제한이나 거래상대방 제한은 제조업자뿐만 아니라 하위 판매
업자 입장에서도 이익이 되는 경우가 많기 때문에 경우에 따라서는 하위 판매업자
들이 제조업자에 대하여 이러한 제한을 할 것을 요구하는 경우도 있다. 이러한 점
을 감안하여 심사지침에서는 "구속조건은 사업자가 거래상대방이나 거래지역을 일
방적으로 강요할 것을 요하지 않으며, 거래상대방의 요구나 당사자의 자발적인 합
의에 의한 것을 포함한다"고 규정하고 있다(심사지침 V.7.나.(1).(다)).

　　거래지역이나 거래상대방에 대한 제한은 그 형태나 명칭을 묻지 않으며 거래상
대방이 사실상 구속을 받는 것으로 충분하다. 다만 제한의 대상은 사업자에 한정되
고 소비자는 포함되지 않으며(심사지침 V.7.나.(1).(라)), 제한의 내용도 거래지역 또
는 거래상대방에 대한 것이라는 점에서 '거래가격'을 제한하는 재판매가격유지행위
와 구별된다.[45)]

　　심사지침에 따르면 거래지역 또는 거래상대방 제한의 위법성 판단은 관련시장
에서의 경쟁을 제한하는지 여부를 위주로 판단하는데, 경쟁제한성 판단기준은 다음
과 같다(심사지침 V.7.나.(2).(나)).

〈경쟁제한성 판단기준〉

① 거래지역 또는 거래상대방 제한의 정도. 책임지역제 또는 개방 지역제한제와 지
역제한을 위반하여도 제재가 없는 등 구속성이 엄격하지 않은 지역제한의 경우 원
칙적으로 허용된다. 지역제한을 위반하였을 때 제재가 가해지는 등 구속성이 엄격
한 지역제한제는 브랜드 내 경쟁을 제한하므로 위법성이 문제될 수 있다. 또한 거
래상대방 제한의 경우도 거래지역제한의 경우에 준하여 판단한다.
② 당해 상품 또는 용역시장에서 브랜드 간 경쟁이 활성화되어 있는지 여부. 타 사
업자가 생산하는 상품 또는 용역 간 브랜드 경쟁이 활성화되어 있다면 지역제한 및
거래상대방 제한은 유통업자들의 판촉활동에 대한 무임승차 경향 방지와 판촉서비
스 증대 등을 통해 브랜드 간 경쟁촉진효과를 촉진시킬 수 있다.

---

45) 사업자가 자신의 계산과 위험으로 위탁매매인에게 판매대상 등을 지정하는 상법상 위탁매매
　　의 경우에는 거래지역 또는 거래상대방 제한행위가 성립하지 않는다는 점(심사지침 V.7.
　　나.(1).(마))은 재판매가격유지행위의 경우와 동일하다.

③ 행위자의 시장점유율 및 경쟁사업자의 숫자와 시장점유율. 행위자의 시장점유율
이 높고 경쟁사업자의 수 및 시장점유율이 낮을수록 브랜드 내 경쟁제한효과가 유
발되는 정도가 커질 수 있다.

④ 지역제한이 재판매가격유지행위 등 타 불공정행위와 병행하여 행해지거나 재판
매가격유지의 수단으로 사용되는지 여부. 병행하여 사용될 경우 경쟁제한효과가 클
수 있다.

⑤ 당해 행위로 인해 소비자의 선택권을 침해하거나 서비스 질 제고 및 가격인하
유인이 축소되는지 여부 등

경쟁제한성이 있다고 판단되는 경우에도 거래지역 및 거래상대방 제한의 효율
성 증대효과나 소비자후생 증대 효과가 경쟁제한효과를 현저히 상회하는 경우나
기타 합리적인 사유 또는 합리성이 있다고 인정되는 경우 등은 법 위반으로 보지
않는다.

제 3 절 경쟁수단불공정형 불공정거래행위

Ⅰ. 개요

경쟁수단불공정형 불공정거래행위는 경쟁수단이 불공정한지 여부를 위주로 위
법성을 판단한다. 공정거래법이 지향하는 경쟁은 가격과 품질, 서비스에 의한 경쟁,
즉 실력에 의한 경쟁(competition on the merits)이다.

만약 경쟁이 리베이트와 같은 부당한 이익에 의해 이루어진다면 실력있는 기업
이 아니라 부당한 이익을 많이 주는 기업(deep pocket)이 살아남게 된다(부당한 고객
유인의 사례). 만약 고용관계를 악용하여 자신의 임직원이나 계열회사 임직원 등에
게 상품구입을 강제하게 된다면 임직원에 대한 경쟁업체의 판매기회를 봉쇄하게
된다(사원판매의 사례). 만약 경쟁업체의 핵심기술을 정당한 대가없이 무단이용하거
나 과다한 대가를 제시해 핵심 인력을 대거 스카웃해 버리면 경쟁업체의 경영이 극
도로 어려워질 수 있다(사업활동방해의 사례).

비교법적으로 본다면 선진 경쟁법에서는 경쟁수단이 불공정하다고 하여 그것
만으로 규제하는 경우는 찾아보기 어렵다. 물론 불공정한 경쟁수단을 활용한 경쟁

이 사회적으로 바람직하지 않은 것은 분명하지만 경쟁법보다는 부정경쟁방지법이나 민·상법으로 규율하고 있다. 그 의미는 당사자들 간 자율적으로 혹은 민사소송을 통하여 해결하며 경쟁당국이 나서서 해결하지는 않는다는 것이다.

경쟁수단이 불공정한 차원을 넘어서 경쟁제한을 초래하는 경우는 당연히 경쟁법의 소관이 된다. 하지만 공정거래법상의 경쟁수단불공정형 불공정거래행위는 원칙적으로 경쟁제한성을 따지지 않고 그 자체가 시장에서의 바람직한 경쟁질서를 저해한다는 이유로 규제되어 왔다는 점에서 차이가 있다.

선진 경쟁법에서 다루지 않으려 하는 사적 분쟁 성격의 행위를 공정거래법에서 다루는 주된 이유는 앞에서도 언급한 것처럼 약자의 입장에서는 사적 분쟁의 해결을 위한 사법시스템이 비효율적이라는 지적이 많기 때문이다. 그 외에도 전통적으로 사적 분쟁해결까지 관(官)에서 해결해 주기를 바라는 풍토와 경제개발과정에서 행정권이 너무나 큰 역할을 성공적으로 잘 수행하여 왔다는 점도 있다.

행정권에 의한 사적 분쟁 해결은 복잡하고 시간이 많이 소요되는 사법절차에 의한 해결보다 효율성이라는 장점이 있는 것은 사실이다. 그러나 동시에 민간부문의 자율적인 분쟁해결 능력 결여, 사법시스템의 혁신기회 상실, 정경유착 등의 치명적인 부작용도 수반하고 있음을 간과하여서는 안 된다.

물론 이러한 문제들 때문에 공정거래위원회도 단순히 경쟁수단이 불공정해 보인다는 이유만으로 위법성을 인정하지는 않는다. 부당한 이익에 의한 고객유인의 경우 그 대가가 과다하여야 한다든지, 사원판매의 경우 단순한 구매권유가 아니라 강제성이 요구된다든지, 사업활동방해의 경우 단순히 기업경영이 어려운 것이 아니라 사업활동에 심각한 장애가 초래될 수 있다든지 하는 다소 강화된 요건을 요구한다. 어쨌든 우리 사회가 더 성숙해지기 위해서는 경제활동 영역에 과도한 행정권의 개입을 자제하고 당사자들 간의 자율적인 분쟁해결 또는 효율적인 사법시스템 구축을 위한 노력을 전개해 나가야 할 것이다.

경쟁수단 불공정형 불공정거래행위의 위법성 판단절차는 다음과 같다.

[표 3-7] 경쟁수단 불공정형 불공정거래행위 위법성 판단절차

| 1단계 | 원고에 해당하는 심사관은 법에 정한 기본적인 요건이 충족되는지 심사한다. ① 행위의 외형(예, 부당한 고객유인)이 존재하는지 ② 경쟁수단이 불공정한지 여부를 심사한다. 경쟁제한형 불공정거래행위와 달리 안전지대(시장점유율 10% 미만)는 없다. |

	만약 심사관의 입장에서 기본적인 법위반요건이 존재한다고 판단하면 사업자 측에 합리적인 사유가 있는지 확인한다.
2단계	사업자는 합리적인 사유가 있으면 그에 대한 주장을 한다. 합리적인 사유란 소비자 후생 증대효과 또는 경쟁촉진효과 등을 포함하며 경쟁제한형에서의 정당성 항변과 유사한 기능을 한다.
	만약 합리적 사유가 경쟁질서의 관점에서 정당화되기 어렵거나 경쟁수단의 불공정성을 능가하지 못한다고 판단하면 심사관은 심사보고서를 작성하여 위원회에 상정한다. 소송에서 기소의 단계에 해당한다.
	실제로는 1단계와 2단계는 별도로 이루어지기보다는 동시에 이루어진다. 예컨대 부당한 이익제공행위가 공정한 경쟁질서를 저해할 우려(1단계)와 이익제공의 정도가 업계 관행상 적절한 수준이라는 주장(2단계)이 대립될 때 심사관은 업계의 특성과 관행 경쟁사업자의 규모 등을 종합적으로 분석하여 사건 상정여부를 판단한다.
3단계	위원회는 가격과 품질 등에 의한 바람직한 경쟁질서를 저해할 수 있는 불공정한 경쟁수단에 해당되는지 여부를 위주로 판단한다. 만약 합리적 사유가 일정 부분 타당성이 있다고 판단한다 하더라도 그것이 불공정한 경쟁수단을 능가할 수 있을 정도로 상당한 것인지 여부를 심사한다.
	합리성 인정여부는 행위별로 판단할 수밖에 없다. 예컨대 위계에 의한 고객유인은 그 속성상 합리성 등에 의한 예외를 인정하지 않음을 원칙으로 한다. 거래강제는 행위의 속성상 제한적으로 해석함을 원칙으로 한다.
	이 단계는 심사관의 경쟁수단 불공정성 주장과 피심인의 합리성 항변을 비교형량하는 단계에 해당한다. 소송에서 재판의 단계에 해당한다.

Ⅱ. 부당한 고객유인(법 제45조 제1항 제4호)[46]

사업자의 고객유인활동은 자유경쟁의 기본요소로서 그 자체만으로는 비난이나 금지의 대상이 되지 않는다. 사업자들이 가격·품질·서비스 경쟁을 벌이는 기본적인 목표 중의 하나는 가능한 많은 고객들을 유인함으로써 시장점유율과 이윤을 극대화하는 것이라고 할 수 있다.

그런데 사업자들이 가격·품질·서비스 경쟁과 그에 대한 정확한 정보를 전달하는 방법으로 고객을 유인하는 것이 아니라 자금력을 바탕으로 한 부당한 이익을 제공하는 방법이나 사업자들의 경쟁력에 대한 잘못된 정보를 제공하는 방법으로 고객유인활동을 하게 되면 시장의 자유롭고 공정한 경쟁기반은 위협을 받게 된다. 이러한 이유로 공정거래법에서는 부당한 고객유인행위를 불공정거래행위의 유형으

---

46) 2020.12.29. 개정 이전 조항 제23조 제1항 제3호 전단.

로 규정한다. 시행령에서는 부당한 이익에 의한 고객유인, 위계에 의한 고객유인, 기타의 부당한 고객유인을 그 세부 유형으로 규정하고 있다.

한편 허위·과장·부당비교·비방을 내용으로 하는 부당한 표시·광고행위도 그 본질은 부당한 고객유인행위이다. 하지만 표시·광고가 사업자의 소비자에 대한 정보전달 매체로서 가지는 중요성을 고려하여 부당한 고객유인행위와는 독립된 별도의 불공정거래행위 유형으로 규제되다가 1999년 「표시·광고의 공정화에 관한 법률」이 제정되면서 공정거래법상의 불공정거래행위로부터 분리·독립되었다. 그리고 특수불공정거래행위로 규정되어 있는 「신문업에 있어서의 불공정거래행위 및 시장지배적지위 남용행위의 유형 및 기준」도 그 본질은 부당한 고객유인행위와 밀접한 관련성이 있다.

1. 부당한 이익에 의한 고객유인

부당한 이익에 의한 고객유인이란 "정상적인 거래관행에 비추어 부당하거나 과대한 이익을 제공하거나 제공할 제의를 하여 경쟁사업자의 고객을 자기와 거래하도록 유인하는 행위"를 말한다(시행령 [별표 2] 4.가). 부당한 이익에 의한 고객유인의 구체적인 사례들로는 제약회사가 자사의 약품채택을 유인하기 위해 병원이나 의사에게 리베이트를 제공하는 행위, 출판사가 자사의 서적을 교재로 채택하는 교사나 교수에게 리베이트를 제공하는 행위 등을 들 수 있다.

이익을 현실적으로 제공하는 경우뿐만 아니라 제공할 것을 제의하는 경우도 포함되며 이익제공의 상대방은 경쟁사업자의 고객이다. 그리고 경쟁사업자의 고객에는 경쟁사업자와 거래를 한 사실이 있거나 현재 거래관계를 유지하고 있는 고객뿐만 아니라 잠재적으로 경쟁사업자와 거래관계를 형성할 가능성이 있는 고객이 포함되는데 소비자와 사업자 모두 이익제공의 상대방이 될 수 있다(심사지침 V.4. 가.(1).(가), (다)).

이익제공 또는 제의의 방법에는 제한이 없으며 표시·광고를 통하여 이익제공을 제의하는 경우에도 부당한 이익에 의한 고객유인행위가 성립될 수 있다. 제공되는 이익에는 리베이트의 제공이나 가격할인 등 고객에게 유리하도록 거래조건의 설정·변경, 판촉지원금 내지 판촉물의 지급, 경쟁사업자의 제품을 자사제품으로 교환하면서 덤으로 자사제품의 과다한 제공 등 적극적 이익제공과, 원래 부과되어야 할 요금·비용의 감면, 납부기한 연장, 담보제공 의무나 설정료의 면제 등 소극적 이익제공 등 모든 경제적 이익이 포함된다(심사지침 V.4.가.(1).(나)).

심사지침에서는 다음의 사항을 종합적으로 고려하여 불공정한 경쟁수단에 해당하는지 여부를 판단하도록 하고 있다(심사지침 V.4.가.(2).(나)).

〈경쟁수단의 불공정성 판단기준〉

① 정상적인 거래관행에 비추어 부당하거나 과대한 이익제공(제의)에 해당되는지 여부. 정상적인 거래관행이란 원칙적으로 해당업계의 통상적인 거래관행을 기준으로 판단하되 구체적 사안에 따라 바람직한 경쟁질서에 부합되는 관행을 의미하며 현실의 거래관행과 항상 일치하는 것은 아니다. 부당한 이익에 해당되는지는 관련 법령에 의해 금지되거나 정상적인 거래관행에 비추어 바람직하지 않은 이익인지 여부로 판단한다. 또한, 과대한 이익에 해당되는지는 정상적인 거래관행에 비추어 통상적인 수준을 넘어서는지 여부로 판단하되, 제공되는 이익이 경품에 해당되는 경우에는 「경품류제공에 관한 불공정거래행위 유형 및 기준(공정거래위원회고시)」에서 허용되는 범위를 초과하는지 여부로 판단한다.
② 경쟁사업자(잠재적 경쟁사업자 포함)의 고객을 자기와 거래하도록 유인할 가능성이 있는지 여부 등. 이익제공(제의) 사업자가 경쟁사업자의 고객과 실제로 거래하고 있을 필요는 없으며, 객관적으로 고객의 의사결정에 상당한 영향을 미칠 수 있는 가능성이 있으면 유인가능성을 인정할 수 있다.

다만 이익제공(제의)이 불공정한 경쟁수단에 해당된다고 판단되는 경우에도 효율성 증대효과나 소비자후생 증대효과가 경쟁수단의 불공정성으로 인한 공정거래 저해 효과를 현저히 상회하는 경우나 기타 합리적인 사유가 있다고 인정되는 경우 등 합리성이 있다고 인정되는 경우에는 법위반으로 보지 않을 수 있다(심사지침 V.4.가.(2).(다)).

판례 5 : 동아제약 리베이트 사건
- 대법원 2010.12.23. 선고 2008두22815 판결 -

1. 상고이유 제1점에 관하여 판단한다.
원심판결 이유에 의하면, 원심은 그 판결에서 채택하고 있는 증거들을 종합하여 판시와 같은 사실을 인정한 다음, 아래와 같은 사정에 비추어 보면 피고가 원고의 의약품 판촉계획과 그에 따른 의료기관 등에 대한 구체적인 지원행위를 독점규제 및 공정거래에 관한 법률(이하 '공정거래법'이라고 한다) 제23조 제1항 제3호에서 정한 포괄적인 하나의 부당한 고객유인행위로 본 것이 적법하다고 판단하였다(중략).

둘째, 원고가 본사 차원에서 의약품의 판매증진을 위하여 의료기관 등에 대하여 현금이나 물품 등을 지원하는 내용의 판촉계획을 수립하였고, 그에 따라 2003.1.1.부터 2006.9.30.까지 실제로 집행된 액수가 현금성 지원액 864억 8,200만 원, 골프 접대비용 17억 2,300만 원, 물품성 지원액 454억 5,200만 원인 점 등에 비추어 보면, 원고의 의료기관 등에 대한 구체적인 지원행위는 본사 차원의 판촉계획에 대한 실행행위의 성격을 갖는다고 볼 것이므로, 그러한 행위가 부당한 고객유인행위에 해당하는지 여부를 판단함에는 이를 하나의 행위로 평가하여야 한다.

셋째, 주요 국가 및 국제기구의 의약품 마케팅과 관련된 규제 현황과 국내 제약업체의 공정경쟁규약의 내용, 피고가 경조사비, 명절 선물, 2만 원 이하의 저가 판촉물, 5만 원 이하의 접대비 등은 이 사건 부당한 고객유인행위에서 제외한 점, 케이스 스터디도 주로 자사 의약품의 처방증대를 위하여 실시되었고 기부금 제공도 약품선정 등에 있어서 유리한 위치를 차지하기 위한 의도로 이루어졌던 것으로 보이는 점, 제약산업의 특성상 제약업체의 의사나 의료기관 등에 대한 정보제공과 설득을 통한 판촉활동이 불가피한 측면이 있기는 하지만, 그 상대방이 직접적인 소비자가 아니라 약품의 오남용을 막기 위해 면허제도를 통해 처방권을 부여받은 의료전문 종사자이고, 생명관련 사업이라는 특성 등으로 인하여 다른 업종보다 높은 규범성이 요구되는 점 등에 비추어 보면, 원고의 의료기관 등에 대한 구체적인 개개의 지원행위는 구 공정거래법 시행령(2010.5.14. 대통령령 제22160호로 개정되기 전의 것) 제36조 제1항 [별표 1] 제4호 (가)목에서 정한 '정상적인 거래관행에 비추어 부당하거나 과대한 이익을 제공 또는 제공할 제의를 한 경우'에 해당한다고 봄이 상당하다.

넷째, 부당한 이익의 제공이 경쟁사업자의 고객을 자기와 거래하도록 유인할 가능성이 있는지 여부는 객관적으로 고객의 의사결정에 상당한 영향을 미칠 가능성이 있는지 여부에 따라 결정된다고 할 것인데, 전문의약품의 경우 보건의료 전문가인 의사가 환자를 위하여 의약품을 구매 또는 처방하는 특수성이 있으므로 의사나 의료기관의 의약품에 대한 의사결정은 곧바로 최종 소비자인 환자의 의약품 구매로 연결될 수밖에 없는 점, 이 사건에서 문제된 원고의 구체적인 개개의 지원행위는 의사나 의료기관 등을 상대로 의약품의 처방증대 또는 판매증진을 위한 의도로 행해진 것인 점 등에 비추어 보면, 원고의 의료기관 등에 대한 이 사건 각 지원행위는 경쟁사업자의 고객을 유인할 가능성이 있다.

기록에 비추어 살펴보면, 원심의 이러한 판단은 정당하고, 거기에 상고이유로 주장하는 부당한 고객유인행위의 성립에 관한 법리오해 등의 위법이 없다.

☞ 필자의 생각

공정거래위원회는 제약사의 의료리베이트 사건에 있어서 통상 대가성, 투명성, 과다성 이 세 가지를 기준으로 위법성 여부를 판단하여 왔다. 의료리베이트는 거래의 공정성을 저해한다는 점에서 공정거래법의 소관이 될 수 있다.

하지만 의료리베이트는 환자의 권익뿐만 아니라 보건재정과도 관련된 것이어서 공정거래법보다는 의료관련 법률(의사법, 약사법, 의료기기법)로 규율하는 것이 더 바람직하다. 이들 법에서는 불법적인 리베이트 제공행위에 대해 의사면허 취소나 형사처벌 조항을 두고 있다. 과징금 위주의 공정거래법보다는 효과도 더 확실하다. 공정거래법은 의료리베이트의 근본적인 해결수단으로서 부족하다. 따라서 공정거래법은 보조적인 수단으로 활용하는 것이 바람직하다고 생각한다. 다만 특정 산업을 담당하는 부처는 사업자에 의한 포획(capture)이 이루어질 우려가 있는 반면 공정거래법은 이러한 문제에서는 상대적인 장점이 있는 것도 사실이다.

2. 위계에 의한 고객유인

위계에 의한 고객유인이란 "부당한 표시·광고 외의 방법으로 자기가 공급하는 상품 또는 용역의 내용이나 거래조건 및 그 밖의 거래에 관한 사항을 실제보다 또는 경쟁사업자의 것보다 현저히 우량 또는 유리한 것으로 고객이 잘못 알게 하거나 경쟁사업자의 것이 실제보다 또는 자기의 것보다 현저히 불량 또는 불리한 것으로 고객이 잘못 알게 하여 경쟁사업자의 고객을 자기와 거래하도록 유인하는 행위"를 말한다(시행령 [별표 2] 4.나).

상품 또는 용역의 내용이나 거래조건 기타 거래에 관한 사항에 대하여 기만 또는 위계의 방법으로 경쟁사업자의 고객을 유인하는 행위가 대상이 된다. 기만 또는 위계는 표시나 광고[47] 이외의 방법으로 고객을 오인시키거나 오인시킬 우려가 있

---

47) 표시·광고의 방법을 통한 기만·위계의 경우에는 「표시·광고의 공정화에 관한 법률」이 적용된다.

는 행위를 말한다.

상품 또는 용역의 내용에는 품질 · 규격 · 제조일자 · 원산지 · 제조방법 · 유효기
간 등이 포함된다. 거래조건에는 가격 · 수량 · 지급조건 등이 포함된다. 기타 거래에
관한 사항에는 국산품 혹은 수입품인지 여부, 신용조건, 업계에서의 지위, 거래은
행, 명칭 등이 포함된다. 그리고 소비자와 사업자 모두 기만 또는 위계의 상대방이
될 수 있다(심사지침 V.4.나.(1).(나) 및 (다)).

심사지침에서는 다음의 사항을 종합적으로 고려하여 불공정한 경쟁수단에 해
당하는지 여부를 판단하도록 하고 있다(심사지침 V.4.나.(2).(나)).

〈경쟁수단의 불공정성 판단기준〉

① 기만 또는 위계가 경쟁사업자(잠재적 경쟁사업자 포함)의 고객을 오인시키거나
오인시킬 우려가 있는지 여부. 오인 또는 오인의 우려는 불특정다수인을 대상으로
하는 표시나 광고의 경우와 달리 거래관계에 놓이게 될 고객의 관점에서 판단하되,
실제로 당해 고객에게 오인의 결과를 발생시켜야 하는 것은 아니며 객관적으로 그
의 구매의사결정에 영향을 미칠 가능성이 있으면 충분하다.
② 기만 또는 위계가 고객유인을 위한 수단인지 여부 등. 위계로 인하여 경쟁사업
자의 고객이 오인할 우려가 있더라도 그 결과 거래처를 전환하여 자기와 거래할 가
능성이 없는 경우에는 단순한 비방에 불과할 뿐 부당한 고객유인에는 해당되지 않
는다.

위계에 의한 고객유인은 그 속성상 불공정한 경쟁수단에 해당된다고 판단되는
이상 합리성 등에 의한 예외를 인정하지 않음을 원칙으로 한다(심사지침 V.4.나.(2).
(다)).

[판례] 한국오라클(주)의 부당고객유인 건(대법원 2002.12.26. 선고 2001두4306 판결)
대법원은 한국오라클(주)가 의료정보시스템 구축사업 수주를 위하여 ① 자기의 제품과
사이베이스사의 제품을 비교한 내용의 자료(이하 "이 사건 비교자료"라 한다)의 표지제
목을 "Dataquest 1997 Database Market Share Summary"로 기재하여 그 비교자료의 내
용이 당해 업계에서 공신력을 가지고 있는 Dataquest사 자료인 것처럼 표현한 점, ②
DBMS와 같은 분야는 공급자로부터의 장기간의 유지보수가 필요하여 공급자의 경영안
정이 무엇보다도 중요하다고 할 것인데, 사이베이스사의 경영현황이나 영업능력에 관

하여 과거의 자료에 근거하여 그것도 불리한 점만을 발췌하여 이 사건 비교자료에 수록함으로써 사이베이스사의 경영이 계속 나빠질 것이라는 인식이 형성될 만한 내용을 담은 점, ③ DBMS 시장은 변화속도가 매우 빠른 소프트웨어 산업의 한 분야로서 기술변화가 급격하다는 점을 감안할 때, 경쟁사업자의 제품들과 성능을 비교함에 있어 구체적인 비교기준이나 객관적인 검증 또는 출처표시 없이 경쟁사업자의 제품들은 비교대상으로 삼은 대부분의 기능이 없는 반면 상대적으로 자신의 제품은 대부분의 기능을 보유하고 있는 것으로 기재한 점, ④ DBMS 제품은 기계적 성능 외에도 제품의 안정성 및 유지보수 가능성 등이 고객을 유치하는 데 매우 중요한 역할을 담당하고 있고, 전산 소프트웨어의 경우 급격한 기술발전이라는 특성상 시스템 구축 초기의 장애도 곧 치유되어 안정적으로 운용될 수 있음에도 불구하고, 경쟁사업자의 제품들이 설치된 병원들의 전산장애 내역 등과 관련하여 명백히 확인되지도 아니하는 정보를 선별·왜곡함으로써 거래고객으로 하여금 사이베이스사의 제품에 중대한 하자가 있어 이를 이용할 경우 자주 전산장애가 발생될 수 있는 것 같은 인상을 주는 내용을 기재한 점 등을 종합하면, 이 사건 비교자료는 한국오라클(주)의 제품이 실제보다 또는 경쟁사업자의 것보다 현저히 우량 또는 유리하다고 하거나 경쟁사업자의 제품이 실제보다 또는 한국오라클(주)의 제품보다 현저히 불량 또는 불리하다고 하는 내용을 담고 있다고 할 것이고, 그와 같은 내용을 담고 있는 이 사건 비교자료를 서울대학교병원과 서울대학교병원으로부터 통합의료정보시스템재구축사업의 개발자로 내정된 삼성에스디에스 주식회사에게 제출한 행위는 고객을 위계 또는 기만적인 방법에 의하여 유인한 행위에 해당한다고 판단하였다.

3. 그 밖의 부당한 고객유인

기타의 부당한 고객유인이란 "경쟁사업자와 그 고객의 거래를 계약성립의 저지, 계약불이행의 유인 등의 방법으로 거래를 부당하게 방해하여 경쟁사업자의 고객을 자기와 거래하도록 유인하는 행위"를 말한다(시행령 [별표 2] 4.다). 기타의 부당한 고객유인의 구체적인 예로는 자신의 시장지위를 이용해 경쟁사업자의 제품을 매장의 외진 곳에 진열하도록 판매업자에게 강요하는 행위를 들 수 있다.

경쟁사업자와 고객의 거래를 방해함으로써 자기와 거래하도록 유인하는 행위가 대상이 된다. 거래방해에는 거래성립의 방해와 거래계속의 방해가 있다. 그리고 거래방해의 수단에는 제한이 없으며 부당한 이익제공이나 위계를 제외한 모든 수단이 포함된다. 또한 거래방해는 경쟁사업자 또는 경쟁사업자의 고객을 대상으로 이루어질 수 있는데, 고객에는 사업자와 소비자가 모두 포함된다(심사지침 V.4.

다.(1)).

심사지침에서는 다음의 사항을 종합적으로 고려하여 불공정한 경쟁수단에 해당하는지 여부를 판단하도록 하고 있다(심사지침 V.4.다.(2).(나)).

〈경쟁수단의 불공정성 판단기준〉

① 거래방해가 고객유인을 위한 수단인지의 여부. 이를 판단하기 위해서는 방해의 동기나 의도, 방해 이후 고객의 거래처 내지 거래량의 변화추이, 경쟁사업자의 시장지위와 경쟁의 정도 등을 고려한다. 거래방해 그 자체가 거래조건의 이점 등 자기의 효율성에 기초할 경우 고객유인의 효과가 있더라도 법위반으로 보지 않는다. 거래방해는 거래를 곤란하게 하는 것으로 족하며, 실제로 경쟁사업자와 고객 간의 거래가 불발로 끝나거나 기존의 거래관계가 종료되었을 것을 요하지 않는다.
② 거래방해에 의해 경쟁사업자와 거래를 중단시킴으로써 자기와 거래할 가능성이 있는지 여부

다만, 기타의 부당한 고객유인이 불공정한 경쟁수단에 해당된다고 판단되는 경우에도 효율성 증대효과나 소비자후생 증대효과가 경쟁수단의 불공정성으로 인한 공정거래저해 효과를 현저히 상회하는 경우 등 합리적인 사유 또는 합리성이 있다고 인정되는 경우에는 법위반으로 보지 않을 수 있다(심사지침 V.4.다.(2).(다)).

Ⅲ. 거래강제(법 제45조 제1항 제5호)[48]

1. 사원판매

사원판매란 "부당하게 자기 또는 계열회사의 임직원에게 자기 또는 계열회사의 상품이나 용역을 구입 또는 판매하도록 강제하는 행위"를 말한다(시행령 [별표 2] 5. 나). 사원판매는 회사가 임직원과의 고용관계를 이용하여 상품·용역의 구입·판매를 강제함으로써 임직원들이 고객으로서 보유하는 자유로운 의사결정권을 침해하게 된다. 뿐만 아니라 사원판매가 허용되면 시장에서의 경쟁력이 가격·품질·서비스에 의해서 형성되지 못하고 피고용자가 많은 대규모 회사가 부당하게 우위의 경쟁력을 확보하게 되는 위험성이 있기 때문에 규제의 대상으로 하고 있다.

---

48) 2020.12.29. 개정 이전 조항 제23조 제1항 제3호 후단.

사원판매 행위의 상대방인 임직원은 정규직·계약직·임시직 등 고용의 형태를 묻지 않지만 판매영업을 담당하는 임직원에게 판매를 강요하는 행위는 원칙적으로 적용대상이 되지 않는다(심사지침 V.5.나.(1)).

심사지침에서는 다음의 사항을 종합적으로 고려하여 불공정한 경쟁수단에 해당하는지 여부를 판단하도록 하고 있다(심사지침 V.5.나.(2).(나)).

〈경쟁수단의 불공정성 판단기준〉

① 사업자가 임직원에 대해 자기 또는 계열회사의 상품이나 용역의 구입 또는 판매를 강제하는지 여부. 임직원에게 구입이나 판매를 강제하는 수단에는 제한이 없으며, 사업자 측의 구입·판매목표량의 설정과 할당, 목표미달시 제재의 유무와 정도 등을 종합적으로 고려하여 강제성의 유무를 판단한다.

  (ⅰ) 목표량 미달시 인사고과에서 불이익을 가하거나, 판매목표 미달분을 억지로 구입하도록 하거나, 목표달성 여부를 고용관계의 존속이나 비정규직에서 정규직으로의 전환과 결부시키는 경우에는 원칙적으로 강제성이 인정된다.

  (ⅱ) 임직원에게 판매목표를 개인별로 설정한 후 이를 달성시키기 위한 방안으로 판매실적을 체계적으로 관리하고 임원이나 최고경영층에 주기적으로 보고하는 경우에는 원칙적으로 강제성이 인정된다.

  (ⅲ) 그러나, 목표량 달성시 상여금 등 인센티브를 제공하는 경우로서 임직원의 판단에 따라 목표량미달과 각종 이익 중에서 선택가능성이 있는 때에는 원칙적으로 강제성이 인정되지 않는다.

  (ⅳ) 임직원에게 불이익(사실상 불이익 포함)을 가하지 않고 단순히 자기회사 상품(또는 용역)의 목표를 할당하고 이를 달성할 것을 단순촉구한 행위만으로는 원칙적으로 강제성이 인정되지 않는다.

② 임직원에 대한 구입(또는 판매)강제가 경쟁사업자의 고객(잠재적 고객 포함)을 자기 또는 계열회사와 거래하도록 하기 위한 수단으로 사용되는지 여부 등. 구입(또는 판매)강제로 인하여 임직원이 실제로 상품 또는 용역을 구입하였을 것을 요하지는 않는다.

③ 그 밖에 사원판매의 기간이나 목표량의 크기는 위법성 유무에 영향을 미치지 않는다.

다만 사원판매가 불공정한 경쟁수단에 해당된다고 판단되는 경우에도 ① 사원판매로 인한 효율성 증대효과나 소비자후생 증대효과가 경쟁수단의 불공정성으로 인한 공정거래저해 효과를 현저히 상회하는 경우, ② 부도발생 등 사원판매를 함에 있어 불가피한 사유가 있다고 인정되는 경우 등과 같이 합리성이 있다고 인정되는 경우에는 법위반으로 보지 않을 수 있다(심사지침 V.5.나.(2).(다)).

[판례] 신문사의 사원판매건(대법원 1998.3.27. 선고 96누18489 판결)

(주)조선일보사가 '창간 73주년 기념 가족확장대회'라는 이름 아래 자사 및 계열회사의 임직원 1인당 5부 이상 신규 구독자를 확보하도록 촉구하고, 각 부서별로 실적을 집계하여 공고하는 한편 판매목표를 달성한 임직원에게는 상품을 수여하는 등의 신규 구독자 확장계획을 수립·시행한 행위에 대하여 대법원은 "구 독점규제및공정거래에관한법률(1996.12.30. 법률 제5235호로 개정되기 전의 것, 이하 법이라고 한다) 제23조 제1항 제3호 후단은, '사업자가 부당하게 경쟁자의 고객을 자기와 거래하도록 강제하는 행위'를 법에 의하여 금지되는 불공정거래행위의 하나로 열거하고, 법 제23조 제2항의 규정에 근거한 불공정거래행위의유형및기준고시(공정거래위원회고시 제1993-20호, 1993.11.19. 이하 기준고시라 한다) 제5조 제2호는 그 행위 유형의 하나로 '부당하게 자기 또는 계열회사의 임직원으로 하여금 자기 또는 계열회사의 상품이나 용역을 구입하도록 강제하는 행위'를 규정하고 있는바, 이와 같은 법령의 규정에 비추어 보면, 거래강제의 상대방은 원칙적으로 직접 거래의 상대방이 되는 자를 의미하는 것으로서 '타 경쟁자의 고객일 수도 있었던 상대방에게 강제력을 행사하여 자기와 거래하도록 하는 행위'가 금지되는 것이고, 따라서 사원판매행위가 불공정거래행위에 해당하기 위하여는 사업자가 그 임직원에 대하여 직접 자기 회사 상품을 구입하도록 강제하거나 적어도 이와 동일시할 수 있을 정도의 강제성을 가지고 자기 회사 상품의 판매량을 할당하고 이를 판매하지 못한 경우에는 임직원에게 그 상품의 구입부담을 지우는 등의 행위가 있어야만 하는 것이고, 단지 임직원들을 상대로 자기 회사 상품의 구매자 확대를 위하여 노력할 것을 촉구하고 독려하는 것만으로는 부족하다 할 것이다"라고 판시하였다.

[판례] 대우자동차판매(주)의 사원판매건(대법원 2001.2.9. 선고 2000두6206 판결)

대우자동차 주식회사 등의 생산 차종을 전담 판매하는 대우자동차판매(주)가 특정 차종에 대한 판매활성화 방안을 수립하고, 관리직 대리급 이상 임직원과 전입 직원들을 상대로 판매행위를 하면서, 실적을 집계하여 본부장회의 때 그 결과를 중간보고할 계획임을 대상자들에게 통보한 행위 등에 대하여 원심인 서울고등법원은 첫째, 구체적인 목표를 할당하고 그 실적을 집계하는 경우 우리나라의 기업풍토상 구체적인 신분상의 불이익이 없더라도 심리적 압박감을 느낄 수밖에 없다는 점, 둘째, 이 사건 행위 시점은 외환위기 이후 직장인들의 신분박탈에 대한 불안감이 고조되던 때로서 심리적 압박감이 더욱 강화되었을 것이라는 점, 셋째, 실제로 대상자의 약 79%가 차량을 구입하였다는 점 등을 근거로 강제성을 인정하였다. 그리고 대법원도 이러한 원심의 판단을 확정하였다.

2. 그 밖의 거래강제

그 밖의 거래강제란 "정상적인 거래관행에 비추어 부당한 조건 등 불이익을 거래상대방에게 제시하여 자기 또는 자기가 지정하는 사업자와 거래하도록 강제하는 행위"를 말한다(시행령 [별표 2] 5.다). 강요에는 명시적·묵시적 강요, 직접적·간접적 강요가 모두 포함되며, 사업자뿐만 아니라 소비자도 거래상대방이 될 수 있다(심사지침 V.5.다.(1).(가) 및 (다)). 사업자가 자신의 협력업체에 대해 자신의 상품판매 실적이 부진할 경우 협력업체에서 탈락시킬 것임을 고지하여 사실상 상품판매를 강요하는 행위가 그 예이다.

기타의 거래강제에는 끼워팔기나 사원판매를 제외한 거래강제행위가 포괄적으로 포함될 수 있다. 그런데 뒤에서 보는 거래상 지위남용의 유형인 구입강제와의 구별이 문제된다. 불공정거래행위 유형인 거래강제나 거래상 지위남용은 모두 행위자 지위의 우월성이 필요하다는 점에서는 유사하다. 하지만 거래강제의 경우에는 이러한 지위의 우월성이 반드시 상대방과의 거래관계를 기초로 하여 형성될 필요성이 없다는 점에서 거래상 지위남용의 경우와 차이가 있다고 할 수 있다. 즉 사원판매나 기타의 거래강제는 행위자 지위의 우월성이 상대방과의 거래관계가 아닌 고용관계나 다른 사정에 의하여 형성된 경우에도 성립할 수 있지만, 구입강제의 경우에는 행위자와 상대방의 거래관계에 기초하여 지위의 우월성이 형성된 경우에 적용이 가능하다.

심사지침에서도 이러한 취지에서 기타의 거래강제는 행위자와 상대방 간 거래관계 없이도 성립할 수 있으나 거래상 지위남용(구입강제)의 경우 행위자와 상대방 간 거래관계가 있어야 성립할 수 있다는 점에서 구별된다고 설명하고 있다(심사지침 V.5.다.(1).(나)).

그러나 이러한 구별에도 불구하고 경우에 따라서 끼워팔기, 사원판매, 기타의 거래강제, 구입강제의 적용범위가 중복될 수 있다. 행위유형이 구체적이고 특정되어 있는 끼워팔기나 사원판매가 기타의 거래강제나 구입강제보다 우선적으로 적용되는 것으로 해석하는 것이 타당하다고 생각된다. 또한 기타의 거래강제와 구입강제의 중복문제 등을 일괄적으로 해결할 수 있도록 향후 입법론적인 검토가 필요하다고 생각된다.

심사지침에서는 다음의 사항을 종합적으로 고려하여 불공정한 경쟁수단에 해당하는지 여부를 판단하도록 하고 있다(심사지침 V.5.다.(2).(나)).

〈경쟁수단의 불공정성 판단기준〉

① 사업자가 거래상대방에 대해 불이익을 줄 수 있는 지위에 있는지 여부

② 당해 불이익이 정상적인 거래관행에 비추어 부당한지 여부. 정상적인 거래관행 해당여부는 당해 업계의 통상적인 거래관행을 기준으로 한다. 정상적인 거래관행에 비추어 부당한 불이익으로는 특별한 사유 없이 주된 거래관계에서 공급량이나 구입량의 축소, 대금지급의 지연, 거래의 중단 또는 미개시, 판매장려금 축소 등이 있다.

③ 거래상대방에 대해 자기 또는 자기가 지정하는 사업자와 거래하도록 강제하는 효과가 있는지 여부 등. 상대방이 행위자의 요구사항을 자유로이 거부할 수 있는지 여부를 기준으로 강제성 여부를 판단한다. 상대방이 주된 거래관계를 다른 거래처로 전환하기가 용이한 경우에는 강제성이 인정되지 않는다. 반면, 자기 또는 자기가 지정하는 사업자와 거래할 경우 일정한 인센티브를 제공하는 것은 강제성이 없는 것으로 본다.

다만, 기타의 거래강제가 불공정한 경쟁수단에 해당된다고 판단되는 경우에도 효율성 증대효과나 소비자후생 증대효과가 경쟁수단의 불공정성으로 인한 공정거래저해 효과를 현저히 상회하는 경우 등과 같이 합리성이 있다고 인정되는 경우에는 법위반으로 보지 않을 수 있다(심사지침 V.5.다.(2).(다)).[49]

[심결례] 현대자동차(주)의 거래강제 행위 건(공정거래위원회 의결 제93-176호, 1993.9.9.)

현대자동차(주)가 자기의 계열회사로 하여금 계열회사 임직원에 대하여 현대자동차(주)가 생산한 차량을 구입토록 하고 각 계열회사의 납품업체 등 협력업체에 대하여도

---

49) 법위반으로 보지 않는 예외인정 사유는 기타의 거래강제 속성상 제한적으로 해석함을 원칙으로 한다.

개별면담을 통해 비계열회사가 생산한 차량을 소유하고 있는 경우 이를 현대자동차 (주)가 생산한 차량으로 교체토록 요구하고 매월 각 계열회사별로 판매실적을 집계하여 그룹사장단회의에 보고하겠다고 한 행위에 대하여, 공정거래위원회는 현대자동차 (주)가 자기의 계열회사로 하여금 사원판매 및 기타의 거래강제에 해당되는 행위를 하게 한 행위로 인정하여 시정명령하였다.

Ⅳ. 사업활동방해(법 제45조 제1항 제8호)[50]

시장에서 활동하는 사업자들이 스스로의 노력과 비용을 투입하여 기술과 기술인력을 확보하고 기타 정당한 방법으로 다른 사업자들과 경쟁하는 것이 이상적이지만 현실적으로는 다른 사업자에 대한 다양한 형태의 부당한 방해행위들이 존재할 수 있다. 이러한 부당한 사업활동방해행위들은 기본적으로 민법, 형법 또는 「부정경쟁방지 및 영업비밀보호에 관한 법률」 등의 적용대상이다.

공정거래법은 이러한 방해행위들이 불공정한 경쟁수단으로 이용되는 경우를 불공정거래행위로서 별도로 규제하고 있다. 그리고 1996년 공정거래법 개정 이전에는 거래상대방인 사업자에 대한 사업활동방해행위만 규제의 대상이었으나 1996년 개정으로 규제대상을 확대하여 경쟁사업자에 대한 사업활동방해행위도 그 대상에 포함시켰다.

앞에서도 언급한 것처럼 사업활동방해행위는 시장지배적지위 남용행위에도 포함되어 있는데 용어는 동일하지만 내용은 상당히 다르다. 포괄하는 범위도 다르지만 위법성 판단기준에 있어서 시장지배적지위 남용행위에서는 경쟁제한성 입증이 필수적인 반면 불공정거래행위에서는 경쟁수단의 불공정성 위주로 심사한다.

시행령은 법상의 사업활동방해를 기술의 부당이용, 인력의 부당유인·채용, 거래처 이전방해, 그 밖의 사업활동방해로 세분하고 있다.

1. 기술의 부당이용

기술의 부당이용이란 "다른 사업자의 기술을 부당하게 이용하여 다른 사업자의 사업활동을 상당히 곤란하게 할 정도로 방해하는 행위"를 말한다(시행령 [별표 2] 8. 가).[51] 다른 사업자는 경쟁사업자를 포함하지만 반드시 경쟁사업자에 한정되는

---

50) 2020.12.29. 개정 이전 조항 제23조 제1항 제5호 후단.
51) 2017.9.29. 시행령 개정에서 위법성 요건을 완화하기 위해 "심히 곤란하게"를 "상당히 곤란하

것은 아니다.[52] 그리고 기술이란 특허법 등 관련 법령에 의해 보호되거나 상당한 노력에 의하여 비밀로 유지된 생산방법·판매방법·영업에 관한 사항 등을 의미한다(심사지침 V.8.가.(1)). 다른 사업자의 기술을 무단으로 이용하여 다른 사업자의 생산이나 판매활동에 심각한 곤란을 야기시키는 행위가 그 예이다.

기술의 부당이용에 대한 위법성은 바람직한 경쟁질서를 저해하는 불공정한 경쟁수단에 해당되는지 여부를 위주로 판단하는데 불공정한 경쟁수단에 해당되는지 여부는 다음의 기준에 따라 판단한다(심사지침 V.8.가.(2)).[53]

〈경쟁수단의 불공정성 판단기준〉

① 기술이용의 부당성 여부. 이를 판단하기 위해 기술이용의 목적 및 의도, 당해 기술의 특수성, 특허법 등 관련 법령 위반 여부, 통상적인 업계 관행 등이 고려된다.
② 사업활동이 상당히 곤란하게 되는지 여부. 단순히 매출액이 감소되었다는 사실만으로는 부족하며, 매출액의 상당한 감소, 거래상대방의 감소 등으로 인해 현재 또는 미래의 사업활동이 <u>상당히</u> 곤란하게 되거나 될 가능성이 있는 경우를 말한다.

다만, 기술의 부당이용이 불공정한 경쟁수단에 해당된다고 판단되더라도 이를 함에 있어 합리적인 사유가 있거나 효율성 증대 및 소비자후생 증대효과가 현저하다고 인정되는 경우에는 법위반으로 보지 않을 수 있다(심사지침 V.8.가.(2).(다)).

2. 인력의 부당유인·채용

인력의 부당유인·채용이란 "다른 사업자의 인력을 부당하게 유인·채용하여 다른 사업자의 사업활동을 상당히 곤란하게 할 정도로 방해하는 행위"를 말한다(시행령 [별표 2] 8. 나). 다른 사업자의 핵심인력 상당수를 과다한 이익을 제공하거나 제공할 제의를 하여 스카우트함으로써 당해 사업자의 사업활동이 현저히 곤란하게 되는 경우나, 경쟁관계에 있는 다른 사업자의 사업활동을 방해할 목적으로 자기의 사업활동에는 필요하지도 않은 핵심인력을 대거 스카우트하는 경우가 전형적인 사

게"로 바꾸었다. 아래의 「인력의 부당유인·채용」도 동일하다.
52) 뒤에서 설명하는 인력의 부당유인·채용, 거래처 이전방해, 기타의 사업활동방해의 경우에도 동일하다.
53) 심사지침의 밑줄 부분은 2017.9.29. 시행령 개정을 반영하여 필자가 수정한 것이다.

례이다.

인력의 부당유인·채용에 대한 위법성은 바람직한 경쟁질서를 저해하는 불공정한 경쟁수단에 해당되는지 여부를 위주로 판단한다(심사지침 V.8.나.(2)).[54]

〈경쟁수단의 불공정성 판단기준〉

① 인력 유인·채용의 부당성 여부. 이를 판단하기 위해 인력유인 채용의 목적 및 의도, 해당 인력이 사업활동에서 차지하는 비중, 인력유인·채용에 사용된 수단, 통상적인 업계의 관행, 관련 법령 등이 고려된다.
② 사업활동이 <u>상당히</u> 곤란하게 되는지 여부. 단순히 매출액이 감소되었다는 사실만으로는 부족하며, 매출액의 상당한 감소, 거래상대방의 감소 등으로 인해 현재 또는 미래의 사업활동이 상당히 곤란하게 되거나 될 가능성이 있는 경우를 말한다.

다만, 인력의 부당유인·채용이 불공정한 경쟁수단에 해당된다고 판단되더라도 합리적인 사유가 있거나 효율성 증대 및 소비자후생 증대효과가 현저하다고 인정되는 경우에는 법위반으로 보지 않을 수 있다(심사지침 V.8.나.(2).(다)).

[심결례]   현대자동차㈜의 사업활동방해교사행위 및 (유)현대오토엔지니어링의 사업활동방
해행위 건(공정거래위원회 의결 제97-181호, 1997.12.8.)

현대자동차에서 퇴사한 직원이 설립한 현대오토엔지니어링이 설계용역전문업체인 리빙인력개발의 설계도면 CAD 및 사양입력 인력 50명 중 41명을 채용한 행위에 대하여, 공정거래위원회는 특정사업자의 인력을 부당하게 유인·채용하여 당해 특정사업자의 사업활동을 심히 곤란하게 할 정도로 방해한 행위로 판단하고 시정조치하였다. 한편, 현대자동차는 리빙인력개발과 설계용역업무 위탁계약을 체결하고 있었는데, 아무런 직원충원계획을 마련하지 않은 채 현대오토엔지니어링의 설립을 추진함과 동시에 리빙인력개발과의 거래를 중단하고, 신설 회사에게 사내공고 등을 통해 직원 모집공고를 내도록 하는 한편, 자신의 직원들로 하여금 궁박한 처지에 있던 리빙인력개발의 직원들을 개별 접촉해서 현대오토엔지니어링으로 응시원서를 제출하도록 유인하였는데, 공정거래위원회는 현대자동차의 행위가 다른 사업자로 하여금 부당한 인력유인·채용행위를 하게 한 행위에 해당된다고 판단하여 시정조치하였다.

---

54) 위와 동일함.

3. 거래처 이전방해

거래처 이전방해란 "다른 사업자의 거래처이전을 부당하게 방해하여 다른 사업자의 사업활동을 심히 곤란하게 할 정도로 방해하는 행위"를 말한다(시행령 [별표 2] 8. 다). 거래처이전을 방해하는 수단에는 특별한 제한이 없는데 자기와의 거래관계를 종료하고 다른 거래처로 옮기려는 업체에 대하여 근거 없이 악의적인 소문을 퍼뜨리는 행위, 대리점 계약기간 종료 후 거래처를 이전하려는 사업자에 대하여 담보해지를 해주지 않는 행위 등이 그 사례이다.

거래처 이전방해의 위법성은 바람직한 경쟁질서를 저해하는 불공정한 경쟁수단에 해당되는지 여부를 위주로 판단하고, 불공정한 경쟁수단에 해당하는지 여부는 다음의 기준에 따라 판단한다(심사지침 V.8.다.(2).(가),(나)).

〈경쟁수단의 불공정성 판단기준〉

① 거래처 이전방해의 부당성 여부. 이를 판단하기 위해 거래처 이전방해의 목적 및 의도, 거래처 이전방해에 사용된 수단, 당해 업계에서의 통상적인 거래관행, 이전될 거래처가 사업영위에서 차지하는 중요성, 관련 법령 등이 고려된다.
② 사업활동이 심히 곤란하게 되는지 여부. 단순히 매출액이 감소되었다는 사실만으로는 부족하며 부도발생 우려, 매출액의 상당한 감소, 거래상대방의 감소 등으로 인해 현재 또는 미래의 사업활동이 현저히 곤란하게 되거나 될 가능성이 있는 경우를 말한다.

다만, 거래처 이전방해가 불공정한 경쟁수단에 해당된다고 판단되더라도 합리적인 사유가 있거나 효율성 증대 및 소비자후생 증대효과가 현저하다고 인정되는 경우에는 법위반으로 보지 않을 수 있다(심사지침 V.8.다.(2).(다)).

4. 그 밖의 사업활동방해

기타의 사업활동방해란 기술의 부당이용, 인력의 부당유인·채용, 거래처 이전방해 외의 부당한 방법으로 다른 사업자의 사업활동을 심히 곤란하게 할 정도로 방해하는 행위를 말한다(시행령 [별표 2] 8. 라). 기타의 방법으로 다른 사업자의 사업활동을 현저히 방해하는 모든 행위가 대상이 되는데, 방해의 수단을 묻지 않으며 자기의 능률이나 효율성과 무관하게 다른 사업자의 사업활동을 방해하는 모든 행위를 포함한다(심사지침 V.8.라.(1)).

기타의 사업활동방해의 위법성은 경쟁질서를 저해하는 불공정한 경쟁수단에 해당되는지 여부를 위주로 판단한다. 불공정한 경쟁수단에 해당되는지 여부, 부당성, 사업활동이 심히 곤란하게 되는지 여부, 효율성 증대효과 등으로 인한 예외인정 등은 앞서 본 다른 사업활동방해행위 유형의 경우에 준하여 판단한다(심사지침 V.8.라.(2)).

그런데 기타의 사업활동방해는 거래상지위남용의 세부유형인 불이익제공과 같이 그 내용이 포괄적이다. 그 적용범위를 지나치게 확대하면 당사자 간의 사적인 분쟁해결 수단으로 오용될 우려도 없지 않다. 따라서 불이익제공의 적용범위에 대한 대법원 판례취지[55]를 참고하여, 기타의 사업활동방해도 앞서 본 다른 사업활동방해의 3가지 유형과 동일시 할 수 있을 정도로 그 수단이 불공정한 경우로 그 적용범위를 한정하는 것이 타당하다고 생각된다.

[심결례] (주)예하미디어의 사업활동방해행위에 대한 건(공정거래위원회 의결 제2006-057호, 2006.3.28.)

피심인은 자신과 거래하는 공급서점 및 전문서점이 신생출판사인 에이원과 거래하는 것을 막기 위해 2005.1.7. "유통질서확립을 위한 협조요청 공문"(이하 "공문"이라 한다)을 25개 공급서점 중 20개 서점, 23개 전문서점 중 20개 서점에 발송하면서, 신생출판사 에이원과의 신규거래를 자제할 것을 요청하고 신생출판사와 거래하는 서점에 대하여 단호히 대처할 계획임을 명시하였다. 그리고 피심인의 상무는 서울시 영등포구 대림동에 위치한 통하라서적(전문서점)을 직접 방문하여 신생출판사(에이원)와 거래할 경우 시범케이스로 거래를 중단하겠다고 위협하였으며, 통하라서적은 에이원과 거래할 경우 피심인과의 거래가 중단될까 두려워 에이원의 거래요청을 거절하였다. 또한 전남 순천시 연향동에 위치한 중앙서림(공급서점)은 피심인의 공문을 받고 에이원과의 거래 시 피심인과의 거래가 중단될까 두려워 에이원의 책을 제대로 진열·판매하지 못하였

---

55) 대법원은 불이익제공이 성립하기 위해서는 "그 행위의 내용이 상대방에게 다소 불이익하다는 점만으로는 부족하고, 제1호 내지 제3호 소정의 구입강제, 이익제공강요, 판매목표강제 등과 동일시할 수 있을 정도로 일방 당사자가 우월적 지위를 남용하여 그 거래조건을 설정한 것으로 인정이 되고, 그로써 정상적인 거래관행에 비추어 상대방에게 부당하게 불이익을 주어 공정거래를 저해할 우려가 있어야 하는 것이며 …"라고 판시하였다(대법원 1998.3.27. 선고 96누18489 판결(신문사의 불공정거래행위 건)).

으며, 광주시 광산구 월계동에 위치한 면학서림(전문서점)은 에이원의 신규 설립 사실을 알고도 위 공문 때문에 피심인과의 거래중단을 염려하여 에이원과 거래하지 못하였다. 결국 에이원은 25개 공급서점과 거래를 시도하였으나 이 중 17개 서점으로부터 거래거절 또는 진열거절을 당하였으며, 3개의 전문서점에 대하여도 거래를 시도하였으나 거래거절을 당하였다. 공정거래위원회는 피심인의 행위가 기타의 사업활동방해에 해당한다고 판단하여 시정조치 및 과징금부과조치를 하였다.

제 4 절   거래내용불공정형 불공정거래행위

Ⅰ. 거래상지위 남용행위 일반론[56]

1. 규제논거 – 거래내용의 불공정성

언론에서 '갑을문제'라고 부르기도 하고 영어로는 'bullying'으로 칭하기도 하는 거래상지위 남용행위는 공정거래법상 불공정거래행위의 한 유형으로 규정되어 있지만 아직도 규제논거나 규제범위, 규제방법에 관한 공감대 형성이 부족하다. 시장에서 활동하는 사업자들의 거래상 지위는 엄격한 의미에서 모두 다르다고 할 수 있고 거래과정에서 이러한 지위차이를 바탕으로 한 교섭력이 정상적으로 반영되어 어느 일방당사자에게 유리한 결과가 나타났다고 하여 곧바로 이를 문제삼을 수는 없을 것이다.

그러나 거래당사자들의 거래상 지위 차이가 일방 당사자의 자유로운 의사결정을 구속할 수 있을 만큼 크고 나아가 이러한 지위를 남용하여 약자적 지위에 있는 거래상대방에게 불이익을 주는 등 거래내용이 공정하지 않은 경우에는 공정한 경쟁의 기반이 훼손될 우려가 있다는 차원에서 규제의 대상이 되어 있다. 경제적 강자는 거래상지위를 남용해 경쟁력이 강화되는 반면 경제적 약자는 경쟁력이 약화될 수 있어 경쟁과 무관한 것은 아니다.

글로벌한 시각에서 본다면 경쟁에 영향을 주기는 하지만 기본적으로는 거래당사자 간의 문제인 경우가 많아 선진국들의 대체적인 경향은 경쟁법의 적극적인 역할을 적극 모색하면서도 가급적 민사적 규율에 맡기고자 한다. 하지만 우리나라의

---

56) 다음 논문의 내용을 일부 요약·수정한 것이다. 조성국, "거래상지위남용 규제 집행의 효율성 제고방안", 경쟁법연구 제37권, 법문사, 2018.

사법절차를 고려한다면 민사적인 규율이 쉽지 않을 뿐만 아니라 전통적으로 사적 분쟁해결까지 관(官)에서 해결해 주기를 바라는 풍토와 정부주도 경제개발의 오랜 전통으로 인해 사회문제 해결을 정부가 주도적으로 해 주기를 바라는 우리 사회의 현실을 외면할 수는 없다.

다만 이러한 문제는 본질적으로 거래당사자 간의 민사적 문제이기 때문에 시장 경제의 역동성과 사업자의 자율성을 해치지 않도록 유의하면서 그것이 단순히 사적인 문제 차원을 넘어 사회문제화되는 경우는 공익적인 차원에서 개입하는 것이 바람직할 것이다.

2. 입법연혁

공정거래법상의 거래상지위남용 규제는 일본 독점금지법상의 우월적지위남용 행위 규제에서 유래한 것이다. 그래서 과거에는 '거래상지위남용'이 아니라 '우월적 지위남용'으로 되어 있었다.

일본에서 우월적지위남용을 도입하게 된 것은 1953년 개정에서였다. 백화점이 납품업체에 대해 부당반품한다든지 원사업자가 하도급업자에 대해 하청대금을 지연한다든지 하는 불공정한 행위를 규제하고자 한 것이었다. 왜냐하면 이러한 행위들은 경쟁과 관련된 기존의 조항들로는 해결이 어려웠기때문이었다. 제는 우월적지위남용행위가 불공정거래행위의 한 유형으로 규정이 되면서 기존의 다른 행위유형과는 어떠한 차이가 있느냐 하는 점이었다.

크게 두 개의 의견이 있었다. 이마무라(今村) 교수의 의견은 양자는 성질이 전혀 다른 것이지만 어쨌든 불공정거래행위의 유형으로 포함된 이상 양자를 조화시키고자 했다. 즉 거래상지위를 남용한 사업자는 경쟁에서 유리해지고 남용당한 사업자는 경쟁에서 불리해진다는 식의 논리를 전개하였다. 나중에는 의견을 수정하여 우월한 힘을 남용한 그 자체에서 논거를 찾고자 하였다. 하지만 그 의미가 분명하지는 않다는 비판이 제기되기도 하였다.

쇼오다(正田)교수는 가격과 품질에 의한 경쟁과 더불어 거래의 공정성이 바로 공정경쟁의 핵심이라고 보았다. 나아가 거래당사자 간 거래상 지위를 대등하게 하는 것 그 자체가 독점금지법의 목적이라고 보았다. 그래서 거래상대방의 자유와 자율성이 결여되면 자유경쟁의 기반이 무너지고 이것이 바로 우월적지위의 남용의 본질이라고 보았다.

이러한 논쟁은 결국 일본 독점금지법 전문가들로 구성된 독금법연구회 보고서에서 절충적인 입장으로 정리가 되었다. 공정경쟁저해성이란 이마무라의 경쟁의 제한과 경쟁수단의 불공정성 그리고 쇼오다의 경쟁기반의 훼손이라는 포괄적인 입장으로 정리되었다. 이러한 입장은 우리나라에도 큰 영향을 미치게 되었다.[57]

3. 거래상지위 남용행위 발생배경과 억지요소의 한계

1) 거래상지위 남용행위 발생배경

(1) 정보의 비대칭성(information asymmetry) ― 계약단계

정보의 비대칭성은 본사와 대리점, 가맹본부와 가맹점과의 관계에서 전형적으로 발생한다. 상품을 제조하여 대리점이나 가맹점에 공급할 뿐만 아니라 거래조건에 대한 계약서를 사전에 마련해 두는 본사는 상품의 속성이나 거래조건의 세부내용에 대한 정보를 누구보다 잘 알고 있다.

(2) 협상력의 비대칭성(bargaining power asymmetry) ― 계약단계

계약단계에서 정보의 비대칭성이 존재하지 않는 경우에도 거래상대방이 시장지배력이 있거나 제품의 차별성이 뚜렷한 경우, 필수상품(must―have item)을 생산하는 경우에는 처음부터 불공정한 거래조건이 설정되기도 한다.

(3) 협상력의 비대칭성(bargaining power asymmetry) ― 계약기간 중

설령 계약이 공정하게 체결되었다 하더라도 일단 거래가 시작되고 나면 그 거래에 특유한 투자(relation―specific investment)가 이루어지게 된다. 일단 상당한 투자가 발생한 이후에는 그것이 매몰비용이 되어 거래상대방은 볼모처럼 종속되어 버린다. Williamson 교수의 볼모문제(hold up problem)의 대표적인 사례가 바로 이러한 거래이다.[58] 일단 종속(lock in)된 이후에는 어떤 요구를 하더라도 거부하기 어렵게 된다. 만약 불리한 계약조건을 처음부터 제시하였으면 거래를 하지 않거나 초기에 중단할 수 있지만 거래개시 후 거래조건을 서서히 악화시켜 나가면 상황변화를 의식도 하지 못한 채 거래를 지속하게 되고 나중에 문제의 심각성을 깨달았을 때에는 문제해결 능력도 상실해 버릴 수도 있다(개구리가설(Frog―ian hypothesis)).

---

57) 일본의 村上政博 교수는 우월적 지위남용이라는 일본 특유의 규정이 한국에 계수되었다고 본다. 村上政博, 독점금지법(제3판), 홍문당. 2009, 307頁.

58) Oliver E. Williamson, "Transactions―Cost Economics: The Governance of Contractual Relations", Journal of Law and Economics, 22(2), 1979, pp. 233-262.

(4) 단기 계약

본사와의 계약기간이 투자비용을 회수하기에도 벅찬 짧은 경우에는 계약갱신을 위해 본사의 무리한 요구를 거절하기 어렵게 된다. 실제로 공정거래위원회의 심결례를 분석해 보면 대리점이 구입강제나 불이익제공행위를 수용할 수밖에 없는 이유는 계약갱신 거절을 두려워하기 때문인 경우가 많다.

2) 거래상지위 남용행위 억지요소

이상과 같은 거래상지위 남용행위를 유발시키는 배경이 작용한다고 하더라도 이를 억지할 수 있는 요인들이 제대로 작동한다면 큰 문제가 되지 않을 수 있다.

첫째, 거래상지위가 있는 사업자하더라도 자신의 평판(reputation)을 고려해서 그 지위를 남용하는 것은 자제하는 측면이 있다. 그런데 거래상지위를 남용해 거래상대방을 착취하고 원가를 절감하여 가격경쟁력이 제고될 수 있다면 평판효과는 그다지 억지력을 발휘하지 못할 수 있다.[59] 둘째, 거래상대방이 거래처 이전을 자유롭게 할 수 있다면 거래상지위 남용행위는 억지될 수 있다. 하지만 거래의존도가 비대칭적이기 때문에 거래가 중단되면 본사보다는 대리점 등이 훨씬 더 불리하기 때문에 거래처 이전도 쉽지 않다. 셋째, 정부의 제재가 효과적이라면 남용행위는 억지될 수 있다. 하지만 본질적으로 민사적인 사안에 대해 무작정 과징금을 높이거나 형사처벌을 강화하게 되면 정상적인 거래마저 위축시킬 우려가 높아 이마저도 쉽지는 않다.

4. 거래상지위 남용행위 규제의 기본방향

거래상지위남용 문제에 대한 대책은 결국 이를 촉진하는 배경을 적절히 규제하고 억제하는 요소들이 제 기능을 발휘할 수 있게 하는데서 찾을 수 있다. 기본적인 방향은 다음과 같이 설정하는 것이 바람직할 것이다.

1) 피해구제 위주의 접근

거래상지위남용으로 인한 피해는 시장 경쟁질서에 대한 것도 없지는 않겠지만 카르텔이나 시장지배적지위 남용 등과 비교해본다면 상대적으로 거래상대방에 대

---

59) Lawrence A. Sullivan & Warren S. Grimes, The Law of Antitrust : An Integrated Handbook, West Group, 2000, pp. 465-467.

한 금전적인 피해가 더 큰 문제가 된다. 따라서 이에 대한 대책도 시장의 경쟁질서 훼손에 대한 징계(예, 과징금)나 경쟁질서회복(법 위반행위 금지명령)보다는 거래상대방의 피해를 금전적으로 보전해 줄 수 있는 방향으로 이루어져야 한다.

공정거래위원회가 일반적인 손해배상명령 또는 부당이득반환명령을 하는 것은 삼권분립체제에 배치될 우려가 높지만 사실관계가 어느 정도 확정된 상태에서 미지급 대금 지급명령이나 부당하게 수취한 대금반환명령 등 제한된 범위 내에서 금전적인 피해를 보전해 주도록 하는 명령은 가능하다고 판단된다. 시간이 소요되더라도 당사자 간에 분쟁해결이 원활히 이루어질 수 있도록 사법절차를 개선하거나 분쟁조정제도를 활성화하는 방안도 적극 모색해 보아야 한다.

2) 행정권 및 형벌권의 개입범위

단순히 거래당사자들 간의 분쟁에 그치는 사적인 성격의 분쟁에 대해 개입하는 것은 바람직하지 않다. 어떠한 행태가 업계 전반에 걸쳐 관행화되거나 시장에서 상당한 지위를 가진 사업자에 의해 이루어짐으로써 다수의 피해자가 발생할 우려가 있는 등 시장의 거래질서에 일정한 파급효과가 있는 행태에 제한적으로 행정권이 개입하는 것이 바람직하다. 일본에서는 결국 공정취인위원회의 재량의 영역이라고 본다.

형사적 제재는 상습·반복적이거나 악질적인 경우 등 극히 예외적인 경우로 한정하는 것이 바람직하다. 고소·고발이 남발하고 단순한 민사사안에 대해서까지 각종 행정기관이나 검찰, 경찰 등에 신고서를 접수하여 민사사건을 행정사건화, 형사사건화하는 부작용이 빈발하고 있다.

3) 장기적이고 전문적인 접근

거래상지위 남용행위는 발생하는 배경이 다양할 뿐만 아니라 억지요소가 활성화되는 계기도 다양할 수밖에 없기 때문에 사안별로 미시적이고 정밀한 접근이 요구된다. 과징금을 대폭 강화하거나 형사처벌을 강화하는 등 제재의 강화라는 측면에만 착안하여 만병통치약 식으로 단번에 문제를 해결하려고 하여서는 아니 된다. 감기에 걸리면 항생제가 필요할 수도 있지만 남용하여서는 안 되듯이 제재의 강화는 순간적으로 문제를 해결하는데 도움이 될 것 같지만 장기적으로는 기업의 내성만 키워주고 국가권한의 비대화로 인한 부작용이 더 클 수 있다.

5. 시장지배적지위 남용행위 및 민사적 분쟁과의 구별

1) 시장지배적지위 남용행위와의 구별

규제 필요성이 있는 거래상 지위의 기준을 정하는 방법은 크게 전체시장을 기준으로 하는 방법과 개별거래를 기준으로 하는 방법이 있을 수 있다. 전자는 당해 시장에서 행위자의 시장지배력 정도를 기준으로 판단하는 방법으로서 시장지배적지위 남용행위의 경우에 해당한다. 후자는 개별거래에서 거래상대방과의 상대적인 지위차이를 기준으로 판단하는 방법으로서 불공정거래행위의 거래상 지위남용행위의 경우에 해당한다.

시장에서의 지위를 문제삼는 시장지배적지위 남용행위의 경우에는 시장전체의 경쟁상황에 대한 부정적 영향여부, 즉 경쟁제한성이 위법성의 본질이 된다. 반면 거래당사자 간의 상대적 지위를 문제삼는 거래상지위 남용행위의 경우에는 시장전체의 경쟁상황에 대한 영향보다는 개별 거래내용의 불공정성이 위법성의 본질이 된다. 전자는 글로벌 경쟁법에서 공통적인 규제대상이지만 후자는 우리나라와 일본 외에는 선진국에서 경쟁법에서 규제하는 경우가 드물다.

거래당사자 간의 지위차이가 어느 정도일 때 거래상지위 남용이 성립될 수 있는지가 문제되는데, 이는 궁극적으로 거래상대방의 자유로운 의사결정을 구속할 수 있는 정도의 지위차이가 있는지 여부에 따라 판단하여야 할 것이다. 일반적으로 상대방의 요구를 거부하고 거래처를 다른 곳으로 변경할 수 있는지 여부, 즉 거래처 선택 또는 변경 가능성이 있었는지 여부가 중요한 판단기준이 되고 있다.

2) 민사적 분쟁과의 구별

일방당사자의 거래상지위가 인정되는 경우라고 하더라도 일상생활에서 통상적으로 발생하는 민사적 분쟁과 공정거래법 위반행위는 구별하여야 한다. 심사지침에서는 "사업자가 거래상대방에 대해 거래상 지위를 갖는다고 하더라도 양 당사자간 권리의무 귀속관계, 채권채무관계(예: 채무불이행, 손해배상청구, 담보권 설정·해지, 지체상금 등) 등과 관련하여 계약서 및 관련 법령 내용 등의 해석에 대해 다툼이 있는 경우에는 공정거래법 적용대상이 되지 아니한다"고 규정하고 있다(심사지침 V.6.(2).(다)).

Ⅱ. 거래상지위 남용행위 세부유형

1. 개요[60]

시행령에서는 5가지의 세부유형을 규정하고 있는데 대리점법이나 가맹사업법 등에서도 이 5가지 유형을 근간으로 하고 있다. 위법성 판단과정은 「거래상지위 보유 여부 확인 ⇨ 거래내용의 불공정성 여부 판단 ⇨ 합리적 사유 존재 여부 검토」 순으로 이루어진다.

거래내용 불공정형 불공정거래행위의 위법성 판단절차는 다음과 같다.

[표 3-8] 거래내용 불공정형 불공정거래행위의 위법성 판단절차

1단계	원고에 해당하는 심사관은 법에 정한 기본적인 요건이 충족되는지 심사한다. ① 거래상지위가 존재하는지 ② 행위의 외형(예, 구입강제)이 존재하는지 ③ 거래내용이 불공정한지 여부를 심사한다. 경쟁제한형 불공정거래행위와 달리 안전지대(시장점유율 10% 미만)는 없다. 만약 심사관의 입장에서 기본적인 법위반요건이 존재한다고 판단하면 사업자 측에 합리적인 사유가 있는지 확인한다.
2단계	사업자는 합리적인 사유가 있으면 그에 대한 주장을 한다. 합리적인 사유란 소비자후생 증대효과 또는 경쟁촉진효과 등을 포함하며 경쟁제한형에서의 정당성 항변과 유사한 기능을 한다. 만약 합리적 사유가 거래내용의 불공정성으로 인한 공정거래저해효과를 능가하지 못한다고 판단하면 심사관은 심사보고서를 작성하여 위원회에 상정한다. 소송에서 기소의 단계에 해당한다. 실제로는 1단계와 2단계는 별도로 이루어지기보다는 동시에 이루어진다. 예컨대 구입강제행위가 공정한 거래질서를 저해할 우려(1단계)와 거래처전환이 어렵지 않다는 주장(2단계)이 대립될 때 심사관은 업계의 특성과 관행 경쟁사업자의 규모 등을 종합적으로 분석하여 사건 상정여부를 판단한다.
3단계	위원회는 사업자가 거래상대방에 대해 거래상지위를 가지고 있는지 여부, 거래내용의 공정성을 침해하는지 여부, 합리성이 있는 행위인지 여부를 종합적으로 고려하여 판단한다. 만약 합리적 사유가 일정 부분 타당성이 있다고 판단한다 하더라도 그것이 거래내용의 불공정성을 능가할 수 있을 정도로 상당한 것인지 여부를 심사한다. 다만, 거래상지위 남용행위의 속성상 합리적 사유는 제한적으로 해석함을 원칙으로 한다.

---

60) 2020.12.29. 개정 이전 조항 제23조 제1항 제4호.

> 이 단계는 심사관의 거래내용 불공정성 주장과 피심인의 합리성 항변을 비교형량하는 단계에 해당한다. 소송에서 재판의 단계에 해당한다.

2. 구입강제

1) 개요

구입강제란 "거래상대방이 구입할 의사가 없는 상품 또는 용역을 구입하도록 강제하는 행위"를 말한다(시행령 [별표 2] 6. 가). 합리적인 이유없이 계속적 거래관계에 있는 판매업자에게 주문하지도 않은 상품을 임의로 공급하고 반품을 허용하지 않는 행위가 대표적인 예이다. 흔히 밀어내기라고 하기도 한다.

거래상대방이 구입할 의사가 없는 상품 또는 용역이라 함은 행위자가 공급하는 상품이나 역무뿐만 아니라 행위자가 지정하는 사업자가 공급하는 상품이나 역무도 포함된다.[61] 구입하도록 강제하는 행위에는 상대방이 구입하지 않을 수 없는 객관적인 상황을 만들어 내는 것을 포함한다.[62] 구입요청을 거부하여 불이익을 당하였거나 주위의 사정으로 보아 객관적으로 구입하지 않을 수 없는 사정이 인정되는 경우에는 구입강제가 있는 것으로 본다. 그리고 사업자뿐만 소비자도 구입강제의 거래 상대방이 될 수 있다(심사지침 V.6.가.(1)).

거래상지위 여부의 판단이 중요한데 지침에서는 거래상대방의 입장에서 사업자가 상품 또는 용역의 구입을 요청할 경우 원치 않더라도 이를 받아들일 수밖에 없는지를 기준으로 한다고 규정한다. 구체적으로는 대체거래선 확보의 용이성, 사

〈거래상지위 여부 판단기준〉

(가) 거래상지위가 인정되기 위해서는 우선, 계속적인 거래관계가 존재하여야 한다.

(나) 거래상지위가 인정되기 위해서는 또한 일방의 타방에 대한 거래의존도가 상당하여야 한다.

(다) 계속적 거래관계 및 거래의존도를 판단함에 있어 그 구체적인 수준이나 정도는 시장상황, 관련 상품 또는 서비스의 특성 등을 종합적으로 고려하여 판단한다.

---

61) 부관훼리(주)의 거래상지위 남용행위 건(대법원 2002.1.25. 선고 2000두9359 판결).
62) 위의 판례.

업자에 대한 수입 의존도, 사업자의 업무상 지휘감독권 존부, 거래대상인 상품 또는 용역의 특성 등을 종합적으로 고려하여 판단한다(심사지침 V.6.(3)).

그리고 거래내용의 불공정성 판단은 당해 행위를 한 목적, 거래상대방의 예측가능성,[63] 당해 업종에서의 통상적인 거래관행, 관계법령 등을 종합적으로 고려하여 판단한다(심사지침 V.6.(4).(다)). 다만, 구입강제가 거래내용의 공정성을 침해한다고 판단되는 경우에도 효율성 증대효과나 소비자후생 증대효과가 거래내용의 불공정성으로 인한 공정거래저해 효과를 현저히 상회하는 경우 등과 같이 합리성이 있다고 인정되는 경우에는 법위반으로 보지 않을 수 있다(심사지침 V.6.(4).(라)).

2) 사례 : 2015년 남양유업의 구입강제 사건

(1) 공정거래위원회의 처분

공정거래위원회는 남양유업이 2007년부터 2013년 5월까지 1,849개 대리점 전반에 걸쳐 유통기한 임박제품, 대리점이 주문하지 않거나 취급하지 않는 제품 등을 강제할당·임의공급방식으로 구입을 강요하였다고 판단하였다. 이에 시정명령 및 과징금(약 120억원)을 부과하고 주요 임직원은 형사고발하였다.

(2) 법원의 판결

서울고등법원은 판결 구입강제 행위가 이루어진 것은 인정하였으나 과징금 산정은 과다하다고 취소판결을 내렸다.[64]

구입강제가 이루어진 4년여 기간 동안 26개 품목 전체 물량을 기준으로 관련매출액을 산정한 것은 위법하다. 유통기한이 임박한 제품이나 회전율이 낮은 제품 등 일부 물량에 대하여 구입을 강제하였을 뿐 2009.1.1.부터 2013.4.30.까지 전체 대리점으로 하여금 26개 품목의 물품 전부를 구입하도록 강제한 것으로 보기 어려운 점, 전체 대리점에 대하여 이 사건 구입강제가 이루어지거나 그렇지 않더라도 일부 대리점에 대한 구입강제 행위가 전체 대리점에 대하여 직접 또는 간접적인 영향을 미쳤는지에 관하여 이를 인정할 증거가 부족하고 구입강제가 이루어진 물량도 특정되지 않았으므로 회전율이 높고 유통기한이 충분히 남아있는 제품 등 대리점이 자발적으로 주문한 물량은 관련매출액에서 공제되어야 하는 점, 대리점 운영자들도 그 의사에 반하여 공급받은 물량이 전

---

63) 당초 계약서에 구입의무가 규정되어 있거나 충분히 예측 가능한 경우에는 부당성이 낮은 것으로 볼 수 있다.
64) 서울고등법원 2015.1.30. 선고 2014누1910 판결.

체 물량 중 10~30%라고 진술하였는 점 등을 고려할 때 원심결의 관련매출액 산정이
위법하다.

대법원은 심리불속행 기각하였고,[65] 공정거래위원회는 과징금을 5억 원으로
재산정하였다.[66]

3. 이익제공강요

이익제공강요란 "거래상대방에게 자기를 위해 금전·물품·용역 그 밖의 경제
상 이익을 제공하도록 강요하는 행위"를 말한다(시행령 [별표 2] 6. 나). 합리적 이유
없이 사업자가 상품(원재료 포함) 또는 용역 공급업체에 대해 거래와 무관한 기부금
또는 협찬금이나 기타 금품·향응 등을 요구하는 행위가 대표적인 예이다.

경제상 이익이란 금전·유가증권·물품·용역을 비롯하여 경제적 가치가 있는
모든 것을 의미한다. 제공하도록 강요하는 행위에는 거래상대방인 사업자나 소비자
에게 경제상 이익을 제공하도록 적극적으로 요구하는 행위뿐만 아니라 자신이 부
담하여야 할 비용을 거래상대방에게 전가하여 소극적으로 경제적 이익을 누리는
행위도 포함된다. 그리고 이익제공을 강요하는 행위가 인정되는 한 사업자가 실제
로 이익을 제공받지 못한 경우에도 이익제공강요가 성립할 수 있다.

위법성 판단기준은 구입강제와 대동소이하다.

4. 판매목표강제

판매목표강제란 "자기가 공급하는 상품 또는 용역과 관련하여 거래상대방의
거래에 관한 목표를 제시하고 이를 달성하도록 강제하는 행위"를 말한다(시행령
[별표 2] 6. 다). 자기가 공급하는 상품을 판매하는 사업자 및 대리점에 대하여 판매
목표를 설정하고 미달성시 공급을 중단하는 등의 제재를 가하는 행위가 대표적인
예이다.

사업자가 거래상대방인 사업자에게 판매목표를 정해주고 이를 달성하도록 강

---

65) 대법원 2015.6.11. 선고 2015두38962 판결.
66) 이렇게 과징금이 줄어든 이유는 법원의 판결취지에 따라 대리점이 자발적으로 주문한 물량
은 제외하고 대리점의 의사에 반하여 출고된 물량만을 특정하여 이를 기준으로 관련매출액을
산정하여야 하나, 대리점이 자발적으로 주문한 물량과 피심인이 대리점의 의사에 반하여 출
고한 물량을 구분하는 것이 어려워 규정에 따라 5억 원으로 재산정하였다 .

제하는 행위가 대상이 되므로 소비자에 대한 판매목표강제는 개념상 성립되지 않는다. 대상상품 또는 용역은 사업자가 직접 공급하는 것에 한정되는데 이러한 이유로 판매목표강제는 주로 대리점계약에서 문제되고 있다. 판매목표의 내용은 상품의 경우에는 판매량의 할당, 용역의 경우에는 일정수의 가입자나 회원확보가 되는 것이 보통이다. 이러한 판매목표가 대리점계약서에 명시적으로 규정된 경우뿐만 아니라 계약체결 후 구두로 설정되는 경우도 판매목표강제가 성립할 수 있다(심사지침 V.6.다.(1)).

판매목표강제의 위법성은 판단기준은 구입강제와 대동소이하다. 다만 강제성의 판단과 관련하여 그 수단에는 특별한 제한이 없으며 목표를 달성하지 못했을 경우 대리점계약의 해지나 판매수수료의 미지급 등 불이익이 부과되는 경우에는 일반적으로 강제성이 인정될 수 있다. 그러나 목표가 과다한 수준인지 여부, 실제 거래상대방이 목표를 달성하였는지 여부, 목표불이행시 제재수단이 실제로 사용되었는지 여부는 강제성 인정에 영향을 미치지 않는다(심사지침 V.6.다.(2).(가) 및 (나)).

어느 거래에서나 판매목표가 없을 수는 없기 때문에 실무상 그것이 위법한 것인지 판단하는 것은 쉽지 않다. 통상 판매목표 미달에 대한 불이익을 부과하는 것이 아니라 판매목표 달성에 대한 장려금 등의 인센티브를 제공하는 경우는 원칙적으로는 강제성이 인정되지 않는다. 물론 판매장려금 등의 인센티브가 정상적인 유통마진을 대체하는 효과가 있어서 사실상 판매목표를 강제하는 효과를 갖는 경우에는 예외적으로 강제성이 인정될 수 있다(심사지침 V.6.다.(2).(나)).

5. 불이익제공

불이익제공이란 구입강제, 이익제공강요, 판매목표강제 외의 방법으로 거래상대방에게 불이익이 되도록 거래조건을 설정 또는 변경하거나 그 이행과정에서 불이익을 주는 행위를 말한다(시행령 [별표 2] 6.라). 계약기간 중 계약의 내용을 일방적으로 불공정하게 변경하는 것이 대표적인 예이다.

불이익제공은 거래상지위 남용행위 유형 중에서 그 적용범위에 대한 논란이 많고 또 이에 대한 법원판례도 가장 많은 행위유형이다. 시행령에서 규정하고 있는 불이익이라는 추상적인 개념 때문에 실무상 포괄조항적인 성격으로 집행되어 왔기 때문이다. 특히 법원은 불이익제공의 적용범위가 부당하게 확대되는 것을 경계하면서 그 적용범위를 한정하는 입장을 취하고 있다. 일찍이 1998년에 신문사 사건에서 대법원은 상대방에게 다소 불이익하다는 점만으로는 부족하고 구입강제, 이익제공 강요, 판매목표강제 등과 동일시할 수 있을 정도로 일방당사자가 우월적 지위를 남용한다고 판시한 바 있다.

판례 6 : 신문사 사건

– 대법원 1998.3.27. 선고 96누18489 판결 –

법 제23조 제1항 제4호는, "자기의 거래상의 지위를 부당하게 이용하여 상대방과 거래하는 행위"를 법에 의하여 금지되는 불공정거래행위의 하나로 열거하고, 기준고시 제6조 제4호는, "제1호 내지 제3호에 해당하는 행위 이외의 방법으로 거래상대방에게 불이익이 되도록 거래조건을 설정 또는 변경하거나 그 이행과정에서 불이익을 주는 행위"가 법 제23조 제1항 제4호 소정의 "자기의 거래상의 우월적 지위를 부당하게 이용하여 상대방과 거래하는 행위"에 해당하는 것으로 규정하고 있는바, 기준고시 제6조 제4호에서 정한 불공정거래행위에 해당하기 위하여는 그 행위의 내용이 상대방에게 다소 불이익하다는 점만으로는 부족하고, 제1호 내지 제3호 소정의 구입강제, 이익제공강요, 판매목표강제 등과 동일시할 수 있을 정도로 일방당사자가 우월적 지위를 남용하여 그 거래조건을 설정한 것으로 인정이 되고, 그로써 정상적인 거래관행에 비추어 상대방에게 부당하게 불이익을 주어 공정거래를 저해할 우려가 있어야 하는 것이며, 또한 상대방에게 부당하게 불이익을 주는 행위인지 여부는, 문제가 되는 거래조건에 의하여 상대방에게 생길 수 있는 불이익의 내용과 불이익 발생의 개연성, 당사자 사이의 일상거래과정에 미치는 경쟁제약의 정도, 관련 업계의 거래관행과 거래형태, 일반 경쟁질서에 미치는 영향, 관계 법령의 규정 등 여러 요소를 종합하여 판단하여야 할 것이다.

원심판결 이유에 의하면 원심은, 원고와 지국 사이의 약정서 내용 중 "본 계약으로 발생하는 일체의 소송은 원고의 관할법원에서 행함을 원칙으로 함"이라고 정한 제12조의 내용이 지국장에게 다소 불이익한 것이나, 위 계약조항에 의하여 지국장이 받을 수 있는 불이익이 반드시 부당한 것이라거나, 자유경쟁의 기반을 약화시키는 등 공정거래를 저해할 우려가 있다고 단정할 수 없다고 판단하고 있는바, 기록과 대비하여 살펴보면 원심의 이러한 판단은 앞에서 설시한 법리에 따른 것으로서 정당하고, 거기에 상고이유로서 주장하는 바와 같은 법리오해 등의 위법이 있다고 할 수 없다. 이 점에 관한 상고이유의 주장도 이유가 없다.

또한 대법원은 공정거래위원회가 불이익제공을 이유로 시정명령 등 행정처분을 하기 위해서는 거래상대방에게 발생한 '불이익의 내용이 객관적으로 명확하게 확정되어야 하고, 여기에서의 불이익이 금전상의 손해인 경우에는 법률상 책임 있는 손해의 존재는 물론 그 범위(손해액)까지 명확하게 확정되어야 한다고 판시하였다. 공정거래위원회가 이러한 법률상 책임 있는 손해의 실체와 범위를 정확히 가려보지도 아니한 채 원고에게 손해배상책임을 부담시킬 수 없는 것에 터잡아 이루어진 처분은 위법하다'는 취지로 판단한 원심을 확정하였다.[67]

불이익제공행위의 구체적인 위법성 판단기준은 다른 유형의 행위와 대동소이하다.

6. 경영간섭

경영간섭이란 "임직원을 선임·해임하는 경우에 자기의 지시 또는 승인을 얻게 하거나 거래상대방의 생산품목·시설규모·생산량·거래내용을 제한하여 경영활동을 간섭하는 행위"를 말한다(시행령 [별표 2] 6.마). 합리적 이유없이 대리점의 거래처 또는 판매내역 등을 조사하거나 제품 광고시 자기와 사전합의하도록 요구하는 행위가 그 예이다.

거래상대방의 경영을 간섭하는 행위이므로 거래상대방에는 소비자가 포함되지 않는다. 경영을 간섭한다는 의미는 경영에 개입할 정당한 권원이 없음에도 불구하고 거래상의 지위를 이용하여 부당하게 경영에 개입하는 경우를 의미한다. 의결권의 행사나 채권회수를 위한 간섭으로서 법적 근거가 있는 경우 또는 투자자나 채권자로서의 권리를 보호하기 위한 합리적인 필요성이 인정되는 경우에는 법위반으로 보지 않을 수 있다.[68] 부당성을 판단함에 있어 대리점 등 판매업자에게 상품 또는 용역을 공급하면서 현찰판매 또는 직접판매 의무를 부과하거나 사용방법 등에 관한 설명 및 상담의무를 부과하는 행위는 경영효율성의 제고 또는 상품의 안전성확보 등 정당한 사유가 있는 경우 법위반으로 보지 않는다(심사지침 V.6.

---

67) 대법원 2002.5.31. 선고 2000두6213 판결(서울특별시 도시철도공사의 불공정거래행위 건). 동 판결의 취지를 반영하여 심사지침에서도 '거래상대방에게 거래과정에서 불이익을 주는 행위'로 되기 위해서는 "불이익이 금전상의 손해인 경우에는 법률상 책임 있는 손해의 존재는 물론 그 범위(손해액)까지 명확하게 확정될 수 있어야 하며 그렇지 않을 경우에는 민사절차에 의해 이 문제가 우선적으로 해결되어야 거래상지위 남용 규정을 적용할 수 있다"고 규정하고 있다(심사지침 V.6.라.(1).(나)).

68) 다만 이 경우에도 당해 수단의 합목적성 및 대체수단의 유무 등을 함께 고려하여야 한다.

마.(2).(나)).

2007년 수자원공사 사건에서는 수자원공사가 댐의 매장 임차인인 민간업체에게 사전 가격협의를 요구한 것이 경영간섭에 해당하는지 문제가 되었다. 가격은 임차인이 자율적으로 정할 수 있어야 하는데 그러한 결정권을 침해한 것이 아니냐 하는 것이 쟁점이었다. 대법원은 지리적 특성상 독점이 될 수밖에 없는 상황에서 소비자의 이익을 보호하기 위한 정당한 이유가 있다고 인정하여 부당한 경영간섭에 해당하지 않는다고 판단하였다.[69]

Ⅲ. 거래상지위 남용행위 관련 특별법

거래상지위 남용행위는 법 제정 시만 하더라도 공정거래법에서만 규정을 두고 있었다. 그 후 하도급, 가맹거래, 대규모유통업, 대리점 등에서 별도의 법률을 제정하고 거의 유사한 규제를 하고 있다. 그래서 공정거래법은 거래상지위 남용규제의 일반법적 성격을 지니고 있다고 할 수 있다.

이들 법률들은 공정거래법상의 5가지 유형의 행위에 대해 사후규제를 할 뿐만 아니라 계약서 교부와 같은 사전규제를 한다는 점에서 특색이 있다. 이 법률들 중 가맹사업법과 대리점법은 공급측면의 거래상지위를 규제하는 반면 하도급법과 대규모유통업법은 수요측면의 거래상지위를 규제한다는 점에서 차이가 있다.

제 5 절   부당지원행위

Ⅰ. 부당지원행위 일반론

1. 규제논거

1996년 공정거래법 제5차 개정 시 불공정거래행위 유형으로 신설된 부당지원행위는 "부당하게 특수관계인 또는 다른 회사에 대하여 가지급금·대여금·인력·부동산·유가증권·상품·용역·무체재산권 등을 제공하거나 현저히 유리한 조건으로 거래하여 특수관계인 또는 다른 회사를 지원하는 행위"를 의미하였다.

---

69) 대법원 2007.1.11. 선고 2004두3305 판결.

부당지원행위를 금지하는 논거로서 무엇보다 대규모기업집단의 경제력집중억제에 대한 사후규제의 필요성이 지적된다. 첫째, 지원객체가 속한 시장에서의 정당한 경쟁상태를 교란시키는 폐해가 있고, 둘째, 우량기업이 부실기업을 지원함으로써 동반 부실화의 우려가 있다는 점이 일반적으로 지적되고 있다.

전자의 경우 대규모 기업집단 소속회사들이 계열회사의 지원을 바탕으로 부당한 경쟁우위를 차지함으로써 기업집단 전체의 경제력집중현상을 심화시키고 한계기업이나 부실기업의 시장퇴출을 부당하게 저지함으로써 시장의 기능을 왜곡하게 된다는 것이 주된 내용이다. 후자의 경우에는 기업집단 내 우량기업의 역량이 부실 계열회사로 유출 또는 분산됨으로써 기업집단 전체의 부실화를 초래할 우려가 있다는 것이다.

다만 부당지원행위는 반드시 대규모기업집단에 의해서 발생하는 것만은 아니기 때문에 법 개정당시 부당지원행위를 공정거래법의 경제력집중 억제제도로 도입할 것인지 불공정거래행위 금지제도로 도입할 것인지에 대한 논의가 있었다. 결국 부당지원행위가 반드시 대규모 기업집단의 계열회사들 사이에서만 발생하는 것은 아니라는 점을 고려하여 불공정거래행위의 유형으로 신설하게 되었다.

이러한 부당지원행위의 폐해와 규제필요성에 대한 일반적인 견해에 따르면 결국 공정거래법상 부당지원행위는 공정한 거래질서 확립과 경제력집중을 방지하는데 그 목적이 있다고 할 수 있다.

2. 외국 및 타법의 유사사례

1) 외국 사례

선진외국에서는 독점규제법을 통해 부당지원행위 규제를 하지 않고 주로 상법에 의해 규제를 한다. 예외적으로 형법상 배임이나 횡령으로 처벌하기도 한다. 다만 독점규제법과 전혀 무관한 것은 아니다.

첫째는 가격차별이 문제가 될 수 있다. 거래상대방에 대한 차별을 통해 그 거래상대방이 속한 시장에서 공정한 경쟁을 저해할 수 있다는 측면에서 본다면 부당지원행위도 제2선 가격차별(secondary price discrimination)과 유사하다. 둘째는 AT&T사 사례70)에서 볼 수 있는 독점력남용이 문제될 수 있다. 당해 사안에서는 시내전화교환기 등을 비롯한 전화설비의 임대에 있어서 자회사에게는 저렴한 임대료를 부과한 반면

---

70) United States v. American Telephone&Telegraph Co., 552 F. Supp. 131 (D.D.C 1982).

다른 사업자에게 불필요한 고가의 접속장비를 리스하도록 요구하거나(leverage), 통신장비의 구매에 있어서 경쟁사의 제품이 우수함에도 불구하고 시내구간의 자회사들로 하여금 계열회사인 Western Electric의 장비를 구입하게 한 행위 등이 문제되었다. 미국 법원은 이러한 행위는 독점력을 남용하는 행위라고 인정한 바 있다.

다만 이러한 사례들은 외형은 공정거래법상 부당지원행위와 유사하지만 규제의 논거가 계열사를 동원한 경제력집중의 폐해를 규제하고자 하는 것이 아니고 시장에서 경쟁저해행위를 막고자 하는 것이 주된 것이라는 점에서 차이가 있고 부당성 입증의 정도가 훨씬 높다고 볼 수 있다.

2) 타법 사례

부당지원행위 규제와 유사한 타법 상의 규제도 다수 있다. 우선 상법에서는 이사 등의 자기거래의 제한(상법 제398조)과 이사의 주의의무 위반(상법 제382조 제2항)이 있다. 세법에서는 부당행위계산 부인(법인세법 제52조) 및 특정법인과의 거래를 통한 이익의 증여(상속세 및 증여세법 제45조의5), 특수관계법인과의 거래를 통한 이익의 증여 의제(상속세 및 증여세법 제45조의3)가 있다. 형법에서는 배임죄(형법 제356조)가 있다.

3. 사견

선진외국과 달리 왜 공정거래법으로써 부당지원행위를 규제하여야 하는지 의문이 생길 수 있다. 글로벌한 차원에서 본다면 바람직한 방법은 상법상 주주에 의한 통제라고 할 수 있고 세법상 과세, 형사상 배임죄를 통한 규제도 가능하기 때문이다.

이러한 논의는 앞에서 살펴본 거래상지위 남용행위의 논의와 유사하다. 거래상지위 남용행위는 본질적으로 당사자 간 사적 분쟁이어서 원칙적으로는 정부가 아닌 당사자 간 분쟁해결이 원칙이지만 현행 사법시스템으로 잘 해결되지 않는다고 한다. 부당지원행위도 마찬가지이다. 원칙적으로 주주들이 상법에 정한 방법으로 대주주의 전횡과 횡포를 제어하는 것이 바람직하지만 상법상의 수단이 유효하지 않다는 것이다.

이러한 규제논거는 원칙적인 수단이 효율적이지 못하여 보완적인 수단을 활용한다는 것을 의미하기 때문에 만약 원칙적인 수단을 효율화할 수 있다면 보완적인 수단은 언젠가 폐지될 수도 있다는 점을 암시하는 것이기도 하다.

Ⅱ. 부당지원행위의 유형 및 위법성 판단기준

1. 부당지원행위의 유형

부당지원행위는 법 제45조 제1항 제9호[71] 및 시행령 [별표 2]에서 4가지 유형을 규정하고 있다.

1) 부당한 자금지원

"특수관계인 또는 다른 회사에 가지급금·대여금 등 자금을 상당히 낮거나 높은 대가로 제공 또는 거래하거나 상당한 규모로 제공 또는 거래하는 행위"를 말한다(시행령 [별표 2] 9. 가). 예컨대 계열사에게 시중금리보다 낮은 금리로 자금을 대여해 주는 행위가 여기에 해당할 수 있다. 계열사는 상대적으로 낮은 금리만큼 이익을 얻게 되고 그 결과 지원받은 계열사가 사업을 하고 있는 시장에서 공정한 거래가 저해될 수 있다.

2) 부당한 자산·상품 등 지원

"특수관계인 또는 다른 회사에 부동산·유가증권·무체재산권 등 자산 또는 상품·용역을 상당히 낮거나 높은 대가로 제공 또는 거래하거나 상당한 규모로 제공 또는 거래하는 행위"이다(시행령 [별표 2] 9. 나). 예컨대 부실한 계열사가 자금조달을 목적으로 발행한 기업어음을 시중 할인율보다 낮은 할인율(즉, 높은 가격)로 우량한 계열사가 매입해 주는 행위는 부당한 자금지원에 해당할 수 있다. 계열사가 생산하는 상품을 시장가격보다 더 높은 가격으로 매입해 주는 행위는 부당한 상품지원에 해당할 수 있다.

3) 부당한 인력지원

"특수관계인 또는 다른 회사에 인력을 상당히 낮거나 높은 대가로 제공 또는 거래하거나 상당한 규모로 제공 또는 거래하는 행위"이다(시행령 [별표 2] 9. 다). 예컨대 부실한 계열사에 인력을 지원해 주고 인건비는 자신이 부담하는 행위가 여기

---

71) 2020.12.29. 개정 이전 조항 제23조 제1항 제7호.

에 해당할 수 있다. 부실한 계열사는 인건비를 절감하게 되고 이러한 지원의 규모가 상당하게 되면 시장에서 공정한 거래를 저해할 수 있다.

4) 부당한 거래단계 추가 등

부당지원행위 세부유형이 이전에는 위의 3가지밖에 없었는데 2014년 법 개정으로 추가된 조항이다. 부당한 거래단계 추가는 '통행세'라고 부르기도 하는데 꼭 필요한 것이 아님에도 불구하고 거래단계를 추가하여 불필요한 대가를 지급하거나 역할에 비해 과다한 대가를 지급하는 행위이다.

부당한 거래단계 추가는 기존의 상품·용역 부당지원행위로 포섭할 수도 있지만 새로운 유형으로 추가한 이유는 사업기회추가라는 새로운 유형의 행위에 대해 법해석을 둘러싼 논란을 없애기 위한 것이다. 기존의 상품·용역 부당지원행위를 활용하는 것은 당초 직거래에 있어서 부당한 지원을 염두에 두고 입법화된 것으로 해석될 수도 있기 때문이다. 시행령 [별표 2]에서는 다음과 같은 2가지 유형을 규정하고 있다(시행령 [별표 2] 9. 라).

---

① 다른 사업자와 직접 상품·용역을 거래하면 상당히 유리함에도 불구하고 거래상 역할이 없거나 미미(微微)한 특수관계인이나 다른 회사를 거래단계에 추가하거나 거쳐서 거래하는 행위

② 다른 사업자와 직접 상품·용역을 거래하면 상당히 유리함에도 불구하고 특수관계인이나 다른 회사를 거래단계에 추가하거나 거쳐서 거래하면서 그 특수관계인이나 다른 회사에 거래상 역할에 비하여 과도한 대가를 지급하는 행위

통행세 거래행위의 성립요건은 ① 지원주체가 지원객체를 거래단계에 추가하거나 거쳐서 거래하기로 결정함에 있어 통상적으로 행하는 필요최소한의 분석·검증 작업을 거치지 않는 등 정상적인 경영판단에 따른 결과로 보기 어려운 경우에 해당하는지 여부, ② 통상적인 거래관행이나 지원주체의 과거 거래행태상 이례적인지 여부, ③ 불필요한 거래단계를 추가하는 것이어서 지원주체에게 불리한 조건의 거래방식인지 여부, ④ 지원주체가 역할이 미미한 지원객체를 거래단계에 추가하거나 거쳐서 거래함으로써 지원객체에게 불필요한 유통비용을 추가적으로 지불한 것으로 볼 수 있는 지 여부, ⑤ 지원주체가 지원객체를 거치지 않고 다른 사업자와 직

접 거래할 경우 지원객체를 거쳐서 거래하는 것보다 더 낮은 가격으로 거래하는 것이 가능한지 여부(「부당한 지원행위의 심사지침」[72])(이하 이 절에서 '심사지침'이라 한다) Ⅲ.6.나.)이다. 일반적으로는 지원객체의 역할을 지원주체가 수행하거나 지원주체와 지원객체의 역할이 중복되는 경우에 성립되는 경우가 많다.

통행세에 관한 판례 및 심결례의 동향을 살펴보면 먼저 부당성이 인정된 사례로는 롯데피에스넷 사건이 있다. ATM을 대량구매하는 과정에서 이를 제조업체인 네오아이씨피로부터 직접 구매하지 않고 같은 계열사인 롯데알미늄을 거쳐 구매한 행위는 부당지원행위로 인정되었다.[73]

반면, 포스코가 자신이 직접 판매하던 화성부산물을 거래상 역할이 없는 포스코켐텍을 거쳐 판매한 사안에서 공정거래위원회는 포스코켐텍이 국제유가 변동에 따른 가격변동 위험과 화성부산물 전량 구매 및 계약량 판매에 따른 재고 위험 등을 일부 부담하고 있어서 지원행위 해당 여부의 판단이 곤란하고 화성부산물시장에서 경쟁에 미친 영향이 미미하다는 점을 들어 무혐의처분(2015.5.27. 심의절차 종료)하였다.

KT가 100% 자회사로서 직영대리점인 KTM&S에게 대리점에게 지급하는 수수료인 관리수수료 외에 핸들링차지(KTM&S가 KT로부터 추가로 위탁받은 업무를 취급하는 과정에서 발생되는 각종 비용을 보전하기 위한 수수료)를 포함시켜 일반대리점보다 높은 수수료를 지급한 사안에서는 KTM&S가 일반 대리점과는 다른 추가업무를 수행하고 있어 1~2%의 관리수수료 차이만으로는 상당히 유리한 조건의 거래로 보기 어렵다고 보아 역시 무혐의처분(2015.11.25.)하였다.

거래단계에 지원객체가 추가되는 통행세거래의 경우 지원객체에게 추가로 지급되는 수수료수준이 낮고 지원객체가 유사한 역할을 하는 다른 사업자에 비하여 그 역할의 범위가 더 넓은 경우에는 통행세로 판단하지 않는 경우도 있으나 아직까지는 통행세거래 해당여부에 대한 명확한 기준이 설정된 것으로는 보이지 않는다.

---

72) 공정거래위원회예규 제415호, 2022.12.9. 일부개정.
73) 대법원 2014.2.13. 선고 2013두17466 판결.

2. 부당지원행위의 위법성 판단기준

1) 지원행위의 존재

지원행위는 지원주체가 지원객체에게 직접 또는 간접으로 제공하는 경제적 급부의 정상가격이 그에 대한 대가로 지원객체로부터 받는 경제적 반대급부의 정상가격보다 높거나(무상제공 또는 무상이전의 경우를 포함한다) 상당한 규모로 거래하여 지원주체가 지원객체에게 과다한 경제상 이익을 제공하는 작위 또는 부작위를 말한다(심사지침 II.4.).

지원행위 판단에서 핵심적인 기준은 계열사가 아니고 이해관계가 없는 제3의 사업자와 거래하였을 경우의 대가(정상가격)와의 비교이다. 실무에 있어서 지원행위 여부의 판단에 있어서 가장 어려운 작업은 정상가격이 무엇이냐 하는 것이다. 경우에 따라서는 상당한 규모로 거래하는 것 즉 '일감몰아주기' 그 자체도 지원행위가 될 수 있다.

100% 모자관계에 있는 회사 간에 부당지원행위가 성립할 수 있는지 문제가 된 적이 있다. 대법원은 "모회사가 주식의 100%를 소유하고 있는 자회사라 하더라도 양자는 법률적으로는 별개의 독립한 거래주체라는 점과 부당지원행위의 객체를 정하고 있는 법 제23조 제1항 제7호의 '다른 회사'의 개념에서 완전자회사를 지원객체에서 배제하는 명문의 규정이 없다"는 점에서 부당지원행위가 성립될 수 있다고 판단하였다.[74]

2) 부당성

부당지원행위의 부당성에 대하여 대법원은 당해 지원행위로 인하여 지원객체의 관련 시장에서 경쟁이 저해되거나 경제력집중이 야기되는 등으로 공정한 거래가 저해될 우려가 있는지 여부에 따라 판단하여야 한다고 판시하였다.

[판례] 에스케이씨앤씨(주)의 부당지원행위 건(대법원 2004.3.12. 선고 2001두7220 판결)
법 제23조 제1항 제7호 소정의 부당지원행위가 성립하기 위하여는 지원주체의 지원객체에 대한 지원행위가 부당하게 이루어져야 하는바, 지원주체의 지원객체에 대한 지원행위가 부당성을 갖는지 유무를 판단함에 있어서는 지원주체와 지원객체와의 관계, 지원행위의 목적과 의도, 지원객체가 속한 시장의 구조와 특성, 지원성 거래규모와 지원

---

74) 대법원 2004.11.12. 선고 2001두2034 판결.

행위로 인한 경제상 이익 및 지원기간, 지원행위로 인하여 지원객체가 속한 시장에서의 경쟁제한이나 경제력집중의 효과 등은 물론 중소기업 및 여타 경쟁사업자의 경쟁능력과 경쟁여건의 변화 정도, 지원행위 전후의 지원객체의 시장점유율의 추이, 시장개방의 정도 등을 종합적으로 고려하여 당해 지원행위로 인하여 지원객체의 관련 시장에서 경쟁이 저해되거나 경제력집중이 야기되는 등으로 공정한 거래가 저해될 우려가 있는지 여부에 따라 판단하여야 할 것이다.

그리고 이러한 부당성 유무는 오로지 공정한 거래질서라는 관점에서 평가되어야 하는 것이고, 공익적 목적·소비자 이익·사업경영상 또는 거래상의 필요성 내지 합리성 등은 공정한 거래질서와 관련성을 가지는 범위 내에서 고려요소가 될 수 있다. 따라서 단순한 사업경영상의 필요 또는 거래상의 합리성 내지 필요성만으로는 부당지원행위의 성립요건으로서의 부당성 및 공정거래저해성이 부정되지 않는다.[75]

심사지침에서는 다음과 같은 경우에 부당성이 인정될 수 있다고 규정하고 있다 (심사지침 Ⅳ.2).

〈부당성이 인정되는 행위〉

가. 지원객체가 해당 지원행위로 인하여 일정한 거래분야에 있어서 유력한 사업자의 지위를 형성·유지 또는 강화할 우려가 있는 경우
나. 지원객체가 속하는 일정한 거래분야에 있어서 해당 지원행위로 인하여 경쟁사업자가 배제될 우려가 있는 경우
다. 지원객체가 해당 지원행위로 인하여 경쟁사업자에 비하여 경쟁조건이 상당히 유리하게 되는 경우
라. 지원객체가 속하는 일정한 거래분야에 있어서 해당 지원행위로 인하여 지원객체의 퇴출이나 타사업자의 신규진입이 저해되는 경우
마. 관련법령을 면탈 또는 회피하는 등 불공정한 방법, 경쟁수단 또는 절차를 통해 지원행위가 이루어지고, 해당 지원행위로 인하여 지원객체가 속하는 일정한 거래분야에서 경쟁이 저해되거나 경제력 집중이 야기되는 등으로 공정한 거래가 저해될 우려가 있는 경우

실무에서 부당성 여부는 심각하게 다투어진다. 하지만 공정거래위원회나 법원

---

75) 대법원 2004.10.14. 선고 2001두2881 판결 외 다수.

은 사회적 기업이거나 지원금액이 시장에 영향을 미치기 힘들 정도로 적은 경우(예컨대 1억 원 이하) 등의 몇 가지 사유에 해당하지 않는 한 지원행위만 인정이 되면 부당성을 너그럽게 인정하여 왔다. 조금 과장하면 부당성은 당연위법식으로 인정해 왔다. 그래서 부당지원행위의 위법성 판단은 지원행위 여부의 판단에서 승패가 갈린다고 해도 과언이 아니다.

Ⅲ. 부당지원행위 관련 주요 쟁점[76]

1. 특수관계인 지원행위

1) 문제의 배경

우량한 계열사가 부실한 계열사를 지원하는 경우 부실한 계열사가 사업을 하고 있는 시장에서 공정한 거래를 저해할 수 있기 때문에 부당성을 인정하는데 큰 문제가 없다. 하지만 계열사가 총수일가 등 자연인을 지원한 경우에는 지원행위가 인정된다고 하더라도 도덕적인 비난은 별개로 과연 시장에서 공정한 거래가 저해된다, 즉 부당하다고 볼 수 있을지 문제가 된다.

2) 사례 : 삼성 SDS 판결
(1) 공정거래위원회 처분

삼성 SDS는 1999.2.26. 신주인수권부사채(BW) 230억원을 발행하면서 1년 후 주당 7,150원에 신주 3,216,738주를 인수할 수 있는 권리를 부여하고, 같은 날 주간사인 SK증권에 일괄매각하였다. 같은 날 SK증권은 사채권과 신주인수권을 분리하여 사채권은 삼성증권에 사채유통수익률 10%를 적용하여 21,820백만 원에 매각하고, 신주인수권은 삼성그룹의 특수관계인인 6인에게 1,180백만 원에 매각하였다. SK증권으로부터 사채권을 매입한 삼성증권은 같은 날 특수관계인 6인에게 수수료 없이 동일한 금액으로 전량 매각하였다.

공정거래위원회는 당해 행위는 특수관계인을 부당지원한 행위로 판단하여 1999.10.28에 시정명령 및 15,804백만 원의 과징금을 부과하였다.[77]

---

76) 다음 논문의 일부를 요약, 수정한 것이다. 조성국, "부당지원행위 관련 주요 쟁점 및 최근 입법동향에 관한 연구", 법학논문집 제37집 제3호, 중앙대학교 법학연구원, 2013, 39–61면.
77) 공정거래위원회 의결 제99–212호, 1999.10.28.

(2) 법원의 판단

서울고등법원[78])과 대법원[79])은 이유는 다소 상이하지만 결론적으로는 공정거래위원회의 처분이 부당하다고 판단하였다.

대법원은 원고의 이 사건 행위로 인하여 부(富)의 세대 간 이전이 가능해지고 특수관계인들을 중심으로 경제력이 집중될 기반이나 여건이 조성될 여지가 있다는 것만으로는 공정한 거래를 저해할 우려가 있다고 단정하기 어렵고, 위 특수관계인들이 지원받은 자산을 계열회사에 투자하는 등으로 관련 시장에서의 공정한 거래를 저해할 우려가 있다는 점을 입증하여야 하는데, 기록에 나타난 피고의 주장·입증만으로는 이 사건 행위가 공정한 거래를 저해할 우려가 있다고 할 수 없다고 판시하였다.

그리고 심사지침이 '관계 법령을 면탈 또는 회피하여 지원하는 등 지원행위의 방법 또는 절차가 불공정한 경우'를 부당성 판단기준의 하나로서 규정하고 있기는 하나, 위 심사지침을 법령의 위임에 따른 것이 아니라 법령상 부당지원행위 금지규정의 운영과 관련하여 심사기준을 마련하기 위하여 만든 피고 내부의 사무처리지침에 불과하기 때문에, 지원행위를 둘러싼 일련의 과정 중 관계 법령이 정한 방법이나 절차의 위배가 있다고 하여 바로 부당지원행위에 해당한다고는 할 수 없고, 이러한 관계 법령의 면탈 또는 회피가 지원행위의 부당성에 직접 관련된 것으로서 지원객체가 직접 또는 간접적으로 속한 시장에서 경쟁을 저해하거나 경제력집중을 야기하는 등으로 공정한 거래를 저해할 우려가 있는 경우에 비로소 부당지원행위에 해당한다고 판시하였다.

3) 입법적 대응 : 사익편취 규정 신설

이 판결의 의미는 계열회사가 아닌 특수관계인에 대한 지원행위도 독점규제법상 부당지원행위로 규제하기 위해서는 공정거래저해성을 입증하여야 한다는 것이다. 이후에도 유사한 판결이 이어졌다.

그런데 실무적으로 자연인인 특수관계인이 지원받은 금액으로 특정한 사업을 영위하지 않는 한 관련시장에서 공정한 거래를 저해한다는 것이 쉽지 않기 때문에 국회는 이러한 행위를 규제하기 위해 2013년 7월에 독점규제법 제5장에 이를 규제

---

78) 서울고등법원 2001.7.3. 선고 2000누4790 판결.
79) 대법원 2004.9.24. 선고 2001두6364 판결.

하기 위한 추가적인 규정을 신설하였고, 예외인정 사항과 함께 지원객체 처벌에 대한 근거를 마련하였다. 세부적인 내용은 후술한다.

2. 일감 몰아주기

1) 문제의 배경

편법적인 상속·증여의 목적으로 재벌들이 계열사에 대해 일감몰아주기 혹은 물량몰아주기를 하고 있다는 지적이 있어 왔다. 특히 SI업체를 신설하여 기업집단 내의 전산업무를 몰아주거나 광고분야, 물류분야 등에서 이러한 행위를 통해 변칙적인 상속·증여를 하고 있다는 비판을 받았다.

일감몰아주기 혹은 물량몰아주기는 법률용어는 아니지만 불공정거래행위의 유형 및 기준을 정하는 공정거래법 시행령 [별표 2] 제9호에서 부당한 자금지원, 부당한 자산·상품 등 지원 및 부당한 인력지원의 요건 가운데 "상당한 규모로 제공 또는 거래"하는 부당지원행위의 하나의 유형을 가리킨다. 현대투자신탁운용의 현대투자신탁증권에 대한 대규모 대출과 관련된 사건에서 대법원은 2007.1.25. 선고 2004두7610 판결에서 물량몰아주기도 부당지원행위에 해당될 수 있음을 최초로 인정하고 있다.[80]

그리고 2013년 공정거래법 개정 시 추가된 사익편취 규정인 법 제47조(특수관계인에 대한 부당한 이익제공 등 금지)를 일감몰아주기 규정이라고 하기도 한다. 하지만 정확하게는 동조의 제1항 제4호만이 일감몰아주기에 대해 규정하고 있다.

2) 사례 : 자동차회사의 계열 운송회사에 대한 대량 운송위탁 사건

공정거래위원회는 2007년에 현대자동차 기업집단이 화물운송업을 영위하는 계열사인 글로비스에 대한 물량몰아주기는 부당지원행위라고 인정하여 과징금을 부과하였다.[81]

공정거래위원회가 부당지원행위라고 인정한 주요 근거는 다음과 같다. 현대자동차 기업집단들의 물류비에서 글로비스와의 거래가 차지하는 비중이 80-100%에 이른다는 점, 글로비스가 수주받은 물량의 매출액이 2003년, 2004년 당시 물류시장

---

80) 자세한 내용은 다음의 글 참조. 임영철, "물량몰아주기 어떻게 접근할 것인가?", 경쟁저널 제149호, 공정경쟁연합회, 2010.
81) 공정거래위원회 의결 제2007-504호, 2007.10.24.

에서 시장 1위 사업자 매출액의 각각 29.5%와 34.6%에 이른다는 점, 글로비스의 전체 매출액에서 현대자동차 기업집단 계열회사들과의 거래비중이 35.8−41.7%에 이른다는 점 등이다.

이 사건에서 공정거래위원회는 현대자동차 계열사들이 거래물량을 몰아줄 뿐만 아니라 단가인상행위 등 거래조건에 있어서도 현저한 이익을 주었고 그 결과 2002년에 설립된 지 2년 만에 시장의 2위 사업자로 부상하고 4년 만에 시장의 1위 사업자로 등극하였다는 점을 들어 시장에서 경쟁상의 지위가 현저히 제고되었기 때문에 위법성이 인정된다고 판단하였다. 이후의 행정소송에서 서울고등법원은 공정거래위원회의 결정을 지지하였다.[82] 그런데 현대 측에서 2012년에 대법원 상고를 취하함으로써 본 소송이 종료되었다.

3) 심사지침 및 개정 법률

심사지침은 다음과 같이 상당한 규모에 의한 지원행위의 판단시 고려사항을 규정하고 있다(심사지침 III.4.나.3)).

《상당한 규모에 의한 지원행위 여부 판단 시 고려사항》

가) 거래대상의 특성상 지원객체에게 거래물량으로 인한 규모의 경제 등 비용절감효과가 있음에도 불구하고, 동 비용 절감효과가 지원객체에게 과도하게 귀속되는지 여부
나) 지원주체와 지원객체 간의 거래물량만으로 지원객체의 사업개시 또는 사업유지를 위한 최소한의 물량을 초과할 정도의 거래규모가 확보되는 등 지원객체의 사업위험이 제거되는지 여부

또한 공정거래법 제47조 제1항 제4호에서는 '사업능력, 재무상태, 신용도, 기술력, 품질, 가격 또는 거래조건 등에 대한 합리적인 고려나 다른 사업자와의 비교 없이 상당한 규모로 거래하는 행위'를 특수관계인에 대한 부당한 이익제공의 한 유형으로 규정하고 있다.

---

82) 서울고등법원 2009.8.19. 선고 2007누30903 판결.

제6절 특수관계인에 대한 부당한 이익제공행위

I. 입법취지

앞에서 살펴본 바와 같이 특수관계인인 자연인에 대한 지원행위는 부당성 인정이라는 점에서 큰 난관에 봉착하였다. 이에 대한 입법적인 대응으로서 특수관계인에 대한 지원행위의 경우는 공정거래저해성 또는 부당성 여부를 불문하고 금지하여야 한다는 논의가 봇물을 이루었다.

입법방법으로서 당시의 공정거래법 제3장의 경제력집중 규제의 일환으로 규제하는 논의와 제5장의 불공정거래 규제의 일환으로 규제하자는 논의 등이 집중적으로 다루어졌다. 최종결론은 별도의 조항으로 구법 제23조의2를 신설하는 것으로 내려졌다. 그 대신 지원주체의 적용범위를 대규모기업집단 소속의 계열사로 제한하는 것으로 정리되었다. 이 조항은 대규모기업집단 내에서 동일인이나 친족이 사익을 추구하는 행위를 막고자 한 것이기 때문에 '사익편취 조항'이라고도 하며, '일감몰아주기 조항'이라고 하기도 한다.

그런데 입법과정에서 당초 논의되어 왔던 적용범위를 넘어 지원객체가 자연인으로서의 특수관계인, 즉 동일인이나 그 친족의 범위를 넘어 그들이 일정 비율 이상의 지분을 가진 계열사로 확대되었다. 그 결과 계열사가 계열사를 지원하는 행위의 경우 종전의 부당지원행위와 무엇이 다른지 애매해지게 되었다. 이 조항의 보다 근본적인 문제는 부당지원행위는 어쨌든 시장에 미치는 영향을 고려하여야 하지만 특수관계인에 대한 부당한 이익제공행위는 시장에 미치는 영향과 관계없이 총수일가에게 경제적 이익이 발생하기만 하면 된다는 점이다. 그렇다면 이 책 서두에서도 언급하였지만 공정거래법은 시장의 훼손된 경쟁질서를 회복하기 위한 법인데 시장에 미치는 영향 즉 최소한의 공정거래저해성 판단도 하지 않을 수 있게 되어 공정거래법상 어떠한 자리매김이 가능할지 심각한 고민이 아닐 수 없다. 공정거래법 제1조 목적조항에서 경제력집중도 언급하고 있지만 입법취지상 가급적 일반집중에 그치는 것이 바람직하고 소유집중까지 나아가는 것은 신중하여야 한다고 생각한다.

Ⅱ. 행위유형 및 위법성 판단기준

1. 지원주체 및 지원객체

부당지원행위와는 달리 특수관계인에 대한 부당한 이익제공행위(일반적으로 '총수일가 사익편취행위'라고 함)의 당사자는 그 범위가 좁다. 지원주체는 총수있는 공시대상기업집단(현재 자산총액 5조 원 이상인 기업집단) 소속 회사여야 한다. 지원객체는 상장·비상장사 구분 없이 총수일가 등 특수관계인이 발행주식총수의 20% 이상 지분을 보유한 회사 또는 이와 함께 이들 회사가 발행주식총수의 50%를 초과하는 지분을 보유한 자회사일 것(법 제47조 제1항). 특수관계인이 직접 주식을 보유한 경우뿐 아니라 간접적으로 주식을 보유한 경우까지 포함된다.

2. 행위유형

법 제47조 제1항 각 호에서는 4가지 유형의 행위들이 규정되어 있다.[83] 상당히 유리한 조건으로 거래하는 행위(제1호), 사업기회제공행위(제2호), 금융상품 등을 상당히 유리한 조건으로 거래하는 행위(제3호), 상당한 규모로 거래하는 행위(제4호)이다. 그런데 제3호는 제1호의 특수한 경우로 결국 제1호에 포함된다.

특히, 제4호 상당한 규모로 거래하는 행위는 소위 일감몰아주기를 말하는데, 정상가격으로 거래를 하더라도 거래상대방 선정 및 계약체결 과정에서 사업능력, 재무상태, 신용도, 기술력, 품질, 가격, 거래규모, 거래시기 또는 거래조건 등 해당 거래의 의사결정에 필요한 정보를 충분히 수집·조사하고, 이를 객관적·합리적으로 검토하거나 다른 사업자와 비교·평가하는 등 해당 거래의 특성상 통상적으로 이루어지거나 이루어질 것으로 기대되는 거래상대방의 적합한 선정과정 없이 상당한 규모로 거래하는 경우에는 성립될 수 있다.

제2항에서는 기업의 효율성 증대, 보안성, 긴급성 등 거래의 목적을 달성하기 위하여 불가피한 경우로서 대통령령으로 정하는 거래는 상당한 규모로 거래하는 행위(법 제47조 제1항 제4호)에 대한 예외를 인정해 주고 있다. 제3항에서는 지원객체가 지원받는 행위도 금지하고 있다.

---

83) 2020.12.29. 개정 이전 조항 제23조의2.

3. 안전지대

특수관계인에 대한 부당한 이익제공행위는 부당지원행위에 비하여 부당성이
완화된 것이므로 보다 쉽게 성립될 수 있다. 따라서 집행에 있어서 오류를 최소화
하고 예측가능성을 높이기 위하여 안전지대를 설정하였다. 법 제47조 제1항 제1호
와 제3호는 정상가격과의 거래조건 차이가 7% 미만이면서 거래당사자 간 해당연도
거래총액이 50억 원(상품·용역의 경우에는 200억 원) 미만인 경우에는 상당히 유리한
조건에 해당되지 않고, 제4호 일감몰아주기의 경우에는 거래당사자 간 해당 연도
거래총액(2 이상의 회사가 동일한 거래상대방과 거래하는 경우에는 각 회사의 거래금액 합
계액)이 200억 원 미만이고, 거래상대방의 평균매출액의 12% 미만인 경우에는 상당
한 규모에 해당하지 않는다. 안전지대는 거래조건 차이와 연간거래금액(일감몰아주
기의 경우에는 평균매출액비율) 기준을 모두 충족하여야 한다.

4. 위법성 판단기준

우선 상당성 기준은 종래의 부당지원행위의 현저성 기준이 완화된 것인데 양자
의 차이는 법집행과정에서 보완되어 가야 할 부분이다.

다음으로 법 본문의 '부당한 이익'의 의미가 무엇이냐 하는 것이다. 물론 당초
입법계기로 본다면 부당성은 동일인이나 친족에게 제공되는 정상가격과의 차액 그
자체를 의미하는 것임은 분명하다. 하지만 공정거래법에서 수도 없이 등장하는 '부
당'이라는 표현을 다시 사용함으로써 불필요한 해석상의 논란을 야기하였다.

대법원은 대한항공 사건에서 "여기에서 말하는 '부당성'이란, 이익제공행위를
통하여 그 행위객체가 속한 시장에서 경쟁이 제한되거나 경제력이 집중되는 등으
로 공정한 거래를 저해할 우려가 있을 것까지 요구하는 것은 아니고, 행위주체와
행위객체 및 특수관계인의 관계, 행위의 목적과 의도, 행위의 경위와 그 당시 행위
객체가 처한 경제적 상황, 거래의 규모, 특수관계인에게 귀속되는 이익의 규모, 이
익제공행위의 기간 등을 종합적으로 고려하여, 변칙적인 부의 이전 등을 통하여 대
기업집단의 특수관계인을 중심으로 경제력 집중이 유지·심화될 우려가 있는지 여
부에 따라 판단하여야 한다."고 판시하였다.[84] 즉 대법원에 따르면 부당지원행위에

---

84) 대법원 2022.5.12. 선고 2017두63993 판결. 서울고등법원 판결이 내려진 2017.9.1. 이후 4년이
    넘게 걸릴 정도로 대법원도 고민이 많았다. 사익편취의 부당성 판단이 최초로 내려진 이 사건

서의 부당성은 공정거래저해 우려성을 의미하지만 특수관계인에 대한 부당한 이익제공행위에서의 부당성은 특수관계인 중심의 경제력집중 우려성을 의미한다는 것이다. 대법원 판결에서 제시된 특수관계인 중심의 경제력 집중 유지·심화의 의미는 소유집중에 가까운 의미로 보여지긴 하지만 여전히 구체적인 의미가 분명하지 않고 부당지원행위의 경우도 그러한 효과가 생기는 경우가 흔한데 과연 양자의 차이는 무엇인지 여전히 의문이 든다.

Ⅲ. 사견

이 조항은 좋은 입법동기에도 불구하고 오히려 부당지원행위나 사익편취를 규제하는데 적지 않은 혼란을 야기하고 있다. 사견으로는 다음과 같은 이유에서 자연인에 대한 지원의 경우 상당성 요건만 심사한 후 엄격히 금지하는 것으로 규정하는 것이 더 좋았을 것이라고 생각한다.

첫째, 입법과정에서 법적용범위가 너무 넓게 정해져 부당지원행위와의 차이점이 분명하지 않다. 지원객체가 자연인이 아니라 계열사인 경우에는 양자의 차이점이 크지 않고 이중으로 규제하여야 할 실익도 없다고 생각한다. 상당성 기준이나 효율성·보안성·긴급성의 예외는 부당지원행위에서도 인정되는 것이다.

둘째, 상당한 규모의 거래, 즉 '일감몰아주기'는 이미 부당지원행위로 규제되어 오던 것이며 대법원도 긍정하고 있다.

셋째, 종래 부당지원행위에서 부당성의 인정은 지원객체가 기업인 경우에는 앞에서도 살펴본 것처럼 사회적 기업이나 지원금액이 과도하게 적은 경우를 제외한다면 큰 문제가 되지 않았었다. 따라서 공정거래위원회로서는 지원객체가 자연인이 아닌 한 기존의 부당지원행위 조항을 활용하는 것이 법적 안정성 측면에서 더 바람직하지 않은가 생각된다.

넷째, 부당지원행위는 20여년 가까이 법이 집행되어 오면서 이제는 위법성 판단기준이 정착이 되어 가고 있기 때문이다. 반면 사익편취 조항은 2022년 대법원의 판결에도 불구하고 세부적인 위법성 판단기준이 정착되기까지 또 다른 시간이 필요하다.

에서 공정위는 패소하였다. 며칠 후에 선고된 하이트진로 판결은 사익편취의 부당성이 인정된 첫 판결이다(대법원 2022.5.26. 선고 2020두36267 판결).

다섯째, 지원객체에 대한 과징금과 관련하여 자연인인 경우는 매출액이 없기 때문에 40억 원을 초과하지 못하도록 규정하고 있는데(법 제50조 제2항) 지원금액에 비교하여 과징금액이 너무 적을 수도 있다.

제 7 절   위반행위에 대한 제재

공정거래위원회는 법 제45조 제1·2항 및 제47조 등의 규정에 위반하는 불공정거래행위가 있을 때에는 당해사업자에 대하여 당해 불공정거래행위의 중지 및 재발방지를 위한 조치, 계약조항의 삭제, 시정명령을 받은 사실의 공표, 그 밖에 필요한 시정조치를 명할 수 있다. 그리고 2020.12.29. 개정으로 관련매출액의 4%, 매출액이 없는 경우 등에는 10억원으로 과징금 부과한도가 상향되었다.(법 제50조 제1항). 다만 부당지원행위와 특수관계인에 대한 부당한 이익제공행위의 경우에는 과징금 상한이 10% 및 40억원으로 높아졌다(법 제50조 제2항).

또한 위반행위자는 2년 이하의 징역 또는 1억 5천만 원 이하의 벌금에 처해질 수 있다(법 제125조 제4호).[85] 다만, 법 제45조 제1항 제9호 부당지원행위와 법 제47조 특수관계인에 대한 부당한 이익제공행위의 경우에는 3년 이하의 징역 또는 2억원 이하의 벌금에 처해질 수 있다(법 제124조 제10호).[86]

공정거래법상 과징금은 부당이득환수적 성격과 행정제재적 성격이 혼합되어 있다. 하지만 부당지원행위의 경우 지원주체에게 부과하는 과징금은 제재의 성격이 강하여 형벌의 일종인 벌금과 차이가 없는 것은 아닌지 문제가 될 수 있다. 만약 그렇다면 사실상 형벌과 같은 과징금을 행정기관이 부과하게 되어 권력분립 원칙에 위배될 수 있고, 공정거래위원회의 고발에 의해 형사처벌이 이루어진다면 이중처벌의 문제가 생길 수도 있다.

헌법재판소는 부당지원행위 과징금이 기본적으로 제재의 성격이 강하기는 하지만 벌금과 비교할 때 부과주체, 부과절차, 부과목적이 다르다는 전제하에 권력분립이나 이중처벌금지 원칙에 위배되지 않는다고 판단하였다.

---

85) 2020.12.29. 개정법에서 거래거절, 차별취급, 경쟁사업자 배제, 구속조건부거래에 대하여는 형사벌이 적절치 않아 삭제하였다.
86) 2020.12.29. 개정 이전 조항 제66조 제9의2호.

판례 7 : 부당지원행위 과징금 위헌제청 사건
- 헌법재판소 2003.7.24. 선고 2001헌가25 결정 -

(4) 이 사건 과징금은 위에서 본바와 같은 폐해를 초래하는 대규모 기업집단 내 계열회사들간의 부당내부거래를 규제함으로써 공정한 경쟁을 촉진하고 궁극적으로 국민경제의 균형있는 발전을 도모하기 위하여 도입된 것이다. 시장에서 퇴출되어야 할 부실기업 또는 한계기업에 대하여 대규모 기업집단의 차원에서 의도적으로 거액의 지원행위를 은밀히 감행하여 시장의 경쟁질서를 교란하고 경제현상을 왜곡하는 등 갖가지 폐해를 낳는데도 이에 대한 형사처벌은 2년이하의 징역 또는 1억 5천만원이하의 벌금에 불과하여 이것만으로 규제의 효과를 거둘 것을 기대하기는 어려웠다. 이에, 자본력이 강한 대기업에 대하여 충분한 제재 및 억지 효과를 거둘 수 있을 정도의 금전적 제재를 행정제재로서 부과하는 것이 반드시 필요하며, 이 경우 부당지원을 한 기업을 제재 및 억지의 대상으로 삼는 것이 시장의 경쟁질서를 보다 효과적으로 회복·유지할 수 있다는 정책적 판단하에 부당지원을 한 기업을 상대로 과징금을 부과할 수 있도록 이 사건 법률조항을 신설하였던 것이다.

이러한 취지에서 비롯된 이 사건 법률조항에 의한 과징금의 기능은 본질적으로 '부당이득액의 정확한 환수'에 있다기보다 '제재를 통한 위반행위의 억지'에 있다고 할 것이지만, 그렇다고 하여 부당이득환수적 성격이 전혀 없다고 단정하기도 어렵다. 공정거래법은 과징금을 부과함에 있어 위반행위의 내용 및 정도, 위반행위의 기간 및 회수, 위반행위로 인해 취득한 이익의 규모를 고려하도록 하고 있는 것이다(제55조의3 제1항). 또한 부당내부거래로 인하여 발생하는 부당한 이득의 발생구조를 파악함에 있어서는 각 기업을 고립시켜서 고찰하기보다는 지원을 주고받는 대규모 기업집단 소속 계열회사 상호간의 관점에서 파악하는 것이 보다 적절할 것이다. 즉, 다수의 계열회사들이 기업집단 전체의 이익을 위해 계속적으로 서로 지원을 주고받으면서 계열의 유지·확장을 위한 수단으로 부당내부거래를 이용하는 것이므로, 중·장기적으로 볼 때 부당내부거래는 경제력집중을 통하여 결국 부당지원을 한 기업에게도 상당한 부당이득을 발생시키게 됨을 부인하기 어렵다. 따라서 이 사건 법률조항이 부당지원의 객체가 아니라 주체에게 과징금을 부과토록 하였다는 점만으로 과징금에 부당이득 환수의 요소가 전혀 없다고 단언하기 어려운 것이다.

〈불공정거래행위 유형 판단 문제〉[87]

갑은 타이어 제조, 판매회사로서 국내 시장점유율이 40%이다. 나머지 회사들은 시장점유율이 10% 내외에 불과하다. 갑은 도시별로 1개의 직영점과 1－2개 내외의 대리점을 통해 타이어를 판매하고 있다.

〈거래거절〉

1. 권장소비자가격을 잘 따르지 않는 대리점 A와 계약해지하면(거래거절)

〈차별취급〉

2－1. 경쟁이 치열한 대전지역 대리점들에게 15% 할인된 가격으로 공급(1차 가격차별)

2－2. 전직 임원이 운영하는 대리점 C, D에게만 10% 할인된 가격으로 공급(2차 가격차별)

2－3. 전직 임원이 운영하는 대리점 C, D에게만 외상거래기간을 6개월 연장(거래조건 차별)

2－4. 자동차 정비를 하는 계열회사에게 다른 정비회사보다 20% 할인된 가격으로 공급(계열회사를 위한 차별)

〈경쟁사업자 배제〉

3－1. 경쟁사들을 견제하기 위해 장기간 원가이하로 판매(계속적 부당염매)

3－2. 경쟁사들을 견제하기 위해 일시적으로 원가 이하로 판매(일시적 부당염매)

3－3. 경쟁사의 타이어 제조를 어렵게 하기 위해 원료를 고가로 매입해 품귀현상을 초래(부당고가매입)

〈부당고객유인〉

4－1. 직영점에서 타이어를 구입하는 고객에서 구입가격의 30%에 해당하는 경품 제공(부당이익에 의한 고객유인)

4－2. 경쟁사 타이어 품질이 저질이라고 허위선전(위계에 의한 고객유인)

---

87) 불공정거래행위는 유형이 너무 많아 실무자들조차도 헷갈리는 경우가 있다. 그래서 최대한 단순화한 행위유형 판단 문제를 소개한다. 물론 법위반이 되기 위해서는 행위유형에 해당하기만 해서는 부족하고 부당성 등의 추가적인 요건이 충족되어야 한다.

〈거래강제〉

5-1. 대리점이 타이어 구입할 때 동시에 스노우 체인도 구입하도록 의무화(끼워팔기)

5-2. 자사 직원들에게 1인당 연간 10개 이상 판매하도록 강요(사원판매)

〈거래상지위남용〉

6-1. 대리점에게 월별 50개 이상 구입 강요(구입강제)

6-2. 창립기념일에 대리점에게 협찬강요(이익제공강요)

6-3. 대리점에게 월별 100개 판매목표를 정한 후 미달성시 판매장려금 중단(판매목표강제)

6-4. 계약기간 중 6개월 외상거래를 현금결제로 계약조건 변경(불이익제공)

6-5. 대리점에게 경쟁사 퇴직직원을 채용하지 못하도록 요구(경영간섭)

〈구속조건부거래〉

7-1. 대리점으로 하여금 경쟁사와는 거래를 하지 못하도록 함(배타조건부거래)

7-2. 대리점으로 하여금 당해 지역 밖에까지 광고전단을 보내거나 주소가 타 시도인 고객과 거래하지 못하도록 함(거래지역제한, 상대방제한)

〈사업활동방해〉

8-1. 대리점이 힘들게 작성한 고객성향분석정보를 제출받아 직영점에 제공(기술 부당이용)

8-2. 경쟁사의 핵심연구인력 상당수를 스카웃(인력의 부당유인채용)

8-3. 대리점 계약 종료후 담보를 해지해 주지 않아 경쟁사와 대리점 계약방해(거래처이전방해)

경쟁제한적 기업결합

제1절 기업결합 개요

I. 기업결합의 의의

1. 개념

미국 등 선진국에서는 오래 전부터 기업결합이 주요한 경영수단으로 널리 활용되어 왔다. 우리나라에서 기업결합이 본격화한 것은 IMF 외환위기 이후에 기업구조 조정을 위한 수단으로 활용되기 시작하면서부터라고 할 수 있다. 흔히 M&A(Merger and Acquisition), 또는 단순히 Mergers라고 불리는 기업결합은 법률적 개념에 대해서 공정거래법상 직접적인 정의규정을 두고 있지는 않다. 이론적으로는 개별기업의 경제적 독립성이 소멸됨으로써 사업활동에 관한 의사결정권이 통합되는 기업 간의 자본적·인적·조직적 결합(integration)으로 정의될 수 있다. 실무적으로는 기업결합을 제한하고 있는 법 제9조 제1항에서 열거하고 있는 주식취득, 임원겸임, 합병, 영업양수, 새로운 회사설립 참여 등을 종합적으로 포괄하는 개념으로 이해할 수 있다.[1]

2. 기업결합의 동기

이러한 기업결합이 이루어지는 동기는 여러 가지가 있을 수 있다.

첫째, 규모의 경제(economy of scale)와 범위의 경제(economy of scope)를 추구하

---

1) 2020.12.29. 개정 이전 조항 제7조 제1항.

기 위한 기업들의 전략적 결정에 의한 경우가 대표적이라고 할 수 있다. 규모의 경제는 기업의 생산규모가 커지게 되면 제품단위당 생산비가 절감되어 이익이 증가하는 현상을 말한다. 예컨대 두 개의 회사가 합병하여 원료를 대량으로 공동구매하여 원가를 절감하고 판매망을 통합하여 유통비용을 절감함으로써 이익을 극대화하는 경우이다.

범위의 경제는 동일한 수량의 생산요소를 투입했을 때 각각의 기업이 하나씩의 다른 제품을 만드는 것보다 한 기업이 두 가지 모두를 만드는 것이 더 효율적인 경우를 말한다. 예를 들어 가죽지갑과 핸드백을 각각 만드는 별개의 회사가 있다면 두 회사가 결합하여 한 개의 회사에서 가죽지갑과 핸드백을 함께 만드는 것이 별개의 기업이 각각 지갑과 핸드백을 만드는 것보다 자본과 노동이 더 적게 투입되거나 생산량이 더 많아지는 경우가 그 사례이다.

둘째, 기업결합은 중복되는 사업부문을 정리하고 주력 사업분야를 육성하는 등 기업의 구조조정 수단으로도 활용할 수 있다. IMF 외환위기 이후에 집중적으로 발생한 기업결합은 대부분 이와 같은 동기에 의해서 추진된 것으로 볼 수 있다. 한 기업에게는 효용가치가 부족한 사업분야도 다른 기업에게는 시너지 효과를 줄 수 있다. 실제로도 기업결합을 통해 구조조정에 성공한 사례가 적지 않다.

셋째, 기업이 기존의 지배력을 강화한다거나 강력한 경쟁자의 신규진입을 막기 위한 수단으로 활용될 수 있다. 예컨대 경쟁력 있는 중소기업을 인수하여 기존의 지배력을 공고히 한다든지 유력한 부품공급 업체를 인수해 경쟁사의 부품구매를 어렵게 할 수도 있다.

이처럼 기업결합의 동기나 그 결과는 경영효율성과 생산성을 제고하고 경쟁력을 강화시킨다는 긍정적인 측면이 있지만 경우에 따라서는 시장의 독점화를 초래하거나 시장경쟁의 정도를 감소시키는 부정적인 결과가 나타날 수도 있다. 이러한 기업결합의 양면적인 효과 때문에 기업결합심사제도가 필요하다.

부당한 공동행위는 기업들 간의 일시적인 협력체계를 구축하는 것인 반면 기업결합은 영구적인 협력체계를 구축하는 것이어서 경우에 따라서는 기업결합의 부작용이 더 클 수도 있다. 반면 대부분의 기업결합은 정상적인 경영과정에서 발생하는 것이어서 정부가 과다하게 개입하는 경우 시장경제의 원활한 작동을 저해하게 된다. 따라서 공정거래법상 기업결합심사과정은 특정 기업결합의 긍정적 측면인 효율성과 부정적 측면인 경쟁제한성을 세심하게 비교형량하여 장차 당해 기업결합이 시장에 긍정적인지 여부를 판단하는 대단히 어려운 작업이라고 요약할 수 있다.

Ⅱ. 기업결합의 유형

1. 영위업종 간의 관계에 따른 분류

1) 수평결합(horizontal merger)

수평결합은 동일한 시장에서 상호 경쟁관계에 있는 기업 간의 결합을 말한다. 예컨대 1998년 현대자동차와 기아자동차의 합병과 같이 자동차 제조업체 간의 결합이다. 수평결합이 발생하면 시장의 경쟁사업자 수가 감소하고 시장의 집중도가 증가하여 경쟁기업 간 협조가 원활히 되거나 한 기업의 시장지배력이 형성·강화되는 등 경쟁제한적 효과가 비교적 명백하게 나타날 수 있다. 기업결합 심사의 핵심이고 사건 수도 가장 많다.

2) 수직결합(vertical merger)

수직결합은 상이한 거래단계에서 상호 인접해 있는 사업자들 간의 결합으로서 흔히 구매자(buyer)와 공급자(supplier) 간의 기업결합을 말한다. 예컨대 자동차 제조업체와 자동차 부품업체(예컨대 스파크 플러그 제조회사) 간의 결합이 이에 해당한다. 수직결합은 수평결합과는 달리 직접적인 경쟁관계에 있는 기업 간의 결합은 아니지만 생산과 유통단계에서 인접하고 있는 기업 간의 결합으로서 시장의 경쟁상태에 영향을 미칠 수 있다. 수직결합으로 인한 전형적인 경쟁제한 효과로는 봉쇄효과(foreclosure effect)[2]와 진입장벽 증대효과가 있다.

3) 혼합결합(conglomerate merger)

혼합결합은 수평결합이나 수직결합에 해당되지 않는 유형의 기업결합을 의미한다. 미국의 사례로는 가정용 세제 등을 판매하는 Procter & Gamble이 액체표백제 시장에서 유력한 사업자이던 Clorox를 인수한 사례가 있다.[3] 혼합결합은 경쟁상품

---

2) 원재료 구매회사와 공급회사가 결합함으로써 원재료 공급시장 또는 구매시장에 대한 타 사업자의 접근이 제한되거나 차단되는 효과를 의미한다.
3) FTC v. Procter & Gamble Co., 386 U.S. 568 (1967). 미국 FTC는 이러한 기업결합은 액체표백제 시장에서 Procter & Gamble이 자금력이나 기술력을 활용해 지배력을 증가시킴으로서 경쟁을 저해한다고 결정하였고, 연방대법원도 Procter & Gamble을 액체표백제 시장의

은 아니지만 용도나 생산방식 등이 유사한 상품을 생산하는 회사 간의 결합인 경우
도 있지만 전혀 다른 상품을 생산하는 회사 간의 결합도 있다.

　　혼합결합의 경우에는 수평결합이나 수직결합과는 달리 경쟁제한적 효과가 분
명하게 나타나지 않기 때문에 혼합결합의 경쟁제한적 효과에 대해서는 과거에 상
호거래(reciprocal dealing),[4] 참호효과(entrenchment effect), 횡적보조(cross sub-
sidization), 상호자제(mutual forbearance) 이론 등 다양한 견해들이 제시되었다. 그러
나 현재는 혼합결합의 경쟁제한성 이론으로 잠재적 경쟁(potential competition) 배제
이론이 주류를 이루고 있다. 이는 시장에 신규로 진입하고자 하는 잠재적 경쟁자가
기업결합의 방법으로 시장에 진입함으로써 당해 시장의 경쟁상황이 영향을 받게
되는 효과를 의미한다.[5]

2. 기업결합 수단·방법에 따른 분류

　　기업결합은 그 수단이나 방법에 따라서도 분류가 가능한데 현행 공정거래법은
이러한 기준에 따라서 기업결합을 분류하고 있다. 공정거래법 제9조 제1항은 기업
결합의 수단이나 방법에 따라 다음의 표와 같이 다섯 가지 유형의 기업결합을 열거
하고 있다.

[표 4-1] 기업결합의 유형

분 류	개 념
주식취득·소유	다른 회사의 주식을 취득하거나 주식소유비율이 증가
임원겸임	다른 회사 임원을 겸직
합병	신설합병 : A+B⇒C(신설) 흡수합병 : A+B⇒A(B를 흡수)
영업양수	다른 회사의 영업 또는 영업용 고정자산을 인수
새로운 회사설립 참여	다른 회사와 함께 새로운 회사(합작회사)를 설립에 참여

　　잠재적 진입자로 보고 이 건 인수로 인하여 신규진입의 가능성이 무산되었다고 판시하였다.
4) 상품의 가격이나 품질을 따지지 않고 특수한 관계에 있는 회사라는 이유만으로 수요-공급관
　계에 들어가게 되면 시장에서의 경쟁이 저해될 수 있다는 이론을 의미한다.
5) 잠재적 경쟁자 배제이론이 적용되는 혼합결합은 잠재적인 경쟁관계에 있던 기업 간의 결합이
　므로 기본적으로는 수평결합과 그 본질을 같이한다고 할 수 있다. 그리고 혼합결합이 잠재적
　인 경쟁관계에 있지 않은 기업 간에 발생하더라도 기업결합 당사회사가 아닌 제3의 회사와의
　경쟁관계에 영향을 미치는 경우도 있을 수 있다.

제2절 기업결합 심사

Ⅰ. 개요

기업결합을 규제하는 취지는 담합을 규제하는 취지와 유사한 측면이 있다. 예컨대 경쟁관계에 있는 A기업과 B기업이 가격담합을 하게 되면 효율적인 자원배분의 수단인 가격이 제 기능을 못하게 되는 것과 마찬가지로 A기업과 B기업이 하나의 기업으로 통합해 버리면 구조적이고 영구적인 가격담합과 같은 결과를 낳게 된다. 즉, 이전엔 서로 경쟁관계에 있었던 두 기업이 이제는 영원한 담합의 관계로 바뀌게 되므로 소비자의 이익을 해칠 수 있다는 문제점이 생긴다. 기업결합이나 가격담합 모두 복수의 사업자들이 상호간의 공조행위를 통하여 시장지배력을 형성·획득하게 된다는 점에서는 동일한 속성을 가지고 있다고 할 수 있다.

그러나 기업결합은 가격담합과 구별될 수 있는 긍정적인 동기와 효과가 존재한다. 기업결합을 가격담합의 경우처럼 당연위법의 원칙을 적용하는 등 엄격하게 제한하는 것은 타당하지 않고, 실제로 각국의 입법례도 기업결합규제와 가격담합규제 간에는 차이를 두고 있다. 경쟁사업자들 간의 가격담합은 경쟁을 제거하여 가격을 인상하는 것을 직접적인 목적으로 하는 행위이고 또 그것이 전부다.

하지만 기업결합 그 자체는 가격인상이 아닐 뿐만 아니라 기업결합에 의하여 얻어지는 다양한 효율성이 존재할 수 있다. 두 기업이 결합함으로써 원료를 대량구매하게 되어 원료비가 절감되거나 제품의 공동보관 또는 공동배송으로 비용이 절감되거나 조직 또는 인력의 통폐합으로 인해 인건비 등이 절약되는 등 효율성이 제고될 수 있다. 만약 기업결합이 비용절감과 가격하락으로 연결되면 시장에서의 경쟁을 촉진시키고 소비자에게 이익이 될 수도 있는 것이다.

따라서 기업결합 규제에 있어서는 시장경쟁에 대한 부정적인 영향과 긍정적인 영향을 분석하여 양자의 크기를 비교형량할 필요성이 있다. 당해 기업결합으로 인한 경쟁촉진적인 효과가 큰지 아니면 경쟁제한적인 효과가 큰지를 판단하는 것이 기업결합 심사제도의 본질이라고 할 수 있다.

기업결합을 제한하고 있는 공정거래법 제9조 제1항 본문은 "누구든지 직접 또는 대통령령으로 정하는 특수한 관계에 있는 자(특수관계인)를 통하여 다음 각 호의 1에 해당하는 행위(기업결합)로서 일정한 거래분야에서 경쟁을 실질적으로 제한하는 행위를 하여서는 아니된다"라고 규정하고 있다.[6] 이 조항은 공정거래법상 기업결합심사제도의 기본적인 틀을 제시하고 있다는데 의미가 있다. 공정거래법상 기업결합심사의 일반적인 순서는 다음과 같다.

[표 4-2] 기업결합심사의 위법성 판단절차

1단계	원고에 해당하는 심사관은 법에 정한 기본적인 요건이 충족되는지 여부를 심사한다. ① 당해 기업결합당사자들이 법적용 대상 사업자인지 ② 당해 기업결합이 법적용 대상이 되는 기업결합유형인지 ③ 당해 기업결합으로 인하여 기업결합당사자들 간에 지배관계가 형성되는지 ④ 경쟁제한성이 있는지 여부를 심사한다. 경쟁제한성 여부를 판단하기 위한 전 단계의 작업으로 먼저 관련시장 획정을 하고 집중도 분석을 한다.
	만약 심사관의 입장에서 기본적인 요건이 충족된다고 판단하면 사업자 측에 예외적 사유가 있는지 확인한다.
2단계	사업자는 효율성 예외나 부실기업 예외사유가 있으면 그에 대한 주장과 입증을 한다. 만약 예외사유가 법에 정한 요건을 충족하지 못한다고 판단하면 심사관은 심사보고서를 작성하여 위원회에 상정한다. 소송에서 기소의 단계에 해당한다.
	1단계와 2단계는 별도로 이루어지기도 하지만 동시에 이루어지는 경우가 많다. 특히 효율성 예외는 1단계의 경쟁제한성 심사와 동시에 이루어지는 경우가 많다. 예컨대 수평결합에서 경쟁제한적 기업결합으로 추정된다는 판단(1단계)과 효율성 예외에 해당한다는 주장(2단계)이 대립될 때 심사관은 관련시장을 분석하여 기업결합으로 인한 효율성이 경쟁제한성을 능가할 수 있는지 여부를 판단한다.
3단계	위원회는 심사관의 심사보고서와 피심인의 반박, 예외사유 존재 여부를 종합적으로 고려하여 당해 기업결합이 경쟁제한적 기업결합인지 여부를 판단한다. 이를 위해 서로 상반되는 심사관과 피심인의 경제분석서 가정들이 타당한지 여부를 판단하고 이를 토대로 하여 경쟁제한효과와 경쟁촉진효과를 비교형량한다.
	경쟁제한효과가 더 크다고 판단한다 하더라도 기업결합을 허용해야 할 예외사유에 해당하는지 여부를 추가로 판단한다.

Ⅱ. 법적용 여부 심사

1. 적용대상자

공정거래법 제9조 제1항은 누구든지 직접 또는 특수관계인을 통하여 경쟁제한적인 기업결합을 하여서는 아니 된다고 규정함으로써 법적용 대상에 대한 아무런 제한을 두고 있지 않다. 따라서 사업자가 자연인인지 법인인지 여부, 사업규모 등

---

6) 2020.12.29. 개정 이전 조항 제7조.

에 관계없이 공정거래법 제9조의 적용대상이 되며 외국사업자 간의 기업결합도 국내 시장에 영향을 미치게 되는 범위에서 규제대상이 될 수 있다. 그러나 자산총액 또는 매출액이 2조원 미만인 회사의 경우에는 임원겸임에 대한 공정거래법상의 기업결합규제를 받지 않는다(법 제9조 제1항 단서, 제11조 제1항, 시행령 제15조 제3항).[7]

또한 법 제9조의 적용대상이 되는 자는 직접 기업결합을 하는 경우뿐만 아니라 특수관계인을 통하여 기업결합을 하는 경우도 규제의 대상이 될 수 있다. 여기서 말하는 특수관계인이란 시행령 제14조에서 규정하고 있는 ① 당해 회사를 사실상 지배하고 있는 자, ② 동일인관련자,[8] ③ 경영을 지배하려는 공동의 목적을 가지고 당해 기업결합에 참여하는 자를 의미한다.

특수관계인에 해당하는지 여부가 문제되었던 경우로서 KCC기업집단 및 구 현대기업집단 소속 일부 회사들이 현대엘리베이터 주식 36%를 취득한 사안[9]을 들 수 있다. 동 사안에서 공정거래위원회는 당해 회사들이 외국인에 의한 적대적 M&A를 공동으로 방어하고 당해 기업을 지배하기 위해 기업결합에 참여하였다고 판단하여 구 현대기업집단 소속 회사들은 경영을 지배하려는 공동의 목적을 가지고 기업결합에 참여한 KCC 기업집단의 특수관계인에 해당한다고 판단한 바 있다.

[사례] KCC그룹의 현대엘리베이터 주식취득건(공정거래위원회 2004기결0697)

● 기업결합 개요

KCC그룹 및 구 현대그룹 소속회사들[한국프랜지공업, 울산화학, 현대지네트, 현대백화점, 현대백화점 H&S, 현대시멘트, 현대종합금속]이 현대엘리베이터의 주식을 36% 취득하였는데, KCC측의 직접지분은 10.6%에 불과하였으나, 범 현대가의 지분 및 사모펀드 지분을 포함할 경우에는 신고기준인 15% 이상을 취득하게 되므로, KCC측과 나머지 회사 간에 시행령 제11조 제3호에서 규정하고 있는 특수관계인의 관계가 형성되는지 여부가 문제되었다.

● 공정거래위원회 결정

다음과 같은 점을 감안해 현대종합금속을 제외한 현대가 6개사는 시행령 제14조 제3호의 특수관계인에 해당된다고 결정하였다.
– 6개사의 취득행위가 정몽헌 회장 사망(2004.8.4.) 및 외국인의 공격적 매수 시점

---

7) 2020.12.29. 개정 이전 조항 제7조 제1항 단서, 제12조 제1항 단서, 시행령 제12조의2.
8) 동일인관련자의 범위는 시행령 제4조 제1호에서 규정하고 있다.
9) 이 사건은 현대 현정은 회장측과 KCC 정상영 명예회장측 간의 경영권분쟁으로 알려져 있기도 하다.

(8.12.~8.14.)을 전후한 8.13.~8.18.의 기간에 집중되었다는 점에서 외국인에 의한 적대적 M&A를 방어하기 위한 현대가의 공동방어 및 공동지배를 위한 주식취득이라고 판단된다는 점.

— KCC측이 보도자료를 통해 범 현대가의 경영참여 의사를 밝혔다는 점.

※ 단, 현대종합금속은 정몽헌 회장 사망 및 외국인의 매수 전인 7.24.에 이미 현대엘리베이터 주식을 매입했다는 점에서 시행령 제11조 제3호의 특수관계인에는 해당되지 않는다고 결정하였다.

2. 기업결합 유형

공정거래법 제9조 제1항에서는 법 적용이 되는 기업결합유형으로 다음의 5가지를 한정적으로 열거하고 있다.

1) 주식취득 및 소유(법 제9조 제1항 제1호)[10]

다른 회사의 주식[11]을 취득하는 행위(취득)와 주식을 취득한 상태(소유)를 말하는 것으로서 기업결합의 가장 보편적인 유형이라고 할 수 있다. 공정거래법 제10조(주식의 취득 또는 소유의 기준)에서는 "이 법에 따른 주식의 취득 또는 소유는 취득 또는 소유의 명의와 관계없이 실질적인 소유관계를 기준으로 한다"고 규정하고 있다. 기업결합 관련조항뿐만 아니라 공정거래법 전반적으로 주식의 취득 또는 소유는 대외적·형식적인 명의가 아닌 실질적인 소유관계를 기준으로 판단하여야 한다.[12]

2) 임원겸임(법 제9조 제1항 제2호)[13]

임원겸임이란 어떤 회사의 임원이나 종업원이 다른 회사의 임원의 지위를 겸임하는 것을 말한다. 임원겸임은 주로 주식취득 등 다른 기업결합의 보완적인 수단으로 활용되는 경우가 많다. 임원으로 취임하게 되면 주요한 의사결정에 관여할 수

---

10) 2020.12.29. 개정 이전 조항 제7조 제1항 제1호.
11) 공정거래법 제2조(정의) 제7호 규정에 의하여 공정거래법상 주식에는 지분도 포함된다.
12) 이와 관련하여 주식을 신탁하는 경우가 문제될 수 있다. 공정거래법은 실질적인 소유관계를 기준으로 주식의 소유여부를 판단하도록 정하고 있기 때문에 외형적으로는 신탁의 형식을 취하고 있다고 하더라도 위탁자가 당해주식에 대한 관리권과 처분권을 유보하고 있는 등 실질적으로는 위탁자가 소유하고 있다고 보아야 할 특별한 사정이 있는 경우에는 공정거래법상으로는 여전히 신탁자가 소유권자로 판단될 수 있다고 생각된다.
13) 2020.12.29. 개정 이전 조항 제7조 제1항 제2호.

있어 경제적 지배관계를 형성하는데 도움이 된다. 임원은 이사나 대표이사, 업무집행을 하는 무한책임사원, 감사나 이에 준하는 자 또는 지배인 등 본점이나 지점의 영업전반을 총괄적으로 처리할 수 있는 상업사용인을 말한다(법 제2조 제6호). 종업원은 임원 이외의 자로서 계속하여 회사의 업무에 종사하는 자를 의미한다. 임원겸임에는 임원의 파견도 포함되는 것으로 해석되고 있으나 겸임의 대상이 되는 직위는 임원에 한정되고 종업원을 겸임하는 경우는 포함되지 않는다.

3) 합병(법 제9조 제1항 제3호)[14]

합병은 기업결합의 강도가 가장 강한 것으로서 둘 이상의 회사가 법적으로 단일의 실체가 되는 것을 의미한다. 합병의 종류로는 한 기업이 다른 기업에 흡수되어 소멸하는 흡수합병(merger)과 기존의 기업들이 소멸하고 제3의 새로운 기업이 설립되는 신설합병(consolidation)이 있다. 기업결합 실무에서 양자의 차이는 없다.

4) 영업양수(법 제9조 제1항 제4호)[15]

영업양수는 다른 회사의 영업의 전부 또는 주요 부분의 양수·임차 또는 경영의 수임이나 다른 회사의 영업용 고정자산의 전부 또는 주요 부분의 양수를 말한다. 영업양수는 '사실상 합병'이라고도 하는데 영업양수만으로는 법인격의 소멸이 발생하지 않는다는 점에서 합병과는 구별된다. 경영의 수임이란 경영위탁계약을 체결하고 수임인이 경영권을 행사하는 것을 말한다.

5) 새로운 회사설립에의 참여(법 제9조 제1항 제5호)[16]

기업결합은 기존에 존재하는 기업 간의 결합을 의미하는 것이 본래적인 개념이지만, 공정거래법은 새로운 회사설립에 참여하는 경우도 기업결합으로 규제하고 있다. 새로운 회사설립의 방법에 의해서도 시장의 경쟁상황에 영향을 미칠 수 있는 경우가 있을 수 있기 때문이다. 상호 경쟁관계에 있는 2 이상의 회사가 새로운 공동판매회사를 설립함으로써 상호간의 판매경쟁을 회피하는 경우가 그 사례이다.

다만 특수관계인들만 참여하는 회사설립의 경우에는 기존의 경쟁관계에 대한

---

14) 2020.12.29. 개정 이전 조항 제7조 제1항 제3호.
15) 2020.12.29. 개정 이전 조항 제7조 제1항 제4호.
16) 2020.12.29. 개정 이전 조항 제7조 제1항 제5호.

특별한 영향이 없기 때문에 규제대상에서 제외되고 있다. 상법 제530조의2(회사의 분할·분할합병) 제1항의 규정에 의한 회사분할로 인한 회사설립에 참여하는 경우도 규제대상에서 제외되고 있다(제5호 가목, 나목).

Ⅲ. 지배관계 형성여부 심사

기업결합으로 인한 지배관계 형성은 통상 공정거래법 제9조 제1항에서 규정하고 있는 금지대상 기업결합으로 인정하기 위한 전제조건에 해당한다. 이는 기업결합으로 인하여 결합회사 간에 지배관계가 형성되지 않는 경우에는 기업결합 전·후의 상황에 변화가 있다고 보기 어렵기 때문이다. 다만 지배관계가 형성될 정도는 아닌 경우에도 두 회사 간 상호협조가 원활히 되어 기업결합과 유사한 상태가 될 우려가 전혀 없지는 않다. 그래서 심사기준에서는 지배관계가 형성되지 않는 경우 간이심사대상 기업결합으로 인정하여 경쟁제한성이 없는 것으로 추정하도록 되어 있다(「기업결합 심사기준」[17], 이하 이 장에서 '심사기준'이라고 한다) Ⅲ.2).

동 심사기준에 의하면 합병 또는 영업양수의 경우에는 당해 행위 자체로 인하여 지배관계가 형성되는 것으로 판단하고 있다. 주식취득·임원겸임·새로운 회사설립참여의 경우에는 다음의 요건이 충족된 경우에 지배관계가 형성된 것으로 판단한다(심사기준 Ⅳ).

1. 주식취득 및 소유, 새로운 회사설립에의 참여

취득회사 등[18]의 주식소유비율이 50% 이상인 경우에는 지배관계가 형성된 것으로 판단한다. 취득회사 등의 주식소유비율이 50% 미만인 경우에도 ① 각 주주의 주식소유비율, 주식분산도, 주주 상호간의 관계, ② 피취득회사가 그 주요 원자재의 대부분을 취득회사 등으로부터 공급받고 있는지 여부, ③ 취득회사 등과 피취득회사 간의 임원겸임관계, ④ 취득회사 등과 피취득회사 간의 거래관계, 자금관계, 제휴관계 등의 유무 등의 요소들을 종합적으로 고려하여 지배관계의 형성여부를 판단한다(심사기준 Ⅳ.1.가).

---

17) 공정거래위원회고시 제2021-25호, 2021.12.30. 일부개정
18) '취득회사 등'이라 함은 취득회사 및 취득회사와 시행령 제14조 각호에 규정된 관계에 있는 자(동조 제3호에 규정된 자의 특수관계인을 포함한다)를 말한다(심사기준 Ⅱ.3. 참조).

새로운 회사설립 참여의 경우 ① 참여회사 중 2 이상 회사의 신설회사에 대한 지배관계가 형성되어야 하고, ② 기업결합 당사회사와 신설회사 간의 지배관계 형성여부는 주식소유에 대한 지배관계 판단기준을 준용한다(심사기준 Ⅳ.3).

지배관계 형성여부가 쟁점이 되었던 사건으로 (주)무학 등의 대선주조(주) 주식취득 건이 있다.[19] 이 사건에서 무학측은 대선주조(주) 주식 41%를 인수하였는데 주주권행사에 의하여 대선주조(주)를 지배하기가 불가능한 상황이라고 주장하였다. 그 근거로 무학측이 제안했던 이사 및 감사 선임 건이 대선주조(주)의 주주총회에서 부결되었다는 점을 들었다.

그러나 공정거래위원회는 지배관계의 형성은 그 가능성만 있으면 되는 것이라는 전제 하에 당시 주총에서 ㈜무학 측의 제안이 부결된 것은 기존 이사 등을 해임하기 위한 특별결의요건이 충족되지 않았기 때문이라고 보았다. 그리고 기존 이사들의 임기만료 이후 새로 이사 등을 선임할 때에는 보통결의 요건만 있으면 되므로 다음 주총에서는 ㈜무학 측의 이사들이 선임될 가능성이 높을 뿐만 아니라 일반주주들이 반드시 대선주조(주)와 연대한다는 보장은 없다고 판단하였다. 결국 무학 측의 지분율이 50%에는 미치지 못하였지만 공정거래위원회는 지배관계형성을 인정하였다. 서울 고등법원도 공정거래위원회의 판단을 받아들였다.[20]

2. 임원겸임

겸임자의 수가 피취득회사 전체 임원의 1/3 이상인 경우로서 피취득회사의 경영전반에 실질적인 영향력을 행사할 수 있는 경우나 겸임자가 피취득회사의 대표이사 등 경영전반에 실질적인 영향력을 행사할 수 있는 지위에 있는 경우에는 지배관계가 형성된 것으로 판단한다(심사기준 Ⅳ.2.가).

Ⅳ. 관련시장의 획정 및 집중도 분석

기업결합 심사는 당해 기업결합으로 인해 이전의 경쟁상태가 어떻게 영향을 받았는지 혹은 장래에 어떻게 영향을 받을 것인지를 심사하는 것이다. 이를 위해서는 우선 경쟁이 이루어지고 있는 범위부터 설정할 필요성이 있다.

---

19) 공정거래위원회 의결 제2003-027호, 2003.1.28.
20) 서울고등법원 2004.10.27. 선고 2003누2252 판결.

1. 관련시장의 획정

관련시장의 개념 및 획정 방법은 시장지배적지위 남용행위 부분에서 살펴본 것과 대동소이하다.

1) 상품시장

상품시장은 서로 경쟁관계에 있는 상품 또는 서비스의 범위를 말한다. 서로 경쟁관계에 있다는 것은 기능적인 면에서 혹은 생산적인 측면에서 합리적으로 대체가능하다는 것(reasonable interchangeability of use)을 의미하는 것으로 이해할 수 있다.

상품시장 획정의 중요성을 잘 보여 주는 사례로는 du Pont/GM의 기업결합사건을 들 수 있다.[21] 페인트와 직물을 생산하는 du Pont은 자동차 제조업체인 GM의 주식을 23% 인수하였는데, 이것이 경쟁을 저해하는 수직적 기업결합인지 여부가 문제되었다. du Pont이 생산하는 페인트와 직물의 전체시장 점유율은 각각 3.5%와 1.6%에 불과했지만 자동차용 페인트와 자동차용 직물시장 점유율은 각각 24%와 19%에 달하였다.

만약 관련시장을 전체시장으로 획정한다면 당해 기업결합으로 인한 경쟁저해성은 거의 없다고 평가될 수 있다. 반면 자동차용 페인트 및 직물로 한정한다면 경쟁저해성이 상당하다고 평가될 수 있는 상황이었다. 법원은 이 사건에서 관련시장을 좁게 획정함으로써 결국 당해 기업결합을 위법한 것으로 판단하였다.

다음은 우리나라 공정거래위원회에서 상품시장 획정이 주요 쟁점이 되었던 사건 중의 하나이다.

[사례] 파리크라상의 삼립식품 주식취득 건(2002.12.)
● 기업결합 개요
베이커리 업체인 파리크라상이 양산빵 업체인 삼립식품 주식을 취득하고 기업결합을 신고하였다.
● 관련시장 획정
슈퍼 등에서 판매하는 양산빵 시장과 동네제과점 등 베이커리 시장이 별도의 시장인지

---

21) United States v. E.I. du Pont de Nemours & Co., 353 U.S. 586 (1957).

여부가 쟁점이 되었는데, 관련시장이 전체 제빵시장으로 획정되는 경우는 경쟁제한성이 문제되지 않지만, 별도의 시장이라면 경쟁제한성이 문제될 수 있는 상황이었다.

양산빵 시장에서 파리크라상의 계열사인「샤니」와「삼립식품」의 시장점유율을 합하면 70% 이상인 반면, 베이커리를 포함한 전체 제빵시장에서는「샤니＋삼립식품＋파리크라상」의 점유율은 34% 정도에 불과하였다.

공정거래위원회는 양산빵 소비자를 대상으로 대면조사(500표본)를 실시하고, 전체 제빵 소비자를 대상으로 전화조사(500표본)를 하는 방법으로 설문조사를 실시하였다. 조사 결과 양산빵 가격인상에 따른 소비자들의 수요대체성(양산빵 가격 인상시 베이커리로 옮기겠다는 정도)이 높게 나타났는데, 양산빵 가격을 10% 인상할 경우 설문 응답자의 57.8% 이상이 베이커리로 대체소비하겠다고 응답하였다. 그리고 양산빵을 구입하는 동기 중 "가까워서, 제과점까지 가기가 귀찮아서"라는 답변이 59%로 가장 많은 비중을 차지했는데, 이는 구매 접근성만 용이하면 양산빵 소비자가 언제든지 베이커리 소비자로 전환될 수 있다는 것을 의미한다.

결국 이 사건의 관련시장은 전체 제빵시장으로 획정되어 공정거래위원회는 당해 기업결합의 경쟁제한성을 문제삼지 않았다.

2) 지리적 시장

지리적 시장은 경쟁이 일어나고 있는 지리적 범위를 말한다. 지리적 시장의 범위가 국내시장에 한정되는지 아니면 세계시장으로 확장될 수 있는지 여부가 문제될 수 있다. 삼익악기 등의 영창악기 주식취득 건[22]에서 삼익악기 측은 글로벌화한 경제하에서 피아노 시장은 전 세계에 개방되어 있으므로 지리적 시장은 세계시장으로 획정되어야 한다고 주장하였다. 이에 대해 공정거래위원회는 기업결합 심사는 일차적으로 국내소비자를 보호하기 위한 것이므로 지리적 시장도 국내시장으로 한정되어야 하고 운송비나 관세장벽을 고려할 때 관련시장을 세계시장으로 확대하는 것은 현실성이 없다는 취지로 관련시장을 국내시장으로 획정하였다.[23]

3) SSNIP 기법

합리적인 경쟁관계를 경제적 추론(reasoning)에 의해 판단할 수도 있겠지만 보

---

22) 공정거래위원회 의결 제2004－271호, 2004.9.24., 서울고등법원 2006.3.15. 선고 2005누3174 판결, 대법원 2008.5.29. 선고 2006두6659 판결.
23) 선진외국에서도 운송비용이 거의 들지 않는 소프트웨어나 제품특성상 전 세계 소비자를 대상으로 할 수밖에 없는 비행기를 제외하고는 지리적 시장을 세계시장으로 획정한 예를 찾아보기 어렵다.

다 정교하게 개발된 기법을 활용하는 경우가 많다. 'SSNIP 테스트'라는 기법인데 '작지만 의미 있고 일시적이지 않은 가격인상'(SSNIP, small but significant and non-transitory increase in price)이라는 개념이다. 통상 5% 가격인상 시 구매자들의 변화를 살펴보는 것이다.[24]

이 기법은 다음과 같은 순서로 이루어진다. 일단 임의적으로 시장범위를 획정하여 그 시장에 독점사업자가 있다고 가정하고 그 독점사업자가 가격을 5% 인상했을 때 많은 소비자들이 다른 상품의 구매로 이탈하지 않고 또 신규사업자가 진입하지 않는다면 그 시장획정이 제대로 된 것으로 판단한다.

반대로 많은 소비자들이 가격인상에 반응해서 다른 상품을 구매한다거나 신규사업자가 그 시장에 진입한다면 시장의 범위가 너무 좁게 획정된 것으로 판단하게 된다. 소비자들이 다른 상품 쪽으로 옮겨간다는 것은 다른 상품이 문제의 상품과 경쟁관계에 있다는 것을 의미하고 또 신규사업자가 진입한다는 것도 그 사업자가 독점사업자와 잠재적인 경쟁관계에 있다는 것을 의미하기 때문이다.

SSNIP 테스트를 계량화하여 사용하는 경우가 많은데 임계매출분석이 대표적이다. 지리적 시장을 획정하기 위한 계량적인 방법으로는 출하이동분석(E-H test)이 활용되기도 한다.[25] 이처럼 관련시장 획정과 경쟁제한성 판단을 위해 계량분석을 많이 활용하는데 무엇보다 결과를 수치로 보여준다는 점에서 장점이 있다. 그러나 동시에 이러한 분석에 활용되는 모델은 현실을 단순화한 것이기 때문에 현실을 제대로 반영하지 못하거나 가정이 잘못된 경우도 있을 수 있어 한계가 있는 것도 사실이다.[26]

2. 집중도 분석

1) 집중도 분석의 중요성
집중도는 한 시장에서 생산량이나 매출액이 일부의 기업들에게 편중된 정도를

---

24) 그래서 5% test 혹은 hypothetical monopolist approach라고도 한다.
25) EH test(Elzinga-Hogarty test)란 다음의 2가지 요건이 충족되면 당해 지역을 일정한 경쟁관계가 성립할 수 있는 관련 지역시장으로 획정할 수 있다는 이론이다. ① 해당상품 역내소비의 대부분이 역내업체에 의해 생산되어 역외업체 상품의 역내유입이 거의 없다(LIFO, Little In From Outside). ② 역내생산되는 해당상품의 대부분이 역내에서 소비되어 역내업체 상품의 역외유출이 거의 없다(LOFI, Little Out From Inside). 실무적으로 LIFO(역내생산/역내소비)와 LOFI(역내소비/역내생산)라는 2가지 척도가 0.75~0.9 정도가 되면 당해 지역을 관련 지역시장으로 획정한다.
26) 이민호, "기업결합의 경쟁제한성 판단기준", 서울대 박사학위논문, 2012, 104-106면.

의미한다. 기업결합을 규제하는 이유는 시장의 집중도가 높아지면 경쟁을 제한할 우려가 있기 때문이다. 예컨대 수평결합이 이루어지면 당해 시장의 사업자 수가 줄어들어 경쟁이 감소할 우려가 높다. 수직결합에서는 인수되는 사업자가 속한 시장의 집중도가 높은 경우 인수자가 속한 시장의 경쟁에 부정적으로 영향을 미칠 수도 있다. 문제는 시장의 집중도를 어떻게 측정할 수 있으며 또 집중도가 어느 정도 수준일 때 정부가 개입하여 규제하는 것이 적정한가 하는 점이다.

미국에서는 집중도를 기준으로 기업결합을 대단히 엄격히 규제한 적도 있었지만 지금은 상당히 완화된 상태이다. 1960년대 만하더라도 미국 판례들은 비록 집중도가 낮은 시장에서의 기업결합이라 하더라도 당해 기업결합으로 인해 집중도가 조금이라도 증가하면 법위반이라고 판단하는 경향이 있었다. 예컨대 1962년 Brown Shoe 사건[27])에서는 결합기업의 시장점유율이 5%밖에 안 되는 경우였음에도 불구하고 관련시장에서 기업결합의 추세(trend)를 고려하여 법위반으로 판단하였다.

그러나 1970년대 이후 엄격한 규제가 완화되어 왔다. 1974년 General Dynamics Corp. 사건[28])에서는 상위 4개사의 시장점유율이 75%나 되는 시장에서 기업결합 당해 회사들의 시장점유율이 23.2%나 되었지만 그러한 기반이 향후 지속적으로 상실될 것이라는 특수한 사정이 있다는 점을 근거로 합법적인 기업결합으로 판결하기도 하였다.

2) 집중도 산정방법

전통적으로 미국에서는 시장집중도를 측정하는 방법으로 상위 4개사의 시장점유율 합계치를 주로 사용하여 왔다.[29]) 상위 4사의 시장점유율 합계치는 그 시장이 소수의 기업에게 어느 정도 집중되어 있는가를 나타내어 주는 좋은 지표가 될 수 있는 것으로 인식되었다. 시장점유율은 보통 시장전체의 매출액 중 그 기업의 매출액이 차지하는 비중으로 측정하게 된다. 산업분야에 따라서는 매출액 대신에 총자산·생산량·은행예금 등 다른 자료들이 사용되기도 한다.

그런데 위와 같은 상위 4개사 기준에 대해서는 여러 가지 문제점들이 지적되어 왔다. 상위 4개사만 대상으로 하기 때문에 그 이하의 사업자들을 망라하지 못할 뿐만 아니라 상위 4개사 내에서도 그들 간의 비중을 적절히 반영하지 못한다는 것이

---

27) Brown Shoe Co., Inc. v. United States, 370 U.S. 294 (1962).
28) United States v. General Dynamics Corp., 415 U.S. 486 (1974).
29) 1968년 미 법무부 최초의 합병심사 가이드라인의 입장이기도 하다.

주된 내용이었다. 예컨대 A, B, C, D 4개사의 시장점유율이 모두 20%인 경우와 A사의 시장점유율은 77%인 반면 B, C, D 사의 점유율은 각각 1%인 경우 4사 집중도는 동일하다. 하지만 양자는 시장의 특성과 각 사업자들의 행태가 전혀 다를 수 있다. 4사 집중도는 그러한 차이를 적절히 반영하지 못한다.

이에 대한 보완책으로 도입된 것이 '허핀달－허쉬만 지수'(Herfindahl－Hirschman Index), 즉 HHI 지수이다. 이것은 모든 사업자의 시장점유율을 제곱하여 합한 수치이다. 미국 법원은 집중도를 측정하는 가장 우수한 방법은 HHI라고 지적한 바 있다.[30]

우리나라 기업결합심사에서도 뒤에서 보는 바와 같이 제한적으로 HHI가 도입되었다. 즉, 법률상의 경쟁제한성 추정규정에서는 여전히 시장점유율의 단순합산치를 기준으로 사용하지만 2006년 「기업결합심사기준」 일부개정에서는 안전지대를 설정하면서 HHI 수치를 기준으로 사용하고 있다. 다만 우리나라는 미국에 비해 시장규모가 작기 때문에 상위 4사 시장점유율 대신 상위 3사 시장점유율을 활용한다.

그리고 시장집중도를 평가함에 있어서는 어느 시점에서의 집중도 절대치뿐만 아니라 최근 수년간의 시장집중도의 변화추세를 함께 고려한다. 예컨대 최근 수년간 시장집중도가 현저히 상승하는 경향이 있는 경우에 시장점유율이 상위인 사업자가 행하는 기업결합은 경쟁을 실질적으로 제한할 가능성이 높아질 수 있다. 이 경우 신기술개발, 특허권 등 향후 시장의 경쟁관계에 변화를 초래할 요인이 있는지 여부를 고려한다.

3) 집중도 분석의 활용

시장의 집중도가 일정 수준 이상이면 경쟁제한적인 기업결합으로 추정하고 일정 수준 미만이면 경쟁제한적이지 않은 기업결합으로 추정한다.

(1) 경쟁제한적 기업결합 추정

공정거래법 제9조 제3항 제1호에서는 상위 3사의 시장점유율이 일정 수준 이상이면 관련시장에서 경쟁을 실질적으로 제한하는 것으로 추정한다고 규정하고 있다.[31] 기업결합이 미래의 경쟁을 제한할 것인지 입증하는 것은 대단히 어려운 작업

---

30) FTC v. University Health Inc., 938 F.2d 1206, 1222 (11th Cir. 1991).
31) 2020.12.29. 개정 이전 조항 제7조 제4항 제1호.

이다. 그래서 입증책임을 완화하기 위해 이러한 규정을 두고 있다. 기업결합이 이러한 추정요건에 해당되면 당사회사가 경쟁제한성이 없다는 반증을 제시하지 않는 한 원칙적으로 경쟁제한성이 인정되게 되는 것이다.

제9조(기업결합의 제한) ③ 기업결합이 다음 각 호의 어느 하나에 해당하는 경우에는 일정한 거래분야에서 경쟁을 실질적으로 제한하는 것으로 추정한다.
1. 기업결합의 당사회사의 시장점유율의 합계가 다음 각 목의 요건을 갖춘 경우
  가. 시장점유율의 합계가 시장지배적사업자의 추정요건에 해당할 것
  나. 시장점유율의 합계가 당해거래분야에서 제1위일 것
  다. 시장점유율의 합계와 시장점유율이 제2위인 회사의 시장점유율과의 차이가 그 시장점유율의 합계의 100분의 25이상일 것

여기서 시장점유율은 계열회사의 시장점유율을 합산한 점유율을 말한다. 시장점유율이 제2위인 회사란 기업결합의 당사회사를 제외한 회사 중 1위인 회사를 말한다. 예컨대 기업결합 당사회사의 시장점유율 합계가 60%이고, 2위 회사의 시장점유율이 20%라고 가정해 보자. 시장점유율이 50%를 넘고 당해 거래분야에서 1위이기 때문에 첫 번째와 두 번째 요건은 충족한다. 그리고 시장점유율의 차이는 40%이다. 기업결합 당사회사의 시장점유율 합계(60%)의 25%는 15%가 된다. 2위 회사와 시장점유율의 차이 40%는 시장점유율 합계의 25%인 15%보다 크기 때문에 셋째 요건을 충족한다.

한편 법 제9조 제3항 제2호에서는 중소기업보호를 위해 추가적인 추정요건을 규정하고 있다.[32]

(2) 비(非) 경쟁제한적 기업결합 추정

심사기준은 시장의 집중도가 일정 수준 미만인 경우에는 경쟁제한적이지 않은 기업결합으로 추정한다고 규정하고 있다(심사지침 VI.1.가).

---

[32] 공정거래법 제9조 제3항(2020.12.29. 개정 이전 조항 제7조 제4항 제2호)
  2. 대규모회사가 직접 또는 특수관계인을 통하여 행한 기업결합이 다음 각목의 요건을 갖춘 경우
    가. 「중소기업기본법」에 의한 중소기업의 시장점유율이 3분의 2 이상인 거래분야에서의 기업결합일 것
    나. 당해기업결합으로 100분의 5 이상의 시장점유율을 가지게 될 것

〈비경쟁제한적 기업결합 추정 기준〉

(1) 수평형 기업결합으로서 다음의 어느 하나에 해당하는 경우
   (가) HHI가 1,200에 미달하는 경우
   (나) HHI가 1,200 이상이고 2,500 미만이면서 HHI 증가분이 250 미만인 경우
   (다) HHI가 2,500 이상이고 HHI 증가분이 150 미만인 경우
(2) 수직형 또는 혼합형 기업결합으로서 다음의 어느 하나에 해당하는 경우
   (가) 당사회사가 관여하고 있는 일정한 거래분야에서 HHI가 2,500 미만이고 당
       사회사의 시장점유율이 25/100 미만인 경우
   (나) 일정한 거래분야에서 당사회사가 각각 4위 이하 사업자인 경우

V. 실질적 경쟁제한성 심사

1. 개요

법 제9조 제1항 본문에서는 "경쟁을 실질적으로 제한하는 행위"를 금지하고 있다. 이에 대한 정의는 법 제2조 제5호에서 내리고 있는데 "일정한 거래분야의 경쟁이 감소하여 특정사업자 또는 사업자단체의 의사에 따라 어느 정도 자유로이 가격, 수량, 품질, 그 밖의 거래조건 등의 결정에 영향을 미치거나 미칠 우려가 있는 상태를 초래하는 행위"를 의미한다.[33] 결국 특정사업자 등이 시장지배력을 형성할 수 있는 상태를 초래하는 행위를 의미하는 것으로 이해할 수 있다.[34] 이 정의에 따르면 단순히 일정한 거래분야의 경쟁이 감소하는 것만으로는 부족하고 나아가 시장지배력이 형성될 수 있는 상태가 초래되어야 한다.

실질적 경쟁제한성의 심사는 특정한 기업결합이 이러한 상태를 초래할 것인지 여부를 심사하는 것이다. 그런데 기업결합은 그 유형에 따라 경쟁을 제한하는 방식이 상이하기 때문에 유형별로 경쟁제한성 심사방식 또한 다소 상이하다. 어느 유형이나 시장의 집중도 분석에서 시작하지만 그와 함께 각 유형별로 다양한 사항들을 종합적으로 고려한다. 하지만 어떠한 기준으로 심사하여야 하는지는 아직도 이론적인 논의가 치열하게 진행되고 있다.

---

33) 2020.12.29. 개정 이전 조항 제2조 제8의2호.
34) 대법원 1995.5.12. 선고 94누13794 판결.

미국의 예를 살펴보면 독점력 남용이나 카르텔의 심사방식 혹은 위법성 판단기준은 주로 연방대법원 판례에 의해 형성되어 왔다. 물론 집행기관인 FTC나 연방 법무부의 가이드라인도 중요한 기준이 되어 왔으나 결정적인 판단기준은 주로 연방대법원이 제시해 왔다.

그러나 기업결합에 있어서는 기업결합 사전신고 의무를 부과한 1975년 HSR 법(Hart-Scott-Rodino Act) 이후 집행기관의 기업결합 가이드라인(Merger Guidelines)이 핵심적인 역할을 수행하고 있다고 하여도 과언이 아니다. 기업결합에 있어서는 1975년 이후 연방대법원 판결은 1건밖에 없다. 사전신고 심사를 통해 집행기관이 불허하면 기업결합을 포기하거나 수정하는 경우가 대부분이기 때문이다. 동 가이드라인은 법적인 구속력은 없지만 경쟁당국이나 기업들에게는 사실상 법이나 다름이 없다.

2. 수평형 기업결합의 경쟁제한 요인

동일한 관련시장에 있는 경쟁사들 간의 기업결합인 수평결합의 심사는 기업결합 심사의 핵심이다. 수평결합은 1963년 미국 연방대법원이 Philadelphia National Bank 사건[35]에서 일정 수준 이상의 시장집중도 및 증가분이 입증되면 경쟁제한성이 추정[36]될 수 있다고 판시한 바 있다. 그리고 FTC와 법무부가 최초로 공동 입안한 1992년 수평결합가이드라인(1992 Horizontal Merger Guidelines)에서 이러한 입장이 HHI 지수를 통해 공식적으로 수용된 바 있다.

물론 현재의 가이드라인 및 실무는 이러한 입장이 다소 수정되었으나 수평결합심사에서 집중도는 결정적인 요소이다. 공정거래법 제9조 제3항 제1호의 경쟁제한적 기업결합 추정제도는 미국의 이러한 실무를 우리나라에 적합하게 수용한 것이다.

수평결합에서 우려되는 경쟁에 대한 우려는 크게 다음의 3가지이다.

1) 단독효과

기업결합 이후 회사는 단독으로 가격인상을 단행할 수 있는 시장지배력을 보유

---

35) United States v. Philadelphia Nat'l Bank, 374 U.S. 321 (1963). 이 판결의 내용과 의의에 대해서는 다음의 논문 참조. 신영수, "은행합병에 관한 경쟁법적 연구", 서울대 박사학위논문, 2003, 107-109면.

36) 미국에서 실무적으로는 이러한 입증을 'prima facie case'라고 부른다. 즉 원고가 이러한 기본적 입증을 하게 되면 당해 기업결합이 경쟁을 제한하는 것으로 추정이 된다는 것이다. 그러면 기업은 경쟁을 제한하지 않는다는 반증을 제시하여야 한다.

할 수 있다. 기업결합 후 당사회사가 단독으로 가격인상 등 경쟁제한행위를 하더라
도 경쟁사업자가 당사회사 제품을 대체할 수 있는 제품을 적시에 충분히 공급하기
곤란한 등의 사정이 있는 경우에는 당해 기업결합이 경쟁을 실질적으로 제한할 수
있다. 이러한 단독효과는 제품차별화가 심한 시장에서 더욱 문제가 될 수 있다. 독
점적 경쟁시장에서는 시장점유율이 시장지배적사업자에 이르지 않는 경우에도 단
독효과가 발생할 수 있다.

심사기준은 다음과 같은 요소들을 감안하여 단독효과를 판단하도록 하고 있다
(심사기준 Ⅵ.2.가.(2)).

〈단독효과 판단기준〉

(1) 결합당사회사의 시장점유율 합계, 결합으로 인한 시장점유율 증가폭 및 경쟁사업
자와의 점유율 격차
(2) 결합당사회사가 공급하는 제품 간 수요대체가능성의 정도 및 동 제품 구매자들의
타 경쟁사업자 제품으로의 구매 전환가능성
(3) 경쟁사업자의 결합당사회사와의 생산능력 격차 및 매출증대의 용이성

---

2) 협조효과(공동행위 가능성)

수평결합에서 가장 중요한 우려사항이 바로 경쟁기업들 간 협조로 인한 경쟁제
한 가능성이다. 기업결합 심사가 공정거래법 집행에서 대단히 중요한 역할을 수행
할 수 있는데 바로 협조효과에 대한 심사이다. 수평결합의 심사에서 중요한 고려사
항은 다음의 2가지이다.

첫째, 수평결합으로 인하여 경쟁자가 감소함으로써 당해 시장에서 공동행위의
성립이나 그 이행의 감시가 용이해질 수 있다. 경쟁사업자 간의 합의를 수반하는
카르텔뿐만 아니라 합의가 없는 동조행위가 촉진될 수 있다. 특히 과점시장에서는
의식적 동조행위(conscious parallelism)가 이루어질 수 있는데 가격의 동조적 인상 등
시장에 미치는 부정적 영향은 카르텔과 대단히 유사하다. 이러한 행위는 합의입증
이 어려워 공정거래법 제40조의 부당한 공동행위로 규율하기가 쉽지 않다.[37] 이러
한 점 등을 감안한다면 기업결합 심사 시에 과점시장에서 벌어지는 수평 기업결합

---

[37] 우리나라 대법원은 과점시장에서 행위외형의 일치와 경제적 정황적 증거에 의한 합의인정에
엄격한 입증을 요구하다고 생각한다.

의 심사가 대단히 중요하다고 생각한다.

둘째, 어느 시장이든 경쟁사업자들 간의 협조에 방해가 되는 사업자(maverick)가 있기 마련이다. 만약 한 기업이 이 기업을 인수해 버리면 경쟁사업자들 간의 협조는 더 원활해질 수 있다.

심사기준에서는 다음과 같은 요소들을 감안하도록 하고 있다(심사기준 Ⅵ.2.나).

〈협조효과 판단기준〉

(1) 경쟁사업자간 협조의 용이성
　(가) 시장상황, 시장거래, 개별사업자 등에 관한 주요 정보가 경쟁사업자간에 쉽게 공유될 수 있는지 여부
　(나) 관련시장내 상품간 동질성이 높은지 여부
　(다) 가격책정이나 마케팅의 방식 또는 그 결과가 경쟁사업자간에 쉽게 노출될 수 있는지 여부
　(라) 관련시장 또는 유사 시장에서 과거 협조가 이루어진 사실이 있는지 여부
　(마) 경쟁사업자, 구매자 또는 거래방식의 특성상 경쟁사업자간 합의 내지는 협조가 쉽게 달성될 수 있는지 여부
(2) 이행감시 및 위반자 제재의 용이성
　(가) 공급자와 수요자간 거래의 결과가 경쟁사업자간에 쉽고 정확하게 공유될 수 있는지 여부
　(나) 공급자에 대하여 구매력을 보유한 수요자가 존재하는지 여부
　(다) 결합당사회사를 포함해 협조에 참여할 가능성이 있는 사업자들이 상당한 초과생산능력을 보유하고 있는지 여부 등
(3) 결합상대회사가 결합이전에 상당한 초과생산능력을 가지고 경쟁사업자들 간 협조를 억제하는 등의 경쟁적 행태를 보여 온 사업자인 경우에도 결합후 협조로 인해 경쟁이 실질적으로 제한될 가능성이 높아질 수 있다.

---

3) 구매력 증대에 따른 효과

당해 기업결합으로 인해 결합 당사회사가 원재료 시장과 같은 상부시장에서 구매자로서의 지배력이 형성 또는 강화될 경우 구매물량 축소 등을 통하여 경쟁이 실질적으로 제한될 수 있는지를 고려한다.

3. 수직형 기업결합의 경쟁제한 요인

생산이나 유통의 앞뒤 단계에 있는 기업들 간의 결합의 동일한 시장에 있는 기업들 간의 결합이 아니어서 경쟁에 미치는 영향이 분명하지 않다. 미국에서는 1984년 기업결합 가이드라인에서 제시한 것이 지금도 그대로 수용이 되어 있고 추가적인 요소를 감안하는 선에서 심사가 이루어지고 있다.

수직결합의 우려는 그것을 통해 경쟁사업자의 인근시장(원료공급시장이나 유통시장)에 대한 접근을 방해하거나 신규진입자의 진입장벽을 높일 수 있다는 것이다. 그래서 전통적으로는 봉쇄효과 판단이 수직결합 심사의 핵심이었다. 다만 최근에는 협조효과에 대한 우려도 증가하고 있다.

1) 봉쇄효과

수직결합의 경쟁제한성 심사의 핵심은 봉쇄효과(foreclosure effect) 및 진입장벽의 구축에 있다고 할 수 있다. 예를 들어 어떤 자동차회사가 유력한 스파크 플러그 회사를 인수한다고 가정해 보자. 만약 그 자동차회사가 경쟁사업자를 견제하기 위해 스파크 플러그의 판매를 거부한다면 경쟁사업자는 그만큼 스파크 플러그시장에 대한 접근이 봉쇄되는 것이다. 다른 회사로부터 스파크 플러그를 매입하는 과정에서 가격이 인상될 수도 있다. 한편 신규로 시장에 진입하려는 업체의 입장에서는 스파크 플러그 제조업과 자동차 제조업 분야에 동시에 진출하여야 할 수 있고 이것은 진입장벽을 높이는 것이 된다.

수직결합의 이러한 성격은 결국 한 시장에서 경쟁사업자들 간의 경쟁관계를 분석하는 것으로 귀결이 된다. 따라서 경쟁제한성이 문제가 될 수 있는 시장(primary market)을 식별한 후 당해 기업결합이 이 시장의 경쟁구도에 어떠한 영향을 미치게 될는지 분석하는 것이 수직결합심사의 전형적인 과정이다. 혼합결합도 마찬가지이다.

심사기준에서는 다음과 같은 요소들을 감안하도록 하고 있다(심사기준 VI.3.가).

〈봉쇄효과 판단기준〉

(1) 원재료 공급회사(취득회사인 경우 특수관계인등을 포함한다)의 시장점유율 또는 원재료 구매회사(취득회사인 경우 특수관계인등을 포함한다)의 구매액이 당해시장의 국내총공급액에서 차지하는 비율
(2) 원재료 구매회사(취득회사인 경우 특수관계인등을 포함한다)의 시장점유율
(3) 기업결합의 목적
(4) 수출입을 포함하여 경쟁사업자가 대체적인 공급선판매선을 확보할 가능성
(5) 경쟁사업자의 수직계열화 정도
(6) 당해 시장의 성장전망 및 당사회사의 설비증설 등 사업계획
(7) 사업자간 공동행위에 의한 경쟁사업자의 배제가능성
(8) 당해 기업결합에 관련된 상품과 원재료 의존관계에 있는 상품시장 또는 최종산출물 시장의 상황 및 그 시장에 미치는 영향
(9) 수직형 기업결합이 대기업간에 이루어지거나 연속된 단계에 걸쳐 광범위하게 이루어져 시장진입을 위한 필요최소자금규모가 현저히 증대하는 등 다른 사업자가 당해 시장에 진입하는 것이 어려울 정도로 진입장벽이 증대하는지 여부

시장봉쇄효과가 인정된 공정거래위원회 심결례로는 SK(주)의 대한송유관공사 주식취득 건이 있다.

[심결] SK(주)의 대한송유관공사 주식취득 건(공정거래위원회 의결 제2001-090호, 2001.6.29.)
• 기업결합 개요

대한송유관공사의 민영화에 따라 정부가 보유하던 주식 46.47% 중 36.71%를 기존주주인 정유5사에 매각함에 따라 SK(주)는 주식지분 34.04%를 소유하고 주식취득 및 임원겸임을 공정거래위원회에 신고하였다.

• 시장봉쇄효과 판단
  1. 시장점유율 분석
  송유관서비스 판매시장에서 송유관공사는 독점기업에 해당하고, 송유관 이용시장에서 SK(주)는 구매율이 35.4%를 차지하고 상위 3사의 구매율 합계는 83.5%이므로 기업결합심사기준상의 경쟁제한성이 인정될 수 있는 중점심사기준에 해당한다.
  2. 송유관이용 봉쇄로 인한 경쟁제한 가능성

석유제품시장에서 1위인 SK(주)가 송유관을 통한 유류 수송시장에서 독점기업인 송유관공사의 경영을 지배하는 경우 경쟁사에 대해 수송의 거부, 수송물량의 제한, 수송 우선순위의 차별 등의 경쟁제한적 효과가 발생할 우려가 있다.

2) 협조효과

수직형 기업결합의 결과로 경쟁사업자 간의 공동행위 가능성이 증가하여 경쟁을 실질적으로 제한할 수 있다. 예컨대 완제품시장에 있는 기업이 원료공급시장에 있는 원료공급 기업을 인수해 그 회사가 보유하고 있는 완제품시장 경쟁사업자의 민감한 정보(비용구조, 거래처) 등을 입수하게 되면 이를 토대로 경쟁사 간 공동행위가 촉진될 수 있다. 또는 정반대로 원료공급시장 사업자들 간에 가격담합을 하고자 하지만 완제품시장에 있는 유력사업자가 개별적인 리베이트를 요구하여 가격담합 유지가 어려운 경우 그 회사(disruptive buyer)를 인수해 공동행위 저해요인을 제거해 버릴 수도 있다.

심사기준에서도 이러한 기준들을 제시하고 있다(심사기준 Ⅵ.3.나).

〈협조효과 판단기준〉

(1) 결합이후 가격정보 등 경쟁사업자의 사업활동에 관한 정보입수가 용이해지는지 여부
(2) 결합당사회사 중 원재료구매회사가 원재료공급회사들로 하여금 협조를 하지 못하게 하는 유력한 구매회사였는지 여부
(3) 과거 당해 거래분야에서 협조가 이루어진 사실이 있었는지 여부 등

---

4. 혼합형 기업결합의 경쟁제한 요인

경쟁사업자 간의 결합(수평결합)은 규모의 경제를 도모할 수 있고, 생산·유통의 전후단계에 있는 기업 간의 결합(수직결합)은 수직적 통합을 통한 효율성을 도모할 수 있다. 반면 혼합결합은 그러한 효율성을 추구하기 쉽지가 않기 때문에 혼합결합은 그 사례가 많지 않다. 미국에서는 혼합결합도 수직결합과 마찬가지로 1984년 기업결합 가이드라인의 핵심적인 내용이 그대로 수용이 되어 있는데 전통적으로는 잠재적 경쟁을 배제할 수 있는 것인지를 중심으로 심사하고 있다.

1) 잠재적 경쟁저해

잠재적인 진입자란 당해 기업결합이 아니더라도 장래에 그 시장에 진입했을 가능성이 있는 사업자나 아니면 다른 사업자들의 시장지배력 행사를 막을 정도로 위협이 되는 회사를 의미한다. 예컨대 1967년 미국의 Procter & Gamble 사례에서는 Procter & Gamble가 표백제 시장에서, 2006년 우리나라의 하이트맥주 사례에서는 하이트맥주가 소주시장에서 잠재적인 진입자(a likely entrant)로 인정된 바 있다.

혼합결합을 규제하는 취지는 당해 기업결합 전에는 그러한 잠재적 진입자가 있어 시장에서의 경쟁압력이 유지되고 있었는데 당해 기업결합으로 인해 그러한 경쟁압력이 사라졌다는데 있다. 그래서 잠재적 경쟁자 여부 판단에는 기업결합의 주관적인 의도가 중요하게 작용한다.

심사기준에서도 이러한 기준들을 제시하고 있다(심사기준 VI.4.가).

〈잠재적 경쟁저해 판단기준〉

(1) 상대방 회사가 속해 있는 일정한 거래분야에 진입하려면 특별히 유리한 조건을 갖출 필요가 있는지 여부
(2) 당사회사 중 하나가 상대방 회사가 속해 있는 일정한 거래분야에 대해 다음 요건의 1에 해당하는 잠재적 경쟁자인지 여부
   (가) 생산기술, 유통경로, 구매계층 등이 유사한 상품을 생산하는 등의 이유로 당해 결합이 아니었더라면 경쟁제한 효과가 적은 다른 방법으로 당해 거래분야에 진입하였을 것으로 판단될 것
   (나) 당해 거래분야에 진입할 가능성이 있는 당사회사의 존재로 인하여 당해 거래분야의 사업자들이 시장지배력을 행사하지 않고 있다고 판단될 것
(3) 일정한 거래분야에서 결합당사회사의 시장점유율 및 시장집중도 수준
(4) 당사회사 이외에 다른 유력한 잠재적 진입자가 존재하는지 여부

---

2) 경쟁사업자 배제

당해 기업결합으로 당사회사의 자금력, 원재료 조달능력, 기술력, 판매력 등 종합적 사업능력이 현저히 증대되어 당해상품의 가격과 품질 외의 요인으로 경쟁사업자를 배제할 수 있을 정도가 되는 경우에는 경쟁을 실질적으로 제한할 수 있다.

3) 진입장벽 증대

당해 기업결합으로 시장진입을 위한 필요최소자금규모가 현저히 증가하는 등 다른 잠재적 경쟁사업자가 시장에 새로 진입하는 것이 어려울 정도로 진입장벽이 증대하는 경우에는 경쟁을 실질적으로 제한할 수 있다

4) 사례

혼합결합은 비관련 업종 간의 결합인데다 시장구조의 변화가 없기 때문에 수평결합이나 수직결합에 비해 경쟁을 직접적으로 제한할 가능성은 적다고 볼 수 있다. 우리나라 공정거래위원회가 경쟁제한성을 인정한 대표적인 사례로는 하이트의 진로인수 건이 있다.

사례 8 : 하이트맥주(주)의 (주)진로 주식인수 건
− 공정거래위원회 의결 제2006−009호, 2006.1.24. −

(3) 잠재적 경쟁 저해 가능성

(가) 기업결합심사기준 Ⅶ.3.가. '잠재적 경쟁의 저해'는 다음 네 가지 요건을 모두 충족하는 경우 잠재적 경쟁을 제한함으로써 일정한 거래분야에서의 경쟁을 실질적으로 제한될 수 있다고 규정하고 있다.

첫째, 취득회사가 대규모회사이어야 한다. 둘째, 취득회사가 생산기술, 유통경로, 구매계층 등이 유사한 상품을 생산하는 등의 이유로 당해 결합이 아니었더라면 경쟁제한 효과가 적은 다른 방법으로 당해 거래분야에 진입하였을 것으로 판단되거나, 당해 거래분야에 진입할 가능성이 있는 취득회사 등의 존재로 인하여 당해 거래분야의 사업자들이 시장지배력을 행사하지 않고 있다고 판단되는 잠재적 진입자이어야 한다. 셋째, 피취득회사의 시장점유율이 50% 이상이거나 상위 3사의 시장점유율 합계가 70% 이상이어야 한다. 넷째, 취득회사와 피취득회사의 대다수 경쟁사업자간에 사업규모, 자금력 등의 측면에서 현저한 격차가 있어야 한다.

(나) 위 (가).의 요건에 대해 살펴보면 하이트맥주(주)는 계열회사를 포함하여 자산총액이 2조원을 초과하는 대규모회사이므로 첫 번째 요건을 충족하며, (주)진로의 시장점유율이 50% 이상이므로 세 번째 요건도 충족된다.

하이트맥주(주)는 과거 소주업체인 보배(현 하이트주조)와 백학주조(현 충북소

주)를 인수한 사례가 있고, 이 건 기업결합과 같이 (주)진로를 인수하려는 등 소주시장에 진입하려는 시도를 지속적으로 하고 있는 점, (주)진로는 소주가격을 인상할 경우 맥주가격과의 유사성 여부 등 맥주가격을 고려하고 있고 하이트맥주(주)는 맥주시장의 가격선도업체이므로 결국 하이트맥주(주)는 소주시장의 가격선도업체인 (주)진로가 가격인상 등 시장지배력을 행사하는데 일정한 제약요인으로 작용하고 있다고 인정되는 점 등에 비추어 두 번째 요건도 충족된다고 판단된다.

마지막으로 하이트맥주(주)는 소주시장에서 (주)진로의 경쟁업체인 (주)두산, 대선주조(주), (주)무학, 보해양조(주), (주)금복주 등의 주류사업부문과 비교하여 아래 <표 20>에서 보여주는 바와 같이 자산총액, 매출액 등이 월등히 크므로 네 번째 요건도 충족된다고 판단된다.

〈표 20〉 2004년 소주업체별 자산총액 및 매출액 비교(생략)

(다) 이에 대한 피심인 하이트맥주(주)의 주장을 살펴보면 다음과 같다.

첫째, 피심인은 하이트맥주(주)는 이미 계열회사인 하이트주조(주)를 통해 소주를 생산·판매하고 있으므로 잠재적 진입자가 아니라고 주장한다. 이에 대해 살펴보면, 이건 혼합형 기업결합 심사에서 잠재적 진입자 여부는 취득회사가 피취득회사가 속한 시장에 진입할 의사가 있고, 이로 인해 피취득회사가 속한 시장의 사업자들이 시장지배력을 행사하지 못하는 등 취득회사가 경쟁압력으로 작용하고 있는지 여부를 기준으로 판단하는 것이다. 즉, 피취득회사가 속한 시장에서 취득회사가 작은 규모로 이미 사업을 영위하고 있다고 하여 기업결합의 잠재적 경쟁저해효과가 발생될 여지가 없다고는 할 수 없으므로 피심인의 주장은 타당하지 아니하다.

둘째, 피심인은 소주시장에서 (주)진로의 경쟁사업자인 (주)두산과 대선주조(주)(롯데그룹의 계열회사이므로 계열회사를 포함하여야 한다고 주장한다)는 하이트맥주(주)보다 자산총액, 매출액 등이 훨씬 크기 때문에 네 번째 요건이 충족되지 않는다고 주장한다. 이에 대해 살펴보면, (주)두산의 자산총액과 매출액이 하이트맥주(주)보다 큰 것은 사실이나, (주)두산은 주류, 식품, 의류, 전자, 상사 등 다양한 사업부문을 영위하고 있으며 이중 주류사업부문은 하이트맥주(주)보다 훨씬 작다. 또한 대선주조(주)는 롯데그룹의 계열회사이므로 계열회사를 모두 포함할 경우 하이트맥주(주)보다 자산총액, 매출액 등이 훨씬 큰 것은 사실이나, 역시 주류 사업부문만을 비교할 경우 하이트맥주(주)보다 크게 작다. 이 건 기업결합심사는 주류시장에서의 경쟁제한성 여부를 판단하는 것이고, 다른 사업부문이나 계열회사가 존재한다고 하더라도 주류사업부문에 자금을 자유로이 투자할 수 있다고 보기 어려우므로 주류사업부문만의 사업규모나 자금력 등을 비교하는 것이 타당하다고 판단된다. 설령 여타 사업부문이나 계열회사를 포함하여 비교한다 하더라도, 하이트맥주(주)는 대다수의 지방소주업체인 (주)무학, 보해양조(주), (주)금복주, (주)한라산, (주)충북소주 등에 비해 사업규모, 자금력 등이 현저히 커서 네 번째 요건의 충족도 문제될 것이 없다고 판단되므로 피심인의 주장은 타당하지 아니하다.(후략)

5) 경쟁제한 완화 요인

(1) 해외경쟁의 도입수준 및 국제적 경쟁상황

당해 기업결합으로 인하여 시장집중도가 높아진다 하더라도 국제적인 경쟁이 활발하게 이루어지고 있거나 잠재적인 해외경쟁압력이 높은 경우에는 경쟁이 실질적으로 제한될 가능성은 그다지 높지 않다고 할 수 있다. 심사기준에서는 다음과 같은 사항을 고려하도록 하고 있다(심사기준 Ⅶ.1).

(2) 신규진입가능성

〈경쟁제한성 완화 요인〉

가. 일정한 거래분야에서 상당기간 어느 정도 의미있는 가격인상이 이루어지면 상당한 진입비용이나 퇴출비용의 부담없이 가까운 시일 내에 수입경쟁이 증가할 가능성이 있는 경우에는 기업결합에 의해 경쟁을 실질적으로 제한할 가능성이 낮아질 수 있다.
나. 당사회사의 매출액 대비 수출액의 비중이 현저히 높고 당해 상품에 대한 국제시장에서의 경쟁이 상당한 경우에는 기업결합에 의해 경쟁을 실질적으로 제한할 가능성이 낮아질 수 있다.
다. 경쟁회사의 매출액 대비 수출액의 비중이 높고 기업결합 후 당사회사의 국내 가격인상 등에 대응하여 수출물량의 내수전환 가능성이 높은 경우에는 경쟁을 제한할 가능성이 낮아질 수 있다.

집중도가 높은 시장에서 경쟁이 제한될 가능성이 큰 것이 사실이지만 만약 진입장벽이 없어서 신규기업이 자유롭게 진입할 수 있다면 그 시장은 경쟁에 열려 있는 상태이기 때문에 가격이 경쟁가격수준 이상으로 유지되기 어렵다. 정반대로 집중도가 높지 않은 시장이라 하더라도 진입장벽이 높은 경우에는 기존 사업자들이

상시적으로 담합할 기회를 찾게 되는 등 경쟁제한성의 가능성은 커지게 된다.

심사기준에 따르면 다음과 같은 회사가 있는 경우에는 신규진입이 용이한 것으로 볼 수 있다고 하고 있다. ① 당해 시장에 참여할 의사와 투자계획 등을 공표한 회사, ② 현재의 생산시설에 중요한 변경을 가하지 아니하더라도 당해 시장에 참여할 수 있는 등 당해 시장에서 상당기간 어느 정도 의미 있는 가격인상이 이루어지면 중대한 진입비용이나 퇴출비용의 부담없이 가까운 시일 내에 당해 시장에 참여할 것으로 판단되는 회사이다(심사기준 Ⅶ.2.다).

진입장벽의 존재유무는 대부분의 기업결합심사 사건에서 문제될 수 있다. 에스케이텔레콤(주)의 신세기통신 주식취득 사건에서 공정거래위원회는 이동전화시장에 대한 신규진입은 법적으로나 실질적으로나 용이하지 않다고 판단한 바 있다. 그 근거로서 첫째, 주파수 제약상 정보통신부의 신규사업자 허가가 어렵다는 점, 둘째, 사업초기부터 막대한 자금이 소요된다는 점, 셋째, 신규진입시 운용기술 및 서비스 개발의 경쟁력 확보가 용이하지 않다는 점을 제시하였다.[38]

(3) 유사품 및 인접시장의 존재

기능 및 효용 측면에서 유사하나 가격 또는 기타의 사유로 별도의 시장을 구성하고 있다고 보는 경우에는 생산기술의 발달가능성, 판매경로의 유사성 등 그 유사상품이 당해 시장에 미치는 영향을 고려한다. 거래지역별로 별도의 시장을 구성하고 있다고 보는 경우에는 시장 간의 지리적 근접도, 수송수단의 존재 및 수송기술의 발전가능성, 인접시장에 있는 사업자의 규모 등 인근 지역시장이 당해 시장에 미치는 영향을 고려한다(심사기준 Ⅶ.3).

(4) 강력한 구매자의 존재

결합 당사회사로부터 제품을 구매하는 자가 기업결합 후에도 공급처의 전환, 신규 공급처의 발굴 및 기타 방법으로 결합기업의 가격인상 등 경쟁제한적 행위를 억제할 수 있는 때에는 경쟁을 실질적으로 제한할 가능성이 낮아질 수 있다. 이 경우 그 효과가 다른 구매자에게도 적용되는지 여부를 함께 고려한다(심사기준 Ⅶ.4).

---

38) 에스케이텔레콤(주)의 기업결합제한규정 위반행위에 대한 건(공정거래위원회 의결 제2000−76호, 2000.5.16).

VI. 예외인정

기업결합심사결과 실질적 경쟁제한성이 있는 기업결합이라고 판단되는 경우에도 일정한 요건에 해당된다고 인정되는 경우에는 예외적으로 당해 기업결합이 인정될 수 있다. 이 경우 예외사유에 대한 입증은 당해 사업자가 하여야 한다.

1. 효율성증대 요건(법 제9조 제2항 제1호)[39]

당해 기업결합으로 인한 효율성 증대효과가 경쟁제한으로 인한 폐해보다 큰 경우에는 기업결합이 허용된다. 이는 당해 기업결합으로 인해 효율성이 증대하고 생산비용이 감소하는 경우 궁극적으로 소비자후생을 증대시킬 수 있다는 점을 고려한 것이다. 그런데 실무적으로는 실질적 경쟁제한성 심사에서 효율성 분석을 하기 때문에 예외규정에서의 효율성 분석과 겹치는 경우가 많다.

초기 미국 판례는 이에 대해 부정적인 경향이 있었다.[40] 규모의 경제로 인해 원가절감 요인이 생겼다고 하더라도 가격을 인하하지 않는다면 소비자후생은 증대되지 않기 때문이다. 다만 최근의 경향은 기업결합으로 인한 운영비 절감, 규모의 경제, 연구개발의 촉진 등 경쟁촉진적 효과가 큰 경우에는 예외를 인정해 주는 쪽으로 방향이 바뀌었다.

공정거래법에서 가장 중요하지만 가장 혼란스러운 개념 중의 하나가 효율성 개념이다. 통상 생산의 효율성은 투입대비 산출량의 정도를 의미하는 것이고 자원배분의 효율성은 소비자후생 기준으로 평가한다.

그런데 「기업결합 심사기준」에서는 이러한 통상의 효율성뿐만 아니라 국민경제전체의 효율성까지 포함하도록 하고 있다. 그것의 판단을 위해 고용, 지방경제발전, 환경오염 개선까지 고려사항에 포함시키고 있다. 공정거래법에서 고용이나 환경오염까지 고려한다는 것은 법의 목적을 벗어나는 것이고 통상의 효율성과 국민경제전체의 효율성이 충돌하는 경우 어떤 기준으로 판단해야 하는지 애매해 진다는 문제점이 있다. 국민경제전체의 효율성 고려는 차제에 삭제하는 것이 바람직하다고 생각된다.

한편 이러한 효율성 증대효과는 엄격한 요건 하에서 인정되는 것이다. 당해 기

---

39) 2020.12.29. 개정 이전 조항 제7조 제2항 제1호.
40) United States v. Philadelphia Nat. Bank, 374 U.S. 321, 83 S.Ct. 1715 (1963).

업결합 외의 방법으로는 달성하기 어려운 것이어야 하고 가까운 시일 내에 발생할 것이 명백해야 하고 단순한 예상이 아니라 그 발생이 거의 확실한 정도로 입증되어야 한다. 만약 당해 기업결합이 아닌 다른 방법으로 이 효과를 얻을 수 있다면 굳이 경쟁제한적인 기업결합을 허용할 필요가 없기 때문이다.

2. 회생불가기업 요건(법 제9조 제2항 제2호)[41]

기업결합 예외인정 판단과정에서 또 하나 고려되어야 할 사항은 부실회사 (failing firm)의 처리문제이다. 만약 부실회사를 인수하는 것을 규제한다면 그 회사의 인력·장비·지적 재산권·노하우·영업망 등을 통합한 유기적 조직체로서의 가치가 상실되고, 그 회사의 시설이나 장비 등은 관련시장에서 퇴출되어야 한다. 미국에서는 부실회사를 그 사회에서 완전히 사라지게 하는 것보다는 기업결합을 통해서라도 존속시키는 것이 사회에 보다 유익하다는 입장이다. 그래서 International Shoe 사건[42]에서 보듯이 그 회사의 사업자원이 완전히 고갈되고 사업실패가 자명한 반면 경쟁기업이 아니고서는 인수할 사업자가 없는 경우에는 기업결합을 인정하는 것이 추세이다.[43]

공정거래법에서는 '회생이 불가능한 회사'라는 표현을 쓰고 있는데, 회사의 재무구조가 극히 악화되어 지급불능의 상태에 처해 있거나 가까운 시일 내에 지급불능의 상태에 이를 것으로 예상되는 회사를 말한다. 시행령에서는 기업결합을 하지 않는 경우 회사의 생산설비 등이 당해 시장에서 계속 활용되기 어렵고 당해 기업결합보다 경쟁제한성이 적은 다른 기업결합이 이루어지기 어려운 경우로 제한하고 있다(시행령 제16조).

---

41) 2020.12.29. 개정 이전 조항 제7조 제2항 제2호.
42) International Shoe Co. v. Washington, 326 U.S. 310, 316, 66 S.Ct. 154, 158 (1945).
43) 당시 기업결합 전후 시장점유율의 변화는 다음과 같다.

('98년 기준, %)

구분		승용차시장	버스시장	트럭시장
1위(현대)점유율	결합전	39.1	58.3	50.3
	결합후	55.6	74.2	94.6
2위(대우)점유율		36.8	25.8	4.6
1-2위 간의 격차	결합전	2.3	32.5	45.7
	결합후	18.8	48.4	90

3. 예외가 인정된 기업결합 사례

기업집단 현대는 계열사를 통하여 기아자동차(주)와 아시아자동차공업(주)를 주식취득방법으로 인수하고자 주식취득이전에 경쟁제한성여부에 대한 사전심사를 요청하였다. 공정거래위원회는 당해 기업결합이 승용차시장, 버스시장, 트럭시장에서의 시장점유율이 급격히 상승해30) 경쟁제한성 추정요건에 해당된다고 판단하였다.

하지만 당해 기업결합에 대하여 부실기업 예외 및 효율성 예외를 인정해 조건부로 기업결합을 승인해 주었다. 다만, 적재량 1톤 이상 5톤 이하의 트럭의 경우 시장점유율이 99.7%로 증가하여 향후 트럭시장의 완전독점이 가능해지는 등 트럭시장에서의 경쟁제한성은 매우 크다고 보아 예외를 인정해 주지 않았다.

사례 9 : 현대차(주)의 기아차(주) 및 아시아차(주) 주식취득 건

－ 공정거래위원회 의결 제99-43호, 1999.4.7. －

(1) 부실기업 여부 판단

(가) 기아는 지급불능상태에 처하여 1997.7.15.부터 2개월간 금융기관간 부도유예협약의 적용을 받다가 1997.10.24. 채권단에 의해 법정관리신청이 이루어졌으며 1998.6.30.기준으로 기아를 실사한 결과 대차대조표상의 자본총계가 △51,652억 원에 이르며 1994년부터 1997년까지의 경상적자 누계는 45,947억 원에 달하여 부실기업에 해당된다고 볼 수 있다.

(나) 기아는 115,965억 원의 정리채권 가운데 71,464억 원을 면제받고 25,200억 원에 대해서는 출자전환을 받으며 나머지 19,301억 원을 3년거치 7년간 균등분할 상환하는 것을 내용으로 하는 정리계획에 대한 인가를 1998.12.28. 서울지방법원으로부터 받은 바 있다.

(다) 이 사건 기업결합이 없을 경우 기아의 생산시설은 관련시장에서 퇴출될 것으로 판단되며, 기아는 법정관리상태에서 자생적으로 회생하기 곤란하다고 판단되어 제3자의 신주인수방식으로 국제경쟁입찰에 부쳐졌음을 고려할 때 당해 기업결합 이외에는 기아의 회생을 위한 다른 방법이 있다고 보기 어렵다.

(2) 효율성 증대효과 발생여부 판단

(가) 자동차산업의 경쟁이 치열해지고 경제의 세계화가 진전됨에 따라 자동차

회사의 적정규모는 점점 커지고 있는바, 이 사건 기업결합으로 당사회사는 종 260만대의 생산능력을 갖추게 되어 규모의 경제를 실현할 수 있을 것으로 보인다. 세계적으로도 효율성 증대를 위해 자동차회사간의 인수·합병이 활발하게 이루어지고 있는 실정이며, 이러한 세계적인 추세를 감안할 때 수출비중이 높은 우리나라 자동차산업의 효율성을 제고하고 경쟁력을 강화하기 위해서는 적정경영규모의 확보가 필요한 측면이 인정된다.

(나) 이 사건 기업결합으로 플랫폼(Platform)통합, 부품공용화, 부품공급업체의 대형화 등이 이루어질 경우 생산비용의 절감효과가 인정된다. 최근 각국의 자동차업체들이 생산비용의 절감을 위해 플랫폼의 통합을 추진하고 있는바, 이 사건 기업결합의 경우에도 현대와 기아가 상호중복되는 차급의 플랫폼을 통합함으로써 개발비 등 생산비용을 절감할 수 있을 것으로 인정된다. 그리고 현대와 기아가 부품을 공용화하고, 또 이를 통해 부품공급업체를 대형화함으로써 부품조달비용 등 생산비용의 절감을 도모할 수 있을 것으로 인정된다.

(다) 이 사건 기업결합을 통한 기술의 상호보완 및 공동활용에 의한 생산성증대효과가 인정되며, 물류비용 및 간접비용의 절감 등의 효과도 있을 것으로 인정된다.

☞ 필자의 생각

이 결정은 이론적으로는 수긍하기 어려운 점이 적지 않다. 당시 IMF 구제금융이라는 특수한 사정을 감안한 것으로 이해된다. 언론에서도 대기업 간 빅딜의 일환으로 보도하기도 하였다.

VII. 기업결합심사 실무 : 삼익악기의 영창악기 인수건

1. 사례 개요

2004.3.12. 삼익악기는 계열사인 삼송공업과 함께 영창악기의 주식 48.58%를 취득하고 영창악기 핵심 기계설비 중 일부를 매입한 후 공정거래위원회에 이러한 사실을 신고하였다.

2. 공정거래위원회 판단[44]

1) 법적용여부

삼익악기와 계열사에 의한 영창악기의 주식취득은 당시의 법 제7조 제1항 본문 및 제1호(다른 회사의 주식의 취득 또는 소유)의 요건을 충족한다.

2) 지배관계 형성여부

삼익악기는 계열사인 삼송공업과 함께 영창악기의 주식 48.58%를 취득하였을 뿐만 아니라 특수관계인들을 영창악기 대표이사 등 임직원으로 임명 또는 선임하여 경영상으로도 지배하고 있다.

3) 관련시장 획정

관련 상품시장은 피아노 종류별로 가격, 대표적 수요층 등이 상이하다는 점을 고려하여 업라이트 피아노(UP), 그랜드 피아노(GP), 디지털 피아노(DP) 시장으로 획정한다. 중고피아노와 신품은 공급방식, 유통구조, 주요 수요층 등이 다르기 때문에 중고피아노는 관련 상품시장에 포함시키지 않는다.

관련 지리적 시장은 운송비, 유통망, 관세, 가격차이 등을 고려하여 국내시장으로 획정한다.

4) 실질적 경쟁제한성

본건 결합으로 인한 양사 시장점유율 합계는 업라이트 피아노(UP) 92%, 그랜드 피아노(GP) 64.4%, 디지털 피아노(DP) 63.4%로 법 당시의 법 제7조 제3항 제1호[45]의 경쟁제한성 추정요건(1사 50%)에 해당한다.

중국 등 외국산 저가제품이 과거 국내에 수입된 실적은 거의 없고 향후에도 단기간 내의 국내 진입가능성은 매우 낮다고 판단된다. 국내 피아노 수요도 정체상태에 있고, 생산시설 설립을 위한 소요자금(약 500억)이 상당한 점 등을 감안하면 신규 진입이 발생할 가능성도 매우 낮다.

---

44) 공정거래위원회 의결 제2004-271호, 2004.9.24.
45) 2020.12.29. 개정 이전 조항 제7조 제3항 제1호.

5) 예외인정 여부

효율성 증대예외와 관련하여, 삼익악기 측에서 주장하는 효율성 증대효과는 당해 기업결합에 의해서만 달성될 수 있는 기업결합 특유적인 효율성(Merger—Specific Efficiency)으로 인정하기 곤란하다.

회생불가기업 예외와 관련하여, 영창악기가 자금부족 상태를 겪고 있으나 시장에서 퇴출될 우려가 있는 회생불가회사에는 해당하지 않는다고 판단된다. 높은 브랜드 인지도(한국능률협회컨설팅 선정 2000~2004년 브랜드파워 1위)를 보유하고 있고, 미국 시장에서도 비교적 높은 시장점유율(10%)을 기록하고 있으며 실제로 본건 기업결합 당시 제3자가 인수를 시도한 사례가 있었다.

6) 시정명령

삼익악기와 그 계열사가 영창악기제조(주) 주식전량(48.58%)을 1년 내에 제3자에게 매각하여야 한다.

삼익악기와 다른 계열사가 기업결합 신고 이후 영창악기로부터 매입한 핵심 기계설비를 3개월 내에 영창악기에 매각하여야 한다.

3. 법원의 판결

삼익악기는 공정거래위원회의 결정에 불복하여 행정소송을 제기하였으나 서울고등법원[46]과 대법원 모두 원고 패소판결을 내렸다.

판례 10 : 삼익악기의 영창악기 주식취득 건
– 대법원 2008.5.29. 선고 2006두6659 판결 –

1. 관련시장의 획정 등과 관련된 상고이유에 대하여

원심은 채택 증거를 종합하여 판시와 같은 사실을 인정한 다음, 공급측면의 경우 중고 피아노는 신품 피아노와 달리 가격이 상승하더라도 공급량이 크게 증가될 수 없다고 보이는 점, 수요측면의 경우에도 가격과 구매수량에 더 민감한 수요층(중고 피아노)과 제품 이미지, 품질, 사용기간 등에 더 민감한 수요층(신품 피아

---

46) 서울고등법원 2006.3.15. 선고 2005누3174 판결.

노)으로 그 대표적 수요층이 구분되어 신품 피아노의 가격이 상승하더라도 신품 피아노를 구입하려는 소비자들이 그 의사결정을 바꿔 중고 피아노로 수요를 전환할 가능성은 크지 않다고 보이는 점, 원고들이 그 동안 신품 피아노의 가격결정, 마케팅 등과 같은 영업전략을 수립함에 있어 중고 피아노의 시장규모 등을 고려했다는 자료가 없는 점 등에 비추어 중고 피아노는 신품 피아노와 상품용도, 가격, 판매자와 구매자층, 거래행태, 영업전략 등에서 차이가 있고 상호간 대체가능성을 인정하기 어렵다는 이유로, 피고가 이 사건 기업결합의 관련 시장을 국내의 업라이트 피아노, 그랜드 피아노, 디지털 피아노의 각 신품 피아노 시장으로 획정한 것은 정당하다고 판단하였으며, 아울러 거래의 지리적 범위인 관련 지역시장의 획정 문제와 실질적 경쟁제한성 판단의 한 요소인 해외 경쟁의 도입수준 등의 문제를 별도로 판단하였다.

위 법리와 기록에 비추어 보면, 원심의 이러한 조치는 정당하고, 거기에 상고이유와 같은 관련 상품시장의 획정에 관한 법리오해, 관련 지역시장의 획정과 실질적 경쟁제한성 판단의 한 요소인 해외 경쟁의 도입수준 등의 오인·혼동으로 인한 법리오해 등의 위법이 없다.

2. 실질적 경쟁제한성이 존재하는지 여부와 관련된 상고이유에 대하여

원심은 채택 증거를 종합하여 판시와 같은 사실을 인정한 다음, 이 사건 기업결합으로 인한 원고 주식회사 삼익악기 및 영창악기제조 주식회사(이하 '영창악기'라 한다)의 시장점유율 합계는 이 사건 관련 시장에서의 실질적 경쟁제한성 추정 요건에 해당할 뿐만 아니라, 신규진입의 가능성이 거의 없으며, 해외 경쟁의 도입 가능성이나 인접시장 경쟁압력의 정도 역시 매우 적고, 특히 이 사건 기업결합으로 인하여 국내의 양대 피아노 생산·판매업체는 사실상 독점화되고 직접적인 대체재 관계에 있던 두 제품이 하나의 회사 내에서 생산·판매되므로 소비자의 입장에서는 제품선택의 폭이 줄어들고 생산자의 입장에서는 이를 이용하여 가격인상을 통한 이윤증대의 가능성이 커지게 되므로, 이 사건 기업결합은 관련 시장에서의 경쟁을 실질적으로 제한하는 행위에 해당한다고 판단하였다.

위 법리와 기록에 비추어 보면, 원심의 이러한 조치는 정당하고, 거기에 상고이유와 같은 실질적 경쟁제한성에 관한 법리오해, 심리미진 등의 위법이 없다.

3. 효율성 증대를 위한 기업결합인지 여부와 관련된 상고이유에 대하여

원심은 채택 증거를 종합하여 판시와 같은 사실을 인정한 다음, 원고들 주장의

효율성 증대효과 대부분이 이 사건 기업결합으로 인한 특유의 효율성 증대효과에 해당한다고 보기 어려울 뿐만 아니라, 국내 소비자 후생 등과 관련이 없으므로 효율성 증대효과로 인정하기에 부족하고, 달리 이 사건 기업결합의 효율성 증대효과가 경쟁제한으로 인한 폐해보다 큰 경우로 볼 수 없다는 이유로, 이 사건 기업결합이 효율성 증대를 위한 기업결합에 해당한다는 원고들의 이 부분 주장을 배척하였다.

위 법리와 기록에 비추어 보면, 원심의 이러한 조치는 정당하고, 거기에 상고이유와 같은 효율성 증대를 위한 기업결합에 관한 법리오해, 채증법칙 위배 등의 위법이 없다.

4. 회생이 불가한 회사와의 기업결합인지 여부와 관련된 상고이유에 대하여

원심은 채택 증거를 종합하여 판시와 같은 사실을 인정한 다음, 이 사건 기업결합 당시 영창악기의 자금사정이 열악하였다고 보이기는 하나 영창악기가 지급불능 상태에 있었거나 가까운 시일 내에 지급불능 상태에 이르러 회생이 불가한 회사라고 단정하기 어려운 점, 영창악기가 국내외에서 높은 브랜드 인지도를 보유하고 상당한 판매실적을 기록하고 있는 사정 등에 비추어 영창악기가 관련 시장에서 퇴출될 것이라고 보기는 어려워 '생산설비 등이 당해 시장에서 계속 활용되기 어려운 경우'라고 단정하기 어려운 점, 실제로 원고들 이외의 다른 회사들이 영창악기에 대하여 증자참여 내지 인수를 제안했던 사정 등에 비추어 제3자의 인수가능성이 없어 '이 사건 기업결합보다 경쟁제한성이 적은 다른 기업결합이 이루어지기 어려운 경우'이었다고 단정하기 어려운 점 등을 종합하여, 이 사건 기업결합이 회생이 불가한 회사와의 기업결합에 해당한다는 원고들의 이 부분 주장을 배척하였다.

위 법리와 기록에 비추어 보면, 원심의 이러한 조치는 정당하고, 거기에 상고이유와 같은 회생이 불가한 회사와의 기업결합에 관한 법리오해, 채증법칙 위배 등의 위법이 없다.

4. 관련 신문기사

이 기업결합 사건은 공정거래위원회 내외부에서 극단적으로 상반되는 평가를 받았다.

공정거래위원회 내부에서는 매년 사건처리 우수 사례를 선정하는데 이 기업결합심사 건이 직원들에 의해 최우수 사례(심사보고서)로 선정되었다. 반면 공정거래

위원회의 기업결합 불허 결정을 신랄하게 비판한 논문이 2005년 자유기업원 논문 공모에서 대상을 받았다. 결국 서울고등법원과 대법원은 공정거래위원회의 손을 들어 주었다. 다음은 공정거래위원회 결정 이후 이러한 동향을 보도한 한 신문기사를 발췌한 것이다.

삼익악기, 영창주식 매각명령 취소 소송 제기
(머니투데이 2005.02.18.자 인터넷 기사)

출자총액 규제 등을 두고 재계와 공정거래위원회의 대립각이 첨예한 가운데 공정위의 조치에 대한 평가도 극과 극인 것으로 나타났다.

자유기업원은 18일 전국 대학생 및 대학원생을 대상으로 실시한 논문 공모(자유주의 대상)에서 공정위의 삼익·영창 기업결합 규제 사례와 관련해 신랄하게 비판한 논문을 대상으로 선정했다. 자유기업원은 지난 97년 전경련 회장단 회의에서 설립이 결정된 연구기관으로 한국경제연구원과 함께 재계 주장의 이론적 토대를 제공해 왔다.

○○대 ○○대학원생인 ○○○씨가 쓴 "공정거래정책에 대한 자유주의적 고찰 −삼익·영창 기업결합 규제 사례를 중심으로" 논문은 공정위의 삼익−영창피아노 기업결합 불허조치는 시장에 대한 몰이해에서 비롯된 것이라는 평가를 내렸다.

반면 삼익−영창 관련 조치는 공정위의 자체 평가에서는 최우수 심결사례로 결정돼 극명한 차이를 보였다. 공정위가 지난해 12월 실시한 우수심결사례 및 올해의 조사공무원 선정 행사에서 삼익−영창 관련 조치는 가장 우수한 결정이었다는 평가를 받았다. 당시 공정위는 해당 조치의 우수함과 관련한 설명에서 "기업들의 불공정거래행위 등을 시정해 반경쟁적 시장구조를 개선하는데 있어 탁월한 성과를 거뒀다"고 평가했었다.

양 기관이 논문공모와 조사사례 발표라는 우회적 수단을 이용하긴 했지만 동일한 조치가 "시장에 대한 몰이해"와 "경쟁에 반하는 시장구조의 시정"이라는 극단의 평가를 받은 셈이다.

○씨가 쓴 논문은 "기업이 시장경쟁을 통해 독점적 지위를 확보했다면 이 기업은 매우 효율적인 기업"이라며 "이를 규제하는 것은 오히려 기업의 발전적인 기술 개발을 저해하고 인센티브를 감소하는 것"이라 강조했다. 자유기업원이 공개한 "현 공정거래정책의 문제점을 지적한 논문이 규제 일변도의 공정거래정책을 자유

주의적 사상에 기초한 것으로 바꾸는데 도움이 됐으면 한다"는 ○씨의 수상소감도 다분히 공정위를 겨냥한 측면이 크다.

반면 공정위는 삼익−영창 건을 비롯한 각종 공정거래정책이 규제 일변도가 아닌 시장의 규칙을 세우기 위한 최소한의 장치일 뿐이라는 입장을 고수하고 있다. 삼익−영창 관련 조치에 대해서 공정위 관계자는 "피아노업계 현실을 감안한 깊이 있는 조사가 이뤄졌고 30여 명의 공정위 직원으로 이뤄진 평가단에서도 가장 우수한 결정인 것으로 평가받았다"는 설명을 덧붙였다.

제3절 기업결합 신고

시장에서는 크고 작은 다수의 기업결합들이 발생할 수 있고 경쟁당국이 이러한 기업결합들을 빠짐없이 감시하고 심사한다는 것은 현실적으로 거의 불가능하다. 따라서 경쟁제한 가능성이 있을 수 있는 일정한 기준 이상의 기업결합에 대해서만 신고하도록 하여 경쟁당국이 심사하게 된다. 세계 각국에서는 사전적 또는 사후적인 기업결합신고제도를 운영하고 있다.

공정거래법은 기업결합 당사회사들의 규모 등 일정한 기준을 충족하는 기업결합의 경우에는 기업결합을 한 후 30일 이내에 공정거래위원회에 신고하도록 하는 기업결합 신고제도를 마련하고 있다. 일정한 경우에는 기업결합 이전에 신고토록 하는 사전신고제도도 도입하고 있다. 이처럼 원칙적으로는 사후신고로 하되 일정 규모 이상의 경우는 사전신고로 되어 있다. 하지만 문제가 되는 대부분은 대규모의 기업결합이기 때문에 현실적으로는 사전신고를 중심으로 심사가 이루어진다.

기업결합신고제도와 관련하여 주의할 점은 신고의무가 발생하는 기업결합의 범위를 확정하기 위하여 설정한 기준들과 기업결합의 경쟁제한성을 인정하는 기준들은 별개의 기준으로서 반드시 일치하지 않는다는 점이다. 신고의무가 발생하는 기준을 충족하는 기업결합이라 하더라도 심사결과 경쟁제한성이 없을 수 있다. 반대로 신고의무는 발생하지 않는 기업결합이라 하더라도 경쟁제한성이 인정될 수 있다.

Ⅰ. 신고대상(법 제11조)[47]

1. 신고의무자 및 신고대상 회사규모

자산총액 또는 매출액의 규모가 3,000억원(시행령 제18조) 이상인 회사[48] 또는 동 회사의 특수관계인이 자산총액 또는 매출액의 규모가 300억원 이상인 회사[49]와 기업결합을 하는 경우이다. 역으로 자산총액 또는 매출액의 규모가 300억원 이상인 회사 또는 그 특수관계인이 자산총액 또는 매출액의 규모가 3,000억원 이상인 회사와 기업결합을 하는 경우에도 신고의무가 발생한다.[50]

그런데 벤처기업이나 스타트업 중에는 지금 당장은 자산총액이나 매출액이 크지 않지만 성장잠재력이 만만치 않은 기업들이 있다. 이러한 기업을 인수하는 경우 멀지 않은 장래에 시장을 독과점하거나 진입장벽을 구축할 수도 있다. 2020.12.29. 개정법에서는 이러한 기업결합에 대하여 거래금액을 기반으로 신고의무를 규정하였다.[51] 즉, 해당 인수금액이 일정 기준 이상이고, 피인수기업이 국내 시장에서 상품 또는 용역을 판매·제공하거나, 국내 연구시설 또는 연구인력을 보유·활용하는 등 국내 시장에서 상당한 수준으로 활동하고 있는 경우에는 공정거래위원회에 신고하여야 한다.

자산총액 또는 매출액 규모의 산정은 기업결합 전부터 기업결합 후까지 계속해서 계열회사관계에 있게 되는 계열회사의 자산총액 또는 매출액을 합산한다(법 제9

---

47) 2020.12.29. 개정 이전 조항 제12조.

48) 공정거래법에서는 '기업결합신고대상회사'로 정의하고 있다(법 제11조 제1항).

49) 공정거래법에서는 '상대회사'로 정의하고 있다(법 제11조 제1항).

50) 세계 경제의 글로벌화에 따라 자국시장 외에서의 기업결합이 자국시장의 경쟁 및 소비자에게 영향을 미치는 경우가 크게 증가하고 있는데, 최근 미국, EU, 일본, 독일 등을 비롯한 전 세계 30여개 국가들이 자국 국경 외에서의 M&A에 대한 신고의무를 부과하고 있다. 우리나라 공정거래법 시행령에서는 외국에서 발생한 외국기업간 기업결합이라 하더라도 기업결합신고대상회사의 자산총액 또는 매출액이 3000억원 이상, 상대회사의 그것이 300억원 이상이면서 이들 회사의 한국 내 매출액이 각각 300억원 이상이면 공정거래위원회에 신고하도록 규정하고 있다(시행령 제18조 제3항).

51) 이러한 '소규모피취득회사'의 경우 거래금액이 일정 수준 이상(6,000억원 이상)이면서, 국내 시장에서 상당한 수준으로 활동하는 경우(기업결합 신고 기산일 기준 직전 3년간 100만명 이상을 대상으로 상품 또는 용역을 판매·제공한 적이 있는 경우, 국내 연구·개발 시설 또는 연구인력을 계속 보유·활용하여 왔으며 관련 예산이 연간 300억원 이상인 적이 있는 경우 또는 이에 준하는 경우로 공정거래위원회가 고시하는 사항)에는 신고의무가 있다(시행령 제19조 제1항 및 제2항).

조 제5항). 다만, 영업양수의 경우에는 양도회사 측 계열회사의 자산총액 또는 매출액은 포함되지 않는다(동조 동항 단서).

2. 기업결합 유형별 신고기준

신고대상 회사규모에 해당하는 경우라 하더라도 기업결합 유형에 따라 신고시점은 달라 질 수 있다. 주식취득이나 회사설립 참여의 경우는 주식소유비율이 일정 단계이상이 되어야 하는 반면 합병이나 영업양도는 그 자체만으로도 무조건 신고하여야 한다. 임원겸임은 계열사 임원겸임의 경우 제외된다. 구체적으로 살펴보면 다음과 같다.

① 주식취득의 경우에는 다른 회사 발행주식 총수[52]의 100분의 20 이상(상장법인은 100분의 15 이상)을 소유하게 되는 경우 신고의무가 발생한다. 그리고 일단 이 기준에 따라 신고한 이후에도 추가로 주식을 취득하여 최다출자자가 되는 경우에는 당초 신고 시에 공정거래위원회가 지배관계가 형성된다고 인정한 경우가 아닌 한 다시 신고를 하여야 한다(법 제11조 제1항 제1호, 제2호).

주식의 100분의 20 이상을 소유하게 되는 경우라 함은 100분의 20 미만의 소유상태에서 100분의 20 이상의 소유상태로 되는 경우를 말한다(시행령 제18조 제4항).[53] 그리고 주식소유 비율을 산정함에 있어서는 특수관계인의 소유주식을 합산하며(법 제11조 제5항) 주식의 취득 또는 소유는 취득 또는 소유의 명의와 관계없이 실질적인 소유관계를 기준으로 한다(법 제10조).[54]

② 임원겸임은 대규모 회사(계열회사의 자산총액 또는 매출액을 모두 합한 금액이 2조원 이상인 회사(시행령 제15조 제3항))의 임원 또는 종업원이 다른 회사의 임원을 겸임하는 경우에 신고를 하여야 한다. 다만 계열회사의 임원을 겸임하는 경우에는 신고의무가 없다(법 제11조 제1항 제3호). 계열회사는 기업결합 이전부터 지배관계가 형성되어 있어 임원겸임으로 인해 추가적인 지배관계가 성립되는 것이 아니기 때

---

52) 발행주식 총수에는 의결권 없는 주식이 제외된다.
53) 100분의 15 이상을 소유하게 되는 경우도 동일한 취지로 해석한다.
54) 실질적인 소유관계를 판단하는 기준에 대해 공정거래법상 명문의 규정은 두고 있지 않으나 실무적으로는 증권거래법 시행령 제10조의4(소유에 준하는 보유)의 규정을 활용할 수 있는데, 첫째, 누구의 명의로든지 자기의 계산으로 주식 등을 소유하는 경우, 둘째, 법률의 규정 또는 매매 기타 계약에 의하여 주식 등의 인도청구권을 갖는 경우, 셋째, 법률의 규정 또는 금전의 신탁계약·담보계약 기타 계약에 의하여 당해 주식 등의 취득 또는 처분권한이나 의결권을 갖는 경우 등이다.

문이다.

　③ 합병과 영업양수를 하는 경우에는 신고를 하여야 한다.

　④ 새로 회사설립에 참여하여 그 회사의 최다출자자가 되는 경우 신고를 하여야 한다.

Ⅱ. 신고의무가 없는 기업결합

1. 관련법에 의한 투자 또는 지원목적의 기업결합(법 제11조 제3항)[55]

관련 법률에 의하여 중소기업이나 신기술사업자를 지원할 목적으로 설립된 회사들의 주식인수 행위는 회사의 설립취지에 비추어 볼 때 당연하거나 오히려 장려되어야 할 필요성이 있다. 또한 해당 법률에서 투자·지원 외의 목적으로 주식을 취득하는 행위에 대해서 별도의 제한을 하는 경우가 많기 때문에 지배목적의 기업결합이 발생할 우려도 상대적으로 낮다고 할 수 있다.

2. 공정거래위원회와 관계중앙행정기관이 사전협의한 경우(법 제11조 제4항)[56]

관계중앙행정기관의 장이 다른 법률의 규정에 의해 미리 해당 기업결합에 관하여 공정거래위원회와 협의한 경우에는 공정거래위원회에 대한 기업결합 신고의무가 없다. 예컨대 통신분야나 금융분야에서 기업결합을 하는 경우 당해 주무관청의의 승인을 받아야 하고 당해 주무부서는 승인 시 공정거래위원회와 협의를 하여야 하기 때문에 이 경우 공정거래위원회에 대한 추가적인 신고의무는 면제된다.

Ⅲ. 신고시기 및 기한

기업결합 신고는 원칙적으로 기업결합의 유형에 관계없이 기업결합일로부터 30일 이내에 하여야 한다(법 제11조 제6항 본문).[57] 다만 기업결합 당사회사 중 하나 이상의 회사가 자산총액 또는 매출액의 규모가 2조원 이상의 대규모 회사인 경우에는 임원겸임이 아닌 한 합병계약을 체결한 날 등 대통령령이 정하는 날부터 기업결합일 전까지의 기간 내에 사전신고를 하여야 한다(동항 단서).

---

55) 2020.12.29. 개정 이전 조항 제12조 제3항.
56) 2020.12.29. 개정 이전 조항 제12조 제4항.
57) 2020.12.29. 개정 이전 조항 제12조 제6항.

대규모회사의 경우에는 일단 기업결합이 완성되고 나면 사후에 경쟁제한성이 있다고 판단되더라도 임원겸임 이외에는 기업결합 이전상태로 복귀시키는 것이 거의 불가능하거나[58] 제3자에게 피해를 줄 수도 있어 사전에 신고를 받아 기업결합이 완성되기 전에 심사를 할 필요성이 있기 때문이다.

기업결합 유형별로 구체적인 사전신고 및 사후신고 기한 및 기산일은 다음 표와 같다(시행령 제17조 및 제20조).

[표 4-3] 기업결합유형별 신고기한

구 분	신고의무자	기업결합 유형	신고의 시기 및 기한
사전신고	대규모회사	주식취득	주식을 취득·소유하기로 계약·합의 등을 하거나 이사회 등을 통하여 결정된 날로부터 기업결합일 이전
		합병	합병계약 체결일부터 기업결합일 이전
		영업양수	영업양수계약 체결일부터 기업결합일 이전
		회사설립 참여	회사설립 참여에 대한 주총 또는 이사회 의결일부터 기업결합일 이전
사후신고	신고대상 모든 사업자	합병	합병등기일부터 30일 이내
		영업양수	영업양수대금의 지불을 완료한 날. 다만, 계약일로부터 90일을 경과하여 영업양수대금의 지불을 완료하는 경우에는 당해 90일이 경과한 날부터 30일 이내
		회사설립 참여	배정된 주식의 주금납입기일 다음날부터 30일 이내
		주식취득	• 주식회사의 주식을 양수하는 경우에는 주권을 교부받은 날, 다만, 주권이 발행되어 있지 않은 경우는 주식대금을 지급한 날, 주식대금지급 전에 의결권 등 주식에 관한 권리가 실질적으로 이전되는 경우에는 권리가 이전되는 날부터 30일 이내 • 주식회사 신주를 유상취득하는 경우에는 주식대금 납입기일의 다음날부터 30일 이내 • 주식회사 외의 회사의 지분을 양수하는 경우에는 지분양수의 효력이 발생하는 날부터 30일 이내 • 위 경우에 해당하지 아니하는 경우로서 감자 또는 주식의 소각 등의 사유로 주식소유비율이 증가하는

58) 달걀 노른자가 일단 터뜨려지면 다시 원상으로 복구하는 것(unscrambling the scrambled egg)은 사실상 불가능한 것에 비유되기도 한다.

		경우에는 그 증가가 확정되는 날부터 30일 이내
	임원겸임	겸임되는 회사의 주주총회 또는 사원총회에서 임원의 선임이 의결된 날부터 30일 이내

Ⅳ. 기업결합의 이행행위 금지의무(법 제11조 제8항)[59]

사전신고 대상인 기업결합에 대하여는 신고 후 일정 기간 동안 기업결합의 이행행위가 금지되어 있다. 이는 당해 기업결합이 시장에 미치는 영향력을 감안하여 기업결합을 완료하기 전에 경쟁당국이 사전심사를 할 기회를 갖기 위한 것인데, 신고하자마자 기업결합을 완료해 버리면 사전신고제도의 의미가 없어지기 때문이다. 금지되는 이행행위의 내용으로는 주식취득의 경우 주권을 교부받거나 주식의 대금을 납입하는 행위, 합병의 경우 합병의 등기, 영업양수의 경우 양수대금 지불·동산의 인도나 교부·부동산 등기·상표 등록행위, 새로운 회사설립 참여의 경우 배정된 주식의 대금납입행위 등이 해당될 수 있다.

한편 이행행위가 금지되는 기간은 심사결과를 통지받기 전까지이다. 기업결합 심사 기간은 원칙적으로 신고 후 30일이다. 그런데 공정거래위원회가 필요하다고 인정하는 경우에는 90일까지 추가로 연장이 가능하다. 신고내용이 미비하여 공정거래위원회가 보정을 명한 경우에는 보정에 소요되는 기간을 위 기간에 산입하지 않으므로(시행령 제18조 제7항) 실제 이행금지기간은 120일이 초과될 수도 있다.

Ⅴ. 임의적 사전심사 요청제도(법 제11조 제9항)[60]

기업결합을 하고자 하는 자는 기업결합 신고의무가 발생하기 이전이라도 구체적인 기업결합 계획에 대한 법위반 여부를 사전에 심사받을 수 있다.[61] 이러한 사전심사요청제도는 기업결합을 하기 전에 사전적으로 경쟁제한성에 대한 판단을 받을 수 있다는 점에서 매우 유용한 제도이며, 특히 사후신고 대상에 해당되는 기

---

59) 2020.12.29. 개정 이전 조항 제12조 제8항.
60) 2020.12.29. 개정 이전 조항 제12조 제9항.
61) 실무적으로는 기본의향서(letter of intent) 또는 양해각서(memorandum) 이상으로 기업결합의 의사가 구체화된 서류가 있어야 임의적 사전심사 요청을 접수하고 있다.

업결합의 경우에는 결합당사회사들의 위험(risk)을 크게 줄일 수 있는 방안이 될 수 있다.

그리고 사전신고 대상인 기업결합의 경우에도 사전심사의 효용성은 크다고 할 수 있다. 대규모 기업결합일수록 관련당사자들의 이해관계가 복잡하게 얽혀 있어서 기업결합 계약이 체결된 이후에는 이를 신속하게 진행하여야 할 필요성이 큰 반면, 위에서 본 바와 같이 공정거래위원회의 심사기간은 보정요구에 의하여 예측하지 못할 정도로 지연될 수 있기 때문에 사전심사청구에 의하여 사실상 이러한 기간을 단축시키는 효과를 얻을 수 있기 때문이다.

공정거래위원회는 심사요청을 받은 경우 30일 이내에 심사결과를 통지하여야 한다. 다만 90일 이내에서 기간연장이 가능하고(법 제11조 제10항),[62] 보정요구기간은 연장기간에 산입되지 않는 것은 본심사의 경우와 동일하다. 사전심사가 진행되고 있는 도중에 본 신고를 하는 경우에는 본 심사의 심사기간이 새로이 개시되는 것으로 해석하여야 할 것이다.

제 4 절 위반행위에 대한 제재

Ⅰ. 탈법행위의 금지(법 제13조)[63]

공정거래법은 제9조(기업결합의 제한) 제1항의 적용을 면탈하려는 행위를 탈법행위로서 금지하고 있다(법 제13조 제1항). 다만, 법 제13조 제1항의 탈법행위 유형 및 기준은 대통령령으로 정하도록 규정하고 있으나(동조 제2항), 이를 정하고 있는 시행령 제42조에서는 기업결합과 관련된 탈법행위 유형을 규정하고 있지 않다.

Ⅱ. 시정조치(법 제14조 제1항)[64]

당해 기업결합이 경쟁제한적인 기업결합에 해당되거나 불공정한 기업결합에 해당되어 법에 위반하거나 위반할 우려가 있는 때 공정거래위원회는 구조적 시정

---

62) 2020.12.29. 개정 이전 조항 제12조 제10항.
63) 2020.12.29. 개정 이전 조항 제15조.
64) 2020.12.29. 개정 이전 조항 제16조 제1항.

조치와 행태적 시정조치를 명할 수 있다. 구조적 조치는 기업결합의 당사회사 또는 위반행위자에 대하여 주식의 처분 및 영업의 양도, 임원의 사임을 들 수 있다. 행태적 조치는 해당 행위의 중지, 법위반사실의 공표, 기업결합에 따른 경쟁제한의 폐해를 방지할 수 있는 영업방식 또는 영업범위의 제한, 그 밖의 법위반상태를 시정하기 위하여 필요한 조치를 들 수 있다.

그런데 공정거래법 제14조 제1항은 시정조치의 대상을 '기업결합의 당사회사'로 규정함으로써 시정조치 수범자의 범위에 취득회사뿐만 아니라 피취득회사까지도 포함시키고 있다. 이처럼 피취득회사에 대해서 시정조치를 하는 것이 타당한지에 대해서는 논의의 여지가 있다고 생각된다.

예컨대 적대적 기업결합의 경우에 피취득회사는 당해 기업결합을 할 의도도 없었고 나아가 아무런 적극적인 행위를 하지도 않았다. 그럼에도 공정거래위원회로부터 시정명령을 받고 불이행시에는 제재까지도 받게 되는 입장에 놓이게 되는 것이 자기책임의 원칙에 비추어 합당한지 의문이다. 미국처럼 시정조치의 내용을 원칙적으로 처분명령(divestiture)에 의존하는 나라에서는 이러한 문제점이 발생할 여지가 없겠지만 우리나라와 같이 다양한 행태규제에 의존하는 나라에서는 피취득회사에 대한 시정조치의 필요성과 적정성에 대하여 심도있는 검토가 이루어져야 할 것이다.[65]

그런데 2007년의 법개정에서는 기업결합의 당사회사뿐만 아니라 그 특수관계인에게도 시정조치를 부과할 수 있도록 그 범위를 더욱 확장하였다. 사전신고 의무가 있는 기업결합의 경우에는 공정거래법상 시정조치 시기에 대한 특별한 규정이 있다. 사전신고를 받아 기업결합심사를 한 결과 시정조치를 하여야 할 경우에는 기업결합 이행행위 금지기간 내에 시정조치를 명하여야 한다(법 제14조 제1항 후문). 그리고 시정조치의 이행을 확보하기 위하여 주식처분명령을 받은 자는 그 명령을 받은 날부터 당해 주식에 대하여 의결권을 행사할 수 없도록 규정하고 있다(법 제15조).

사전신고를 받아서 심사한 경우에는 법 제11조 제7항의 대기기간 이내에 법 제14조의 시정조치를 행하여야 한다(법 제14조 후문).[66]

---

65) 공정거래위원회는 하이트/진로 기업결합사건에서 피취득회사인 진로를 하이트와 함께 공동
    피심인으로 하였으며 하이트뿐만 아니라 진로에 대해서도 시정조치를 명한 바 있다.
66) 그런데 이 조항이 우리나라 기업결합 심사절차 운영상의 여러 가지 중대한 문제점을 발생시
    키는 근원이 되고 있다. 원래 미국법상 사전신고의무와 대기기간의 준수의무를 부과하는 것
    은 그 대기기간 동안 당해 기업결합에 대한 본안심리를 끝내고자 하는 의도가 전혀 아니었다.

참고로 공정거래위원회의 연도별 기업결합심사 및 시정조치건수는 다음 [표 4-4]과 같다.

[표 4-4] 연도별 기업결합 심사 및 시정실적

연도 구분	81–07	08	09	10	11	12	13	14	15	16	17	18	19	20	21
심사건	10,349	550	413	499	543	651	585	571	669	646	668	702	766	865	1,113
시정조치건	39	4	3	2	1	3	5	2	6	3	3	3	5	3	1

※ 공정거래위원회 2022년 기업결합 심사동향 및 2022년 통계연보 등 참조

Ⅲ. 합병 또는 설립무효의 소 제기(법 제14조 제2항)[67]

공정거래위원회는 경쟁제한적인 기업결합(법 제9조 제1항) 및 사전신고 후 기업결합 이행행위 금지기간 내에 이행행위(법 제11조 제8항)를 하여 합병 또는 설립을 한 경우에는 합병 또는 설립무효의 소를 제기할 수 있다.

Ⅳ. 이행강제금(법 제16조)[68]

공정거래위원회는 시정명령의 이행확보를 위하여 경쟁제한적인 기업결합(법 제9조 제1항)으로 인해 시정명령을 받은 후 그 정한 기한 내에 이행을 하지 아니하는 경우에는 이행강제금을 부과할 수 있다. 이행강제금의 규모는 당해 기업결합과 관련된 일정한 금액[69]을 기준으로 불이행 기간 동안 하루에 0.03%씩을 상한으로 한다.[70] 이행강제금부과에 대한 구체적인 세부기준은 「기업결합관련 시정조치 불이행에 따른 이행강제금 부과기준」[71]에서 상세히 정하고 있다.

문제가 되는 기업결합에 대해서는 그 대기기간 내에 법원의 임시중지명령을 받아내어 일단 당해 기업결합이 완성되는 것을 저지하여 두고, 그렇게 기업결합이 중지되어 있는 사이에 FTC 자체의 준사법적인 절차에 의하여 철저한 본안내용의 검토를 하겠다는 것이 원래 제도의 골격이었다.

67) 2020.12.29. 개정 이전 조항 제16조 제2항.

68) 2020.12.29. 개정 이전 조항 제17조의3.

69) 법 제16조 제1항 제1호 내지 제3호 참조.(2020.12.29. 개정 이전 조항 제17조의3 제1항 제1호 내지 제3호).

70) 임원겸임의 경우에는 매 1일당 200만원이 상한이다.

71) 공정거래위원회고시 제2021-27호, 2021.12.30. 개정.

V. 벌칙

종래에는 경쟁제한적인 기업결합을 한 자에 대하여는 3년 이하의 징역 또는 2억원 이하의 벌금이 부과될 수 있었다(구법 제66조 제1항 제2호). 하지만 경쟁제한적 기업결합에 대한 형사처벌은 적절하지 않기 때문에 2020.12.29. 개정법에서 삭제되었다.

그리고 법 제11조 위반의 경우, 즉 기업결합 신고의무를 위반하거나 거짓의 신고를 하거나 사전신고를 하고서 처리기간 전에 기업결합을 하는 경우에는, 회사에 대하여는 1억 원 이하, 임직원 등에 대하여는 1천만 원 이하의 과태료에 처할 수 있다(법 제130조 제1항 제1호).[72] 공정거래위원회 내부준칙인 「기업결합 신고규정 위반사건에 대한 과태료 부과기준」[73]에서 위반의 유형과 횟수에 따라 구체적인 부과액수를 정하고 있다.

---

72) 2020.12.29. 개정 이전 조항 제69조2 제1항 제2호.
73) 공정거래위원회고시 제2021-28호, 2021.12.30. 개정

부당한 공동행위

제1절 부당한 공동행위 개요

Ⅰ. 개념

공정거래법 제1조에서는 "부당한 공동행위를 규제하여 공정하고 자유로운 경쟁을 촉진"하는 것을 공정거래법의 목적 중 하나로 제시하고 있다. 일반적으로는 '부당한 공동행위'[1]라는 용어보다 '담합'이나 '카르텔'이라는 용어가 더 보편적으로 사용되고 있다.

카르텔(cartel)이라는 말은 중세에 교전국들 간의 문서에 의한 휴전협정을 의미했다고 한다. 지금은 사업활동 또한 경제적 차원의 전쟁과 유사해 기업 간 전쟁인 경쟁에 있어서의 휴전을 뜻하는 의미로 광범위하게 사용되고 있다. 이러한 용어들이 실질적으로 의미하는 것은 경쟁자들이 서로 합의하여 경쟁을 자제하고 공동으로 시장지배력을 형성함으로써 자신들의 이익을 극대화하려 한다는 것이다.

공정거래법에는 부당한 공동행위를 '사업자가 계약·협정·결의 기타 방법으로 다른 사업자와 공동으로 부당하게 경쟁을 제한하는 공정거래법 제40조 제1항 각호의 어느 하나에 해당하는 행위를 할 것을 합의'하는 것으로 규정하고 있다(법 제40

---

1) 미국 독점규제법 교과서에서는 concerted action, collective action, collusive action, conspiracy 등의 용어가 사용되고 있고, 이와 반대되거나 구분되는 개념으로는 independent action이나 unilateral action 등의 용어가 사용되고 있다.

조 제1항).[2)]

부당한 공동행위는 사업자들 사이에서 직접 이루어지는 것이 보통이지만, 사업자단체를 통하여 간접적으로 이루어지기도 한다. 공정거래법 제5장은 사업자들 간의 직접적인 부당한 공동행위를 규제하고 있고 제7장에서는 사업자단체를 통한 간접적인 부당한 공동행위를 규제하고 있다.

Ⅱ. 부당한 공동행위의 규제이유 : 시장경제의 주적(主敵)

EU 집행위원회(European Commission)의 경쟁담당 위원을 역임한 Mario Monti는 2000년 한 연설에서 "카르텔은 시장경제의 암이다"(Cartels are cancers on the open market economy)라고 지적한 바 있다.[3)] 인간의 몸에서 가장 무서운 병이 암이듯이 시장경제의 가장 치명적인 해악이 바로 카르텔이라는 것이다.

부당한 공동행위를 규제하는 이유는 경쟁하여야 할 사업자들이 경쟁을 하지 않고 협조를 하여 시장에 폐해를 끼치기 때문이다. 서로 합의하여 시장에서 경쟁을 제거함으로써 자신들의 이익을 제고하는 반면 자원의 효율적인 배분을 저해하고 소비자의 이익을 희생시킨다.

상당한 시장점유율을 가진 업체들이 담합하는 경우 담합에 참여한 사업자들이 비록 법적으로는 별개의 실체라 하더라도 실질적으로는 하나의 독점사업자처럼 행동하기 때문에 시장은 독점적 상태의 시장과 유사하게 된다. 따라서 시장에서 공급량이 축소되고 경쟁가격 이상의 독점가격이 형성·유지될 수 있다. 이처럼 공급량 축소를 통한 독점가격 창설력이 부당한 공동행위로 인한 폐해의 핵심이라고 할 수 있다.

부당한 공동행위는 소비자 피해로 이어질 뿐만 아니라 경쟁의 원천인 혁신을 제거함으로써 시장 전체의 활력을 저해할 수 있다. 그래서 어느 나라 경쟁당국이든 부당한 공동행위 규제는 경쟁법 집행의 최우선 과제이다.

반면 기업들 간의 협조행위라 하더라도 거래의 앞 뒤 단계에 있는 사업자들 간

---

2) 공정거래법상 사업자가 부당한 공동행위를 직접 하는 경우뿐만 아니라 다른 사업자로 하여금 이를 행하도록 하는 행위도 금지의 대상이다(법 제40조 제1항).

3) Mario Monti, Fighting Cartels Why and How? Why should we be concerned with cartels and collusive behaviour?, 3rd Nordic Competition Policy Conference, Stockholm, 11-12 September 2000.

의 협조행위, 즉 수직적 협조행위에 대해서는 위법성 판단이 상대적으로 신중하다. 수직적 협조행위(예, 대리점 거래지역 제한)와 비교할 때 수평적 협조행위(예, 경쟁사 간 가격담합)에 대해 더 엄격한 이유는 수직적 관계에 있는 사업자 간에는 협조적 관계가 우선적인 반면 수평적 관계에 있는 사업자 간에는 적대적 관계 또는 경쟁이 우선이기 때문이다. 미국에서는 Sherman 법 제1조 또는 FTC 법 제5조에서 양자를 모두 규율하고 있지만 부당성 판단기준은 분명히 차이가 있다.

Ⅲ. 부당한 공동행위에 대한 공정거래법 규정의 변천

부당한 공동행위에 대한 공정거래법 제40조 제1항의 규정은 그 동안 여러 번 개정되었다. 이 중 1986년도 개정, 1992년도 개정, 1999년도 개정이 특히 중요한 의미가 있다고 생각된다. 개정의 큰 흐름은 사전규제에서 사후규제로의 변화 및 규제의 강화이다.

1. 1986년 개정 : 사후규제로 전환

1980년 공정거래법 제정 당시에는 부당한 공동행위에 대한 등록제를 규정하고 있었다.[4] 사업자 등이 공동행위를 하기 위해서는 사전에 등록을 하여야 했다. 등록신청을 하면 경제기획원이 요건을 심사하여 승인해 주는 제도였다. 그러나 등록에 따른 행정부담이 만만찮고 국제적 추세와도 맞지 않아 1986년 공정거래법 개정 시 등록제를 폐지하고 사후규제방식으로 바뀌었다. 다만 불황이나 산업합리화 등의 특별한 사유가 있는 경우 사전인가를 받도록 하였다. 이러한 기본적인 규제의 틀은 지금도 유지되고 있다.

1992년 공정거래법 개정은 부당한 공동행위의 본질 또는 성립요건을 변경하였다는 점에서 보다 중요한 의미가 있다고 할 수 있다. 1992년 개정 전 공정거래법에서는 "사업자는 계약·협정·결의 기타 어떤 방법으로도 다른 사업자와 공동으로 일정한 거래분야에서의 경쟁을 실질적으로 제한하는 다음 각 호의 1에 해당하는 행위를 하여서는 아니 된다"라고 규정되어 있었다. 부당한 공동행위는 합의에 따른 실행행위가 있는 경우에 성립할 수 있도록 요건을 설정하고 있었던 것이다.

---

4) 1983년 12월말 기준으로 101개의 사업자단체 및 사업자가 경제기획원에 등록하였다(경제기획원, 공정거래백서, 1984, 133면).

2. 1992년 개정 : 실행행위 요건 삭제

1992년 공정거래법 개정 시 동 조항을 "사업자는 계약·협정·결의 기타 어떠한 방법으로도 다른 사업자와 공동으로 일정한 거래분야에서 경쟁을 실질적으로 제한하는 다음 각 호의 1에 해당하는 행위를 할 것을 합의하여서는 아니 된다."로 변경하여 부당한 공동행위의 본질을 합의 그 자체로 규정하였다. 합의에 따른 실행행위가 없는 경우에도 부당한 공동행위가 성립할 수 있도록 요건을 완화한 것이다.

이러한 1992년도 공정거래법 개정내용은 부당한 공동행위를 보다 엄격하게 규제하고자 하는 입법자의 의도가 반영된 것으로 이해되지만, 뒤에서 자세히 보는 바와 같이 법 해석 및 집행과정에서 많은 문제점들을 야기하고 있다.

3. 1999년 개정 : 요건 완화

1999년도 공정거래법 개정은 부당공동행위에 대한 규제를 한층 더 강화할 목적으로 소위 미국 판례법상 인정되고 있는 당연위법의 법리를 받아들이고자 한 의도가 있었다. 즉, 실질적인 경쟁제한성에 대한 입증의 필요 없이 특정한 행위의 존재 자체만으로 위법성을 인정하고자 하는 취지에서 기존의 "일정한 거래분야에서 경쟁을 실질적으로 제한하는"이라는 문구를 "부당하게 경쟁을 제한하는"으로 변경하였다.

종전 공정거래위원회는 합의에 참여하는 당사자들의 시장점유율의 합이 시장지배력을 형성할 정도의 수준의 상당한 수준에 이르지 않는 경우 시장에 미치는 영향이 미미하다고 보아 부당한 공동행위의 요건이 충족되지 않는다고 보았다. 하지만 사업자들 간의 합의는 경쟁에 부정적인 영향을 미칠 수밖에 없기 때문에 더 강하게 규제하여야 한다는 입장으로 선회한 것이 법 개정 취지였던 것이다.

그런데 이러한 당연위법의 법리를 부당한 공동행위 분야에 도입하려던 당초의 입법취지는 달성되지 못한 것으로 평가받고 있다. 법조문에 "부당하게 경쟁을 제한하는"이라는 요건이 설정되었기 때문이다. 이를 문리적으로 해석하면 단순히 합의의 존재만을 입증하는 것으로는 위법성을 인정하기에 부족하다. 나아가 그 합의가 부당하게 경쟁을 제한하는지의 여부를 다시 심사하여야 한다고 해석되기 때문이다.

4. 2020 개정 : 정보교환 행위 추가

2020년 공정거래법 전면 개정 때 부당한 공동행위의 유형으로서 정보교환행위가 추가되었다(법 제40조 제1항 9호). 원래 정보교환행위는 부당한 공동행위의 별개의 유형이라기보다는 부당한 공동행위의 이행 방법 중 하나라고 볼 수 있다. 일반적으로는 합의의 입증을 위한 정황증거 중의 하나로 취급되어 왔으나 대법원에서 합의입증을 엄격히 요구함에 따라 별도의 유형으로 추가한 것이다. 그러나 부당한 공동행위 규제에 얼마나 실효성이 있을지에 대해서는 의문이 남는다.

제 2 절 부당한 공동행위의 성립요건(법 제40조 제1항)[5]

공정거래법 제40조 제1항 본문은 부당한 공동행위의 성립요건을 규정하고 있다.

> 제40조(부당한 공동행위의 금지) ① 사업자는 계약·협정·결의 기타 어떠한 방법으로도 다른 사업자와 공동으로 부당하게 경쟁을 제한하는 다음 각 호의 어느 하나에 해당하는 행위를 할 것을 합의(이하 "부당한 공동행위"라 한다)하거나 다른 사업자로 하여금 이를 행하도록 하여서는 아니된다.

그리고 제1호 내지 제8호에서 합의의 대상이 되는 내용들을 한정적으로 열거하고 있다. 이러한 공정거래법의 규정내용상 부당한 공동행위가 성립하기 위해서는 ① 둘 이상의 사업자가 ② 합의를 하고 ③ 그것이 경쟁을 제한하여야 한다.

I. 주체 : 둘 이상의 사업자

1. 개념

부당한 공동행위가 성립하기 위해서는 둘 이상의 사업자가 있어야 한다. 공정거래법 제40조 제1항에서 "다른 사업자와 공동으로"라고 기술하고 있는 부분이 이러한 요건에 해당한다.

우선 여기서 말하는 사업자란 어떠한 경제적 이익이라는 반대급부를 받는 행위

---

5) 2020.12.29. 개정 이전 조항 제19조 제1항.

를 계속적으로 반복하는 자로서 공정거래법 제2조 제1호의 사업을 영위하는 자를 말한다. 따라서 이러한 사업자로서의 요건을 갖추지 못한 자들이 공동으로 부당하게 경쟁을 제한하는 행위를 하더라도 법에서 예정되어 있는 부당한 공동행위에 해당되지는 않는다.[6]

2. 경제적 동일체론

부당한 공동행위의 주체와 관련하여 모회사와 자회사 간의 공동행위가 성립할 수 있는지 여부가 문제될 수 있다. 부당한 공동행위는 원래 경제적으로 독립적인 의사결정 주체로서 상호 경쟁관계에 있어야 할 사업자들이 합의를 통하여 독립적이고 독자적인 의사결정권을 포기함으로써 실질적으로는 독점사업자와 같은 단일한 의사결정 주체로서 행동하게 된다는데 비난의 핵심이 있다고 할 수 있다.

그런데 모회사와 그 회사가 100% 지분을 보유하고 있는 자회사는 법률적으로는 별개의 법인격으로 인정되지만 경제적인 관점에서는 이들을 각각 독립적인 의사결정 주체로 보기는 어렵다. 오히려 이들 회사들은 동일한 경제적 목적을 공유하면서 모회사의 통제에 따라 동일한 의사결정과 행동을 하게 되는 경제적 동일체라고 보는 것이 합리적이다. 따라서 지분관계가 100%인 모회사와 자회사 간에는 부당한 공동행위가 성립될 수 없다고 보는 것이 타당할 것이다(「공동행위 심사기준」,[7] 이하 이 장에서 '심사기준'이라고 한다) II.1.(가)). 미국의 연방대법원도 이러한 취지에서 1984년 Copperweld 사건에서 지분관계가 100%인 모자회사 간에는 Sherman 법 제1조의 공모가 성립될 수 없다고 판단한 바 있다.[8]

한편, 지분관계가 100%에 미달하는 모자회사 또는 계열회사들의 경우에 부당한 공동행위가 성립할 수 있는지 여부가 문제될 수 있다. 그것은 각각의 회사들이 경제적인 관점에서 독립적인 의사결정을 할 수 있는 분리된 회사로 인정될 수 있는지 여부에 따라서 개별적으로 판단하여야 할 것이다. 심사기준도 다음과 같이 규정하고 있다(심사기준 II.1.(2).(나)).

---

6) 아파트 주민들이 부녀회를 결성하여 집값 담합을 하는 경우를 예로 들 수 있다.
7) 공정거래위원회예규 제390호, 2021.12.28. 일부개정.
8) Copperweld Corp. v. Independence Tube Corp, 467 U.S. 752 (1984). 이 사건에서 미국 연방 대법원은 100% 지분관계에 있는 모자회사는 Sherman 법 제1조 적용에 있어서는 한 개의 회사로 취급되어야 한다고 하면서, 그 근거로서 이들 회사는 동일한 목적을 가지고 있으며 의사결정도 2개의 분리된 회사에 의해서 이루어지는 것이 아니라 1개 회사에 의해서 이루어지기 때문이라고 판시하였다.

> 〈사실상 하나의 사업자 인정기준〉
>
> 사업자가 다른 사업자의 주식을 모두 소유하지 아니한 경우라도 주식 소유 비율, 당해 사업자의 인식, 임원겸임 여부, 회계의 통합 여부, 일상적 지시 여부, 판매조건 등에 대한 독자적 결정 가능성, 당해 사안의 성격 등 제반사정을 고려할 때 사업자가 다른 사업자를 실질적으로 지배함으로써 이들이 상호 독립적으로 운영된다고 볼수 없는 경우에는 사실상 하나의 사업자로 본다. 다만, 관련시장 현황, 당해 사업자의 활동 등을 고려할 때 경쟁관계에 있다고 인정되는 경우에는 그러하지 아니하다.

3. 사업자들 간의 관계

부당한 공동행위에 참가하는 사업자는 경쟁사업자인 경우가 많다. 하지만 법에서는 반드시 경쟁사업자 간의 관계에서만 부당한 공동행위의 책임을 묻는 것은 아니다.

첫째는 부당한 공동행위 교사이다. 법 본문에서 "다른 사업자로 하여금 이를 행하도록 하여서는 아니된다"고 규정하고 있다. 이 조문의 의미는 부당한 공동행위를 교사하거나 이에 준하는 행위를 의미한다. 단순방조는 여기에 해당하지 않는다.[9]

둘째는 사업자들 간에 경쟁관계가 성립하지 않는 경우에도 집단으로 특정 사업자의 사업활동을 공동으로 방해할 수 있다. 합의에 의한 집단적 거래거절이 전형적인 예이다. 종합유선방송사업자들이 경쟁사업자인 IPTV 사업자를 견제하기로 합의한 후 프로그램 공급사업자(PP)로 하여금 IPTV 사업자와 거래를 제한하도록 한 행위를 들 수 있다.[10]

Ⅱ. 합의

공정거래법상 부당한 공동행위의 본질은 합의이다. 즉, 법 제40조 제1항의 해석상 부당한 공동행위라는 명칭에 있어서 행위라는 단어는 합의 내용에 따른 실행

---

9) 대법원 2009.5.14. 선고 2009두1556 판결.
10) 대법원 2015.4.23. 선고 2012두24177 판결 등. 판결의 의미에 대하여는 다음의 책 참조. 이호영, 전게서, 205-208면.

행위를 의미하는 것이 아니라 합의행위 그 자체를 의미하고 있는 것이다. 따라서 부당한 공동행위가 성립하기 위해서는 어떠한 형태로든지 합의가 존재하여야 하며 일단 합의가 존재하는 이상 그 합의내용에 따른 실행행위가 존재하지 않는 경우에도 부당한 공동행위가 성립할 수 있다.[11]

부당한 공동행위 성립요건으로서의 합의와 관련하여 첫째, 어느 정도의 의사소통까지 합의로 인정될 수 있는지 여부와 둘째, 합의의 존재에 대한 입증을 어떤 방법으로 할 수 있는지 여부가 주로 문제되고 있다.

1. 합의의 개념 및 범위

공정거래법상의 합의란 기본적으로 2 이상의 사업자 간의 의사의 합치를 의미한다. 공정거래법 제40조 제1항에서는 "계약·협정·결의 기타 어떠한 방법으로도"라고 규정하고 있다. 명시적인 합의는 물론 묵시적인 합의도 포함되며, 적극적인 의사표시뿐만 아니라 소극적인 암묵적 동의만 있는 경우에도 공정거래법상의 합의에 포함될 수 있다.[12]

그런데 이러한 합의의 개념적 범위와 관련하여 소위 의식적 병행행위(conscious parallelism)[13]가 있는 경우에도 부당한 공동행위의 성립요건인 합의가 인정될 수 있는지 여부가 문제될 수 있다. 그러나 뒤에서 자세히 보는 바와 같이 의식적 병행행위는 의사교환 없이 일방적으로 행해질 수도 있어 그것만으로는 공정거래법상의 합의가 인정될 수는 없다.

그리고 의식적 병행행위가 있는 경우에 다른 추가적 요소(plus factors)와 결합하여 혹은 의식적 병행행위만으로 공정거래법상의 합의가 존재하는 것으로 추단할 수 있는지 여부에 대한 논의는 엄격한 의미에서 합의의 개념적 범위에 관한 문제가 아니라 합의에 대한 입증방법 또는 입증의 정도에 관한 문제라고 할 것이다.[14]

---

11) 이러한 현행 공정거래법의 내용이 1992년 공정거래법 개정의 결과라는 점은 이미 위에서 설명한 바와 같다.

12) 경우에 따라서는 윙크하는 것조차 합의로 인정될 수 있다("knowing wink can mean more than words", Esco Corp. v. United States, 340 F.2d 1000 (9th Cir. 1965)).

13) 의식적 병행행위란 과점시장과 같이 소수의 사업자만 존재하고 사업자 상호간의 의존성과 예측가능성이 높은 시장에서 일방 사업자가 다른 사업자의 반응을 예측하면서 독자적인 행위를 하고, 다른 사업자가 예측대로의 행위를 실제로 함으로써 결과적으로 사업자 간의 행위의 외형상 일치가 나타나게 되는 경우를 의미한다. 그 과정에서 사업자 간에 의견교환이 있을 수도 있고 없을 수도 있다.

14) 의식적 병행행위와 관련하여 대법원은 "과점적 시장구조 하에서 시장점유율이 높은 선발 업

한편, 공정거래법상 부당한 공동행위로서의 합의가 되기 위해서는 합의의 내용이 법 제40조 제1항 각호에서 열거하고 있는 행위를 할 것을 합의하는 내용이어야 한다. 동 조항에서 열거하고 있는 행위 이외의 행위에 대한 합의는 공정거래법상의 부당한 공동행위인 합의가 될 수 없다.

2. 합의의 입증방법

위에서 본 바와 같이 공정거래법상 부당한 공동행위의 성립요소인 합의는 묵시적 합의를 포함하여 넓게 인정되고 있다. 이처럼 합의의 개념적 범위는 이론적으로는 넓게 설정되어 있지만 실무적으로 입증하는 것은 쉽지가 않다("Good in theory, but hard in practice"). 합의의 존재에 대한 입증방법으로는 직접증거에 의한 입증, 간접증거에 근거한 사실상 추정에 의한 입증, 법률상 추정에 의한 입증이 있다.

1) 직접증거에 의한 입증

직접증거란 요증사실을 직접적으로 증명하는 증거를 의미한다. 합의의 존재가 요증사실인 부당한 공동행위의 경우에는 합의서나 약정서(물증)가 전형적인 직접증거에 해당되고, 그 외에도 합의에 참가한 자들의 증언(인증)도 직접증거가 될 수 있다.[15]

직접증거가 있는 경우에는 곧바로 합의의 존재가 인정될 수 있으므로 가장 이상적인 입증방법이라고 할 수 있다. 영어로는 'smoking gun'이라는 표현을 쓰기도 한다. 하지만 합의 참가자들이 이러한 직접증거를 남기지 않는 경우가 대부분이므로 실무상 직접증거에 의하여 합의의 존재를 입증하는 경우는 그리 많지 않다고 할 수 있다. 뒤에서 소개할 1939년 미국 연방대법원의 Interstate Circuit 판결에서도 직접증거는 "원칙이 아니라 예외"(the exception rather than the rule)라고 지적한 바 있다.

체가 독자적인 판단에 따라 가격을 결정한 뒤 후발업체가 일방적으로 이를 모방하여 가격을 결정하는 경우에는, 선발 업체가 종전의 관행 등 시장의 현황에 비추어 가격을 결정하면 후발 업체들이 이에 동조하여 가격을 결정할 것으로 예견하고 가격결정을 하였다는 등의 특별한 사정이 없는 한, 법 제19조 제5항에 따른 공동행위의 합의추정은 번복된다"고 판시한 바 있다(대법원 2002.5.28. 선고 2000두1386 판결(화장지제조 4사의 공동행위 건)).

15) 공식적인 합의문서는 아니더라도 실무자의 수첩이나 메모지 등에 합의사실이나 합의내용을 기록한 서면이 중요한 직접증거로서 활용되기도 한다.

2) 간접증거에 근거한 사실상 추정을 통한 입증

(1) 사실상 추정의 법리

주요사실을 간접적으로 추인할 수 있는 사실(즉, 간접사실)을 증명하는 증거를 간접증거 혹은 정황증거라고 한다. 간접증거가 있으면 간접사실이 증명되고, 다시 간접사실에 의하여 요증사실이 추정되는 2단계의 과정을 통하여 궁극적으로 요증사실이 입증된다. 그리고 이러한 간접증거에 의한 주요사실의 추정을 뒤에 나오는 법률상 추정과 대비하여 사실상 추정이라고 한다.[16]

과거 증거의 가치(증명력)를 법률로써 규정하던 증거법정주의 하에서는 간접증거의 증거가치를 직접증거보다 낮게 평가하였다. 그러나 증거의 증명력을 법관의 자유심증에 따라 자유롭게 평가하는 자유심증주의 하에서는 직접증거와 간접증거 간의 차이는 없다고 할 수 있다. 공정거래법 제40조 제1항의 합의의 존재를 입증함에 있어서 직접증거와 간접증거가 모두 동등하게 증거방법으로 활용될 수 있다.[17]

그리고 실무에 있어서도 합의의 존재여부는 직접적인 증거보다는 간접적인 정황증거에 의해서 사실상 추정되는 경우가 많다고 할 수 있다.[18] 다만, 사업자들의 행위가 외형상 일치하는 경우에 대해서는 법 제40조 제5항에서 별도로 법률상 추정규정을 두고 있기 때문에 행위의 외형상 일치가 존재하는 경우에는 동 조항이 주로 활용되고 있다.

간접증거의 증명력은 당사자들이 독립적으로 행동했다는 가능성을 배제하는 정도면 충분하다고 할 것이지만 간접증거에 의하여 합의의 존재가 사실상 추정된 경우에도 상대방이 설득력 있는 반증을 제출함으로써 추정을 번복하는 것은 가능하다.

사실상 추정과 관련하여 쟁점이 되어 왔던 것들 중의 하나가 앞서 언급한 의식

---

16) 미국에서는 배심원 재판에서 판사가 법률전문가가 아닌 배심원들에게 사실상 추정이 무엇인지를 설명하면서 다음과 같은 예를 드는 경우가 있다. "흰 눈이 하얗게 내린 언덕에서 포수가 토끼 한 마리를 쫓아가고 있었다. 토끼가 언덕을 넘어 가버리는 바람에 포수의 시야에서 사라지고 말았다. 그러나 흰 눈 위에 토끼 발자국이 있었기 때문에 그 발자국을 따라 계속 추적하였는데 조그만 동굴 앞에서 토끼 발자국이 멈추었다. 이러한 경우 그 포수는 분명히 그 토끼는 이 동굴 속으로 들어갔을 거라고 경험칙에 비추어 추정할 수 있다."는 내용이다. 여기서 동굴 앞에 멈춘 토끼발자국(간접증거)에 의해서 동굴 안에 토끼가 있다는 사실(주요사실)을 추정할 수 있다는 것이다.

17) 즉, 간접사실에 의한 사실상 추정은 법률에서 별도의 근거규정을 두고 있지 않더라도 증거법상 당연히 인정된다.

18) 실무자들의 정기적인 회합사실, 가격정보 등 중요정보 교환·공유 등이 이에 해당된다.

적 병행행위이다. 이 행위는 참여자들의 행위가 겉으로 보아 유사하고(parallel) 참여
자들이 서로의 행위를 의식하면서 의사결정을 하고 행동에 나아가는 경우를 의미
한다. 한때 미국에서는 과점시장의 행위자들 수가 적기 때문에 서로의 행위를 의식
하면서 의사결정을 하는 경향이 있고, 이것이 결국 경쟁을 저해할 수 있으므로 의
식적인 병행행위 그 자체만으로 위법으로 삼아야 한다는 견해가 있었다.19)

결국 1954년 Paramount 사건의 대법원 판결20)에서 행위의 외형의 일치만으로
는 부족하고 추가적인 증거가 있어야 한다고 판시하였고 이후의 판결들은 그러한
추가적 증거를 "plus factors"라고 언급하였다. 미국에서는 1954년 Paramount 판결
이후 합의의 입증에 관해 근본적으로 바뀐 것은 없다. 다만 합의를 추정할 수 있는
추가적인 증거의 종류는 어떠한 것들이 있을 수 있는지 여부에 대하여 다수의 판결
에서 다투어졌다.

(2) 주요 사례

다음의 판례는 행위의 외형의 일치 이외에 다른 정황증거를 통해 사실상 추정
을 한 후 부당한 공동행위를 인정한 미국 초기의 판결이다.

[미국판례] Interstate Circuit Inc. v. United States 306. U.S. 208 (1939)

미국 정부는 텍사스 주요도시들에서 지배적인 영화상영업자인 Interstate Circuit 및 이
의 계열극장인 Texas Consolidated Theatres와 전국적인 영화배급사들이 합의하여 텍사
스 지역 영화관들로 하여금 (i) 입장료를 개봉관은 최소 40센트, 재개봉관은 최소한 25
센트 이상 받도록 하고 (ii) double feature policy21)를 금지하도록 하였다고 주장하며

---

19) Interstate Circuit Inc. v. United States, 306 U.S. 208 (1939)에서의 방론(obiter dicta).
이 판결은 실제로는 정황증거를 고려하여 결론을 내리고 있지만 판결의 방론(dicta) 때문에
더 유명하다. 즉 "어떤 공동행위를 위한 계획이 있어 다른 경쟁자들도 동참을 권유받았다는
것을 알고 거기에 참여하기만 하면 공동행위가 성립한다.(It was enough that, knowing that
concerted action was contemplated and invited, the distributors gave their adherence to
the scheme and participated in it.)"는 것이다. 미국 판결에 있어서 방론부분은 판결의 직접
적인 내용이 아니라 참고적으로 언급하는 내용에 불과하다. 그러나 이 판결 이후 1954년
Paramount 판결까지 상당한 혼란이 계속되었다.
20) Theatre Enterprises v. Paramount Film Distributing Corp., 346 U.S. 537 (1954). "의식적
병행행위라는 정황증거는 공동행위에 대한 전통적인 법원의 태도와 깊은 관련이 있다. 그러
나 의식적 병행행위가 Sherman 법의 공동행위요건을 완전히 충족시키는 것은 아니다
(Circumstantial evidence of consciously parallel behavior may have made heavy inroads
into the traditional judicial attitude toward conspiracy; but 'conscious parallelism' has not
yet read conspiracy out of the Sherman Act entirely)".
21) 두 편의 영화를 동시에 보거나 한편의 영화를 본 후 나머지 영화는 다른 날짜에 볼 수 있도

이의 금지를 구하는 취지의 소송을 제기하였다. 그리고 Interstate Circuit 등과 배급업자 간, 그리고 배급업자 상호간 이러한 공모를 하였는지 여부가 쟁점이 되었는데, 정부는 이러한 주장을 입증해 줄 만한 합의의 직접적인 증거를 법원에 제출하지 못했다.

그러나 대법원은 다음과 같은 정황증거에 따라 합의가 추정된다고 판결하였다.

첫째, 당시 10센트에서 15센트 정도의 요금을 받고 있던 재개봉관에게 배급업자들이 갑자기 가격을 25센트 이상으로 인상하도록 하는 등 과거와 크게 다른 행위를 이상할 정도로 일치하게 한 것은 배급업자들 간에 공모가 있었다는 것을 추정하게 해 준다.

둘째, 이러한 공모의 내용을 담고 있는 편지는 Interstate Circuit의 편지지(letter-head)를 사용하였고, Interstate Circuit 및 Texas Consolidated Theatres의 지배인인 O'Donnell의 명의로 발송되었다. 그리고 수신인으로 공모의 대상인 영화배급업자들을 모두 나열하고 있었으므로 영화배급업자들은 처음부터 공모의 내용을 잘 알고 있었다. 또한 만약 한 배급업자가 개별적으로 종전보다 불리한 조건을 재개봉관에게 부과하게 되면, 그 재개봉관은 다른 배급업자와 거래를 하게 될 것이기 때문에 단독으로 그러한 조건을 내세우기는 어려울 것이므로 불리한 조건을 여러 배급업자가 동시에 내세울 수 있었던 것은 합의가 있었기 때문이라고 추정할 수 있다.

한편, 다음의 판례는 외관상으로는 행위의 일치가 있었으나 다른 정황에 비추어 부당한 공동행위로 인정되지 아니한다고 판시한 경우이다.

[미국판례] Theatre Enterprises v. Paramount Film Distributing Corp. 346 U.S. 537 (1954)

Paramount Film Distributing Corp.를 비롯한 몇몇 영화배급사들은 Theater Enterprise, Inc가 소유하고 있던 교외(suburbs)의 한 극장에 대해 개봉영화 배급을 거절하였다. 이에 Theater Enterprise, Inc는 영화배급업자들이 공모하여 거래를 거절하였다고 주장하면서 3배 손해배상소송을 제기하였다.

대법원은 사업자들이 단순히 유사한 행동을 한다고 해서 공모행위가 되는 것은 아니라고 판결하면서, 특히 이 사건에서처럼 원고에게 영화에 대한 배타적인 상영권을 주는 것은 시내(downtown) 극장에게 배타적인 상영권을 주는 경우에 비하여 원고들의 수입이 줄어들게 되므로 피고들의 거절행위는 경제적으로 타당성이 있다는 점을 인정하였다. 즉, 본 건 행위들은 각 사업자들이 독자적인 경영상의 이유에 따라 독립적으로 행한 것일 뿐 합의의 결과로 볼 수는 없다는 것이다.

록 해 주는 것을 의미한다.

3) 법률상 추정(법 제40조 제5항)[22]

공정거래법 제40조 제5항은 다음과 같은 법률상 추정조항을 두고 있다.

> **제40조(부당한 공동행위의 금지)** ⑤ 제1항 각 호의 어느 하나에 해당하는 행위를 하는 둘 이상의 사업자가 다음 각 호의 어느 하나에 해당하는 경우에는 그 사업자들 사이에 공동으로 제1항 각 호의 어느 하나에 해당하는 행위를 할 것을 합의한 것으로 추정한다.
> 1. 해당 거래분야, 상품·용역의 특성, 해당 행위의 경제적 이유 및 파급효과, 사업자 간 접촉의 횟수·양태 등 제반 사정에 비추어 그 행위를 그 사업자들이 공동으로 한 것으로 볼 수 있는 상당한 개연성이 있을 때
> 2. 제1항 각 호의 행위(제9호의 행위 중 정보를 주고받음으로써 일정한 거래분야에서 경쟁을 실질적으로 제한하는 행위를 제외한다)에 필요한 정보를 주고받은 때

이처럼 법률에서 명시적으로 일정한 요건사실이 존재하면 요증사실이 추정되도록 규정하고 있는 경우에 이러한 법률의 규정에 의한 추정을 법률상 추정이라고 한다.

공정거래법상의 추정조항은 1986년 공정거래법 개정 시 도입되고 2007년 현재의 규정으로 개정되었다. 그런데 이 추정조항은 현재로서는 큰 의미가 없다고 생각된다. 왜냐하면 조문상의 추정요건은 위에서 언급한 사실상 추정의 요건과 차이가 없어 이 조항이 없다 하더라도 법집행에는 별 문제가 없기 때문이다.

당초 추정조항을 두게 된 취지는 사업자들의 행위가 외형적으로 일치하거나 유사하면 일단 합의가 있는 것으로 추정하고 사업자 측에서 추정을 번복할 수 있는 입증을 하도록 하기 위한 것이었다. 즉, 공정거래위원회의 합의입증 책임을 완화하기 위한 것이다. 그러나 대법원 판결 및 현행의 조문에 이르는 입법과정에서 이러한 취지는 사실상 사라져 버렸다고 볼 수 있다.

다만 현행의 추정조항을 굳이 없앨 필요가 없다는 지적과 함께 정보교환에 대한 규제가 필요하다는 지적이 적지 않았다. 그래서 2020.12.29. 개정법에서는 외형의 일치와 함께 이를 위한 정보교환이 있는 경우 법률상 추정이 가능하도록 추가하였다.

3. 합의의 입증과 각국의 실무

부당한 공동행위가 성립하기 위해서는 합의의 존재가 입증되어야 한다는 것과

---

22) 2020.12.29. 개정 이전 조항 제19조 제5항.

합의의 개념에는 명시적 합의뿐만 아니라 묵시적 합의도 포함된다는 것에 대하여 세계 각국의 경쟁법은 큰 차이가 없다. 그러나 합의를 인정하기 위해 어느 정도의 정황증거가 요구되어야 하는지에 대해 실무적으로는 차이가 크다고 생각된다. EU 법원이 합의인정에 가장 적극인 반면 우리나라 대법원은 다소 소극적이며 미국 연방대법원은 중간 정도인 것으로 보인다.

특히 EU 법원은 고집중된 시장에서 가격정보와 같이 비밀스런 정보의 인위적인 교환을 통한 행위의 일치 또는 유사성의 형성에 대해 적극적으로 합의를 추정하고 있다. 예컨대 2001년 British Sugar 사건[23]에서는 미래의 가격에 대한 일방적인 정보제공이 문제가 되었다. 즉, 일방이 정보를 제공하고 타 사업자는 그냥 듣고 자리를 뜬 경우에도 EU 1심 법원인 CFI(Court of First Instance)[24]는 그러한 정보나 지식도 타방의 행위에 영향을 줄 수 있으므로 합의나 공동행위(agreement and/or con-certed practice)가 추정될 수 있다고 판시하였다.

이 사건에서는 엄밀한 의미의 정보교환은 없었고 단지 일방적인 정보제공만 있었지만 EU 최고법원인 ECJ(The European Court of Justice)[25]는 4개의 사업자밖에 없는 고집중 시장에서는 미래의 가격과 같은 은밀한 정보의 제공은 합의나 공동행위의 추정을 낳는다고 판시하였다.[26]

반면 우리 대법원은 라면판결에서 보듯이 경쟁사업자 간에 10여 년에 걸쳐 이루어져 온 수많은 정보교환과 원단위까지 일치한 가격 증거에도 불구하고 합의를 인정하지 않을 정도로 합의인정에 엄격하다.[27]

EU 법원이 카르텔에 이처럼 엄격한 것은 EU의 역사적 맥락에서 그 원인을 찾을 수 있다고 생각한다. EU의 출발 동기 자체는 무엇보다 카르텔 규제에 있었다. 유럽은 석탄과 철강 산업에서의 카르텔을 막고자 1951년 파리조약(Treaty of Paris)을 통해 「유럽석탄철강공동체」(European Coal and Steel Community: ECSC)[28]를 창설하였

---

23) Joined Cases T-202/98, T-204/98 and T-207/98, Tate & Lyle and Others v Commission [2001] ECR II-2035.
24) 현재는 "General Court"로 명칭이 바뀌었다.
25) EU는 3심이 아닌 2심 체제로 ECJ가 최고법원이다.
26) 영국의 Richard Whish 교수는 엄밀한 의미의 정보교환이라고 볼 수도 없는 성격의 사건이지만 일방적인 정보의 제공에 대해서조차 EU 법원이 엄격한 입장을 취한 것이라고 평가한다.
27) 대법원 2015.12.24. 선고 2013두25924 판결. 원심에서 서울고등법원은 합의를 인정하였다 (서울고등법원 2013.11.11. 선고 2012누24223 판결).
28) 2002년 7월에 조약이 종료되어 사라졌다.

고, 이것은 향후 EU 태동의 중요한 계기가 되었다.

4. 컴퓨터 알고리즘(algorithm)과 합의의 인정

최근 정보통신기술의 발달과 더불어 과거처럼 어두컴컴한 사무실이 연상되는 은밀한 곳에서 만나 담합하는 것이 아니라 컴퓨터 연산프로그램(algorithm)을 활용해 담합을 하는 경우가 발생하고 있다.

크게 두 가지의 경우로 나누어 볼 수 있다.[29] 첫 번째는 사업자들끼리 가격인상 합의를 한 후 그 수단으로서 알고리즘을 이용하는 경우이다. 이 경우는 전통적인 담합과 사실상 차이가 없고 수단(messenger)으로서 알고리즘을 활용한 것에 불과하다. 다만 이러한 경우는 Stanley Milgram의 전기의자 충격실험처럼 비교적 마음의 부담이 없이 담합에 관여할 수 있게 해주는 효과는 있다.[30] 두 번째는 사업자들 간에 직접적인 합의는 없었지만 동일하거나 유사한 알고리즘을 사용하여 결과적으로 행위가 조정되는 경우이다. 예컨대 시장의 다양한 가격을 모니터링하여 자사 상품의 가격을 수시로 조정하는 프로그램이 개발된 경우 사업자들이 이와 동일하거나 유사한 프로그램을 사용하게 되면 시장에서 가격이 일치하거나 유사하게 정해질 수 있다. 이러한 경우는 합의를 인정하여야 하는지 문제가 되고 있다. 미국에서 문제가 된 2016 Uber 사건은 이러한 고민을 던져 준다. 원래 Uber 기사는 독립된 개인사업자로서 각각 임의대로 운송요금[31]을 받아야 되지만 Uber 플랫폼에서 정해준 운송요금을 받는 것이 독점규제법으로 금지되는 합의를 한 것인지가 문제 되었다. 종래 "Hub and Spoke 담합"처럼 Uber 플랫폼이 자전거 바퀴 축(Hub)의 역할을 하고 Uber 기사들이 자전거 바퀴 살(spoke)의 역할을 한 것으로 보아 Uber 회사와 기사들 모두가 Hub를 통해 담합한 것으로 처벌할 수 있을지 여부를 두고 소송이 진행되고 있다. Uber 기사들은 운송요금을 합의한 적은 없지만 플랫폼 내부의 동일한 운송요금 알고리즘(즉 Hub)을 사용하였기 때문에 합의를 인정하여야 하는지 논란이 있다. 또한 합의가 인정된다고 하더라도 플랫폼의 알고리즘을 통한 요금의 투명화

---

29) Ariel Ezrachi·Maurice E. Stucke, Virtual Competition, Harvard University Press, 2016, pp. 35-55. 이 책은 알고리즘을 활용해 담합뿐만 아니라 가격차별을 비롯한 다양한 형태의 반경쟁적 행위를 할 수 있음을 상세하게 설명해 주고 있다.

30) 이 실험은 여러 가지 시사점을 주지만 그 중 한 가지는 평범한 사람도 간접적인 경로를 거치는 경우에는 보다 수월하게 비합리적인 행위를 할 수 있음을 보여준다.

31) Uber 차량은 엄밀하게는 택시가 아니고 정부가 요금을 정해주지도 않는다.

는 소비자에게 이익이 되기 때문에 부당하지 않은 것인지 여부도 논란이 되고 있다.

　알고리즘 기술은 정보통신기술의 발달에 따라 더 다양한 형태로 나타날 수 있고 잘 활용하는 경우 경쟁친화적인 수단이 될 수도 있고 그 반대의 경우로 경쟁제한적 수단으로 활용될 수도 있다. 알고리즘을 통한 행위의 일치를 어떻게 평가하여야 하는지는 결국 행위자들의 의도와 그 결과에 대한 인식 여부를 고려하지 않을 수 없다. 따라서 행위의 의도와 목적은 일반적으로 경쟁법에서 핵심적인 역할을 하지 못하고 부차적인 고려사항의 하나로 취급이 되어 왔으나 첨단기술이 초래할 수 있는 다양한 가능성은 행위자의 의도와 인식이라는 주관적인 요소의 중요성을 부각시키고 있다.

Ⅲ. 경쟁제한성

1. 개요

　공정거래법 제40조 제1항의 행위를 할 것을 합의하는 경우에도 이러한 모든 합의가 당연히 경쟁을 제한하는 것이 아니라 가치중립적이거나 경쟁촉진적인 합의도 얼마든지 있을 수 있다. 공정거래법은 이러한 점을 고려하여 "… 부당하게 경쟁을 제한하는 …"이라고 명시하고 있다. 공정거래법에서 '부당하게'라고 하는 표현은 영어의 'unreasonable'을 의미한다. 이것은 곧 경쟁제한성을 의미한다. 따라서 공정거래위원회가 어떠한 합의를 부당한 공동행위로 규제하기 위해서는 문제되는 합의가 경쟁제한적 효과가 있다는 점을 먼저 판단하여야 하고 행정소송 단계에서는 이를 입증할 책임을 부담하게 된다.

　부당한 공동행위의 경쟁제한성 판단과 관련하여 미국 판례법에서는 당연위법 원칙(per se illegality)과 합리의 원칙(rule of reason)이 발전되어 왔다. 우선 일정한 유형의 합의32)는 경쟁을 제한하는 효과가 있는 것이 대부분이라는 경험칙에 근거하여 이러한 유형의 합의에 대해서는 합의의 존재만 입증되면 추가적인 경쟁제한성에 대한 입증이나 판단 없이 곧바로 위법성을 인정할 수 있다는 원칙을 당연위법 원칙이라고 한다.33) 당연위법의 원칙에 대한 근거로서 이처럼 경쟁제한성이 인정

---

32) 통상 경성카르텔(hardcore cartel)이라고 하며 가격담합, 시장분할 협정, 입찰담합 등이 이에 해당된다.
33) 당연위법의 원칙에 대한 근거로서 이처럼 경쟁제한성이 인정될 가능성이 높다는 점 외에도 사법심사의 비용적인 측면도 고려되고 있다. 즉, 당연위법 원칙이 적용되는 행위유형이라 하

될 가능성이 높다는 점 외에도 사법심사의 비용적인 측면도 고려되고 있다. 즉, 당연위법 원칙이 적용되는 행위유형이라 하더라도 정밀한 경제분석과정을 거치게 되면 경쟁제한성이 없는 것으로 판단될 수 있는 가능성이 전혀 없는 것은 아니지만, 이처럼 지극히 예외적인 결과를 확인하기 위하여 높은 분석비용을 지불할 수는 없다는 것이 당연위법 원칙의 또 다른 주요한 근거이다. 미국 연방대법원은 마치 과속위반 단속 시 운전자 개개인의 운전실력이나 도로 상황에 대한 고려 없이 일률적으로 단속하는 것과 마찬가지라고 설명하기도 한다.[34]

　　반면에 특정한 합의의 존재가 입증된 경우에도 합의의 존재만으로는 위법성이 인정되지 않고 당해 합의의 효과가 경쟁제한적이라는데 대한 추가적인 입증이 있는 경우에만 위법한 행위로 판단하는 원칙을 합리의 원칙이라고 한다. 당연위법 원칙이 적용되는 행위유형의 경우에는 원고가 당해 행위의 경쟁제한성을 입증할 필요가 없을 뿐만 아니라 피고 측에서 당해 행위가 경쟁제한성이 없다는 반증을 제시하는 것도 허용되지 않는데 이러한 점에서 미국 판례법상의 당연위법의 원칙은 법률상 간주 또는 의제의 효과가 있다고 할 수 있다.[35]

　　이러한 이분법적 미국 판례법이 공정거래법에 그대로 적용될 수 있는지에 대해서는 의견이 상이할 수 있겠지만 이러한 이분법적 접근방법이 우리나라뿐만 아니라 세계 각국의 경쟁법에 커다란 영향을 미쳐왔음은 분명하다. 따라서 공정거래법과 세계 각국의 경쟁법을 정확히 이해하기 위해서는 미국 판례법의 발전에 대해 살펴볼 필요가 있다.

2. 당연위법 원칙과 합리의 원칙 법리의 발전

1) 이분법적 접근의 태동 : U.S. v. Addyston Pipe & Steel Co. 판결[36]

파이프시장의 불황으로 가격경쟁이 과도해지게 될 우려가 있어 6개의 파이프 제조사들이 지역별로 시장을 분할한 이후 가격을 공동으로 책정한 사건이다. 피고

더라도 정밀한 경제분석과정을 거치게 되면 경쟁제한성이 없는 것으로 판단될 수 있는 가능성이 전혀 없는 것은 아니지만, 이처럼 지극히 예외적인 결과를 확인하기 위하여 높은 분석비용을 지불할 수는 없다는 것이 당연위법 원칙의 또 다른 주요한 근거이다.

34) FTC v. Super Court Trial Lawyers Assn., 493 U.S. 411(1990)
35) 당연위법의 원칙이 적용되는 경우의 효과로서 'conclusive presumption'이라는 용어가 사용되고 있는데, 이는 반증제출이 허용되지 않는다는 점에서 우리나라 법에서 사용되는 '간주' 또는 '의제'와 동일한 개념이라고 할 수 있다.
36) U.S. v. Addyston Pipe & Steel Co., 85 F. 271 (6th Cir. 1898).

들은 자신들의 행위가 업체들의 파멸적인 과다경쟁으로 인한 도산을 막기 위한 것으로 경쟁을 제한할 의도가 없었고 책정된 가격수준도 타 기업들의 신규진입이 어려울 정도로 낮았기 때문에 소비자들에 대한 피해도 없다고 주장하였다.

연방항소심 판결에서 Taft 판사는 거래제한의 유형을 2가지로 분류하였다. 하나는 노골적인 거래제한(naked restraint)으로서 단지 거래제한만을 목적으로 하는 것이다. 가격담합이 이 유형에 속할 수 있다. 이러한 행위는 절대적으로 금지되는 것이다. 다른 하나는 부수적인 거래제한(ancillary restraint)으로서 합법적인 목적에 부수적인 거래제한이다. 사업을 매각하면서 일정기간 일정지역에서 경업금지의무를 부과하는 행위가 이 유형에 속할 수 있다. 당해 사건에서 Taft 판사는 가격담합은 정당한 목적에 부수적으로 가해지는 제한이 아니기 때문에 위법하다고 판시하였다.[37]

이 판례는 비록 1898년의 고전적인 판례이지만 노골적인 거래제한과 부수적인 거래제한이라는 이분법적인 접근방식을 제시하였고 이러한 기본적인 분류는 지금에까지 많은 영향을 미치고 있다.

2) 당연위법 원칙의 발전

(1) U.S. v. Trenton Potteries 판결[38] : 당연위법 원칙의 확립

이 판결은 1927년의 판결로서 이 당시만 해도 가격담합에 대해 당연위법 원칙에 따라 심사하여야 하는지 아니면 합리성의 원칙에 따라 심사하여야 하는지 불분명하였다.[39]

이 사건은 화장실 변기 및 욕조 등 위생도기 분야에서 82%의 시장점유율을 차지한 제조업자들이 가격을 담합한 사건이다. 쟁점은 담합 사실 그 자체가 아니라 담합으로 인해 결정된 가격이 적정한지(reasonable) 여부를 따져야 하는지 여부였다.

연방대법원은 모든 가격담합의 목적과 결과는 경쟁억제에 불과하고 가격담합을 할 수 있는 능력은 시장지배력이 있다는 것을 시사해 주는 것이며 적정한 가격

---

37) *Id.* at 293. 그러나 이 판결은 다음 해 연방대법원에서 판결이유가 다소 수정됨으로써 그 의미가 곧 바로 퇴색되었다. 연방대법원은 연방항소법원의 결론은 유지하면서도 책정된 가격수준이 비합리적이라는 이유로 위법성을 인정하였다. 이렇게 되면 가격담합에서 책정된 가격이 합리적인지 여부가 다투어질 수 있게 되는 셈이다.

38) U.S. v. Trenton Potteries Co., 273 U.S. 392 (1927).

39) 예컨대 이 사건의 항소심에서 연방항소법원은 1심에서 배심원들이 책정된 가격의 적정성 여부를 고려하지 않았다는 이유로 1심의 판결을 뒤집었다.

이란 존재할 수 없다고 판시하였다. 즉, 오늘 적정한 가격도 내일에는 적정하지 않은 가격으로 변할 수 있듯이 가격이란 시장상황에 따라 수시로 변하기 때문에 합리적인 고정된 가격이라는 것은 존재할 수 없다는 것이었다.

따라서 피고가 시장지배력이 있는지, 책정된 가격이 합리적인 수준인지, 소비자의 피해가 있었는지 등은 쟁점으로 삼지 않았다.[40] 미국의 절차법적 관점으로 본다면 1심법원(trial court)에서 배심원들은 책정된 가격이 적정한 수준인지 아닌지 또는 합의의 목적과 의도가 무엇인지 그리고 경쟁에 미치는 효과는 어떠한 것들인지 따질 필요가 없게 된다. 단지 합의가 있었다는 것만 확인하면 된다.

이 판결은 가격담합은 존재 그 자체만으로도 위법으로 판단하기에 충분하다고 보아 당연위법의 원칙을 확립하였다는 점에서 의의가 있다.

(2) U.S. v. Socony-Vacuum Oil Co. 판결[41] : 당연위법 원칙의 절정[42]

앞의 Trenton Potteries 판결은 가격담합을 당연위법의 원칙에 의해 심사함으로써 당연위법 원칙의 발전에 기여하였다고 평가를 받고 있다. 그러나 연방대법원이 모든 가격담합은 당연위법이라고 공식적으로 판결을 내린 것은 1940년의 Socony-Vacuum Oil Co. 판결에서이다. 이 판결은 미국에서 당연위법 원칙에 관한 대표적인 판결로 소개된다.

당시 미국의 정유업계는 불황에 시달리고 있었는데 가격이 지나치게 내려가는 것을 우려하고 있었다. 소형 정유사들은 대형 정유사와는 달리 자체 저장시설이 없었고, 정유 즉시 시장에 석유를 내다 팔 수밖에 없어 시장에서 공급이 수요를 초과하게 되었다. 대형 정유사들은 석유가격 하락을 방지하기 위해서는 시장에서 과잉생산량을 흡수하여야 한다고 결정하고 대형 정유사별로 소형 정유사와 짝(dancing partner)을 지어 각자의 지정 정유사의 잉여석유를 사들이게 되었다.

이 사건은 엄밀히 말하면 직접적으로 가격을 담합한 사건은 아니다. 하지만 시장에서 공급량을 흡수함으로써 가격인하를 막고자 한 것으로서 궁극적으로는 경쟁을 줄여 가격을 인상하고자 한 것으로 볼 수 있다.

이 판결은 판결의 본문보다 주석이 더 유명한 판결이다. 연방대법원은 판결의

---

40) *Id.* at 397-398.

41) U.S. v. Socony-Vacuum Oil Co., 310 U.S. 150 (1940).

42) Ross 교수는 Trenton Potteries 판결은 당연위법원칙을 확립시켰고, Socony-Vacuum Oil Co. 판결은 당연위법원칙의 절정을 이룬 판례로 본다(Ross, "Principles of Antitrust Law", Westbury, 1993, pp. 127-129).

주석43)에서 책정된 가격이 합리적이냐 아니냐 하는 것은 논의의 대상이 아니라는 점을 분명히 하고, 사업자들이 비록 시장지배력을 가지고 있지 않다 하더라도 가격담합은 시장질서를 훼손하는 것으로서 당연히 위법이라고 판시하였다. 따라서 원고는 특정한 계약이 어떻게도 정당화될 수 없는 부류의 계약이라는 점만 입증하면 되고 그 외에 협정에 이르게 된 목적이 부당하다거나 가격수준이 적절하지 않다거나 시장에 어떠한 영향을 미쳤는지 등은 입증할 필요가 없다는 것이다.44)

Trenton Potteries 사건은 담합 참여자의 시장점유율이 82%에 달해 시장지배력이 큰 문제가 되지 않았기 때문에 연방대법원의 입장에서는 당연위법을 선언하기에 부담이 적었다고 볼 수도 있다. 하지만 본 사건에서는 참여사업자들이 시장지배력을 갖고 있지 않았음에도 불구하고 당연위법으로 판결하였다는 점에서 이 판결은 당연위법의 의미를 더 분명히 밝혀 주었다고 할 수 있다.

하지만 시장지배력이 없는 기업들이 가격담합을 한다 하더라도 자신들의 목적을 달성할 수 없게 되므로 결국 자신들만 손해를 입게 되는데 정부가 왜 그런 것까지 규제를 하여야 하는가 하는 반론도 있을 수 있다. 결국 가격담합을 하고자 하는 기업들은 실제로 시장지배력이 있거나 아니면 시장지배력이 있다고 오판하여 담합하는 것으로 볼 수도 있는데 후자인 경우는 굳이 처벌할 필요가 없다는 것이다.45)

3) 합리성 원칙의 발전

(1) Board of Trade of Chicago v. U.S. 판결46) : **합리성 원칙의 태동**

연방대법원이 카르텔 사건에서 정식으로 합리성 원칙을 채택한 판결은 1918년의 Board of Trade of Chicago 판결이다. Board of Trade of Chicago는 뉴욕시의 증권거래소와 유사하게 당시 세계 최고의 곡물시장인 시카고에서 곡물매매를 관장하

---

43) U.S. v. Socony-Vacuum Oil Co., 310 U.S. 150 (1940) at 224 n. 59.

44) 이 사건은 미국 뉴딜정책시 정부의 행정지도에 의해 비롯되었다. 어쩌면 이 판결은 독점규제법의 기본원칙이 훼손될 위기의식이 대두되면서 연방대법원이 좀 더 강한 입장을 표명한 것으로 이해할 수도 있다.

45) 공정거래위원회의 입장은 분명하지 않은 것 같고 우리나라의 대법원은 이러한 입장에 있는 것으로 보인다.

46) Board of Trade of Chicago v. U.S., 246 U.S. 231 (1918). 가격고정이라는 것이 경쟁을 제한하는 측면이 있긴 하지만 여기서는 정보의 비대칭성으로 인한 시장의 결함을 보완해 주기 위한 것으로서 궁극적으로는 시장기능을 제고해 주는 것으로 볼 수 있어 연방대법원은 가격고정이 경쟁과 조화되는 것으로 판단한 것으로 볼 수 있다.

고 감독하는 거래소이다. 이 거래소는 소위 'call rule'이라는 것을 만들어 'call' 거래가 끝난 이후에는 다음 날 개장 시까지 'call' 거래 최종가로만 거래할 수 있도록 제한을 가하였다. 이러한 'call rule'에 따라 구매희망자는 'call' 거래 최종가로 사든지 아니면 다음 날 개장 시까지 기다려야 곡물을 더 낮은 가격에 살 수 있었다. 따라서 거래소가 간접적으로 가격을 고정시키고 영업시간을 제한하였다는 점에서 문제가 되었으며 Sherman 법 제1조를 위반한 것으로 될 소지가 있다는 것이었다.

미국 법조계의 거장인 Louis Brandise 대법관이 연방대법원의 입장을 발표하였다. 엄격한 의미에서 모든 거래는 자신과 타인의 행동을 제한하는 효과가 있기 때문에 위법성 여부는 행위의 성격과 의도, 과거 유사한 행위여부, 전후의 상황변화 등을 종합적으로 고려하여 결정하여야 한다고 판시하였다.[47] ① 당해 사건에서 거래제한은 시장 종료 후 거래정보가 부족하여 일부 거래상들의 횡포가 발생할 여지가 있어 그러한 부작용을 예방하기 위한 것이었고, ② 'call' 거래 이후 비록 추가적인 가격협상은 할 수 없었지만 그러한 가격은 다음 날 가격결정을 위한 준거가 될 수 있으며, ③ 그러한 제한으로 인해 영향을 받는 범위도 소규모의 곡물에 국한되므로 시장전체에 영향을 주는 것은 아니라고 판단함으로써 당해 거래제한은 위법한 거래제한이 아니라고 판시하였다.

이 판결은 연방대법원이 Standard Oil 판결에서 합리성의 원칙을 시사한 이후 정식으로 합리성의 원칙을 채택한 판결로서 의미가 있다. 그러나 Standard Oil 판결과 마찬가지로 판결의 논리가 분명하지 않고 합리성원칙에 따른 심사에 대하여 뚜렷한 기준을 제시해 주지 못해 오히려 혼란만 가중시켰다는 비판도 있다.[48]

(2) Broadcast Music Inc. v. Columbia Broadcasting System Inc., 판결[49] : '약식 합리성의 원칙 적용'

이 판결은 현대적인 의미에서 합리성의 원칙을 논할 때 가장 많이 등장하는 판결 중의 하나로 가격에 대한 합의가 특정한 상황에서는 경쟁저해효과가 경쟁촉진효과에 의해 상쇄되어 적법한 행위가 될 수 있다는 새로운 논리를 제시한 판결이다.

---

47) *Id*, at 238.
48) Ross, op. cit, pp. 123-127. 특히 Standard Oil 판결은 상호 모순되고 일관성 없는 내용이 혼재되어 있어 이해하기 쉽지 않다.
49) Broadcast Music Inc. v. Columbia Broadcasting System Inc., 441 U.S. 1 (1979).

Broadcast Music Inc.(BMI)는 작곡가 등 음악저작권자를 회원으로 하는 사업자단체로서 Columbia Broadcasting System Inc.(CBS)와 같은 방송국에 회원들을 대신해서 저작권 사용허가를 해주고 수수료를 받아 회원들에게 배분해 주는 일을 맡아왔다. 방송국은 하루에도 수 십편 혹은 수 백편의 노래를 방송한다. 그런데 방송 때마다 저작권자와 일일이 협의를 하는 것은 너무 번거롭고 비능률적이어서 이를 대행하는 사업자단체와 일괄적으로 거래(blanket license)를 할 수밖에 없다. 이러한 역할을 맡은 것이 BMI였다. 방송국과 BMI가 연간 계약을 맺어 방송국은 BMI에 소속된 회원의 노래를 제한 없이 사용한 후 연간 수수료를 지불하고, BMI는 다시 방송 횟수에 따라 회원들에게 수수료를 배분하는 방식으로 거래를 하였다. 회원들로 구성된 사업자단체가 연간 저작권 사용수수료를 책정하게 되면 결과적으로는 사용료가 합의에 의해 책정된 것으로 되어 버리기 때문에 불법적인 가격담합이 되어 버릴 수 있다.

연방대법원은 본 건이 형식적으로만 본다면 전통적인 가격담합과 유사하지만 이 방식이 아니고서는 달성하기 힘든 경제적 효율성을 가져다주기 때문에 경쟁촉진효과가 경쟁저해효과보다 더 큰 경우는 적법한 행위가 될 수 있다고 판시하였다. 예컨대, 방송국이 수천 명도 넘는 저작권자와 개별적으로 협상해야 한다는 것은 너무나 비효율적일 수 있다.50) 그러나 연방대법원은 이 사건에서 전면적인 합리성의 원칙에 따른 심사(full blown rule of reason analysis) 대신 소위 '약식 합리성의 원칙'(truncated rule of reason, quick look rule of reason)에 따른 심사를 실시하였다.

이 판결은 가격합의는 무조건 위법이라는 협소한 법적용에서 벗어났다는 점에서 의의가 있고, 당연위법과 합리의 원칙이라는 경직된 이분법이 야기하는 부작용을 해소하였다는 점에서 긍정적으로 평가를 받고 있다. 그러나 다른 한편으로는 전통적으로 당연위법 범주에 속하는 가격합의 사건에서 세부적인 지침도 제시하지 않은 채 합리성의 원칙을 채택함으로써 당연위법과 합리성의 원칙의 적용에 있어서 혼란을 가중시킨 측면이 있고 합리성 원칙 중에서도 약식의 심사방식을 제시함으로써 법적용을 더욱 어렵게 한 측면이 있는 것도 사실이다.51)

---

50) 거래비용의 관점에서 본다면 거래비용이 과다한 경우 시장기능에 장애가 생길 수 있는데 일괄라이센스를 통한 협상은 거래비용을 대폭 줄여주어 궁극적으로는 시장기능을 정상화하는 데 도움을 줄 수 있어 경쟁과 조화될 수 있는 것이라 할 수 있다.

51) Ross, op. cit, pp. 136-137.

4) 미국 경쟁당국의 실무

기본적으로는 당연위법과 합리의 원칙이라는 전통적인 2분법을 유지하면서 경우에 따라 Addyston Pipe 판결의 부수적인 제한(ancillary restraint) 접근법이나 약식 합리성의 원칙 등 신축적인 방법을 동시에 활용하고 있다.[52]

(1) 당연위법 원칙에 의해 심사하는 합의

가격을 올리거나 생산량을 줄이는 경향이 있는 유형의 합의는 일단 확인이 되면 당연위법 원칙에 의거해 심사한다. 입찰담합이나 시장분할과 같은 합의를 포함한다. 법원들은 이러한 합의에 대해서는 사업자들이 주장하는 사업상의 목적이나 경쟁에 대한 해악, 경쟁을 촉진하는 효과, 전체적으로 경쟁에 미치는 효과를 검토해 보지도 않고 위법하다고 결정적으로 추정(conclusively presume)한다. 여기에서 '결정적으로 추정'한다는 의미는 미국 증거법 체계에서 볼 때 복멸할 수 없는 추정(irrebuttable presumption)을 한다는 의미인데 우리나라의 간주(看做)에 가깝다.

다만 예외적으로 문제되는 공동행위가 경쟁제한 효과만 있는 공동행위로 분류되는 유형이라도 사업자들이 개별적으로는 얻을 수 없는 경쟁촉진적 편익을 얻기 위해 생산시설이나 R&D를 통합(integration)하는 것과 같이 사업자들이 경쟁촉진적 혜택을 얻기 위해 필요한 범위 내에서 합의를 하는 경우는 당연위법 원칙의 적용을 배제한다. 이러한 통합은 생산량을 증가시키고 가격을 인하하며 품질과 서비스를 제고하는 것과 같은 경쟁시장의 성과를 나타내어 줄 수 있기 때문이다.

이러한 통합은 무한정 인정되는 것은 아니고 합리성 원칙에서 효율성 분석을 통해 인정할 수 있는 경쟁촉진적 편익(procompetitive benefits)을 발생시키는 것이어야 한다. 그리고 사업자들이 합의하여 선택한 방식에 비해서 경쟁을 제한하는 효과가 훨씬 적으면서도 효과적인 다른 방식이 있다면 사업자들이 선택한 방식에 대한 합의는 합리적으로 필요한(reasonably necessary) 것이 아니라고 결정을 내릴 수 있다.

(2) 합리성의 원칙에 의해 심사하는 합의

실무적으로 당연위법의 유형이 아닌 사건의 심사에서는 우선 당해 합의의 성격에 대한 검토로부터 시작된다. 독점규제법 집행경험과 판례에 비추어 합의의 성격이 규명되면 그로부터 경쟁에 부정적인 유형을 어느 정도 판단할 수 있기 때문이

---

52) Gavil, Kovacic, Baker, Antitrust Law In Perspective : Cases, Concepts and Problems In Competition Policy, Thompson West, 2008, pp. 200–201. 물론 앞에서 소개한 판결들에서 보듯이 중간영역이 늘고 있어 엄밀한 이분법(dichotomy)이라고 하기는 어렵고 어쩌면 연속성(continuum)상에 있다고 할 수도 있다.

다. 그리고 이러한 합의의 사업상의 목적이 무엇인지 살펴본다. 합의가 이미 실행 중이면 합의로 인해 야기된 반경쟁적인 해악을 검토한다. 합의의 성격이 경쟁제한 적이지 않고 시장지배력도 없어 반경쟁적인 해악이 없다고 결론내린다면 경쟁당국 은 더 이상 그러한 합의를 문제삼지 않고 심사를 종결한다. 이러한 심사방식은 약 식 합리성의 원칙을 적용한 것으로 볼 수 있다.

만약 합의의 성격으로 보아 반경쟁적인 해악의 가능성이 자명하거나 실행 중인 합의에서 이미 반경쟁적인 해악이 발생하였다면 이를 상쇄할 수 있는 이익이 없는 한 경쟁당국은 그러한 합의에 대해 자세한 시장분석을 하게 된다. 즉, 전면적인(full blown)인 합리성 심사를 하게 된다. 경쟁당국은 당해 합의가 시장지배력(market power)을 창출하거나 증대시키거나 시장지배력의 행사를 용이하게 하여 경쟁에 위 험이 되는지 여부를 평가하는 첫 번째 조치로 관련시장을 정의하고 시장점유율과 집중도(concentration)를 계산하게 된다. 그리고 합의의 성격이 배타적인지 배타적이 지 않은지 및 합의의 존속기간을 검토하며 반경쟁적 해악을 억제하거나 상쇄시키 기 위한 시장진입이 적시에 충분히 이루어질 수 있는지 검토한다. 추가적으로 반경 쟁적인 해악을 조장하거나 저지할 수 있는 시장의 다른 상황들을 평가한다.

3. 공정거래법상 경쟁제한성 심사 실무

1) 2분법적 심사 실무

우리나라 법체계 상 불문법 전통이 강한 미국에서 판례법으로 형성되어 온 당 연위법 법리와 합리의 원칙을 그대로 수용하기는 어렵다. 예컨대 미국에서 당연위 법의 효과는 우리나라의 간주에 해당하는데 명문의 근거도 없이 공정거래위원회나 법원이 특정의 행위에 대해 간주의 효력을 부여할 수는 없다. 하지만 공동행위의 유형이 대체로 합의 그 자체가 경쟁제한의 효과를 발생할 수 있는 유형과 그렇지 않은 유형으로 나누어질 수 있고 전자에 대해서는 엄밀한 경제분석이 필요하지 않 다는 공감대는 형성되어 있기 때문에 공정거래법상 경쟁제한성의 심사도 대체로 미국식의 2분법을 따르고 있다.

심사기준에서는 경쟁제한성 심사방법을 제시하고 있다. 일단 공동행위의 성격 을 분석하여 경쟁제한 효과만 생기는 것이 명백한 경우(가격담합)에는 특별한 사정 이 없는 한 구체적인 경쟁제한성에 대한 심사를 생략하고 부당한 공동행위로 판단 을 한다. 다만, 이 경우에도 당해 공동행위와 관련되는 시장의 구조, 거래형태, 경쟁상황 등 시장상황에 대한 개략적인 분석은 하여야 한다(심사기준 Ⅴ).

　　과거에는 경성 공동행위인 경우 시장에 대한 분석없이 경쟁제한성을 인정하여 왔다. 하지만 다음의 BMW 딜러 가격담합 사건을 계기로 경성 공동행위인 경우에도 개략적인 시장분석을 하는 것으로 바뀌었다.[53] 사실 경성 공동행위에 대하여 엄밀한 시장분석을 요구하는 것은 득보다는 사건처리지연에 따른 실이 더 크다고 생각한다. 예컨대 2009년 음료 가격담합사건에서 관련시장 획정을 두고 공정위가 처음 의결한 2009년부터 대법원 파기환송판결 등을 거치는 과정에서 2020년 재의결까지 10년이 넘는 세월이 경과하였다. 이 사건은 경성 공동행위에서 관련시장 획정의 근본적인 의미에 대해 많은 회의를 가지게 한다.[54]

　　공동행위의 성격상 경쟁제한 효과와 효율성증대 효과를 함께 발생시킬 수 있는 경우(예컨대 공동마케팅, 공동생산, 공동구매, 공동연구·개발, 공동표준개발 등)에는 당해 공동행위의 위법성을 판단하기 위해 경쟁제한 효과와 효율성증대 효과를 종합적으로 심사함을 원칙으로 한다.

　2) 사례 : 가격담합 사건에서 경쟁제한성 입증

판례 11 : BMW 딜러 가격담합 사건
– 서울고등법원 2014.4.18. 선고 2012누15380 판결(환송심) –

　　법 제19조 제1항 제1호가 정하고 있는 부당한 공동행위에 해당하는지 여부를 판단하는 경우에 먼저 그 전제가 되는 관련 상품시장을 획정하여야 하는바, 이러한 관련 상품시장을 획정할 때에는 거래대상인 상품의 기능 및 효용의 유사성, 구매자들의 대체가능성에 대한 인식 및 그와 관련한 경영의사 결정형태, 사회적·경제적으로 인정되는 업종의 동질성 및 유사성 등을 종합적으로 고려하여야 한다(환송판결 및 대법원 2012.4.26. 선고 2010두11757 판결 참조). 그리고 관련 상품시장의 획정이 적정하게 이루어졌다는 사실에 관한 증명책임은 처분청인 피고에게 있다(위 2010두11757 판결 참조).

---

53) 실제로는 이 사건 대법원 판결 이후 환송심에서 공정거래위원회는 개략적인 시장분석이 아니라 임계매출분석 등을 활용한 본격적인 시장분석을 하였다.
54) 공정거래위원회 의결 제2009-249호, 2009.11.9; 대법원 2013. 4. 11. 선고 2012두11829 판결, 2013.2.14. 선고 2011두204 판결; 공정거래위원회 의결 제2020-11호, 2020.5.6.

공동행위가 법 제19조 제1항이 정하고 있는 경쟁제한성을 가지는지는 당해 상품의 특성, 소비자의 제품선택 기준, 당해 행위가 시장 및 사업자들의 경쟁에 미치는 영향 등 여러 사정을 고려하여, 당해 공동행위로 인하여 경쟁이 감소하여 가격·수량·품질 기타 거래조건 등의 결정에 영향을 미치거나 미칠 우려가 있는지를 살펴, 개별적으로 판단해야 한다(대법원 2012.6.14. 선고 2010두10471 판결 등 참조).

☞ 필자의 생각

관련시장 분석은 경쟁제한성 판단을 위한 것이다. 그런데 가격담합과 같은 경성합의는 그 자체로 경쟁을 제한할 확률이 압도적으로 높다. 나아가 이 사건은 가격합의로 인해 이미 소비자피해가 발생하는 등 경쟁제한효과가 현실화한 사건이다. 그런데도 불구하고 이 사건 대법원 판결 이후 환송심에서 공정거래위원회는 개략적인 시장분석이 아니라 임계매출분석 등을 활용한 본격적인 시장분석을 하였다.

외국에서는 가격담합 사건에 대해 이렇게까지 하는 경우를 찾아보기 어렵다. 관련시장은 공정거래법에서 중요한 개념이긴 하지만 동시에 불명확하며 실무상 시간적으로나 경제적으로나 상당한 비용이 소요되는 한계가 있는 개념이다. 관련시장 획정의 의미를 지나치게 강조한 것으로 생각된다.[55]

물론 최종적으로는 사실상 공정거래위원회가 승소한 것으로 결론이 났다. 하지만 관련시장 획정 등 경제분석을 위해 적지 않은 시간과 행정력을 사용하여야 했다. 이 사건이 전형적인 가격담합사건임을 감안한다면 대법원 판결은 너무 엄격한 것으로 생각된다. 다만 최근에는 대법원 판결이 다소 완화된 것으로 보인다.

제3절 부당한 공동행위의 유형

I. 유형분류

1. 2분법적 분류의 효용성

위에서 살펴본 것처럼 미국식의 2분법을 공정거래법에 그대로 수용하기는 어렵다. 하지만 행위 자체만으로도 경쟁제한효과가 분명한 행위(경성 공동행위, hard-

---

55) 이호영, 전게서, 241면. 이후 대법원이 엄격한 관련시장 획정을 완화한 판결들에 대한 소개는 241-242면 참조.

core cartel)와 그렇지 않은 행위(연성 공동행위, non-hardcore cartel)가 있다는 것은 세계적으로도 상당한 공감대가 형성되어 있다. 그래서 본서에서는 공동행위 유형을 크게 둘로 나누어 살펴보고자 한다. 실무에서도 어느 유형에 속하는 행위냐에 따라 경쟁제한성 분석이 상이하기 때문이다.

심사기준도 미국식의 2분법적 접근방식을 우리식으로 수용한 것이라 생각한다. 당연위법 법리와 합리성 원칙이라는 2분법에 1898년 Addyston Pipe 판결의 노골적 제한(naked restraint)과 부수적 제한(ancillary restraint)의 법리를 조화시킨 것이 현행 미국의 법집행 실무라고 볼 수 있다. 본서에서는 전통적인 당연위법 유형의 행위는 경성 공동행위, 합리성 유형의 행위는 연성 공동행위라 지칭한다.

2. 경성 공동행위와 연성 공동행위의 위법성 심사방식

1) 경성 공동행위

심사기준에서는 경성 공동행위로서 다음과 같은 네 가지를 들고 있다. 이러한 공동행위는 행위 자체가 직접적으로 경쟁을 제한하여 가격상승·산출량 감소를 초래하기 때문에 구체적인 경제분석이 없더라도 시장상황에 대한 개략적인 분석을 통하여 위법한 공동행위로 판단할 수 있다(심사기준 V.1.가.(1)).

〈경성공동행위의 유형〉

(1) 경쟁 제한 이외에 다른 목적이 없는 공동행위는 직접적으로 관련시장에서 가격을 올리거나 산출량을 감소시키며 다음과 같은 유형이 이에 해당된다.
  - 경쟁관계에 있는 사업자간에 가격을 결정 혹은 변경하는 행위
  - 경쟁관계에 있는 사업자간에 산출량을 결정 혹은 조정하는 행위
  - 경쟁관계에 있는 사업자간에 거래지역 또는 거래상대방을 제한·할당하는 행위
  - 경쟁관계에 있는 사업자간에 입찰가격 또는 낙찰예정자를 사전에 결정하는 행위

심사기준에서 "경쟁 제한 이외에 다른 목적이 없는"이라는 표현은 부수적 제한(ancillary restraint)의 법리를 수용한 것으로 이해된다. 부수적 제한의 법리란 합의 중 일부는 경쟁제한적 요소가 있지만 전체적으로 보아 친경쟁적인 합의로 볼 수 있는 경우 부당한 공동행위로 인정되지 않는다는 법리를 말한다.

예컨대 영업양도 시 일정 지역 내 경업금지 합의의 경우 시장분할 합의라는 명

백히 경쟁제한적 합의를 포함하고 있지만 전체적으로는 영업양도를 위한 합의의 일부(부수적 합의)에 불과하다. 그래서 경업금지 합의는 합리적인 수준이라면 문제가 되지 않는다.

심사기준에서는 "경제적 통합" 예외를 인정하고 있는데 부수적 제한의 법리로 이해할 수 있다. 경제적 통합이라 함은 생산, 판매, 구매 또는 연구개발 등의 통합을 의미한다. 문제되는 공동행위가 경쟁제한 효과만 있는 공동행위로 분류되는 유형이라도 효율성을 증대시키는 경제적 통합과 합리적으로 연관되어 추진되고, 효율성증대 효과의 목적을 달성하기 위해 합리적으로 필요하다고 인정되는 경우에는 연관되는 경제적 통합의 경쟁제한 효과와 효율성증대 효과 등을 종합적으로 고려하여 위법성 여부를 판단한다(심사기준 V.1.(5)).

2) 연성 공동행위

심사기준에서는 연성 공동행위로서 다음과 같은 행위들을 들고 있다. 이러한 행위들은 행위의 성격에 대한 분석만으로 경쟁제한 효과가 생기지 않는 것이 분명하지 않기 때문에 당해 공동행위가 경쟁을 제한하는지 여부를 판단하는 한편, 경쟁제한 효과와 효율성증대 효과의 비교형량이 필요하므로 추가적인 심사를 진행한다(심사지침 V.1.나).

〈연성공동행위의 유형〉

(1) 효율성증대 효과와 경쟁제한 효과가 동시에 생기는 유형의 공동행위로는 공동마케팅, 공동생산, 공동구매, 공동연구·개발, 공동표준개발 등을 예로 들 수 있다.
(2) 이런 종류의 공동행위는 자산·지식·경험의 결합 또는 위험의 배분, 중복비용의 감소 등을 통해 효율성을 증대시키고 때로는 사업자가 개별적으로 수행하지 못했을 사업을 수행하도록 한다. 하지만 참여사업자들의 시장지배력을 유지·창출·증가시켜서 가격 상승, 품질·산출량·혁신노력의 감소를 초래하는 등 경쟁제한 효과를 발생시킬 수도 있다.

Ⅱ. 경성 공동행위

1. 가격 공동행위(법 제40조 제1항 제1호)[56]

1) 개념

사업자가 다른 사업자와 공동으로 가격을 결정·유지·변경하는 행위를 말한다. 가격은 Adam Smith가 말한 소위 '보이지 않는 손'(invisible hand)으로서 시장경제의 핵심적인 역할을 하는 것이다. 가격은 사업자 간의 공정하고 자유로운 경쟁을 통해서 형성되어야 하는 것이므로 사업자들이 공동으로 가격을 결정하거나 유지 또는 변경하는 것은 시장경제의 기본적인 시스템을 훼손하는 행위라고 할 수 있다. 미국에서는 가격담합(price fixing)을 당연위법의 원칙이 적용되는 대표적인 행위유형으로 분류하고 있다.

가격관련 공동행위는 가격의 인상행위뿐만 아니라 인하 또는 유지행위를 모두 포함한다. 가격인하는 소비자에게 유리하다고 일견 생각될 수도 있지만 만약 합의가 없었다면 더 큰 폭으로 가격이 인하될 수도 있을 뿐만 아니라 자유로운 경쟁을 통하여 형성된 가격이 아니라 합의에 따라 인위적으로 형성된 가격은 자원배분의 효율성을 저해하여 궁극적으로 소비자의 이익을 침해할 수 있기 때문에 가격인하 공동행위도 규제의 대상이 되는 것이다.[57]

한편, 합의의 대상이 되는 가격은 판매가·정가·수수료·임대료·이자 등 그 명칭이 무엇이든 상관없이 "사업자가 거래의 상대방으로부터 반대급부로 받는 일체의 경제적 이익"을 의미한다.[58] 이와 관련된 공동행위의 합의내용도 인상액·인하액·인상률·인하율·최고가격·최저가격 등 다양한 형태로 나타날 수 있다.

2) 구체적 형태

가격 공동행위는 다양한 형태로 나타날 수 있는데 ① 공동행위 참가사업자로 하여금 일정한 수준으로 가격을 결정 또는 유지하게 하거나 공동으로 가격의 인상·인하율(폭)을 결정하는 행위, ② 평균가격, 기준가격, 표준가격, 최고·최저가격

---

56) 2020.12.29. 개정 이전 조항 제19조 제1항 제1호.
57) 이러한 점에서 제1장에서 소개한 제주도 관광협회 판결(대법원 2005.9.9. 선고 2003두11841 판결)은 실망스런 점이 있다.
58) 대법원 2001.5.8. 선고 2000두6510 판결.

등 명칭여하를 불문하고 공동행위 참가사업자에게 가격설정의 기준을 제시하는 행위, ③ 할인율, 이윤율 등 가격의 구성요소에 대해 그 수준이나 한도를 정하거나 일률적인 원가계산 방법을 따르도록 함으로써 실질적으로 가격을 동일하게 결정·유지·변경케 하는 행위, ④ 과당경쟁방지, 정부고시가격 준수 등을 이유로 할인판매를 하지 못하게 하거나 일정가격 이하로 응찰하지 못하도록 하는 행위, ⑤ 가격에 관한 허위·과장된 자료를 제공함으로써 공동행위 참가사업자가 가격을 공동으로 결정하게끔 유인하는 행위, ⑥ 원재료 등의 구입가격을 제시하거나 이를 정하여 준수하도록 하는 행위 등이 대표적인 유형이라고 할 수 있다.

3) 사례
(1) 제지 3사의 가격공동행위 건

제지 3사가 신문용지 및 중질지가격을 1995.1.1.부터 1996.4.1.까지 동일한 가격으로 인상 또는 인하하였을 뿐 아니라 그 이후에도 국제원자재 가격의 대폭 하락에도 불구하고 공동으로 종전가격을 계속 유지하는 등의 행위를 하였다. 시정조치와 함께 당시로서는 공정거래위원회 사상 최고액의 과징금을 부과받은 바 있다.[59] 이 사건은 공정거래위원회가 본격적으로 대규모 과징금을 부과하게 된 최초의 사건이라는 점에서 의미가 있다.

(2) 라면가격 담합 건

이 사건은 10여 년간 라면 4개사가 주요 상품에 대해 원단위까지 가격이 일치하였음에도 불구하고 공정거래위원회 및 서울고등법원의 판단과 달리 대법원이 합의를 인정하지 않은 이례적인 사건이다.[60]

라면 4개사는 최초로 2001년 5월~7월 순차적으로 가격인상을 실행한 이래 2010년 2월 가격을 인하할 때까지 가격인상 정보를 교환하면서 총 6차례의 순차적인 가격인상을 실행하였다. 6차례 가격인상을 실행하면서 라면 제품의 출고가격 인상폭을 유사하게 결정하였고, 특히 주력품목(농심 신라면, 삼양 삼양라면, 오뚜기 진라면, 야쿠르트 왕라면)의 출고가격을 동일한 금액으로 결정한 사건이다. 일부 기업이 2010년 경 자진신고감면(leniency) 신청을 하였다. 하지만 자진신고의 기초가 되는 대표자회의가 10여 년 전에 개최되었고 참석임원마저 이미 사망하여 사실확인 및

---

59) 공정거래위원회 의결 제96-132~135호. 1996.7.11.
60) 이 판결에 대한 비판적인 견해로는 다음의 글 참조. 조성국, "4개 라면 제조·판매 사업자의 부당한 공동행위에 대한 건 판례 평석", 경쟁법연구 제33권, 법문사, 2016.

검증에 어려움이 있었던 사건이다.

판례 12 : 라면4개사의 가격담합 사건

– 대법원 2015.12.24. 선고 2013두25924 판결 –

나. 이와 같은 사정을 앞서 본 법리에 비추어 이 사건 합의의 성립 여부에 관하여 본다.

(1) 이 사건 1 합의에 관한 증거인 소외 2, 소외 3의 진술은 모두 전문진술로서 대표자회의의 정황과 논의된 내용이 정확하지 않으므로, 당시 라면가격을 장기간 올리지 못하던 상황에서 원고가 먼저 가격인상을 주도해 주었으면 하는 점에 공감하는 분위기 정도만 있었을 가능성을 배제할 수 없고, 각 업체별 라면가격의 평균 인상률 편차도 있을 뿐 아니라, 2001년에는 라면가격이 인상되어야 한다는 점 이외에 구체적인 합의 내용도 특정하기 어렵다.

(2) 또한 라면협의회에서 논의된 내용에 관한 유일한 직접증거인 소외 4의 진술 내용은 그가 직접 경험한 것이 아닐 가능성이 있으므로, 신빙성을 전적으로 부여하기는 어렵다.

(3) 따라서 1 가격인상에 관한 합의가 있었더라도 그 내용이 불분명할 뿐 아니라 장기적으로 경쟁에 영향을 미칠 수 있는 명확한 합의가 있었다고 보기도 어려우므로, 이를 두고 향후 정보 교환의 기초가 되는 명시적 합의에 해당한다고 볼 수 없다. 따라서 이후의 정보 교환 및 각 가격인상에 관한 합의가 있다고 하여 곧바로 이 사건 1 합의의 연장선상에 있다고 평가할 수는 없고, 단순한 정보 교환만으로 묵시적 합의가 성립한다고 볼 수도 없으므로, 이 사건 2 내지 6 합의에 관한 각 의사연결의 상호성이 증명되어야 이 사건 합의의 성립이 인정될 수 있을 것이다.

(4) 그런데 다음에서 보는 바와 같이 합의의 유인 등에 관하여는 합의를 전제로 하지 않고도 충분히 설명이 가능하고, 합의와 양립하기 어려운 사업자의 행동 또는 합의의 존재에 반하는 듯한 사정들도 일부 나타나며, 각 업체별 가격의 평균인 상율도 다소간 차이가 있고 개별 상품의 가격인상폭도 다양하여 '외형상 일치'가 인정될 수 있는지도 불분명하다. 이러한 점에서 각 정보 교환에 관한 증거에 피고가 2 내지 6 가격인상에 관한 합의의 증거라고 제출한 다른 자료들을 보태어 보아도 원고 등의 2 내지 6 가격인상에 관한 상호 의사연결을 추단하기에는 부족하다.

① 2001년 이전부터 선두업체가 가격을 올리면 경쟁사업자들이 이를 추종하여 가격을 인상하는 오랜 관행이 있어 왔고, 2001년에 일단 가격인상이 이루어진 이

상 그 이후에는 종래의 관행대로 원고가 선도해서 가격을 올리면 다른 사업자들은 이를 참고하여 각자 가격을 인상하면 족하므로, 원고 등이 적어도 2 내지 6 가격인상에 관하여는 별도의 합의를 할 유인이 있었다고 보기 어려운 측면이 있다.

② 정부로부터 가격에 관한 사실상 통제를 받으면서도 원가 상승의 압박이 있었던 상황에서 원고의 경쟁사업자들로서는 원고가 정부와 협의한 가격 수준을 그대로 따라가는 것이 합리적 선택이 될 수 있고, 원고 역시 이러한 점을 충분히 예상할 수 있었을 것이며, 정부의 가격인상 협의 상대방이 원고였으므로 원고가 가격을 먼저 올리게 된 것을 두고 합의에 기한 것이었다고 볼 수 없을 뿐 아니라, 가격추종의 오랜 관행을 고려할 때 시장점유율이 70%에 달하는 원고로서는 가격인상에 성공한 2001년 이후에는 경쟁사업자들과 별도로 추종에 관한 합의를 할 필요성이 적었을 것이다. 따라서 원고 등이 굳이 원고가 선도하고 다른 사업자들이 이를 추종하는 형태로 가격을 형성하기 위하여 '합의'라는 수단을 사용할 필요성이 있었다고 보기 어렵다.

③ 원래 시장점유율 1위 사업자였다가 원고에게 시장점유율을 역전당한 경험이 있는 삼양으로서도 종래의 시장점유율을 고착화시킬 수 있게 되는 장기간의 가격담합을 할 유인이 컸다고 보기 어렵다.

④ 라면제품의 품목과 종류가 매우 다양하여 각 품목별로 가격을 정하거나 추종하는 합의를 한다는 것이 쉽지 않아 보인다. 특히 야쿠르트의 주력상품은 '왕라면'이 아니었으므로 원고 등 사이에 주력상품의 출고가를 맞춘다는 합의가 있었다고 볼 수도 없다.

⑤ 원고뿐 아니라 다른 사업자들 역시 경쟁사의 가격전략에 대응하여 가격인상 시기를 늦추거나 유통망에 대한 구가지원 등 각종 지원을 하는 등의 모습은 합의가 있었다면 나타나기 어려운 사정으로 볼 여지도 상당하고, 구가지원은 담합을 유지하거나 이탈을 제재하는 수단으로 사용될 수도 있지만 동시에 위와 같이 적극적인 상호경쟁 수단으로 사용될 수 있고, 이에 따라 불확실성을 증대시키는 효과가 있어 오히려 담합의 유지에 방해되는 수단이 될 수도 있다.

(5) 원고 등이 오랜 기간 가격정보 등 다양한 정보를 서로 교환하고 이를 각자의 의사결정에 반영해 온 것은 경쟁제한의 효과가 있었다고 볼 수도 있겠으나, 이에 관하여 공정거래법상 정보 교환 합의를 부당한 공동행위로 의율할 수 있는지는 별론으로 하고, 정보 교환행위 자체를 곧바로 가격을 결정·유지하는 행위에 관한 합의로 인정할 수는 없다.

2. 물량 공동행위(법 제40조 제1항 제3호)[61]

1) 개념

물량 공동행위는 공급제한 공동행위라고 하기도 한다. 이것은 사업자들이 업체별로 공급물량을 할당하거나 특정회사를 통해서만 공급하는 등 공급방식을 제한할 것을 합의함으로써 궁극적으로 상품 또는 용역의 시장공급 물량을 제한하는 행위이다. 시장에 대한 상품·용역의 공급제한은 시장 수급상황에 영향을 미치고 결과적으로 가격인상의 압력으로 작용하게 된다. 물량 공동행위는 가격에 직접적으로 영향을 미칠 수밖에 없기 때문에 가격 공동행위와 본질적으로 동일하다. 공정거래법에서는 "상품의 생산·출고·수송 또는 거래의 제한이나 용역의 거래를 제한하는 행위"라고 규정하고 있다.

2) 구체적인 형태

공급제한 공동행위의 유형으로는 ① 사업자별로 상품의 생산량·출고량·수송량을 할당하거나 용역조건을 제한하는 등 공동으로 그 수준을 결정하는 행위, ② 최고·최저생산량, 필요재고량 등 명칭여하를 불문하고 공동행위 참가사업자의 생산량 등 수량의 수준을 제시하는 행위, ③ 가동률·가동시간·원료구입·시설의 신설 또는 증설 및 개체 등을 공동으로 결정함으로써 실질적으로 생산·출고·수송수량을 제한하는 행위 등이 있다.

3) 사례

(1) 6개 정유회사의 공동행위 건

국내 석유제품 시장의 100%를 차지하는 6개 정유회사들이 1981.1.1.부터 1982.6.30.까지 18개월간의 판매실적을 토대로 회사별·유종별(예컨대 휘발유나 경유 등) 시장점유율을 정한 후, 1982.7.1.부터 동 기준시장점유율에 따라 판매물량을 유지하기로 합의하고 이를 시행하였다. 또한 합의를 어기고 초과 판매한 회사에 대하여는 미달 판매한 회사로부터 초과판매분 만큼 구입하도록 강제하는 등 사후정산제와 같은 담합유지장치를 마련하였다. 공정거래위원회는 이 건을 적발하고 시정명령과 함께 총 2,097백만 원의 과징금을 부과하였다.[62]

---

61) 2020.12.29. 개정 이전 조항 제19조 제1항 제3호.
62) 공정거래위원회 의결 제88-30호. 1988.4.13. 이 사건은 1986년 과징금제도가 도입된 이후

(2) 석도강판제조업체의 부당공동행위 건

강판제조 4개사는 1992년부터 여러 차례 회합을 갖고 석도강판의 시장점유율을 공동으로 결정하기로 합의하였다. 이처럼 시장점유율을 합의에 의하여 사전에 정해버리면 합의를 지키기 위해 각 업체들은 생산량 및 판매량을 조절할 수밖에 없고 이로 인하여 결국 업체들의 가격이나 품질·서비스에 의한 경쟁이 이루어지지 못하게 됨으로써 석도강판 거래분야에서의 경쟁이 제한되는 행위라고 판단하여 공정거래위원회는 시정명령과 함께 총 약 86억 원의 과징금을 부과하였다.[63]

3. 시장분할 공동행위(법 제40조 제1항 제4호)[64]

1) 개념

시장분할 공동행위는 사업자들이 공동으로 거래지역 또는 거래상대방을 제한하는 행위를 말한다. 사업자별로 거래지역 또는 거래상대방을 분리하여 정해버리면 사업자 간의 경쟁이 발생할 여지는 소멸하게 되므로 이러한 행위를 금지의 대상으로 규정하고 있다. 거래지역분할은 시장을 지리적으로 분할하는 것이고, 거래상대방분할은 시장을 청소년·남성·여성 등과 같이 거래대상을 분할하는 것을 말한다. 미국에서는 시장분할(market division)을 당연위법의 원칙이 적용되는 행위유형으로 분류하고 있다.

2) 구체적 형태

시장분할 공동행위의 유형으로는 ① 공동행위 참가사업자 간에 거래처 또는 거래지역을 방해하거나 거래처 또는 거래지역을 공동으로 정하여 상호간에 침범하지 않도록 하는 행위, ② 특정한 사업자와는 거래하지 않도록 하거나 또는 특정업자와만 거래하도록 거래상대방을 제한하는 행위, ③ 공동행위 참가사업자의 개별 수주활동을 제한하고 공동수주하도록 하거나 입찰 또는 수주의 순위·자격 등을 제한하는 행위, ④ 객관적이고 합리적인 기준 없이 특정한 사업자를 우량업자 또는 불량업자로 구분함으로써 실질적으로 거래상대방을 제한하는 행위 등이 있다.

최초로 과징금을 부과한 사건이라는데 의의가 있다.

63) 공정거래위원회 의결 제98-271호, 1998.11.25. 피심인 포스틸에 대하여는 과징금부과절차의 하자를 이유로 공정거래위원회가 소송에서 패소하여 과징금이 삭감되었다.

64) 2020.12.29. 개정 이전 조항 제19조 제1항 제4호.

3) 사례

(1) 40개 석유대리점의 공동행위 건

수도권 및 강원도 일원에서 석유제품을 주유소나 실수요자들에게 판매하고 있던 40개 석유 대리점들은 1987.12.1. 서울시 강남구 소재 모 음식점에서 회동하여 업계 현안문제를 논의하던 중 대리점시장의 질서유지를 위한 협의기구를 구성·운영하기로 하고 1987.12.11. '시장질서협의회'라는 기구를 결성한 후 매주 1회의 정기회의를 개최하면서 대리점의 거래상대방을 제한하는 행위를 하여 왔다. 즉, 40개 대리점들은 특정대리점이 이미 거래하고 있는 수요처(주유소 및 실수요자)에 대해서는 다른 대리점이 침범하지 않도록 합의하고, 대리점 간의 거래처 침범 등 거래분쟁 사안에 대해서 상호조정을 하였다. 공정거래위원회는 이에 대하여 '시장질서협의회'를 해체하고 거래상대방에 대한 합의를 파기하도록 시정명령을 하였다.[65]

(2) Palmer v. BRG of Georgia 사건[66]

HBJ는 'Bar/Bri'라는 변호사시험 준비과정을 주관하는 전국적인 사업자이고 BRG는 조지아 주에 있는 이 분야의 신규 사업자였다. 1980년에 두 개의 사업자가 서로 합의하여 더 이상 경쟁을 하지 않기로 하고 그 대신 BRG가 'Bar/Bri' 과정을 조지아 주에서 독점적으로 제공하며 그 대신 HBJ는 일정한 대가를 지급받기로 하였다. 일종의 경업금지협정과 지재권 계약, 대리점 계약 등이 복합된 합의가 체결되었다. 이러한 합의 이후에 변호사시험 준비과정인 'Bar/Bri'의 등록비용이 조지아 주에서 약 3배 또는 그 이상 상승하여 소송이 제기되었다.

연방대법원은 당해 합의를 지역분할 합의라고 규정하였고 그 후 가격이 크게 상승한 점을 감안한다면 당해 합의는 가격인상을 위한 목적과 효과를 가진 것으로 볼 수 있고 따라서 당연위법이라고 판결하였다.

(3) 글락소스미스클라인(GSK)과 동아제약의 역지불합의사건

의약품 시장에서 신약 특허권자는 특허로 인한 독점판매권 보장 기간(20년)이 종료되고 복제약이 시장에 출시되면 약가가 인하되고 점유율이 하락한다. 이 경우는 신약특허권자와 복제약사업자가 경쟁하지 않기로 하는 대신 신약특허권자가 복제약사업자에게 경제적 이익을 제공하기로 하는 합의를 하는 경우가 있다. 이를 역지불합의(Reverse Payment)라고 한다. 특허권이 있는 제약사가 거꾸로 복제약 제약

---

65) 공정거래위원회 의결 제89-17호. 1989.3.29.
66) Palmer v. BRG of Georgia Inc., 498 U.S. 46 (1990).

사에게 경제적 이익을 제공하기 때문에 '역'(reverse)이라는 수식어를 붙인다.

항구토제 신약 제약사인 글락소스미스클라인(GSK)이 항구토제 복제약 제약사인 동아제약에게 상당한 수준의 경제적 이익을 제공하면서 동아제약이 특허만료일 이전 출시한 당해 복제약에 대해서 특허소송을 제기한 이후 당해 복제약의 생산·판매를 중단하고 그 대신 자신의 신약에 대한 독점판매권을 부여하기로 합의한 역지불합의는 4호의 "거래지역 또는 거래상대방을 제한하는 행위"뿐만 아니라 9호의 "다른 사업자의 사업활동 또는 사업내용을 방해하거나 제한하는 행위"를 할 것을 합의한 것으로 인정되었다.[67]

4. 입찰·경매 공동행위(법 제40조 제1항 제8호)[68]

1) 개념

통상 입찰의 경우에는 경쟁자가 제시하는 조건을 서로 알 수 없도록 진행되고, 경매의 경우에는 경쟁자가 제시하는 조건을 서로 알 수 있다. 이러한 입찰 또는 경매의 절차에서 사업자 간에 순번을 정해놓고 낙찰자를 결정하는 등의 공동행위가 빈번히 이루어져 왔다. 입찰 공동행위는 입찰담합이라고 하기도 하는데 사전에 수주예정자를 내정해 놓고 미리 입찰가격을 조정하여 최종적으로 내정된 사업자가 낙찰받을 수 있도록 하는 행위를 말한다.

공정거래법에서는 "입찰 또는 경매를 할때 낙찰자, 경락자, 입찰가격, 낙찰가격 또는 경락가격, 그 밖에 대통령령으로 정하는 사항을 결정하는 행위"로 규정하고 있다. 이러한 입찰 공동행위는 입찰가격 합의가 본질이어서 종전에는 가격 공동행위의 한 유형으로 취급하여 왔다. 하지만 변형된 유형의 합의들이 많아 2007년 법 개정 시에 별도의 유형으로 규정하게 되었다.

입찰 공동행위는 반사회적 성격이 강하기 때문에 거의 모든 국가에서 엄격하게 규제를 하고 있고 우리나라에서도 공정거래법상 부당한 공동행위로 규제할 뿐만 아니라 형법상 입찰방해죄[69]로 처벌하고 있다. 경쟁법에 형사처벌 조항이 없는 독일도 형법에서는 입찰방해죄를 규정하고 있다.

---

67) 대법원 2014.2.27. 선고 2012두24498 판결.
68) 2020.12.29. 개정 이전 조항 제19조 제1항 제8호.
69) 형법 제315조(경매, 입찰의 방해) 위계 또는 위력 기타 방법으로 경매 또는 입찰의 공정을 해한 자는 2년 이하의 징역 또는 700만원 이하의 벌금에 처한다.

2) 구체적 형태

낙찰예정자 또는 경락예정자를 사전에 결정하고 그 사업자가 낙찰 또는 경락받을 수 있도록 투찰여부나 투찰가격 등을 결정하는 행위, 낙찰가격 또는 경락가격을 높이거나 낮추기 위하여 사전에 투찰여부나 투찰가격 등을 결정하는 행위가 포함된다. 그 외에도 다수의 입찰 또는 경매에서 사업자들이 낙찰 또는 경락받을 비율을 결정하는 행위, 입찰 또는 경매에서 사전에 설계 또는 시공의 방법을 결정하는 행위, 그 밖에 입찰 또는 경매의 경쟁요소를 결정하는 행위가 포함된다.

3) 사례 : 5개 정유사의 군납유류 입찰담합 건

1998년도, 1999년도 및 2000년도 군납유류 구매입찰에 참가한 국내 5개 정유회사가 각 연도별로 사전에 모임을 갖고 전체 입찰유종에 대해 유종별 낙찰예정업체, 낙찰예정업체의 투찰가격 및 들러리 업체의 들러리 가격, 희망수량경쟁입찰의 투찰물량을 사전에 합의하고 응찰함으로써 군납유류 입찰시장의 경쟁을 제한한 공동행위에 대하여, 공정거래위원회는 당시의 법 제19조 제1항 제1호 위반을 이유로 시정명령, 고발과 함께 총 190,086백만 원의 과징금을 부과하였다.[70]

그 후 5개 정유사가 이의신청을 제기하자, 공정거래위원회는 이에 대하여 원심결에서 부과한 과징금을 감경하여 총 121,179백만 원의 과징금을 부과하였고,[71] 다시 대법원에서 과징금 산정에 오류가 있다는 이유로 공정거래위원회가 일부 패소하여 3개 정유사에 대한 과징금을 재산정하였다.[72]

4) 공공부문 입찰 관련 공동행위를 방지하기 위한 조치(법 제41조)[73]

공공부문 입찰 담합은 우리 사회의 오래된 고질병 중의 하나이다. 그래서 법에서는 공정거래위원회가 이러한 입찰담합을 감시할 수 있도록 특별한 규정을 두고 있다. 공정거래위원회는 국가·지방자치단체 또는 「공공기관의 운영에 관한 법률」에 따른 공기업이 발주하는 입찰과 관련된 부당한 공동행위를 적발하거나 방지하기 위하여 중앙행정기관·지방자치단체 또는 「공공기관의 운영에 관한 법률」에 따

---

70) 공정거래위원회 의결 제2000-158호, 2000.10.17. 이 사건 당시에는 입찰·경매 공동행위가 별도의 유형으로 되어 있지 않았기 때문에 가격 공동행위로 규율하였다.
71) 공정거래위원회 재결 제2001-010호, 2001.2.28.
72) 공정거래위원회 의결 제2004-385호, 2004.12.29.
73) 2020.12.29. 개정 이전 조항 제19조의2.

른 공기업의 장에게 입찰 관련 자료의 제출과 그 밖의 협조를 요청할 수 있다(동조 제1항). 대통령령으로 정하는 공공기관의 장은 입찰공고를 하거나 낙찰자가 결정된 때에는 입찰 관련 정보를 공정거래위원회에 제출하여야 한다(동조 제2항).

III. 연성 공동행위

1. 거래조건 공동행위(법 제40조 제1항 제2호)[74]

1) 개념

거래조건 공동행위란 상품 또는 용역의 거래조건이나 그 대금 또는 대가의 지급조건을 공동으로 정하는 행위를 말한다. 상품·용역의 거래조건이나 지급조건은 가격수준과 함께 당해 거래의 성립여부에 중요한 영향을 미치는 요소이고, 이러한 조건들이 사업자별로 독자적으로 결정되고 차별화될 때 시장에서의 경쟁이 유효하게 유지될 수 있는 것이다. 따라서 사업자들이 이러한 거래조건이나 지급조건을 공동으로 결정하게 되면 시장에서의 유효한 경쟁을 기대하기 어렵기 때문에 금지의 대상으로 하고 있다.[75]

2) 구체적인 형태

거래조건 공동행위의 유형으로는 ① 대금지급방법을 제한하거나 이를 결정하는 행위, ② 상품인도일로부터 대금지급기일까지의 기간을 정하거나 어음의 만기일 등을 정함으로써 실질적으로 대금지급 기간을 결정하는 행위, ③ 수요자의 편익이 증대되지 않는데도 상품 등의 인도장소·방법 등을 제한하는 행위, ④ 수요자의 편익이 증대되지 않는데도 상품 등에 대한 애프터서비스의 기간·내용·방법 등을 제한하는 행위 등이 있다.

3) 사례

(1) 5개 신용카드사들의 부당한 공동행위 건

5개 신용카드회사들은 할부구매 최저금액을 기존의 단가 5만원에서 20만원으

---

74) 2020.12.29. 개정 이전 조항 제19조 제1항 제2호.
75) 거래조건 합의가 실질에 있어서는 가격합의에 상응하는 것일 수 있다. 이 경우에는 경성카르텔로 분류하는 것이 타당하다고 생각한다.

로 인상하고, 할부기간을 최장 36개월에서 24개월로 단축하는 등 거래조건을 합의하여 실행함으로써 신용카드시장에서 부당하게 경쟁을 제한하는 행위를 하였다는 이유로 시정권고를 받았다.[76]

(2) 4개 패스트푸드 사업자들의 부당한 공동행위 건

4개 패스트푸드 사업자들은 탄산음료 리필서비스를 중단하기로 합의하고 실행함으로써 국내 패스트푸드 시장에서 부당하게 경쟁을 제한하는 행위를 하여 공정거래위원회로부터 시정명령을 받았다.[77] 패스트푸드 사업자가 탄산음료 리필서비스를 제공할지 여부는 각자의 판단에 따라 할 수 있지만, 그러한 거래조건에 대한 담합행위는 경쟁을 제한하고 소비자의 이익을 저해하는 것이므로 규제되어야 한다는 것이다.

2. 설비제한 공동행위(법 제40조 제1항 제5호)[78]

1) 개념

설비제한 공동행위는 사업자들이 합의하여 설비의 신설 또는 증설이나 장비의 도입을 방해하거나 제한하는 행위를 말한다. 이러한 행위는 사업자의 생산 및 사업활동을 제약함으로써 사업자의 경쟁수단을 제한하게 되고 결과적으로 시장의 공정하고 자유로운 경쟁을 저해하게 된다.

그런데 설비제한 공동행위는 시장에 대한 공급량을 직접적으로 제한하는 것은 아니고 시장에 대한 효과도 장래에 발생한다는 특징이 있기 때문에 경쟁제한성 여부를 판단함에는 상대적으로 신중한 접근이 필요하다. 특히 설비증설 제한이 공해의 방지나 위험의 방지 등 공익을 위해서 필요한 경우나, 수요가 지속적으로 감소하는 상황에서 경쟁적으로 설비를 증설하게 되면 당해 산업 전체의 불황을 초래할 수도 있기 때문에 제한이 필요한 경우에는 경쟁제한성과 기타 이익들과의 비교형량이 필요하다.

2) 구체적 형태

설비제한 공동행위의 유형으로는 ① 사업자별 생산·판매시설 등 설비의 규모

---

76) 공정거래위원회 시정권고 제88-34호, 1988.12.21.
77) 공정거래위원회 의결 제2003-20호, 2003.1.13.
78) 2020.12.29. 개정 이전 조항 제19조 제1항 제5호.

를 할당하거나 공동으로 결정하는 행위, ② 설비의 신·증설 또는 개체를 제한하거나 폐기하도록 하는 행위, ③ 장비의 도입자금 등을 제한함으로써 실질적으로 설비의 신·증설 또는 장비의 도입을 방해하거나 제한하는 행위 등이 있을 수 있다.

3. 상품의 종류 및 규격제한 공동행위(법 제40조 제1항 제6호)[79]

1) 개념

상품의 종류 및 규격제한 공동행위란 상품의 생산 또는 거래 시에 그 상품의 종류 또는 규격을 제한하는 행위를 말한다. 이러한 행위는 기업의 경쟁력 강화와 소비자보호 측면에서 볼 때 제품의 다양화와 신제품 개발에 부정적인 영향을 미치게 되고 수요자의 선택권도 제한하게 된다. 다만, 생산능률의 향상이나 유통의 합리화, 부품의 상호성 증대, 불량품 배제 등을 위한 정상적인 '사업표준화 활동'은 시장경쟁을 촉진시키고 소비자의 이익을 향상시키는 효과가 있으므로 금지대상에서 제외되는 것으로 보아야 할 것이다.

2) 구체적 형태

상품종류·규격제한 공동행위의 유형으로는 ① 공동행위 참가사업자별로 규격 또는 종류별로 생산품목을 할당하거나 공동으로 생산품목을 결정하는 등 사업영역을 설정하는 행위, ② 새로운 상품의 개발·생산·판매 등을 제한하거나 공동으로 결정하는 행위 등이 있다.

3) 사례

(1) 무학 및 대선주조의 부당공동행위 건

무학과 대선주조는 각각 경남 및 부산지역의 시장지배적사업자이다. 원래 상품의 생산에 있어 그 상품의 종류 또는 규격은 사업자가 자신의 경영판단이나 고객선호도 등을 감안하여 자율적으로 결정해야 하는 것이다. 그러나 이들 사업자는 상호 의견교환을 통해 이미 제공되고 있던 종이박스형 소주라는 특정 종류의 제품에 대한 생산 및 출고를 중지하고 플라스틱형 소주만을 생산하기로 결정하고 이를 실행하였다. 플라스틱형 용기는 종이형 용기에 비해 생산비가 저렴하므로 이 용기만 생산하기로 담합하면 서로에게 유리하다고 판단하였던 것이다. 이에 대하여 공정거래

---

79) 2020.12.29. 개정 이전 조항 제19조 제1항 제6호.

위원회는 시정명령을 하였다.[80]

(2) 6개 출판사의 부당공동행위 건

㈜동아출판사 등 6개 출판사들은 대표자 회의를 개최하여 고등학교 영어교과서의 자습서 및 카세트테이프의 생산·판매에 관한 '공동사업약정서'를 작성하고 이들 영어교재의 규격·체제 등을 공동으로 결정한 다음 이를 시행하여 공정거래위원회로부터 시정명령을 받았다.[81] 그리고 공정거래위원회의 조치에 대하여 행정소송이 제기되었으나 공정거래위원회가 최종적으로 승소하였다.[82]

4. 영업수행·관리 공동행위(법 제40조 제1항 제7호)[83]

1) 개념

영업수행·관리 공동행위란 다수의 사업자들이 영업의 주요부문을 공동으로 수행·관리하거나 수행·관리하기 위한 회사 등을 설립하는 행위를 말한다. 2004년도 공정거래법 개정 이전에는 "영업의 주요부문을 공동으로 수행하거나 관리하기 위한 회사 등을 설립하는 행위"로 규정되어 있었기 때문에 '회사설립'이 동 조항을 적용하기 위한 필요적 요건이었다. 2004년도 법 개정시 "영업의 주요부문을 공동으로 수행·관리하거나 수행·관리하기 위한 회사 등을 설립하는 행위"로 변경함으로써, 영업의 주요부문을 공동으로 수행하거나 관리하기만 하면 반드시 회사를 설립하지 않은 경우에도 동 조항을 적용할 수 있게 되었다.

영업수행·관리 공동행위는 소위 조인트 벤처(Joint Venture)와 실질에 있어서 동일하다고 할 수 있다. 조인트 벤처란 2개 이상의 회사가 각자 수행해야 할 사업활동을 공동으로 수행하기 위하여 결성한 연합체로 정의할 수 있다. 조인트 벤처는 가격협정·공급량 제한·신규사업자 배제 등의 반경쟁적인 효과가 있을 수 있는 반면에 연구·개발을 촉진하고 효율성을 증대시킴으로써 혁신의 원동력으로 작용하게 되는 긍정적인 효과도 있을 수 있다. 따라서 조인트 벤처에 대한 경쟁법적 평가는 이러한 두 가지의 효과를 비교·분석하여 개별 사안별로 판단할 수밖에 없다.[84]

---

80) 공정거래위원회 의결 제2000-43호, 2000.3.13.
81) 공정거래위원회 의결 제90-62호, 1990.10.24.
82) 대법원 1992.11.13. 선고 92누8040 판결.
83) 2020.12.29. 개정 이전 조항 제19조 제1항 제7호.
84) 잘 알려진 미국의 BMI 사건도 일종의 조인트 벤처에 대한 것으로 볼 수 있으며, 동 사건에서는 사업자간의 'blanket licensing agreement(일괄 라이센스협약)'가 거래비용을 낮추어 시장 효율성을 제고한다는 긍정적인 효과가 고려되어 사업자간의 협정이 위법하지 않은 것으로 판단

예를 들어 회사들이 대규모 입찰에 참여하기 위하여 컨소시엄(consortium)을 구성하는 경우 소규모 회사들이 연합하여 대기업과 경쟁하기 위한 경우에는 경쟁촉진적인 효과가 인정될 수 있겠다. 반면에 시장점유율이 높은 대기업들이 상호간의 경쟁을 회피하기 위한 경우에는 경쟁제한적인 효과가 인정될 수 있을 것이다. 실무에 있어서는 "혼자 할 수 있는 것이냐 아니냐?" 하는 것이 중요한 판단기준이 된다. 만약 사업의 규모가 너무 커서 혼자서는 감당하기 힘든 것이라면 일단 의심의 대상에서 벗어난다.

한편 사업자들이 '공동의 회사를 설립'하는 방법으로 동 조항의 공동행위를 하게 되는 경우에는 경쟁제한적인 기업결합을 금지하고 있는 법 제9조 제1항과 동 조항에 의한 규제를 함께 받을 수도 있다.

2) 구체적 형태

① 상품의 생산·구매·판매 등의 업무를 수행하는 공동회사를 설립하여 모든 참가 사업자들로 하여금 이 회사를 통해서만 거래하도록 하는 행위, ② 참가사업자의 제품판매수익을 공동으로 관리하는 회사를 설립하여 제반경비를 공제하고 남은 이익을 판매수익에 관계없이 배분하는 행위 등이 해당될 수 있다.

3) 사례

(주)대성 등 14개 정화조회사들은 1988.11.14. 공동으로 5백만 원씩을 출자하여 신화정화조(주)를 설립하고 자신들의 생산제품 전량을 인수하여 판매하도록 함으로써 판매창구를 단일화하였는데, 공정거래위원회는 이러한 행위가 생산·판매단계에서의 경쟁을 실질적으로 제한하는 행위에 해당된다고 판단하여 시정명령을 하였다.[85]

그런데 위 사건과 동일하게 공동판매회사를 설립한 사안에서 공정거래위원회가 법 제40조 제1항 제7호가 아닌 제4호의 '거래상대방 제한' 규정을 적용한 사례도 존재한다.[86] 판매와 같은 영업의 주요부분을 공동으로 수행할 목적으로 공동회사를 설립한 경우라면 '거래상대방 제한 공동행위(제4호)'보다는 '영업수행·관린 공동

되었다. Broadcast Music, Inc. v. Columbia Broadcsting System, Inc. 441 U.S. 1 (1979).

85) 14개 정화조회사의 공동행위건(공정거래위원회 의결 제89-45호, 1989.7.26.).

86) (주)에스엠엔터테인먼트 등 8개 음반제작업체의 부당한 공동행위에 대한 건(공정거래위원회 전원회의 의결 제2002-165호, 2002.8.3.).

행위(제7호)' 규정을 적용하는 것이 법 제40조 제1항 각호의 해석상 보다 합리적이라고 생각된다.

5. 기타 사업활동방해·제한 및 정보교환 공동행위(법 제40조 제1항 제9호)[87]

기타 사업활동방해·제한 공동행위는 상기 8개 유형 이외의 행위로서 다른 사업자의 사업활동 또는 사업내용을 방해하거나 제한함으로써 일정한 거래분야에서 경쟁을 실질적으로 제한하는 행위를 의미한다. 다른 사업자의 사업활동 또는 사업내용을 방해하거나 제한하는 행위를 요건으로 하고 있고, 여기에서 다른 사업자에는 '그 행위를 한 사업자를 포함한다'라고 규정하고 있으므로, 이러한 행위는 공동행위에 참여한 사업자인지 여부를 불문하고, 즉 당해 공동행위로 인해 스스로를 구속하든 다른 사업자를 구속하든 이를 불문하고 사업자의 사업활동 내지는 사업내용이 방해되거나 제한되면 성립한다 할 것이고, 또한 이러한 행위로 인해 사업활동이 방해·제한되는 사업자의 범위가 당해 행위에 참여한 사업자 전부에 미치는지 일부에만 국한되는지 역시 공동행위의 성립에 문제가 되지 않는다.[88]

그런데 앞에서 살펴본 라면가격 담합행위에서도 볼 수 있듯이 정보교환행위는 부당한 공동행위의 중요한 수단이 될 뿐만 아니라 그 자체로서도 경쟁제한적인 측

〈신구법비교〉

구법	현행법
제19조(부당한 공동행위의 금지) ① 9. 제1호부터 제8호까지 외의 행위로서 다른 사업자(그 행위를 한 사업자를 포함한다)의 사업활동 또는 사업내용을 방해하거나 제한함으로써 일정한 거래분야에서 경쟁을 실질적으로 제한하는 행위	제40조(부당한 공동행위의 금지) ① 9. 그 밖의 행위로서 다른 사업자(그 행위를 한 사업자를 포함한다)의 사업활동 또는 사업내용을 방해·제한하거나 가격, 생산량, 그 밖에 대통령령으로 정하는 정보를 주고받음으로써 일정한 거래분야에서 경쟁을 실질적으로 제한하는 행위

---

87) 2020.12.29. 개정 이전 조항 제19조 제1항 제9호.
88) 공정거래위원회 의결 제2011-300호, 2011.12.23.

면이 적지가 않다. 그래서 2020.12.29. 개정법에서는 정보교환행위[89] 그 자체를 부당한 공동행위의 한 유형으로 추가하였다.[90]

공정거래법 제40조 제1항 제1호 내지 제8호에서 열거한 행위 외의 행위에 대한 합의를 함으로써 시장의 경쟁을 제한하는 경우를 포괄적으로 포섭하는 유형이다. 다른 사업자에는 그 행위를 한 사업자를 포함한다. 기타 사업활동방해는 편의상 연성공동행위로 분류하였지만 반드시 그러한 것은 아니다.

한편 제1항 본문에서 규정하고 있는 "부당하게 경쟁을 제한하는"이라는 문구와 달리 제9호에서는 "일정한 거래분야에서 경쟁을 실질적으로 제한하는"이라고 규정하고 있다. 그러나 이러한 표현상의 차이에도 불구하고 의미나 내용상의 실질적인 차이가 있다고 보기는 어렵다고 생각된다.

제 4 절   부당한 공동행위 적발유인 제도

Ⅰ. 신고자 등에 대한 감면제도(Leniency Program)

1. 개요

부당한 공동행위는 은밀하게 이루어질 뿐만 아니라 공정거래위원회는 검찰과 같은 강제수사권이 없어 이를 적발하는 것이 쉽지 않다. 그래서 공정거래법에서는 부당한 공동행위 참가사업자가 스스로 신고하거나 조사에 협조할 경우 일정한 조치를 감면해 주는 제도(Leniency Program)를 인정하고 있다. 이러한 감면제도는 미국에서 처음 시작되어 각국의 경쟁법으로 확산되는 추세에 있으며 최근 부당한 공동행위 법집행에 있어서 가장 주목을 받고 있는 제도라고 할 수 있다.

부당한 공동행위 자진신고자 등에 대한 감면제도는 게임이론(Game Theory)과 관련성이 높다. 공동행위 참가사업자들이 마치 게임이론에서 상대방의 행동을 예측하여 전략을 선택하듯이 공동행위에 함께 참여한 상대 사업자의 전략을 예상하여 자신의 전략을 결정하여야 하기 때문이다. 즉, 공동행위 참가 사업자는 끝까지 공동행위 참가사실을 은폐하여 다른 참가사업자와 함께 규제당국의 규제를 피해 갈

---

89) 시행령 제44조 제2항에서는 정보교환의 구체적 내용으로서 ① 원가, ②, 출고량, 재고량 또는 판매량, ③ 거래조건 또는 대금·대가의 지급조건을 규정하고 있다.
90) 또한 법률상 추정의 요건으로 추가하였다.

것인지, 아니면 다른 사업자들보다 먼저 자진신고함으로써 자신만 규제위험성에서 벗어날 것인지 여부를 선택해야 한다.

이러한 전략적 선택의 성패는 상대 사업자의 선택이 무엇인지에 따라서 결정되게 된다. 결국 모든 사업자들이 끝까지 비밀을 지킨다는 보장이 없는 한 가장 먼저 신고하거나 협조한 사업자가 이기게 되는 게임의 일종이라고 할 수 있다. 감면제도의 내용과 기준도 사업자들이 자진신고를 전략적으로 선택하도록 유인하는데 그 주안점이 있다.

공정거래법상 자진신고자 등에 대한 감면제도는 법 제44조 및 시행령 제51조에서 그 내용과 기준을 정하고 있고 「부당한 공동행위 자진신고자 등에 대한 시정조치 등 감면제도 운영고시」[91] (이하 이 장에서 "감면제도운영고시"라 한다)에서 그 구체적인 절차를 규정하고 있다.

2. 감면제도의 내용

1) 감면대상이 되는 조치 : 시정조치, 과징금, 고발

공정거래법 제44조는 감면제도에 대하여 다음과 같이 규정하고 있다.[92]

> 제44조(자진신고자 등에 대한 감면 등) ① 다음 각 호의 어느 하나에 해당하는 자(소속 전·현직 임직원을 포함한다)에 대해서는 제42조에 따른 시정조치나 제43조에 따른 과징금을 감경 또는 면제할 수 있고, 제129조에 따른 고발을 면제할 수 있다.
> 1. 부당한 공동행위의 사실을 자진신고한 자
> 2. 증거제공 등의 방법으로 공정거래위원회의 조사 및 심의·의결에 협조한 자

감경 또는 면제의 대상이 되는 조치는 시정조치, 과징금, 고발이다. 구체적으로는 과징금에 대해서는 의무적 면제 또는 의무적 감경(50%)을 하도록 규정하고 있고, 시정조치에 대해서는 의무적 면제, 임의적 감면, 임의적 감경을 하도록 규정하고 있다(시행령 제51조 제1항 제1호 내지 제3호).

2) 감면요건 및 기준

일반적인 감면의 요건 및 감면의 정도에 대해서는 시행령 제51조 제1항 제1호

---

91) 공정거래위원회고시 제2021-36호, 2021.12.28. 일부개정.
92) 2020.12.29. 개정 이전 조항 제22조의2.

내지 제3호에서 구체적으로 규정하고 있다. 공정거래위원회의 조사개시 시점을 기준으로 조사개시 전에 신고하거나 조사개시 후에 조사에 협조한 경우에 제2순위까지의 신고자 또는 협조자에 한해서 감면을 인정하면서 제1순위자와 제2순위자간의 감면의 정도에 차등을 두고 있다. 이러한 공정거래법 시행령 상의 감면제도 내용은 위에서 설명한 바와 같이 공동행위 참가사업자의 자진신고 또는 조사협조를 효과적으로 유인하기 위한 것이라고 할 수 있다.

(1) 조사개시 전 최초 신고자 : 과징금 및 시정조치 면제, 고발면제

공정거래위원회가 조사를 시작하기 전에 최초로 신고한 자로서 첫째, 부당한 공동행위임을 입증하는데 필요한 증거를 단독으로 제공한 최초의 자일 것, 둘째, 공정거래위원회가 부당한 공동행위에 대한 정보를 입수하지 못하였거나 부당한 공동행위임을 입증하는데 필요한 증거를 충분히 확보하지 못한 상태에서 신고하였을 것, 셋째, 부당한 공동행위와 관련된 사실을 모두 진술하고, 관련 자료를 제출하는 등 조사가 끝날 때까지 성실하게 협조하였을 것, 넷째, 그 부당한 공동행위를 중단하였을 것의 네 가지 요건이다. 이 중 셋째와 넷째 요건인 조사성실협조 및 부당한 공동행위 중단 요건은 이하의 타 자진감면자 요건에도 공통이다.

여기에 해당하는 경우에는 과징금 및 시정조치를 면제한다(시행령 제51조 제1항 제1호). 즉, 과징금 및 시정조치에 대해서 모두 의무적 면제사유가 된다. 고발은 시행령에 규정이 없지만 제도의 취지상 의무적으로 면제하여야 할 것이다.

이처럼 과징금과 시정조치를 모두 의무적으로 면제하도록 규정하여 가장 큰 혜택을 부여하고 있는 것은 공정거래위원회의 조사가 개시되기 전에 최초로 자진신고를 함으로써 당해 공동행위 적발 및 규제에 대한 신고자의 기여도가 다른 경우보다 높기 때문이라고 할 수 있다.

(2) 조사개시 후 최초 협조자 : 과징금 면제, 시정조치 면제 또는 감경

공정거래위원회가 조사를 시작한 후에 조사에 협조한 자로서 공정거래위원회가 부당한 공동행위에 대한 정보를 입수하지 못하였거나 부당한 공동행위임을 입증하는데 필요한 증거를 충분히 확보하지 못한 상태에서 조사에 협조하였을 것을 요건으로 한다. 나머지(첫째, 셋째, 넷째)는 최초 신고자와 동일하다.

네 가지 요건에 모두 해당하는 경우에는 과징금을 면제하고, 시정조치를 감경하거나 면제한다(시행령 제51조 제1항 제2호). 즉, 과징금에 대해서는 의무적 면제, 시정조치에 대해서는 의무적 감경 또는 면제사유가 된다. 고발은 시행령에 규정이 없지만 제도의 취지상 의무적으로 면제하여야 할 것이다.

(3) 두 번째 신고자 또는 협조자 : 과징금 50% 감경, 시정조치 감경

공정거래위원회가 조사를 시작하기 전에 신고하거나 조사를 시작한 후에 협조한 자로서 부당한 공동행위임을 입증하는데 필요한 증거를 단독으로 제공한 두 번째의 자여야 한다. 최초 자진신고자 및 최초 조사협조자와 셋째 및 넷째요건은 동일하다.

이에 해당하는 경우에는 과징금의 50%를 감경하고, 시정조치를 감경할 수 있다(시행령 제51조 제1항 제3호). 즉, 과징금에 대해서는 의무적 감경, 시정조치에 대해서는 임의적 감경사유가 된다. 고발은 제도의 취지상 의무적으로 면제하여야 할 것이다.

3) 추가 감면제도(Amnesty Plus)

위에서 설명한 특정 공동행위에 참가한 사업자에 대한 감면제도와는 별도로 공정거래법은 추가적인 감면제도(소위 'Amnesty Plus')를 운영하고 있다. 시행령 제51조 제1항 제4호에서는 "부당한 공동행위로 과징금 부과 또는 시정조치의 대상이 된 자가 그 부당한 공동행위 외에 그 자가 관련되어 있는 다른 부당한 공동행위에 대해 제1호 각목 또는 제2호 각목의 요건을 모두 충족하는 경우에는 그 부당한 공동행위에 대해 다시 과징금을 감경하거나 면제하고, 시정조치를 감경할 수 있다"고 규정하고 있다.

추가 감면제도는 특정한 공동행위 사건(A)에서 과징금 또는 시정조치의 대상이 된 사업자가 당해 특정한 공동행위 사건(A) 이외의 다른 공동행위 사건(B)에 대하여 최초 신고자 또는 최초 협조자의 요건을 갖춘 신고 등을 하는 경우에는 다른 공동행위 사건(B)에서 과징금 감면 등의 혜택을 받고 그와는 별개의 사건인 특정한 공동행위 사건(A)에서도 감면의 혜택을 주겠다는 취지이다.

이러한 추가 감면제도는 특정한 공동행위 사건에서 전략적 선택을 잘못하여 최초 신고자 또는 최초 협조자로서의 지위를 얻지 못한 참가사업자가 다른 공동행위 사건에서 전략을 수정하여 자진신고를 선택하게 유도함으로써 공동행위 적발효과를 특정한 공동행위 사건에서 다른 공동행위 사건까지 확장시키는데 그 의미가 있다고 할 수 있다.

4) 감면제도 제외 사항

비록 감면요건에 해당하는 경우라 하더라도 다음과 같은 5가지의 일정한 사유에 해당하는 경우 감면제도의 적용을 제외한다.

첫째, 강요자 둘째, 반복행위자이다. 다른 사업자에게 그 의사에 반하여 해당 부당한 공동행위에 참여하도록 강요하거나 이를 중단하지 못하도록 강요한 사실이 있는 경우 또는 일정 기간 동안 반복적으로 법 제40조 제1항을 위반하여 부당한 공동행위를 한 경우에는 시정조치와 과징금의 감면을 하지 아니한다(시행령 제51조 제2항).

통상 업계의 대형 사업자가 공동행위를 주도하고 중소업체들은 이들의 의도에 순종하지 않으면 업계에서 생존하기 어려운 경우가 많다. 그러나 정작 공정거래위원회의 조사가 시작되면 이러한 조사정보에 더욱 밝은 주도업체가 먼저 협조를 하고서는 제재를 받지 않고 빠져나가버리는 반면 추종하였던 중소업체들만 제재를 받게 되는 경우가 발생하는 것을 막기 위한 취지이다. 상습적으로 공동행위를 행하는 사업자도 마찬가지이다.

셋째, 2개 사업자 제외이다. 2개 사업자가 부당한 공동행위에 참여하고 그 중의 한 사업자인 경우 제외된다(시행령 제51조 제1항 제3호 가목). 2개 사업자가 공동행위를 한 경우에도 감면제도를 적용하게 되면 법집행의 실효성이 부족해질 우려가 있기 때문이다.

넷째, 기간경과 사업자 제외이다. 최초신고자 혹은 최초협조자가 자진신고하거나 조사에 협조한 날부터 2년이 지나 자진신고하거나 조사에 협조한 사업자인 경우 제외된다(시행령 제51조 제1항 제3호 다목). 신속한 자진신고 또는 조사협조를 촉구하기 위한 것이다.

다섯째, 자진신고로 시정조치나 과징금을 감경 또는 면제받은 자가 관련 재판에서 조사과정에서의 진술 내용과 달리 진술하는 등의 경우에는 시정조치나 과징금의 감경 또는 면제를 취소할 수 있다(법 제44조 제3항).[93]

---

[93] 자진신고 감면취소의 구체적인 사유는 다음의 5가지이다. ① 공정거래위원회의 조사등의 과정에서 한 진술이나 제출했던 자료의 중요한 내용을 재판에서 전부 또는 일부 부정하는 경우, ② 공정거래위원회의 조사등의 과정에서 진술한 내용이나 제출했던 자료가 재판에서 거짓인 것으로 밝혀진 경우, ③ 정당한 이유 없이 재판에서 공동행위 사실에 대한 진술을 하지 않는 경우, ④ 정당한 이유 없이 재판에 출석하지 않는 경우, ⑤ 자진신고한 부당한 공동행위 사실을 부인하는 취지의 소를 제기하는 경우(시행령 제51조 제3항).

5) 감면신청 절차

(1) 감면신청 방법

감면신청은 원칙적으로 서면으로 하여야 한다. 감면신청서를 작성하여 공정거래위원회 방문, 전자우편(leniency@korea.kr) 또는 팩스를 통하여 제출할 수 있다. 서면으로 감면신청을 하기 곤란한 사유가 있는 경우에는 구두로 제7조 또는 전조의 감면신청을 할 수 있다. 이 경우 전화에 의한 감면신청은 포함되지 아니한다(감면제도운영고시 제7조, 제8조의2).

신청인이 증거자료 수집 등에 상당한 시간을 요하거나 기타 신청서와 동시에 증거자료를 제출할 수 없는 특별한 사정이 있는 경우에는 기재사항 일부를 생략한 '간이신청'을 하고 사후에 보정할 수 있도록 허용하고 있는데, 보정기간은 원칙적으로 15일을 넘을 수 없지만 정당한 사유를 소명하면 심사관이 60일의 범위 내에서 추가 보정기간을 부여할 수 있다(감면제도운영고시 제8조).[94]

감면신청은 단독으로 할 수도 있고 2인 이상이 공동으로 감면신청을 할 수도 있다. 감면신청자의 순위는 원칙적으로 감면신청의 접수시점에 의하여 판단하되 감면신청을 함에 앞서 그 임·직원이 확인서 또는 진술조서 등의 형태로 공동행위를 입증하는데 필요한 증거를 제공한 경우에는 그 증거를 제출한 때에 감면신청을 한 것으로 본다(감면제도운영고시 제9조 제1항, 제2항). 그리고 선순위 신청자의 감면신청이 감면요건을 충족하지 못하는 등 감면이 인정되지 않은 경우에는 후순위 신청자가 그 순위를 승계한다(감면제도운영고시 제12조 제4항).[95]

당해 부당한 공동행위를 입증하는데 필요한 증거라 함은 합의서, 당해 공동행위에 참여한 사업자 또는 임직원의 확인서·진술조서 또는 회의록 등 공동행위 입증에 필요한 증거를 말하며 문서·녹음테이프·컴퓨터파일 등 그 형태나 종류에는 제한이 없다(감면제도운영고시 제4조 제1항, 제2항).

(2) 감면신청 전제 요건

감면을 받기 위해서는 조사협조와 부당한 공동행위 중단이 전제요건이 된다. 조사가 완료될 때까지 협조하였는지 여부는 신고자 등이 공정거래위원회의 심의가 끝날 때까지 당해 공동행위를 완전히 진술하고 자신이 보유하고 있거나 수집할 수

---

94) 간이신청의 경우에도 신고인 등의 인적사항 및 공동행위의 개요는 생략할 수 없다(감면제도운영고시 제8조 제1항 단서).

95) 2순위자가 1순위 요건을 충족한 경우에는 1순위를 자동승계하지만, 만약 1순위 요건을 충족하지 못한 경우에는 2순위를 유지하여 2순위 감면을 받을 수 있다(감면제도운영고시 제12조).

있는 모든 자료를 공정거래위원회에 제출하였는지 여부를 기준으로 판단한다(감면제도운영고시 제5조).

당해 부당한 공동행위를 중단하였는지 여부는 합의에 기한 실행행위가 종료하였는지 여부에 따라 판단하되, 합의탈퇴의 의사표시로 부당한 공동행위를 중단한 것으로 볼 수 있다. 다만, 입찰담합의 경우 당해 입찰이 종료되면 실행행위가 종료된 것으로 볼 수 있다(감면제도운영고시 제6조).

(3) 순위인정

감면제도 운영에 있어서 신청자의 순위가 중요한 의미가 있으므로 감면제도운영고시에서는 위원회의 심의·의결을 통해 자진신고자의 지위를 결정한다(감면제도운영고시 제12조).

6) 다른 제도와의 관계

부당한 공동행위 자진신고자 등에 대한 감면제도가 적용되는 경우에는 「과징금부과 세부기준 등에 관한 고시」[96](이하 '과징금고시'라고 한다)에서 정하고 있는 조사 협력자에 대한 감경조항은 그 적용이 배제된다(감면제도운영고시 제17조 제1항). 반면 감면제도 적용을 받지 못하는 공동행위 참가사업자가 조사단계에서 적극 협조한 경우, 심의에 적극협조하고 심리 종결시까지 공동행위 사실을 부인하지 않는 경우에는 각 10% 범위 내에서 과징금을 감경할 수 있다(과징금고시 Ⅳ.3.다.2)).

한편 위에서 설명한 감면제도와 다음에 서술할 신고포상금 제도는 각각 별개의 독립된 제도로서 운영된다. 즉, 제3자가 포상금지급기준을 충족하는 자료를 제출하여 공정거래위원회가 이를 보유하고 있는 경우에도 공동행위 자진신고자 또는 협조자가 최초의 신고자 또는 협조자로 판단받을 수 있다.

3. 정보누설 금지 등

공정거래위원회 및 그 소속 공무원은 소송수행을 위하여 필요한 경우 등 대통령령으로 정하는 일정한 경우를 제외하고는 자진신고자 또는 조사협조자의 신원·제보내용 등 자진신고나 제보와 관련된 정보 및 자료를 사건 처리와 관계없는 자에게 제공하거나 누설하여서는 아니 된다(법 제44조 제4항).[97] 이는 신고자 또는 조사

---

96) 공정거래위원회고시 제2021-50호, 2021.12.29. 개정.
97) 2020.12.29. 개정 이전 조항 제22조의2 제3항.

협조자의 신원에 대한 비밀을 보장함으로써 감면제도 운영의 효율성을 확보할 목적에서 조사공무원의 비밀유지의무를 규정한 것이다.

그 밖에도 공정거래위원회는 자진신고자 등의 신청이 있으면 이들의 신원이 공개되지 아니하도록 해당 사건을 분리 심리하거나 분리 의결할 수 있다(시행령 제51조 제5항). 심사보고서 및 의결서에 신고자 등을 가명으로 기재하도록 하는 등 추가적인 비밀보장 장치가 마련되어 있다(감면제도운영고시 제16조).

Ⅱ. 포상금 지급제도

공정거래법 위반행위를 신고 또는 제보하고 이를 입증할 수 있는 증거자료를 제출한 자에 대해서는 공정거래위원회가 예산의 범위 안에서 포상금을 지급할 수 있다(시행령 제91조 이하 "신고포상금 제도"라고 한다). 이러한 신고포상금 제도는 공정거래법 위반행위를 효율적으로 적발하여 규제하기 위하여 2004년 공정거래법 개정 시 처음으로 도입되었다.

앞에서 서술한 부당한 공동행위 자진신고자에 대한 감면제도와 달리 신고포상금 제도는 부당한 공동행위뿐만 아니라 불공정거래행위 및 사업자단체금지행위의 경우에도 적용될 수 있는데 그 적용범위는 시행령 제91조 제1항에서 한정적으로 열거하고 있다.

포상금 지급대상자는 위 행위를 신고하거나 제보하고 이를 입증할 수 있는 증거자료를 최초로 제출한 자로 하되 당해 법 위반행위를 한 사업자는 제외된다(동조 제1항). 그리고 공정거래위원회는 특별한 사정이 있는 경우를 제외하고는 신고 또는 제보된 행위를 법 위반행위로 의결한 날(이의신청 있는 경우에는 재결한 날)부터 3월 이내에 포상금을 지급하여야 한다(동조 제2항).

포상금의 지급에 관여한 조사공무원은 신고자 또는 제보자의 신원 등 신고 또는 제보와 관련된 사항을 타인에게 제공하거나 누설하여서는 아니 되며, 포상금의 지급에 관한 사항을 심의하기 위하여 공정거래위원회에 신고포상금 심의위원회를 둘 수 있다(동조 제3항). 각 행위유형별 구체적인 포상금 지급기준은 「공정거래법 위반행위 신고자에 대한 포상금 지급에 관한 규정」[98]에서 정하고 있다.[99]

---

98) 공정거래위원회고시 제2021−19호, 2021.12.30. 일부개정.

99) 만약 독자가 기업에 근무하는 직원인데 우연히 가격담합 사실이 담긴 서류를 발견했다고 가

제5절   공동행위 관련 제도 및 제재

Ⅰ. 공동행위 인가제도(법 제40조 제2항)[100]

1. 제도의 개요

공정거래법상 부당하게 경쟁을 제한하는 공동행위는 원칙적으로 금지되어 있으나 불황극복이나 산업합리화 등 일정한 사유가 있고 사전에 공정거래위원회의 인가를 받은 경우에는 예외적으로 허용된다. 그 취지는 부당한 공동행위를 원칙적으로 금지하되 국민경제전체에 대하여 파급효과가 큰 경우 등에는 예외적으로 심사하여 허용해 주고자 하는 것이다.

공동행위 인가의 구체적인 요건은 법률과 시행령에서 한정적으로 엄격하게 규정하고 있으며 인가의 세부적인 절차에 대해서는 「공동행위 및 경쟁제한행위의 인가신청 요령」[101]에서 규정하고 있다. 그리고 공동행위 인가에 대한 공정거래법 제40조 제2항 및 제3항의 내용은 사업자단체 금지행위 중 부당한 공동행위 금지 조항(법 제51조 제1항 제1호)의 경우에도 준용된다(법 제51조 제2항).

2. 인가 요건

공정거래법 및 시행령에서 규정하고 있는 부당한 공동행위 인가요건은 다음과 같다. ① 우선 법에서 정한 다음의 4가지 목적을 위한 것으로서 ② 대통령령이 정하는 요건에 해당하여야 하며, ③ 공정거래위원회의 인가를 받아야 한다(법 제40조 제2항, 시행령 제45조).

1. 불황극복을 위한 산업구조조정	2. 연구·기술개발
3. 거래조건의 합리화	4. 중소기업의 경쟁력향상

정해 보자. 어떻게 할 것인가? ① 증거가 되는 서류를 숨기거나 파기하는 것 ② 임원에게 보고 해 공정거래위원회에 리니언시 신청을 하는 것 ③ 공정거래위원회에 신고하여 신고포상금을 받는 것 등 다양한 선택지에 대해 생각해 볼 수 있다.

100) 2020.12.29. 개정 이전 조항 제19조 제2항.

101) 공정거래위원회고시 제2021-34호, 2021.12.28. 개정.

3. 공동행위 인가의 한계

당해 공동행위가 위에서 설명한 인가요건에 해당되는 경우에도 다음의 어느 하나에 해당하는 경우에는 이를 인가할 수 없다(시행령 제45조 제2항).

1. 해당 공동행위의 목적을 달성하기 위해 필요한 정도를 초과하는 경우
2. 수요자 및 관련 사업자의 이익을 부당하게 침해할 우려가 있는 경우
3. 해당 공동행위 참가사업자 간에 공동행위의 내용과 관련하여 부당한 차별이 있는 경우
4. 해당 공동행위에 참가하거나 탈퇴하는 것을 부당하게 제한하는 경우

4. 인가절차

공동행위의 인가를 받고자 하는 자는 일정한 사항을 기재한 신청서에 필요한 서류를 첨부하여 공정거래위원회에 제출하여야 한다(시행령 제46조 제1항, 제2항). 공정거래위원회는 인가신청을 받은 경우에는 그 신청일부터 30일 이내에 이를 결정하여야 한다. 다만, 필요하다고 인정할 때에는 30일을 초과하지 아니하는 범위 안에서 그 기간을 연장할 수 있다(동조 제3항).

5. 인가제도의 현황

불황으로 인해 한계기업이 도태되더라도 장기적으로는 경제에 이득이 되는 경우가 대부분이고 산업합리화 등도 기존의 경쟁제도 틀 안에서 이루어지는 것이 바람직하다. 그래서 공정거래위원회가 직접 공동행위를 인가하는 경우는 사실상 없다. 다만 「규제자유특구 및 지역특화발전특구에 대한 규제특례법」 제48조 제1항에서는 '특화특구에서 특화사업을 위하여 필요한 공동연구·기술개발 등'에 대해서 공정거래법 제40조 제2항의 규정에 의한 공정거래위원회의 인가를 받은 것으로 본다고 규정하고 있다.

Ⅱ. 카르텔의 생성과 유지를 돕는 거래관행과 제도

1. 개요

카르텔의 은밀성과 그에 따른 적발의 어려움에 대처하기 위하여 공정거래법은 많은 보완장치들을 두고 있다. 법 제40조 제5항의 추정조항이나 위에서 본 감면제도도 모두 이러한 취지에서 운영되는 제도들이며 더 나아가 카르텔 조사의 경우에는 공정거래위원회의 조사권을 강화하는 방안도 다각적으로 검토되고 있다.

그러나 이러한 방안들만으로는 카르텔을 근본적으로 방지하고 규제하는데 일정한 한계가 있을 수밖에 없다. 그래서 카르텔 자체에 대한 규제와 함께 카르텔의 생성과 유지를 쉽게 하는 거래관행이나 제도에도 관심을 가질 필요가 있다. 여기에서는 이 중 거래조건의 표준화와 최저가격보상제에 대해 살펴본다.

2. 거래조건의 표준화

설탕, 밀가루, 시멘트, 철강제품 등은 품질과 규격에 서로 큰 차이가 없는 균질재이지만 운송조건이 상이한 경우에는 운송비가 실질적인 가격에 영향을 미치게 된다. 따라서 사업자들이 가격을 담합하였다고 하더라도 운송비 부분에서는 서로 경쟁을 할 여지가 남아있게 되어 가격담합의 이행을 감시하는 것이 곤란해진다.

이 경우 당해 상품에 관하여 획정된 지역시장 내에서는 제품의 도착지가 동일하면 출발지가 어디든 간에 동일한 운송료를 책정하는 소위 'basing point pricing'을 시행함으로써 가격담합의 실효성을 확보할 수 있다. 이처럼 거래조건을 규격화해서 담합의 이행과 감시를 용이하게 하는 거래관행들에 대해서 미국 FTC는 다른 합리적인 이유가 없으면 적극 규제하고자 하고 있다.

이와 관련하여 우리 공정거래위원회가 만들어서 보급하고 있는 표준약관제도에 대해서는 유의할 필요성이 있다. 표준약관의 내용으로 구체적인 거래조건을 규격화하는 내용이 포함되어 버리면 카르텔 형성의 수단으로 활용되는 부작용이 생길 수 있기 때문이다. 예컨대 영화관람 표준약관에서 영화관 입장권의 환불기준을 영화시작 20분 이전까지는 요금의 전액을, 그 이후부터 영화시작시간까지는 50%로 획일적으로 규정하고 있다.

이는 경쟁당국이 사적 거래의 내용에 구체적으로 개입하고 있다는 문제점뿐만

아니라 거래조건의 규격화로 인하여 영화관람요금 담합을 더 용이하게 만들 우려
가 있다. 따라서 현행 표준약관제도는 장점이 많지만 경쟁에 부정적인 측면도 있어
필요성과 부작용 등에 대한 세심한 검토가 필요하다고 생각된다.

비슷한 사례로서 이동통신단말기나 요금을 규제하여 소비자에게 혜택을 주고
자 하는 노력도 마찬가지이다. 취지는 충분히 공감이 가지만 단말기 보조금을 제한
하거나 요금조건을 제한하는 경우 제도에 의해 카르텔이 형성될 수 있다. 도서정가
제도 또한 유사하다. 도서라는 문화상품의 특성이 있긴 하지만 가급적 경쟁정책의
틀 내에서 문화상품의 특성을 살리는 것이 바람직하다고 생각한다.

3. 최저가격보상제

소위 최저가격보상제(lowest price guarantee)는 대형마트와 같은 유통업체 사이
에서 무한정의 가격경쟁을 발생시켜서 소비자에게 이익을 주는 제도이다. 다른 한
편으로는 수많은 소비자를 정보원으로 활용하여 담합에서 이탈한 사업자를 쉽게
적발할 수 있도록 담합한 사업자들을 도와주는 대단히 효율적인 장치로서도 기능
할 수 있다. 그래서 경우에 따라서는 이러한 거래관행이 경쟁당국에 의하여 규제받
을 수가 있다.

Ⅲ. 부당한 공동행위의 사법상 효력

공정거래법 제40조 제4항은 "부당한 공동행위를 할 것을 약정하는 계약 등은
사업자간에는 그 효력을 무효로 한다"고 규정하고 있다.[102] 공정거래법 위반행위에
대해 사법적인 효력을 명시적으로 부인하는 유일한 규정이다. 따라서 참가 사업자
가 부당한 공동행위의 합의를 지키지 않는다고 하더라도 그 합의는 무효이므로 합
의위반을 청구원인으로 하는 손해배상청구는 할 수 없다.[103]

다만, 부당한 공동행위에 참여하지 아니한 제3자에 대해서는 무효가 아니므로
공동행위 당사자가 합의내용대로 제3자와 후속 계약을 체결한 경우 그 계약은 유효
하다.

---

102) 2020.12.29. 개정 이전 조항 제19조 제4항.
103) 대법원 1987.7.7. 선고 86다카706 판결.

IV. 위반행위에 대한 제재

1. 시정조치

공정거래위원회는 부당한 공동행위를 한 사업자 또는 하게 한 사업자에 대하여 해당 행위의 중지, 시정명령을 받은 사실의 공표, 그 밖에 필요한 시정조치를 명할 수 있다(법 제42조).[104]

2. 입찰참가자격제한 요청

부당한 공동행위, 특히 입찰담합의 경우에는 공정거래위원회가 관계행정기관에 대해서 법 위반 사업자의 입찰참가자격제한 요청을 하는 경우가 있다. 공정거래위원회의 입찰참가자격제한 요청에 의하여 관계행정기관의 입찰참가자격제한 조치가 있게 되면 당해 사업자는 공공사업의 입찰에서 배제되어 심각한 사업상의 곤란을 겪을 수 있으므로 위반 사업자 입장에서는 과징금이나 시정조치 못지 않은 제재로 인식할 수 있다.[105]

그러나 공정거래위원회의 입찰참가자격제한 요청은 직접 법 위반 사업자에 대한 처분이 아니라 관계행정기관에 대한 협조요청의 성격을 가지므로 이를 대상으로 한 이의신청이나 행정소송은 허용되지 않는다. 따라서 공정거래위원회의 입찰참가자격제한 요청에 따라 관계 행정기관의 장이 법 위반 사업자에 대하여 입찰참가자격제한조치를 취한 경우에 이러한 조치를 대상으로 불복하면서 공정거래위원회의 입찰참가자격제한 요청의 부당성 또는 위법성을 간접적으로 다툴 수 있을 뿐이다.

3. 과징금

공정거래법 제43조 제1항의 규정을 위반한 사업자에 대해서는 관련매출액의 20%를 초과하지 않는 범위 내에서 과징금을 부과할 수 있고 매출액이 없는 경우 등에는 40억 원을 초과하지 않는 범위 내에서 과징금을 부과할 수 있다(법 제43조, 시

---

104) 2020.12.29. 개정 이전 조항 제21조.
105) 국가를 당사자로 하는 계약에 관한 법률 등 관련법령에서는 공정거래위원회의 입찰참가자격제한요청이 있는 경우 해당 행정기관의 장은 의무적으로 입찰참가자격제한 조치를 취하도록 규정하고 있다(「국가를 당사자로 하는 계약에 관한 법률」 제27조 제1항).

행령 제13조). 2020.12.29. 개정으로 인해 과징금 상한이 20% 및 40억 원으로 높아진 것이다. 실무적으로는 관련 매출액 산정을 위해서는 법위반기간이 특정되어야 한다. 법위반기간은 공동행위가 시작된 시점(始期)과 종료된 시점(終期) 간의 기간이다. 그 외에도 합의의 개수, 입찰담합에서 관련매출액 등 몇 가지 쟁점이 있다. 이에 대하여는 과징금고시에서 구체적으로 규정하고 있다.

1) 공동행위 시기

부당한 공동행위는 실행이 아니라 합의가 있으면 성립하기 때문에 시기는 합의한 날이 된다.[106] 다만 법 제40조 제5항 추정조항이 적용되는 경우는 합의일 특정이 어려워 사업자별 실행개시일을 시기로 본다고 과징금고시에서 규정하고 있다.

2) 공동행위 종기 및 개수

종기는 합의에 따른 실행행위가 종료된 날이다. 만약 위반행위가 2일 이상 행하여지되 불연속적으로 이루어진 경우에는 종기를 확정하기 어렵다. 실무적으로는 당해 위반행위의 유형 · 성격 · 목적 · 동기, 연속되지 아니한 기간의 정도와 이유, 위반행위의 효과, 시장상황 등 제반사정을 고려하여 경제적 · 사회적 사실관계가 동일하다고 인정되는 범위 내에서 이를 하나의 위반행위로 보아 마지막 위반행위의 종료일을 당해 위반행위의 종료일로 본다(과징금 고시 II.6.나.2)).

판례 13 : 흑연전극봉 사건
- 대법원 2006.3.24. 선고 2004두11275 판결 -

공정거래법 제49조 제4항 본문은 "공정거래위원회는 이 법의 규정에 위반하는 행위가 종료한 날부터 5년을 경과한 경우에는 당해 위반행위에 대하여 이 법에 의한 시정조치를 명하지 아니하거나 과징금 등을 부과하지 아니한다."고 규정하고 있는바, (1) 사업자들이 경쟁을 제한할 목적으로 공동하여 향후 계속적으로 가격의 결정, 유지 또는 변경행위 등을 하기로 하면서, 그 결정주체, 결정방법 등에 관한 일정한 기준을 정하고, 향후 이를 실행하기 위하여 계속적인 회합을 가지기로

---

106) 대법원 2008.9.25. 선고 2007두3756 판결.

하는 등의 기본적 원칙에 관한 합의를 하고, 이에 따라 위 합의를 실행하는 과정에서 수회에 걸쳐 회합을 가지고 구체적인 가격의 결정 등을 위한 합의를 계속하여 온 경우, 그 회합 또는 합의의 구체적 내용이나 구성원에 일부 변경이 있더라도, 그와 같은 일련의 합의는 전체적으로 하나의 부당한 공동행위로 봄이 상당하므로, 위 조항의 '법의 규정에 위반하는 행위가 종료한 날'을 판단함에 있어서도 각각의 회합 또는 합의를 개별적으로 분리하여 판단할 것이 아니라 그와 같은 일련의 합의를 전체적으로 하나의 행위로 보고 판단하여야 할 것이고, (2) 또한, 가격 결정 등의 합의 및 그에 기한 실행행위가 있었던 경우 부당한 공동행위가 종료한 날은 그 합의가 있었던 날이 아니라 그 합의에 기한 실행행위가 종료한 날을 의미한다고 할 것이다.

원심은 원고가 1992.5.21. 소외 회사들과 최고책임자급 회합을 가지면서 흑연전극봉 시장에서 경쟁을 제한할 목적으로 향후 계속적으로 가격의 결정, 유지 또는 변경행위 등을 하기로 하면서, 가격의 결정주체, 결정방법 등에 관한 일정한 기준을 정하고, 향후 가격의 결정 등을 위하여 계속적인 회합을 가지기로 하는 등의 기본적 원칙에 관한 합의를 하고, 이에 따라 위 합의를 실행하는 과정에서 1997.4.경까지 사이에 수회에 걸쳐 최고책임자급 회합과 실무자급 회합을 개최하여 구체적인 가격의 결정 등을 위한 합의를 계속하여 왔고, 1997.4.경 탈퇴하였으나 그 이후에도 1997.말 경까지 그 합의에 따른 가격을 유지하여 실질적으로 합의에 기한 실행행위를 계속하여 온 이상, 원고가 1992.5.21. 이래 소외 회사들과 공동으로 하였던 일련의 합의는 전체적으로 1개의 부당한 공동행위로 보아야 하고, 이 사건 부당한 공동행위는 1997. 말경까지는 계속되고 있었다고 할 것이므로, 피고가 이 사건 처분을 한 2002.4.경에는 이 사건 부당한 공동행위가 종료한 날로부터 5년이 경과되지 않았다고 판단하였다. 앞서 본 법리에 비추어 기록을 살펴보면, 원심의 이러한 인정 및 판단은 정당한 것으로 수긍이 가고, 거기에 상고이유에서 주장하는 바와 같은 공정거래법 제49조 제4항 등에 관한 법리오해의 위법이 없다.

3) 입찰 공동행위 과징금

입찰담합(경락 포함)의 경우 계약이 체결된 경우에는 계약금액을, 낙찰은 되었으나 계약이 체결되지 아니한 경우에는 낙찰금액을 관련매출액으로 본다. 낙찰이 되지 아니한 경우에는 예정가격(예정가격이 없는 경우에는 응찰금액)을, 예상물량만 규정된 납품단가 입찰에 대해서는 낙찰이 되어 계약이 체결된 경우에는 심의일 현재 발생한 매출액을, 낙찰은 되었으나 계약이 체결되지 아니한 경우에는 낙찰단가에 예상물량을 곱한 금액을, 낙찰이 되지 아니한 경우에는 예정단가(예정단가가 없는 경우에는 낙찰예정자의 응찰단가)에 예상물량을 곱한 금액을 해당 입찰담합에 참여한 각 사업자의 관련매출액으로 본다(과징금 고시 Ⅳ.1.라.1).다)). 낙찰자 이외의 가담자(들러리)에 대해서는 감액이 가능하다.

4. 벌칙

법 제40조 제1항의 규정을 위반하여 부당한 공동행위를 한 자 또는 이를 행하도록 한 자에 대해서는 3년 이하의 징역 또는 2억 원 이하의 벌금에 처할 수 있으며, 이 경우 징역형과 벌금형은 병과할 수 있도록 규정하고 있다(법 제124조 제1항, 제2항).[107]

---

107) 2020.12.29. 개정 이전 조항 제66조 제1항, 제2항.

사업자단체 금지행위와 재판매가격유지행위 금지

제 1 절 사업자단체 금지행위

Ⅰ. 사업자단체의 개념과 규제배경

1. 사업자단체의 개념

공정거래법상 사업자단체란 "그 형태 여하가 무엇이든 상관없이 둘 이상의 사업자가 공동의 이익을 증진할 목적으로 조직한 결합체 또는 그 연합체"를 말한다 (법 제2조 제2호).[1] 예컨대 전국경제인연합회,[2] 대한변호사협회, 대한의사협회, 한국공인중개사협회, 여신전문금융협회 등과 같이 주로 동종업계에 종사하는 사업자들 간의 연합체가 사업자단체에 해당된다.

형태 여하를 불문하기 때문에 조직형태는 법인이든 조합이든 상관이 없으며 사업자단체의 지부나 분회 등 하부기관도 상위 사업자단체와는 별개로 독자적인 활동을 하면 별개의 사업자단체가 될 수 있다. 다만, 공정거래법상의 사업자단체는 사업자들의 연합체이기 때문에 사업자가 아닌 회원들로 구성된 순수 학술단체나 친목단체는 포함되지 않는다.

그런데 회사의 임원이나 종업원과 같은 자연인이 개인 자격으로 임의단체를 구

---

1) 2020.12.29. 개정 이전 조항 제2조 제4항.
2) 전국경제인연합회도 공정거래법 제2조 제4호가 정하는 사업자단체의 요건을 형식적으로는 충족하고 있기는 하다. 그러나 그 구성사업자들이 영위하는 사업활동은 지극히 다양하여 관련시장을 단일하게 획정할 수가 없으므로 실제에 있어서는 공정거래법의 적용대상이 될 수 있는 경우가 발생하기 어려울 것이다.

성하여 자신이 소속한 사업자의 이익을 위하여 활동하는 경우에 이들 임원이나 종업원은 사업자가 아니기 때문에 사업자단체 금지행위 규정을 적용할 수 없다는 문제가 생길 수 있다. 공정거래법은 이러한 경우를 예정하여 "사업자의 이익을 위한 행위를 하는 임원·종업원·대리인 및 그 밖의 자는 사업자단체에 관한 규정을 적용할 때에는 사업자로 본다."고 규정하고 있다(법 제2조 제1호 후단).

한편 사업자단체가 직접 독자적인 사업을 영위하는 경우에는 당해 사업을 영위하는 범위 내에서 공정거래법상 사업자단체가 아닌 개별 사업자로 취급된다.

2. 규제배경

사업자단체는 기본적으로 여러 가지 긍정적인 기능을 수행하기도 하지만 구성원들의 공동이익을 추구하는 과정에서 구성사업자들 간의 경쟁을 제한하거나 그 사업활동을 제한하는 등의 부정적인 기능을 수행할 수도 있다. 이러한 사업자단체의 부정적인 기능을 염두에 둔 규정이 사업자단체 금지행위 조항이라고 할 수 있다.

일본의 경우 제정당시의 독점금지법에는 사업자단체에 대한 규정이 없었고, 사업자단체에 관한 법률이 별도로 존재하고 있었다. 그러나 1953년 독점금지법 개정 시 사업자단체 금지규정을 포함시키면서 별도의 사업자단체법은 폐지하였다. 이러한 일본의 입법내용이 우리나라 공정거래법으로 수용되었는데 우리나라와 일본의 경우는 사업자단체를 사업자와는 구별되는 별개의 행위주체로 파악하여 규제하는 2원적인 태도를 취하고 있다고 이해할 수 있다.

미국에서는 우리나라나 일본과 같이 사업자단체를 별개의 독립된 행위주체로 취급하여 규제하는 방식을 택하지 않고, 개별 사업자들 간의 공동행위성이 인정되면 카르텔 규정을 적용하여 규제하고 있다.

예컨대, 사업자단체 주도로 가격담합이 이루어지게 되면 우리나라와 일본에서는 사업자단체 금지규정을 적용하여 규제하지만 미국에서는 개별 사업자들 간의 담합행위를 입증하여 규제하게 된다. 이처럼 미국에서는 동업자들 간의 모임이 주로 업계의 정보교환을 위한 목적이라는데 착안하여 그 정보교환의 내용이나 방법 등을 개별 사업자들의 담합으로 규제하고 있고 사업자단체라는 별도의 개념을 설정하지 않고 있다. 이는 단체의 힘으로 구성사업자에게 어떤 행위를 강요하는 것이 쉽지 않은 사회적·문화적 환경 때문이라고 볼 수 있다.

그런데 우리나라나 일본에서는 사업자단체들의 주요기능 중 하나가 정부의 행정지도를 업계에 전달하고 업계의 요망사항을 정부에 전달하는 정부와 업계의 의사통로로서의 기능을 수행한다. 이러한 구조에서는 사업자단체의 결정이 곧 정부의 의향을 반영하는 경우가 많아 사업자가 사업자단체의 결정에 순응하는 관행이 형성되어 왔다고 볼 수 있다. 이러한 사업자단체가 경쟁제한적인 결정을 하고 구성사업자들에게 강요하는 경우 시장의 기능이 크게 손상받을 수 있기 때문에 미국과는 달리 별도의 사업자단체 금지규정을 두게 된 것으로 이해할 수 있다.

Ⅱ. 사업자단체 금지행위의 내용

공정거래법에서는 ① 제40조 제1항 각호의 행위에 의하여 부당하게 경쟁을 제한하는 행위, ② 일정한 거래분야에 있어서 현재 또는 장래의 사업자 수를 제한하는 행위, ③ 구성사업자의 사업내용 또는 활동을 부당하게 제한하는 행위, ④ 사업자에게 불공정거래행위 또는 재판매가격유지행위를 하게 하거나 이를 방조하는 행위를 사업자단체 금지행위의 내용으로 규정하고 있다(법 제51조 제1항).[3] 그리고 「사업자단체활동지침」[4](이하 '사업자단체지침'이라 한다)에서 구체적인 위반유형과 위반이 되지 않는 유형들을 제시하고 있다.

1. 부당한 공동행위

사업자단체는 법 제40조 제1항 각호의 행위(부당한 공동행위)에 의하여 부당하게 경쟁을 제한하는 행위를 하여서는 아니된다(법 제51조 제1항 제1호).[5] 즉 사업자단체가 법 제40조 제1항 각호에 열거되어 있는 내용의 행위를 하고 그 효과가 부당하게 경쟁을 제한하는 경우 규제의 대상이 된다.

법 제40조 제1항의 부당한 공동행위는 개별 사업자들이 동조 제1항 각호의 행위를 할 것을 합의함으로써 성립하지만 사업자단체의 부당한 경쟁제한행위는 사업자단체가 제1항 각호의 행위를 직접 함으로써 성립한다는데 양자의 차이가 있다. 이처럼 사업자단체 금지행위 규정은 단체 내부의 의사결정과정을 거치는 등 개별

---

3) 2020.12.29. 개정 이전 조항 제26조 제1항.
4) 공정거래위원회고시 제2021-35호, 2021.12.28. 일부개정.
5) 2020.12.29. 개정 이전 조항 제26조 제1항 제1호.

구성사업자들의 행위가 아니라 사업자단체의 행위가 존재한다고 판단할 수 있는 경우에 적용할 수 있다.

다만, 내부의사결정이 반드시 정관이나 회칙 등에서 정하고 있는 공식적인 절차에 의하여 이루어질 필요는 없다. 행위의 전·후 사정을 종합적으로 고려하여 개별 구성사업자들의 행위가 아니라 당해 사업자단체의 행위로 평가할 수 있으면 사업자단체 금지규정이 적용될 수 있다.[6] 또한 구성원들이 결의사항을 반드시 이행하였을 필요는 없고 불이행에 대한 제재조치가 마련되어 있을 필요도 없다.[7]

그런데 구성사업자들이 독자적으로 가격제한을 합의하고 이를 사업자단체를 통하여 실현하는 경우와 같이 사업자단체의 경쟁제한행위에 구성사업자들의 적극적인 행위가 개입되는 경우에 부당한 공동행위 규정과 사업자단체 금지행위 규정 중 어느 조항이 적용되어야 하는지가 문제될 수 있다.

사견으로는 법 제40조 제1항과 제51조 제1항은 각각 별개의 독립된 조항으로서 그 적용대상도 각각 2 이상의 사업자와 사업자단체로 구별되므로 구성사업자에 대해서는 법 제40조 제1항의 규정에 의한 부당한 공동행위의 책임을 그리고 사업자단체에 대해서는 법 제51조 제1항의 규정에 의한 사업자단체 금지행위의 책임을 각각 물을 수 있다고 생각된다.[8]

다만, 구성사업자들이 회원총회와 같은 사업자단체 의사결정기구의 구성원으로 참여하여 경쟁제한행위를 결의하는 경우와 같이 구성사업자들의 결의행위와 사업자단체의 행위를 각각 별개의 독립적인 행위로 평가하기 어려운 경우에는 사안의 성격과 본질[9]을 고려하여 법 제40조 제1항 또는 제51조 제1항 중에서 1개의 조항만을 선택적으로 적용하여야 할 것이다.

---

6) 대법원 2001.11.4. 선고 2001두7428 판결.
7) 대법원 2006.9.22. 선고 2004두14588 판결.
8) 이 경우에 이론상으로는 법 제40조 제1항과 제51조 제1항을 병렬적으로 적용하는 것이 가능하지만, 만약 사업자단체의 행위가 구성사업자의 합의내용을 실현하는 형식적인 수단에 불과하여 그 행위의 독자성을 인정할 수 없는 사정이 인정되는 경우라면 구성사업자에 대해서만 법 제40조 제1항의 부당한 공동행위 책임을 묻는 것이 법 집행의 타당성 측면에서는 바람직할 수 있다.
9) 일응의 기준으로 사업자단체와 구성사업자 간에 있어서 지위의 우월성이 어느 쪽에 있는지를 고려할 수 있는데, 구성사업자 수가 다수이고 사업자단체가 정부의 위임업무를 수행하는 등 사업자단체가 의사결정과정에서 주도권을 행사할 수 있는 경우에는 행위의 실질을 단체의 행위로 평가할 수 있고, 유력한 소수의 사업자들로 구성된 사업자단체로서 의사결정과정의 주도권을 구성사업자들이 행사할 수 있는 경우에는 구성사업자들의 행위로 평가되기가 쉬울 것이다.

공정거래법 제52조는 사업자단체 금지행위규정 위반행위에 대하여 사업자단체뿐만 아니라 필요한 경우에는 관련 구성사업자에 대해서도 시정조치를 명할 수 있도록 규정하고 있고, 제53조에서는 금지행위 참가사업자에 대해서도 과징금부과조치를 할 수 있도록 규정하고 있다. 이는 구성사업자들의 행위가 독자적으로 법 제40조 제1항의 부당한 공동행위에 이르지 않는 경우라 하더라도 사업자단체 금지행위 규정의 실효성을 확보하기 위하여 그 제재대상을 구성사업자까지 확장한 것으로 이해된다.

약사나 의사 등 전문직의 집단휴업에 대해 공정거래위원회는 법 제51조 제1항 제1호(부당한 공동행위) 및 제3호(구성사업자 사업활동제한)를 동시에 적용하기도 한다. 양자의 구분이 어렵기도 하지만 사업자단체가 집단휴업을 결의하여 판매제한과 사업활동제한이 동시에 이루어지기 때문이다. 사견으로는 제3호가 더 직접적이기 때문에 제3호 적용이 바람직하다고 생각된다.

판례 14 : (사)대한약사회 및 서울특별시지부의 휴업 사건

- 대법원 1995.5.12. 선고 94누13794 판결 -

가. 제1점에 대하여

돌이켜 이 사건에 관하여 보건대, 일정한 거래분야에 해당하는 약국업 분야에서 사업자단체인 원고 약사회가 보건사회부의 약사법 개정안에 반대하여 전국의 약국을 무기한 폐문하기로 결의하고 이를 시·도지부에 통보하여 그 구성사업자(약국)들로 하여금 폐문실행에 들어가도록 함으로써, 내심으로나마 폐문에 반대하는 구성사업자들에게 결과적으로 자기의 의사에 반하여 집단폐문에 따를 수밖에 없도록 하여 구성사업자들에게 집단폐문기간 중 의약품을 판매할 수 없도록 제한한 이상, 이러한 행위는 법 제19조 제1항 제3호 소정의 '판매를 제한하는 행위'에 해당되고, 한편 위와 같은 집단폐문결의가 당초 정부의 약사법개정안에 반대하여 그 항의의 표시로써 나온 행위라고 하더라도 모든 약사들이 원고 약사회의 구성사업자이어서 위 결의에 반대하는 사업자들에 대하여까지 약국의 폐문을 강제하여 의약품의 판매를 제한한 결과 의약품판매시장인 약국업 분야에서 사업자단체인 원고 약사회가 그 의사대로 시장지배력을 형성한 것으로 보이므로 원고 약사회의 위와 같은 행위는 약국업 분야에서의 경쟁을 실질적으로 제한하는 행위에 해당한다고 할 것이다.

나. 제2점에 대하여

법 제26조 제1항 제3호는 사업자단체의 "구성사업자의 사업내용 또는 활동을 부당하게 제한하는 행위"를 금하고 있는바, 위 규정의 취지는 사업자단체의 구성사업자도 그 개개인은 모두 개별사업자이므로 그들의 폐문(휴업)여부 결정 등의 사업활동은 그들의 경영방침에 따라 자유롭게 보장되어야 한다는 데에 있는 것이고, 따라서 이 사건의 경우 원고 약사회가 집단폐문 결의내용을 그 구성사업자들에게 통보하여 그들의 자유의사에 불문하고 폐문을 실행하도록 한 행위는 이른바 단체적 구속으로서 개별 구성사업자의 사업내용 또는 활동을 부당하게 제한하는 행위에 해당한다고 할 것이다.

2. 사업자수 제한행위

사업자단체는 일정한 거래분야에 있어서 현재 또는 장래의 사업자 수를 제한하는 행위를 하여서는 아니된다(법 제51조 제1항 제2호).[10]

시장에서의 경쟁은 사업자가 많으면 많을수록 치열해지는 경향이 있기 때문에 사업자들은 동업자의 숫자가 늘어나는 것을 원하지 않는 것이 일반적인 현상이다. 사업자단체가 이러한 구성사업자들의 의사를 반영하여 당해 시장에서의 사업자 수를 제한하는 행위를 할 경우에는 시장에서의 경쟁을 인위적으로 제한하여 시장의 작동을 방해하고 소비자에게 불이익이 될 수 있기 때문에 규제의 대상으로 하고 있다.

그런데 구성사업자 수 제한행위의 경우에는 다른 일반적인 법문들과는 달리 '정당한 이유 없이'나 '부당하게'와 같은 위법성 판단요소에 대한 명시적인 규정이 없다. 조문의 문구만을 기준으로 해석하면 사업자 수를 제한하는 행위 그 자체만으로도 위법성이 인정된다고 볼 여지가 있다. 그러나 정당한 사유로 인한 행위까지 금지한다는 것은 법의 취지에 맞지 않으므로 실무상으로는 일단 사업자 수 제한행위가 있으면 위법성이 추정되는 것으로 보되 사업자단체가 정당한 이유를 입증하면 예외를 인정하는 방식으로 법집행을 하고 있다.

사업자단체가 사업자 수를 제한하는 행위를 직접적으로 하는 경우는 드물다. 가입비를 고가로 책정하고 기존 회원의 동의를 받게 하는 방법으로 가입절차를 까

---

10) 2020.12.29. 개정 이전 조항 제26조 제1항 제2호.

다롭게 하거나 사업자단체에서 제명하여 사업활동을 곤란하게 하는 방법으로 구성사업자수를 제한하는 경우가 일반적이라고 할 수 있다.

[판례] 전라북도 사진앨범인쇄협동조합의 사업자단체 금지행위 건(대법원 1991.2.12. 선고 90누6248 판결)

대법원은 "소외1이 월회비를 한번도 납부하지 아니하고 원고조합을 통한 단체계약에 응하지 아니한 것은 원고조합의 정관 제17조 제1호 소정의 1년 이상 원고조합을 이용하지 아니한 경우에 해당되고, 또 원고조합을 비난하는 폭언을 하고 이사장을 비롯한 조합원을 정당한 이유 없이 수사기관에 고발한 행위는 정관 제17조 제3호 소정의 조합의 사업을 방해하고자 하는 행위가 있다고 인정되는 경우에 해당하므로 형식상 제명사유가 된다고 할 것이지만, 한편 원고조합의 설립시로부터 1년 이상 단체수의계약이나 조달물자구매방식의 계약에 의한 물량배정을 받지 못하여 이와 같은 방식에 의한 납품실적이 전혀 없는 조합원이 소외1 외에도 11명이 더 있고, 소외1이 원고조합으로부터 제명되는 경우 졸업사진앨범에 대한 단체수의계약에 따른 물량배정의 대상과 정부조달물자의 구매대상에서 제외되어 앞으로의 사업활동에 있어서 큰 불이익을 입게 되는 사실이 인정되는 사정을 감안하면, 원고조합이 소외1의 앞서 인정된 바와 같은 행위만으로 그를 제명한 조치는 소외1에게 너무 가혹하여 부당하다고 할 것이고, 그렇다면 원고조합이 정당한 이유 없이 소외1을 제명한 행위는 사업자단체의 구성사업자수 제한행위에 해당된다"는 취지로 판시하였다.

3. 구성사업자의 사업활동 제한행위

사업자단체는 구성사업자의 사업내용 또는 활동을 부당하게 제한하는 행위를 하여서는 아니된다(법 제51조 제1항 제3호).[11]

사업자단체는 단체의 목적과 운영을 위하여 단체의 규약을 정하고 이에 대한 준수를 요구하는 등 구성사업자에 대하여 일정한 제한을 할 수 있다. 하지만 기본적으로 구성사업자들은 각각 독자적인 사업자로서의 지위를 보유하고 있으므로 이들의 사업활동에 대한 자주적인 결정권이 부당하게 침해되어서는 안 될 것이다. 따라서 사업활동 제한행위에 있어서는 사업자단체의 구성사업자에 대한 제한행위가 단체의 목적과 운영에 필요한 정당한 것인지 아니면 구성사업자의 자주적인 사업활동을 제한하는 부당한 것인지를 판단하는 것이 중요하다고 할 수 있다.

---

11) 2020.12.29. 개정 이전 조항 제26조 제1항 제3호.

대법원은 법 제51조 제1항 제3호의 취지와 관련하여 "법 제26조 제1항 제3호에서 사업자단체의 금지행위로서 구성사업자의 사업내용 또는 활동을 부당하게 제한하는 행위를 규정하고 있는 취지는 원래 사업자단체는 구성사업자의 공동의 이익을 증진하는 것을 목적으로 하는 단체이므로 그 목적 달성을 위하여 단체의 의사결정에 의하여 구성사업자의 사업활동에 대하여 일정한 범위의 제한을 하는 것이 어느 정도 예정되어 있다고 하더라도 그 결의의 내용이 구성사업자의 사업내용이나 활동을 과도하게 제한하여 구성사업자 사이의 공정하고 자유로운 경쟁을 저해할 정도에 이른 경우에는 이를 허용하지 않겠다는 데에 있다"고 판시하였다.[12)

사업자단체의 구성사업자 사업활동 제한행위와 관련하여 문제가 되는 것은 특정 업종에 종사하는 사업자들이 정부정책 등에 항의하기 위하여 집단적인 휴·폐업을 실시한 것이 헌법상의 권리로서 공정거래법의 적용대상이 될 수 있느냐 하는 것이다. 공정거래위원회의 심결례와 대법원 판례는 이와 같은 경우에 공정거래법상 구성사업자 사업활동 제한행위의 성립을 인정하고 있다. 미국에서는 변호사들의 집단휴업에서 유사한 주장이 대두된 바 있는데 FTC는 카르텔의 일종(group boycott)으로 보아 당연위법으로 제재하였으며 연방대법원도 같은 입장을 견지하였다.[13)

[판례] (사)대한의사협회의 경쟁제한행위에 대한 건(대법원 2003.2.20. 선고 2001두5347 전원합의체 판결)

사업자단체인 사단법인 대한의사협회가 의약분업 시행을 앞두고 의료계의 주장을 관철하기 위하여 개최하는 의사대회 당일 휴업·휴진할 것과 참석 서명 및 불참자에 대한 불참사유서를 징구할 것을 결의하고, 그 결의내용을 문서, 인터넷 홈페이지 및 신문광고 등을 통해 자신의 구성사업자인 의사들에게 통보하여 대회 당일 휴업·휴진을 하도록 한 행위는, 이른바 단체적 구속으로서, 내심으로나마 휴업·휴진에 반대하는 구성사

---

12) 대법원 2005.1.27. 선고 2002다42605 판결.
13) 미국 대법원은 District of Columbia 지역의 변호사들이 가난한 피고인을 위해 법원이 지정·선임하는 변호사(court-appointed counsel)에 대한 수당을 인상해줄 것을 요구하면서 요구가 관철되기 전까지는 법원의 지정·선임을 거부하기로 변호사협회에서 모여 결의한 행위에 대하여 당연위법의 원칙에 따라 Sherman 법 제1조 및 FTC 법 제5조가 적용됨을 인정하였다 (FTC v. Superior Court Trial Lawyers Association, 493 U.S. 411 (1990)). 그런데 이 사건에서 변호사들은 협회를 통한 자신들의 행위는 Claiborne Hardware 사건에서의 행위와 마찬가지로 미국 수정헌법 제1조의 집회 및 청원의 자유에 의한 보장을 받는 행위라고 주장하였다. 이에 대해 연방대법원은 변호사들이 자신들의 서비스에 대한 가격인상을 목적으로 한 소위 '경제적인 보이콧'이므로 Claiborne Hardware 사건과는 명백히 구별되고 따라서 수정헌법 제1조의 보호대상이 아니라고 판단하였다.

업자인 의사들에게 자기의 의사에 반하여 휴업·휴진하도록 사실상 강요함으로써 구성사업자들의 공정하고 자유로운 경쟁을 저해하는 결과를 가져온다고 할 것이고, 한편, 의료 업무는 그 공익적 성격으로 인하여 여러 가지 공법적 제한이 따르고 있으나, 그 제한 외의 영역에서 개업, 휴업, 폐업, 의료기관의 운영방법 등은 의료인의 자유에 맡겨져 있는 것이고, 그와 같은 자유를 바탕으로 한 경쟁을 통하여 창의적인 의료활동이 조장되고 소비자인 일반 국민의 이익도 보호될 수 있는 것인바, 대한의사협회가 비록 구성사업자인 의사들 모두의 이익을 증진하기 위한 목적에서라고 하더라도 구성사업자들에게 본인의 의사 여하를 불문하고 일제히 휴업하도록 요구하였고 그 요구에 어느 정도 강제성이 있었다고 한다면, 이는 구성사업자인 의사들의 자유의 영역에 속하는 휴업 여부 판단에 사업자단체가 간섭한 것이고, 그 결과 사업자 각자의 판단에 의하지 아니한 사유로 집단휴업 사태를 발생시키고 소비자 입장에 있는 일반 국민들의 의료기관 이용에 큰 지장을 초래하였으니, 그와 같은 집단휴업 조치는 의사들 사이의 공정하고 자유로운 경쟁을 저해하는 것이라고 보지 않을 수 없으므로, 대한의사협회의 행위는 독점규제 및공정거래에관한법률 제26조 제1항 제3호 소정의 '부당한 제한행위'에 해당한다.

다만 위와 같은 집단 휴·폐업 행위가 그 본질이 경제적 동기에서 비롯된 것이고 시장에서의 경쟁을 제한하고자 하는 행위라기보다는 정부정책에 대한 집단적 항의의 의사를 표현하기 위한 일종의 정치적 행위라고 평가되는 경우에는 공정거래법상의 사업자단체 금지행위 규정을 적용하여 규제하는 것이 타당한지 의문이 제기될 수도 있다.

위 대한의사협회 대법원 판결의 반대의견[14]은 "대한의사협회의 행위의 목적은 정부의 의료정책에 대한 항의에 있는 것이지 구성사업자인 의사들 사이의 경쟁을 제한하여 이윤을 더 얻겠다는데 있는 것이 아님이 분명하므로 위 '부당성'의 판단 기준에 비추어 볼 때 대한의사협회가 정부의 정책에 대하여 항의의사를 표시하는 과정에서 구성사업자 상당수로 하여금 영업의 기회를 포기하게 하였다는 점을 들어 바로 대한의사협회의 행위를 구성사업자 사이의 공정하고 자유로운 경쟁을 저해하는 행위로서 허용될 수 없는 행위라고 단정하기는 어렵다 할 것이고, 나아가 이는 사업자단체에 의하여 행하여지는 가격, 고객, 설비, 개업, 영업방법 등에 대한 제한 등에도 해당하지 아니한다 할 것이어서, 대한의사협회의 행위는 같은 법 제26조 제1항 제3호에 의하여 금지되는 사업자단체의 행위에 해당한다고 할 수 없다"는

---

14) 대한의사협회 사건의 대법원 판결에서 6인의 대법관이 판시내용과 같은 다수의견을 냈으며, 5인의 대법관은 이에 대한 반대의견을 제시했다.

입장이었다.

결국 전문직종의 휴업 등에 대한 공정거래법 적용여부는 주된 동기나 목적이 경제적인 것이냐 아니면 정치적 의사표현을 위한 것이냐 하는 것이 핵심이 될 수 있을 것이다.

4. 불공정거래행위 및 재판매가격유지행위를 하게 하거나 방조하는 행위

사업자단체는 사업자에게 불공정거래행위 또는 재판매가격유지행위를 하게 하거나 이를 방조하는 행위를 하여서는 아니된다(법 제51조 제1항 제4호).[15]

'하게 한다'는 의미는 반드시 절대적인 강제에 한정되는 것은 아니고, 권장·협조요청·회유 등 어떠한 방법으로든 사실상 강요의 효과가 있는 모든 행위를 포함하는 넓은 의미이다.[16] 또한 '방조한다'는 의미는 위법행위를 가능하게 하거나 용이하게 하는 일체의 행위를 포함하는 개념으로 이해할 수 있다.

그런데 구성사업자의 사업활동 제한행위와는 달리 법 제51조 제1항 제4호의 사업자는 반드시 구성사업자에 한정되지 않는다. 사업자단체가 구성사업자가 아닌 일반 사업자에게 불공정거래행위나 재판매가격유지행위를 하게 하거나 방조한 경우에도 동 조항의 적용대상이 된다.[17] 다만, 사업자단체가 다른 사업자를 통하지 않고 직접 불공정거래행위를 하거나 재판매가격유지행위를 한 경우에는 동 조항이 적용되지 않고 법 제45조 또는 제46조가 적용된다.

한편 법 제46조 제2호에서는 저작물 등 일정한 경우에는 예외적으로 재판매가격유지행위를 허용하고 있다. 대법원은 법률상 허용되는 적법한 재판매가격유지행위를 하게 한 경우에도 법 제51조 제1항 제4호가 적용될 수 있는지가 문제된 사건에서 비록 재판매가격유지행위가 법률상 허용된 경우에도 이를 시행할 것인지 여부는 사업자가 자율적으로 선택할 수 있다는 점을 근거로 동 조항의 적용대상이 된다고 판단하였다.

---

15) 2020.12.29. 개정 이전 조항 제26조 제1항 제4호.
16) 서울고등법원 1996.3.19. 선고 95구24779 판결. 한편 형법상 교사란 애당초 범죄를 저지를 의사가 없는 정범에게 범행의 결의를 불러일으키는 것을 말하는데, '하게 한다'의 의미는 이러한 형사범에서의 '교사'와 유사한 의미가 있다고 할 수 있다.
17) 입법론적으로는 방조행위까지 법위반으로 규율하는 것은 지나치다고 생각된다.

[판례] (사)대한출판문화협회의 재판매가격유지행위 건에 대한 건(대법원 1997.6.13. 선고 96누5834 판결)

출판사들의 사업자단체인 원고가 도서정가제를 준수하지 아니하고 할인판매를 한 출판사들에 대하여 도서정가제가 더욱 공고히 확립될 수 있도록 최대한 협조하여 줄 것을 요청하는 공문을 발송한 이 사건에서, 독점규제및공정거래에관한법률(이하 '법'이라 한다) 제29조 제2항에 의하여 저작물에 대한 재판매가격유지행위가 허용되는 사업자는 반드시 재판매가격유지행위를 하여야만 하는 것은 아니고 자유경쟁가격제도를 택할 수도 있는 것이며, 한편 법은 사업자의 부당한 공동행위 및 불공정행위 등에 대하여 규제하면서 이와는 별도로 사업자단체에 대하여 제6장에서 설립신고, 금지행위, 시정조치 등에 관한 규정을 따로 두어 사업자와 사업자단체를 명확히 구분하고 있는 점에 비추어, 법 제26조 제1항 제4호에서 사업자단체가 사업자에게 법 제29조에 의한 재판매가격유지행위를 하게 하는 행위를 금지하는 취지는 사업자의 재판매가격유지행위를 규제하는 법 제29조의 그것과는 전혀 별개의 것이므로, 개개의 사업자 사이에 저작물에 관한 재판매가격유지행위를 할 수 있다고 하더라도 사업자단체가 자유경쟁가격제도를 택하려는 사업자에게 재판매가격유지행위를 하게 하는 행위는 법 제26조 제1항 제4호에 위반되는 것이고, 따라서 출판물의 재판매가격유지계약 체결권한을 위임하지 아니한 출판사들에 대한 원고의 위 공문발송행위는 위법한 것이어서 피고가 원고에 대하여 판시와 같은 내용의 시정명령 등을 한 조치는 적법하다.

법 제51조 제1항 제4호의 적용과 관련하여 사업자의 불공정거래행위나 재판매가격유지행위가 현실적으로 행해져야만 하는지에 대해서 논의가 있었다. 대법원은 사업자단체가 법에 정한 행위를 결정하고 구성원 간에 이러한 의사결정을 준수하여야 한다는 공동인식이 형성됨으로써 족하고 의사결정에 따른 행위를 현실적으로 실행하였을 필요는 없다고 판시하였다.[18]

Ⅲ. 기타 관련사항

1. 사업자단체 준수지침 제정

공정거래위원회는 사업자단체의 법위반행위를 예방하기 위하여 필요한 경우 사업자단체가 준수하여야 할 지침을 제정·고시할 수 있으며 공정거래위원회가 이 지침을 제정하고자 할 때에는 관계행정기관의 장의 의견을 들어야 한다(법 제

---

18) 대법원 2006.11.24. 선고 2004두10319 판결.

51조 제3항, 제4항). 이에 따라 제정·고시된 지침이 앞서 설명한 사업자단체활동지침이다.

2. 사업자단체금지행위에 대한 예외인정

공동행위의 경우 일정한 요건 하에서 금지의 예외를 인정하는 제도를 두고 있는데(법 제40조 제2항), 사업자단체의 경우에도 법 제51조 제1항 제1호의 규정은 공동행위와 관련된 규정이기 때문에 공정거래위원회의 인가를 받은 경우에는 금지의 예외를 인정하고 있다(법 제51조 제2항).[19]

3. 위반행위에 대한 제재

공정거래위원회는 사업자단체 금지행위 규정에 위반하는 행위가 있을 때에는 당해 사업자단체뿐만 아니라 필요한 경우에는 관련 구성사업자에 대해서도 당해 행위의 중지, 시정명령을 받은 사실의 공표 기타 시정을 위한 필요한 조치를 명할 수 있다(법 제52조).

또한 법 위반 사업자단체에 대해서는 5억 원의 범위 안에서 과징금을 부과할 수 있다(법 제53조 제1항). 제1호에 위반하는 행위에 참가한 사업자에 대해서는 관련 매출액의 20% 및 참가사업자의 매출액이 없는 경우 등에는 40억 원을 초과하지 아니하는 범위 안에서 과징금을 부과할 수 있다(법 제53조 제2항). 제2호 내지 제4호의 경우에는 10% 및 20억 원을 상한으로 한다(법 제53조 제3항).

그리고 법 제51조 제1항 제1호의 규정을 위반한 자에 대해서는 3년 이하의 징역 또는 2억 원 이하의 벌금에 처할 수 있으며, 이 경우 징역형과 벌금형은 병과할 수 있다(법 제124조 제1항 제12호, 제2항). 나머지 사업자단체 금지규정을 위반한 자에 대해서는 2년 이하의 징역 또는 1억 5천만 원 이하의 벌금에 처할 수 있다(법 제125조 제3호).[20]

제2절 재판매가격유지행위 금지

I. 재판매가격유지행위의 개념 및 동기

1. 재판매가격유지행위의 개념

"재판매가격유지행위"란 사업자가 상품 또는 용역을 거래할 때 거래상대방인 사업자 또는 그 다음 거래단계별 사업자에 대하여 거래가격을 정하여 그 가격대로 판매 또는 제공할 것을 강제하거나 그 가격대로 판매 또는 제공하도록 그 밖의 구속조건을 붙여 거래하는 행위"를 말한다(법 제2조 제20호).[21]

재판매가격유지행위는 공급자(supplier, 예컨대 제조업자)가 자기 상품의 구매자(buyer, 예컨대 도매상)로 하여금 재판매가격(예컨대 도매상이 소매상에게 판매하는 가격)을 통제하는 행위이다. 그리고 그 객체는 상품이 될 수도 있고 용역이 될 수도 있으며, 대상은 직접 거래상대방이 될 수도 있고 그 다음 단계의 사업자, 즉 2차 혹은 3차의 거래선이 될 수도 있다.

다만 사업자이어야 하기 때문에 최종 소비자는 거래상대방이 될 수 없다. 재판매가격은 통상 최저가격을 의미하지만 경우에 따라서는 최고가격이 될 수도 있고 특정한 가격을 지정하는 지정가격이 될 수도 있다. 그리고 앞서 살펴 본 바와 같이 재판매가격유지행위는 수직적 가격제한행위의 전형적인 경우에 해당하는데 하위 판매시장에서의 가격경쟁을 제한하게 된다는데 그 위법성의 본질이 있다.

공정거래법상의 재판매가격유지행위는 "… 강제하거나 그 가격대로 판매 또는 제공하도록 그 밖의 구속조건을 붙여 거래하는 행위"를 의미하므로(법 제2조 제20호), 미국의 경우처럼 계약·결합·공모의 경우뿐만 아니라 단독적인 강제행위가 있는 경우도 재판매가격유지행위가 성립한다. 다만, 재판매가격유지행위가 성립하기 위해서는 거래상대방에 대한 구속성이 인정되어야 한다. 이와 관련하여 소위 추천가격, 권장가격, 희망가격 등을 지정하는 경우로서 상대방에 대한 구속성이 없는 경우에는 재판매가격유지행위가 성립되지 않는다.

---

[21] 2020.12.29. 개정 이전 조항 제2조 제6호.

[판례]   남양유업(주)의 재판매가격유지행위건(대법원 2001.12.24. 선고 99두11141 판결)
사업자가 재판매업자에게 상품을 판매함에 있어 일방적으로 재판매가격을 지정하여 그 가격대로 판매할 것을 지시·통지하는 행위는, 그것이 단지 참고가격 내지 희망가격으로 제시되어 있는 것에 그치는 정도인 경우에는 이를 위법하다 할 수 없고, 거기에서 그치지 아니하고 재판매업자로 하여금 그 지시·통지에 따르도록 하는 것에 대하여 현실로 그 실효성을 확보할 수 있는 수단이 부수되어 있는 경우에만, 법 제2조 제6호에서 규정하는 '그 가격대로 판매할 것을 강제하거나 이를 위하여 규약 기타 구속조건을 붙여 거래하는 행위'로서 법 제29조 제1항에 의하여 금지되는 '재판매가격유지행위'에 해당하므로 위법하다 할 것이다.

「재판매가격유지행위 심사지침」[22](이하 이 장에서 '심사지침'이라고 한다)에서는 아래와 같이 강제행위의 예시를 들고 있다(심사지침 2.다.(1)).

〈강제행위에 해당될 수 있는 유형〉

① 거래단계별 가격표를 통보하면서 할인판매를 하는 대리점에 대해 출고정지·해약 등 조치를 하는 경우
② 지정한 가격을 준수하지 않는 대리점에 대해 배상에 관한 서약을 강제하는 경우
③ 유통업체들의 가격준수를 담보하기 위해 지급보증증권을 제출하게 하거나 기타 담보물을 제공하게 하는 경우
④ 유통업체들이 지정된 가격을 준수하지 않을 경우 판촉활동비, 인테리어 설치비용 등 통상적인 지원을 중단하는 경우
⑤ 가격을 준수하지 않는 대리점에 대해 연간 사업계획 및 영업전략 등에서 제재조치 방침을 정한 후 직접 제재조치를 실행한 경우
⑥ (준)정찰제를 시행하면서 미준수시 출고정지 등 불이익을 부과하는 경우

---

2. 재판매가격유지행위의 동기

1) 무임승차(free-ride)의 방지

재판매가격유지행위를 하는 중요한 동기 중의 하나는 무임승차자(free-rider)를 방지하기 위해서이다. 무임승차자는 요금을 내지 않고 차를 타는 사람들처럼 대가

---

22) 공정거래위원회예규 제386호, 2021.12.30. 일부개정.

를 지불하지 않고 남의 서비스를 이용하는 사업자를 의미한다. 재판매가격에 대한 제한이 없는 경우 동일한 제품에 대한 가격할인을 하는 사업자가 이러한 무임승차의 효과를 누릴 수 있다. 정상가격에 제품을 판매하는 사업자(예, 오프라인 매장)가 제품 전시, 전단광고, 매장고객에 대한 상품 설명 등을 통하여 소비자의 구매의사를 유발하였지만, 정작 소비자는 동일한 제품의 가격을 할인하여 판매하는 다른 사업자(예, 온라인 판매점)로부터 제품을 구입하는 경우가 그 사례이다.

2) 제품의 이미지 훼손방지

재판매가격유지행위는 염가판매로 인한 제품의 이미지 훼손 방지수단으로 이용되기도 한다. 유명브랜드 상품의 경우 판매업자들이 지나치게 낮은 가격으로 판매하면 소비자들에게 저급한 제품이라는 이미지를 심어주게 되어 결과적으로 제조업자가 피해를 입을 수 있다. 그리고 염가로 판매한 상품은 애프터서비스나 환불 등 부가서비스가 소홀해 질 수밖에 없기 때문에 결과적으로 제품의 이미지를 손상시킬 수 있다.

이러한 이유로 제조업자 입장에서는 판매업자에 대하여 최소한의 가격(minimum resale price)을 설정하고 그 이상으로 판매하도록 해야 할 유인이 발생하게 된다.

3) 유통업체의 이익보장

재판매가격유지행위는 거래상대방인 유통업체들 간의 과다경쟁으로 수익률이 떨어져 상품취급을 꺼려하는 것을 방지하기 위해 사용되기도 한다.

예컨대, 재판매가격이 유지되어 경쟁없이 안정된 수익이 보장된 상품과 치열한 경쟁 때문에 수익률이 낮은 상품이 있는 경우 한 가지 상품만을 취급하는 유통업체들은 가능하면 전자의 상품을 취급하려 하게 된다. 그리고 두 가지 상품을 모두 취급하는 유통업체들은 가능하면 전자의 상품을 구입하도록 고객에게 권유하게 된다. 이런 상황에서는 후자의 제조업체 판매량이 감소하게 되므로 재판매가격유지행위를 할 유인이 발생하게 된다.

4) 판매량 촉진

재판매가격유지행위의 일반적인 형태는 최저가격유지행위로서 주로 최소한 얼마 이상으로 제품을 팔도록 요구한다. 그러나 제조업자의 입장에서는 비싸게 판매되는 것이 반드시 유리한 것은 아니다.

예컨대, 특정지역에 대하여 특정 유통업자에게 독점판매권을 부여한 경우에 유통업자가 공급받는 가격이 일정하다면 유통업자는 판매량이 다소 줄더라도 자신의 판매가격을 독점가격 수준으로 인상하여 전체 이익이 극대화되도록 할 수 있다. 그런데 제조업자의 입장에서는 공급가격이 일정하기 때문에 판매량이 감소하면 이익이 감소하게 되므로 이런 경우에는 제조업자가 최고가격제를 실시하여 자신의 이익을 보장받으려는 유인이 발생하게 된다.

Ⅱ. 재판매가격유지행위에 대한 법적 규제

1. 미국 연방판례법의 발전

전통적으로 미국은 연방차원에서 재판매가격유지행위는 시장경제의 보이지 않는 손으로 작용하는 가격에 대한 통제행위이기 때문에 위법성이 높다고 보아 수평적 가격협정(카르텔)과 동일하게 수직적 가격협정인 재판매가격유지행위도 당연위법이라고 판단되어 왔다.

하지만 1997년 최고가 재판매가격유지행위에 합리의 원칙이 적용되기 시작하였고, 2007년부터는 최저가 재판매가격유지행위에 대해서도 합리의 원칙이 적용되어 현재는 모두 합리의 원칙이 적용되고 있다. 주 차원에서는 영세사업자보호를 위해 상당수의 주에서 재판매가격유지행위가 합법적으로 인정되어 왔지만, 1975년 이러한 주법들이 전면 폐지되었다.

1) 당연위법 원칙의 적용

1911년 미국 연방대법원이 판결한 Dr. Miles사건23)은 이 분야의 선구적인 판례라고 할 수 있다. 이 사건에서 의약품 제조를 하는 Dr. Miles사(원고)는 의약품 도소매 유통업자와 최저재판매가격유지계약을 맺고 있었다. 그런데 의약품 도매상인 Park사(피고)는 유통업자를 권유하여 재판매가격유지계약을 위반하고 자신에게 염매하도록 한 후 자신도 다시 염매를 하였다. 이에 Dr. Miles사는 Park사의 행위에 대해 계약방해로 소를 제기하였다.

연방대법원은 재산권양도의 원칙(alienability of property rights) 및 가격고정으로

---

23) Dr. Miles Medical Co. v. John D. Park & Sons Co., 220 U.S. 373 (1911).

인한 경쟁파괴를 이유로 위의 재판매가격유지계약은 Common Law 및 Sherman 법 제1조 위반으로 무효이기 때문에 구제조치를 할 수 없다고 판결하였다. 이는 명시적으로 당연위법을 언급하지는 않았지만 당연위법을 선언한 것으로 해석되었다.

이 판결 이후 최고가 재판매가격유지행위에 대해서도 당연위법의 원칙이 인정될 것인지 논의가 분분하였다. 연방대법원은 1968년 Albrecht 판결[24]에서 최고재판매가격유지행위도 당연위법으로 판단하였다. 이 사건에서 신문판매인인 Albrecht(원고)는 신문사인 Herald사가 최고재판매가격유지행위를 실시하여 피해를 입었다고 주장하면서 3배 손해배상(treble damages) 소송을 제기하였고, 대법원은 최고가격 규제도 자유로운 경쟁을 제한한다고 보아 당연위법이라고 판결하였다.

그러나 이러한 판결내용에 대해서 최고가격 규제정책은 소비자에게 이익이 될 수 있고 사업자에게도 정당한 이유가 있을 수 있기 때문에 당연위법의 원칙을 적용하는 것은 문제가 있다는 비판이 제기되었다.

2) 합리의 원칙으로 변화

재판매가격유지행위 전체에 대하여 당연위법 원칙이 유지되어 오다가 1997년 Khan 사건[25]에서 연방대법원은 최고재판매가격유지행위에 대해서는 합리의 원칙에 따라야 한다고 판단하면서 기존의 Albrecht 판결을 파기하였다.

Khan 사건에서는 주유소를 운영하는 Khan(원고)이 Sates Oil(피고)로부터 주유소를 임대하여 갤런당 3.25센트 이윤을 얻을 수 있는 가격으로 가솔린을 구입·판매하고, States Oil이 지정한 가격 이상으로 가솔린을 판매하면 정해진 이윤의 초과분을 반납(rebate)하도록 하는 협정이 체결되어 있었다. 그런데 Khan이 임대료를 지체하여 계약을 해지당하자 위 협정내용이 Sherman 법 제1조를 위반하였다고 주장하면서 손해배상소송을 제기하였다. 그러나 연방대법원은 이러한 협정이 최고재판매가격유지행위에 해당되며 그 위법성은 합리의 원칙에 따라 판단하여야 한다고 판결한 것이다.[26]

---

24) Lester J. Albrecht v. Herald Co.,390 U.S. 145 (1968).
25) State Oil Co. v. Barkat U. Khan and Khan & Associates., 522 U.S. 3 (1997).
26) 이 사건 항소심에서 재판장인 Posner 판사는 선례구속성의 원칙(the doctrine of stare decisis) 때문에 당연위법이라고 판시하기는 하지만, 최고재판매가격유지행위를 계속 당연위법 원칙으로 다루어야 하는지 의문이라고 지적한 바 있다.

2007년 연방대법원은 Leegin 판결[27])에서 무려 100년 가까이 유지하던 Dr. Miles 원칙을 뒤집고 최저가 재판매가격유지행위에 대해서도 합리성의 원칙을 적용하였다. Leegin은 Brighton이라는 상표로 가방 등의 피혁 패션제품을 제조하는 회사인데 판매업체들이 소비자들에게 양질의 서비스를 제공할 수 있도록 하기 위해서 최저판매가격을 지정하였다. 그러나 PSKS가 보유한 Kay's Closet이라는 상호의 75개 점포가 이를 어기고 자사의 제품을 20% 할인하여 판매하자 제품의 공급을 중단하였다.

이 사건에서 연방대법원은 수직적 거래제한이 브랜드 간 경쟁을 가능하게 하여 궁극적으로 소비자의 후생을 증대시키는 효과를 가지듯이 수직적 가격제한도 이와 같은 잣대로 보아야 한다는 입장을 취하였다. 즉, Leegin은 자사의 제품과 더불어 고객에 대한 높은 수준의 서비스를 함께 판매함으로써 소비자를 만족시키려는 의도로 가격제한을 하였는데 이를 당연위법으로 처리할 경우 무임승차하는 소매점들로 인하여 소비자에 대한 높은 수준의 서비스는 시장에서 사라지게 될 것이라고 본 것이다.[28])

종합해서 정리하면 미국에서는 최저가이든 최고가이든 재판매가격협정에 대해서 합리의 원칙이 적용되게 되었다. 그리고 제조업자가 일방적으로 재판매가격유지 정책을 시행한 경우에는 합의나 공모에 대한 입증이 없는 한 Sherman 법 제1조의 적용대상에서 아예 제외된다.

2. 재판매가격유지행위에 대한 공정거래법상 규제

1) 위법성 판단기준

공정거래법 제46조 제1항은 "사업자는 재판매가격유지행위를 하여서는 아니된다. 다만, 효율성 증대로 인한 소비자후생 증대효과가 경쟁제한으로 인한 폐해보다 큰 경우 등 재판매가격유지행위에 정당한 이유가 있는 경우이거나 저작권법 제2조 제1호에 따른 저작물 중 관계 중앙행정기관의 장과의 협의를 거쳐공정거래위원회가 고시하는출판된 저작물(전자출판물을 포함한다)인 경우에는 그러하지 아니한다"고 규정함으로써 재판매가격유지행위를 금지하고 있다.[29])

---

27) Leegin Creative Leather Products, Inc. v. PSKS, Inc., 551 U.S. 877 (2007).
28) 흥미로운 사실은 미국의 경쟁당국들인 FTC와 DOJ 조차도 법원에 제출한 의견서(amicus curiae brief)에서 당연위법 원칙의 폐기를 강력히 주장하였다는 점이다. 결국 재판매가격유지행위의 위법성 판단기준 변경은 경쟁당국과 연방대법원의 합작품이라 할 수 있다.
29) 2020.12.29. 개정 이전 조항 제29조.

법 제46조 제1항 본문은 '재판매가격유지행위를 하여서는 아니 된다'라고 규정함으로써 '부당하게'나 '정당한 이유 없이'라는 위법성 요건을 요구하고 있지 않다. 문리적으로 해석하면 미국 판례법상의 당연위법의 원칙과 동일하게 취급될 수 있는 공정거래법상의 유일한 조항이라고도 할 수 있다. 즉, 그 동안 원칙적으로 재판매가격유지행위가 존재하면 별도의 부당성 여부에 대한 판단 없이 위법한 행위로 인정될 수 있으며 그 정당성에 대한 상대방의 반증도 인정되지 않는다.

다만 2001년 공정거래법 제9차 개정 시 법 제29조 제1항 단서를 추가하여 '정당한 이유'가 있는 최고재판매가격유지행위는 금지대상에서 제외하였다. 이는 위에서 살펴본 바와 같은 수직적 구속행위 일반에 대한 미국 판례의 변화와 특히 위에서 본 최고재판매가격유지행위에 대한 Khan 판결의 취지를 반영한 것으로 이해할 수 있다. 그래서 경쟁제한효과가 인정되는 최고가격 유지행위라 하더라도 그 행위가 경쟁을 촉진하여 소비자 후생을 증대하거나 효율성을 증대하고 소비자후생·효율성 증대효과가 경쟁제한효과를 상회하는 등 정당한 이유가 있는 경우에는 위법하지 아니하다.

그런데 대법원은 2010년 한미약품 판결[30]과 2011년 캘러웨이 판결[31]에서 학계나 실무계에서 당연한 것으로 여겨져 왔던 최저가 재판매가격유지행위에 대한 '당연위법 원칙'을 폐기하였다. 최저가 재판매가격유지행위라 하더라도 정당한 이유가 있는 한 허용되어야 하고 이의 입증책임은 사업자에게 있다고 판시한 것이다.[32]

판례 15 : 한미약품의 재판매가격유지행위 사건
– 대법원 2010.11.25. 선고 2009두9543 판결 –

공정거래법 제2조 제6호는 "재판매가격유지행위라 함은 사업자가 상품 또는 용역을 거래함에 있어서 거래상대방인 사업자 또는 그 다음 거래단계별 사업자에 대하여 거래가격을 정하여 그 가격대로 판매 또는 제공할 것을 강제하거나 이를

---

30) 대법원 2010.11.25. 선고 2009두9543 판결.
31) 대법원 2011.3.10. 선고 2010두9976 판결 및 서울고등법원 2012.4.19. 선고 2011누10777 판결(환송심 판결).
32) 다만 두 사건 모두 사업자가 정당한 이유를 입증하지 못하여 결국은 공정거래위원회가 승소하였다.

위하여 규약 기타 구속조건을 붙여 거래하는 행위"라고 정의하고 있고, 공정거래법 제29조 제1항은 "사업자는 재판매가격유지행위를 하여서는 아니 된다. 다만, 상품이나 용역을 일정한 가격 이상으로 거래하지 못하도록 하는 최고가격유지행위로서 정당한 이유가 있는 경우에는 그러하지 아니하다"라고 규정하고 있다. 그런데 공정거래법의 목적은 경쟁을 촉진하여 소비자후생을 증대하기 위한 것 등에 있고, 제29조 제1항이 재판매가격유지행위를 금지하는 취지도 사업자가 상품 또는 용역에 관한 거래가격을 미리 정하여 거래함으로써 유통단계에서의 가격경쟁을 제한하여 소비자후생을 저해함을 방지하기 위한 것 등에 있다.

이러한 공정거래법의 입법 목적과 재판매가격유지행위를 금지하는 취지에 비추어 볼 때, 최저재판매가격유지행위가 당해 상표 내의 경쟁을 제한하는 것으로 보이는 경우라 할지라도, 시장의 구체적 상황에 따라 그 행위가 관련 상품시장에서의 상표 간 경쟁을 촉진하여 결과적으로 소비자후생을 증대하는 등 정당한 이유가 있는 경우에는 이를 예외적으로 허용하여야 할 필요가 있다. 그리고 그와 같은 정당한 이유가 있는지 여부는 관련시장에서 상표 간 경쟁이 활성화되어 있는지 여부, 그 행위로 인하여 유통업자들의 소비자에 대한 가격 이외의 서비스 경쟁이 촉진되는지 여부, 소비자의 상품 선택이 다양화되는지 여부, 신규사업자로 하여금 유통망을 원활히 확보함으로써 관련 상품시장에 쉽게 진입할 수 있도록 하는지 여부 등을 종합적으로 고려하여야 할 것이며, 이에 관한 증명책임은 관련 규정의 취지상 사업자에게 있다고 보아야 한다.

☞ 필자의 생각

대법원의 입장은 2007년 미국의 Leegin 판례를 수용한 것으로 이해된다. 하지만 입법론이라면 몰라도 해석론에서는 무리가 있다고 생각된다.[20] 문리해석상 재판매가격유지행위는 원칙적으로 금지되는 것이고 최고가 재판매가격유지행위만 정당한 이유를 검토하도록 하고 있다. 미국에서도 Leegin 판례에 대해 비판이 적지 않은 실정이다. 특히 대기업에 의한 가격통제가 관행화된 우리나라의 실정에서는 최소한 최저가 재판매가격유지행위에 대해 보다 강력히 규제하는 것이 바람직하다고 생각한다.

2) 2020.12.29. 개정 내용

위에서 살펴본 것처럼 최근 대법원의 판결은 미국의 판례를 수용한 것으로 볼 수 있지만 우리나라 공정거래법의 문리해석 및 입법취지와는 맞지가 않다는 지적이 있었다. 한편 입법론적으로는 대법원의 판결도 수긍할 수 있는 것이기 때문에 2020.12.29. 개정에서 대법원의 판시대로 다음과 같이 법률을 개정하였다.

> 제46조(재판매가격유지행위의 금지) 사업자는 재판매가격유지행위를 하여서는 아니 된다. 다만, 다음 각 호의 어느 하나에 해당하는 경우에는 그러하지 아니하다.
> 1. 효율성 증대로 인한 소비자후생 증대효과가 경쟁제한으로 인한 폐해보다 큰 경우 등 재판매가격유지행위에 정당한 이유가 있는 경우
> 2. 저작권법 제2조 제1호에 따른 저작물 중 관계 중앙행정기관의 장과의 협의를 거쳐 공정거래위원회가 고시하는 출판된 저작물(전자출판물을 포함한다)인 경우

3) 예외

공정거래법에서는 재판매가격유지행위를 원칙적으로 금지하면서도 예외적으로 ① 대통령령이 정하는 저작물과 ② 일정 요건을 갖춘 상품으로서 미리 공정거래위원회의 지정을 받은 상품에 대해서는 재판매가격유지를 허용하고 있다(법 제29조 제2항).

대통령령이 정하는 저작물이란 저작권법 제2조(정의)의 저작물 중 관계중앙행정기관의 장과의 협의를 거쳐 공정거래위원회가 정하는 출판된 저작물(전자출판물 포함)을 말하는데(법 제46조 제2호),[33] 「재판매가격유지행위가 허용되는 저작물의 범위」[34]에서는 저작물의 범위를 「출판문화산업 진흥법」 적용 대상 간행물과 「신문 등의 진흥에 관한 법률」상 일반일간신문 및 특수일간신문으로 정하고 있다.

다만, 2020.12.29. 개정법에서 공정위가 고시하는 출판된 저작물로 개정하였는데 시행령에 규정된 내용을 법률에 규정한 것으로 실질적인 내용은 바뀐 것이 없다.

Ⅲ. 재판매가격유지행위와 유사한 행위

1. 위탁매매계약(consignment arrangements)

위탁매매인은 자기의 명의로 타인의 계산으로 물건 또는 유가증권의 매매를 영업으로 하는 자를 말한다(상법 제101조). 위탁매매에 있어서는 물건의 소유권이 위탁

---

33) 2020.12.29. 개정 이전 조항 시행령 제43조.
34) 공정거래위원회고시 제2021−21호, 2021.12.30. 일부개정.

자에게 남아있기 때문에 수탁자가 물건을 판매하지 못한 경우에는 자유롭게 반품할 수 있으며 물건에 대한 위험부담도 위탁자가 부담한다. 그리고 위탁매매의 경우에는 수탁자는 위탁자가 지정한 가격을 준수할 의무를 부담하게 된다. 이러한 위탁매매의 본질상 공정거래법상 재판매가격유지행위 금지조항은 위탁매매의 경우에는 적용될 여지가 없다.

다만, 실무상 문제가 되는 것은 외형상 위탁매매의 형식을 취하고 있지만 그 실질은 진정한 의미의 위탁매매가 아닌 경우이다. 이러한 경우에는 계약서의 형식이나 명칭이 위탁매매의 외형을 취하고 있는지 여부에 관계없이 계약내용이 진정한 의미의 위탁매매에 해당되는지 여부에 따라서 재판매가격유지행위 금지조항의 적용여부를 결정하게 된다.

심사지침에서는 위탁판매 해당 여부는 당해 상품 또는 용역의 실질적인 소유권의 귀속주체와 당해 상품 또는 용역의 판매·취급에 따르는 실질적인 위험의 부담주체가 위탁자인지 또는 수탁자인지 여부에 따라 결정된다.

[심결] 삼도물산(주)의 재판매가격유지행위에 대한 건(공정거래위원회 의결 제1996-200호, 1996.8.21.)

피심인은 이 사건행위와 관련하여 대금이 회수되기 전까지는 출고상품의 소유권이 피심인에게 있고, 출고된 상품의 반환이 가능하다는 점을 들어 피심인과 대리점과의 관계가 '위탁매매'거래의 성격을 가지고 있기 때문에 자기가 판매가격을 정하는 행위는 정당하다고 주장하고 있으나, 피심인과 대리점간에 체결한 대리점계약서를 살펴보면 첫째, 출고된 상품에 대한 사고책임, 종합보험가입 비용부담의무 및 화재·도난에 따른 손해책임 등 상품보관·관리책임이 전적으로 대리점에 있을 뿐만 아니라, 상품을 반품하거나 교환할 때의 운송비 기타 수수료를 대리점이 부담하도록 규정하고 있는 점, 둘째, 대리점으로 하여금 외상매출금이 근저당설정금액의 80%를 초과할 수 없도록 규정하고 있고, 만일 한도를 초과하여 상품을 주문할 경우에는 상품대금을 즉시 납부하도록 규정하고 있는 점, 셋째, 대리점이 피심인으로부터 상품을 수령할 때에는 세금계산서를 교부받고 있는 등 피심인과 대리점간에는 세법상 독립된 사업자로서 매매거래를하고 있다는 점과, 계약서상의 '소유권유보조항'에도 불구하고 이 규정은 분쟁발생시를 대비한 조항에 불과함을 소명자료에서 피심인이 스스로 인정하고 있다는 점 등을 고려하여 볼 때, 이 사건 계약은 진정한 의미에 있어서의 위탁매매로는 볼 수 없고 독립사업자간에 체결된 매매계약으로 보아야 하므로 위 피심인의 주장은 그 타당성을 인정할 수 없다.

미국에서도 계약형식이 위탁판매냐 아니냐 하는 구분보다는 실제적인 내용이 위탁판매로서의 실질을 가지고 있는지 여부에 따라서 위법성을 판단하고 있다.

미국의 GE 사건에서 GE(피고)가 전국의 도·소매업자들을 위탁판매처로 하여 특허제품인 전구를 판매하면서 판매가격을 지정한 행위에 대하여 법무부(원고)는 GE의 행위가 재판매가격유지행위에 해당된다고 판단하여 소를 제기하였다. 연방대법원은 물건의 소유권이 GE로부터 소비자에게 곧바로 이전되고 화재나 가격하락의 위험부담 및 세부담을 GE가 지게 되는 반면 위탁판매처는 판매마진이 아니라 수수료만 받고 있으므로 이러한 거래형태는 진정한 위탁판매에 해당하고 따라서 GE의 행위는 재판매가격유지행위에 해당하지 않는다고 판시하였다.[35]

반면 Simpson 사건에서는 Union Oil 사로부터 주유소를 임차해 휘발유 위탁판매를 하는 Simpson(원고)이 Union Oil 사(피고)의 지정가격을 지키지 않아 계약을 파기당하자 재판매가격유지행위를 이유로 손해배상소송을 제기하였다. 이에 대하여 연방대법원은 계약의 형식은 위탁판매이지만 거래의 실질은 재판매가격유지행위라고 보아 Union Oil 사의 행위를 위법으로 판단하였다.[36]

2. 일방적 거래거절(unilateral refusal to deal)

공급자가 지정가격 이하로 판매하는 판매업자와는 거래를 하지 않겠다고 사전에 선언한 후 이를 실행에 옮기는 행위에 대하여 1919년 Colgate 사건에서 미국 연방대법원은 Sherman 법 제1조의 적용이 되지 않는다고 판결하였다.[37]

그런데 이 판결에 대해서는 적지 않은 논란이 있어 왔으며, 일방적인 행위의 경우에도 암묵적인 양해에 의한 재판매가격유지행위라고 판단되거나 거래거절 이후 장래에 있어서는 재판매가격을 준수할 것을 약속한 이후 거래관계가 회복되는 경우와 같이 어느 정도 상대방의 협조적 행동이 있는 경우에는 Sherman 법 제1조의 결합(combination)에 해당하는 것으로 이론 구성하여 Colgate 원칙을 제한하려는 움직임이 있기도 하였다.[38]

다만 우리나라는 공정거래법상 재판매가격유지행위의 성립요건으로서 합의를 요하고 있지 않고 공급자의 일방적인 행위라 하더라도 강제성이 있으면 이를 재판

---

35) United States v. General Electric, 272 U.S. 476 (1926).
36) Simpson v. Union Oil Co., 377 U.S. 13 (1964).
37) United States v. Colgate & Co. :: 250 U.S. 300 (1919).
38) United States v. Parke, Davis & Co., 362 U.S. 29 (1960).

매가격유지행위로 인정할 수 있다. 따라서 위 판례에서와 같은 논쟁은 불필요하다고 할 수 있으며 오히려 현실적으로는 계약 없는 일방적인 강요행위가 보다 보편적으로 발생하고 있다고 할 수 있다.

Ⅳ. 재판매가격유지 행위에 대한 제재

공정거래위원회는 재판매가격유지행위 금지규정에 위반하는 행위가 있을 때에는 당해 사업자에 대하여 해당 행위의 중지, 시정명령을 받은 사실의 공표 그 밖의 필요한 시정조치를 명할 수 있다(법 제49조).

법 위반 사업자에 대해서는 관련매출액의 4%를 초과하지 아니하는 범위 안에서 과징금을 부과할 수 있으며, 매출액이 없는 경우 등에는 10억 원을 초과하지 아니하는 범위 안에서 과징금을 부과할 수 있다(법 제50조 제1항, 시행령 제13조 제1항).

또한 법 제29조 제1항의 규정에 위반하여 재판매가격유지행위를 한 자에 대해서는 2년 이하의 징역 또는 1억 5천만 원 이하의 벌금에 처할 수 있다(법 제67조 제4호). 하지만 재판매가격유지행위에 대하여 형사처벌을 하는 것은 적절하지 않고 국제추세에도 맞지 않기 때문에 2020.12.29. 개정법에서 삭제하였다.

경제력집중 억제

제 1 절 경제력집중의 의의와 폐해

Ⅰ. 개관

정치에서 힘이 소수의 실력자에게 집중되면 문제가 되듯이 경제에서도 힘이 소수의 실력자에게 집중되면 여러 가지 문제를 낳는다. 경제력집중(concentration of economic power)이란 경제력이 소수의 경제주체에게로 집중되는 현상을 말한다. 엄밀한 의미에서 경제력집중 그 자체가 경쟁법적 차원에서 문제되는 것은 아니다. 미국에서는 한때 특정기업에게 경제력이 집중되는 현상 그 자체를 문제시하는 견해가 없지는 않았지만 그것이 반경쟁적이지 않는 한 경제력집중이나 독점 그 자체를 문제시할 수는 없다는 일반적인 공감대가 형성되어 왔다. 이러한 입장은 법원의 판결에서도 반복적으로 선언되어 왔다.[1]

그런데 우리나라의 경우에는 경제력집중 문제가 사회적인 이슈로 되어 있을 뿐만 아니라 공정거래법에서 이에 대한 다양한 규제들을 도입하고 있다. 이는 단순히 개별기업의 규모가 크다는 차원을 넘어서 총수를 중심으로 한 대규모 기업집단들이 경영권의 부당한 세습과정에서 사회적 문제를 야기하거나 시장의 자유롭고 공정한 경쟁상황에 악영향을 미치고 있다는 부정적인 인식에 근거하고 있다고 할 수 있다.

그런데 경제력집중은 사용하는 사람에 따라 그 개념이 상이한 경우가 많다. 일

---

1) "Size does not determine guilt", United States v. Aluminum Co. of America, 148 F.2d at 430 (2d Cir. 1945).

반적으로는 세 가지로 나누어 개념을 구분한다. ① 특정 경제주체(특정 기업 또는 특정 기업집단)가 국민경제 전체에서 차지하는 비중을 나타내는 일반집중, ② 특정산업 혹은 특정시장에서 차지하는 비중을 나타내는 산업집중 또는 시장집중, ③ 특정인과 그의 가족이 특정 기업 또는 기업집단에서 차지하는 부의 정도를 나타내는 소유집중이다.

이 3가지는 상호 관련성이 있어 엄격히 분리되기 어려운 점이 있지만 통상 경제력집중억제 시책이라고 하면 주로 ① 일반집중 또는 ③ 소유집중 억제정책을 의미한다. 흔히 재벌정책이라고 하는 것이 그것이다. 반면 ② 산업집중 문제는 시장지배적지위 남용이나 부당한 공동행위 규제 등 주로 경쟁정책에서 다루는 것으로 앞에서 살펴본 것들이다.

1. 일반집중

그 동안 한국경제 전체에서 특정의 경제주체가 차지하는 비중을 측정하기 위한 시도가 여러 차례 있어 왔다. 주로 통계청의 광공업통계조사자료를 이용하거나 공정거래위원회의 기업집단자료를 이용하고 있다. 서구에서는 상위 100대 기업 또는 200대 기업의 매출액이 제조업에서 차지하는 비중을 가지고 판단하는 경우가 많다. 반면 우리나라에서는 개별기업보다는 상위 대규모 기업집단이 차지하는 비중이 더 의미가 있다.[2] 그래서 일반집중에 대한 규제도 상위 기업집단을 대상으로 하고 있다. 과거 30대 기업집단 지정제도가 있었고 지금은 공정거래위원회가 매년 5월 1일에 자산 총액 10조(2017년부터) 이상의 기업집단은 상호출자제한 기업집단(2022년 47개)으로, 5조 이상은 공시대상 기업집단(2022년 76개)으로 지정해서 발표하고 있다.

[표 7-1] 2022년 상위 10개 상호출자제한 기업집단 지정 현황

(2022년 5월 1일 기준, 단위: 조원, 개)

순위		기업집단명	동일인	소속회사 수		자산총액(공정자산)	
'22	'21			'22	'21	'22	'21
1	1	삼성	이재용	60	59	483.9	457.3
2	3	에스케이	최태원	186	148	292.0	240.0
3	2	현대자동차	정의선	57	53	257.8	246.1

---

2) 자산 총액 5조 원 이상인 대규모 기업집단의 광업·제조업 분야 일반집중률은 50%를 넘는다.

4	4	엘지	구광모	73	70	167.5	151.3
5	5	롯데	신동빈	85	86	121.6	117.8
6	6	포스코	포스코홀딩스(주)	38	33	96.3	82.0
7	7	한화	김승연	91	83	80.4	72.9
8	8	지에스	허창수	93	80	76.0	67.7
9	9	현대중공업	정몽준	36	33	75.3	63.8
10	10	농협	농업협동조합중앙회	53	58	67.0	63.6

경제력집중억제정책 또는 재벌정책이라 불리는 대규모기업집단정책이 공정거래법에 명문화된 것은 1986년 12월 31일 제1차 법 개정 때였다.

1986년 당시 이러한 경제력집중정책은 공정거래법에서 경제력집중억제를 담당해야 할 헌법적 근거가 마땅하지 않아 논란이 되었다. 결국 공정거래법이 개정된 다음 해인 1987년 제9차 헌법 개정을 통하여 경제력 남용 방지 및 경제민주화 조항, 즉 "… 경제력의 남용을 방지하며, 경제주체간의 조화를 통한 경제의 민주화를 위하여 경제에 관한 규제와 조정을 할 수 있다"(헌법 제119조 제2항)는 조항이 삽입되면서 사후적으로 헌법적 논의는 정리되었다.

2. 산업집중

산업집중은 세계 각국의 경쟁법에서 문제로 삼고 있는 본연의 집중이다. 산업집중은 주로 시장점유율이나 허핀달-허쉬만 지수(HHI)를 통해 측정해 볼 수 있다. 사실 글로벌한 차원에서 수렴되는 경쟁법은 바로 산업집중을 다루는 것이다.

예컨대, 세계 최초의 독점규제법을 발의한 John Sherman 의원은 "정치에서 왕을 원하지 않듯이 특정 산업에서 독점을 원하지 않는다"고 하였다.[3] 이 경우에도 미국식의 경제민주화는 개별 시장의 독과점, 즉 산업집중을 염두에 두고 있었다. 당시 독점의 형태는 트러스트(trust)였고 철강이나 정유, 철도, 설탕 등 주로 특정 산업 내의 문제였다. 광활한 국토를 가진 미국에서는 물리적으로 한 산업을 넘어선 경제력집중도 쉽지 않았지만 소유와 경영이 분리된 트러스트의 속성상 특정 산업을 넘어서는 집중을 초래하기는 어려웠다.

반면, 2차 대전 이전에 이미 재벌이 형성되었고 전후 미 군정에 의해 재벌해체

---

3) "If we will not endure a king as a political power we should not endure a king over the production, transportation, and sale of any of the necessaries of life."

가 진행되던 도중에 독점금지법이 제정된 일본이나 대규모기업집단의 팽창 중에 공정거래법이 제정된 우리나라는 개별시장에서 문제가 되는 산업집중뿐만 아니라 개별 산업을 넘어서는 일반집중도 독점금지법 또는 공정거래법의 영역으로 포함된 것으로 이해할 수 있다.

3. 소유집중

우리나라에서 소유집중 문제는 대기업 총수 등 소수 자연인들이 지나치게 많은 부를 소유하고 있다는 단순한 이유 때문에 제기되는 것이 아니다. 이들이 5% 내외의 적은 지분으로 계열사 간 순환출자로 형성된 40% 내외의 계열사 지분을 행사하면서 궁극적으로는 기업집단 전체를 통제하고 사실상 소유하고 있다는 이유에서 제기되고 있다.

Ⅱ. 우리나라 경제력집중의 원인 및 특징

경제력집중현상은 시장에서 자유경쟁의 결과로 나타날 수 있는가 하면,[4] 우리나라의 경험처럼 정부가 주도하는 불균형 경제성장정책의 결과로 나타날 수도 있는 등 그 원인이 다양하다. 그리고 구체적인 형태도 미국의 트러스트(trust), 독일의 콘체른(Konzern), 일본식의 재벌, 우리나라의 재벌 등 각국의 역사적 배경과 시대적 풍토에 따라 다양하게 나타난다.

흔히 재벌이라고 지칭되는 우리나라 기업집단에 의한 경제력집중현상은 자본주의 발달 및 자유경쟁에 따른 자연스러운 결과이기도 하지만 다른 한편으로는 정부의 불균형경제개발 전략의 산물이기도 하다. 이처럼 재벌문제는 단순한 경제적 차원의 문제가 아니라 정치·사회적인 차원과 문화적인 차원을 포함한 과거 및 현재의 우리 사회 전반의 포괄적인 관점에서 접근해야 할 문제이다.

우리나라 재벌의 형성과정에 대해서는 다양한 의견들이 있을 수 있다. 그러나 적어도 초기 정부주도의 경제개발 과정에서 정부의 적극적인 개입과 지원이 그 원인이 되었다는 사실은 부인하기 어려울 것으로 생각된다.

우리나라는 경제개발 초기에 부존자원이 부족하였을 뿐만 아니라 축적된 기술도 전무한 상태였으므로 선진국으로부터 우수한 기술과 설비를 도입하여 경제개발

---

4) 경쟁의 궁극적인 목표는 독점이라고 할 수 있다.

을 추진할 수밖에 없는 상황이었다. 당시 국내 기업의 규모가 보잘 것 없었고 보유하고 있는 달러화는 부족하였다. 때문에 외국으로부터 기술과 설비를 도입하기 위해서 정부가 직접 차관을 도입하여 개별기업들에게 배분해 주거나 정부가 보증을 서 주는 등의 방법으로 개별기업이 외자를 도입할 수 있도록 배려해 주었다. 그리고 국내 기업들은 일단 어떤 방식으로든 기술과 설비가 도입되면 협소하고 보호받는 국내시장에서 단시일 내에 규모의 경제(economy of scale)를 달성하여 독점적 지위를 차지하고 많은 이윤을 실현할 수 있었다.

당시의 열악한 상황에서 정부의 지원을 받지 않은 기업들은 자본이나 별다른 기술력이 없었다. 따라서 이왕 독과점을 달성한 기업들은 다른 기업과의 경쟁에 대한 별다른 압력 없이 기업내부에 자금·인력·노하우 등의 잉여능력을 축적할 수 있었고 이를 활용하여 또 다른 분야에 진출하고자 하는 유혹을 느끼게 되었다.

또한 특정 기간산업을 전략적으로 육성하여 공업화를 단기간 내에 달성하려는 불균형 성장정책을 추구하고 있던 정부의 입장에서도 이미 어느 정도 능력이 검증된 대기업을 선호할 수밖에 없었다. 이러한 기업과 정부의 입장이 맞물려 기업규모가 팽창하고 집단화되면서 경제력집중현상이 나타나게 되는 계기로 작용하였다.

특히 정부는 대기업에 대한 외자도입 상의 특혜뿐만 아니라, 은행대출·국영기업 인수·대규모사업 인허가·조세감면·관세장벽 유지 등 대기업의 사업확장을 위해 필요한 거의 모든 부분에서 특혜와 지원을 제공하였다. 그 과정에서 정경유착현상이 발생하였고 정부가 재벌기업들에게 포획됨으로써 궁극적으로는 국가의 자원배분권이 왜곡되는 현상이 장기간 지속되게 되었다. 우리나라 재벌의 근본적인 형성원인과 그 폐해의 핵심은 정부에 의하여 수행된 이러한 '국가자원 배분의 심각한 왜곡현상'에 있다고 생각된다.

한편, 자본축적이 미약하고 주식시장도 발달되지 못했던 상황에서 기업들은 대규모시설투자를 위한 자본을 주로 외부금융이나 계열사 간의 직·간접적인 상호출자에 의존하였고 기업집단 내의 계열사들은 서로 채무보증을 해주는 것이 거의 관행화되고 있었다. 이러한 관행은 선진국과 같이 주식이 외부인들에게 적절하게 분산되지 못하고 총수일가 및 그들이 지배하는 계열사들에게 집중되는 결과를 초래하였다.

위와 같은 우리나라 기업집단의 특수성은 서구 선진사회에서는 찾아보기 힘든 상호출자금지·채무보증제한·출자총액제한 등과 같은 경제력집중 억제시책을 도입하게 된 근본적인 원인이 되었다. 오랜 시간에 걸쳐 자본축적과 기술개발이 이루어진 상태에서 자유경쟁의 산물로 등장한 선진국의 대기업과 정부주도의 급속한 경제개발정책과 정경유착의 산물로 탄생한 우리나라 기업집단이 그 구조나 행태 면에서 본질적으로 차이를 보이게 되는 것은 이러한 경제적·사회적·정치적 환경의 차이에 기인하는 것이라고 할 수 있다.

다만, 우리나라 대규모 기업집단이 형성되고 성장할 수 있었던 동인을 정부의 지원 등 외부여건의 활용이라는 관점에서만 설명하고 이해하는 것은 타당하지 않을 수 있다. 이는 초기 경제개발과정에서 정부의 지원이 결정적인 역할을 하였다는 점은 부인할 수 없겠지만 이와는 별도로 기업인들의 창업정신과 사업능력 또한 중요한 동력이 되었다는 점도 부인할 수 없기 때문이다.

Ⅲ. 경제력집중의 폐해와 공정거래법의 역할

1. 경제력집중의 폐해와 대처방안

1) 경제력집중의 폐해

우리나라의 대기업 집단은 그동안 규모의 경제와 범위의 경제를 실현하면서 내부의 인적·물적 자원을 효율적으로 활용한 대규모 시설투자나 기술개발로 국가 경제발전에 크게 기여한 것이 사실이다. 그러나 이러한 긍정적인 성과에도 불구하고 대기업집단으로의 경제력집중은 심각한 사회·경제적 문제를 야기하고 있는 것으로 지적되고 있다. 일반적으로 거론되고 있는 문제점들은 다음과 같은 내용으로 정리될 수 있다.

첫째, 대기업 집단으로의 경제력집중은 시장경제의 핵심인 자유롭고 공정한 경쟁을 저해하여 효율적인 자원배분을 왜곡하게 된다. 기업들이 자신의 기술력과 경영능력으로 타 기업과 경쟁하기보다 채무보증이나 부당내부거래 등 기업집단 전체의 힘을 이용하여 경쟁하게 되면 기업집단에 소속되지 않은 개별기업은 아무리 실력이 있어도 경쟁상대가 되지 못한다.

그 결과 낮은 비용으로 더 좋은 상품을 생산할 능력을 갖춘 기업이 시장에서 퇴출되고 기업집단의 지원을 받는 기업만 남게 된다면 사회 전체적으로 자원활용의 효율성이 낮아질 수밖에 없다. 또한 국가의 자원이 시장기능에 따라 적재적소에 효율적으로 배분되는 것이 아니라 대기업집단이 영위하는 사업분야에 과도하게 편중될 수 있다는 점도 자원배분의 왜곡현상을 야기하는 원인이 될 수 있다.

둘째, 재벌총수 중심의 가부장제적인 구조의 우리나라의 대기업집단은 5% 내외의 지분을 가진 총수일가가 계열사를 통한 순환출자를 이용하여 기업집단 전체를 통제하게 되는 심각한 소유지배구조의 왜곡현상을 안고 있다.

이러한 소유지배구조의 왜곡현상은 기업의 의사결정과정에서 회사나 전체 주주의 이익이 충분히 반영되지 못하고 오히려 재벌총수의 사적인 이해관계에 따라서 기업의 중요한 의사결정이 이루어지는 근본적인 원인이 되고 있다. 나아가 상법 등 관련법령에서 보장하고 있는 기업경영에 대한 각종 내·외부 감시장치 및 통제장치들을 무력화시키게 된다.

셋째, 경제개발과정에서 관치금융하의 금융지원과 인허가 편의제공, 관세보호장벽 구축 등을 매개로 대기업 집단과 정부는 동반자적 관계를 형성해 왔다. 그 과정에서 정경유착이 심화되고 심지어 정부가 대기업 집단에 포획됨으로써 정부의 자원배분권이 막대한 자금과 인맥을 동원하는 기업 로비에 의해서 부당하게 결정되는 상황을 초래하였다. 그 결과 경제개발초기에 나타났던 규모의 경제 실현·기술개발 등과 같은 대기업집단의 장점보다는 대마불사(大馬不死)식의 도덕적 해이와 부의 편법상속, 정치관여5) 등의 부작용이 더 크게 나타나고 있다.

2) 경제력집중에 대한 대처방안

우리나라 대기업집단으로의 경제력집중현상이 안고 있는 문제점들에 대한 위의 지적들은 모두 나름대로의 근거와 타당성을 가지고 있다고 할 수 있다. 다만 경제력집중 억제차원에서 우리나라 재벌문제를 해결하기 위해서는 문제되는 현상들이 우선 우리나라 기업전반의 문제인지 아니면 재벌의 특수한 문제인지 여부, 그리고 그것이 재벌의 문제라고 하더라도 총수 개인의 문제인지 기업집단 자체의 문제인지 여부를 판단하여 각각 그 원인과 해법을 찾아가는 냉정한 시각이 필요하다는 점을 지적하고자 한다.

문제에 대한 효과적인 해법을 찾기 위해서는 먼저 해결해야 할 문제의 본질이 무엇인지를 정확하게 판단하는 것이 우선적인 과제라고 할 수 있다. 흔히 재벌문제로 통칭되고 있는 문제점들 속에는 우리 사회 전체의 전반적인 문제이거나 재벌 총

---

5) 재벌총수가 정치에 관심이 많았던 현대와 대우그룹이 IMF 때 해체된 것은 우연이 아닐 수도 있다.

수 개인의 문제에 불과한 것들이 함께 혼재되어 있어서 무엇이 진정한 재벌의 문제
인지가 혼란스러운 경우도 있다고 생각된다.

예를 들면 대기업 총수들의 대선자금 제공사건이나 삼성 에버랜드 사건에서 사
회적 문제가 되었던 정경유착과 편법적인 부의 세습의 경우 이러한 문제들이 우리
나라 기업문화 전반의 문제가 아니라 유독 재벌들만의 문제로 국한된다고 보아야
하는지는 의문이다. 설령 이러한 문제들이 재벌 고유의 문제라고 하더라도 이는 기
업집단 자체의 문제라기보다는 총수 개인의 비리문제로 보는 것이 보다 본질에 부
합한다고 할 것이다.

한편 경제력집중현상에 대한 규제내용이나 방식은 나라마다 다를 수 있다. 우
리나라의 경우 다른 나라에서는 찾아보기 힘든 '기업집단'이라는 개념을 도입하고,
기업집단에 소속된 회사에 대해서는 일반 회사에 비하여 특별한 규제를 하고 있다
는 점이 특징이라고 할 수 있다.

2. 경제력집중에 대한 공정거래법의 역할6)

1) 경제력집중과 관련된 타 법률

대규모기업집단의 문제는 위에서 살펴본 것처럼 다방면에 걸쳐 있다. 이러한
문제는 공정거래법뿐만 아니라 주주와 채권자 보호를 위하여 상법이, 공평 과세를
위하여 세법이, 반사회적 행위 제재를 위하여 형법이 동시에 규율하고 있기도 하다.

상법상으로는 자기거래(self-dealing)의 제한 규정과 이사의 주의의무 위반 규정
이 적용될 수 있다. 이사나 주요 주주 등이 회사와 거래를 하고자 하는 경우, 미리
이사회에서 해당 거래에 관한 중요사실을 밝히고 이사회의 승인을 받아야 한다. 이
사는 선량한 관리자의 주의로서 사무를 처리할 의무를 부담한다.

세법상으로는 부당행위계산부인(不當行爲計算否認)과 특수관계법인과의 거래를
통한 이익의 증여의제(贈與擬制) 규정이 적용될 수 있다. 부당행위계산부인은 법인
의 행위 또는 소득금액의 계산이 당해 법인과 특수관계자와의 거래에 있어서 그 법
인의 소득에 대한 조세 부담을 부당히 감소시킨 것으로 인정되는 경우에 정부가 그
법인의 행위 또는 계산을 부인하고 합리적 경제인이라면 선택하였을 기준에 의하
여 그 법인의 각 사업연도의 소득금액을 다시 계산하는 것이다. 이익의 증여의제는

---

6) 조성국, "대규모기업집단 정책과 공정거래법상 이슈에 관한 소고", 경쟁저널 제192호, 공정경
   쟁연합회, 2017, 13−15면 참조.

법인의 사업연도 매출액 중에서 그 법인의 지배주주와 특수관계에 있는 법인에 대한 매출액이 차지하는 비율(특수관계법인 거래비율)이 일정 거래비율을 초과하는 경우에는 그 수혜법인의 지배주주와 그 지배주주의 친족이 일정한 이익의 증여를 받은 것으로 의제하도록 하는 것이다.

형법상으로는 배임죄가 문제될 수 있다. 배임은 법률의 규정, 계약의 내용 혹은 신의칙(信義則)상 당연히 할 것으로 기대되는 행위를 하지 않거나 당연히 하지 않아야 할 것으로 기대하는 행위를 함으로써, 본인과 사이의 신임관계를 저버리는 일체의 행위를 의미한다.[7]

2) 경제력집중 문제에 대한 공정거래법의 역할

각 법은 고유한 목적이 있기 때문에 그 역할은 제한적일 수밖에 없다. 상법은 사법(私法)이기 때문에 이해관계자인 주주나 채권자가 적극적으로 나서지 않는 한 상법 규정은 실효성이 없다. 세법 규정은 공평 과세를 목적으로 하는 것이므로 행위 그 자체를 금지할 수는 없다. 형법상 배임은 업무상의 임무 위배에 대한 인식과 그로 인하여 자기 또는 제3자가 이익을 취득하고 본인에게 손해를 가한다는 인식이 있어야 한다. 따라서 대규모기업집단 내에서 계열사 간 상부상조를 통하여 기업집단 전체의 시너지 효과를 극대화하고, 자기 회사가 경영상 애로에 처했을 때는 정반대로 지원을 받을 수 있다는 인식 하에 지원하는 경우는 위법성을 인정하는데 애로가 있을 수 있다.

이에 반하여 공정거래법은 거래 전반에 대하여 포괄적으로 규율할 수 있고 행정적 수단으로 사전 규제와 사후 규제를 적절히 활용할 수 있는 장점이 있다. 무엇보다 공정거래위원회라는 전문기관이 지속적으로 감시하고, 필요한 경우에는 조사를 통하여 제재를 할 수 있다는 장점도 있다.

공정거래법은 사전 규제로서 상호출자 금지, 채무보증 금지, 지주회사 설립 요건, 내부거래 공시 의무 등을 규정하고 있고, 사후 규제로서 부당지원행위 금지와 특수관계인에 대한 부당한 이익제공 금지를 규정하고 있다.

하지만 대규모기업집단 문제가 심각하다 하여도 행정기관이 기업들의 지배구조나 내부거래에 너무 깊숙이 관여하는 것은 또 다른 부작용을 낳을 수 있고, 기업 내부를 속속들이 알 수 없기 때문에 실효성에 문제가 있을 수 있다. 설령 법 위반행

---

7) 대법원 2002.7.22. 선고 2002도1696 판결 등 참조.

위를 적발하였다 하더라도 당해 행위가 무효가 되는 것이 아닐 뿐만 아니라 부당지원행위와 같은 기업 간 거래에서 기업은 경제적 제재인 과징금만 납부하면 되기 때문에 행위의 억제에는 한계가 있다.

결국 가장 바람직한 것은 기업의 이해관계자들인 주주나 채권자들이 자율적으로 감시하고 통제하는 것이다. 공정거래법의 역할은 그러한 때가 올 때까지 잠정적인 것이어야 한다. 물론 현재의 왜곡된 지배구조 속에서 이사회와 같은 의사결정기구나 감사위원회와 같은 감시기구의 독립적인 활동이 제약될 수밖에 없고, 단기간 내에 이를 해소할 수 있는 획기적인 방안이 있는 것은 아니다. 향후 경쟁법적 차원의 재벌문제에 대한 접근은 국가자원의 효율적 배분과 시장경쟁질서의 보호라는 관점에 보다 중점을 두고 순차적, 단계적으로 이루어져야 할 것으로 생각된다.

제 2 절 지주회사

Ⅰ. 개요

지주회사제도는 경제력집중의 수단으로 악용될 수 있다는 단점과 함께 지배구조가 간결·투명하고 구조조정이 용이하다는 장점[8]도 있는 제도라고 할 수 있다.

1999년 이전에는 지주회사의 부정적 효과를 고려하여 공정거래법상 그 설립과 전환이 전면적으로 금지되어 있었다. 그런데 IMF 외환위기 이후 기업구조조정 수단으로서 지주회사제도의 효용성이 주목받기 시작하면서 1999년 공정거래법 제7차 개정을 통하여 지주회사 설립·전환을 제한적으로 허용하게 되었다. 2004년 공정거래법 제11차 개정 시에는 지주회사제도가 순환출자로 왜곡되어 있는 대기업집단의 소유지배구조를 개선할 수 있는 대안으로 활용될 수 있도록 그 설립·전환 요건을 완화하는 한편 지주회사가 경제력집중 수단으로 악용되지 못하도록 행위제한규정을 추가함으로써 보완장치를 마련하였다.[9]

---

8) 우리나라의 대기업집단은 순환형 출자의 결과 지배구조가 거미줄처럼 복잡한 고리를 형성하여 왔는데 반해, 지주회사는 모회사와 자회사가 수직형 연결고리로 되어 있어 비교적 단순한 구조를 취하게 된다. 그 결과 지주회사의 경우에는 상대적으로 지배구조의 투명성이 높기 때문에 내·외부에서의 감시가 쉬울 뿐만 아니라 부실기업매각 등 기업의 구조조정차원에서도 효율적인 것으로 평가받고 있다.

9) IMF 당시에는 IBRD와 OECD가 기업의 투명성 제고와 기업구조조정 촉진을 위해 우리나라에 지주회사의 허용을 권고한 바 있다. 2003년에는 공정거래위원회가 발표한 "시장개혁 3개년

엄격한 의미에서 지주회사제도는 경제력집중 억제시책이라기보다는 소유·지배구조 개선시책으로 보는 것이 타당할 것이다. 그러나 지주회사제도가 1999년 이전까지 경제력집중의 수단으로 이용되는 것을 방지하기 위해 금지되어 왔고 현재도 동일한 취지에서 다양한 규제가 이루어지고 있을 뿐만 아니라 우리나라의 경우에는 경제력집중과 소유지배구조가 밀접한 관련성을 가지고 있기 때문에 공정거래법은 지주회사에 대한 규제를 '경제력집중 억제'의 장(제4장)에서 규정하고 있다.

2022년 6월 말 현재 지주회사는 168개이고 지주회사 체제로 전환한 대기업집단은 29개이다.

Ⅱ. 지주회사의 개념 및 요건

공정거래법 제2조(정의) 제7호에서는 지주회사를 "주식(지분을 포함한다. 이하 같다)의 소유를 통하여 국내회사의 사업내용을 지배하는 것을 주된 사업으로 하는 회사로서 자산총액이 대통령령이 정하는 금액 이상인 회사를 말한다"고 규정하고 있다.[10]

이러한 지주회사의 개념정의로부터 지주회사의 요건을 도출할 수 있는데 공정거래법상 지주회사가 되기 위해서는 '① 주식 또는 지분의 소유를 통하여 지배력을 행사할 것, ② 지배대상은 국내회사일 것, ③ 사업내용을 지배하는 것이 주된 사업일 것, ④ 자산총액이 대통령령이 정하는 금액 이상일 것'이라는 요건을 모두 충족하여야 한다.

1. 주식 또는 지분의 소유

지주회사는 다른 회사의 주식이나 지분을 소유하고 이를 통하여 다른 회사에 대한 지배력을 행사하는 회사이다. 따라서 다른 회사를 지배하고 있는 경우에도 그 회사의 주식이나 지분을 소유하고 있지 않은 경우에는 지주회사에 해당될 수 없다. 주식이나 지분은 보유하고 있지 않지만 계약이나 합의 등에 의하여 임원선임권이나 경영권을 행사하는 경우가 예가 될 수 있을 것이다.

로드맵"에서 대기업집단의 소유·지배구조 개선방안의 하나로서 지주회사체제로의 전환 및 유도를 권장한 바 있다. 그리고 IMF도 지주회사가 투명성과 수익성 경영에 도움이 된다고 하면서 공정거래위원회의 로드맵을 지지한 바 있다.

10) 2020.12.29. 개정 이전 조항 제2조 제1의2호.

2. 국내회사의 사업내용 지배

지주회사는 국내회사의 사업내용을 지배하는 회사이다. 외국회사만을 지배하고 있거나 외국회사와 국내회사를 함께 지배하지만 국내회사를 지배하는 것이 뒤에서 보는 주된 사업으로 인정되지 않으면 지주회사로 될 수 없다.

공정거래법은 지주회사와 함께 자회사에 대한 개념정의를 하고 있다. 자회사란 "지주회사로 부터 대통령령으로 정하는 기준에 따라 그 사업내용을 지배받는 국내회사"를 말한다(법 제2조 제8호).[11] 이러한 자회사에 대한 개념정의에 따르면 지주회사가 지배하는 국내회사가 원칙적으로 자회사가 되는 것이다. 그런데 사실상 지주회사의 지배를 받는 국내회사라 하더라도 대통령령이 정하는 기준에 미달하는 경우에는 자회사로 인정될 수 없다. 이 기준은 ① 국내회사가 지주회사의 계열회사[12]여야 하고, ② 지주회사가 단독으로 소유하는 주식이 시행령 제14조(특수관계인의 범위) 제1항 1호 또는 2호에 규정된 각각의 자 중에서 최다출자자가 소유하는 주식과 같거나 많아야 한다(시행령 제3조 제3항).

이처럼 공정거래법이 자회사로 될 수 있는 지배의 요건을 제한적으로 정하고 있는 것은 지주회사에 대한 공정거래법 및 관련 법률상의 각종 혜택[13]을 고려하여 지주회사 및 자회사의 요건을 명확하고 엄격하게 정하려는 취지로 이해된다.

한편 자회사에 대해서는 위와 같은 성립요건뿐만 아니라 뒤에서 보는 바와 같이 지주회사에 대한 행위제한내용의 하나로서 지주회사가 보유하는 자회사 지분비율이 일정기준[14] 이상일 것을 요구하고 있다. 자회사 성립요건으로서의 지분요건과 지주회사에 대한 행위제한내용으로서의 지분요건은 구분되는 개념이다. 따라서 자회사 성립요건은 충족되지만 행위제한규정에 위반되는 지분보유 상황도 존재할 수 있다.

---

11) 2020.12.29. 개정 이전 조항 제2조 제1의3호.
12) 「벤처투자촉진에 관한 법률」에 따른 중소기업창업투자회사 또는 「여신전문금융업법」에 따라 설립된 신기술사업금융업자가 창업투자목적 또는 신기술사업자 지원 목적으로 다른 국내회사의 주식을 취득함에 따른 계열회사는 제외된다(시행령 제3조 제3항 제1호 단서).
13) 지주회사에 대해서는 공정거래법 외에도 법인세법·소득세법·조세특례제한법상 각종 세제상의 혜택이 인정되고 있다.
14) 발행주식 총수의 50%(주권상장법인 등의 경우에는 20%)로 규정하고 있다(법 제18조 제2항 제2호).

3. 주된 사업

지주회사가 되기 위해서는 국내회사의 사업내용을 지배하는 것이 '주된 사업'이어야 한다. 즉, 국내회사의 사업내용을 지배하고는 있지만 그러한 사업내용이 당해 회사의 주된 사업이 아니라 부수적인 사업에 불과한 경우에는 지주회사가 될 수 없다. 여기서 '주된 사업'인지 여부는, 회사가 소유하고 있는 자회사 주식가액의 합계액(직전 사업연도 종료일 현재의 대차대조표상에 표시된 금액의 합계액)이 당해 회사 자산총액의 50% 이상인지 여부에 따라서 판단한다(시행령 제3조 제2항).

4. 자산총액이 일정규모 이상

지주회사가 되기 위해서는 직전 사업연도 종료일 현재 대차대조표상의 자산총액이 5,000억원, 벤처지주회사의 경우 300억원 이상이어야 한다(시행령 제3조 제1항). 지주회사의 자산총액규모는 경제규모와 경제여건에 따라 변화되어 상향 조정되어 왔다.

Ⅲ. 지주회사 설립·전환의 신고(법 제17조)[15]

지주회사를 설립하거나 지주회사로 전환한 자는 일정한 기한 내에 공정거래위원회에 신고하여야 한다.

Ⅳ. 지주회사의 행위제한(법 제18조 제2항)[16]

지주회사가 경제력집중의 또 다른 수단이 되거나 지주회사 내 소유구조가 왜곡되어 소수 주주의 권익이 침해되는 것을 방지하기 위해서 공정거래법은 지주회사의 행위에 대하여 일정한 제한을 하고 있다.

1. 부채비율 제한(제1호)

지주회사는 자본총액[17]의 2배를 초과하는 부채를 보유할 수 없다(제1호 본문).

---

15) 2020.12.29. 개정 이전 조항 제8조.
16) 2020.12.29. 개정 이전 조항 제8조의2 제2항.

이는 지주회사가 과다한 부채를 통해 지배력을 확장해 나가거나 지주회사의 재무구조가 악화되는 것을 방지하기 위해서 지주회사의 부채비율을 200%로 제한하고 있는 것이다.

다만, 지주회사 설립·전환의 편의를 위하여, 지주회사를 설립하거나 전환할 당시 부채비율이 200%를 초과하는 경우에는 지주회사로 전환하거나 설립된 날부터 2년 동안의 유예기간을 인정하여 그 기간 동안은 자본총액의 2배를 초과하는 부채를 보유할 수 있도록 허용하고 있다(제1호 단서).

2. 자회사에 대한 최저지분율 제한(제2호)

지주회사는 원칙적으로 자회사 발행주식의 50% 이상을 소유하여야 한다. 다만, 자회사가 「자본시장과 금융투자업에 관한 법률」에 따른 주권상장법인, 국외상장법인, 공동출자법인은 30% 또는 벤처지주회사의 자회사인 경우에는 20% 이상 소유하여야 한다(법 제18조 제2항 제2호 및 제3항 제1호).

이러한 제한은 지주회사의 자회사에 대한 의무적 지분율(자회사주식보유기준)을 높게 설정함으로써 과도한 지배력확장을 방지하고 구조조정을 촉진하기 위한 것이다. 즉, 상대적으로 높은 의무적 주식보유비율을 설정함으로써 지주회사가 낮은 지분율로 자회사를 지배하면서 지배력을 확장해나가는 것을 방지하고 나아가 자회사에 대한 높은 지분율 보유비율을 준수하기 위해서 비주력 사업부문을 매각하고 주력업종 중심으로 기업구조를 형성해 나가도록 유도하고자 하는 정책적 배려가 내포되어 있다.

다만, 공정거래법에서는 기업들이 지주회사를 자유롭게 설립하고 전환할 수 있도록 하거나 설립·전환 이후의 사정변경으로 일시적인 위반상태가 발생하는 경우를 고려하여 각 경우별로 일정한 유예기간을 인정하고, 그 동안은 법정 지분율 미만으로 지분을 보유할 수 있도록 허용하고 있다.

3. 타 회사 주식소유제한(제3호)

지주회사는 자회사가 아닌 국내 계열회사의 주식을 소유할 수 없다. 위에서 설명한 바와 같이 지주회사의 계열회사이면서도 자회사가 아닌 회사가 존재할 수 있고, 이러한 회사에 대한 지주회사의 주식소유를 허용하게 되면 자회사에 대한 최저

---

17) 대차대조표상의 자산총액에서 부채액을 차감한 금액을 말한다.

주식보유기준을 정한 취지가 훼손될 우려가 있다. 따라서 자회사가 아닌 계열회사에 대해서는 주식을 보유하지 못하게 함으로써 자회사 주식보유기준의 하한선을 설정한 취지의 실효성을 확보하고자 하는 것이 동 제한의 취지라고 할 수 있다. 결국 지주회사는 그 계열회사에 대한 관계에서 아예 주식보유를 포기하든지, 아니면 법정 비율 이상으로 주식을 보유하여 자회사로 편입시켜야 하는 두 가지 선택만이 가능하다고 할 수 있다.

또한 지주회사는 계열회사가 아닌 국내회사(「사회기반시설에 대한 민간투자법」 제4조 제1호부터 제4호까지의 규정에 정한 방식으로 민간투자사업을 영위하는 회사를 제외한다) 주식을 5% 초과하여 소유할 수 없다. 이는 지주회사의 과도한 지배력 확장을 방지하기 위한 것으로서 증권거래법상 특정인이 상장법인 발행주식 총수의 5% 이상을 보유하게 된 경우에는 금융감독위원회와 증권거래소에 보고하도록 한 소위 '5% 룰'을 감안하여 정한 것이다. 다만, 벤처지주회사 또는 지주회사가 소유하고 있는 계열회사가 아닌 국내회사의 주식가액 합계액이 자회사 주식가액 합계액의 15% 미만인 경우에는 이러한 제한이 적용되지 않는다.

한편, 타 회사 주식보유제한의 경우에도 지주회사 설립·전환을 자유롭게 하고 그 이후의 사정변경을 고려하기 위해서 일정한 유예기간을 설정하고 있다.

4. 금융지주회사와 일반지주회사의 분리(제4호 및 제5호)

금융지주회사는 금융업 또는 보험업을 영위하는 자회사의 주식을 소유한 지주회사를 말하며 일반지주회사는 금융지주회사 이외의 지주회사를 의미한다. 공정거래법은 금융지주회사와 일반지주회사를 구별하여 그 지배대상 자회사의 범위를 각각 금융·보험회사 및 비금융·보험회사로 엄격히 제한하고 있다.

우선 금융지주회사는 원칙적으로 금융업 또는 보험업을 영위하는 회사 외의 국내회사 주식을 소유할 수 없다. 다만, 비금융·보험회사라 하더라도 금융업 또는 보험업과 밀접한 관련이 있는 회사에 대한 주식소유는 예외적으로 허용하고 있다(시행령 제28조 제2항). 그리고 일반지주회사는 금융업 또는 보험업을 영위하는 국내회사의 주식을 소유할 수 없으며 이에 대해서는 금융지주회사와 같은 예외가 인정되지 않는다.

이와 같이 금융지주회사와 일반지주회사를 엄격하게 분리하는 것은 금융자본과 산업자본을 분리함으로써 금융기관이 산업자본에 종속되어 기업확장의 도구로

전락하는 것을 방지하고, 산업부문의 위험이 금융부문으로 이전되는 것을 차단하여
금융기관의 건전성을 확보하기 위한 것이라고 할 수 있다.

5. 보고의무(제7항)

공정거래법은 지주회사에 대한 공정거래위원회 감독의 실효성을 확보하기 위
하여 지주회사에 대한 각종 보고의무를 규정하고 있다.

Ⅴ. 자회사의 행위제한(법 제18조 제3항)[18]

공정거래법에서는 일반지주회사의 자회사에 대해서도 일정한 행위제한을 하고
있다. 다만, 금융지주회사의 자회사로 부터 「금융지주회사법」에서 직접 규정하고
있기 때문에 공정거래법에서는 별도의 규정을 두고 있지 않다.

1. 국내계열회사 주식소유제한(제2호)

일반지주회사의 자회사는 손자회사가 아닌 국내계열회사의 주식을 소유할 수
없다. 손자회사라 함은 "자회사에 의하여 대통령령으로 정하는 기준에 따라 그 사
업내용을 지배받는 국내회사"를 말한다(법 제2조 제9호).

시행령에서는 그 기준으로 첫째 자회사의 계열회사일 것, 둘째 자회사가 소유하
는 주식이 법 제14조(특수관계인의 범위) 제1호 또는 제2호에 규정된 각각의 자 중 최
다출자자가 소유하는 주식과 같거나 많을 것을 정하고 있다(시행령 제3조 제4항).

2. 손자회사에 대한 최저지분율 제한(제1호)

자회사에 대해서도 지주회사의 자회사에 대한 지분율 제한과 흡사한 제한을 두
고 있다. 일반지주회사의 자회사는 원칙적으로 손자회사 발행주식의 50% 이상을
소유하여야 하고 손자회사가 상장법인 또는 국외상장법인이거나 공동출자법인인
경우에는 30%, 일반지주회사의 자회사인 벤처지주회사의 경우 20% 이상 소유하여
야 한다.

---

18) 2020.12.29. 개정 이전 조항 제8조의2 제3항.

Ⅵ. 손자회사에 대한 제한(법 제18조 제4항)[19]

일반지주회사의 손자회사는 국내 계열회사의 주식을 소유할 수 없다. 그러나 공정거래법은 손자회사의 국내 계열회사 주식소유제한에 대해서도 역시 일정한 예외와 유예기간을 두고 있다.

Ⅶ. 증손회사에 대한 제한(법 제18조 제5항)[20]

손자회사가 주식을 소유하고 있는 회사 즉 증손회사는 국내 계열회사의 주식을 소유하여서는 아니 된다. 다만 일정한 예외와 유예기간을 두고 있다.

Ⅷ. 상호출자제한기업집단의 지주회사 설립제한(법 제19조)[21]

공정거래법 제31조(상호출자제한기업집단 등의 지정 등) 제1항의 규정에 따라 지정된 상호출자제한기업집단에 속하는 회사를 지배하는 동일인 또는 당해 동일인의 특수관계인이 지주회사를 설립하고자 하거나 지주회사로 전환하고자 하는 경우에는 일정한 채무보증[22]을 모두 해소하여야 한다.

해소대상이 되는 채무보증은 ① 지주회사와 자회사 간의 채무보증, ② 지주회사와 다른 국내계열회사(당해 지주회사가 지배하는 자회사를 제외한다) 간의 채무보증, ③ 자회사 상호간의 채무보증, ④ 자회사와 다른 국내계열회사(당해 자회사를 지배하는 지주회사 및 당해 지주회사가 지배하는 다른 자회사를 제외한다) 간의 채무보증이다.

Ⅸ. 법위반 행위에 대한 제재

1. 탈법행위의 금지

공정거래법은 제18조(지주회사 등의 행위제한 등) 제2항부터 제5항, 제19조(상호

---

19) 2020.12.29. 개정 이전 조항 제8조의2 제4항.
20) 2020.12.29. 개정 이전 조항 제8조의2 제5항.
21) 2020.12.29. 개정 이전 조항 제8조의3.
22) 공정거래법 제24조(계열회사에 대한 채무보증의 금지) 규정에 의한 채무보증을 말한다.

출자제한기업집단의 지주회사 설립제한), 제21조(상호출자의 금지 등), 제22조(순환출자의 금지), 제24조(계열회사에 대한 채무보증의 금지), 제25조(금융회사·보험회사 및 공익법인의 의결권 제한)의 규정을 면탈하려는 행위를 탈법행위로서 금지하고 있다(법 제36조 제1항).[23] 다만 법 제36조 제1항의 탈법행위 유형 및 기준은 대통령령으로 정하도록 규정하고 있다(동조 제2항).[24]

2. 시정조치

공정거래위원회는 위반하거나 위반할 우려가 있는 행위가 있을 때에는 해당 사업자 또는 위반행위자에 대해서 해당 행위의 중지, 주식의 전부 또는 일부의 처분, 임원의 사임, 영업의 양도, 채무보증의 취소, 시정명령을 받은 사실의 공표, 공시의무의 이행 또는 공시내용의 정정, 그 밖의 법위반 상태를 시정하기 위하여 필요한 조치를 명할 수 있다(법 제37조 제1항).[25]

그리고 주식처분명령을 받은 자는 그 명령을 받은 날부터 당해 주식에 대해서는 의결권을 행사할 수 없게 된다(법 제39조 제2항).[26]

3. 합병 또는 설립 무효의 소 제기

상호출자제한기업집단의 지주회사 설립제한 규정(법 제19조)에 위반한 회사의 합병 또는 설립이 있는 때에는 공정거래위원회가 당해 회사의 합병 또는 설립 무효의 소를 제기할 수 있다(법 제37조 제2항).[27]

4. 과징금

이상의 법 위반한 자에 대해서는 일정한 기준금액의 20%를 초과하지 않는 범위 내에서 과징금을 부과할 수 있다(법 제17조 제4항). 2020.12.29. 개정으로 인해 과징금 상한이 20%로 높아졌다(법 제38조).

---

23) 탈법행위로 금지되는 경우는 이외에도 경쟁제한적 기업결합 제한(법 제9조 제1항)이 있다.
24) 2020.12.29. 개정 이전 조항 제15조.
25) 2020.12.29. 개정 이전 조항 제16조 제1항.
26) 2020.12.29. 개정 이전 조항 제18조 제1항.
27) 2020.12.29. 개정 이전 조항 제16조 제2항. 합병 및 설립 무효의 소를 제기할 수 있는 경우는 이외에도 경쟁제한적 기업결합금지 위반과 기업결합 사전신고 이후 대기기간 중 기업결합행위금지 위반의 경우가 있다.

5. 벌칙

이상의 법 위반자에 대하여는 3년 이하의 징역 또는 2억 원 이하의 벌금에 처하며 이 경우 징역형과 벌금형은 병과할 수 있다(법 제124조 제1항 제3호, 제4호, 동조 제2항).[28]

그리고 지주회사의 설립·전환 신고규정에 위반하여 신고를 하지 아니하거나 거짓의 신고를 한 자 또는 지주회사 보고의무규정에 위반하여 보고를 하지 아니하거나 거짓의 보고를 한 자 등에 대해서는 1억 원 이하의 벌금에 처한다(법 제126조 제1호, 제2호).[29]

제3절 대규모 기업집단

Ⅰ. 개관

1. 주요 개념

1) 기업집단

공정거래법상 기업집단이란 '동일인이 사실상 그 사업내용을 지배하는 회사의 집단'을 말한다(법 제2조 제11호).[30] 기업집단은 동일인에 의하여 지배를 받는 2개 이상의 회사로 구성되는 집단이라고 할 수 있다. 일반적으로 사용되고 있는 재벌이라는 용어는 대규모기업집단을 의미하는 것이지만 공정거래법상의 용어는 아니다.

이러한 공정거래법상 기업집단에 대한 개념을 기준으로 특정한 기업집단을 획정하기 위해서는 '동일인'과 '사실상 지배'라는 개념이 먼저 확정되어야 할 필요성이 있다.

2) 동일인

공정거래법은 동일인에 대한 직접적인 개념정의를 하고 있지 않다. 기업집단의

---

28) 2020.12.29. 개정 이전 조항 제66조 제1항 제3호 내지 제4호, 제8호, 동조 제2항.
29) 2020.12.29. 개정 이전 조항 제68조 제1호, 제2호.
30) 2020.12.29. 개정 이전 조항 제2조 제2호.

개념으로부터 동일인에 대한 개념을 간접적으로 도출할 수 있는데 동일인이란 '2개 이상의 회사를 사실상 지배하고 있는 자'로 정의할 수 있다. 그리고 이러한 동일인은 자연인 또는 법인이 모두 해당될 수 있다.[31] 자연인이 동일인인 경우 총수라고 부르기도 한다.

　동일인이 법인인 경우에는 동일인도 기업집단의 범위에 포함되게 되지만, 동일인이 자연인인 경우에는 회사의 집단을 개념적 요소로 하고 있는 기업집단의 개념상 동일인은 기업집단에 포함되지 않는다(법 제2조 제11호 가목 내지 나목).[32]

3) 사실상 사업내용 지배

　다음으로 '사실상 사업내용을 지배'한다는 의미는 두 가지 기준에 의하여 판단하도록 하고 있다. ① 최다출자자로서 보유한 주식소유비율과(지분율) ② 회사의 경영에 대한 지배적인 영향력 행사여부(지배력)에 의하여 판단하되 두 가지 기준 중에서 한 가지만 충족되면 사실상 지배관계가 인정될 수 있다(시행령 제4조).

　첫째, 주식소유비율은 동일인이 단독으로 또는 동일인관련자와 합하여 당해 회사의 발행주식 총수의 30% 이상을 소유하는 경우로서 최다출자자인 경우에는 지배관계가 인정된다(시행령 제4조 제1호). 동일인관련자란 시행령 제4조 제1호 가목 내지 마목에서 열거하고 있는 자를 말하는데 동일인의 친족, 동일인이 지배하는 회사·비영리법인·단체 및 그 사용인이 이에 해당된다. 그리고 발행주식 총수를 계산함에 있어 상법 제344조의3(의결권 배제·제한에 관한 종류주식)의 규정에 의한 의결권 없는 주식은 제외된다.

　둘째, 회사의 경영에 대한 지배적인 영향력을 행사하고 있는 것으로 인정되는 경우는 시행령 제4조 제2호에서 열거하고 있는데 ① 동일인이 다른 주요 주주와의 계약 또는 합의에 의하여 대표이사를 임면하거나 임원의 50% 이상을 선임하거나 선임할 수 있는 회사, ② 동일인이 직접 또는 동일인관련자를 통하여 당해 회사의 조직변경 또는 신규 사업에의 투자 등 주요 의사결정이나 업무집행에 지배적인 영향력을 행사하고 있는 회사, ③ 동일인이 지배하는 회사(동일인이 회사인 경우에는 동일인을 포함한다)와 당해 회사 간에 일정한 인사교류[33]가 있는 회사, ④ 통상적인 범

---

31) 예컨대 삼성 기업집단의 경우 동일인은 자연인 이재용인 반면, 포스코 기업집단의 경우 동일인은 법인인 ㈜포스코이다.

32) 2020.12.29. 개정 이전 조항 제2조 제2호 가목 내지 나목.

33) 여기서 말하는 인사교류는 ① 동일인이 지배하는 회사와 당해 회사 간에 임원의 겸임이 있는

위를 초과하여 동일인 또는 동일인관련자와 자금·자산·상품·용역 등의 거래를 하고 있거나 채무보증을 하거나 채무보증을 받고 있는 회사, 기타 당해 회사가 동일인의 기업집단의 계열회사로 인정될 수 있는 영업상의 표시행위를 하는 등 사회통념상 경제적 동일체로 인정되는 회사의 경우가 이에 해당된다.

4) 계열회사

위와 같은 기준에 따라서 동일인이 지배하고 있는 회사의 범위가 판단되면 특정한 기업집단이 확정되게 된다. 그리고 동일한 기업집단에 속하는 회사들은 상호 간에 계열회사의 관계가 성립하게 된다. 만약 A, B, C 3개의 회사가 동일한 기업집단에 속하게 되었다면 A사는 B·C사의 계열회사가 되고, B사는 A·C사의 계열회사가 되며, C사는 A·B사의 계열회사가 된다. 즉, 이 경우에 A·B·C사는 각각 상대회사에 대하여 계열회사가 되는 것이다(법 제2조 제12호).

2. 대규모 기업집단 지정제도

공정거래법상 기업집단의 개념에 의하면 우리나라에는 크고 작은 무수히 많은 기업집단들이 존재하게 된다. 그러나 공정거래법상 기업집단에 대한 규제는 모든 기업집단을 대상으로 하는 것이 아니라 일정규모 이상의 기업집단만을 대상으로 하고 있다. 공정거래위원회는 규제대상이 되는 기업집단을 매년 사전에 지정하는 대규모 기업집단 지정제도를 운영하고 있다(법 제31조).[34]

공정거래법상의 대규모 기업집단 지정제도에는 2002년도를 기점으로 큰 변화가 있었다. 2002년 이전에는 기업집단에 속하는 국내회사들의 자산총액 합계액을 기준으로 1위부터 30위까지의 기업집단을 지정하는 '30대 대규모 기업집단 지정제도'로 운영되고 있었다. 그러나 2002년부터는 규제의 내용에 따라 자산총액 합계액의 절대 기준액을 달리하여 복수의 대규모 기업집단을 지정하는 제도로 운영되고 있다.

현행 공정거래법상의 대규모 기업집단 지정제도를 구체적으로 보면 자산총액

경우, ② 동일인이 지배하는 회사의 임·직원이 당해 회사의 임원으로 임명되었다가 동일인이 지배하는 회사로 복직하는 경우(동일인이 지배하는 회사 중 당초의 회사가 아닌 회사로 복직하는 경우를 포함한다), ③ 당해 회사의 임원이 동일인이 지배하는 회사의 임·직원으로 임명되었다가 당해 회사 또는 당해 회사의 계열회사로 복직하는 경우를 의미한다(시행령 제4조 제2호 다목 (1) 내지 (3)).

34) 2020.12.29. 개정 이전 조항 제14조.

이 5조원 이상인 기업집단은 공시대상기업집단으로 지정되고 이 중 당해 기업집단
에 속하는 국내회사들의 직전 사업연도 대차대조표상 자산총액 합계액이 10조원
이상인 경우에 상호출자제한 기업집단 및 채무보증제한 기업집단으로 지정된다.
2020.12.29. 개정법에서 상호출자제한집단의 지정기준을 국내총생산액의 0.5%로 법
률에서 직접 규정하였다(법 제31조 제1항). 그 이유는 경제규모의 변화에 따라 자산
총액 기준 5조원, 10조원으로 수시로 개정하는 데 따른 행정적 비용이 적지 않고
사회적 합의를 도출하는데도 애로가 있었기 때문이다. 다만 부칙에서 국내총생산액
이 2천조 원을 초과하는 다음해부터 적용하기로 되어 있어 2023년 이후부터 적용이
가능할 것으로 예상된다.

　　상호출자제한 기업집단은 계열회사 간 상호출자, 순환출자 및 채무보증이 금지
되고, 소속 금융·보험사의 의결권 행사가 제한되며, 공시 의무(비상장회사 중요사항
공시, 대규모 내부거래 이사회 의결 및 공시, 기업집단 현황 공시) 등을 부담한다. 공시대
상 기업집단은 법 제47조(특수관계인에 대한 부당한 이익제공 등 금지)가 적용되고 각
종의 공시의무 등을 부담한다.[35]

3. 계열회사 편입·제외 등

　　공정거래법상 기업집단제도는 법률에서 정하고 있는 요건인 동일인의 지배력
이 미치는 회사들을 동일한 기업집단으로 획정하고, 일정 규모 이상의 기업집단을
법 목적에 따라 대규모 기업집단으로 지정하는 제도로 요약할 수 있다. 그런데 이
와 관련하여 상호 관련성을 가지면서도 엄격히 구분되어야 하는 개념이 계열회사
편입·제외, 기업집단으로부터의 제외, 대규모 기업집단 지정제외제도이다.

1) 계열회사 편입·제외

　　공정거래위원회는 대규모 기업집단의 계열회사로 편입하거나 계열회사에서 제
외하여야 할 사유가 발생한 경우에는 당해 회사(당해 회사의 특수관계인을 포함한다)
의 요청이나 직권으로 계열회사에 해당하는지 여부를 심사하여 계열회사로 편입하

---

35) 대기업집단 지정제도와 관련하여 피터팬 증후군과 아우라(Aura) 효과가 있다. 피터팬 증후군
　　은 성인이 되기를 거부하고 소년으로 머물기 원하는 피터팬처럼 기업들이 대기업 규제를 받
　　지 않기 위해 기업규모를 일정 수준으로 키우지 않는 것을 빗댄 말이다. 반대로 아우라 효과
　　는 정부에 의해 공식적으로 대기업집단으로 인정받게 되면 명실공히 기업의 위상은 한 단계
　　격상되게 된다는 것을 의미한다.

거나 계열회사에서 제외하여야 한다(법 제32조 제1항).[36]

　계열회사 편입·제외는 대규모 기업집단 지정 시 획정되었던 기업집단의 범위를 변경시키는 원인이 지정시점 이후에 발생하거나 발견됨으로써 이를 사후적으로 반영하기 위한 제도라고 할 수 있다. 기업집단 지정시점 이후에 동일인의 지배력이 확장되어 새로운 회사를 지배하게 되거나 기존에 동일인의 지배를 받던 회사가 더 이상 동일인의 지배를 받지 않게 되거나 혹은 지정 당시에 동일인의 지배를 받고 있던 회사가 누락되어 사후적으로 발견되는 경우 등에 이들 회사를 당해 대규모 기업집단에 편입시키거나 기업집단에서 제외하는 공정거래위원회의 조치를 의미한다.

　이러한 계열회사 편입·제외는 시행령 제4조에서 정하고 있는 계열회사 관계의 판단기준인 동일인 지배력의 변경(또는 지배력 범위에 대한 사후적 재확인)이 기본적인 원인이 된다. 일단 원인이 확인되면 공정거래위원회는 당해 회사의 요청 또는 직권에 의해서 의무적으로 편입 또는 제외조치를 취하여야 한다.

　공정거래위원회의 계열회사 편입·제외 조치의 법적 성격이 형성적 행위인지 확인적 행위인지 여부가 문제될 수 있다. 편입·제외 사유가 실제로 발생한 시기와 공정거래위원회의 조치시기가 다른 경우에 언제 편입·제외의 효과가 발생하는지에 따라서 대규모 기업집단에 대한 각종 규제의 적용 또는 면제시기가 달라질 수 있기 때문이다.

　사견으로는 공정거래위원회의 계열회사 편입·제외 조치는 형성적 행위로 보는 것이 타당하고, 따라서 계열회사로 편입·제외되는 시점은 공정거래위원회의 조치가 있는 시점이라고 해석하여야 한다고 생각된다. 계열회사인지 여부에 대한 공정거래법상의 심사는 여러 가지 요소를 고려하여 종합적으로 판단하여야 한다. 그러나 편입·제외조치를 단순한 확인적 행위로 보게 되면 계열회사인지 여부와 편입·제외시점이 불분명하여 당해 회사의 법적 상태가 불안정해질 수밖에 없기 때문이다. 나아가 공정거래법상 대규모 기업집단으로 지정되면 그 소속회사에 대해서 지정사실을 서면으로 통보함으로써 당해 회사가 대규모 기업집단 규제의 대상이 되었다는 사실을 분명하게 인지할 수 있도록 하고 있는데, 이러한 통지도 없는 상태에서 당해 회사에 대한 각종 규제를 적용한다는 것은 불합리하기 때문이기도 하다.

　결국 실제로 계열회사 편입·제외 사유가 발생한 시점에 관계없이 공정거래위

---

36) 2020.12.29. 개정 이전 조항 제14조의2 제1항.

원회의 편입·제외 조치가 명시적으로 이루어진 시점을 기준으로 공정거래법상 각
종 규제의 적용 또는 면제여부를 판단하여야 할 것이고, 공정거래위원회의 실무도
이와 같은 태도를 취하고 있다.[37]

2) 기업집단으로부터의 제외

기업집단으로부터의 제외는 시행령 제4조에서 규정하고 있는 동일인의 지배력
이 인정되는 회사이기 때문에 원칙적으로는 기업집단에 편입되어야 하지만 특수한
사정으로 인하여 예외적으로 기업집단의 범위에서 제외하거나(시행령 제5조 제2항 제
1호), 외형상으로는 시행령 제4조의 요건이 충족되지만 특수한 사정에 의하여 실질
적으로는 동일인의 지배력이 인정되지 않기 때문에 기업집단의 범위에서 제외하는
경우를 말한다(시행령 제5조 제1항, 제2항 제2호).

기업집단으로부터의 제외는 그 요건이 시행령으로 한정되어 있으며, 이해관계
자의 제외신청이 있어야 하고 그 판단에 공정거래위원회의 재량이 인정되어 있다
는 점에서 위의 계열회사 제외와는 차이가 있다.[38]

3) 대규모 기업집단 지정제외

대규모 기업집단 지정제외는 자산 등의 규모가 상호출자제한 기업집단, 채무보
증제한 기업집단의 지정요건을 충족하지만 일정한 경우에 법령의 규정에 의하여
대규모 기업집단 지정에서 제외되는 것을 의미한다. 대규모 기업집단 지정제외는
그 대상이 개별 회사가 아닌 기업집단이라는 점과 법령의 규정에 의해서 당연히 제
외효과가 발생한다는 점에서 위의 두 가지 제외 제도와는 구별된다. 대규모기업집
단지정제외사유는 다음과 같다(시행령 제38조 제1항).

---

37) 소위 '위장계열사'가 적발되면 공정거래위원회는 대규모 기업집단에 대한 규제내용(채무보증
   등) 위반여부를 문제삼는 것이 아니라 대규모 기업집단 지정을 위한 자료를 허위로 제출했다
   는 이유로 동일인을 검찰에 고발하고 있는데, 이러한 공정거래위원회의 실무상 태도는 계열
   편입·제외 조치가 형성적 행위라는 것을 전제로 하고 있는 것이라고 할 수 있다.
38) 시행령 제5조 제2항 제1호의 '제외'는 동일인의 지배력 인정여부에 관계없이 기업집단의 범위
   에서 제외할 수 있다는 점에서 '계열회사 제외'와는 본질적인 차이가 더 분명히 나타난다고
   할 수 있다.

1. 금융업 또는 보험업만을 영위하는 기업집단
2. 금융업 또는 보험업을 영위하는 회사가 동일인인 경우의 기업집단
3. 해당 기업집단에 속하는 회사 중 다음 각 목의 어느 하나에 해당하는 회사의 자산총액의 합계액이 기업집단 전체 자산총액의 100분의 50 이상인 기업집단. 다만, 다음 각 목의 어느 하나에 해당하는 회사를 제외한 회사의 자산총액의 합계액이 5조원 이상인 기업집단은 제외한다.

    가. 「채무자 회생 및 파산에 관한 법률」에 따른 회생절차의 개시가 결정되어 그 절차가 진행 중인 회사

    나. 「기업구조조정 촉진법」에 따른 관리절차의 개시가 결정되어 그 절차가 진행 중인 회사

4. 「공공기관의 운영에 관한 법률」 제4조에 따른 공공기관, 「지방공기업법」 제2조 제1항에 따른 지방직영기업, 지방공사 또는 지방공단이 동일인인 기업집단
5. 해당 기업집단에 속하는 회사 모두가 다음 각 목의 어느 하나에 해당하는 기업집단

    가. 「자본시장과 금융투자업에 관한 법률」 제9조제19항제1호에 따른 기관전용 사모집합투자기구

    나. 가목에 해당하는 자가 투자한 「자본시장과 금융투자업에 관한 법률」 제249조 의13 제1항에 따른 투자목적회사(이하 이 호에서 "투자목적회사"라 한다)

    다. 나목에 해당하는 자가 투자한 투자목적회사

    라. 가목부터 다목까지에 해당하는 자가 투자한 「자본시장과 금융투자업에 관한 법률」 제249조의18 제2항 제4호에 따른 투자대상기업

    마. 라목에 해당하는 자가 지배하는 회사

    바. 「자본시장과 금융투자업에 관한 법률」 제249조의15제1항에 따라 금융위원회 에 등록된 기관전용 사모집합투자기구의 업무집행사원

6. 해당 기업집단에 속하는 회사 모두가 다음 각 목의 어느 하나에 해당하는 기업집 단. 이 경우 가목 또는 나목의 회사가 각각 하나 이상 포함되어 있어야 한다.

    가. 금융업 또는 보험업을 영위하는 회사

    나. 제5호 각 목의 어느 하나에 해당하는 회사

Ⅱ. 상호출자금지

1. 대상 및 내용

상호출자제한 기업집단으로 지정이 되면 그 계열회사들 간에는 상호출자가 금지된다. 이것은 실질적인 출자없이 가공자본(架空資本, fictitious capital)으로 기업을 지배함으로써 경제력이 집중되고 소유지배구조가 왜곡되는 것을 방지하기 위한 것이다.

제21조(상호출자의 금지 등)[39] ① 상호출자제한기업집단에 속하는 회사는 자기의 주식을 취득 또는 소유하고 있는 계열회사의 주식을 취득 또는 소유하여서는 아니된다. 다만, 다음 각 호의 어느 하나에 해당하는 경우에는 그러하지 아니하다.
1. 회사의 합병 또는 영업전부의 양수
2. 담보권의 실행 또는 대물변제의 수령

예컨대, A회사가 50억 원으로 B회사의 유상증자에 참여해 B회사 주식의 50%를 인수한 후 B회사가 다시 그 자금으로 A회사 유상증자에 참여해 A회사 주식을 인수하게 되면, A회사는 자금의 감소없이 B회사 주식의 50%를 인수한 것이 되고 결국 A회사를 지배하는 동일인이 신규자금을 투입하지 않고서도 가공자본으로 B회사를 지배할 수 있게 된다. 이처럼 상호출자는 동일인이 가공자본을 형성하여 지배력을 확장 또는 강화시키는 수단으로 악용될 수 있기 때문에 공정거래법상 금지되는 것이라고 할 수 있다.

한편, 상법에서도 자회사의 모회사 주식취득을 금지하고 모자관계에 이르지 않는 회사 간의 상호주 보유에 대해서는 의결권을 제한하고 있다(상법 제342조의2 제1항, 제369조 제3항). 이러한 상법상의 상호주 보유에 관한 규제는 기본적으로 회사의 재무구조건전성을 보호하여 자본충실을 유도함으로써 회사 채권자를 보호하기 위한 제도라는 점에서 공정거래법상의 상호출자금지와는 그 목적과 내용면에서 차이가 있다.

상호출자가 금지되는 회사는 상호출자제한 기업집단 소속 계열회사들로서 이들 사이에서는 주식의 상호보유뿐만 아니라 지분의 상호보유도 금지된다. 따라서

---

39) 2020.12.29. 개정 이전 조항 제9조.

주식회사 이외의 계열회사들도 상호출자를 할 수 없다. 다만, 계열회사 간의 직접적인 상호출자(direct cross shareholding)만 금지되고 있고, A사 ⇒ B사 ⇒ C사 ⇒ A사로 주식소유 관계가 연결되는 소위 '순환출자' 또는 간접적 상호출자(indirect cross shareholding)는 신규의 순환출자만 금지되어 있다. 법에서는 "상호출자제한기업집단에 속하는 회사는 순환출자를 형성하는 계열출자를 하여서는 아니 된다"고 규정하고 있다(법 제22조 제1항)[40].

또한, 상호출자제한 기업집단이 아닌 기업집단 소속의 계열회사들은 공정거래법상의 상호출자 금지의 대상이 아니다. 상호출자제한 기업집단 소속인 계열회사라 하더라도 비계열회사와의 상호출자는 공정거래법상 제한을 받지 않는다.

2. 예외인정

회사의 사업활동 영위과정에서 일정한 사유로 불가피한 상호출자가 발생하는 경우에는 공정거래법상 상호출자 금지에 대한 예외가 인정되고 있다. 합병·영업전부의 양수와 담보권의 실행·대물변제로 인하여 상호출자가 발생한 경우가 이에 해당한다(법 제21조 제1항 단서, 제1호, 제2호).[41] 예컨대 A1이 동일한 상호출자제한 기업집단에 소속한 A2의 주식을 소유하고 있으면 원칙적으로 A2는 A1의 주식을 소유할 수 없다. 하지만 A2가 B를 흡수합병하였는데 B가 A1의 주식을 소유하고 있었기 때문에 합병의 효과로 A2가 A1의 주식을 보유하게 됨으로써 상호출자금지 위반상황이 발생하게 되는 경우이다.

이러한 경우에는 일시적인 상호출자 위반상태를 예외적으로 인정하되, 상호출자를 한 회사(A2)는 당해 주식을 취득 또는 소유한 날부터 6개월 이내에 이를 처분[42]하도록 규정하고 있다(법 제21조 제2항 본문). 다만, 자기의 주식을 취득 또는 소유하고 있는 계열회사가 그 주식을 처분한 때에는 상호출자금지 위반상태가 해소되게 되므로 상호출자를 한 회사가 당해 주식을 처분할 필요가 없다(법 제9조 제2항 단서).

---

40) 2020.12.29. 개정 이전 조항 제9조의2 제2항.
41) 2020.12.29. 개정 이전 조항 제9조 제1항 제1호, 제2호.
42) 여기서 말하는 '처분'이란 당해 주식에 대한 소유권이 완전히 이전되는 조치를 의미하는 것으로 해석된다. 따라서 6개월 이내에 주식의 소유권 이전에 필요한 조치들이 완료되어야 하고, 단순한 처분계약의 체결 등과 같은 채권적 행위만으로는 '처분'이 있었다고 보기 어렵다고 생각된다.

3. 위반행위에 대한 제재

상호출자 금지규정에 위반하거나 위반할 우려가 있는 때에는 당해 사업자 또는 위반행위자에 대하여 공정거래위원회는 당해 행위중지 등 시정명령, 주식처분명령, 시정명령을 받은 사실의 공표명령, 기타 시정을 위하여 필요한 조치를 명할 수 있다(법 제37조).[43] 그리고 상호출자를 한 주식에 대하여는 시정조치명령을 받은 날부터 법위반 상태가 해소될 때까지 당해 주식의 전부에 대하여 의결권을 행사할 수 없다(법 제39조 제1항).[44] 공정거래법 제39조 제2항에서는 주식처분명령의 경우에 한정하여 의결권 행사를 금지하고 있는데 반해, 상호출자의 경우에는 의결권 행사 금지효과가 주식처분명령의 경우에만 한정되는 것이 아니라 시정조치명령 일반의 경우에 발생하는 것으로 정하고 있다.[45]

공정거래위원회는 상호출자금지규정을 위반하여 주식을 취득 또는 소유한 회사에 대하여 위반행위로 취득 또는 소유한 주식의 취득가액의 20%를 초과하지 않는 범위 내에서 과징금을 부과할 수 있다(법 제38조 제1항)[46]. 또한 상호출자금지규정 위반 및 의결권 행사금지규정 위반에 대해서는 3년 이하의 징역 또는 2억원 이하 벌금에 처할 수 있도록 규정하고 있으며, 이 때 징역형과 벌금형은 병과할 수 있다(법 제124조 제1항 제3호 및 제7호, 제2항).[47]

4. 중소기업창업투자회사의 국내 계열회사 주식취득 금지

상호출자제한 기업집단에 속하는 회사로서「벤처투자 촉진에 관한 법률」에 의한 중소기업창업투자회사는 국내 계열회사주식을 취득 또는 소유하여서는 아니 된다(법 제21조 제3항).[48]

이러한 공정거래법 제21조 제3항의 제한은 상호출자제한 기업집단 소속회사에 대한 규제라는 점에서는 동조 제1항의 상호출자금지 규정과 공통점이 있다. 그러나 금지되는 행위내용이 계열회사 간의 양 방향의 주식소유를 금지하는 것이 아니라

---

43) 2020.12.29. 개정 이전 조항 제16조 제1항.
44) 2020.12.29. 개정 이전 조항 제18조 제2항.
45) 2020.12.29. 개정 이전 조항 제18조 제1항.
46) 2020.12.29. 개정 이전 조항 제17조 제1항.
47) 2020.12.29. 개정 이전 조항 제66조 제1항 제5호, 제7호, 제2항.
48) 2020.12.29. 개정 이전 조항 제9조 제3항.

중소기업창업투자회사가 계열회사의 주식을 일방적으로 취득 또는 소유하는 것을 금지하고 있다는 점에서 차이가 있다. 즉, 상호출자제한 기업집단에 속해 있는 중소기업창업투자회사는 국내 계열회사가 자신의 주식을 소유하고 있는지 여부에 관계없이 계열회사의 주식을 취득 또는 소유하여서는 아니 되는 것이다. 중소기업창업투자회사는 「벤처투자 촉진에 관한 법률」에 의하여 정부 자금지원 등 혜택이 부여되고 있는데, 이러한 혜택을 받은 중소기업창업투자회사의 자금이 동일인의 지배력 확장수단으로 오용되는 것을 방지하는데 동 제한의 취지가 있다고 생각된다.

III. 신규 순환출자금지

기업집단 내 순환출자는 실질적인 신규 출자 없이 가공자본을 형성하고 계열회사를 확장하여 다수의 계열회사를 지배할 수 있게 해 준다는 비판을 받아왔다. 공정거래법은 2014년 법 개정으로 기존 순환출자 회사집단은 인정하되 추가적인 계열출자는 금지하고 있다. 즉 기존에 형성된 순환출자의 전면적인 해소까지 요구하는 것은 아니지만 추가적인 신규순환출자를 금지하고 있다. 물론 일정한 예외는 인정된다.

법 제2조에서는 이와 관련된 정의규정을 두고 있다. 우선 "계열출자"란 기업집단 소속 회사가 계열회사의 주식을 취득 또는 소유하는 행위를 말한다. "순환출자"란 3개 이상의 계열출자로 연결된 계열회사 모두가 계열출자회사 및 계열출자대상회사가 되는 계열출자 관계를 말한다. 그리고 "순환출자회사집단"이란 기업집단 소속 회사 중 순환출자 관계에 있는 계열회사의 집단을 말한다.

2020.12.29 개정으로 상호출자제한기업집단으로 신규 지정되는 기업집단이 기업집단 지정일 당시 보유하고 있는 순환출자회사집단 내 계열출자회사가 보유하고 있는 계열출자대상회사에 대한 의결권이 제한되었다(법 제23조). 시정조치나 과징금 등은 상호출자금지와 동일하다.

IV. 채무보증제한

1. 대상 및 내용

상호출자제한 기업집단 소속회사는 국내 계열회사의 국내금융기관 여신과 관련한 채무보증이 금지된다.

제24조(계열회사에 대한 채무보증의 금지) 상호출자제한기업집단에 속하는 회사(금융업 또는
보험업을 영위하는 회사는 제외한다)는 채무보증을 하여서는 아니 된다. 다만, 다음 각 호의 어
느 하나에 해당하는 채무보증의 경우에는 그러하지 아니하다.
1. 「조세특례제한법」에 따른 합리화기준에 따라 인수되는 회사의 채무와 관련된 채무보증
2. 기업의 국제경쟁력 강화를 위하여 필요한 경우 등 대통령령으로 정하는 경우에 대한 채무보증

공정거래법상 계열회사에 대한 채무보증을 금지하는 주된 취지는 첫째, 계열회
사 간의 채무보증이 허용되면 능력은 있지만 보증을 받을 수 없는 우량 독립기업보
다는 부실하더라도 계열회사로부터 채무보증을 받을 수 있는 대기업집단 소속회사
에게 여신이 편중되어 대기업집단으로 경제력이 집중되고 사회전체의 자원배분이
왜곡될 우려가 있고, 둘째, 계열사회 간의 채무보증으로 인해 부실기업 퇴출이 저
해되고 기업집단의 동반부실화가 초래되어 궁극적으로 대출을 한 금융기관까지도
부실화되면 결국 IMF 외환위기 사태와 같은 국가경제위기를 초래할 위험성이 있으
므로, 이러한 폐단을 사전에 방지하기 위한 것이라고 설명되고 있다.

이러한 취지에서 1998년 공정거래법 개정 시 당시 30대 대규모 기업집단의 계
열회사에 대한 신규채무보증을 전면적으로 금지하면서 기존의 채무보증도 일정기
한까지 모두 해소하도록 하였다.

공정거래법상 채무보증금지의 주된 내용은 채무보증제한 기업집단 소속회사가
국내 계열회사의 국내금융기관 여신과 관련한 채무보증을 금지하는 것이다. 따라서
계열회사 A1이 비계열회사인 B로부터 물건을 외상매입하는 경우에 계열회사 A2가
당해 외상매입채무의 보증을 해주는 것은 허용된다. B가 금융기관도 아니고 거래내
용도 여신이 아니기 때문에 금지되지 않는다. 그리고 해외 현지법인은 국내 계열회
사가 아니므로 해외 현지법인에 대한 채무보증도 금지대상이 아니다.

2. 예외인정

채무보증제한 규정에 대해서는 공정거래법상 다음의 경우에 예외가 인정되고
있다(법 제24조 단서).[49]

---

49) 2020.12.29. 개정 이전 조항 제10조의2 단서.

1. 「조세특례제한법」에 따른 합리화기준에 따라 인수되는 회사의 채무와 관련된 채무보증
2. 기업의 국제경쟁력 강화를 위하여 필요한 경우 등 대통령령으로 정하는 경우에 대한 채무보증

인수되는 회사의 채무와 관련하여 행하는 보증이란 첫째, 주식양도 또는 합병 등의 방법으로 인수되는 회사의 인수시점의 채무나 인수하기로 예정된 채무에 대하여 인수하는 회사 또는 그 계열회사가 행하는 보증, 둘째, 인수되는 회사의 채무를 분할인수함에 따라 인수하는 채무에 대하여 계열회사가 행하는 보증을 말한다(시행령 제31조 제1항).

3. 위반행위에 대한 제재

공정거래위원회는 채무보증제한 규정을 위반한 사업자 또는 위반행위자에 대하여 당해 행위의 중지, 채무보증의 해소, 시정명령을 받은 사실의 공표, 기타 법위반 상태를 시정하기 위하여 필요한 조치를 명할 수 있다(법 제37조). 그리고 공정거래위원회는 채무보증금지규정을 위반한 회사에 대하여 당해 법위반 채무보증액의 20%를 초과하지 않는 범위 내에서 과징금을 부과할 수 있다(법 제38조 제2항).[50]

채무보증금지규정을 위반하여 채무보증을 하고 있는 자에 대해서는 3년 이하의 징역 또는 2억원 이하의 벌금에 처할 수 있으며, 이 경우 징역형과 벌금형은 병과할 수 있다(법 제124조 제1항 제8호, 제2항)[51].

V. 금융회사 또는 보험회사의 의결권 제한

1. 개요

상호출자제한 기업집단에 속하는 회사로서 금융업 또는 보험업을 영위하는 회사는 취득 또는 소유하고 있는 국내 계열회사 주식에 대하여 의결권을 행사할 수 없다(법 제25조 본문). 금융·보험사의 수탁재산은 원래 고객의 자산이라는 점을 감안하여 대규모 기업집단 소속 금융·보험사가 수탁자산을 수탁자산 자체의 수익성

---

50) 2020.12.29. 개정 이전 조항 제17조 제2항.
51) 2020.12.29. 개정 이전 조항 제66조 제1항 제6호, 제2항.

제고를 위해서가 아니라 대규모 기업집단 동일인의 지배력확장 수단으로 활용하는 것을 방지하기 위한 규정이라고 할 수 있다. 다만, 공정거래법은 주식의 취득 또는 소유 그 자체를 금지하는 것이 아니라 의결권 행사만을 제한하고 있다.

2. 예외인정

상호출자제한 기업집단에 속하는 금융·보험사도 다음의 사유가 있는 경우에는 예외적으로 국내 계열회사 주식에 대한 의결권을 행사할 수 있다(법 제25조 제1항 3호). ① 임원의 선임 또는 해임, ② 정관 변경, ③ 합병, 영업양·수도 등이다.

위의 사유 중 ③의 경우는 적대적 M&A에 대한 방어를 위해서 주주총회에서 임원의 선임이나 해임·정관의 변경·합병·영업양도 사항을 의결하는 경우에는 특수관계인의 주식을 합하여 15%까지 의결권을 행사할 수 있도록 한 것이다. 이러한 의결권 행사한도는 2002년에는 30%로 되어 있었다. 그러나 적대적 M&A에 대한 방어라는 본래의 취지보다는 계열사 확장을 위한 수단으로 이용될 위험성이 크다고 판단하여 2004년 공정거래법 개정시 15%로 축소하였다. 그리고 2020.12.29. 개정에서 편법적인 경제력 집중을 막기 위해 계열회사간 합병, 영업양·수도는 제외하였다(법 제25조 제1항).[52]

3. 위반행위에 대한 제재

공정거래위원회는 금융회사·보험회사 및 공익법인의 의결권 제한규정을 위반하거나 위반할 우려가 있는 행위를 한 사업자 또는 위반행위자에게 당해 행위의 중지, 시정명령받은 사실의 공표, 기타 법위반 상태를 시정하기 위하여 필요한 조치를 명할 수 있다(법 제37조 제1항).[53]

또한 동 규정에 위반하여 의결권을 행사한 자에 대해서는 3년 이하의 징역 또는 2억원 이하의 벌금에 처할 수 있으며, 이 경우 징역형과 벌금형은 병과할 수 있다(법 제124조 제1항 제3호, 제2항).[54]

---

52) 한편 공익법인에 의한 경제력집중을 방지하기 위해 상호출자제한기업집단 소속의 공익법인에 대하여도 동일하게 의결권을 제한한다(법 제25조 제2항).
53) 2020.12.29. 개정 이전 조항 제16조 제1항.
54) 2020.12.29. 개정 이전 조항 제66조 제1항 제7호, 제2항.

Ⅵ. 이사회 의결 및 공시제도

공시대상기업집단에 속하는 회사를 지배하는 동일인의 특수관계인에 해당하는 공익법인은 다음과 같이 어느 하나에 해당하는 거래행위를 하거나 주요 내용을 변경하려는 경우에는 미리 이사회 의결을 거친 후 이를 공시해야 한다(법 제29조).

1. 대규모 내부거래의 이사회 의결 및 공시

공시대상 기업집단에 속하는 회사는 특수관계인을 상대방으로 하거나 특수관계인을 위하여 대통령령이 정하는 규모 이상의 일정한 거래행위를 하고자 하는 때에는 미리 이사회의 의결을 거친 후 이를 공시하여야 한다.

이사회 의결 및 공시대상이 되는 대규모내부거래행위는 그 거래금액이 50억원 이상이거나 그 회사의 자본총계 또는 자본금 중 큰 금액의 100분의 5 이상인 거래행위이다(시행령 제33조 제1항).

공시의 주요 내용은 다음과 같다(시행령 제33조 제3항).

---

1. 거래의 목적 및 대상
2. 거래의 상대방(특수관계인을 위한 거래인 경우에는 그 특수관계인을 포함한다)
3. 거래의 금액 및 조건
4. 제2호에 따른 거래의 상대방과의 동일 거래유형의 총거래잔액
5. 그 밖에 제1호부터 제4호까지에 준하는 것으로서 대규모내부거래의 이사회 의결 및 공시를 위해 필요하다고 공정거래위원회가 정하여 고시하는 사항

---

2. 비상장회사 등의 중요사항 및 기업집단현황 공시

공시대상기업집단에 속하는 회사(금융업 또는 보험업을 영위하는 회사를 제외한다)로서 상장법인을 제외한 회사는 최대주주 현황 등 법에 정한 일정한 사항을 공시하여야 한다(법 제27조 제1항). 그리고 주식소유현황 등 기업집단현황을 공시하여야 한다(법 제28조 제1항).[55]

---

55) 2020.12.29. 개정으로 국외계열사 공시의무를 명문화하였다(법 제28조 제2항). 공시대상기업 집단의 동일인은 총수일가가 20% 이상 지분을 소유한 국외 계열사의 주주 구성 등과 국내 계열사에 직·간접 출자한 국외 계열사의 주식소유(주주 및 출자) 및 순환출자 현황에 대한 공

Ⅶ. 신고의무 등 기타

상호출자제한기업집단 또는 채무보증제한기업집단에 속하는 회사는 대통령령이 정하는 바에 의하여 당해 회사의 주주의 주식소유현황·재무상황 및 다른 국내회사 주식의 소유현황을 공정거래위원회에 신고하여야 한다(법 제30조 제1항).[56]

누구든지 제21조(상호출자의 금지 등), 제22조(순환출자의 금지), 제24조(계열회사에 대한 채무보증의 금지) 또는 제25조(금융회사·보험회사 및 공익법인의 의결권 제한)의 규정의 적용을 면탈하려는 행위를 하여서는 아니된다(법 제36조 제1항).[57] 이 경우 시정조치 및 3년 이하의 징역 또는 2억원 이하의 벌금이 부과될 수 있다(법 제124조 제1항 제2호).[58]

시의무를 진다.
[56] 2020.12.29. 개정 이전 조항 제13조 제1항.
[57] 2020.12.29. 개정 이전 조항 제15조 제1항.
[58] 2020.12.29. 개정 이전 조항 제66조 제1항 제8호.

제8장

공정거래법의 적용범위와
사적구제

제 1 절 역외적용

Ⅰ. 외국 사업자에 대한 공정거래법 적용 여부

1. 이론적 논의 : 속지주의와 효과주의

우리나라 영토 내에서 이루어진 행위에 대해서는 원칙적으로 내국인이든 외국인이든 우리나라의 법이 적용될 수 있다는 것이 전통적인 속지주의 원칙이다. 따라서 국내에서 외국 사업자가 행한 행위에 대해서는 속지주의의 원칙상 당연히 공정거래법이 적용될 수 있다. 그런데 외국에서 외국 사업자가 행한 행위에 대해서는 그동안 논란이 있어 왔다. 이것은 공정거래법의 역외적용(extraterritorial application)이라는 주제로 논의가 이루어져 왔다. 물론 역외적용 문제는 경쟁법에 국한되는 것은 아니고 증권, 환경, 마약범죄 등의 다양한 분야에서 문제가 될 수 있다.[1]

경쟁법 분야에 국한해서 살펴본다면 역외적용은 세계 경제환경의 변화를 반영한 것이다. 글로벌한 경제환경 속에서는 설령 외국에서 외국 사업자가 행한 행위라하더라도 국내 경제에 직접적인 영향을 미칠 수 있기 때문에 세계 각국의 경쟁법들은 여러 가지 논리로 자국의 경쟁법을 집행하고자 노력하여 왔다. 그런데 역외적용 문제는 단순한 법리의 문제를 넘어서 한 국가의 국력이 뒷받침되어야 실효성이 있

---

[1] 독점규제법의 적용범위와 관련하여 지리적 범위에 대한 논의와 더불어 인적인 적용범위가 문제될 수도 있다. 예컨대 일반 근로자나 특수형태 근로자, 전문서비스 직종 종사자들이 문제가 될 수 있다. 이에 대한 논의는 다음의 책 참조. 이봉의, 공정거래법, 박영사, 2022, 94-131면.

다. 예컨대 외국 기업에 대해 조사를 하거나 과징금을 부과하고자 하여도 외국 기업이 불응하는 경우는 난처한 상황에 처할 수 있다. 미국에서 역외적용 시도가 가장 먼저 이루어진 것도 그러한 사정을 반영한 것이다.

이에 반해 미국에 비해 독점규제법 제정이 늦었던 EU나 일본, 우리나라 등은 역외적용 문제는 가급적 전통적 속지주의의 원칙에 충실하고 개별 국가의 주권을 존중하는 선에서 이루어지는 것이 적합하다고 보아 왔다. 그래서 가급적 국가 간 양자협정이나 다자협정을 통해 국가 간의 예양(comity)[2]을 존중하는 방식을 선호하였다. 그러나 국제교역이 급속히 글로벌화되고 기업들의 행위가 미치는 영향도 글로벌화하면서 지금은 대부분 미국식의 효과주의를 수용한 상태이다.

2. 미국

1945년 전만 하더라도 미국은 전통적인 속지주의 원칙에 따라 독점규제법 위반이 문제된 사안이라 하더라도 미국 밖에서 미국기업이 아닌 주체에 의해 행해지는 경우 법집행을 하지 않아 왔다. 그런데 1945년 유명한 Alcoa 판결에서 소위 효과주의 이론(effects test)이 선언되었다.[3] 이 이론에 따르면 외국에서 외국 사업자가 행한 행위라 하더라도 국내 시장에 영향을 미칠 의도가 있고 실제로 미국시장의 경쟁을 제한하는 효과가 있는 경우 미국 경쟁법을 적용할 수 있다는 것이다.

하지만 이 판결은 많은 나라들로부터 엄청난 비판을 받았는데 주된 이유는 다른 나라의 주권을 침해할 수 있다는 것이었다. 1945년만 하더라도 미국을 제외한 거의 대부분의 나라가 독점규제법을 가지고 있지도 않은 상태였다. 그래서 이후의 판결들에서는 효과주의 원칙과 더불어 국제예양을 고려하고 미국의 국익과 다른 나라의 국익을 비교형량해야 한다는 식의 판결이 내려지기도 하였다(예, 1976년 Timberlane Lumber 판결).[4] 문제는 비교형량이란 것은 예측가능성이 떨어지는 것이기 때문에 1993년 Hartfort Fire Insurance 판결을 계기로 다시 효과주의 원칙으로 복귀를 하였다.[5]

---

2) 예컨대 외국의 입장을 고려해 외국 기업에 대한 자국의 관할권을 자제하거나(소극적 예양) 반대로 자국 기업에 대해 자국의 관할권을 적극적으로 행사하는(적극적 예양) 경우가 있을 수 있다.

3) Aluminum Co. of America, 148 F.2d 416 (2d Cir. 1945).

4) Timberlane Lumber Co. v. Bank of America National Trust & Savings Ass'n, 549. F.2d 597 (9th Cir. 1976).

5) Hartford Fire Insurance Co. v. California, 509 U.S. 764 (1993).

이러한 판례법과 더불어 1982년 「국제거래 독점금지 개선법」(Foreign Trade Antitrust Improvement Act, FTAIA)을 제정하였다.6) 이것은 Sherman 법과 FTC 법에 동일한 내용의 조항들을 추가한 것인데, Sherman 법 제6a조와 FTC 법 제5조(a)(3)이 바로 그 조항이다. FTAIA에서는 어떠한 행위가 미국 시장에 "직접적이고 상당하며 합리적으로 예측가능한 효과"(a direct, substantial, and reasonably foreseeable effect)를 미치고 그로 인해 독점금지법상 청구권(claim)이 발생하면 미국 독점규제법이 적용될 수 있다고 규정하고 있다.

그러나 역외적용의 범위를 무한정 확대하게 된다면 개별 국가의 법집행이 훼손될 수 있고 국가별로 법제도나 정책이 상이하기 때문에 법집행의 혼선이 빚어질 가능성이 있어 적절히 그 적용범위를 제한할 필요가 있다. 그래서 미국 연방대법원의 2004년 Empagran 판결7)이나 연방항소법원의 2019년 Biocad 판결8)에서 역외적용의 범위를 제한한 판결을 내린 바 있는데 미국 내에서도 역외적용의 적절한 범위에 대한 논의는 지금도 진행되고 있다.

3. EU

EU의 경우 조약이나 규정상 명시적인 언급은 없지만 EU 집행위원회(EU Commission)의 결정과 및 EU법원의 판결로 역외적용을 점진적으로 인정해왔다. EU는 가급적 전통적인 속지주의의 원칙에 충실하면서도 추가적인 논리를 통해 역외적용의 범위를 넓혀 왔다. 처음에는 경제적 단일체 이론에서 시작하여 실행지 이론을 거쳐 2017년 EU 최고법원인 ECJ의 Intel 판결9) 이후 효과이론을 수용하고 있다.

역외적용과 관련하여 경제적 단일체 이론(single economic entity doctrine)이란, 유럽공동체 밖에 모회사를 둔 유럽공동체 내의 자회사가 경쟁법에 위반되는 행위를 한 경우에 모회사와 자회사를 경제적 단일체로 보고 모회사가 공동체 내 자회사를

---

6) FTAIA의 자구나 표현은 미국 내에서도 지나치게 난해하고(convoluted) 이해하기 어려운 것으로 평가받고 있을 정도로 언뜻 보아서는 이해하기 어렵다. 또한 판례법 국가인 미국에서는 기존 판례법과의 관계가 중요한데 이것도 분명하지 않다. 기존의 판례법을 수용하여 단지 조문화한 것인지 아니면 판례법을 개정한 것인지 의견일치가 이루어지고 있지 않다. 다만 2017 지침에서는 특정한 사안에 대해 FTAIA를 적용하든 기존의 판례법에 따르든 결과는 동일할 것이라고 언급하고 있을 뿐이다.

7) F. Hoffman−La Roche Ltd. v. Empagran S. A., 542 U.S. 155 (2004).

8) Biocad JSC v. F. Hoffmann−La Roche Ltd. et al., 942 F.3d 88 (2d Cir. 2019).

9) Intel Corp. v. Commission, Case C−413/14 P.

통해 위반행위를 한 것으로 간주하여 외국 모회사에 대해서까지 관할권을 행사할 수 있다는 이론이다(예, 1972년 Dyestuffs 판결).[10] 그런데 EU역내에 자회사나 대리점 등이 전혀 없는 경우에도 전통적인 속지주의원칙에 의한 역외적용이 가능한지 문제가 되었다. 이 경우는 실행주의 이론(implementation doctrine)을 적용하기에 이르렀다. 역내에 행위자의 계열기업이나 관련기업이 없더라도 역외에서 합의한 가격으로 역내에 제품을 판매하는 행위는 역내에서의 실행행위이므로 속지주의 원칙에 따라 관할권을 행사할 수 있다는 것이다(예, 1988년 Wood Pulp I 판결).[11]

그러나, 전통적 속지주의 원칙에 충실했던 EU도 2017년 Intel 판결을 계기로 미국식의 효과이론을 명시적으로 수용하였다. 미국 기업 Intel이 컴퓨터 CPU 경쟁사인 AMD를 견제하기 위해 중국의 기업들에게 거액의 리베이트를 주어 AMD CPU를 장착한 컴퓨터의 유럽 수출을 막은 행위에 대해 EU 최고법원(ECJ)은 제한적 혹은 적합한 효과이론(qualified effects test)[12]에 입각해 역외적용을 통해 법위반을 인정하였다. 즉 당해 행위가 역외적용을 해야 할 정도의 적합한 효과(qualified effects), 즉 "직접적이고 상당하며 예측가능한 효과"(immediate, substantial and foreseeable effects)를 미치기만 하면 유럽경쟁법이 적용될 수 있다는 것이다. 사실상 미국과 동일한 입장을 취하였다.

Ⅱ. 우리나라 역외적용 근거조항 및 주요 사례

1. 역외적용의 근거 조항

1999년만 하더라도 역외적용에 대한 우리나라 공정거래위원회의 기본입장은 속지주의의 원칙을 존중하고 양자 간 협의 또는 다자간 협의체를 통하여 구체적으로 결정하는 것이 바람직하다는 것이었다.[13] 그러나 이미 세계는 효과주의 원칙에 따른 역외적용이 대세가 되어버렸다. 공정거래위원회도 이러한 분위기 속에서 드디어 아래에서 소개할 2002년 흑연전극봉 사건에서 명시적인 법적 근거가 없이 역외

---

10) ICI v. Commission, [1972] ECR 619.
11) A. Ahlström Oy v. Commission, [1988] ECR 5193.
12) 'qualified'는 '자격있는', '제한된' 등의 의미이기 때문에, "qualified effects test"는 직역한다면 "제한적 효과이론" 혹은 "상당한 효과이론"으로 번역할 수 있고 의역한다면 "실질적 효과이론"으로 번역할 수 있을 것이다.
13) 1999년 한·미경쟁정책협의회에서 당시 전윤철 공정거래위원장은 이러한 입장을 재차 확인하였다.

적용을 최초로 시도하였고 대법원은 "외국사업자가 외국에서 다른 사업자와 공동으로 경쟁을 제한하는 합의를 하였더라도, 그 합의의 대상에 국내시장이 포함되어 있어서 그로 인한 영향이 국내시장에 미쳤다면 그 합의가 국내시장에 영향을 미친 한도 내에서 공정거래법이 적용된다"고 판시하였다.

하지만 역외적용에 대한 불필요한 논란을 없애기 위해 2004.12.31. 공정거래법 개정 시에 명시적인 규정을 삽입하였다. 그 후 표현이 일부 수정되었지만 그 내용은 동일하다.

> 제3조(국외에서의 행위에 대한 적용) 국외에서 이루어진 행위라도 그 행위가 국내 시장에 영향을 미치는 경우에는 이 법을 적용한다.

다만 국내 시장에 영향을 미친다고 하여 모든 행위에 대해 공정거래법을 적용한다면 적용범위가 지나치게 넓어질 수 있다. 대법원은 외국의 사례와 유사하게 "직접적이고 상당하며 합리적으로 예측 가능한 영향"으로 그 범위를 좁히고 있다. 26개 항공화물운송사업자의 부당한 공동행위건에서 "'국내시장에 영향을 미치는 경우'는 문제된 국외행위로 인하여 국내시장에 직접적이고 상당하며 합리적으로 예측 가능한 영향을 미치는 경우로 제한 해석해야 하고, 그 해당 여부는 문제된 행위의 내용·의도, 행위의 대상인 재화 또는 용역의 특성, 거래 구조 및 그로 인하여 국내시장에 미치는 영향의 내용과 정도 등을 종합적으로 고려하여 구체적·개별적으로 판단하여야 할 것이다."고 판시하였다.[14]

그런데 역외적용이란 것은 각국 경쟁법의 내용이 기본적으로 일치하면 특별히 문제되지 않으나 그 내용이 다른 경우에는 문제가 될 수 있다. 예컨대 공정거래법상 불공정거래행위는 우리나라에 독특한 내용이 많다. 법문으로만 본다면 외국에서 행해진 불공정거래행위라 하더라도 국내 시장에 영향을 미치는 경우 적용이 가능하겠지만 이렇게 하기에는 현실적인 애로가 있는 것이 사실이다. 따라서 공정거래위원회는 실무적으로는 각국 간 유사성이 높은 행위인 부당한 공동행위와 기업결

---

14) 대법원 2014. 5. 16. 선고 2012두5466 판결. "다만 국외에서 사업자들이 공동으로 한 경쟁을 제한하는 합의의 대상에 국내시장이 포함되어 있다면, 특별한 사정이 없는 한 그 합의가 국내시장에 영향을 미친다고 할 것이어서 이러한 국외행위에 대하여는 공정거래법 제19조 제1항 등을 적용할 수 있다."고 하여 부당한 공동행위는 특별한 사정이 없는 한 영향을 미치는 것으로 판시하였다.

합 위주로 역외적용을 하고 있다.

2. 문서송달 규정

공정거래위원회 실무자의 입장에서는 역외적용에 있어 문서송달이 상당한 애로일 수 있다. 국내에 지사도 없고 대리인도 없는 경우가 그러하다. 그래서 문서송달에 관한 규정을 신설하였는데 기본적으로는 행정절차법을 준용하도록 하고 있다(법 제98조 제1항).15) 행정절차법에서는 우편송달 등 다양한 방법을 마련해 두고 있다. 그리고 국외에 주소·영업소 또는 사무소를 두고 있는 사업자 또는 사업자단체에 대해서는 국내에 대리인을 지정하도록 하여 동 대리인에게 송달할 수 있도록 하고 있다(법 제98조 제2항).16)

3. 주요 사례

1) 흑연전극봉 사건

우리나라는 2002년 흑연전극봉 사건에서 미국, 독일, 일본 국적의 회사가 영국 런던에서 가격담합 등의 행위를 한 것에 대해 효과주의 이론의 관점에서 최초로 공정거래법을 적용한 바 있다.17) 이 사건에서는 명시적인 법적인 근거가 없는 상태에서 역외적용이 가능한 것인지 여부와 외국에 있는 외국 사업자에게 어떻게 문서송달을 할 것인지 등이 쟁점이 되었다.

판례 16 : 흑연전극봉 사건

- 대법원 2006.3.24. 선고 2004두11275 판결 -

1. 원고의 상고이유에 대한 판단

가. 제2점에 대하여

구 '독점규제 및 공정거래에 관한 법률'(2004.12.31. 법률 제7315호로 개정되기 전의 것, 이하 '공정거래법'이라 한다) 제55조의2 및 이에 근거한 '공정거래위원

---

15) 2020.12.29. 개정 이전 조항 제53조의3 제1항.
16) 2020.12.29. 개정 이전 조항 제53조의3 제2항.
17) 당시 공정거래위원회 내부에서는 법적 근거도 없이 외국 기업에 대해 거액의 과징금을 부과하는 것이 타당한지 그리고 외국 기업이 과징금을 납부하지 않는 경우 어떻게 할 것인지 등에 대해 우려하는 시각도 많았다.

회 회의운영 및 사건절차 등에 관한 규칙'(공정거래위원회고시 제2001－8호) 제3
조 제2항에 의하여 준용되는 구 행정절차법(2002.12.30. 법률 제6839호로 개정
되기 전의 것, 이하 '행정절차법'이라 한다) 제14조 제1항은 문서의 송달방법의 하
나로 우편송달을 규정하고 있고, 행정절차법 제16조 제2항은 외국에 거주 또는 체
류하는 자에 대한 기간 및 기한은 행정청이 그 우편이나 통신에 소요되는 일수를
감안하여 정하여야 한다고 규정하고 있는 점 등에 비추어 보면, 피고는 국내에 주
소·거소·영업소 또는 사무소(이하 '주소 등'이라 한다)가 없는 외국사업자에 대하여
도 우편송달의 방법으로 문서를 송달할 수 있다고 할 것이다.

그럼에도 불구하고, 원심이 이와는 달리 국내에 주소 등이 없는 외국사업자에
대하여는 행정절차법 제14조 제1항의 우편송달을 할 수 없고, 달리 송달할 방법이
없어 같은 조 제4항 제2호 소정의 '송달이 불가능한 경우'에 해당하므로 공시송달
의 방법을 취할 수밖에 없다고 한 것은 잘못이라고 할 것이나, 기록에 의하면, 피고
는 국내에 주소 등이 없는 외국사업자인 원고에게 '심사보고서에 대한 의견제출요
구 및 전원회의 개최통지서' 및 '의결서 정본'을 등기우편으로 송달하였음을 알 수
있고, 이는 행정절차법 제14조 제1항의 규정에 따른 우편송달로서 적법하다 할 것
이므로, 원심판결은 그 결론에 있어서 정당하고, 거기에 판결 결과에 영향을 미친
판단누락 또는 행정절차법의 적용 범위 등에 관한 법리오해의 위법이 없다.

나. 제1점 및 제3점에 대하여

공정거래법은 사업자의 부당한 공동행위 등을 규제하여 공정하고 자유로운 경
쟁을 촉진함으로써 창의적인 기업활동을 조장하고 소비자를 보호함과 아울러 국
민경제의 균형 있는 발전을 도모함을 그 목적으로 하고 있고(제1조), 부당한 공동
행위의 주체인 사업자를 '제조업, 서비스업, 기타 사업을 행하는 자'로 규정하고 있
을 뿐 내국사업자로 한정하고 있지 않은 점(제2조), 외국사업자가 외국에서 부당한
공동행위를 함으로 인한 영향이 국내시장에 미치는 경우에도 공정거래법의 목적을
달성하기 위하여 이를 공정거래법의 적용대상으로 삼을 필요성이 있는 점 등을 고
려해 보면, 외국사업자가 외국에서 다른 사업자와 공동으로 경쟁을 제한하는 합의
를 하였더라도, 그 합의의 대상에 국내시장이 포함되어 있어서 그로 인한 영향이
국내시장에 미쳤다면 그 합의가 국내시장에 영향을 미친 한도 내에서 공정거래법이
적용된다고 할 것이다.

원심은 그 판결에서 채용하고 있는 증거들을 종합하여, 흑연전극봉 제조·판매
업을 영위하는 사업자인 원고가 같은 사업자인 소외 유카 인터내셔날 인코퍼레이

티드, 에스지엘 카본 악틴게젤샤프트, 토카이 카본 코퍼레이션 리미티드, 니폰 카본 코퍼레이션 리미티드 및 에스이씨 코퍼레이션(이하 각 '유카', '에스지엘', '토카이', '니폰카본', '에스이씨'라 하고, 모두 합하여 '소외 회사들'이라 한다)과 공동하여 1992.5.21.부터 1997. 말경까지 사이에 외국에서 국내시장을 포함한 세계시장을 대상으로 하여 흑연전극봉의 가격을 결정, 유지하기로 하는 합의 및 그에 기한 실행행위를 하였고, 그로 인하여 원고와 소외 회사들이 생산한 흑연전극봉의 수입가격이 위 합의에 따라 결정되는 등 국내시장에 영향을 미친 사실을 인정한 다음, 원고가 소외 회사들과 공동으로 흑연전극봉의 판매가격을 결정하는 등의 합의를 하였고, 그로 인한 영향이 국내시장에 미쳤다고 할 것이므로, 위 합의가 국내시장에 영향을 미친 한도 내에서 공정거래법이 적용된다고 판단하였는바, 앞서 본 법리에 비추어 기록을 살펴보면, 원심의 이러한 인정 및 판단은 정당한 것으로 수긍이 가고, 거기에 상고이유에서 주장하는 바와 같은 채증법칙 위배에 의한 사실오인, 공정거래법의 적용 범위, 입증책임분배에 관한 법리오해의 위법이 없다.

2) 26개 항공화물운송사업자의 부당한 공동행위건[18]

화물항공 운송서비스를 제공하는 26개 항공화물 운송사업자들은 1999년 12월부터 2007년 7월까지 한국발 전세계행 노선과 홍콩, 유럽, 일본 등 외국발 한국행 노선에서, 노선에 따라 다른 항공화물 운송사업자들과 합의하여 유류할증료를 공동으로 도입하거나 변경하는 방법으로 항공화물운송서비스 시장의 경쟁을 부당하게 제한하는 행위를 하였다.

전 세계 항공사들은 2002년 10월부터 2006년 7월까지의 기간에 일본발 한국행 노선에 대해 동일하게 유류할증료를 도입 및 8차에 걸쳐 인상하기로 합의하고 중단 없이 실행한 점, 자신의 화물전용기가 없는 기간에도 여객기의 화물칸을 이용하여 항공화물운송을 하면서 유류할증료를 지속적으로 부과하였다.

이러한 공동행위에 대해 공정거래위원회는 2005.12. 담합에 가담한 항공사의 자진신고를 계기로 항공화물운임 국제카르텔 관련 협의를 인지하고 조사를 시작하여, 2006.2.14. 우리나라, 미국, EU 등 3개국 경쟁당국이 동시에 현장조사를 실시하였고 이를 근거로 2010.5.26. 16개국 21개 항공화물운송사업자들에 대해 구 공정거

---

18) 공정거래위원회 의결 제2010-061호, 2010.6.18, 의결 제2010-143~145호. 이와 관련된 여러 건의 소송이 제기되었으나 공정위가 승소하였다. 대법원 2014.5.16. 선고 2012두5466 판결 등 참조.

래법 제19조 제1항 제1호에 따라 시정명령과 함께 총 1200억 원의 과징금이 부과됐다. 다만, 담합에 참여한 항공사 중 제일 먼저 자진신고를 한 루프트한자는 121억 원의 과징금을 면제받았다. 두 번째로 자진신고한 대한항공은 부과된 487억 원의 과징금 중 약 55%를 면제받았다.

　본건은 최대 7년에 걸친 담합이고, 담합 가담 업체수, 외국인 진술조사 건수, 관련매출액, 과징금 등 규모면에서 공정위가 처리한 최대 국제카르텔 사건이다.

제 2 절　적용제외

Ⅰ. 개요

　공정거래법 제116조 내지 제118조에서는 공정거래법 적용이 일반적으로 제외되는 행위로서 '법령에 따른 정당한 행위', '무체재산권의 행사행위', '일정한 조합의 행위'의 세 가지를 열거하고 있다.

　공정거래법의 적용범위는 우선 사업자라는 행위자의 신분적 요건에 의하여 제한된다. 공정거래법은 사업자의 행위를 규제대상으로 하므로 사업자가 아닌 자의 행위는 원칙적으로 법 적용대상이 아니다. 또한 특정한 금지행위에 대해 적용이 제외되는 경우가 있다. 재판매가격유지행위 금지규정의 적용을 배제하고 있는 법 제46조 제1호, 제2호의 경우가 이에 해당된다.[19]

　그러나 법 제116조 내지 제118조에서 규정하고 있는 일반적인 적용제외규정은 행위자가 사업자인 경우에도 공정거래법 적용에서 제외된다는 점과 특정한 금지행위 유형에 한정되지 않고 공정거래법상 모든 위반행위유형에 관하여 법 적용이 배제된다는 점에서 그 차이점을 찾을 수 있다.[20]

　이러한 적용제외 사유들에 해당되는 사안에 대하여 공정거래위원회는 사건절차규칙에 따라 심사를 개시하지 않는 것이 원칙이고 심사절차를 개시한 경우에는 전원회의나 소회의에서 심의절차를 종료한다.

---

19) 예외(exception) 조항이라고 표현한다.
20) 적용제외(exemption) 조항이라고 표현한다.

II. 적용제외 대상행위

1. 법령에 따른 정당한 행위

사업자 또는 사업자단체가 다른 법률 또는 그 법률에 의한 명령에 따라 행하는 정당한 행위에 대하여는 공정거래법을 적용하지 않는다(법 제116조).[21] 여기서 말하는 '정당한 행위'라 함은 자유경쟁 원칙에서의 예외를 구체적으로 인정하고 있는 법률 또는 그 법률에 의한 명령의 범위 내에서 행하는 필요최소한의 행위를 의미한다. 따라서 다른 법령에 의한 사업자 또는 사업자단체의 행위라 할지라도 그 행위의 내용이 법령에 규정된 범위를 넘어서는 경우에는 공정거래법 적용에서 제외되지 않는다.

> [판례] 법무사 사업제한행위 시정명령취소 건(대법원 1997.5.16. 선고 96누150 판결)
> 독점규제및공정거래에관한법률 제58조는 '이 법의 규정은 사업자단체가 다른 법률 또는 그 법률에 의한 명령에 따라 행하는 정당한 행위에 대하여는 이를 적용하지 아니한다.'고 규정하고 있는바, 위 조항에서 말하는 법률은 당해 사업의 특수성으로 경쟁제한이 합리적이라고 인정되는 사업 또는 인가제 등에 의하여 사업자의 독점적 지위가 보장되는 반면 공공성의 관점에서 고도의 공적규제가 필요한 사업 등에 있어서 자유경쟁의 예외를 구체적으로 인정하고 있는 법률 또는 그 법률에 의한 명령의 범위 내에서 행하는 필요최소한의 행위를 말한다.

법령에 따른 정당한 행위에 해당되기 위해서는 문제되는 행위를 허용하는 법령상의 구체적인 명문규정이 있어야 하고, 그 규정이 포괄적이고 애매한 경우에는 법의 목적과 입법취지에 따라 당해 행위가 법령에 따른 정당한 행위인지 여부를 판단하여야 할 것이다.

2. 무체재산권의 행사행위

「저작권법」, 「특허법」, 「실용신안법」, 「디자인보호법」 또는 「상표법」에 의한 권리의 정당한 행사라고 인정되는 행위에 대하여는 공정거래법을 적용하지 않는다(법 제117조).[22] 이러한 법률들은 일반적으로 무체재산권 보유자에게 당해 재산권에

---

21) 2020.12.29. 개정 이전 조항 제58조.
22) 2020.12.29. 개정 이전 조항 제59조.

대한 독점적인 사용·수익권을 인정해 주는 경우가 대부분인데, 이러한 권리의 행사에 대해서는 공정거래법을 적용하지 않는다는 취지이다.

「지식재산권의 부당한 행사에 대한 심사지침」[23]에서는 공정거래법과 지식재산권과의 관계에 대하여 다음과 같이 정리하고 있다(심사지침 Ⅱ.1).

〈공정거래법과 지식재산권의 관계〉

특허 등의 지식재산 제도는 혁신적인 기술에 대한 정당한 보상을 통해 새로운 기술혁신의 유인을 제공함으로써 창의적인 기업 활동을 장려하고 관련 산업과 국민경제의 건전한 발전을 도모한다. 이러한 점에서 지식재산 제도와 이 법은 궁극적으로 공통의 목표를 추구한다.(중략)

따라서 지식재산권은 새로운 기술 혁신의 유인을 제공하는 한편 관련 시장의 질서를 왜곡하지 않는 범위에서 정당하게 행사해야 한다. 지식재산권을 남용하여 관련 기술의 이용과 새로운 기술 혁신을 부당하게 저해하는 행위는 이 법뿐만 아니라 지식재산 제도의 기본 목적에도 반한다. 그러므로 이 법은 정당한 지식재산권의 행사를 존중하는 한편 동 제도의 근본 취지를 벗어나는 행위를 규율함으로써 이 법과 지식재산 제도가 추구하는 공통의 목표를 달성하는 데에 기여할 수 있다.

다만, 문제되는 행위가 관련 법률에서 인정하고 있는 정당한 권리행사의 한계를 벗어난 권리의 남용으로 인정되는 경우에는 공정거래법 적용제외가 인정되지 않을 수 있는데 정당한 권리의 행사와 권리의 남용을 구별하는 기준이 실무상 문제될 수 있다. 궁극적으로는 독점적 권리행사를 인정하고 있는 관련 법률의 취지와 목적을 고려하여 개별 사안별로 판단할 수밖에 없을 것이다.

위의 지침에서도 법 제117조의 규정에 따른 지식재산권의 정당한 행사라 함은 관련 법률에 따라 허락받은 지식재산권의 배타적 사용권 범위 내에서 행사하는 것을 말한다고 규정하고 있다. 그러나 외형상 지식재산권의 정당한 행사로 보이더라도 그 실질이 지식재산 제도의 취지를 벗어나 제도의 본질적 목적에 반하는 경우에는 정당한 지식재산권의 행사로 볼 수 없어 이 법 적용 대상이 될 수 있다고 한다.

아울러 지식재산권의 행사가 정당한 것인지 여부는 특허법 등 관련 법령의 목

적과 취지, 당해 지식재산권의 내용, 당해 행위가 관련 시장의 경쟁에 미치는 영향
등 제반 사정을 종합적으로 고려하여 판단한다고 규정하고 있다.

> [심결례]   7개 아동복상가운영회의 경쟁제한행위 건(공정거래위원회 의결 제97-25호.
>   1997.2.18.)
>
> 남대문시장의 7개 아동복상가운영회는 각각 100여 명씩의 사업자를 회원으로 두고 있
> 으면서 각자의 상표(부르뎅, 마마, 서울원, 포키, 크레용, 포핀스, 탑랜드)를 공동으로
> 사용해 왔는데, 동 운영회는 상표권을 행사하여 각 구성사업자들에게 할인판매를 금지
> 하고 특정한 거래상대방(동대문지역상인)과는 거래하지 말도록 제한을 하였다. 이에 대
> 해 공정거래위원회는, 동 행위가 거래상대방을 제한하고 상관행상 합리적인 범위 내에
> 서의 할인판매까지 금지한 것으로서 상표권 행사의 범위를 넘는 행위에 해당하는 것으
> 로 보아 시정조치하였다.

> [판결례] 글락소스미스클라인(GSK)과 동아제약의 역지불합의건(대법원 2014.2.27. 선고
>   2012두24498 판결)
>
> 이 사건에서는 글락소스미스클라인(GSK)과 동아제약 간의 역지불합의가 특허권의 정
> 당한 행사인지 여부가 문제가 되었는데, 대법원은 "'특허권의 정당한 행사라고 인정되
> 지 아니하는 행위'란 행위의 외형상 특허권의 행사로 보이더라도 실질이 특허제도의 취
> 지를 벗어나 제도의 본질적 목적에 반하는 경우를 의미하고, 여기에 해당하는지는 특허
> 법의 목적과 취지, 당해 특허권의 내용과 아울러 당해 행위가 공정하고 자유로운 경쟁
> 에 미치는 영향 등 제반 사정을 함께 고려하여 판단해야 한다."고 판시하면서 공정위의
> 결정을 인용하였다.

3. 일정한 조합의 행위

1) 입법연혁

일정한 조합의 행위에 대해 독점규제법의 적용제외를 인정하여야 한다는 논의
는 미국에서부터 시작되었다. 현재 미국에서는 모든 종류의 거래제한에 대해 엄격
하였던 초기의 입장에서 선회하여 Clayton 법 제6조 및 Capper-Volstead 법 제정을
계기로 지금은 일정한 조합에 대해 비교적 유연한 입장을 취하고 있다.

그런데 독점규제법 집행 초기만 하더라도 노동조합[24]과 농업조합을 포함하여

---

24) Sherman 법 집행초기에 예상과 다르게 이 법은 노동조합에 대하여 적극적으로 활용되었다.
그 결과 1890-1897년 사이 법위반으로 판시된 13건 중 12건이 노동조합과 관련된 것이고 제

거래를 제한하는 모든 계약은 위법으로 인정하였다. 예컨대, 농업협동조합의 행위는 그 성격상 농업인들의 가격협조를 허용하는 것이기 때문에 이러한 행위도 카르텔로서 Sherman 법 위반이 되어 금지된다는 것이다. 이처럼 협동조합에 대한 무분별한 독점규제법의 적용으로 인해 소규모 사업자 간의 상호부조를 목적으로 하는 활동까지 위법으로 규제되자 미국 내에서는 입법청원 노력이 이루어져 농업협동조합에 대해 독점규제법의 적용을 제외해 주는 두 가지의 대표적인 법률이 제정되었다.

우리나라의 현행 공정거래법 상의 일정한 조합의 행위에 대한 적용제외 조항은 직접적으로는 일본 독점금지법 제22조의 영향을 받은 것이다.

2) 적용제외 요건

법 제118조에서는 일정한 요건을 갖추어 설립된 조합(조합의 연합회를 포함한다)의 행위에 대하여는 동법을 적용하지 않는 것을 원칙으로 하되 불공정거래행위 또는 부당하게 경쟁을 제한하여 가격을 인상하게 되는 경우에는 예외로 한다고 규정하고 있다. 이러한 조합에 해당되기 위해서는 ① 소규모의 사업자 또는 소비자의 상호부조를 목적으로 할 것, ② 임의로 설립되고 조합원이 임의로 가입하거나 탈퇴할 수 있을 것, ③ 각 조합원이 평등한 의결권을 가질 것, ④ 조합원에게 이익배분을 하는 경우에는 그 한도가 정관에 정하여져 있을 것의 네 가지 요건을 모두 충족하여야 한다(동조 제1호 내지 제4호).[25]

이 규정은 단독으로는 대규모 사업자에 대항할 수 없는 소규모 사업자들이 상호부조를 목적으로 단결함으로써 경제상 유효한 경쟁단위가 될 수 있도록 허용하는 것에 주된 취지가 있다고 할 수 있다. 대법원은 법 제118조의 적용제외 조합에 해당되기 위해서는 소규모 사업자들로서만 조합이 구성되어야 한다고 판시하였다.[26]

[판례] 대법원 2002.9.24. 선고 2002두5672 판결

사업자조합이 법 제60조 소정의 법적용 제외 조합에 해당하기 위하여는 소규모의 사업자들만으로 구성되어야 하고 소규모 사업자 이외의 자가 가입되어 있어서는 안되며, 법

조업자간 합의와 관련된 것은 단 1건밖에 없었다고 한다. Herbert Hovenkamp, Federal Antitrust Policy(3rd.), Thomp/West, 2005, p. 727.

25) 2020.12.29. 개정 이전 조항 제60조 제1호 내지 제4호.
26) 대법원 2002.9.24. 선고 2002두5672 판결.

제60조 소정의 소규모 사업자는 대기업과 대등하게 교섭할 수 있게 하기 위하여 단결
할 필요성이 있는 규모의 사업자라고 할 것인데, 국내 재생유지업계의 전체시장규모는
연간 약 1,000억 원대로 추정되고 이러한 전체시장을 약 30개의 원고 구성사업자들이
대부분 나누어 갖고 있는 상태로서 그 중 작은 규모의 업체의 매출액은 10억 내지 20억
원 정도 되고 큰 규모의 업체의 매출액은 50~60억 원 정도까지 되므로 위와 같은 각
규모를 가지고 국내재생유지업계의 전체시장 대부분을 나누어 갖고 있는 원고 구성사
업자 모두를 소규모사업자로 볼 수는 없고, 따라서 이들을 구성사업자로 하는 원고를
법 제60조 소정의 법적용제외 조합에 해당하는 소규모 사업자들로 구성된 조합이라고
할 수는 없다.

법에서 적용제외가 되는 것은 조합원의 행위가 아니라 조합의 행위이기 때문에
조합의 명의로 조합의 목적 내에서 행하는 행위만이 적용제외의 대상이 된다. 각
조합원이 생산한 특산품을 조합을 통해서 공동 판매하는 행위를 예로 들 수 있다.
하지만 각 조합원들이 개별적으로 특산물을 판매하면서 조합이 가격을 통일하여
주고 이를 지키지 않는 조합원에 대해 제재하는 경우는 법에서 정한 조합의 행위에
해당하지 않기 때문에 적용제외가 인정되지 않는다.[27] 이 경우 조합의 역할은 개별
조합원 간 가격담합의 통로역할에 불과하다.

3) 적용제외 예외

소규모 사업자로 구성된 조합이라 하더라도 적용제외의 취지에 반하여 불공정
거래행위를 하거나 또는 부당하게 경쟁을 제한하여 가격을 인상하는 행위를 하는
경우에는 적용제외가 인정되지 않는다(법 제118조 단서).[28]
이 조항은 일본 독금법상의 관련 조항을 참조해서 만든 것인데, 일본의 관련
조항은 미국의 Capper-Volstead 법을 모델로 한 것이다. 조합의 행위에 대하여 적
용제외를 인정하여 주는 취지는 소규모의 사업자나 소비자가 연합하여 유효한 경
쟁단위로서 대규모의 기업과 공정하게 경쟁을 할 수 있도록 하기 위한 것이다. 다
만 만약 조합을 구성하여 유효한 경쟁단위가 된 후 다른 사업자나 소비자에 대하여
불공정한 거래행위를 일삼는다면 법의 취지에 맞지 않기때문에 적용제외에도 일정
한 한계가 있다.

---

27) 공정거래위원회, 「일본 독점금지법 가이드」, 1997, 211면.
28) 2020.12.29. 개정 이전 조항 제60조 단서.

그런데 이러한 규정은 논리적인 모순이 있는 듯하다. 일단 불공정거래행위와 경쟁제한행위를 금지한 후 다시 일정한 조합에 대해 적용제외를 하고 또 다시 적용제외의 한계를 규정하고 있기 때문이다. 처음부터 불공정거래행위와 경쟁제한행위는 허용되지 않는 것과 마찬가지이다. 일본의 村上政博 교수는 우리와 유사한 규정을 가지고 있는 일본 독금법에 대해 문제를 제기한다. 독금법에서 원칙적으로 금지된 행위에 대해 적용제외를 인정한 후 다시 아무런 부가요건도 없이 이를 허용하지 않는다고 규정하는 것은 형식논리상 문제가 있다는 것이다. 처음부터 불공정한 거래행위는 적용제외 대상이 아니라는 것과 마찬가지이기 때문이다.[29] 미국의 경우에는 독점규제법이 아닌 개별법에서 소규모 조합의 적용제외를 규정하고 있어 이러한 문제는 해소되어 있다.

4)「협동조합 기본법」과의 관계

「협동조합 기본법」 제13조 제3항에서는 "대통령령으로 정하는 요건에 해당하는 협동조합 등 및 협동조합연합회 등의 행위에 대하여는「독점규제 및 공정거래에 관한 법률」을 적용하지 아니한다"고 규정하고 있다.

그리고 동법 제13조 제3항 단서에서는 "다만, 불공정거래행위 등 일정한 거래분야에서 부당하게 경쟁을 제한하는 경우에는 그러하지 아니하다"고 예외를 규정한다. 이 법도 단서조항으로 인해 사실상 공정거래법 적용제외가 제한적인 것으로 생각된다.

제 3 절   손해배상

Ⅰ. 개요

공정거래사건은 기본적으로 민사적 사안이기 때문에 미국의 경우는 95% 이상이 당사자들 간의 민사소송을 통해 해결된다. 반면 우리나라는 공정거래위원회와 같은 행정기관이 공정거래사건의 해결을 주도하고 있고 손해배상 소송을 통해 자율적으로 해결되는 것은 대단히 드문 일이다.

이렇게 된 것은 여러 가지 이유가 있겠지만 두 가지를 지적하여야 할 것 같다.

---

29) 村上政博, 獨占禁止法, 제3판, 2009, 弘文堂, 67면.

첫째, 정부주도의 경제개발 과정에서 국가가 경제영역에 너무 깊이 개입해 온 전통이 지금도 지속되고 있는 것으로 생각된다. 일단 사회적 이슈가 발생하면 언론이나 정치권, 시민단체부터 정부의 역할을 논하기에 바쁘다. 이러한 과정이 반복되면서 경제적 분쟁 해결에 사적 자치의 영역은 점점 축소되고 국가의 역할이 지속적으로 증대되었다.

공정거래 사건도 그러한 연장선에 있다고 생각된다. 공정거래 관련 분쟁은 가급적 사적 해결이 우선되도록 제도를 개선하여야 한다. 공정거래위원회의 조사권 발동은 피해의 범위가 지나치게 넓거나 피해자가 분명하지 않아 사적 해결이 어려운 사안 등에 제한적으로 행사되어야 한다. 형벌권은 당해 사안이 형법상의 입찰사기죄나 배임, 횡령, 사기 등에 해당하지 않는 한 분쟁해결의 최후의 수단으로서 더더욱 제한적으로 발동되어야 한다.

둘째, 민사소송 제도가 분쟁해결에 애로가 많기 때문이다. 미국과 비교한다면 사실관계 다툼이 1심에서 종료되지 못하고 심지어는 대법원에서조차도 치열한 공방이 이루어지곤 한다. 방대한 분량으로 생산되는 증거자료싸움을 약자가 감당하기는 쉽지가 않다.

미국에서는 사실에 대한 다툼은 1심에서 배심원이 판단하면 그로써 종료가 되어 버리고 이후는 법률적인 다툼만 남는다. 연방대법원은 상고를 거의 허가해 주지 않는다. 배심원들은 평범한 시민들로서 오히려 약자편향적이라는 비판조차 받곤 한다. 이에 반해 우리나라의 현행 소송시스템에서는 3배 손해배상제도나 금지명령청구제도 등이 도입된다 하더라도 실효성이 높지 않다고 생각한다.

공정거래법 위반행위에 대해 공정거래위원회가 아무리 높은 과징금을 부과하고 법원이 아무리 높은 벌금을 선고한다 하더라도 금전적 제재는 국고로 귀속되어 버린다. 피해자가 정작 원하는 것은 손해배상이다. 공정거래위원회가 열심히 법을 집행한다 하더라도 피해자가 원하는 손해배상이 원활하지 않으면 공정거래제도에 대한 불신만 높아질 수밖에 없다. 공정거래 제도 전반의 개선방향은 과징금이나 형벌 등의 제재를 강화하는 것이 아니라 피해자의 손해배상이 원활이 이루어지도록 하는 것이어야 한다.

II. 공정거래법상 손해배상청구권의 성립 요건

사업자 또는 사업자단체는 공정거래법의 규정을 위반함으로써 피해를 입은 자가 있는 경우에는 당해 피해자에 대하여 손해배상의 책임을 진다(법 제109조 제1항 본문). 다만, 사업자 또는 사업자단체가 고의 또는 과실이 없음을 입증한 경우에는 그러하지 아니하다(동조 동항 단서).[30]

1. 당사자

공정거래법 위반행위로 인하여 피해를 입은 자는 모두 청구권자가 될 수 있다. 따라서 반드시 위반행위자의 경쟁사업자나 직접적인 거래상대방일 것을 요건으로 하지 않는다. 공정거래법 제109조의 해석상 청구의 상대방은 위반행위의 주체인 사업자 또는 사업자단체로 한정되므로 이들의 피용자는 손해배상청구의 대상이 아니다.

2. 공정거래법 위반행위의 존재

사업자 또는 사업자단체의 공정거래법 위반행위가 존재하여야 한다. 공정거래법 위반행위란 공정거래법에서 금지하고 있는 모든 실체규정 위반행위를 포함한다. 시장지배적지위 남용행위, 부당한 공동행위, 불공정거래행위 등이 전형적인 경우에 해당되겠지만, 경쟁제한적인 기업결합이나 경제력집중억제를 위한 규정 위반의 경우에도 손해배상청구권이 성립할 수 있다. 다만, 후자의 경우에는 그 입법의 취지나 목적상 특정 개인의 손해와의 사이에 인과관계를 인정하기가 어려운 경우가 많을 것으로 생각된다.

공정거래법 위반에 대한 공정거래위원회의 사실인정이나 판단이 법원을 구속하는지 여부가 문제될 수 있다. 대법원은 시정조치에 있어서 공정거래위원회의 인정 사실 및 판단은 법원을 구속하지 못한다는 취지로 판시한 바 있다.[31]

사견으로도 공정거래법 위반여부 및 그에 대한 행정적 제재수준을 결정하는 공정거래위원회의 심결절차와 손해배상청구소송은 제도적으로 명확히 구분되는 절차라는 점, 공정거래위원회의 판단에 대해서는 행정소송을 통하여 법원이 최종적인

---

30) 2020.12.29. 개정 이전 조항 제56조.
31) 대법원 1999.12.10. 선고 98다46587 판결.

판단권한을 행사하게 되어 있는 점, 공정거래위원회 판단에 대하여 법원을 구속할
수 있는 효력을 부여하기 위하여는 명문의 법 규정이 필요하다는 점 등을 고려할
때 대법원의 판단내용이 타당하다고 생각된다.

[판례] (주)신진금속 등의 손해배상청구소송 건(대법원 1999.12.10. 선고 98다46587 판결)
이 사건 구속성 예금과 관련하여 공정거래위원회는 피고 은행이 거래상의 우월적 지위
를 이용하여 구입강제(예금강제)를 하였다는 이유로 독점규제법 제23조 제1항 제4호의
규정에 위반된다고 보고, 다만 법 위반 정도가 경미한 점과 기업자금 조달의 편의성 등
을 감안하여 시정조치 대신 경고조치한다는 결정을 하였는바, 위 경고조치는 독점규제
법에 규정되어 있지 아니한 것으로서 이를 독점규제법 제24조 소정의 '기타 시정을 위
한 필요한 조치'에 해당한다고 보기 어려울 뿐만 아니라, 설령 그에 해당한다고 보더라
도, 공정거래위원회의 시정조치가 확정되었다고 하여 곧바로 사업자 등의 행위의 위법
성이 인정되는 것은 아니고, 그 시정조치에 있어서 공정거래위원회의 인정 사실 및 판
단은 그 시정조치에서 지적된 불공정거래행위에 의하여 입은 손해를 배상받고자 제기
한 민사소송에서 법원을 구속하지 못하는 것이다.

다만 공정거래위원회의 사실인정은 위법행위의 존재에 대한 사실상 추정의 효
력은 있다고 판시한 바 있다.[32] 일본 법원의 입장도 마찬가지이다.

3. 손해의 발생 및 손해액·배상액

손해의 존재는 손해배상청구소송에서의 일반적인 요건이라고 할 수 있다. 공정
거래법상 손해배상청구소송에서 문제되는 손해와 관련하여 크게 두 가지가 문제될
수 있다.

1) 손해의 범위

발생한 손해가 공정거래법의 보호목적 범위 내에서 발생한 소위 경쟁법상의 손
해(antitrust injury)에 해당하여야 하는지 여부이다. 미국 연방대법원은 1977년의
Brunswick 사건[33]에서 원고는 자신이 주장하는 손해가 독점규제법이 방지하고자

---

32) 대법원 1990.4.10. 선고 89다카29075 판결.
33) Brunswick Corporation v. Pueblo Bowl—O—Mat, Inc., 429 U.S. 477 (1977). 이 사건에서 원고
인 Pueblo는 피고인 Brunswick가 자신의 경쟁사업자인 보울링장을 매수함으로써 자신은 그
경쟁 보울링장이 시장에서 퇴출됨으로써 누릴 수 있었던 혜택을 상실하였다고 주장하였다.
이러한 원고의 주장은 시장의 경쟁감소로 기대할 수 있었던 이익을 피고의 행위로 인하여 시

하는 '경쟁법상의 손해'라는 점을 입증하여야 한다고 판시함으로써 Clayton 법 제4
조의 3배 배상청구의 대상이 되는 손해의 범위를 한정하였다.

　이러한 미국 대법원의 태도를 우리의 공정거래법상 손해배상청구권을 해석함
에 있어서 그대로 원용할 수 있는지에 대해서는 여러 가지 견해가 있을 수 있다. 적
어도 공정거래법상의 손해배상청구권은 공정거래법의 취지와 목적에 부합하는 범
위 내에서만 인정될 수 있는 것이므로 공정거래법의 목적 및 보호법익 범위 내에서
발생한 손해에 대해서만 공정거래법상의 손해배상청구권이 성립된다고 해석하는
것이 타당하다고 생각된다.

2) 입증책임

　손해배상청구소송에서 손해액은 확정되어야 하고, 이에 대한 입증책임은 원칙
적으로 원고에게 있다. 그런데 공정거래법상 손해배상청구소송에 있어서 손해의 범
위와 그 액수를 확정하고 이를 입증한다는 것은 쉬운 일이 아니어서 피해자의 소제
기를 어렵게 하는 중요한 원인이 될 수 있다. 이러한 점을 감안하여 2004년 공정거
래법 개정 시 법원의 손해액 인정제도를 도입하였다.

　공정거래법을 위반한 행위로 인하여 손해가 발생된 것은 인정되나 그 손해액을
입증하기 위하여 필요한 사실을 입증하는 것이 해당 사실의 성질상 극히 곤란한 경
우에는 법원이 변론 전체의 취지와 증거조사의 결과에 기초하여 상당한 손해액을
직권으로 인정할 수 있도록 하였다(법 제115조).[34]

　소송실무에서 중요한 문제점 중의 하나는 기업들이 영업비밀이란 이유로 법원
에 자료제출을 거부하는 경우가 적지 않다는 점이다. 그래서 2020.12.29. 개정법에
서는 부당공동행위와 불공정거래행위(부당지원행위 제외) 또는 사업자단체에 의한
부당한 공동행위에 대해 자료제출명령을 강화하였다. 영업비밀에 해당하는 경우에
도 손해의 증명 또는 손해액의 산정에 반드시 필요한 경우에는 자료제출을 거부할
수 없도록 하는 규정을 신설하였다(법 제111조 제3항). 나아가 만약 당사자가 정당한
이유 없이 자료제출명령에 따르지 아니한 경우에는 자료의 기재로 증명하려는 사
실에 대한 상대방의 주장을 진실한 것으로 인정할 수 있도록 하고 있다(법 제111조
제4항).

　장의 경쟁이 유지됨으로써 상실하였다는 취지로 정리될 수 있다.
34) 2020.12.29. 개정 이전 조항 제57조.

3) 손해액과 배상액

손해배상은 손해를 입은 금액만큼 즉 1배 손해배상이 원칙이다. 하지만 공정거래법상의 손해는 적발이나 입증이 어려운 점을 감안하여 2018.9.18. 개정법35)에서 미국과 유사하게 최대 3배까지 손해배상을 허용하는 제도를 도입하였다(법 제109조 제2항).36) 하도급법 등에 이미 있는 제도이긴 하지만 이를 확대한 것이다. 단, 부당한 공동행위(법 제40조 및 법 제51조 제1항 제1호)와 보복조치(법 제48조)에 한정된다. 3배 이내의 배상액을 정할 때에는 고의나 손해발생 우려 인식정도, 피해규모, 이득규모, 벌금·과징금, 기간·횟수, 피해구제노력 등을 종합적으로 고려하여야 한다(법 제109조 제3항).37) 또한 부당한 공동행위의 경우 공동불법행위책임이 인정된다(법 제109조 제4항).38)

4. 인과관계

공정거래법 위반행위와 발생한 손해 간에 인과관계가 인정되어야 한다. 공정거래법상 손해배상청구권도 민법상 불법행위에 기한 손해배상청구권과 그 본질을 같이 한다고 해석할 때 인과관계에 대한 민법상의 이론이 기본적으로 공정거래법상 손해배상청구소송에서도 적용될 것이다.

미국에서 인과관계와 관련하여 문제되었던 것으로 직접구매자(direct purchasers) 요건이 있다. 이는 원래 소위 전가이론(pass-on theory)에 근거한 피고의 방어방법 혹은 원고의 공격방법이 인정될 수 있는지 여부와 관련하여 논의가 되었다. 관련 판례를 통하여 미국 대법원은 직접구매자에 한해서 3배 배상소송에서 손해를 주장할 수 있다는 원칙을 확인하였다.

우리나라에서는 삼립식품 사건에서 쟁점이 되었다. 밀가루 업체들의 가격담합으로 인해 삼립식품이 손해를 입었다 하더라도 만약 삼립식품이 빵의 가격을 인상하여 소비자에게 그 피해를 전부 전가하였다면 피해가 없었을 수도 있기 때문이다. 이 사건에서 대법원은 손해전가 여부 및 범위의 선택여부는 삼립식품에게 달려있기 때문에 원칙적으로 손해전가의 항변을 인정하지 않았다. 다만 장려금 지급이나 빵 가격의 인상 등으로 인해 손해가 줄어드는 경우에는 손해액 산정 시 참작사유가

---

35) 법률 제15784호, 2018.9.18., 일부개정.
36) 2020.12.29. 개정 이전 조항 제56조 제3항.
37) 2020.12.29. 개정 이전 조항 제56조 제4항.
38) 2020.12.29. 개정 이전 조항 제56조 제5항.

될 수 있다고 판시하였다.

판례 17 : 밀가루가격 담합 사건

― 대법원 2012.11.29. 선고 2010다93790 판결 ―

3. 장려금 지급 및 제품 가격 상승을 통한 손해전가와 관련된 피고들의 상고이유에 관하여

나. 원심은, (1) 피고들의 담합에 의한 밀가루 가격 상승으로 인하여 담합기간 동안 원고가 피고들에게 경쟁가격을 초과한 가격을 지급함으로써 원고에게 발생한 손해액이 피고 씨제이에 대해서는 2,981,843,190원, 피고 삼양사에 대해서는 753,509,858원인 사실을 인정한 다음, (2) 피고 씨제이가 원고에게 밀가루를 판매하면서 판매증대를 목적으로 한 장려금 지급약정을 하였고 그 장려금 지급약정이 담합기간 이후에도 계속되었으며 장려금도 계속 지급된 사실, 피고 삼양사도 원고와 사이에 밀가루 등을 거래하면서 장려금 지급약정을 하였고 그 후 계속하여 장려금을 지급하고 있는 사실에 비추어 보면, 장려금 지급은 담합행위와 상당인과관계가 있다고 보이지 않기 때문에, 피고들이 지급한 장려금이 손익상계의 대상이 되어 피고들의 손해배상액에서 공제될 성질의 것은 아니라고 판단하고, (3) 나아가, 이 사건 담합행위로 인하여 인상된 가격으로 밀가루를 구매한 원고가 밀가루를 원료로 생산하여 판매하는 제품에 관한 가격 인상을 통하여 인상된 밀가루 가격의 전부 또는 일부를 최종 소비자에게 전가하였다는 이유로 피고들 자신이 배상할 손해액에서 위와 같이 전가된 손해액 부분을 공제할 것을 주장한 이른바 '손해전가의 항변(passing−on defence)'에 대하여, 원고가 중간 단계의 원재료 구매자로서 자신이 입은 손해의 전부 또는 일부를 하위 구매자인 간접구매자에게 전가하였다 하더라도, 사전 약정 등에 따라 원고가 초과 지급한 밀가루 가격에 대응하여 고정적으로 일정 비율 또는 그 액수만큼 제품의 가격 인상이 이루어지고 제품의 판매 수량에 변동이 없다는 등의 특별한 사정이 없는 한, 밀가루를 원료로 하여 생산한 제품의 가격을 인상하여 비용을 전가할 것인지 여부 및 그 범위는 원고의 의사에 전적으로 맡겨진 영역이고, 제품 가격의 인상으로 인한 수요 감소를 무릅쓰고 비용을 전가할 것인지 여부는 원고의 별도의 판단에 따른 것이라는 사정 등을 참작하여, 담합으로 인한 밀가루 가격 상승에 따른 원고의 손해와 원고가 제품 가격의 인상에 의하여 취득한 가액 사이에는 상당인과관계가 없다고 판단하여, 피고들의 위 항변을 받아들이지 아니하는 한편 (4) 뒤에서 보는 바와 같이 위와 같은 장려금 지급 및 제품

가격 인상에 의한 손해 전가에 관한 사정들을 참작하여 피고들의 손해배상책임을 제한하였다.

다. 원심판결 이유를 적법하게 채택된 증거들에 비추어 살펴보면, 원심판결 이유 중에 다소 적절하지 아니한 부분이 있지만, 원심의 위와 같은 판단은 앞에서 본 법리에 따른 것으로 보이고, 거기에 담합으로 인한 손해액 산정과 손익상계 등 손해배상범위에 관한 법리를 오해하여 판결 결과에 영향을 미친 위법이 있다고 할 수 없다.

5. 고의·과실

종래의 공정거래법상 손해배상책임은 고의·과실을 요건으로 하지 않는 무과실책임이었다. 그러나 2004년도 공정거래법 제11차 개정 시 과실책임으로 그 성격을 전환하면서 다른 한편으로는 고의·과실에 대한 입증책임을 가해자인 사업자 또는 사업자단체에게 전환하였다. 따라서 피해자인 원고는 고의·과실에 대한 입증 없이 손해배상을 청구할 수 있으나 사업자 또는 사업자단체가 고의·과실이 없음을 입증한 경우에는 손해배상책임이 인정되지 않는다(법 제109조 제1항 단서).[39]

6. 공정거래위원회 시정조치와의 관계

종래에는 공정거래법상 손해배상청구권은 공정거래법 위반행위에 대한 공정거래위원회의 시정조치가 확정된 후에만 행사할 수 있도록 그 재판상 주장시기를 제한하였으나, 2004년 공정거래법 개정 시 이러한 제한을 폐지하였다. 따라서 현행 공정거래법상의 손해배상청구권은 법 위반 행위에 대한 공정거래위원회의 시정조치 여부와 관계없이 행사할 수 있다.

7. 소멸시효

종래에는 공정거래법상 손해배상청구권의 소멸시효를 '행사할 수 있는 날로부터 3년'으로 규정하고 있었으나, 2004년 법 개정 시 이러한 시효규정을 삭제하였다. 따라서 현행 공정거래법상 손해배상청구권의 소멸시효는 민법의 일반원칙에 따라서 '피해자나 그 법정대리인이 손해 및 가해자를 안날로부터 3년, 불법행위를 한 날

---

39) 2020.12.29. 개정 이전 조항 제56조 제1항 단서.

로부터 10년'이다(민법 제766조).

8. 민법상 불법행위로 인한 손해배상청구권과의 관계

공정거래법 제109조는 그 본질이 민법 제750조의 불법행위로 인한 손해배상청구권으로서의 성격을 가지고 있지만 귀책사유의 입증책임이나 손해액의 입증 등에서 그 성립요건을 완화한 것으로 이해할 수 있다. 이처럼 민법 제750조의 일반불법행위책임에 대한 성립요건을 완화한 사례는 특수불법행위라고 불리는 민법 제758조의 공작물 등의 점유자의 손해배상책임 또는 제759조의 동물 점유자의 손해배상책임에서도 찾아볼 수 있다. 이러한 경우에 민법 제750조에 의한 손해배상청구권 행사가 제한되는 것은 아니라는 것이 민법학자들의 해석이다. 따라서 공정거래법 제109조의 손해배상청구권과 민법 제750조의 손해배상청구권은 이론상 선택적으로 행사할 수 있는 것으로 해석되고 있다.

2004년 공정거래법 개정 시 구법 제57조 제1항 단서의 "공정거래법 위반을 이유로 한 손해배상청구권은 민법 제750조의 규정에 의한 손해배상청구의 소를 제한하지 아니한다"라는 명문의 규정을 삭제하였다. 이는 민법 제750조의 규정에 의한 손해배상청구권 행사를 금지하겠다는 취지가 아니라 공정거래법 제109조와 민법 제750조는 선택적으로 청구가 가능하다는 것을 법리상 당연한 전제로 하고 있는 것으로 이해하여야 할 것이다.

Ⅲ. 기록의 송부

공정거래법 제109조의 규정에 의한 손해배상청구의 소가 제기된 때에는 법원은 필요한 경우 공정거래위원회에 대하여 당해사건의 기록(사건관계인, 참고인 또는 감정인에 대한 심문조서 및 속기록 기타 재판상 증거가 되는 일체의 것을 포함한다)의 송부를 요구할 수 있다(법 제110조).[40]

---

40) 2020.12.29. 개정 이전 조항 제56조의2.

제4절 사인의 금지청구제도

Ⅰ. 개요

현행 공정거래법 하에서는 피해자가 공정거래위원회에 신고를 하더라도 무혐의 결정이 내려지거나 사건처리가 장기화되는 경우에는 피해구제 수단이 마땅치 않다. 그래서 대부분의 선진국에서는 금전적 피해배상을 위해서는 손해배상제도를 마련해 두고 있고 당해 불법행위의 금지를 위해서는 법원에 금지명령을 청구할 수 있도록 하고 있다. 2020.12.29. 개정법에서 이러한 금지명령 청구제도를 명문으로 도입하였다.

Ⅱ. 금지청구제도의 주요 내용

1. 대상

당사자 간 사적 분쟁의 성격이 강한 불공정거래행위에 대해서만 도입하였다. 그 중 부당지원행위는 사적 분쟁의 성격보다는 공정한 거래여건의 조성과 함께 경제력집중 억제의 측면이 강하고 피해자 차원에서는 증거자료의 확보가 어려울 수 있어서 제외하였다(법 제108조 제1항).

2. 관할법원

금지청구의 소를 제기하는 경우에는 「민사소송법」에 따라 관할권을 갖는 지방법원 외에 해당 지방법원 소재지를 관할하는 고등법원이 있는 곳의 지방법원에도 제기할 수 있다(법 제108조 제2항).

3. 남소방지 대책

금지청구의 소가 무분별하게 제기되면 소제기를 당한 기업이 불의의 피해를 입을 수 있다. 이러한 부작용을 막기 위해 법원은 신청이나 직권으로 원고에게 상당한 담보의 제공을 명할 수 있다(법 제108조 제3항).

공정거래위원회의 조직과 절차

제1절 공정거래위원회의 성격

공정거래법 제54조는 "이 법에 의한 사무를 독립적으로 수행하기 위하여 국무총리 소속으로 공정거래위원회를 둔다"고 규정하여 공정거래위원회를 우리나라 공정거래법의 집행기관으로 하고 있다.[1] 공정거래위원회는 합의제 행정기관으로서 다른 독임제 행정기관과는 여러 가지 면에서 다른 특징을 가지고 있다.[2] 이러한 특징적 요소들은 경쟁법 위반사건의 처리를 통하여 시장경쟁을 보호하는 것을 목적으로 하는 경쟁당국의 기능을 고려하여 공정거래위원회의 전문성과 독립성을 보장하기 위한 것으로 이해할 수 있다.

I. 독립규제위원회

1. 독립규제위원회의 탄생 배경

공정거래위원회가 다른 중앙행정기관과 구분되는 가장 큰 특징은 독립성이 부여된 위원회 형태의 조직이라는데 있다. 이러한 위원회 조직은 19세기 후반 미

---

1) 2020.12.29. 개정 이전 조항 제35조.
2) 종래 공정거래위원회의 성격을 준입법기관이라 설명하기도 하였다. 실제로 미국의 FTC는 "미국에서 두 번째로 막강한 입법기관(the second most powerful legislative body in the United States)"이라는 평가를 받기도 하였다. 그러나 의회입법보다는 행정입법이 만연한 우리나라 현실에서 사실상 모든 행정기관이 준입법기관의 성격을 띠고 있어 공정거래위원회가 준입법기관이라는 표현은 큰 의미가 없다고 생각한다.

국에서 본격적으로 시작되었다. 당시 새롭게 대두되기 시작한 사회현상은 기존의 것과는 달리 복잡·다양할 뿐만 아니라 시시각각 변하는 등 과거와 같은 입법·사법·행정이라는 고전적이고 정태적인 삼권분립 체제로는 해결하기 곤란한 경우가 많았다.

이러한 새로운 사회현상에 대응하기 위하여 행정의 효율성과 사법의 공정성이라는 장점을 동시에 보유한 제4의 기구로 고안된 것이 독립규제위원회(independent regulatory commission)였다.3) 독립규제위원회는 무역·통신 등 여러 분야에서 나타났지만 특히 독점규제분야에서의 필요성이 더욱 크게 인식되었다. 독점규제분야에서의 사건들은 시시각각 변모하는 경제현상을 대상으로 하고 있을 뿐만 아니라 일반적 정의관념이나 기존의 법 이론에 근거하여 그 위법성을 판단하기보다는 경제적 관점에서 당해 행위가 시장경쟁질서에 미치는 영향을 고려하여 위법성을 판단하여야 한다.

2. 독립규제위원회의 특징

1) 합의제 조직

독점규제법 위반사건의 경우에는 그 판단에 법률적 전문성뿐만 아니라 경제학적 전문성이 함께 요구된다. 또한 동일한 사안의 경제적 효과에 대한 다양한 이견들이 존재할 가능성도 크기 때문에 기존의 독임제 행정관청처럼 기관장 1인의 책임과 판단으로 사건을 처리하는 것이 부적합한 측면이 있다. 공정거래사건은 시장에 미치는 영향의 판단이 핵심이기 때문에 시대에 따라 사람에 따라 지역에 따라 판단에 큰 차이가 있을 수 있다. 이러한 사건의 해결은 결국 전문가로 구성된 합의제에서 하는 것이 보다 합리적이다.

이러한 이유에서 미국에서는 다수의 경제전문가 및 법률전문가로 구성된 위원회에서 다양한 의견을 수렴하여 공정하게 사건을 처리할 수 있도록 경쟁당국을 독립규제위원회 조직으로 설계하였다. 1914년 제정된 미국 FTC 법에 의하여 설치된 FTC가 그것이다. 그리고 우리나라의 공정거래위원회 조직도 기본적으로는 FTC 조직을 모델로 한 것이라고 할 수 있다. 다른 나라의 경우에도 각국의 사정에 따라 일

---

3) 미국에서는 한때 입법·사법·행정의 어느 영역에도 속하지 않는 무책임한 제4부라는 비판과 함께 위헌성이 있다는 비판까지 제기되곤 하였다. 하지만 그러한 기구들도 의회의 통제를 받고 적법절차에 따라 업무를 처리하기 때문에 근래에 와서는 그러한 극단적인 주장은 찾아보기 어렵다.

부의 예외는 있으나 독점규제법 전담기관의 기본적인 형태는 경제적·법률적 전문성을 함께 고려한 독립적인 합의제 조직으로 운영하고 있는 것이 보편적이다.

다만 미국의 경우는 역사적인 계기로 지금도 이원적인 법집행이 이루어지고 있다. 원래 FTC가 설치되기 전에는 법무부가 1890년에 제정된 Sherman 법을 집행하여 왔다. 그러나 위와 같은 이유로 FTC가 창설되었지만 의회는 법무부도 종래와 같이 Sherman 법을 그대로 집행하도록 하였다. 물론 역사적인 특수성이 있는 미국을 제외한다면 대부분의 국가들은 위원회 형태의 경쟁당국으로 법집행을 일원화하고 있다.4)

2) 조직 및 사건처리의 독립성

법원과 같이 구체적이고 개별적인 사건에 대한 심리와 판단을 통하여 경쟁정책을 집행하게 되는 경쟁당국은 공정성이 보장되지 않으면 그 본연의 기능을 수행하는 것이 불가능해지기 때문에 기존의 행정조직과는 달리 의사결정의 독립성이 부여되어 있다.

미국의 경우 FTC는 입법, 행정, 사법 어디에도 소속하지 않고 있다. 중요한 것은 행정부 소속이 아니어서 대통령의 통제를 받지 않는다는 것이다. 대통령은 상원의 동의를 받아 5인의 FTC 위원들에 대한 임명권을 행사하고 위원장 임명권이 있는 것 외에는 업무상의 지휘·감독권이 없다. 위원의 임기는 7년으로 대통령 임기인 4년보다 장기로 되어 있을 뿐 아니라 동일한 대통령에 의하여 한꺼번에 임명되지 않도록 교차임기제(staggered terms)5)를 적용하고 있다. 위원들은 최대 3인까지만 동일한 정당에 소속될 수 있는 등 FTC의 조직과 운영상의 독립성을 보장하기 위한 다양한 제도적 장치를 마련하고 있다.

3) 미국식 독립규제위원회와 공정거래위원회의 차이점

공정거래위원회는 미국식의 독립규제위원회와는 일정 부분 차이가 있다. 법

---

4) 독일의 경우는 경쟁당국인 연방카르텔청이 외형적으로는 독임제 형태로 되어 있지만 실제 사건처리는 업종별로 합의제인 심사부를 설치하고 있는데 심사부장은 사건처리에 있어 연방카르텔청장의 지휘·감독을 받지 않도록 하는 등 실질적으로는 합의제로 운영되고 있다.

5) 위원 개인의 임기가 아니라 '위원의 직'에 대한 임기를 정하고 그 임기의 만료일을 차별화해 두면 어느 위원이 임기 중에 사임하는 경우 그 후임자는 전임자의 잔여임기만을 재임하게 되고 따라서 다수 위원들의 신규임명이 한꺼번에 행하여지는 경우는 발생하지 아니한다. 우리나라에서도 임기가 장기인 대법관, 헌법재판관 등의 임기에 도입을 고려할 만한 제도이다.

제54조에서는 사무처리의 독립성은 부여하되 조직상의 독립성은 부여하고 있지 않다.[6]

> 제54조(공정거래위원회의 설치) ① 이 법에 의한 사무를 독립적으로 수행하기 위하여 국무총리 소속으로 공정거래위원회를 둔다.
> ② 공정거래위원회는 「정부조직법」 제2조(중앙행정기관의 설치와 조직) 제2항에 따른 중앙행정기관으로서 소관사무를 수행한다.

우선 사무처리, 즉 조직운영의 독립성은 부여되어 있다. 특히 사건처리의 독립성이 중요한데 국무총리 소속이라 하더라도 사건처리에 있어 국무총리의 지시를 받지는 않는다. 대통령의 지시도 받지 않는다. 그리고 정부 내에서의 독립성뿐만 아니라 대기업 등 경제적 압력으로부터의 독립성도 대단히 중요하다.

다만 조직 위상이 국무총리 산하의 행정조직으로 되어 있다는 점에서 입법, 행정, 사법으로부터 독립된 미국 FTC와는 차이가 있다. 그 외에도 공정거래위원회 위원장은 국무위원이 아니지만 대통령이 주재하는 국무회의에 출석하여 발언할 수 있도록 하고 있다(법 제60조 제2항).[7] 경제장관회의 등 각 부처 장관들로 구성되는 각종 회의의 구성원으로도 활동하고 있다.

즉, 공정거래위원회가 다른 부처와 마찬가지로 행정부 조직의 일부로 되어 있으며 공정거래위원회 위원장의 활동도 다른 각 부처 장관들의 활동과 유사한 측면이 강하게 나타나고 있는 것이다.

Ⅱ. 준사법기관

1. 준사법기관의 의미

준사법기관(quasi-judicial agency)이라는 의미는 사법기관인 법원과 유사한 기관이라는 의미이다. Philip Elman에 의하면 미국 FTC는 소추기관(a prosecutorial body)이라기보다는 독점금지법을 집행하는 전문적인 행정심판소(an expert administrative tribunal)로서 고안된 것이라고 한다.[8] 공정거래위원회도 조사 및 소추기능과 심판기

---

6) 2020.12.29. 개정 이전 조항 제35조.
7) 2020.12.29. 개정 이전 조항 제38조 제2항.
8) Plilip Elman, "Administrative Reform of the Federal Trade Commission", The Georgetown Law Journal, Vol. 59, Mar. 1971, No. 4, p. 781.

능을 모두 가지고 있다. 이중 조사 및 소추기능은 행정의 고유기능이다. 하지만 심판기능이 중요한 역할을 하고 있기 때문에 준사법기관이라 할 수 있다. 헌법재판소는 공정거래위원회의 위상을 행정적 전문성과 사법절차의 엄격성을 조화시키기 위한 목적에서 탄생된 준사법기관으로 규정하고 있다.[9]

[판례] 헌법재판소 전원재판부 2003.7.24. 선고 2001헌가25 결정

적법절차의 준수가 요구되는 절차를 '준사법절차', 그러한 절차를 주재하는 기관을 '준사법기관'이라고 표현할 수 있을 것이다. (중략)

만일 행정적 전문성만을 강조하여 그 권한을 일반 행정기관에 그대로 맡긴다면 행정기관의 권한이 지나치게 강대하여지고 그 권한이 자의적으로 남용될 우려가 있다. 한편 사법절차적 엄격성만을 강조하여 이를 법원에 맡긴다면 통상의 사법절차를 모두 거치는 데 따른 시간의 경과 등으로 신속한 대응에 어려움을 겪게 될 수 있다. 따라서 행정부에 속하지도 않고 사법부에도 속하지 않는 제3의 독립기관에게 이를 맡길 필요성이 있고, 이에 따라 행정권과 사법권으로부터 분리된 독립적 기관으로서 공정거래위원회를 설치하여 독립규제위원회로서 독점규제와 공정거래 유지의 국가기능을 담당하게 하여야 할 것이다.

공정거래위원회에 대하여 준사법적 성격을 보유한 기관으로 이해되고 있는 것은 공정거래위원회가 다른 일반 중앙행정기관들과는 달리 공정거래법을 포함한 소관법률 위반사건에 대한 심리·의결을 본질적인 기능으로 수행하고 있다는 점과 특히 사건처리절차에 있어서 심리대상인 피심인의 절차적 방어권을 보장하기 위한 대심구조를 지향하고 있는 등 사법부의 재판절차와 유사한 절차를 갖추고 있다는 데서 그 근거를 찾을 수 있다. 다만 행정부에 속하지 않는다는 표현은 동의하기 어렵다.

2. 공정거래위원회의 제도적 장치

공정거래위원회의 준사법기관적인 성격을 구성하는 제도적 장치들을 간략히 살펴보면 우선 공정거래법상 판단권자인 위원들의 임기와 신분은 법률상 보장받으며 정치적 중립성이 요구된다(법 제62조 내지 제63조).[10] 그리고 위원회의 심리·의결

---

9) 헌법재판소 전원재판부 2003.7.24. 선고 2001헌가25 결정.
10) 2020.12.29. 개정 이전 조항 제39조 내지 제41조.

은 공개를 원칙으로 하고, 위원들에 대한 제척·기피·회피제도를 두고 있으며, 사건에 대한 위원회의 의결은 그 이유를 명시하고 의결에 참여한 위원이 서명·날인한 의결서로 하도록 규정하고 있다(법 제65조 내지 제68조).[11] 이러한 제도적 장치들은 모두 재판절차의 공정성을 보장하기 위하여 법원에서 도입하고 있는 제도들과 유사한 성격을 가지고 있다고 할 수 있다.

그리고 「공정거래위원회 회의운영 및 사건절차 등에 관한 규칙」[12](이하 '사건처리절차규칙'이라 한다)에서는 사건심리절차의 대심구조를 강화하여 피심인의 방어권을 실질적으로 보장할 수 있는 각종 제도적 장치들을 규정하고 있다. 심사보고서 사전송부 및 피심인의 의견제출제도, 심사보고서 첨부자료 열람·복사신청제도, 심의준비절차제도, 심의기일지정·통지제도, 피심인의 출석권 보장, 피심인의 진술권 및 증거조사신청권 보장 등이 그 중요한 내용이다.

이처럼 공정거래위원회의 사건처리절차는 일반 재판절차의 경우와 유사하게 공정성 확보와 방어권 보장을 위한 제도적 장치들이 타 행정기관의 절차보다는 상대적으로 강화되어 있다고 할 수 있다. 그리고 이러한 점을 고려하여 일반 행정기관의 행정절차에 대한 일반법적인 성격을 가지는 행정절차법 상의 내용들은 공정거래위원회의 의결·결정을 거쳐서 행하는 사안에 대해서는 그 적용을 배제하고 있다(행정절차법 시행령 제2조 제6호). 공정거래위원회의 처분에 대한 불복의 소는 서울고등법원의 전속관할로 정함으로써 공정거래위원회의 심리·의결절차에 대하여 사실상 제1심 법원을 대체하는 위상을 인정하고 있다(법 제100조).[13]

다만, 현행 공정거래위원회의 사건처리절차가 준사법기구라는 설명에 충분히 부합할 정도로 완비되어 있는지에 대해서는 아직 의문의 여지가 남아 있다. 특히 제1심 법원의 판단을 대체할 정도의 수준인지에 대해서는 여전히 비판적인 견해[14]가 존재하고 있는 것도 사실이므로 공정거래위원회의 사건처리절차가 법원의 재판

---

11) 2020.12.29. 개정 이전 조항 제43조. 내지 제45조.
12) 공정거래위원회고시 제2021-51호, 2021.12.30. 개정.
13) 2020.12.29. 개정 이전 조항 제55조.
14) 이러한 비판론을 취하는 전문가들 중에서는 준사법성의 미진함을 이유로 하여 공정거래위원회의 처분에 대한 불복의 소를 1심인 행정법원의 관할로 하여야 한다고 주장하기도 한다. 사실 초기의 공정거래위원회 사건처리절차 수준에서는 이러한 주장도 충분히 설득력을 얻을 수 있었을 것이다. 그러나 공정거래위원회의 사건처리절차는 꾸준히 개선되어 왔고 지금도 그러한 노력이 계속되고 있다. 심급문제는 국제적인 추세에 맞게 현행처럼 2심으로 하되 적법절차를 보완하도록 노력하는 것이 보다 합리적이라 생각한다.

절차에 준할 정도의 공정성과 전문성, 그리고 투명성을 확보할 수 있도록 지속적으로 보완·발전시켜 나가야 할 것이다.

제2절 공정거래위원회의 조직 및 구성

Ⅰ. 설치·소관사무

공정거래위원회는 공정거래법에 의한 사무를 독립적으로 수행하기 위하여 국무총리소속하에 설치된 중앙행정기관이다(법 제54조).[15]

법 제55조는 공정거래위원회 소관사무의 내용을 다음과 같이 규정하고 있다.[16]

제55조(공정거래위원회의 소관사무) 공정거래위원회의 소관사무는 다음 각호와 같다.
1. 시장지배적지위의 남용행위 규제에 관한 사항
2. 기업결합의 제한 및 경제력집중의 억제에 관한 사항
3. 부당한 공동행위 및 사업자단체의 경쟁제한행위 규제에 관한 사항
4. 불공정거래행위 및 재판매가격유지행위 규제에 관한 사항
5. 경쟁제한적인 법령 및 행정처분의 협의·조정 등 경쟁촉진정책에 관한 사항
6. 기타 법령에 의하여 공정거래위원회의 소관으로 규정된 사항

한편, 경쟁법 집행에 있어서 국제협력의 필요성이 증대됨에 따라 2004년도 공정거래법 개정 시 공정거래위원회의 국제협력업무에 대한 명문의 규정이 추가되었다. 이에 따라 정부가 대한민국의 법률 및 이익에 반하지 않는 범위 안에서 외국정부와 공정거래법 집행을 위한 협정을 체결한 경우에는 공정거래위원회가 협정에 따라 외국정부의 법 집행을 지원할 수 있다. 그리고 이러한 협정이 체결되어 있지 않은 경우에도 외국정부의 법 집행 요청 시 동일 또는 유사한 사항에 관하여 대한민국의 지원요청에 응한다는 요청국의 보증이 있는 경우에는 외국정부의 법 집행을 지원할 수 있다(법 제56조).[17]

---

15) 2020.12.29. 개정 이전 조항 제35조.
16) 2020.12.29. 개정 이전 조항 제36조.
17) 2020.12.29. 개정 이전 조항 제36조의2.

Ⅱ. 위원

1. 위원의 구성과 권한

공정거래위원회는 위원장 1인과 부위원장 1인을 포함한 9인의 위원으로 구성되며 그 중 4인은 비상임위원이다. 공정거래위원회의 위원은 모두 일정한 법정 자격[18]을 갖춘 자 중에서 위원장과 부위원장은 국무총리의 제청으로 대통령이 임명하고 기타 위원은 위원장의 제청으로 대통령이 임명한다(법 제57조 제1항, 제2항).[19]

공정거래위원회 위원의 임기는 위원장·부위원장·기타 다른 위원의 구분 없이 3년이고 1차에 한하여 연임할 수 있다(법 제61조).[20] 위원은 ① 금고 이상의 형의 선고를 받은 경우 또는 ② 장기간의 심신쇠약으로 직무를 수행할 수 없게 된 경우를 제외하고는 그 의사에 반하여 면직되지 아니하도록 함으로써 그 신분을 보장하고 있다(법 제62조).[21] 또한 정당에 가입하거나 정치운동에 관여할 수 없도록 함으로써 정치적 중립성을 요구하고 있다(법 제63조).[22]

위원장은 공정거래위원회를 대표하고, 국무회의에 출석하여 발언할 수 있다. 위원장이 사고로 인하여 직무를 수행할 수 없을 때에는 부위원장이 그 직무를 대행하고, 위원장과 부위원장이 모두 사고로 인하여 직무를 수행할 수 없을 때에는 선임 상임위원의 순서로 그 직무를 대행한다(법 제60조).[23]

2. 위원의 구성방법의 개선방안

공정거래위원회의 구성에 있어 비상임위원제도를 도입하고 있는 것은 선진 경쟁당국의 경우에는 찾아보기 어려운 우리나라의 특징이라고 할 수 있다. 이러한 제

---

18) 독점규제 및 공정거래 또는 소비자분야에 경험 또는 전문지식이 있는 자로서,
　　1. 2급 이상 공무원(고위공무원단에 속하는 일반직공무원을 포함한다)의 직(職)에 있던 자
　　2. 판사·검사 또는 변호사의 직에 15년 이상 있던 자
　　3. 법률·경제·경영 또는 소비자 관련 분야 학문을 전공하고 대학이나 공인된 연구기관에서 15년 이상 근무한 자로서 부교수 이상 또는 이에 상당하는 직에 있던 자
　　4. 기업경영 및 소비자보호활동에 15년 이상 종사한 경력이 있는 자
19) 2020.12.29. 개정 이전 조항 제37조 제1항, 제2항.
20) 2020.12.29. 개정 이전 조항 제39조.
21) 2020.12.29. 개정 이전 조항 제40조.
22) 2020.12.29. 개정 이전 조항 제41조.
23) 2020.12.29. 개정 이전 조항 제37조.

도를 두게 된 당초의 취지는 중립적이고 전문적인 외부 인사를 의사결정과정에 참여시켜 결정내용에 대한 일반 국민의 신뢰감을 제고하고자 한 것으로 이해할 수 있다. 그러나 단순한 자문기구나 심의기구가 아니라 국민의 권리와 재산을 직접적으로 제한하는 공권력을 국민에게 직접 행사하는 중앙행정기관인 공정거래위원회의 구성원을 비상임위원으로 충원하는 현행 제도에 대해서는 신중한 재검토가 있어야 할 것으로 생각된다.

특히, 비상임위원은 공정거래법 위반 사건에 대한 심사업무를 주된 업무로 하는 것이 아니라 부수적인 업무로 수행할 수밖에 없기 때문에 위원으로서의 직무에 전념할 수 없다는 본질적인 한계를 가진다. 공정거래법 위반사건의 복잡성·전문성과 그에 대한 판단결과가 시장과 국가경제에 미치게 되는 파급효과의 중대성을 고려할 때 비상임의 위원이 그러한 직무를 충실히 수행할 수 있는지의 여부를 다시 검토할 시기가 도래한 것으로 생각된다.

또한 복잡한 사건을 집중적으로 논의하기에는 9인이라는 위원 수는 너무 많아서 비효율적일 수 있고 미국과 일본의 위원이 5인이라는 사실을 참고할 필요가 있을 것이다. 더구나 미국의 경우처럼 행정법판사(ALJ)[24]가 일차적으로 심리절차를 수행하는 것이 아니라 위원회가 직접 심리를 진행하는 우리나라에서는 심리절차의 효율적인 진행을 위해서도 적정한 규모의 위원 수에 대한 고려가 더욱 필요할 수 있다.

Ⅲ. 전원회의와 소회의

1. 전원회의와 소회의 구분

공정거래위원회의 회의는 위원 전원으로 구성하는 전원회의와 상임위원 1인(이상)을 포함한 위원 3인으로 구성하는 소회의[25]로 구분된다. 전원회의는 ① 공정거래위원회 소관의 법령이나 규칙·고시 등의 해석적용에 관한 사항, ② 이의신청 사건, ③ 소회의에서 의결되지 아니하거나 소회의가 전원회의에서 처리하도록 결정한 사항, ④ 규칙 또는 고시의 제정 또는 변경, ⑤ 경제적 파급효과가 중대한 사항 ⑥ 그

---

24) 행정법판사는 명칭만 '판사'일 뿐 법원의 판사와는 다르다. FTC 등 주로 독립규제기관에 근무하는 직원의 자격에서 심판을 주재하고 판단을 내린다는 점에서 '판사'와 유사한 역할을 수행한다. 1972년 이전에는 'hearing examiner'라고 불렀다.

25) 시행령에서는 5개 이내의 소회의를 설치할 수 있도록 규정하고 있다(시행령 제59조 제1항).

밖의 전원회의에서 스스로 처리하는 것이 필요하다고 인정하는 사항을 심의·의결한다. 소회의는 전원회의 소관사항 이외의 사항을 심의·의결한다(법 제58조, 59조).[26]

전원회의의 의사는 위원장이 주재하고 재적위원 과반수의 찬성으로 의결하며 소회의의 의사는 상임위원이 주재하고 구성위원 전원의 출석과 출석위원 전원의 찬성으로 의결한다(법 제64조).[27] 그리고 각 회의의 의장은 심판정에 출석하는 당사자·이해관계인·참고인 및 참관인 등에 대하여 심판정의 질서유지를 위하여 필요한 조치를 명하는 등 질서유지권을 행사할 수 있다(법 제66조).[28]

2. 제척·기피·회피제도

공정거래법은 사건처리의 공정성을 보장하기 위한 위원의 제척·기피·회피제도를 두고 있다. 우선 위원의 제척사유는 ① 자기나 배우자 또는 배우자이었던 자가 당사자이거나 공동권리자 또는 공동의무자인 사건, ② 자기가 당사자와 친족이거나 친족이었던 사건, ③ 자기 또는 자기가 속한 법인이 당사자의 법률·경영 등에 대한 자문·고문 등으로 있는 사건, ④ 자기 또는 자기가 속한 법인이 증언이나 감정(鑑定)을 한 사건, ⑤ 자기 또는 자기가 속한 법인이 당사자의 대리인으로서 관여하거나 관여하였던 사건, ⑥ 자기 또는 자기가 속한 법인이 사건의 대상이 된 처분 또는 부작위(不作爲)에 관여한 사건, ⑦ 자기가 공정거래위원회 소속 공무원으로서 해당 사건의 조사 또는 심사를 한 사건인 경우가 해당된다(법 제67조 제1항).[29] 이 경우 별도의 신청이나 결정 없이 해당되는 위원은 법률상 당연히 당해 사건에 대한 심의·의결에서 제척된다.

그리고 위원에게 기타 심의·의결의 공정을 기대하기 어려운 사정이 있는 경우에는 당사자가 당해 위원에 대한 기피신청을 할 수 있다. 기피신청에 대해서는 위원장이 위원회의 의결을 거치지 않고 단독으로 결정하게 된다(법 제67조 제2항).[30] 또한 제척사유나 기피사유가 있는 경우에 당해 위원 스스로 사건의 심의·의결을 회피할 수 있다(법 제67조 제3항).[31]

---

26) 2020.12.29. 개정 이전 조항 제37조의2 제37조의3.
27) 2020.12.29. 개정 이전 조항 제42조.
28) 2020.12.29. 개정 이전 조항 제43조의2.
29) 2020.12.29. 개정 이전 조항 제44조 제1항.
30) 2020.12.29. 개정 이전 조항 제44조 제2항.
31) 2020.12.29. 개정 이전 조항 제44조 제3항. 기피신청을 하고자 하는 자는 위원장에게 그 원인을 명시하여 신청하여야 하며, 기피를 신청한 날부터 3일 이내에 기피사유를 서면으로 소명

3. 심리와 의결의 공개 및 합의의 비공개

공정거래위원회의 심리와 의결은 사업자 또는 사업자단체의 사업상 비밀을 보호할 필요가 있다고 인정되는 경우 외에는 원칙적으로 공개한다. 사건에 관한 의결의 합의(合議)는 공개하지 않는다. 그리고 공정거래위원회가 공정거래법 위반사항에 대하여 의결하는 경우에는 그 이유를 명시하고 의결에 참여한 위원이 서명·날인한 의결서로 하여야 한다(법 제65조, 제68조).[32]

4. 회의록 비공개

전원회의와 소회는 회의록 작성에 대하여 규정하고 있는데 공정거래위원회 회의록이 「공공기관의 정보공개에 관한 법률」에 의한 공개대상이 되는 정보인지 여부가 문제되었다. 이에 대하여 서울행정법원은 "회의록을 공개하지 않음으로써 얻어지는 업무수행의 공정성 확보라는 공익이 이를 공개함으로써 얻어지는 국정운영의 투명성 등의 이익에 비하여 크다"는 점을 근거로 공개의무가 없는 것으로 판단하였다.[33]

[판례] 공정거래위원회 회의록 비공개 결정 처분취소 소송(서울행정법원 2004.4.22. 선고 2003구합16648 판결)

회의록을 공개하도록 강제한다면 공정거래위원회 회의에 참석하는 위원, 공무원 등은 자신의 발언 내용이 공개되는 것에 대한 부담으로 인한 심리적 압박 때문에 솔직하고 자유로운 의사교환을 할 수 없고, 심지어는 당사자나 외부의 의사에 영합하는 발언을 하거나 침묵으로 일관할 우려마저 있으므로 공정거래위원회의 업무수행에 현저한 지장을 초래할 수 있다고 봄이 상당하다. 그런데 이러한 우려는 회의록에 기재된 진술을 한 진술자들의 인적사항을 삭제하더라도 여전히 불식하기 어려울 뿐만 아니라 공정거래위원회는 법령에 정한 직무를 독립적으로 수행하기 위하여 설치된 합의제기관으로서 위원회의 회의록 작성이 법령상 강제되어 있지 않음에도 불구하고 심의의 객관성과 공정성을 높이기 위하여 회의록을 작성·비치하고 있다는 것인데 법원이 이를 공개하도록

하여야 한다. 그리고 기피신청을 받은 위원은 지체 없이 기피신청에 대한 의견서를 위원장에게 제출하여야 한다. 또한 위원이 회피하고자 할 때에는 위원장의 허가를 받아야 한다(시행령 제61조).

32) 2020.12.29. 개정 이전 조항 제43조, 제45조.

33) 서울행정법원 2004.4.22. 선고 2003구합16648 판결.

명할 경우 오히려 공정거래위원회의 위와 같은 노력에 지장을 줄 우려가 있다는 점 등을 감안하여 보면, 이 사건 회의록을 공개하지 않음으로써 얻어지는 업무수행의 공정성 확보라는 공익은 이를 공개함으로써 얻어지는 국정운영의 투명성 등의 이익에 비하여 크다고 판단된다.

5. 위원회와 위원장의 구분

위원회와 위원장의 개념은 이를 엄격히 구별하여야 한다. 위원장은 법상 공정거래위원회를 대표하고 각종 행정사무에 있어서 기관장으로서 그 기능을 독자적으로 수행하지만 동시에 위원회 구성원인 위원으로서의 지위도 가지고 있는데, 오히려 후자의 지위가 위원장의 기본적인 지위라고 할 수 있다. 따라서 위원회 구성원으로서의 위원장은 사건의 심의·의결과정에서는 기본적으로 다른 구성 위원들과 동등한 지위와 권한을 보유하고 있을 뿐이므로 원활한 의사진행을 위하여 각 회의 의장에게 인정된 권한 외에는 사건처리와 관련된 업무에서 위원장이 다른 위원들보다 우위의 권한을 행사하도록 하여서는 안 될 것이다.

Ⅳ. 사무처

1. 사무처의 위상 및 역할

공정거래법상의 사건의 조사·심리·의결 등 모든 사무에 관한 권한은 원칙적으로 공정거래위원회의 권한으로 규정되어 있다. 그러나 9인의 위원으로 구성된 공정거래위원회가 조사 등의 업무를 직접 수행하는 것은 현실적으로 불가능하기 때문에 공정거래법은 "공정거래위원회의 사무를 처리하기 위하여 공정거래위원회에 사무처를 둔다"고 규정하고 있고(법 제70조),[34] 기타 공정거래위원회 조직에 관하여 필요한 사항은 대통령령으로 정할 수 있도록 하고 있으며, 운영 등에 관하여 필요한 사항은 공정거래위원회 규칙으로 정할 수 있도록 하고 있다(법 제71조).[35]

이에 따라 대통령령인 「공정거래위원회와 그 소속기관 직제」[36] 및 총리령인 「공정거래위원회와 그 소속기관 직제 시행규칙」[37]에서는 사무처의 구체적인 조직

---

34) 2020.12.29. 개정 이전 조항 제47조.
35) 2020.12.29. 개정 이전 조항 제48조.
36) 대통령령 제32924호, 2022.9.27, 일부개정.
37) 총리령 제1815호, 2022.7.12, 일부개정.

과 그 분담업무를 세분하고 있다. 이러한 관련규정에 근거하여 사무처는 공정거래법 위반사건의 조사 및 심사업무를 포함하여 인사·예산 등의 행정업무와 정책업무를 수행하고 있다. 그리고 사무처가 수행하는 각 업무별 결재권은 공정거래위원회훈령인 「공정거래위원회 위임전결규정」[38]의 내용에 따라서 업무의 중요도에 따라위원장부터 소속 공무원까지 다양하게 하부 위임되어 있다.

2. 위원회와 사무처와의 관계

사건을 조사하고 위법성 여부를 평가한 후 공정거래위원회의 심리·판단을 구하기 위해 안건을 각 회의에 상정하는 사무처(조사·소추기관)와 사무처가 상정한 안건을 심리하고 최종적인 판단을 하게 되는 위원회(심판기관)가 조직 또는 기능상 과연 어느 정도까지 분리·독립되어야 하는지가 문제된다.

근대 사법원리의 하나인 탄핵주의 이론(Akkusationsprinzip)[39]에 의하면 심리·판단의 객관성과 공정성을 확보하기 위해서는 소추기관과 판단기관이 엄격히 분리되어야 한다. 공정거래위원회의 지휘·감독을 받고 있는 사무처가 조사하고 상정한안건을 공정거래위원회가 다시 심리·의결하는 구조로서는 부당한 예단에 의한 주관적이고 불공정한 판단을 전적으로 배제하기 어렵다는 비판이 있을 수 있다.

심리·판단의 객관성과 공정성을 확보하는 것은 공정거래위원회 조직과 운영에있어서 포기할 수 없는 본질적인 가치에 해당된다고 할 것이다. 그러나 그러한 가치를 반드시 사무처와 공정거래위원회 조직을 이원적으로 엄격하게 분리·독립시키는 방법으로만 실현할 수 있는 것은 아니라고 생각한다. 대부분의 경쟁당국은 조사 및 소추기관과 심리·판단기관이 동일한 기관으로 구성되어 있다. 공정거래법에서 사건 조사를 포함한 법상의 모든 권한을 원칙적으로 공정거래위원회의 권한으로 규정하면서 그 소속하에 사무처를 설치하고 있는 것도 같은 맥락에서 이해할 수있다.

중요한 것은 심리·판단절차의 객관성과 공정성이 훼손되지 않도록 공정거래위원회 기능과 사무처 기능의 적절한 분화를 추구하는 것이며 특히 심판절차의 투명성과 준사법성을 제고하여 피심인의 공격·방어권을 충분히 보장함으로써 부당한예단에 의한 심리 가능성을 제도적으로 차단하는 것이라고 생각된다. 그리고 다른

---

38) 공정거래위원회 훈령 제324호, 2022.7.25, 폐지제정.
39) 유럽에서 심판기관이 자의적으로 심판을 개시하던 규문절차에 대한 비판으로 탄생한 것이다.

한편으로는 사무처의 권한행사에 대한 공정거래위원회의 적절한 개입을 통하여 그 권한이 남용되지 않도록 필요한 견제와 감시를 하는 것도 동시에 필요하다고 할 수 있다.

역사적으로 본다면 독립규제위원회의 탄생은 행정기능인 조사 및 소추기능과 사법기능인 심판기능을 융합하여 현대사회의 복잡한 경제사안에 대처하기 위한 것이었다. 미국 FTC는 조사의 개시부터 진행상황 전반에 대해 위원이 개입하고 조사관으로부터 보고도 받지만 일단 심판절차가 개시되면 피심인이 없는 장소에서 조사관과 위원(또는 행정법판사) 간의 일방적인 접촉은 철저히 금지된다. 공정거래위원회도 일단 심사보고서가 상정된 이후에는 철저히 대심구조로 전환하는 것이 바람직하다고 생각된다.

제3절 공정거래위원회 독립성과 적법절차

Ⅰ. 개요

위에서 공정거래위원회의 독립성과 적법절차에 대하여 개괄적으로 살펴보았지만 이 주제는 좀 더 깊이 있게 살펴볼 필요가 있다. 어쩌면 공정거래위원회의 정체성 그 자체라고 할 수도 있다.

공정거래법은 경제의 기본적인 규칙을 정하는 법이다. 경제헌법 또는 경제의 기본법이라고 하기도 한다. 이러한 법이 잘못 집행되는 경우 관련된 기업뿐만 아니라 경제전체에 부정적인 영향을 미치게 된다. 만약 독립성이 결여되고 적법절차가 제대로 보장되지 않는 경쟁당국이라면 그 존재의 의의마저 의심받을 수 있다.

하지만 현실에서는 정치적 외압이나 경제적 외압으로부터 결코 자유로울 수 없을 뿐만 아니라 위원회 내에서 윗사람(위원장)의 외압이 있을 수도 있다. 물론 독립성이 가장 잘 보장되어 있다는 미국 연방대법원에서도 대법원장은 단지 여러 대법관 중의 한 명(one of them)은 아니라고 하기는 하지만 대법관들의 독립성에 대해 의심하는 경우는 드물다.

적법절차야말로 공정거래위원회를 준사법기관답게 하는 핵심적인 요소라 할 수 있다. 적법절차에서 가장 중요한 것은 피심인의 방어권보장인데 주요 선진경쟁당국과 비교할 때 엄청난 수의 사건을 처리하는 현실에서 피심인 방어권을 철저하게 보장하는 것은 쉽지가 않은 것이 사실이다. 왜냐하면 피심인의 방어권 보장과 신속하고 효율적인 사건처리는 충돌할 수밖에 없기 때문이다. 지금도 언론이나 정치권에서는 공정거래위원회의 사건처리가 너무 늦다고 불평하고 있다.

여기에서는 이러한 점들을 염두고 두고 두 가지 주제에 대해 좀 더 살펴보고자 한다.

Ⅱ. 독립성

공정거래법이 통상의 독임제 중앙행정기관이 아니라 특이한 조직형태인 위원회에 공정거래법의 집행을 맡긴 이유는 법 집행의 독립성을 확보하기 위한 것이다. 즉, 위원회라는 조직은 외부의 어느 누구의 지휘나 간섭도 받지 않고 오로지 구성원인 위원들 다수의 의견에 따라 의사를 결정할 필요가 있을 때에 설치되는 조직이고 정부 내에 위원회를 조직하는 지상의 목표는 바로 운영의 독립성을 확보해 주기 위한 것이다. 그리고 이러한 취지에서 공정거래법 제54조에서 이 법에 의한 사무를 '독립적으로' 수행하기 위하여 국무총리의 산하에 공정거래위원회를 둔다고 선언하고 있는 것이다.

1. 공정거래위원회 독립성의 필요성

1) 사법적 기능의 수행

공정거래위원회의 독립성이 확보되어야 하는 이유는 공정거래위원회가 수행하는 직무가 바로 개별 사건에 관하여 사실관계를 확정한 다음 그 사실에 전문성에 입각한 가치판단을 하여야 하는 일종의 사법작용인 것에서 연유한다. 경쟁당국은 이러한 점에서 정책적인 판단과 결정을 하는 여타의 정부기관이나 행정각부와는 기능상으로 본질적인 차이가 있고, 이러한 사법작용을 실현하기 위하여 필요한 결정적인 요소가 당해 기관의 독립성이므로 정부조직 내에서 독립성을 구현하기 위하여 위원회라는 조직형태로 귀결된 것이다.

즉, 국가의 정책결정과 집행은 지휘·감독될 수 있지만 사실관계의 확정과 법적용은 지휘·감독될 수 없기 때문에 공정거래위원회의 독립성은 중요한 것이다.

2) 전문성 확보

경쟁법의 집행에 있어서는 경제분석과 법리해석에 관한 전문성이 요구된다. 그런데 공정거래위원회가 보유하고 있는 인력이 전문성을 발휘해서 사안에 대한 분석과 평가를 하더라도 외부의 지휘나 간섭에 의하여 결론이 영향을 받게 된다면 애써 확보한 이러한 전문성은 무용지물이 되어버린다. 그래서 이러한 전문성을 지키기 위해서는 기관의 독립성이 필수적인 전제가 되는 것이다.

3) 가치판단이 필요한 업무

공정거래위원회가 행하는 경쟁제한성의 판단은 일도양단식으로 단순하게 행할 수 있는 것이 아니다. 대부분의 형법 규정처럼 사람을 때리는 일, 물건을 훔치는 일 등은 사실관계의 확정이 쉽지만 어느 사업자가 채용하고 있는 비즈니스 모델이 시장에서 효율성보다는 경쟁제한성을 더 크게 유발할 것인지의 여부를 판단하는 것은 실로 다양한 가치체계에 의하여 영향을 받는 평가작업이기 때문에 일도양단식의 결론이 나기가 어려울 수밖에 없다.

그러므로 이러한 판단은 책임자 한사람의 주관적인 가치판단에 맡기는 것보다는 이 사회와 이 시대의 양심과 지성을 대변하는 '다수의 현인'들의 의견이 수렴하는 곳에서 독립적으로 결정되도록 하는 것이 안전한 방법일 것이다.

4) 증거에 의한 사실확정의 필요성

정부의 정책을 결정함에 있어서는 그 정책을 필요로 하는 일반적인 상황을 정리하는 실무자보다 더 넓은 식견과 안목을 가진 지휘자의 역할이 중요할 것이다. 그러나 구체적인 사건을 다루면서 그 위법성을 판단하기 위해서는 먼저 실제로 어떠한 사실관계가 존재하였었는지를 증거에 의하여 확정하는 작업이 선행되어야 한다. 그런데 다양하고 상호 모순되기까지 하는 많은 증거들을 보고서 그 증거가치를 판단하여 종합적으로 사실관계를 확정하는 일은 누구에게 대행시킬 수 없는, 즉 실제로 증거들을 들여다본 사람으로부터 검토 결과를 보고받아서 할 수 있는 작업이 아니다. 바꾸어 말하면 증거를 실제로 들여다 본 사람이 누구의 지휘나 간섭도 받지 않고서 사실관계를 확정하여야만 하는 것이다.

그러므로 공정거래위원회의 판단은 어느 누구에게도 사전에 보고되어서도 안되고 지휘를 받아서도 아니 되는 것이다.

2. 독립성의 요소와 그 확보 방법

1) 공정거래위원회의 대외적 독립

(1) 대통령으로부터의 독립

공정거래위원회 위원의 임기는 3년이다. 미국의 경우 위원의 임기는 7년이고, 그것도 같은 대통령에 의하여 모든 위원이 임명되는 것을 막기 위해서 임기를 교차시켜 놓고 있다. 독립성을 철저히 관철하기 위해서는 위원장은 대통령이 주재하는 국무회의에 참석하여서는 아니 되고 공정거래위원회는 대통령이나 비서실에 사건처리와 관련하여 어떠한 사전보고도 하지 않아야 한다는 주장도 있다. 다만 우리나라에는 지금도 경쟁제한적인 규정이 적지 않은데 법 제120조에 규정된 경쟁제한적 법령제정의 협의 등을 어떻게 할 것인지 추가적인 검토가 필요할 것이다.

(2) 타 부처로부터의 독립

공정거래위원회 위원장이 정부의 경제팀장인 경제부총리가 주재하는 각종의 회의, 간담회에 참석하는 것은 정책조율을 위해 불가피한 측면이 있지만 공정거래위원회의 독립성을 저해할 가능성도 배제할 수 없다. 그리고 공정거래위원회는 사건처리 업무에 관하여 총리의 감독을 받아서도 아니 되고, 기획재정부·행정안전부 등 다른 부처에 의하여 받는 영향을 최소화하여야 하며 특히 공정거래위원회가 처리한 사건은 감사원 감사의 대상에서 제외되는 것이 바람직하다. 다만 국회의 국정감사는 받아야 한다.

(3) 기업으로부터의 독립

공정거래위원회는 정치적 외압뿐만 아니라 기업의 압력으로부터도 독립되어야 한다. 대기업 관련 경제단체들뿐만 아니라 중소기업이나 소비자 관련 단체들로부터도 독립성을 유지하여야 한다. 법집행을 위한 통상적인 접촉이나 의견교환은 필요한 것이지만 특정 사건에 대한 의견교환은 금지되어야 한다.

2) 공정거래위원회 위원의 대내적 독립

공정거래위원회를 구성하는 위원 간에 계급차이를 두는 것은 대등한 위원들 사이의 자유로운 합의에 의하여 결론을 내기 위한 조직인 위원회의 조직원리에 정면으로 반하는 것이다. 공정거래위원회는 위원장-부위원장-위원의 3단계 구조로 되어 있다. 공정거래위원회 위원장은 기관을 대표하는 의전적인 지위를 가지는 한도에서만 다른 위원들과 차별화되어야 한다. 미국 FTC의 위원장은 다른 위원들과 철저히 동등한 지위를 갖는다. 다만 위원회 국장들의 인사권을 갖고 위원회의 의사 일정을 결정할 권한을 갖는 점에서만 차이가 있다.

행정업무나 조사업무에 있어서 사무처는 위원회의 지휘를 받는 것이 당연하다. 그러나 일단 심판절차가 개시되면 사무처는 피심인과 대등한 입장에 서야 하며 위원들과는 단절되어야 한다.

Ⅲ. 적법절차

1. 기능융합에 따른 주요 쟁점

공정거래위원회는 조사·소추·심판기능 모두를 한 조직 내에 가지고 있다. 이는 경찰과 검찰, 법원이 일정한 기능을 분담하고 있는 것과 대조된다. 물론 이러한 기능융합은 미국의 FTC에서 비롯된 것이고 세계 각국 대부분의 경쟁당국이 비슷한 조직형태를 지니고 있다.

그렇다면 이러한 구조가 적법절차 내지 공정성의 관점에서 바람직한 것이냐 하는 점이다. 미국의 Philip Elman에 의하면 과거에 선례가 없었던 새로운 사건(test case)에서 예단이 형성될 가능성이 많은데, 위원들은 그러한 사건은 조사한 기관이 의도한 대로 진행되기를 바라는 '피할 수 없는 성향'(inescapable predisposition)이 있다는 것이다.[40]

그래서 기능이 융합된 조직형태에 대한 비판이 적지 않게 제기되어 왔고, 심지어는 조사·소추기능과 심판기능을 담당하는 조직을 분리하자는 주장도 종종 제기되곤 하였다. 미국에서는 이러한 불공정성을 해소하기 위해서는 조직 내에서 심판기능을 폐지하고 법원의 판단을 받는 것이 좋다는 의견[41]과 행정부 내부에서 양자의 기능을 분리하자는 의견[42] 등이 제시되기도 하였다.

---

[40] Philip Elman, "The Regulatory Process : A Personal View", 39 Antitrust L.J. 1990, pp. 907-908.

[41] Kenneth W. Clarkson & Timothy J. Muris, ed., "The Federal Trade Commission since 1970", Cambridge University Press, 1981, p. 314.

[42] 이에 관한 대표적인 논의로는 일찍이 1937년의 President's Committee on Administrative Management(일명 'Brownlow' 위원회)의 'The Report of the Committee with Studies of Administrative Management in the Federal Government'를 들 수 있다. 이 보고서는 조사 및 소추기능은 기존 부서 내의 국(bureau 또는 division)을 신설하여 국장이 책임지도록 하

미국 연방대법원에서도 기능의 융합이 적법절차 위반이 아닌지 여부가 문제가 되었었다. 연방대법원은 기존의 입법, 행정, 사법권의 분립체제에 대한 보완책으로 출발한 독립규제위원회의 취지 상 효율성과 공정성의 조화를 위해 기능의 융합은 불가피한 측면이 있다고 보았다. 따라서 하나의 기관에 소추기능과 심판기능이 융합되어 있다고 하여 그것이 적법절차(due process)를 부정할 만큼 불공정한 것은 아니라고 판결한 바 있다.[43)

일본에서도 문제가 되었었다. 공정취인위원회 사건처리절차의 정체성 형성에 큰 기여를 한 도시바(東芝) 케미칼 사건에서 원고는 공정취인위원회 사건처리절차 상의 하자를 문제삼으면서도 조사 및 소추기능과 심판 및 결정기능이 조직상 통합되어 있는 그 자체로는 적법절차 보장에 반하는 것이라고 할 수 없다고 스스로 인정한 바 있다.[44) 우리나라의 헌법재판소도 현행 공정거래위원회의 조직이나 사건처리절차가 적법절차 원칙에 위배되는 것은 아니라고 판시하였다.[45)

2. 적법절차를 위한 보완책

미국뿐만 아니라 오히려 세계 각국의 경쟁당국은 이러한 기능의 융합을 불가피한 것으로 인정하고 있다. Alison Jones과 Brenda Sufrin은 EU 위원회가 2003년에 경쟁법 집행절차를 현대화(modernization)하기 위해 절차를 대폭 개선한 이후에도 기능의 융합이 불가피하다는 이러한 입장을 바꾸지 않은 것을 주목해야 한다고 주장한다.[46) 이처럼 세계 각국의 동향은 복잡다기한 현대사회에서 기능이 융합된 조직형태의 필요성을 인정하되 적법절차 내지 공정성의 관점에서 보완책이 필요하다는 데 공감대가 형성되어 있다.

돌이켜보면 미국에서 세계 최초의 독점규제법인 Sherman 법이 제정되던 당시만 하더라도 검찰이 조사 및 소추의 기능을 담당하고 법원이 재판을 담당하는 형태로 되어 있었다. 물론 검찰이 형사적인 조사 및 소추를 하는 경우는 드물었고 대부분 민사소송을 제기하는 형태로 법이 집행되었다. 그런데 경제사건의 전문성 등으

고, 심판기능은 기존 부서 내에 두되 대통령이나 장관으로부터 독립하여 직무를 수행하도록 하는 것이 바람직하다고 제안하였다.
43) Withrow v. Larkin, 421 U.S. 35 (1975).
44) 平成 6年 2月 25日 東京高裁 平4 (行 ケ) 208号.
45) 헌법재판소 2003.7.24. 선고 2001헌가25 판결.
46) Alison Jones & Brenda Sufrin, "EC Competition Law", 3rd ed. Oxford University Press, 2008, p. 1147.

로 인해 법집행이 원활하지 않았으며 1915년에 오늘과 같은 형태의 FTC를 설립하였고 이러한 법 집행 모델이 세계 각국으로 확산된 것으로 볼 수 있다.

이처럼 고전적인 삼권분립체제의 단점을 보완하고 조사 및 심판의 전문성을 제고하고자 기능융합을 의도적으로 제도화한 것을 감안한다면 조사·소추 조직과 심판조직을 아예 분리해 버리자는 주장은 바람직하지 않다. 그 대신 이러한 조직구조의 한계를 인정하고 그 대신 예단의 형성으로 인한 불공정성을 보완하기 위한 장치의 마련이 필요하다. 참고로 미국 FTC의 경우는 조사단계에서는 위원들이 간여를 하지만 일단 심판단계로 접어들면 조사관과 위원(또는 행정법판사)의 철저한 접촉금지제도나 행정법판사 제도 등의 보완장치를 마련해 두고 있다.

공정거래위원회의 경우도 조사주체인 사무처와 심판주체인 위원회를 분리하자는 논의가 있곤 하였다. 그러나 반강제권이 부여된 조사를 위해서는 사무처가 자의적인 판단을 하여서는 아니 되고 위원회의 승인을 받는 것이 필요하고 이러한 과정을 통해 위원회는 시장에 대한 전문성을 습득하게 된다.

다만 사건이 위원회에 상정되어 심판단계로 들어가면 그 때부터는 위원회는 심사관과 피심인 간에 중립을 유지하여야 한다. 그러기 위해서는 당해 사건에 대해서는 심사관과 의견을 교환하여서는 아니 된다. 이처럼 사건조사와 심의단계의 구분에 따른 역할분리가 세계 각국 경쟁당국의 일반적 관행이라 할 수 있다.

제 4 절   사건처리절차

Ⅰ. 사건심사[47)]

1. 사건의 단서

1) 개요

사건의 단서는 직권인지와 신고인데 대부분은 신고에 의해 사건조사가 시작된다. 공정거래위원회는 공정거래법 규정에 위반한 혐의가 있다고 인정할 때에는 직

---

47) 공정거래법 및 하위 규정에서는 심사와 조사를 엄격히 구분하여 사용하고 있지 않다. 다만 심사는 현장조사와 법률검토, 경제분석 등을 포함하는 개념으로 사용하는 경우가 많다. 이 책에서도 양자를 혼용하여 사용한다.

권으로 필요한 조사를 할 수 있고, 누구든지 이 법에 위반되는 사실을 공정거래위원회에 신고할 수 있다(법 제80조 제1항 및 제2항). 그리고 공정거래법상 신고는 일정 사항을 기재한 서면을 제출하는 서면신고가 원칙이지만, 신고사항이 긴급을 요하거나 부득이한 경우에는 전화 또는 구두에 의한 신고도 인정되고 있다.

2) 신고의 법적 성격

공정거래법 제80조 제2항의 신고는 공정거래위원회에 대하여 법에 위반되는 사실에 관한 직권조사권 발동을 촉구하는 단서를 제공하는 것에 불과하다. 따라서 신고인에게 그 신고내용에 따른 적당한 조치를 취해줄 것을 요구할 수 있는 구체적인 청구권을 부여한 것은 아니라는 것이 대법원의 입장이다.

공정거래위원회가 신고 내용에 따른 조치를 취하지 아니하고 이를 거부하는 취지로 무혐의 또는 각하 처리한다는 내용의 회신을 하였다 하더라도 그러한 조치가 항고소송의 대상이 되는 행정처분에 해당되지 않는다.[48]

판례 18 : 무혐의각하 사건
- 대법원 2000.4.11. 선고 98두5682 판결 -

구 독점규제및공정거래에관한법률(1998.2.24. 법률 제5528호로 개정되기 전의 것, 이하 '법'이라 한다) 제49조 제1항은 '공정거래위원회는 이 법의 규정에 위반한 사실이 있다고 인정할 때에는 직권으로 필요한 조사를 할 수 있다.'라고, 제2항은 '누구든지 이 법의 규정에 위반되는 사실이 있다고 인정할 때에는 그 사실을 공정거래위원회에 신고할 수 있다.'라고 각 규정하고 있는바, 여기에서 말하는 신고는 공정거래위원회에 대하여 법에 위반되는 사실에 관한 조사의 직권발동을 촉구하는 단서를 제공하는 것에 불과하고 신고인에게 그 신고 내용에 따른 적당한 조치를 취하여 줄 것을 요구할 수 있는 구체적인 청구권까지 있다고 할 수는 없고(대법원 1989.5.9. 선고 88누4515 판결 참조), 법 제49조 제3항에서 '공정거래위원회는 제1항 또는 제2항의 규정에 의하여 조사를 한 경우에는 그 결과(조사결과 시정조치명령 등의 처분을 하고자 하는 경우에는 그 처분의 내용을 포함한다)를 서면으로 당해 사건의 당사자에게 통지하여야 한다.'라고 규정하고 있다 하더라도 이는 신고인이 아닌 당사

---

48) 대법원 2004.4.11. 선고 99두4228 판결.

자에 대한 통지의무를 규정한 것으로서 신고인에 대한 통지와는 그 근거나 성질을
달리하는 것이므로 이러한 규정이 있다고 하여 달리 볼 수도 없다. 따라서 공정거
래위원회가 신고 내용에 따른 조치를 취하지 아니하고 이를 거부하는 취지로 무혐
의 또는 각하 처리한다는 내용의 회시를 하였다 하더라도 이는 그 신고인의 권리의
무에 아무런 영향을 미치지 아니하는 것이어서 그러한 조치를 가리켜 항고소송의
대상이 되는 행정처분에 해당한다고는 할 수 없다.

다만, 신고사건에 대하여 공정거래위원회가 무혐의 결정을 한 경우에 신고인이
이에 대한 헌법소원을 청구하는 것은 가능하다는 것이 헌법재판소의 견해이다.

[판례] 헌법재판소 전원재판부 2002. 6. 27. 선고 2001헌마381 결정
불공정거래혐의에 대한 공정거래위원회의 무혐의 조치는 혐의가 인정될 경우에 행하여
지는 중지명령 등 시정조치에 대응되는 조치로서 공정거래위원회의 공권력 행사의 한
태양에 속하여 헌법재판소법 제68조 제1항 소정의 '공권력의 행사'에 해당하고, 따라서
공정거래위원회의 자의적인 조사 또는 판단에 의하여 결과된 무혐의 조치는 헌법 제11
조의 법 앞에서의 평등권을 침해하게 되므로 헌법소원의 대상이 된다.

3) 신고의 선별적 처리문제

공정거래위원회는 대부분의 신고에 대해서 법적 요건에 해당하는 경우 의무적
으로 사건심사착수보고를 하도록 하고 있다(사건절차규칙 제11조). 그 결과 공정거래
위원회의 한정된 인적·물적 자원이 경미한 신고사건처리에 과도하게 투입됨으로
써 정작 필요하고 중요한 사건에 대한 조사·심리가 제대로 이루어지지 못하거나
시장경쟁보호를 위한 공정거래위원회의 공적 기능이 시장경쟁과는 직접적인 관련
성이 없는 단순한 사적 분쟁의 해결수단49)으로 오용되는 폐단이 발생하고 있다.

---

49) 공정거래법은 불공정거래행위 중 내용이 중대한 몇 가지 유형(부당지원행위, 계열회사를 위한
차별행위, 집단차별행위, 부당염매행위 중 일부)을 제외한 사안에 관하여는 한국공정거래조
정원이 운영하는 공정거래분쟁조정협의회가 조정을 할 수 있도록 하고 있다. 조정절차가 진
행되고 있는 동안과, 조정이 성립되어 합의사항이 이행된 경우에 공정거래위원회는 시정조치
또는 시정권고를 하지 못한다. 조정절차에 관하여는 공정거래법 제72조 이하와 시행령 제64
조 이하에 자세한 규정이 있다. 이러한 제도가 도입되었다는 것은 사적분쟁 성격의 사건이 공
정거래위원회를 거치지 않고서 해결될 수 있는 경로가 마련되었다는 의미를 가지는 한편 현
재 사적분쟁 성격의 사건이 공정거래위원회에서 광범위하게 다루어지고 있다는 사실의 반증
이기도 하다.

외국의 사례를 보면 미국이나 EU 등의 경우에는 수많은 신고사건 중에서 제한된 인원과 예산을 고려하여 공익성이 높은 사건부터 선별하여 처리한다. 따라서 사건처리 건수는 우리와 비교가 되지 않을 정도로 적지만 시장에 대한 그 파급효과는 대단히 큰 것으로 평가받고 있다.

특히, 미국 FTC는 사적 분쟁적인 성격이 있는 사건에는 개입하지 않는 것을 원칙으로 하고 있으며 신고가 있다고 하여 무조건 조사에 착수하는 것이 아니라 대다수의 국민에게 영향을 미칠 가능성이 큰 중요사건만 처리함으로써 제한된 자원으로 보다 효율적인 임무를 수행하고 있다.

사견으로는 현행 공정거래위원회의 신고사건 운영시스템은 조속히 선별적 신고처리시스템으로 개편할 필요성이 크다고 생각된다. 미국의 경우와 같이 신고내용은 이를 직권조사대상 선정을 위한 기초자료 내지는 단서로서만 활용하고 시장에 대한 파급효과나 대다수 일반 국민의 이해관계에 영향을 미치는 공익성이 큰 사안부터 우선적으로 처리하여야 한다. 한정된 공정거래위원회의 인적 · 물적 자원을 최대한 효율적으로 활용하고 나아가 경쟁당국으로서 공정거래위원회가 수행해야 할 본연의 임무에 보다 충실할 수 있는 여건을 갖추어 나가야 할 것이다.

2. 사건의 심사

1) 심사관 지정 및 사건심사착수 보고

법위반 혐의를 직권으로 인지하거나 신고가 있는 경우에 사무처장은 이를 심사할 공무원(심사관)을 지정하여 심사절차의 개시에 앞서 사실에 대한 조사와 사전심사를 하게 할 수 있다(사건절차규칙 제10조 제1항). 사실조사 및 사전심사 결과 사건절차규칙 제12조에서 규정하고 있는 심사불개시 사유 즉 공정거래법 요건에 해당하지 않는 등의 사유가 없으면 심사관은 위원장에게 사건심사착수 보고를 하고 본격적인 사건조사에 착수하게 된다(사건절차규칙 제15조 제1항).

2) 공정거래위원회의 조사권한

공정거래법 제81조는 공정거래위원회 및 소속공무원의 조사권한을 규정하고 있다. 이러한 공정거래위원회 조사권의 본질은 조사 상대방의 임의적인 동의나 협력을 필요로 하는 임의조사권[50]이다. 따라서 상대방의 동의하에 제출된 자료나 물건

---

50) 법률이 국민에게 조사에 응할 의무를 부과하고 있고 또 불응할 경우에는 과태료의 제재를 과

을 영치하는 것은 가능하지만 압수·수색과 같은 강제조사권은 인정되지 않고 있다.

이처럼 공정거래위원회의 조사권한이 임의조사권으로 한정되어 있고 조사상대방의 조사거부 등에 대해서 과태료를 부과하는 간접적인 강제력만 인정되고 있기 때문에 경우에 따라서는 조사거부 또는 조사방해 행위가 발생할 소지가 상존하고 있다. 결국 공정거래법 위반사건에 대한 공정거래위원회의 필요한 조사가 제대로 이루어지지 못함으로써 법 위반 행위에 대한 적절한 대응이 불가능해지게 되고 나아가 시장경쟁 보호라는 공정거래법의 목적도 달성하기 어려울 수 있다. 따라서 적절한 통제장치와 한계를 설정하는 것을 전제로 공정거래위원회 조사권한의 실효성을 확보하는 다양한 방안을 적극적으로 검토할 필요성이 있다고 생각된다.

반면에 공정거래위원회가 타 부처의 경제정책을 지원하거나 행정지도를 위한 압박수단으로서 조사권을 활용할 수도 있다. 그래서 법에서는 조사권 남용을 금지하는 규정을 명시적으로 두고 있다. 조사공무원은 법의 시행을 위하여 필요한 최소한의 범위 안에서 조사를 행하여야 하고 다른 목적 등을 위하여 조사권을 남용하여서는 아니 된다(법 제84조).[51]

지금은 갑을문제가 사회의 주요 화두가 되어 있고 공정거래위원회의 제재가 너무 약하다는 여론이 많다. 하지만 국제적으로 본다면 공정거래위원회의 조사횟수나 조사강도가 결코 약하지 않다.

2020.5.19. 개정법 제50조에서 규정하고 있는 공정거래위원회의 조사권한으로는 당사자등의 소환권한, 자료제출명령권한, 현장조사권한, 자료일시보관권한 등이 있다.

> 제81조(위반행위의 조사 등) ① 공정거래위원회는 이 법의 시행을 위하여 필요하다고 인정할 때에는 대통령령이 정하는 바에 의하여 다음 각호의 처분을 할 수 있다.
> 1. 당사자, 이해관계인 또는 참고인의 출석 및 의견의 청취
> 2. 감정인의 지정 및 감정의 위촉
> 3. 사업자, 사업자단체 또는 이들의 임직원에 대하여 원가 및 경영상황에 관한 보고, 기타 필요한 자료나 물건의 제출을 명하거나 제출된 자료나 물건의 일시보관
> ② 공정거래위원회는 이 법의 시행을 위하여 필요하다고 인정할 때에는 그 소속공무원으로 하여

함으로써 간접강제하게 되어 있으므로 엄밀한 의미에서는 임의조사권이 아니라 간접강제조사권이라고 표현하는 것이 옳다. 미국 FTC의 조사권도 공정거래위원회와 유사한데 미국에서는 강제(compulsory) 조사라고 표현한다.
51) 2020.12.29. 개정 이전 조항 제50조의2.

금 사업자 또는 사업자단체의 사무소 또는 사업장에 출입하여 업무 및 경영상황, 장부·서류, 전산자료·음성녹음자료·화상자료 그 밖에 대통령령이 정하는 자료나 물건을 조사하게 할 수 있으며, 대통령령이 정하는 바에 의하여 지정된 장소에서 당사자, 이해관계인 또는 참고인의 진술을 듣게 할 수 있다.
⑥ 제2항에 따른 조사를 하는 공무원은 대통령령으로 정하는 바에 따라 사업자, 사업자단체 또는 이들의 임직원에게 조사에 필요한 자료나 물건의 제출을 명하거나 제출된 자료나 물건을 일시 보관할 수 있다. (생략)

한편 공정위 조사공무원이 일단 조사를 종료한 후 위원회 심의과정에서 추가적인 증거확보를 위해 조사를 재개하는 경우가 있어 피심인 방어권을 해친다는 지적이 있어왔다. 2020.5.19. 개정법에서는 전원회의나 소회의가 인정하는 경우 외에는 명문으로 이를 금지하였다(법 제81조 제4항).

2020.12.29. 개정으로 피심인의 방어권보장 및 절차적 정당성 확보가 보다 강화되었다. 첫째 조사시 변호인 조력권의 명문화(법 제83조), 둘째 공정거래위원회 조사관의 진술조서 작성 의무화(법 제81조 제5항), 셋째 서면실태조사 법적 근거마련(법 제87조)이다.

3) 조사환경의 변화에 따른 조사권한의 한계

과거에는 회사의 자료가 주로 종이문서 형태로 캐비넷에 보관이 되어 있었다. 하지만 요즈음에는 중요한 자료들이 회사의 전산망에 보관되어 있는 경우가 많다. 특히 비밀정보가 많은 IT 회사들의 경우는 회사의 전산망에 대한 접근마저 쉽지가 않아 공정거래위원회의 조사관들이 많은 애로를 겪고 있다. 이러한 조사환경의 변화에 따른 새로운 조사기법의 개발과 조사권한의 보완이 필요해 보인다.

2005년 하도급법 위반혐의를 위한 현장조사에서 당해 기업이 사내 전산망 접근을 거부하자 공정거래위원회는 조사방해로 판단해 과태료를 부과하였으나 대법원에서 공정거래위원회가 패소한 바 있다. 대법원은 법위반에 대한 의심을 갖게 된 경우 그 서류 내지 전산자료에 대한 제출을 요구하여 조사하는 것은 몰라도 무제한적인 열람권의 부여로 인해 회사의 영업비밀이나 관련 직원의 개인정보가 외부로 유출될 우려가 있기 때문에 이러한 경우에까지 열람을 요구하는 것은 필요한 최소한의 범위 내의 조사라고 보기 어렵다고 판단하였다.

이제 남겨진 문제는 하도급 거래와 같이 거래의 종속성이 강하고 거래상 지위의

차이가 현격한 거래에서 자발적인 신고를 기대하기는 대단히 어려운데 만약 하도급
계약서류의 열람을 할 수 없다면 어떻게 법위반행위를 적발할 것인가 하는 점이다.

4) 동의의결 절차

(1) 취지

동의의결은 공정거래위원회의 조사를 받고 있는 기업이 문제가 되고 있는 행위
의 시정방안을 자발적으로 마련하여 공정거래위원회에 제출하고 공정거래위원회가
타당성을 검토한 후 공익에 부합하면 그 취지대로 내리는 의결을 말한다. 2011년에
국제적 추세를 감안하여 도입한 것인데 크게 두 가지 배경에서 도입된 것이다. 핵
심은 종전의 일방적 시정명령의 한계를 보완하고자 한 것이다.

우선 통상의 시정명령을 내리기 위해서는 심사 및 심판절차를 완료하여야 하기
때문에 시간이 많이 걸리고 행정력이 낭비되는 반면 효과적인 시정명령도 어렵다.
또한 기업결합이나 시장지배력남용행위의 시정방안을 기업의 협조없이 정교하게
만들어 내기 어렵기 때문이다. 둘째는 통상의 시정명령은 피해자에 대한 손해배상
을 명할 수 없다. 과징금이나 벌금도 국고로 들어가 버리기 때문에 피해자는 다시
민사소송을 통해 손해배상을 받아야 한다. 동의의결 절차에서는 기업이 손해배상을
제안하고 공정거래위원회가 수용하는 경우 별도의 민사소송이 없이도 신속히 손해
배상이 가능하다.

문제는 조사받는 기업과 정부와의 협상제도는 영미법 국가에서 일찍이 발달하
였지만 우리나라에는 다소 생소한 제도라는 점이다. 리니언시 제도도 마찬가지이
다. 그래서 도입과정에서 많은 논란이 있었지만 이미 대륙법계 국가에서도 일반적
으로 도입이 되어 있고 까다로운 민사소송 절차의 보완책이 될 수 있다는 입법적인
고려가 있었다.

(2) 요건 및 절차

공정거래위원회 조사의 대상이 된 기업이 문제가 되고 있는 행위의 시정방안을
제시하여 동의의결을 신청하여야 한다. 다만 카르텔처럼 위법성의 정도가 높거나
고발대상이 되는 행위 등은 제외되어 있다.

제89조(동의의결) ① 공정거래위원회의 조사나 심의를 받고 있는 사업자 또는 사업자단체(이하
이 조부터 제91조까지의 규정에서 "신청인"이라 한다)는 당해 조사나 심의의 대상이 되는 행위

(이하 이 조부터 제91조까지의 규정에서 "해당 행위"라 한다)로 인한 경쟁제한상태 등의 자발적 해소, 소비자 피해구제, 거래질서의 개선 등을 위하여 제3항에 따른 동의의결을 하여 줄 것을 공정거래위원회에 신청할 수 있다. 다만 해당 행위가 다음 각 호의 어느 하나에 해당하는 경우 공정거래위원회는 동의의결을 하지 아니하고 이 법에 따른 심의 절차를 진행하여야 한다.
1. 해당 행위가 제40조(부당한 공동행위의 금지)제1항에 따른 위반행위인 경우
2. 제129조(고발)제2항에 따른 고발요건에 해당하는 경우
3. 동의의결이 있기 전 신청인이 신청을 취소하는 경우

기업이 동의의결을 신청하면 공정거래위원회는 시정방안이 다음의 법정 요건에 충족하는지 여부를 판단하여 동의의결을 내릴 수 있다(법 제89조 제3항).[52]

1. 해당 행위가 이 법을 위반한 것으로 판단될 경우에 예상되는 시정조치, 그 밖의 제재와 균형을 이룰 것
2. 공정하고 자유로운 경쟁질서나 거래질서를 회복시키거나 소비자, 다른 사업자 등을 보호하기에 적절하다고 인정될 것

또한 동의의결 절차의 공정성확보를 위해 공정거래위원회는 의결 전에 이해관계자 등 외부의견 수렴 및 검찰총장과 협의를 거치도록 하고 있다(법 제90조 제2항 및 제3항).[53][54]

(3) 효과

동의의결은 신속한 시정방안을 만들어 내기 위한 것이다. 물론 법위반혐의가 있는 행위가 동의의결의 대상이 되는 것은 맞지만 그렇다고 하여 법위반을 인정한 것은 아니다. 그래서 제3자가 동의의결을 근거로 문제가 된 행위가 법에 위반된 것이라고 주장할 수는 없다(법 제89조 제4항).[55]

5) 조사결과의 처리

공정거래법 위반사건에 대한 조사 이후의 심사관의 조치는 조사결과의 내용이 무엇인지에 따라서 달라질 수 있다. 2020.5.19. 개정법에서 조사를 한 결과 이 법에

---

52) 2020.12.29. 개정 이전 조항 제51조의2.
53) 2020.12.29. 개정 이전 조항 제51조의3.
54) 2020.5.19. 개정법에서 동의의결 이행관리제도를 도입하였다(법 제51조의3 제6항 등).
55) 2020.12.29. 개정 이전 조항 제51조의2.

따른 처분을 하는 경우뿐만 아니라 처분을 하지 아니하는 경우에도 그 근거, 내용 및 사유 등을 기재한 서면을 해당 사건의 당사자에게 통지하여야 하도록 하였다(법 제80조 제3항).[56] 심사관은 전결로 심사절차종료, 무혐의, 종결처리, 심의중지, 경고, 시정권고를 할 수 있다. 그래서 무혐의 결정을 하는 경우에도 그 근거, 내용 및 사유 등을 기재한 서면을 해당 사건의 당사자에게 통지하여야 한다. 만약 심사결과 법 위반으로 인정이 되면 심사보고서를 작성하여 전원회의 또는 소회의에 제출한다(사건절차규칙 제25조 제1항). 그리고 피심인에게도 심사보고서와 증거서류가 첨부된 자료를 송부해 주어야 한다(동조 제10항). 동의의결 절차가 개시되는 경우는 위에서 살펴본 바와 같다.

II. 위원회 심의 및 의결

1. 개요

공정거래위원회 각 회의에 심사보고서가 제출되면 소회의 또는 전원회의 의장은 심의기일을 지정하여 당해 사건을 심의에 부의하게 된다. 심의절차가 개시되면 법위반 혐의를 받고 있는 사업자는 피조사인의 신분에서 피심인의 신분으로 전환된다. 조사과정에서는 심사관과 피조사인이 조사의 주체와 객체라는 상호 불평등한 지위에 놓이게 되지만 심의절차에서는 심사관과 피심인이 공격과 방어의 주체로서 대등한 당사자의 지위에 놓이게 된다.

이처럼 공정거래위원회의 심의절차는 법원의 재판절차와 유사하게 대등한 지위에 있는 당사자인 심사관과 피심인의 공격과 방어에 의해서 심리가 진행된다. 위원들은 제3의 중립적인 지위에서 사건에 대한 실체적 진실과 위법성을 평가하고 판단하는 대심적(adversarial) 구조를 기본으로 하고 있다. 그리고 이러한 심의절차에 있어서의 대심구조의 강화가 공정거래위원회를 준사법기관으로 평가하는 가장 핵심적인 요소라고 할 수 있다.

공정거래위원회의 심의절차는 법원에 비하면 피심인의 입장에서 절차적 보장이 부족하지만 심의가 빨리 종료된다는 점에서 장점이 있다. 관건은 피심인의 방어권을 충분히 보장해 주면서 신속하게 사건을 심의하느냐 여부이다.

헌법재판소는 과징금위헌제청 사건에서 공정거래위원회의 사건처리절차가 미

---

56) 구법 제43조 제3항에는 처분을 하는 경우에만 처분내용 서면통지의무가 규정되어 있었다.

국 FTC의 절차나 우리나라의 사법절차에는 미치지 못할 수 있지만 기관의 형편 또는 각국의 사정에 따라 입법자가 선택할 수 있는 것으로서 적법절차의 위법은 아니라고 판시한 바 있다.

판례 19 : 과징금 위헌제청사건
- 헌법재판소 2003.7.24. 선고 2001헌가25 결정 -

3. 판단

라. 적법절차원칙 및 권력분립원칙 위반 여부

(3) …미국과 우리나라는 법률체계, 사법과 행정의 관계, 경제현실 등 여러 가지 점에서 차이가 있을 뿐만 아니라, 행정목적 실현을 위하여 취해지는 규제수단에 대하여 사법적 체계나 요소를 어느 정도로 적용할 것인지는 기본적으로 제도 형성의 문제로서 입법자의 선택에 달려 있다 할 것이다. 법관에게 결정권한을 부여한다든지, 절차에 있어 사법적 요소들을 강화한다든지 하면 법치주의적 자유보장이라는 점에서 장점이 있겠으나, 다른 한편으로 경제, 환경, 도시계획, 보건과 같은 복잡하고 전문적인 규제분야에서 정책입안자나 현장의 정책집행자의 일관되고 전문적인 목적지향적 관리가 가능하기 위해서는 행정기관 스스로 행정목적 달성에 효율적인 제재수단과 제재수위를 1차적으로 선택할 수 있도록 하는 것이 행정의 경험과 전문성, 책임성을 보다 살리는 길이 된다고 볼 수도 있다.

(4) 그렇다면, 우리나라 공정거래법에서 행정기관인 위원회로 하여금 과징금을 부과하여 제재할 수 있도록 한 것은 부당내부거래를 비롯한 다양한 불공정 경제행위가 시장에 미치는 부정적 효과 등에 관한 사실수집과 평가는 이에 대한 전문적 지식과 경험을 갖춘 기관이 담당하는 것이 보다 바람직하다는 정책적 결단에 입각한 것이라 할 것이고, 과징금의 부과 여부 및 그 액수의 결정권자인 위원회는 합의제 행정기관으로서 그 구성에 있어 일정한 정도의 독립성이 보장되어 있고, 과징금 부과절차에서는 통지, 의견진술의 기회 부여 등을 통하여 당사자의 절차적 참여권을 인정하고 있으며, 행정소송을 통한 사법적 사후심사가 보장되어 있으므로, 이러한 점들을 종합적으로 고려할 때 과징금 부과 절차에 있어 적법절차원칙에 위반되었다거나 사법권을 법원에 둔 권력분립의 원칙에 위반된다고 볼 수 없다.

2. 심의진행

공정거래법 제93조에서는 피심인이나 이해관계인, 참고인 등에게 위원회 출석권이나 의견제출, 진술권을 인정하고 있다. 사건절차규칙에서는 이러한 피심인의 출석권을 보장하기 위하여 원칙적으로 피심인의 출석 없이는 개의할 수 없도록 하고 있다(사건절차규칙 제40조 제1항). 피심인이 심의기일 통지를 받고서도 정당한 이유 없이 출석하지 아니한 경우 등은 예외적으로 피심인의 출석 없이도 개의할 수 있도록 하고 있다(동규칙 동조 제2항).

특히, 당사자의 의견진술권은 실질적으로 보장되어야 한다. 형식적으로는 피심인이 의견진술 기회를 부여받았다고 하더라도 심사보고서의 행위사실에 포함되지 않은 사실을 근거로 처분을 하는 경우 등과 같이 피심인의 의견진술권이 실질적으로 보장되었다고 보기 어려운 경우에도 절차적 하자를 이유로 당해 처분을 취소할 수 있다.

[판례] (주)포스틸 등의 부당한 공동행위 건(대법원 2001.5.8. 선고 2000두10212 판결)

대법원은 원심결 심사보고서의 행위사실에 포함되어 있지 않아서 심의대상에서도 제외되었던 '판매가격 합의'사실에 대하여, 공정거래위원회 전원회의 의결과정에서 위반사실에 '판매가격 합의'를 추가하고 이 부분에 대하여도 시정조치 및 과징금납부명령을 하기로 의결한 사실에 대하여, '판매가격 합의' 부분에 대한 시정조치 및 과징금납부명령은 공정거래위원회가 그 부분에 대하여 조사결과를 서면으로 피심인에게 통지한 바도 없고, 사전에 의견진술의 기회를 부여한 바도 없으므로 위법하여 취소를 면할 수 없다고 판단하였으며, 나아가 피심인이 시정조치 및 과징금납부명령에 불복하여 공정거래위원회에 이의신청을 하면서 뒤늦게나마 '판매가격 합의' 부분에 대한 의견을 제출하였다고 하더라도, 이로써 그 처분 전에 발생한 절차상 하자가 치유된다고 볼 수도 없다고 판단하였다. 또한, 행정절차법 제3조 제2항, 같은 법 시행령 제2조 제6호에 의하면 공정거래위원회의 의결·결정을 거쳐 행하는 사항에는 행정절차법의 적용이 제외되게 되어 있으므로, 설사 공정거래위원회의 '판매가격 합의' 부분에 대한 시정조치 및 과징금납부명령에 행정절차법 소정의 의견청취절차 생략사유가 존재한다고 하더라도, 공정거래위원회는 행정절차법을 적용하여 의견청취절차를 생략할 수는 없다고 판단하였다.

3. 의결

1) 개요

사건에 대한 심의절차가 종료되면 각 회의 구성 위원들 간의 합의(合議) 및 의결절차가 진행된다. 전원회의의 경우에는 재적위원 과반수의 찬성으로 의결하고, 소회의의 경우에는 구성위원 전원의 출석과 출석위원 전원의 찬성으로 의결한다(법 제64조).[57] 그리고 합의의 결과인 의결내용은 공개하지만 합의는 공개하지 않는데 이는 합의 과정에서 각 구성위원들의 자유로운 의사개진을 보장하기 위한 것이라고 할 수 있다(법 제65조).[58]

공정거래위원회가 공정거래법 규정에 위반되는 사항에 대하여 의결하는 경우에는 그 이유를 명시한 의결서로 하여야 하고, 의결에 참여한 위원이 그 의결서에 서명·날인하여야 한다(법 제68조).[59] 의결의 내용은 공정거래법 및 하위 규정에서 정하고 있는 모든 유형의 조치가 가능하다. 심의절차종료, 무혐의, 종결처리, 조사 등 중지, 경고, 시정권고, 시정조치, 과징금납부명령, 고발, 입찰참가자격제한요청 등을 의결할 수 있다.

2) 시정명령

(1) 시정명령의 의의

공정거래위원회가 의결을 하는 경우 반드시 포함되는 것은 시정명령이다. 즉 시정을 위한 필요한 조치를 명하는 것이다. 공정거래법 위반행위에 대한 조치로써 여러 조항에서 걸쳐 시정명령을 규정하고 있다. 예컨대 시장지배적지위 남용행위에 대하여 법 제7조에서는 다음과 같이 규정하고 있다.

> 제7조(시정조치) ① 공정거래위원회는 남용행위가 있을 때에는 그 시장지배적사업자에게 가격의 인하, 해당 행위의 중지, 시정명령을 받은 사실의 공표 또는 그 밖에 필요한 시정조치를 명할 수 있다.

시정명령에는 가격의 인하명령이나 시정명령을 받은 사실의 공표명령과 같은

---

57) 2020.12.29. 개정 이전 조항 제42조.
58) 2020.12.29. 개정 이전 조항 제43조.
59) 2020.12.29. 개정 이전 조항 제45조.

작위명령과 당해 행위의 중지명령과 같은 부작위명령이 있다.

신문공표 명령이라고 하기도 하는 '시정명령을 받은 사실의 공표명령'은 헌법
재판소가 기존의 '법위반사실 공표명령'을 위헌으로 결정함에 따라 이것을 약간 수
정해 새로 도입한 것이다.[60)]

(2) 시정명령의 범위

'그 밖의 필요한 시정조치'라는 이 포괄적인 문언에 따라 공정거래위원회가 구
체적으로 취할 수 있는 시정조치 권한이 어느 정도까지인지 문제가 된다. 이 문구
에 의해 공정거래위원회가 명령이행을 위한 후속의 절차적 조치뿐만 아니라 추가
적으로 독자적인 조치까지 명할 수 있다는 데에 대해서는 큰 이견이 없다. 하지만
과거의 위반행위뿐만 아니라 장래의 유사한 행위까지 금지할 수 있는지, 담합사건
에서 정보교환금지명령까지 내릴 수 있는지 문제가 되어 왔다.

대법원은 2009.6.11. 선고 2007두25138 판결에서 '기타 시정을 위한 필요한 조
치' 속에는 장래의 유사한 행위가 재발되지 않도록 하기 위한 시정명령이 포함될
수 있다고 보았다. 사업자들이 상호 정보교환을 통하여 부당한 공동행위를 하기에
이른 경우에 공정거래위원회는 그 공동부당행위의 시정을 위하여 필요하다면 사업
자들에 대하여 정보교환 금지명령을 할 수 있다고 판시하였다. 다만, 시정명령의
속성상 다소간 포괄성·추상성을 띨 수밖에 없다 하더라도, 정보교환 금지명령은
금지되어야 하는 정보교환의 내용이 무엇인지 알 수 있게 명확하고 구체적이어야
하고 당해 위반행위의 내용과 정도에 비례하여야 한다는 단서를 달았다.

(3) 소수의견 부기 및 무혐의 의결서 작성

사건절차규칙 제62조 제3항에서 공정거래위원회의 의결서에 소수의견을 부기
할 수 있도록 규정하고 있음에도 불구하고 실제로 소수의견을 부기하는 경우는 거
의 없다. 의결서에 다수의견과 함께 소수의견을 부기하는 것은 합의제 기구인 공정
거래위원회의 합의과정이 실질적으로 작동하고 있다는데 대한 좋은 근거가 될 수
있을 뿐만 아니라 소수의견 내용 그 자체는 당해 사건의 전문성·복잡성을 잘 설명
해주는 자료로서 장래 동일한 사안에 대한 이론적 발전의 밑거름이 될 수 있다는
점에서 의의가 크다고 할 수 있다. 따라서 현재 거의 사문화되고 있는 소수의견 부

---

60) 헌법재판소는 양심의 자유원칙 위배가 아니라 과잉금지원칙 위배로 위헌결정을 하였다. 즉
'법위반으로 인한 시정명령을 받은 사실의 공표'에 의한다면 행위자에 대한 기본권 침해를 최
소화할 수 있음에도 불구하고 법위반사실의 공표를 시정명령의 한 형태로 인정하는 것은 기
본권에 대한 침해가 과도하다고 판단하였다(헌법재판소 2002.1.31. 선고 2001헌바43 결정).

기제도를 보다 적극적으로 활성화시킬 필요성이 있다고 생각된다. 다만 현재와 같이 지나치게 많은 사건을 처리하는 공정거래위원회의 현실상 쉽지는 않은 과제임이 분명하다.

과거에는 전원회의 또는 소회의에서 무혐의 결정을 내리는 경우에도 무혐의 의결서를 작성하지 않아 그 사유를 정확히 알기 어려웠으나 최근에는 무혐의 의결서를 작성하고 있다.

(4) 동의의결

공정거래위원회는 동의의결 절차에 따라 시정방안이 법정 요건에 해당하는 경우 같은 취지의 의결을 할 수 있다(법 제89조 제3항).[61] 다른 시정명령의 불이행에 대해서는 벌금 등의 형사벌을 가하지만 동의의결의 불이행에 대하여는 1일당 200만원 이하의 이행강제금을 부과하여 신속한 이행을 강요한다.

(5) 처분시효

공정거래위원회가 법위반행위에 대하여 조사를 개시한 경우 종래에는 조사개시일로부터 5년, 조사를 개시하지 아니한 경우 해당 법위반행위의 종료일로부터 7년이 지나면 시정명령을 하거나 과징금을 부과할 수 없었다. 그러나 2020.5.19. 개정법에서 원칙적으로 법위반행위 종료일로부터 7년으로 일원화하였다. 다만 은밀하게 이루어지고 조사시간이 긴 부당공동행위에 대해서는 조사개시일부터 5년, 위반행위일부터 7년으로 이원화하고 있다(법 제80조 제4항 및 제5항).[62] 이러한 처분시효는 당사자가 법 제89조에 따른 자료열람·복사권을 위하여 위하여 소를 제기한 경우 정지된다(법 제80조 제7항).

3) 과징금
(1) 공정거래법상 과징금의 법적 성격

공정거래법상 과징금의 법적 성격 또는 목적이 부당이득 환수인지 행정제재인지 여부가 문제되고 있다. 이러한 논의의 이론상 필요성은 부당이득이 없는 경우에도 과징금을 부과할 수 있는지 여부, 과징금 산정방식과 과징금 규모에 있어서 부당이득 규모가 어느 정도로 반영되어야 하는지 여부 등을 판단하는데 있다고 할 것

---

61) 2020.12.29. 개정 이전 조항 제51조의2 제3항.
62) 법률 제17290호, 2020.5.19. 일부개정. 따라서 부당한 공동행위는 위반행위 7년이 종료될 시점에 조사를 개시하게 되면 총 시효가 12년이 될 수도 있다.

이다. 그러나 실무상 공정거래법상의 과징금 부과는 법률·시행령·과징금고시에서 정한 방법과 절차에 따라 이루어지고 있으므로 과징금의 성격 또는 목적에 대한 논의의 실무상 필요성은 크지 않을 것이다.

다만, 공정거래법 규정과 관련 판례의 내용을 종합적으로 고려할 때 공정거래법상 과징금의 법적 성격은 부당이득 환수와 행정제재적인 성격을 공유하고 있는 것이지 양자 중 어느 하나의 성격만 전적으로 인정되는 것은 아니라고 할 것이다.

우선 공정거래법 제102조 제1항에서 과징금 부과 시 위반행위의 내용·정도·기간·회수와 함께 위반행위로 인해 취득한 이익의 규모 등을 참작하도록 하고 있다. 이 중 전자는 행정제재적 성격을 반영한 것이고 후자는 부당이득 환수의 성격을 반영한 것이라고 할 수 있다. 또한 공정거래법령과 과징금고시에서 관련매출액을 기준으로 기본과징금을 산정하면서도, 매출액이 없는 경우에 정액과징금을 부과할 수 있도록 규정하거나 위반행위의 정도나 행위자의 조사협조 등을 이유로 과징금액을 가중·감경할 수 있도록 규정하고 있는 것도 과징금이 부당이득 환수와 행정제재로서의 성격을 함께 가지고 있다는 점을 반영한 결과라고 하겠다.

부당지원행위의 경우 지원주체에게 과징금을 부과하게 되면 형사상 처벌과 유사하여 향후 형사처벌이 이루어지는 경우 이중처벌의 우려가 있다는 주장에 대해 다음과 같이 판시하였다.

판례 20 : 부당지원행위 과징금의 법적 성격

- 헌법재판소 2003.7.24. 선고 2001헌가25 결정 -

나. 이중처벌금지원칙 및 무죄추정원칙 위반 여부

(4) …이러한 취지에서 비롯된 이 사건 법률조항에 의한 과징금의 기능은 본질적으로 '부당이득액의 정확한 환수'에 있다기 보다 '제재를 통한 위반행위의 억지'에 있다고 할 것이지만, 그렇다고 하여 부당이득환수적 성격이 전혀 없다고 단정하기도 어렵다. 공정거래법은 과징금을 부과함에 있어 위반행위의 내용 및 정도, 위반행위의 기간 및 회수, 위반행위로 인해 취득한 이익의 규모를 고려하도록 하고 있는 것이다(제55조의3 제1항). 또한 부당내부거래로 인하여 발생하는 부당한 이득의 발생구조를 파악함에 있어서는 각 기업을 고립시켜서 고찰하기보다는 지원을 주고받는 대규모 기업집단 소속 계열회사 상호간의 관점에서 파악하는 것이 보다 적절할

것이다. 즉, 다수의 계열회사들이 기업집단 전체의 이익을 위해 계속적으로 서로 지원을 주고받으면서 계열의 유지·확장을 위한 수단으로 부당내부거래를 이용하는 것이므로, 중·장기적으로 볼 때 부당내부거래는 경제력집중을 통하여 결국 부당지원을 한 기업에게도 상당한 부당이득을 발생시키게 됨을 부인하기 어렵다. 따라서 이 사건 법률조항이 부당지원의 객체가 아니라 주체에게 과징금을 부과토록 하였다는 점만으로 과징금에 부당이득 환수의 요소가 전혀 없다고 단언하기 어려운 것이다.

(5) 결론적으로 이 사건 법률조항에 의한 과징금은 그 취지와 기능, 부과의 주체와 절차(형사소송절차에 따라 검사의 기소와 법원의 판결에 의하여 부과되는 형사처벌과 달리 과징금은 공정거래위원회라는 행정기관에 의하여 부과되고 이에 대한 불복은 행정쟁송절차에 따라 진행된다) 등을 종합할 때 부당내부거래 억지라는 행정목적을 실현하기 위하여 그 위반행위에 대하여 제재를 가하는 행정상의 제재금으로서의 기본적 성격에 부당이득환수적 요소도 부가되어 있는 것이라 할 것이고, 이를 두고 헌법 제13조 제1항에서 금지하는 국가형벌권 행사로서의 '처벌'에 해당한다고는 할 수 없으므로, 공정거래법에서 형사처벌과 아울러 과징금의 병과를 예정하고 있더라도 이중처벌금지원칙에 위반된다고 볼 수 없다.

(2) 과징금의 부과 및 징수

공정거래위원회는 과징금을 부과함에 있어서 ① 위반행위의 내용 및 정도, ② 위반행위의 기간 및 회수, ③ 위반행위로 인해 취득한 이익의 규모 등을 참작하여야 한다(법 제102조 제1항).[63] 구체적인 과징금액의 산정은 과징금 고시에서 위반행위의 유형별로 그 산정방법을 규정하고 있는데, 위반행위 유형에 따른 기본과징금 산정 ⇨ 위반행위의 기간 및 회수 등에 따른 조정(1차 조정) ⇨ 위반사업자의 고의·과실 등에 따른 조정(2차 조정) ⇨ 최종부과과징금 결정의 순서로 과징금의 액수를 단계적으로 산정해 나가게 된다.

공정거래위원회가 과징금을 부과하고자 하는 때에는 그 위반행위의 종별과 당해 과징금의 금액 등을 명시하여 이를 납부할 것을 서면으로 통지하여야 한다. 과징금 납부통지를 받은 자는 통지가 있은 날부터 60일 이내에 과징금을 공정거래위원회가 정하는 수납기관에 납부하여야 하고, 천재·지변 기타 부득이한 사유로 인하여 그 기간 내에 과징금을 납부할 수 없는 때에는 그 사유가 없어진 날부터 30일

---

63) 2020.12.29. 개정 이전 조항 제55조의3 제1항.

이내에 납부하여야 한다(시행령 제85조).

과징금은 부과처분 시점까지 공정거래위원회가 확인한 사실을 기초로 일의적으로 확정하여 부과되어야 하며 부과처분 이후에 확인된 사실을 기초로 추가적인 부과처분을 할 수는 없다.[64]

[판례] 파스퇴르유업(주)의 불공정거래행위 건(대법원 1999.5.28 선고 99두1571 판결)

구 독점규제및공정거래에관한법률(1996.12.30. 법률 제5235호로 개정되기 전의 것, 이하 '법'이라고 한다) 제23조 제1항의 규정에 위반하여 불공정거래행위를 한 사업자에 대하여 법 제24조의2 제1항의 규정에 의하여 부과되는 과징금은 행정법상의 의무를 위반한 자에 대하여 당해 위반행위로 얻게 된 경제적 이익을 박탈하기 위한 목적으로 부과하는 금전적인 제재로서, 법이 규정한 범위 내에서 그 부과처분 당시까지 부과관청이 확인한 사실을 기초로 일의적으로 확정되어야 할 것이고, 그렇지 아니하고 부과관청이 과징금을 부과하면서 추후에 부과금 산정 기준이 되는 새로운 자료가 나올 경우에는 과징금액이 변경될 수도 있다고 유보한다든지, 실제로 추후에 새로운 자료가 나왔다고 하여 새로운 부과처분을 할 수는 없다 할 것이다.

4) 고발
(1) 개요

공정거래위원회는 단순한 행정적 제재만으로는 부족하다고 판단하는 경우 형사처벌을 위해 검찰에 고발할 수 있다. 공정거래위원회의 고발이 없으면 검찰은 기소를 할 수 없다. 또한 일정한 경우 공정거래위원회는 의무적으로 고발을 하여야 한다.

공정거래사건에 대한 형사처벌은 각국이 처한 여건에 따라 차이가 있다.

미국은 경성카르텔 중 파급효과가 큰 사건을 중심으로 형사처벌을 한다. 독일은 경쟁법에 형사처벌 조항이 없고, 영국이나 일본 등은 주로 입찰담합에 대해 회사는 제외하고 개인만 연간 1-3건 정도 형사처벌을 하는 정도이다. 상대적으로 본다면 미국이 형사처벌의 강도면에서 가장 강한 것으로 볼 수 있다. 그 대신 FTC에 의한 과징금제도는 없다.

---

64) 대법원 1999.5.28. 선고 99두1571 판결. 이 판결이 나오기 이전에는 공정거래위원회가 과징금을 부과하는 의결서 주문에서, 과징금 산정의 기초가 된 자료에 잘못이 발견되는 경우에는 조정할 수 있다는 취지를 기재하고 실제로 추후에 과징금 산정 기준이 되는 새로운 자료가 나오면 새로운 부과처분을 하였었다.

우리나라에서 전속고발제도를 폐지하여 형사처벌을 강화하자는 주장이 대두되는 것은 공정위 고발이 국민 눈높이에 미치지 못하였다는 측면과 함께 법원에서 민사적인 방식으로 구제가 원활하지 않기 때문이라 생각한다. 적정한 법집행을 위해 검찰과 협업을 강화하고 민사절차를 효율적으로 개혁하여 피해구제를 원활하게 하는 것이 절실하다고 생각한다. 또한 고발절차를 투명하게 하여 신뢰성을 확보하여야 한다.

(2) 전속고발제도

공정거래법 제124조 및 제125조의 죄는 공정거래위원회의 고발이 있어야 공소를 제기할 수 있다(법 제129조 제1항).[65] 형사소송법상 고발은 원칙적으로 수사의 단서에 불과하고 그 주체에도 제한이 없기 때문에 누구든지 고발이 가능하다(형사소송법 제234조 제1항). 그러나 공정거래법 제124조 및 제125조의 죄에 있어서는 공정거래위원회의 고발이 있어야 공소제기를 할 수 있도록 하고 있는데 이를 전속고발제도라고 한다. 주의할 점은 전속고발제도의 적용대상은 제124조 및 제125조의 죄에 한정되고 제126조 및 제127조의 죄에 대해서는 적용이 없다는 것이다.

공정거래법상 전속고발제도의 기본적인 취지는 공정거래법 위반사건에 대해서는 전문성을 갖춘 경쟁당국이 행정상의 제재수단을 활용하는 것을 원칙으로 하되 그것만으로는 미흡하다고 경쟁당국이 판단하는 경우에 한하여 보충적인 수단으로서 국가 형벌권의 개입을 허용하겠다는 것이다. 실무적으로는 고발이라는 사전 스크린 장치가 없게 되면 우리나라 법제상 과징금 부과를 위한 공정위 조사와 형사처벌을 위한 검찰조사가 이중적으로 이루어진다. 반면 미국은 역사적인 이유로 금전적 제재는 과징금이 아니라 형사적인 벌금만으로 이루어지기 때문에 이중조사의 우려는 없다. 독일이나 영국 등 선진국들은 형사벌이 없거나 있는 경우에도 경쟁당국이 조사한 후 과징금을 부과하고 법위반정도가 극히 심하면 기업은 제외하고 주로 행위자 개인만을 고발하기 때문에 중복조사의 문제가 거의 생기기 않는다.

---

65) 2020.12.29. 개정 이전 조항 제71조 제1항.

판례 21 : 고발권불행사 위헌확인 건

– 헌법재판소 전원재판부 1995.7.21. 선고 94헌마136 결정 –

한편 공정거래법위반행위는 기업의 영업활동과 밀접하게 결합되어 있거나 영업활동 그 자체로서 행하여지기 때문에, 그에 대하여 무분별하게 형벌을 선택한다면 관계자나 관계기업은 기업활동에 불안감을 느끼게 되고 자연히 기업활동이 위축될 우려가 있고, 그렇게 되어서는 공정거래법 제1조에서 말하는 "공정하고 자유로운 경쟁을 촉진"하는 것도, "기업활동을 조장"한다는 것도 불가능하게 될 것이므로, 공정거래법위반행위에 대한 형벌은 가능한 한 위법성이 명백하고 국민경제와 소비자 일반에게 미치는 영향이 특히 크다고 인정되는 경우에 제한적으로 활용되지 아니하면 아니된다는 측면도 이를 간과할 수는 없다고 할 것이다.

공정거래법위반죄를 친고죄로 하고 공정거래위원회만이 고발을 할 수 있도록 한 전속고발제도는 이와 같은 제사정을 고려하여 독립적으로 구성된 공정거래위원회로 하여금 거래행위의 당사자가 아닌 제3자의 지위에 있는 법집행기관으로서 상세한 시장분석을 통하여 위반행위의 경중을 판단하고 그때 그때의 시장경제상황의 실상에 따라 시정조치나 과징금 등의 행정조치만으로 이를 규제함이 상당할 것인지 아니면 더 나아가 형벌까지 적용하여야 할 것인지의 여부를 결정하도록 함으로써 공정거래법의 목적을 달성하고자 하는 데 그 취지가 있다고 할 것이다.

---

(3) 고발재량권의 제한

공정거래위원회는 고발 여부를 결정하는데 있어서 재량이 인정된다. 하지만 법 제129조에서는 다음과 같은 일정한 경우에 재량권을 인정하지 않고 있다.[66] 이를 의무고발제도라고 한다. 검찰총장, 감사원장, 중소벤처기업부장관, 조달청장이 고발요청을 하면 의무적으로 고발하여야 한다.

이것은 공정거래위원회가 고발을 적극적으로 하지 않는다는 지적에 따라 신설된 것인데 만약 과도하게 되면 자칫 사소한 분쟁조차 형사사건화될 수 있어 신중한 운영이 요구된다.

제129조(고발) ① 제124조 및 제125조의 죄는 공정거래위원회의 고발이 있어야 공소를 제기할 수 있다.
② 공정거래위원회는 제124조 및 제125조의 죄 중 그 위반의 정도가 객관적으로 명백하고 중대

---

[66] 2020.12.29. 개정 이전 조항 제71조.

하여 경쟁질서를 현저히 해친다고 인정하는 경우에는 검찰총장에게 고발하여야 한다.

③ 검찰총장은 제2항에 따른 고발요건에 해당하는 사실이 있음을 공정거래위원회에 통보하여 고발을 요청할 수 있다.

④ 공정거래위원회가 제2항에 따른 고발요건에 해당하지 아니한다고 결정하더라도 감사원장, 중소벤처기업부장관, 조달청장은 사회적 파급효과, 국가재정에 끼친 영향, 중소기업에 미친 피해 정도 등 다른 사정을 이유로 공정거래위원회에 고발을 요청할 수 있다.

⑤ 공정거래위원회는 제3항 또는 제4항에 따른 고발요청이 있을 때에는 검찰총장에게 고발하여야 한다.

⑥ 공정거래위원회는 공소가 제기된 후에는 고발을 취소할 수 없다.

Ⅲ. 불복절차

1. 이의신청

1) 이의신청제도의 성격

공정거래위원회의 처분에 대하여 불복이 있는 자는 그 처분의 통지를 받은 날부터 30일 이내에 그 사유를 갖추어 공정거래위원회에 이의신청을 할 수 있다(법 제96조 제1항).[67] 공정거래법상의 이의신청제도는 원처분기관인 공정거래위원회가 다시 이의신청사건을 담당하도록 하고 있는 점에 그 특색이 있다.

일반적인 행정심판의 경우에는 처분청의 직근 상급기관이 재결청이 되고 재결청과는 별도로 설치된 제3의 기관인 행정심판위원회에서 심리·의결기능을 행사함으로써 처분청·재결청·심의기관을 분리·독립시켜서 행정심판의 자기통제적 기능을 보장하는 것이 원칙이기 때문이다.

이처럼 공정거래위원회 이의신청의 경우에 처분기관·재결기관·심의기관을 분리·독립시키지 않고 모두 공정거래위원회에서 담당하도록 한 것은 고도의 전문성을 보유한 합의제 행정기관인 공정거래위원회가 준사법절차를 거쳐서 내린 결론에 대하여 제3의 일반 행정기관이 다시 심사·판단하는 것이 사실상 불가능하거나 적어도 타당하지 않다는 점을 고려한 입법적 배려인 것으로 이해할 수 있다. 따라서 공정거래법상의 이의신청제도는 객관적인 자기통제적 기능을 지향하는 행정심판이라기보다는 전문성 있는 합의제 행정기관인 공정거래위원회에 대하여 반성적 재고의 기회를 부여한다는데 본질적인 의미가 있다고 할 수 있다.[68]

---

67) 2020.12.29. 개정 이전 조항 제53조 제1항.

68) 다만 원심결이 소회의 소관사항인 경우에는 이의신청사건을 전원회의에서 처리함으로써 실

미국의 경우도 이의신청을 FTC에서 담당하고 있지만 미국은 대부분의 사건을 행정법판사가 일차적인 결정을 하고 그에 대한 이의신청은 위원회에서 담당한다는 점에서 우리나라와 수평적인 비교를 하기는 곤란한 측면이 있다.

2) 이의신청의 대상

공정거래법상 이의신청의 대상은 공정거래위원회의 처분으로 한정되어 있다. 따라서 시정조치나 과징금 납부명령이 전형적인 이의신청의 대상이 된다.[69] 처분성만 인정되면 위법한 처분은 물론이고 부당한 처분에 대해서도 이의신청이 가능하다.

3) 이의신청 제기 및 재결

이의신청은 처분의 통지를 받은 날부터 30일 이내에 하여야 한다(법 제96조 제1항).[70] 30일의 이의신청기간은 제척기간으로서 이 기간을 도과하여 제기된 이의신청에 대해서는 부적법하다는 이유로 각하하게 된다. 이의신청의 심사관은 당초의 심사관이 아니라 심판관리관이 담당하거나 위원장이 다르게 지정하도록 하여 내부에서나마 보다 객관적인 입장에서 사건을 다시 검토해 보도록 하고 있다.

이의신청이 제기되면 공정거래위원회는 원칙적으로 60일 이내에 재결하여야 하고 부득이한 사정이 있는 경우에 30일의 범위 내에서 그 기간을 연장할 수 있다(동조 제2항).[71] 재결의 유형으로는 이의신청 제기 기간 도과 등 법적 요건에 맞지 않는 경우 각하, 이의신청이 이유가 없다고 인정되는 경우 기각, 이의신청이 이유가 있다고 인정되는 경우 인용(처분취소, 처분변경)이 있다.

4) 집행정지

공정거래위원회는 공정거래법의 규정에 의한 시정조치명령을 받은 자가 이의신청을 제기한 경우로서 그 명령의 이행 또는 절차의 속행으로 인하여 발생할 수

질적인 판단주체는 달라지게 되지만, 이 경우에도 판단주체의 구성원이 중복될 뿐만 아니라 공정거래위원회 자체의 판단이라는 점에서는 큰 차이가 없다고 할 수 있다.
69) 과태료 납부명령도 그 본질은 처분이지만 이에 대한 불복은 질서위반행위규제법에 의하도록 하고 있으므로, 공정거래법상의 이의신청 대상은 아니라고 할 것이다.
70) 2020.12.29. 개정 이전 조항 제53조 제1항.
71) 2020.12.29. 개정 이전 조항 제53조 제2항.

있는 회복하기 어려운 손해를 예방하기 위하여 필요하다고 인정하는 때에는 당사자의 신청이나 직권에 의하여 그 명령의 이행 또는 절차의 속행에 대한 집행정지를 결정할 수 있다(법 제97조 제1항).[72]

우선 공정거래법상 집행정지대상을 시정조치명령으로 한정하고 있기 때문에 과징금 납부명령에 대해서는 집행정지 결정을 할 수 없다. 이는 과징금 납부로 인한 손해는 금전적 손해로서 사후에 회복하기 어려운 손해가 아니라는 인식에 근거하고 있는 것으로 보인다. 공정거래위원회의 과징금 액수가 커질수록 과징금 납부로 인한 손해가 단순한 금전적 손해의 차원을 넘어서 회사경영상 회복하기 어려운 손해로 평가될 수 있는 경우도 발생할 수 있을 것이다. 따라서 행정소송단계에서의 집행정지 대상에 과징금 납부명령이 포함되고 있는 것과 마찬가지로 공정거래위원회의 이의신청단계에서도 과징금 납부명령에 대한 집행정지결정이 가능하도록 입법론적인 검토가 필요하다고 생각된다.[73]

공정거래법상의 집행정지결정은 이의신청이 제기되어 계속되고 있을 것을 형식적인 요건으로 하고 있고 시정조치 명령의 이행 또는 절차의 속행으로 인하여 발생할 수 있는 회복하기 어려운 손해를 예방하기 위하여 필요할 것을 실질적인 요건으로 하고 있다. 그리고 집행정지의 결정을 한 후에 집행정지의 사유가 없어진 경우에는 당사자의 신청 또는 직권에 의하여 공정거래위원회가 집행정지의 결정을 취소할 수 있다(법 제97조 제2항).[74]

2. 행정소송

1) 소송제기 요건 및 특징

공정거래위원회의 처분에 대하여 불복하는 자는 처분의 통지를 받은 날 또는 이의신청에 대한 재결서의 정본을 송달받은 날부터 30일 이내에 서울고등법원에 불복의 소를 제기할 수 있다(법 제99조 제1항, 제100조).[75]

---

72) 2020.12.29. 개정 이전 조항 제53조의2 제1항.
73) 과징금 납부명령의 경우에는 공정거래법 제103조 규정에 의하여 납부기한의 연장 및 분할납부신청이 인정되고 있다. 그러나 이러한 기한 연장 또는 분할납부의 요건이 엄격할 뿐만 아니라 이 제도는 과징금 납부명령이 확정된 것을 전제로 그 집행 또는 이행상의 편의를 위한 제도라는 점에서 과징금 납부명령 자체를 다투고 있는 이의신청 단계에서는 적용되기 곤란한 측면이 있다.
74) 2020.12.29. 개정 이전 조항 제53조의2 제2항.
75) 2020.12.29. 개정 이전 조항 제54조 제1항, 제55조.

　통상의 행정처분은 1심을 행정법원에서 관할하고 2심이 고등법원인데 반하여 공정거래법 위반사건에 대한 행정소송은 1심이 서울고등법원이다. 이것은 공정거래위원회의 사건처리절차가 대심구조에 입각한 준사법적으로 되어 있어서 사실상 1심법원의 역할을 하고 있다는 점과 경제사건이 신속히 종결되지 못하고 장기화되면 국가경제적으로 바람직하지 않다는 점 등을 고려하여 서울고등법원을 전속관할로 하고 있다. 물론 외국도 경쟁법 사건은 대부분 2심제이다. 심급이 길면 길수록 경제적 약자에게 불리한 경향이 있어 국가와 기업 간의 소송은 신속히 종결되는 것이 좋다.

　행정소송은 처분의 통지를 받은 날 또는 이의신청에 대한 재결서의 정본을 송달받은 날부터 30일 이내에 제기할 수 있도록 규정되어 있어 처분을 받은 자가 이의신청 절차를 거치지 않고 곧바로 행정소송을 제기하는 것도 가능하다. 다만, 30일의 기간은 불변기간으로서 이 기간을 도과한 소의 제기는 부적법한 것으로 각하되므로 불복하고자 하는 자는 원심결 처분을 받은 날부터 30일 이내에 이의신청 또는 행정소송을 제기하여야 한다.

　공정거래위원회의 처분에 대한 행정소송도 법원에서 이루어지는 절차로서 통상의 행정소송 절차와 다를 바가 없다. 다만, 공정거래법 위반사건에 대한 행정소송에서의 특유한 점들을 살펴보면 다음과 같은 것들이 있다.

　첫째, 원고는 행정소송을 제기하면서 과징금납부명령과 공표명령에 대한 효력정지 또는 집행정지신청을 함께 하는 것이 보통이다. 과징금납부명령의 경우 그 내용이 금전의 납부를 명하는 것이므로 회복할 수 없는 손해에 해당하지 않는 것으로 보는 것이 원칙이지만, 과징금의 규모가 너무 커서 기업의 명운을 좌우할 수 있는 정도에 이르는 것으로까지 볼 수 있는 경우에는 예외적으로 정지결정을 하고 있다. 공표명령의 경우에는 그것이 일단 이행되고 나면 원상회복이 불가능한 성질을 가지고 있기 때문에 법원이 원칙적으로 정지결정을 해주고 있었으나, 점차 원고의 승소가능성을 고려하여 예외적으로 공표명령에 대한 집행정지신청을 기각하는 경우도 발생하고 있다.

　둘째, 공정거래법 위반사건에서 법원은 사안의 위법성이 인정되는지 여부에 대해서는 원점에서 다시 심리를 하는 적극적인 태도를 보이고 있지만 일단 위법성이 인정된다고 판단되면 공정거래위원회가 정한 제재의 수준이 적정한지에 대해서는 공정거래위원회의 재량권을 폭넓게 인정하여 그 판단을 존중하고 있다. 다만, 공정거래법상의 과징금 한도를 위반한 사안, 위법성을 아주 경미하게 평가하여야 할 특별한 사정들이 있는데도 불구하고 규정상 최고의 과징금 비율을 적용한 사안, 입찰담합에서 낙찰자와 들러리를 구별하지 아니하고 동일한 과징금 비율을 적용한 사안, 관련 매출액보다도 더 많은 과징금을 부과한 사안 등, 비교의 기준이 있고 이러한 비교기준에 비추어 명백히 부당하다고 할 수 있는 경우에는 법원이 제재수준에 대해서도 개입하는 경향이 있다.

2) 경고의 처분성

종래 경고는 강제력이 없어 처분성이 인정되지 않고 따라서 행정소송의 대상도 되지 않는다고 보았다. 하지만 경고로 인해 벌점이 누적되는 경우도 있고 향후 처분시 고려사항이 될 수 있어 근래에 와서는 처분성이 인정되고 있다.

이에 대하여 헌법재판소는 "경고는 청구인들의 권리의무에 직접 영향을 미치는 처분으로서 행정소송의 대상이 된다고 봄이 상당하다. 그렇다면 이 사건 경고에 대하여 행정소송을 통한 구제절차를 모두 거치지 아니한 채 제기된 이 사건 헌법소원심판청구는 법률이 정한 구제절차를 거치지 않고 제기된 것이므로 부적법하다"고 판단하였다.[76]

또한 대법원은 "공정거래위원회의 경고의결은 당해 표시·광고의 위법을 확인하되 구체적인 조치까지는 명하지 아니하는 것으로 사업자가 장래 다시 표시광고법 위반행위를 할 경우 과징금 부과 여부나 그 정도에 영향을 주는 고려사항이 되어 사업자의 자유와 권리를 제한하는 행정처분에 해당한다"고 판시하였다.[77]

3) 고발의 처분성

고발은 수사의 단서에 불과할 뿐 그 자체 국민의 권리의무에 어떤 영향을 미치는 것이 아니다. 특히 법 제129조는 공정거래위원회의 고발을 위 법률위반죄의 소추요건으로 규정하고 있어 공정거래위원회의 고발조치는 사직 당국에 대하여 형벌권 행사를 요구하는 행정기관 상호간의 행위에 불과하여 항고소송의 대상이 되는 행정처분이라 할 수 없다. 따라서 고발하기로 하는 공정거래위원회의 의결은 행정청 내부의 의사결정에 불과할 뿐 최종적인 처분은 아닌 것이므로 이 역시 항고소송

---

76) 헌법재판소 2012.6.27. 선고 2010헌마508 결정.
77) 대법원 2013.12.26. 선고 2011두4930 판결.

의 대상이 되는 행정처분이 되지 못한다.[78]

　　다만 헌법재판소는 고발여부에 대한 공정거래위원회의 재량을 인정하면서도 행위의 위법성과 가벌성이 중대하고 피해의 정도가 현저하여 형벌을 적용하여야 할 것이 객관적으로 상당한 사안에 있어서는 고발권을 행사하지 않은 것은 명백히 자의적인 것으로서 당해 위반행위로 인한 피해자의 평등권과 재판절차진술권을 침해하는 것이라고 판단한 바 있다.[79]

제 5 절　경쟁제한적인 법령 제정의 협의

　　공정거래위원회는 기본적으로 사후규제기관이다. 그런데 이러한 사후규제만으로는 경쟁제한적인 행위를 모두 적발할 수도 없을 뿐만 아니라 적발해 내는 경우에도 그 효과는 한정될 수밖에 없다. 중요한 것은 사전에 이러한 경쟁제한적인 법령이 제정되는 것을 막는 것이다. 공정거래위원장이 국무위원은 아니지만 국무회의에 참석하여 발언할 수 있게 하는 것은 바로 이러한 역할을 수행할 수 있도록 하기 위함이다. 우리나라와 같이 행정규제가 많은 실정에서는 사건 몇 개 제대로 처리하는 것보다 경쟁제한적 규제가 만들어지는 것을 사전에 막는 것이 훨씬 더 중요하다.

　　공정거래법에서는 관계행정기관의 장이 사업자의 가격·거래조건의 결정, 시장진입 또는 사업활동의 제한, 부당한 공동행위 또는 사업자단체의 금지행위 등 경쟁제한사항을 내용으로 하는 법령을 제정 또는 개정하거나, 사업자 또는 사업자단체에 대하여 경쟁제한사항을 내용으로 하는 승인 기타의 처분을 하고자 하는 때에는 미리 공정거래위원회와 협의하여야 하며 경쟁제한사항을 내용으로 하는 승인 기타의 처분을 행한 경우에는 당해 승인 기타의 처분의 내용을 공정거래위원회에 통보하여야 한다고 규정하고 있다(법 제120조 제1항, 제3항).[80]

　　그리고 관계행정기관의 장은 경쟁제한사항을 내용으로 하는 예규·고시 등을 제정 또는 개정하고자 하는 때에는 미리 공정거래위원회에 통보하여야 하며, 통보

---

78) 대법원 1995.5.12. 선고 94누13794 판결.
79) 헌법재판소 1995.7.21. 선고 94헌마136 결정. 그러면서도 헌법재판소는 당해 사안에서의 고발권 불행사는 자의적인 것이 아니라고 결정하였다.
80) 2020.12.29. 개정 이전 조항 제63조 제1항, 제3항.

를 받은 예규·고시 등에 경쟁제한사항이 포함되어 있다고 인정되는 경우에 공정거래위원회는 관계행정기관의 장에게 당해 경쟁제한사항의 시정에 관한 의견을 제시할 수 있다(동조 제2항, 제4항).[81]

협의·통보 없이 제·개정된 법령·예규·고시 또는 통보 없이 행하여진 승인 기타의 처분에 관하여도 공정거래위원회는 관계행정기관의 장에게 당해 경쟁제한사항의 시정에 관한 의견을 제시할 수 있다(동조 제5항).[82]

---

81) 2020.12.29. 개정 이전 조항 제63조 제2항, 제4항 전단.
82) 2020.12.29. 개정 이전 조항 제63조 제4항 후단.

판례색인

사항색인

[임영철]

서울대학교 법과대학 학사, 석사

제23회 사법시험 합격

서울고등법원 판사

공정거래위원회 국장

미국 Standford Law School 방문학자

(현) 법무법인 세종 대표변호사

저서: 「공정거래법」(법문사)

[조성국]

서울대학교 법과대학 학사, 박사

미국 Texas Law School, LL.M

제34회 행정고등고시 합격

공정거래위원회 과장

(현) 중앙대학교 법학전문대학원 교수

제3판 전면개정판

공정거래법

초판발행   2018년 8월 10일
제3판(전면개정판)발행 2023년 2월 28일

지은이   임영철·조성국
펴낸이   안종만

편 집   김선민
기획/마케팅   조성호
제 작   우인도·고철민·조영환

펴낸곳   (주) 박영사
            서울특별시 금천구 가산디지털2로 53, 210호(가산동, 한라시그마밸리)
            등록 1959.3.11. 제300-1959-1호(倫)
전 화   02)733-6771
f a x   02)736-4818
e-mail   pys@pybook.co.kr
homepage   www.pybook.co.kr
ISBN   979-11-303-4399-0 93360

정 가   32,000원